OSTSEE
Memel
Königsberg
FREIE STADT DANZIG
»Polnischer Korridor«
Danzig
Ostpreußen
Kolberg
Bromberg
Thorn
Bug
Weichsel
Warschau
Brest-Litowsk
Posen
POLEN
Lodz
Lublin
Warthe
Kielce
Breslau
Oppeln
Beuthen
Kattowitz
Krakau
Oberschlesien
N
W
O
S
Königgrätz
Pardubitz
Troppau
Teschen
Mäh. Ostrau
Olsagebiet 1938 an Polen
Olmütz
Iglau
Žilina (Sillein)
Neudorf
Brünn
Košice (Kaschau)
Karpaten-Ukraine
TSCHECHOSLOWAKEI
Chust
Zvolen
Donau
Bratislava (Preßburg)
Wien
1938 an Ungarn
Theiß
UNGARN
Debrecen
Donau
Gyor
Budapest
0
50
100 km

FREDERICK TAYLOR

DER KRIEG, DEN KEINER WOLLTE

FREDERICK TAYLOR

DER KRIEG, DEN KEINER WOLLTE

Briten und Deutsche: Eine andere Geschichte des Jahres 1939

aus dem Englischen von
Helmut Dierlamm und Heide Lutosch

Siedler

Die Originalausgabe erschien 2019 unter dem Titel
1939: A People's History bei Picador, Pan Macmillan, London.

MIX
Papier aus verantwortungsvollen Quellen
FSC® C014496

Verlagsgruppe Random House FSC® N001967

1. Auflage August 2019

Umschlaggestaltung: Favoritbuero, München
Umschlagabbildung: Frauen beim Sonnenbaden im Strandbad Wannsee in Berlin,
ca. 1939 © ullstein bild/Raoul Konezni
Lektorat und Satz: Büro Peter Palm, Berlin
Karten: Peter Palm, Berlin
Reproduktionen: Aigner, Berlin
Druck und Bindung: GGP Media GmbH, Pößneck
Printed in Germany
ISBN 978-3-8275-0113-4
www.siedler-verlag.de

Dieses Buch ist auch als E-Book erhältlich.

Inhalt

Einleitung

Alle Systeme, die von Menschen für das Leben auf dieser Welt entwickelt wurden, erwiesen sich nun als trügerisch, zerstörerisch, hoffnungslos veraltet oder gefährdet.

Die britische Gewinnerin des Booker Prize Penelope Fitzgerald erinnert sich, was sie als 22-Jährige zu Weihnachten 1938 dachte.

Ich zittere um mein Glück, um die Zukunft meines Vaterlands, um Leben, Freiheit, Gesundheit, Arbeit – um alles bangt mir in diesen Minuten.

Erich Ebermayer, erfolgreicher Drehbuchschreiber und Theaterautor der NS-Zeit, schreibt Ende 1938 in sein Tagebuch, was er wirklich denkt.

In dem entscheidenden Jahr zwischen Herbst 1938 und Herbst 1939 schlitterten die Völker Europas von der Friedensverheißung in den totalen Krieg. Der Titel dieses Buches *Der Krieg, den keiner wollte* lässt anklingen, dass es beim Ausbruch des Zweiten Weltkriegs nicht die Begeisterung gab, die es ein Vierteljahrhundert zuvor beim Ausbruch des Ersten Weltkriegs gegeben hatte. Hitler hatte zunächst wohl gehofft, den Konflikt begrenzen zu können. Womöglich wollte nicht einmal er selbst den Krieg, den er bekam.

Hier liegt das Problem: Zwar wollten viele Briten und Deutsche keinen Krieg, doch es ist historisch erwiesen, dass die Bevölkerung in beiden Ländern ihn letztlich tolerierte und wenn nicht mit Begeisterung, so doch mit grimmiger Entschlossenheit daran teilnahm. Dies gilt insbesondere für die große Mehrheit der Deutschen. Noch im September 1938 hatte es den meisten zutiefst widerstrebt, wegen des Sudetenlands in den Krieg zu ziehen, aber ein knappes Jahr später ließen sie sich überzeugen, dass ein Krieg mit Polen legitim und notwendig sei. Die vom NS-Regime damals organisierte Propagandakampagne ist ein erschreckendes Beispiel dafür, wie eine Regierung, die die totale Kontrolle über die Informationsquellen ausübt, das Volk ihrem Willen unterwerfen kann.

WIE GESCHAH DAS ALLES? Die diplomatischen und politischen Ereignisse des Jahres 1938/39 und die Rollen, die die beteiligten Eliten dabei spielten, sind inzwischen oft beschrieben und analysiert worden. Wie aber war es, in dieser Zeit der Spannungen, der Furcht, der Unsicherheit und schließlich der Katastrophe als ganz normaler Bürger in Großbritannien oder Deutschland zu leben? Was geschah Tag für Tag fernab der diplomatischen Salons, der Konferenzen und Kabinettsitzungen? Der Wunsch, tieferen Einblick in die Welt und in die Gemütslage der Durchschnittsbürger zu gewinnen, hat mich bewogen, dieses Buch zu schreiben.

Schon als ich für meine Bücher über die Bombardierung Dresdens, den Bau der Berliner Mauer und den Luftangriff auf Coventry recherchierte, die alle von zwischenmenschlichen Krisen handeln, habe ich versucht, die schrecklichen Ereignisse jener Zeit aus der Perspektive »von unten« zu betrachten. *Der Krieg, den keiner wollte* steht in dieser Tradition. Um ein lebendiges, ein aussagekräftiges Bild von den Menschen, die in jenem schicksalhaften Jahr lebten, zeichnen zu können, musste ich jedoch im Vergleich zu der Arbeit an den früheren Büchern intensiver und viel breiter gestreut nach Quellen suchen, die den Blick auf die Vergangenheit, auf den Alltag freigeben und die Gefühle der Menschen einfangen.

Wer sich als Historiker heute, achtzig Jahre nach den Ereignissen, mit dem Ausbruch des Zweiten Weltkriegs befasst, operiert im Grenzbereich der menschlichen Erinnerung. Als ich vor beinahe zwanzig Jahren erstmals in dieser Art über Geschichte schrieb, gab es noch relativ viele Menschen, die als Soldaten am Zweiten Weltkrieg teilgenommen oder ihn als Erwachsene erlebt hatten. Heute dagegen leben fast nur noch Zeugen, die in jener Zeit Kinder waren – ein Umstand, der erheblichen Einfluss auf ihre Erinnerungen hat. So habe ich in Großbritannien wie in Deutschland viele Menschen interviewt, die in ihrem neunten Lebensjahrzehnt standen, wobei die älteste Befragte 96 Jahre alt war. An der Erinnerungsfähigkeit dieser Zeitzeugen war nichts auszusetzen. Doch ihre Erinnerungen sind die von Kindern, die von den größeren, bedrohlicheren Ereignissen außerhalb ihrer Familien nichts wussten oder vor deren Wahrnehmung geschützt wurden. Sie alle waren faszinierende und oft amüsante Gesprächspartner, doch ihre Sicht der Dinge war in den meisten Fällen begrenzt. Insbesondere eine Tatsache hatte ich intuitiv vermutet und fand sie durch die Begegnungen eindeutig bestätigt, nämlich dass der Frieden, so erstrebenswert er ist, weniger Spuren in der Erinnerung hinterlässt als der Krieg. Der Frieden wird eher mono als stereo wahrgenommen, eher schwarzweiß als farbig, wenigstens was die Tiefe der Erinnerung betrifft. Ein Kind erinnert sich nicht an die Nachrichten über die Münchner Konferenz, aber sehr wohl an einen Bombenangriff. Diese Regel wird Gott sei Dank durch einige hochinteressante Ausnahmen bestätigt, wie die Leser erkennen werden, und diese Ausnahmen sind jede Mühe wert.

Über den Alltag in der Zeit unmittelbar vor dem Zweiten Weltkrieg herrscht kein Mangel an Quellen. In Großbritannien gibt es etwa das Archiv der Sozialforschungsorganisation Mass-Observation mit kostbaren Tagebüchern Hunderter »normaler« Zivilisten verschiedenen Alters und verschiedener Herkunft. Ein Teil dieses Materials hat direkten Bezug zu den Krisen der damaligen Zeit, ein Großteil nicht, doch dieser Teil ist für dieses Buch ebenso wertvoll und informativ. Die vielen Tagebücher und Zeitungen (insbesondere Boulevardblätter wie der *Daily Mirror* und der *Daily Express*) bieten lebendige und oft überraschend unmittelbare Einsichten in den Alltag der britischen Bevölkerung sowie in ihre Ängste, Hoffnungen und Vorurteile während des hier behandelten Zeitraums. Der Presse kann man manch faszinierendes, skurriles, zuweilen auch beunruhigendes Detail entnehmen, wenn man bereit ist, die notwendigen Stunden für die Suche auf den Innenseiten der Zeitungen aufzuwenden. Darüber hinaus verwahrt das Imperial War Museum in London einen erstaunlichen – auch online zugänglichen – Schatz an Interviewaufnahmen, die oft schon vor zwanzig, dreißig oder noch mehr Jahren entstanden sind. Und nicht zuletzt stehen viele unveröffentlichte Tagebücher und Memoiren zur Verfügung.

In Deutschland gab es keine Einrichtung, die der Mass-Observation vergleichbar wäre, es sei denn, man betrachtet den Überwachungsapparat des nationalsozialistischen Polizeistaats als eine solche, weil dieser sowohl über die Ansichten, Beschwerden und Ängste der Deutschen als auch über die Vorgänge in den großen und kleinen Städten des Reichs Informationen zusammentrug und oft eine erstaunliche Bereitschaft zeigte, auch Unangenehmes in die Berichte aufzunehmen. Der Sicherheitsdienst der SS, die Gestapo und die lokalen Parteiorganisationen sammelten allesamt Berichte über die öffentliche Meinung; ich habe einen Blick in das archivierte Material geworfen und auf veröffentlichte Sammlungen solcher Dokumente zurückgegriffen. Auch die deutsche Presse dieser Zeit lieferte trotz der allgegenwärtigen rigorosen Kontrolle des Regimes zuweilen unabsichtlich Überraschendes nicht nur hinsichtlich der Ängste von Durchschnittsbürgern im Dritten Reich, sondern auch der Ängste von Männern, die bestimmten, was ihre Landsleute hören, lesen und denken sollten (man kann hier problemlos Männer schreiben, weil die NS-Herrschaft ausschließlich von Männern ausgeübt wurde). Liest man zum Beispiel, was die *Pommersche Zeitung* in Stettin über die Schrecken des Pogroms im November 1938 berichtete, so erhält man ein im Vergleich zur gängigen Geschichtsschreibung intensiveres und erschreckenderes Bild, weil das Ereignis an diesem einen Ort geschildert wird und man wie durch eine Lupe sieht, wie derartige Vorgänge eine ganz gewöhnliche Kleinstadt veränderten. Den Berichten ist zu entnehmen, dass in der Nacht, als die Stettiner Synagoge in Flammen aufging, um sie herum das Leben in den gut besuchten Restaurants, Bars und Nachtclubs, Theatern und glitzernden Filmpalästen pulsierte wie in jeder anderen Nacht. Schließlich konnte ich auch relevante Tagebücher und Memoiren einsehen, die sich in dem bemerkenswerten Deutschen Tagebucharchiv in Emmendingen bei Freiburg befinden. Viele dieser Dokumente belegen, in welchem Ausmaß »normale« Menschen, ganz gleich wie sehr sie sich den Frieden auch wünschten, das NS-Regime mit seinen ständigen Anforderungen akzeptierten und mit ihm lebten – oder das Regime sogar leidenschaftlich begrüßten. Andere – darunter insbesondere die publizierten Tagebücher und Memoiren von Ruth Andreas-Friedrich und Erich Ebermayer – liefern kostbare Einblicke in die privaten Welten, die in dem monolithischen totalitären System irgendwie überdauerten.

VERMUTLICH IST DIES ein anderes Buch geworden, als ich es noch vor wenigen Jahren geschrieben hätte. Vor den katastrophalen wirtschaftlichen und politischen Ereignissen der Jahre 2008 und 2009 wiegten wir uns in dem Glauben, dass wir die brutale und unberechenbare Welt der 1930er Jahre hinter uns gelassen hatten. Doch wie die Wirtschaftskrise der Jahre 1929 bis 1931 die Dämonen heraufbeschwor, die in diesem Buch beschrieben werden, so wirken sich auch die wirtschaftlichen und sozialen Probleme unserer Zeit verheerend aus: Eine extreme staatliche und private Verschuldung, eine Globalisierung, die mit Arbeitslosigkeit und niedrigeren Löhnen für viele sowie hohen Gewinnen für wenige einhergeht, und die unkontrollierte Migration großer Bevölkerungsgruppen wirken in Europa, Amerika und Teilen Asiens ähnlich destabilisierend und demoralisierend wie die Weltwirtschaftskrise in den 1930er Jahren. Zugleich gewinnen im 21. Jahrhundert autoritäre Zerstörer durch umfangreichen Datenmissbrauch und die Manipulation von Online-Informationen und sozialen Medien eine Überzeugungskraft, von der ihre Vorgänger in den 1930er Jahren nur träumen konnten.

Die Rebellion gegen die Mitgliedschaft in der Europäischen Union, die am 23. Juni 2016 in der britischen Volksabstimmung über den »Brexit« stattfand, ist der bisherige Tiefpunkt der von Angst und Misstrauen geprägten Stimmung. Etwas mehr als siebzig Jahre nach dem scheinbar endgültigen Sieg über den extremen Nationalismus hat eine kleine, aber klare Mehrheit der Briten, die an der Abstimmung teilnahmen, die nahezu absolute Priorität des Nationalismus gegenüber dem Internationalismus bestätigt. Damit hat sie kehrtgemacht auf dem Weg, den das Vereinigte Königreich mit dem übrigen Europa seit 1945 verfolgt hat. Und in den Vereinigten Staaten ist mit »America First« eine zweifelhafte Parole der 1930er Jahre wieder populär geworden.

Was wir heute erleben, ist natürlich keine exakte Wiederkehr der 1930er Jahre, aber wir fühlen uns immer öfter an die Gefahren krasser Ungleichheit und extrem protektionistischer Wirtschaftspolitik erinnert, die in jener Zeit herrschte, ebenso an die Taktik marginalisierter sozialer Gruppen, Minderheiten zum Sündenbock zu machen und extreme Gewalt gegen sie anzuwenden, und manch andere Folgen, die ein unverantwortliches und oft erbärmliches Verständnis vom nationalen Eigeninteresse haben kann.

Wie unsere Großeltern und Urgroßeltern in den 1930er Jahren wollen wir »Normalbürger« Wohlstand und Sicherheit genießen, wollen nicht nur ein Dach über dem Kopf haben, sondern beispielsweise auch in alle Welt reisen und jederzeit mit jedermann kommunizieren können. Wie unsere Vorfahren wollen wir den Frieden wahren, der all das möglich macht. Diese Annehmlichkeiten lassen sich scheinbar ungestraft mit primitiver nationaler Selbstüberhöhung kombinieren. Niemand rechnet ernsthaft mit einem weiteren Krieg in Europa, aber zum ersten Mal nach einem Dreivierteljahrhundert des Friedens schließt ihn auch niemand mehr grundsätzlich aus.

Zu diesem Trend passt die erschreckende Ähnlichkeit unserer Welt mit der Welt und den Erfahrungen der Menschen, die jene chaotischen und unsicheren Tage und Wochen unmittelbar vor Ausbruch des Zweiten Weltkriegs erlebten. Was wird uns die Zukunft bringen, das fragten sich auch die Menschen, die in jener schicksalhaften und letztlich katastrophalen Phase der europäischen Geschichte lebten und das Erlebte nicht einzuschätzen wussten. Wie die meisten von uns waren auch unsere Großeltern und Urgroßeltern in erster Linie mit den Pflichten, Verrichtungen, Geschäften, mit den Freuden und Leiden ihres Alltags beschäftigt. Die über ihnen schwebenden Gefahren nahmen sie nur unvollkommen oder gar nicht wahr, und das nährte die Hoffnung jedes Einzelnen und der Gemeinschaft auf Frieden und weiteren Wohlstand.

Das Großbritannien Ende der 1930er Jahre könnte man als recht »modern« bezeichnen, und Deutschland war in vieler und oft recht verblüffender Hinsicht eine durchaus typische westliche Konsumgesellschaft. Aber es war – nicht zuletzt eine Folge der nationalsozialistischen Propaganda – auch ein Sammelbecken der Leidenschaften. Meiner Ansicht nach war in der nationalen Psyche der Deutschen nicht ein gewisser Pragmatismus vorherrschend, sondern ein mächtiger Zwang, ein inneres Chaos, das sich im äußerem Chaos niederschlug. Das NS-Regime unternahm nur wenige Wochen nach einem wichtigen diplomatischen Sieg (dem Münchner Abkommen) einen grausamen und mörderischen Angriff auf einen gesetzestreuen Teil der eigenen Bevölkerung (die gegen die deutschen Juden gerichteten Novemberpogrome) und erwies sich damit vor aller Augen als willkürlich und unberechenbar.

Ein Mosaik öffentlicher und privater Ansichten zusammenzustellen und die sich darin verbergenden Strömungen zu analysieren, erschien mir als eine Möglichkeit, den von oben nach unten gerichteten Blick zu vermeiden, dem sich die Machenschaften der politischen Akteure im Extremfall in einer trockenen, fast laborhaften Isolation darbieten. Vielleicht wird auf diese Weise in vielen Jahren einmal eine Geschichte über das Großbritannien und insbesondere das Amerika von heute geschrieben, und vielleicht ist sie der Geschichte der 1930er Jahre sehr ähnlich.

Die meisten Bücher über die Vorkriegszeit, in denen versucht wird, eine »von oben nach unten« erzählte Geschichte durch ein von unten nach oben gerichtetes Element zu ergänzen, beschränken sich darauf zu skizzieren, was Normalbürger tun, wenn sie fürchten, dass ein Krieg unmittelbar bevorsteht – und das war damals tatsächlich der Fall, wie wir heute wissen. Hier wird dagegen auf das geschaut, was die Menschen taten und dachten, wenn sie die Kriegsgefahr gerade *nicht* im Kopf hatten – wie sie arbeiteten, Zeit mit ihrer Familie verbrachten, sich über Geld oder über ihr Aussehen Sorgen machten, was sie aßen, wie sie ausgingen oder welche Filme sie im Kino sahen. Es ist eine Methode, mit der man die Welt vor acht Jahrzehnten unmittelbar erfassen, ja sie sozusagen betreten kann.

IN DEN LETZTEN WOCHEN des Jahres 1938 sah es so aus, als sei ein Schlussstrich unter die Nachkriegszeit gezogen worden: Die größten Ungerechtigkeiten des Versailler Vertrags, über die Deutschland sich beschwert hatte, waren durch neue Vereinbarungen ersetzt worden, die Grenzen in Mitteleuropa schienen stabiler, und es bestand die Hoffnung, dass der Frieden von Dauer sein würde. Nur hegte Hitler, wie wir heute wissen, Millionen damals aber nicht erkannten, keine friedlichen, sondern finstere Absichten.

Das jahrhundertealte Habsburgerreich war im Ersten Weltkrieg untergegangen, und die Republik Österreich hatte 1918 angestrebt, sich mit dem neuen demokratischen Deutschland zusammenzuschließen. Doch die Sieger hatten das untersagt. Im Jahr 1931 hatte die kleine verarmte Alpenrepublik dann versucht, wenigstens eine Zollunion mit dem »großen Bruder« im Norden zu bilden. Aber auch dieses in vieler Hinsicht sinnvolle Vorhaben hatten die Großmächte aus politischen Gründen blockiert. Im Fall des Sudetenlands – der deutschsprachigen Verwaltungseinheiten von Böhmen und Mähren in der Tschecho-Slowakischen Republik (die ebenfalls 1918 versucht hatten, sich Deutschland anzuschließen) – sprach im Oktober 1938 ebenfalls eine gewisse kulturelle Logik für die Integration in einen einzigen deutschsprachigen Staat.

Die deutsche Öffentlichkeit, und zwar auch jene Teile, die den Nationalsozialismus ablehnten, war für die Vereinigung mit Österreich und dem Sudetenland. Selbst die Menschen in Großbritannien, Frankreich und anderen demokratischen Ländern waren dafür. Seit 1918 hatte sich die Ansichten geändert. Während die Regierungen Europas den größtenteils friedlich gesinnten, demokratischen Politikern der Weimarer Republik während der 1920er Jahre derartige Zugeständnisse noch verweigert hatten, waren sie inzwischen zu der Einsicht gelangt, dass die Nachkriegsregelungen ungerecht und nicht haltbar waren. Leider war es da schon zu spät, denn von dieser Großzügigkeit profitierte nun kein vernünftiger Staatsmann, sondern ein unersättlicher Diktator. Die herrschenden Eliten in Großbritannien und Frankreich erkannten nicht, dass es sich bei Hitler nicht um die cholerischere Version eines Gustav Stresemann oder Heinrich Brüning handelte, sondern um einen ideologisch motivierten Führer, dem es nicht um die vernünftige Befriedigung nationaler Interessen, sondern um absolute Macht ging. Aber wie konnte es geschehen, dass so viele Menschen die Katastrophe erst kommen sahen, als sie kaum noch zu vermeiden war?

Industrielle wie private Bauträger wenden oft eine clevere, aber nicht sehr moralische Methode an, um bei den Baubehörden die Genehmigung für ein zweifelhaftes Projekt zu erschleichen: Sie lassen sich einige kleine, scheinbar vernünftige und nicht unbedingt gefährlich wirkende Dinge genehmigen, die sich dann am Ende als ein Projekt entpuppen, das in seiner Gesamtheit nie genehmigt worden wäre. Die Methode wird gern als »Salamitaktik« bezeichnet.

Im Rückblick können wir sehen, dass Hitler diese Taktik meisterhaft beherrschte und im Umgang mit Briten, Franzosen, Tschechoslowaken, Polen und anderen in den späten 1930er Jahren mit Erfolg einsetzte.

Bis 1939 hatte Hitler mit der charakteristischen Mischung aus Dreistigkeit und Tücke zusammengebracht, was er an Territorium, diplomatischem Gewicht und militärischer Stärke brauchte, um sich ganz Europa untertan zu machen, ganz zu schweigen von dem Potenzial, das in den eurasischen Gebieten im Osten noch lockte. Erst jetzt erkannten die demokratischen Mächte allmählich seine wahren Ziele, doch da konnte Hitler nur noch durch massive Gewaltanwendung aufgehalten werden, und so wurden die westeuropäischen Nationen (und bald auch die Amerikaner und die Russen) in einen gewaltigen blutigen Ausrottungskrieg verstrickt, dessen Ausbruch sich drei oder vier Jahre zuvor noch kaum jemand hatte vorstellen können. Der Preis, den die Menschen jener Epoche zahlten, war entsetzlich: Blut, sinnlose Zerstörung und der Alptraum des Holocaust. Auf einer materiellen und vielleicht weniger essentiellen Ebene verzögerte der Krieg außerdem, was man als Projekt der Moderne bezeichnen könnte. Ohne den Krieg, der so viele vielversprechende Entwicklungen der Friedenszeit zerstörte, wären Europa unermessliche Schrecken erspart geblieben, und es hätte die Annehmlichkeiten und Sicherheiten einer wohlhabenden Konsumgesellschaft schon in den 1940er Jahren genießen können, statt nach dem Krieg wiederaufzubauen, was zerstört worden, und zu betrauern, was für immer verloren war. Auch diese vereitelte Verheißung eines besseren materiellen Lebens ist ein Thema dieses Buches.

IN DEN SCHICKSALHAFTEN ERSTEN TAGEN des September 1939 waren sich die meisten Europäer der furchtbaren Kosten des letzten Weltkriegs durchaus bewusst: Millionen Tote, der Zusammenbruch historisch bedeutender Nationen, Zerstörung, Hunger, Revolution. Nur wenige Fanatiker begrüßten den Krieg. In den zwei Jahrzehnten nach dem Ende des Ersten Weltkriegs, einer nervenaufreibenden Periode sozialer und politischer Instabilität, war Europa von Hyperinflation, Chaos und wirtschaftlicher Depression heimgesucht worden. Erst Mitte der 1930er Jahre verbesserte sich das internationale wirtschaftliche Klima. Trotz fortdauernder Armut und Arbeitslosigkeit in Teilen Europas bildete sich damals ein Phänomen heraus, das wir später als modern erkennen sollten: die vom Massenkonsum geprägte Gesellschaft. Vor 1914 war fast alles, was man als Luxus bezeichnet, nur der obersten Schicht der Gesellschaft zugänglich. Im Jahr 1939 waren solche »Luxusgüter« zwar immer noch relativ rar, aber doch sehr viel weiter verbreitet. Mehr Menschen genossen mehr Annehmlichkeiten und mehr materielle Dinge als je zuvor, eine Entwicklung, die die Funktionsweise der Gesellschaft und die Erwartungen ihrer Mitglieder veränderte.

Bis 1938 war das Konsumniveau in allen fortgeschrittenen Ländern Europas gestiegen. Millionen Haushalte besaßen einen Radioapparat und viele ein Telefon, elektrische Haushaltsgeräte waren verbreitet, es gab die kommerzielle Luftfahrt und ein ausgebautes Eisenbahnnetz. Der Besitz eines Automobils war in Europa zwar noch weitaus seltener als in den USA, aber nicht mehr auf die Reichen und Privilegierten beschränkt. Sogar das Fernsehen gab es schon. Es war 1935 in Deutschland eingeführt worden, und zwar nicht zuletzt aus dem sehr modernen Grund, dass im folgenden Jahr die Olympischen Spiele in Berlin stattfinden sollten. Großbritannien war 1936 (mit besserer Bildqualität) gefolgt.

TROTZ ALLER GRAUSAMKEITEN und aller Intoleranz war das nationalsozialistische Deutschland im Frieden nicht mit Sowjetrussland zu vergleichen. Amerikanische und andere ausländische Filme wurden in Deutschland durchaus gezeigt (es sei denn, von den Regisseuren oder Schauspielern war allgemein bekannt, dass sie Juden waren). In den Großstädten konnte man ausländische Zeitungen bekommen (es sei denn, sie waren eindeutig sozialistisch oder kommunistisch). Deutsche Zeitungen druckten nicht nur die Programme deutscher, sondern auch ausländischer Radiosender ab (dies änderte sich nach Kriegsausbruch radikal, als das Hören ausländischer Sender zu einer schweren, potenziell mit dem Tod zu ahndenden Straftat erklärt wurde).

Das Bild relativer Normalität und relativen Wohlstands, das Deutschland bei oberflächlicher Betrachtung bot, war allerdings eine Täuschung. Obwohl die meisten Deutschen den Frieden erhalten wollten, hatten sie in so großer Zahl für den unverhohlen als Militarist und Rassist auftretenden Adolf Hitler gestimmt, dass seine Partei, die NSDAP, zur stärksten des Landes aufstieg und er selbst am 30. Januar 1933 Reichskanzler wurde. Kaum an der Macht, hatte der nicht wenigen verhasste, aber von vielen seiner Landsleute bejubelte Abenteurer Massen von Andersdenkenden und politischen Gegnern in Konzentrationslager gesteckt und eine konsequente Politik der Diskriminierung und Verfolgung der deutschen Juden betrieben. Zugleich profitierte er vom einsetzenden Wirtschaftsaufschwung und dem damit einhergehenden Rückgang der Arbeitslosigkeit.

Seine Politik der Wiederaufrüstung und nationalen Selbstbehauptung (die er mit der ständigen Betonung seines Friedenswillens verband – ein Trick, den er vielleicht der sowjetischen Propaganda abgeschaut hatte) verschaffte ihm viel Popularität und verdeckte zugleich die Widersprüche des Regimes. Tatsächlich ging es den deutschen Industriearbeitern entschieden schlechter als ihren Kollegen in Großbritannien oder Frankreich und erst recht in den USA. Mit Einführung der obligatorischen Sechzig-Stunden-Woche Anfang 1939 wurden sie sogar zu noch härterer Arbeit gezwungen. Aber sie hatten wenigstens Arbeitsplätze, woran die Regierung sie ständig erinnerte. Besonders loyale Arbeiter gingen mit »Kraft durch Freude«, der Freizeit- und Erholungsorganisation der Partei, auf Reisen, und wer ehrgeizig war, konnte eine Vielzahl staatlich geförderter Fortbildungskurse besuchen. Wer dagegen aufbegehrte und aus der Reihe tanzte, auf den wartete die Gestapo und erstickte seinen Protest.

Sechs Jahre nach der Machtergreifung war Hitler scheinbar populärer denn je, und das oberflächlich so starke und blühende Deutschland hatte jede Menge verdeckte Probleme. Devisen- und Rohstoffmangel drohten es in den Ruin zu treiben. Doch die deutsche Volkswirtschaft funktionierte längst nicht mehr unter normalen ökonomischen Bedingungen, sondern nach den Regeln der Nationalsozialisten, und das bedeutete, dass die wirtschaftlichen Probleme nur durch den Erwerb neuer Gebiete und neuer Rohstoffquellen »gelöst« werden konnten – mit oder ohne Krieg.

IM GEGENSATZ ZU DEUTSCHLAND war Großbritannien in den späten 1930er Jahren, obwohl ihm sein Weltreich langsam entglitt und es an Rückschlägen in den traditionellen Bereichen Bergbau und Schwerindustrie zu leiden hatte, ökonomisch insgesamt in einem guten Zustand. Die Entscheidung von 1931, den Goldstandard aufzugeben, hatte ihm im Vergleich zu anderen Industrieländern eine flexiblere Volkswirtschaft und eine schnellere Erholung gebracht.

Infolge der hohen Arbeitslosigkeit im noch immer unter der Depression leidenden Norden kam es dennoch zu verzweifelten Protestaktionen und im Oktober 1936 zum *Jarrow March*, dem Protestzug von 200 Arbeitern von Jarrow nach London, wo sie der Regierung eine Petition übergaben. In Süd- und Mittelengland stieg der Lebensstandard dagegen. Die Produktion moderner Konsumgüter (Autos, Elektro- und Rundfunkgeräte und seit einiger Zeit auch Flugzeuge) sowie die Entstehung neuer Dienstleistungsunternehmen führten dort zu einem unerwarteten Wohlstand. Zudem kam es infolge günstiger Kredite zu einer beträchtlichen Expansion im Wohnungsbau, was einen Boom der Bauwirtschaft zur Folge hatte.

Als 1936 klar wurde, dass Deutschland sich wiederbewaffnete, vergrößerte auch die britische Regierung widerstrebend ihre Streitkräfte. Die Vertreter der Städte wurden aufgefordert, eine grundlegend neue Infrastruktur für den Zivilschutz aufzubauen (denn es war klar, dass es in einem neuen Krieg verheerende Luftangriffe geben würde). Viele Stadtverwaltungen, insbesondere wenn sie von der stark pazifistisch orientierten Labour Party geleitet wurden, zögerten das, was sie als »Militarisierung des Alltags« bezeichneten, allerdings gern hinaus.

Wie die deutsche war auch die große Mehrheit der britischen Bevölkerung gegen einen Krieg. Großbritannien war nicht mehr die schier unermesslich reiche Supermacht, die es vor 1914 gewesen war. Dass es immer noch Weltmachtstatus hatte, hing von der Aufrechterhaltung einer Weltordnung ab, die den globalen Status quo (und insbesondere den Fortbestand des Britischen Weltreichs) garantierte. In einem Weltkrieg war dieses Reich verwundbar und damit ein lohnendes Ziel für Deutschland und dessen Verbündete Italien (im Mittelmeerraum und im Nahen Osten) und Japan (im Fernen Osten). Diese Überlegung war eine der Grundlagen für die sogenannte Appeasement-Politik Neville Chamberlains.

Da die meisten Deutschen es vorzogen, ihre Kritik an den Maßnahmen des diktatorischen Regimes für sich zu behalten, gab es im Deutschen Reich kaum offenen Widerspruch gegen die rasche Wiederaufrüstung, den Bau von Luftschutzbunkern oder die obligatorische Durchführung rigoroser Luftschutzübungen. Dies alles hatte bald nach der nationalsozialistischen Machtergreifung begonnen. Kaum jemand warb aktiv für einen Krieg, aber anders als in Großbritannien gab es so gut wie keinen Widerstand gegen die Wiederaufrüstung, zumal diese dringend benötigte Arbeitsplätze bereitstellte. Viele Deutsche wollten einfach nur die Früchte des Krieges ernten, aber keinen führen, was nicht unbedingt mit Friedensliebe gleichzusetzen ist. Der Widerspruch zwischen dem Wunsch nach Frieden einerseits und dem aggressiven Expansionismus andererseits mochte Beobachtern außerhalb Deutschlands offensichtlich erscheinen, den Anhängern des »Führers« fiel er aber wohl nicht einmal in den letzten Vorkriegsmonaten auf. Das Regime täuschte die Bevölkerung mit der Botschaft, Hitler sei »ein Mann des Friedens«, und Millionen Deutsche waren nur zu gern bereit, sich täuschen zu lassen.

Hinzu kam, dass der Verdacht, die Westmächte würden Deutschland »einkreisen«, was sie angeblich vor 1914 auch getan hatten, selbst auf Deutsche, die keine Anhänger des NS-Regimes waren, seine Wirkung nicht verfehlte. Alles, was nach Missachtung des verhassten Versailler Vertrags aussah, fand bei den meisten Deutschen große Zustimmung.

Deutschlands Austritt aus dem Völkerbund oder die Remilitarisierung des Rheinlands im Jahr 1936 (die als Bruch des Versailler Vertrags eine bewaffnete Reaktion Großbritanniens und Frankreichs hätte auslösen können) vergrößerten Hitlers Popularität noch mehr und erhöhten gleichzeitig Deutschlands Verteidigungsfähigkeit. Alle diese »Gewinne« wurden ohne Krieg erzielt. Das galt auch für den »Anschluss« Österreichs im März 1938 und für Hitlers Management der Krise, die der Besetzung des Sudetenlands im Oktober desselben Jahres vorausging – als der in diesem Buch primär behandelte Zeitraum beginnt.

Der Krieg, den keiner wollte schildert das Ende der Hoffnung, das mit dem Zusammenbruch der letzten Überreste der politischen Ordnung in Europa einherging. Das Ende des Buches, die deutsche Invasion in Polen, fällt mit einer schrecklichen Veränderung in der Haltung eines großen Teils der Deutschen zusammen: Im Zuge einer beharrlichen, rücksichtslosen und verlogenen Kampagne der gleichgeschalteten deutschen Presse und anderer Medien gegen sämtliche (große und kleine) ethnische Gruppen und Länder, die den Plänen der Nazis im Wege standen, wurden aus passiven, ja mürrischen Bürgern Komplizen des Völkermords. Diese Veränderung und wie sie erreicht wurde, ist ein zentrales Thema dieses Buches.

Frederick Taylor
St Keverne, Cornwall
Oktober 2018

1

September 1938
Also kein Krieg!

AM DIENSTAG, DEM 27. SEPTEMBER 1938, hielt Europa den Atem an. Knapp zwanzig Jahre nach dem Ende des »Großen Kriegs«, der alle Kriege hatte beenden sollen, spitzte sich die Lage inmitten des aufgewühlten Kontinents zu. Nach wochenlangen Unruhen und Vorwürfen, es habe gewaltsame Übergriffe auf deutschsprachige Bürger im Westen der Tschechoslowakei und sogar Misshandlungen gegeben, was zumeist erfunden war und nur in wenigen Fällen tatsächlich zutraf, verlangte Hitler bis zum 28. September 1938 die Zustimmung zu einer Volksabstimmung über die staatliche Zugehörigkeit der Bewohner in einem nicht genau umrissenen Territorium der Tschechoslowakischen Republik. Andernfalls, so drohte er, werde er die Wehrmacht in Böhmen und Mähren einmarschieren lassen, um die deutschsprachige Minderheit vor den staatlich geförderten gewaltsamen Übergriffen zu schützen sowie die tschechische Regierung und die Tschechen für ihre Verbrechen zu bestrafen. Großbritannien und Frankreich kündigten daraufhin an, Deutschland in diesem Fall den Krieg zu erklären.

Zu den Millionen, die angesichts der Zuspitzung der Ereignisse Angst vor einem Kriegsausbruch hatten, gehörte die minderjährige englische Schülerin Ann Magnus aus dem ruhigen ländlichen Essex. Sie bekam damals erstmals eine Ahnung, wie gefährlich ihre Welt geworden war. Ihr Vater, ein Aktienhändler im Londoner Finanzdistrikt, der in den letzten Jahren des Ersten Weltkriegs wegen der deutschen Luftangriffe aus der Stadt gezogen und dann Tag für Tag vom Land nach London gependelt war, bis er den Ruhestand erreicht hatte, trat eines Nachts mit ihr hinaus in den Garten des Hauses und zeigte ihr ein bedrohliches Schauspiel. »Wir sahen die Suchscheinwerfer über London«, erinnerte sie sich. Erstmals seit 1918 fand dieses gespenstische Spiel der Scheinwerfer wieder über der fernen britischen Hauptstadt statt. Anns Mutter hatte sich geweigert, das Haus zu verlassen, weil schon der Gedanke an einen weiteren Krieg und weitere Bombenangriffe ihr Angst machte.[1]

Am 26. September 1938 verkündete Hitler vor einer riesigen Menge fanatischer Anhänger im Berliner Sportpalast, dass die Würfel gefallen seien.

Wenn die Tschechoslowakei nicht vor dem 1. Oktober alle seine Forderungen erfülle, werde er sie mit Gewalt erobern. Dass er es ernst meinte, bekräftigte er mit einer Parade, die Deutschlands Militärmacht am folgenden Tag im Zentrum der Reichshauptstadt vorführte.

Am Spätnachmittag des 27. September rollten Lastwagen voller Soldaten, Panzer und Geschütze die Wilhelmstraße hinunter zum Wilhelmplatz, vorbei an der erst kürzlich fertiggestellten Neuen Reichskanzlei, von deren Balkon Hitler den imposanten Aufmarsch der Kräfte beobachten wollte, die in die Tschechoslowakei zu schicken er öffentlich geschworen hatte.

Vor der Reichskanzlei war fast immer eine kleine Menschenmenge versammelt, zumeist Touristen aus der Provinz, die hofften, einen Blick auf den »Führer« zu erhaschen. An diesem Tag war die Menge wegen der erhöhten internationalen Spannungen und der Anziehungskraft der Militärparade ein wenig größer als gewöhnlich.

Direkt gegenüber der Reichskanzlei, auf der anderen Straßenseite, lag der »Kaiserhof«, das älteste und vornehmste Hotel Berlins. Dort hatte Hitler in den Wochen vor der Machtübernahme gewohnt und sein Hauptquartier aufgeschlagen. Als an diesem Tag die Abenddämmerung hereinbrach, saßen in der eleganten Bar des Hotels zwei ebenso elegante Frauen in den Dreißigern und ließen ihren Arbeitstag mit einem, dann zwei und schließlich drei Martinis ausklingen. Die eine, Ruth Andreas-Friedrich, notierte, was sie in den Stunden zuvor erlebt hatte, und das sollte sie auch in all den schrecklichen Tagen danach tun. Sie war gerade 37 Jahre alt geworden, hatte jung geheiratet, sich aber vor dem dreißigsten Lebensjahr scheiden lassen. Sie arbeitete als Journalistin und Rezensentin für ein Nachrichtenmagazin und hatte eine Tochter im Teenageralter. Ihr Lebenspartner, den sie in ihrem Tagebuch »Andrik« nennt, war der bekannte Dirigent Leo Borchard,* der sich gerade auf einer Tournee durch Skandinavien befand. Ihr großer Kreis künstlerisch interessierter jüdischer und nichtjüdischer Freunde hatte eines gemeinsam: den Abscheu vor dem NS-Regime.

* Leo Borchard (1899–1945), in Moskau geborener Deutschrusse. Mitte der 1930er Jahre durfte der Dirigent zwar noch Aufnahmen machen, aber in Deutschland nicht mehr öffentlich auftreten. Andrik Krassnow war ein Deckname, den er für seine Aktivitäten im Widerstand benutzte. Er überlebte den Krieg und wurde zum Leiter der Berliner Philharmoniker ernannt. Kurz nach der Ernennung wurde er von einem amerikanischen Wachposten erschossen, als sein (von einem britischen Offizier gefahrenes) Auto im besetzten Berlin an der Grenze des amerikanischen Sektors nicht anhielt.

Die zweite Frau trägt in dem Tagebuch den Namen »Karla Simson« (wirklicher Name Susanne »Susy« Simonis), war drei Jahre jünger als die Verfasserin, ebenfalls Journalistin und eine aktive Gegnerin der Nazis. Beide Frauen wussten nur zu gut um die Gefahr, in der die Welt an jenem Herbsttag schwebte, da Simonis über ihren Vetter Erich Kordt (im Tagebuch »Erich Tuch«), einen ranghohen Mitarbeiter von Hitlers Außenminister Joachim von Ribbentrop, gute Verbindungen ins deutsche Außenministerium hatte. Kordt war an jenem Abend bei Hitler in der Reichskanzlei.

Simonis trank ihren dritten Martini, fischte die Olive aus dem Glas, steckte sie in den Mund und sagte nachdenklich: »Ich glaube, wir sind hier fehl am Platze, die Weltgeschichte spielt sich draußen ab.«

»Also gut«, meinte Andreas-Friedrich, »mischen wir uns unter das Volk.«[2]

Draußen auf dem Wilhelmplatz fanden die beiden Freundinnen die Stimmung der Menge bemerkenswert gedämpft. Es lag eine Art fiebrige Angst in der frühen Abendluft. Sie mussten nicht lange warten, da wurden die Vorhänge im ersten Stock der Reichskanzlei zurückgezogen, die hohen Fenster öffneten sich, und auf dem Balkon erschien Adolf Hitler. Er trat an die Brüstung, in respektvollem Abstand gefolgt von einer Schar hoher Offiziere, und musterte die Menge auf der Straße. Andreas-Friedrich prüfte verstohlen die Gesichter der Umstehenden. Sie sahen aus »wie geprügelte Hunde«, sollte sie später schreiben. Niemand jubelte dem Führer zu, wie es sonst der Fall war, wenn er sich dem Volk präsentierte. Ihre Freundin zupfte an ihrem Mantel und flüsterte: »Bestellt und nicht abgeholt.«

Die Panzer rollten in schier endloser Folge vorbei, und die Menge blieb still. Nach einigen Augenblicken drehte sich Hitler abrupt auf dem Absatz um und verschwand wieder im Gebäude. SS-Männer mit weißen Handschuhen schlossen die Tür hinter ihm und zogen die Vorhänge zu.

Ein junger Arbeiter in der Menge murmelte: »Wenn det nich Krieg heßt, fress ick 'n Besen.«

»Und wir sind die Dummen«, sagte ein älterer Briefträger in Uniform und warf, erstaunt über die eigene Kühnheit, nervöse Blicke um sich.

Nachdem sich die Freundinnen getrennt hatten, war Ruth Andreas-Friedrich zu deprimiert, um in ihre kleine Wohnung in Steglitz zu gehen. Sie lief daher einige Zeit im Stadtzentrum umher und schaute nach Mitternacht Unter den Linden im Restaurant Hiller vorbei. Dort traf sie einen Stammgast, den jüdischen Journalisten Heinrich Mühsam. Er war ein früherer Kollege bei der Zeitschrift, für die sie arbeitete, und ein alter Freund. Mühsam war kein besonders attraktiver Mann mit seinen strähnigen Haaren, seinem zerknitterten Anzug und seiner glänzenden Knollennase, aber er war klug und charmant und konnte gut schreiben. Andreas-Friedrich wünschte sich manchmal, ihre Wertschätzung körperlich ausdrücken zu können, doch das gelang ihr nicht. »Wenn wir uns am Tisch gegenübersitzen, lieben wir uns beinahe«, schrieb sie. »Nur küssen mag ich ihn nicht. Aber das wage ich ihm nicht zu sagen. Man kann nicht Leute kränken, die es ohnehin schwer genug haben.« Sie blieben bis drei Uhr, dann brachte er sie im Taxi nach Hause.

UNTERDESSEN BAHNTE SICH IN DER KRISE um das Sudetenland eine neue komplizierte Entwicklung an, durch die sich – zumindest in der unmittelbaren Zukunft – alles ändern sollte. Wenige Stunden zuvor hatte die Menge auf dem Wilhelmplatz Hitler wortlos in der Reichskanzlei verschwinden sehen, und fast alle hatten gedacht, was der Mann auf der Straße ausgesprochen hatte: »Morgen wird Krieg sein.«

Hitler war angesichts der mangelnden Begeisterung des Volkes für die geplante Militäraktion gegen die Tschechoslowakei düsterer Stimmung, als er in den Raum zurückkehrte, der voller Regierungsbeamter und hoher Offiziere war. »Mit einem solchen Volk«, sagte er mit wütendem Blick auf den Propagandaminister Joseph Goebbels zu seinen Vertrauten, »kann ich noch keinen Krieg führen.«[3]

Am Morgen hatte er in der Reichskanzlei mit dem britischen Diplomaten Sir Horace Wilson, einem außenpolitischen Berater und Abgesandten des britischen Premierministers Neville Chamberlain, gesprochen. Wilson hatte ihm mitgeteilt, dass Frankreich im Fall einer deutschen Invasion die Tschechoslowakei unterstützen werde (es war vertraglich dazu verpflichtet). Wenn dies Krieg bedeute, werde auch Großbritannien kämpfen müssen. Hitler hatte eine kompromisslose Haltung eingenommen und geantwortet, er werde »die Tschechoslowakei zerschlagen«, wenn seine Forderungen nicht erfüllt würden. Er war auf alle Eventualitäten vorbereitet und hatte nicht umsonst viereinhalb Milliarden Reichsmark für die Befestigung der deutschen Westgrenze ausgegeben.

Doch am Abend dieses 27. September, um 22.30 Uhr, wenige Stunden nach der enttäuschenden Begegnung des Führers mit der Öffentlichkeit in der Wilhelmstraße, wurde Chamberlain ein Schreiben von Hitler überbracht. Darin versprach dieser, dass die deutschen Truppen nur in das Gebiet einrücken würden, das die Tschechen bereits an das Reich abgetreten hatten,

Als Hitler sich am 27. September 1938, dem Höhepunkt der Sudetenkrise, auf dem Balkon der Reichskanzlei zeigte, wurde er nicht wie gewöhnlich bejubelt. Die Masse wirkte vielmehr bedrückt. Schon nach wenigen Augenblicken verschwand der sichtlich verstimmte »Führer« wieder im Haus. »Mit einem solchen Volk kann ich noch keinen Krieg führen«, entschied er. Ein Jahr später war es dann so weit: Die Deutschen folgten ihm in die Katastrophe. Die Aufnahme entstand zum fünften Jahrestag der Machtergreifung am 30. Januar 1938.

ferner, dass in den besetzten Gebieten eine freie Volksabstimmung stattfinden werde und Deutschland bereit sei, den Bestand der restlichen Tschechoslowakei zu garantieren.[4]

Tatsächlich hatte Chamberlain zu verstehen gegeben, dass er nicht voll und ganz hinter der harten Linie stand, die Wilson gegenüber Hitler vertreten hatte. In einer Rundfunkansprache in der BBC, die an jenem Abend ausgestrahlt wurde, erwähnte der Premierminister die vielen verzweifelten Briefe mit der Bitte um Frieden, die er aus der Bevölkerung erhalten habe. Dann fuhr er in einer Weise fort, die schon bald berühmt-berüchtigt werden sollte:

> Ich habe die Last der Verantwortung zuvor schon stark gefühlt, und durch die Lektüre dieser Briefe ist sie nahezu überwältigend geworden. Es ist furchtbar, gespenstisch, unglaublich, dass wir hierzulande wegen eines Streits in einem fernen Land zwischen Menschen, von denen wir nichts wissen, Schützengräben anlegen und Gasmasken anprobieren. Noch unglaublicher erscheint es, dass ein Streit, der im Prinzip schon beigelegt ist, der Grund für einen Krieg sein sollte …
>
> Wie groß unsere Sympathie für eine kleine Nation, die mit einem großen Nachbarn im Streit liegt, auch sein mag: Wir können uns nicht bedingungslos dazu verpflichten, für diese Nation das ganze Britische Weltreich in einen Krieg zu verstricken. Wenn wir kämpfen müssen, muss es um größere Angelegenheiten gehen.[5]

Die Rede bedeutete nicht gerade eine Kehrtwende, genauso wenig wie Hitlers zeitweilige Änderung seiner Taktik eine Kehrtwende darstellte, aber sie war ein massiver Kurswechsel. Die bizarre Behauptung, dass die Krise »wegen eines Streits in einem fernen Land zwischen Menschen, von denen wir nichts wissen«, ausgebrochen sei, wirkte besonders ungeheuerlich. Wenn er bezüglich der Tschechoslowakei, einem wichtigen Land in der Kette osteuropäischer Verbündeter, mit denen man Deutschland nach dem Ersten Weltkrieg hatte in Schach halten wollen, tatsächlich derartig ahnungslos war, wie er vorgab, hätte der Premierminister seine außenpolitischen Berater oder gar sich selbst entlassen müssen.

Die tschechoslowakische Krise hatte seit den ersten Monaten des Jahres 1938 in Europa und darüber hinaus das Denken beherrscht und die Schlagzeilen der Zeitungen bestimmt. Chamberlain war zweimal mit seinem französischen Amtskollegen Édouard Daladier nach Deutschland geflogen, um das Problem in direkten Gesprächen mit Hitler zu lösen.

Bei der ersten Serie von Krisengesprächen auf dem Berghof, dem Haus des Führers bei Berchtesgaden, war die Sudetenfrage sehr ausführlich diskutiert worden. Chamberlain hatte seinen Gastgeber überrascht, als er sich prinzipiell mit einer Korrektur der tschechoslowakischen Grenzen einverstanden erklärte, wenn diese Korrektur auf die Gebiete mit deutschsprachiger Mehrheit beschränkt bliebe. Als er eine Woche später im Rheinhotel Dreesen in Bad Godesberg erneut mit Hitler zusammentraf, erhöhte dieser den Druck. Der Diktator, der die strategische Unentschlossenheit seines Gegenübers spürte und wie immer seiner Spielernatur folgte, erhöhte seine Forderungen und stieß damit unerwartet auf starken Widerstand bei den Briten und Franzosen. Die Westalliierten garantierten von Neuem das Existenzrecht des tschechoslowakischen Staates, was zu einer weiteren europäischen Krise und der bis dahin größten Kriegsgefahr führte.

Die Tschechoslowakei mobilisierte nun ihre durchaus nicht schwache Armee. In den Jahren zuvor hatte der tschechoslowakische Staat in der Bergregion des Sudetenlands ein raffiniertes und robustes Verteidigungssystem aufgebaut – in einer Region, die der deutsche Reichskanzler Bismarck einmal als »die Zitadelle Europas« bezeichnet hatte. Hitler verlegte sieben Divisionen der Wehrmacht aus Sachsen im Norden, Bayern in der Mitte und dem erst kurz zuvor neu erworbenen Österreich im Süden an genau diese Grenze.

In Großbritannien wurden Gasmasken verteilt (Gas, die große Schreckenswaffe des Ersten Weltkriegs, hielten viele, auch die britischen Verantwortlichen, für eine größere Gefahr als Bomben). Als primitiver Schutz gegen Bombensplitter wurden Splittergräben ausgehoben, öffentliche Gebäude mit Sandsäcken geschützt und viele Tausende von Kindern aus den wichtigsten Großstädten evakuiert. Nahezu eine Woche lang schien der Krieg wahrscheinlich, wenn nicht unvermeidlich.

DER DAMALS 69-JÄHRIGE britische Premierminister Neville Chamberlain war lange Zeit der »starke Mann« der von den Konservativen dominierten britischen »Nationalen Regierung« gewesen, die im November 1931 in Reaktion auf die Weltwirtschaftskrise gebildet worden war. Er hatte fünfeinhalb Jahre als Finanzminister gedient und in diesem Amt für brutale Sparmaßnahmen plädiert. So wurde schließlich ein Haushaltsüberschuss erwirtschaftet, der das Land nach Ansicht der meisten britischen Wähler in einen viel besseren finanziellen und ökonomischen Zustand versetzte, als man auf dem Tiefpunkt des Abschwungs für möglich gehalten hatte. Chamberlain war der natürliche Nachfolger Stanley Baldwins gewesen. Der alte und kranke dreimalige konservative Premierminister war im Mai 1937 zurückgetreten, nachdem er die Krise, die zur Abdankung Eduards VIII. und der Thronbesteigung von dessen Bruder Georg VI. führte, erfolgreich beigelegt hatte.

Als Finanzminister hatte Chamberlain auch bei den Militärausgaben für einschneidende Kürzungen gesorgt. Von 1935 an hatte er jedoch in Reaktion auf die mögliche Bedrohung durch Hitler-Deutschland einen neuerlichen Ausbau der Royal Air Force und eine generelle Steigerung der Rüstungsproduktion befürwortet. Diese Maßnahmen wurden vom Führer der Opposition Clement Attlee und seinen Kollegen von der Labour Party als »Kriegstreiberei« bezeichnet und gegen ihren Widerstand beschlossen.

Tatsächlich war Chamberlain, was man gar nicht erwartet hätte, ein skrupelloser Politiker. Mit Hilfe seines auf scharfe Disziplin achtenden Fraktionschefs David Margesson hatte er die Konservativen im Parlament fest im Griff und »unterwarf die Abgeordneten der Torys mit kalter Skrupellosigkeit dem Willen der Regierung«.[6] Jeder, der sich gegen die offizielle Parteilinie stellte, bekam ernste politische und manchmal auch private Schwierigkeiten, insbesondere durch Sir Joseph Ball, den Leiter des Conservative Research Department. Ball war ein enger Freund Chamberlains und häufig dessen Begleiter bei Ausflügen zum Fliegenfischen, die einen erheblichen Teil der Freizeit des Premierministers in Anspruch nahmen. Früher war er beim MI5 (Military Intelligence, Section 5) für besondere Ermittlungen zuständig gewesen, nun sammelte er Informationen über Feinde der Regierung und Feinde Chamberlains, und zwar mit Methoden, die eine Historikerin mit denen verglich, die dreißig Jahre später durch Richard Nixons »Abteilung für schmutzige Tricks« angewandt wurden, unter anderem das Abhören von Telefonaten.[7]

Dieser effiziente Umgang mit der Macht und der Ruf, kompetent zu sein, standen im krassen Gegensatz zu Chamberlains leicht komischem Auftreten mit der durch Kläppchenkragen und Regenschirm unterstrichenen edwardianischen Steifheit. Seine berufliche Härte wurde außerdem durch verschiedene Eigenarten ausbalanciert, die ihm eine gewisse menschliche Verwundbarkeit verliehen. Er war ein geschickter Fliegenfischer und ein guter Schütze, relativ konventionelle Fertigkeiten der Oberklasse, hatte aber zum Beispiel auch eine große Leidenschaft für Bäume. In den Briefen an seine heißgeliebte Schwester erwähnte er häufig, dass diese gerade grün seien oder üppig blühten.

Tatsächlich unternahm Chamberlain, wie sein Chauffeur James Joseph Read berichtet hat, in Chequers, dem offiziellen Landsitz des britischen Premierministers in Buckinghamshire, oft ausgiebige Expeditionen in die Wälder, die zu dem Landsitz gehörten, wobei er gewöhnlich eine Säge mitführte, denn »es machte ihm Sorgen, tote Äste an einem Baum zu sehen«. Obwohl er damals schon beinahe siebzig war, kletterte er hoch hinauf in die Kronen, um die notwendigen Operationen vorzunehmen.

Read wurde, wie er später erzählte, ein Experte darin, dem gichtgeplagten Premierminister mit seinen geschwollenen Füßen behutsam in die Stiefel zu helfen. Es wurde sogar erwogen, ihn zu Chamberlains erstem Krisentreffen mit Hitler mitzunehmen für den Fall, dass der Premier während der wichtigen Gespräche einen Gichtanfall erlitt. Man entschied sich schließlich dagegen, weil zu wenig Platz im Flugzeug war.

Noch in der Nacht des 27. September hatte Chamberlain auf Hitlers scheinbar so friedfertiges Angebot geantwortet und sich bereit erklärt, in wenig mehr als zwei Wochen das dritte Mal nach Deutschland zu fliegen. Er ging sogar so weit, Hitler im Voraus zu beruhigen, er sei »sicher, dass Sie alles Wichtige ohne Krieg und ohne Verzögerung bekommen können«.[8] Doch just in diesen Tagen wurde die britische Flotte mobilisiert. Und nicht nur in Großbritannien setzte man Zuckerbrot und Peitsche ein, um vor den geplanten Gesprächen Druck zu entfalten: Als es an diesem Tag Abend wurde in Amerika, wandte sich Präsident Roosevelt in einer Rundfunkansprache an die Nation, in der er eine neue Konferenz über die Sudetenfrage forderte.

Bis zum Morgen des 28. September um 11.30 Uhr hatte Chamberlain sowohl mit Hitler als auch mit Mussolini Verbindung aufgenommen und einen konkreten Vorschlag für eine Vier-Mächte-Konferenz in Deutschland gemacht. Kurz darauf wurde die für 14 Uhr geplante Mobilisierung des deutschen Militärs verschoben.

RUTH ANDREAS-FRIEDRICH schlief nach ihrer nächtlichen Wanderung und der noch späteren Begegnung mit Heinrich Mühsam am folgenden Tag ordentlich aus. Es war beinahe zehn Uhr, als sie duschte und die Wohnungsklingel viermal läutete – das Zeichen, dass der Besucher zu ihr wollte. Sie streifte hastig den Bademantel über und öffnete die Tür. Es war ihre Freundin Susanne Simonis. »Mensch, abgeblasen!« keuchte Simonis, die offensichtlich gerannt war.

»Was – wo – wer?«

»Na, der Krieg natürlich!«

Andreas-Friedrich meinte, sie müsse sich erst einmal anziehen und eine Tasse Tee trinken, damit sie überhaupt aufnahmefähig sei. Simonis wartete ungeduldig, während sich ihre Freundin schnell anzog, Tee zubereitete und ein Stück Brot für das Frühstück aus dem Schrank holte.

»Also kein Krieg!«, erklärte Simonis schließlich. »Frieden! Echter, ehrlicher Frieden! Morgen soll er ausgehandelt werden. In München. Zwischen Hitler, Mussolini, Daladier und Chamberlain. Ich weiß es authentisch.«

Für Menschen wie Andreas-Friedrich und Simonis war »authentisch« ein Codewort. Es bedeutete zuverlässige Information im Gegensatz zu Gerücht oder Propaganda. In diesem Fall war Simonis' Cousin Erich Kordt, Diplomat und rechte Hand Ribbentrops, die Quelle. Kordt war ein Insider, aber wie seine Freunde wussten, ein Insider mit Gedanken, von denen sein Chef und seine Kameraden nichts wussten und nie etwas erfahren durften. Obwohl er im Jahr zuvor der NSDAP beigetreten war, war er kein Anhänger des Regimes. Simonis erzählte Andreas-Friedrich, dass ihr Vetter in dem großen Raum in der Reichskanzlei gewesen sei, als sich Hitler am Abend zuvor auf den Balkon gezeigt hatte. Kordt hatte alles durch ein Fenster beobachtet und sogar die beiden Frauen in der Menge ausgemacht. Simonis wiederholte, was Erich ihr inzwischen erzählt hatte:

> Gerade da stand der Krieg auf des Messers Schneide. Hitler trat auf den Balkon, um seinen Soldaten den Feldgruß zu geben. Niemals war er so entschlossen, im Sturm zu nehmen, was man ihm friedlich verweigert. Wir haben geholfen, ihm das zu versalzen. Mit unseren mürrischen Gesichtern und unseren unerhobenen Händen. Dreißig Minuten hat er nach seinem Abtritt noch hinter der Gardine gestanden und unsere Abneigung zur Kenntnis genommen. Während Goebbels, den Hut in die Stirn gedrückt, im geschlossenen Auto kreuz und quer durch Berlin fuhr und die Volksstimmung prüfte. Da hat es sich entschieden. »Mit so was lässt sich kein Blumentopf gewinnen«, würde der Berliner sagen – geschweige denn ein Krieg führen, stellten die Nazis fest. Und also gingen sie in sich und vertagten die Sache. Pass auf, ab morgen verschwinden die gequälten Volksdeutschen aus allen Zeitungen.[9]

Andreas-Friedrich war nicht wirklich erleichtert, doch ihre Spannung hatte sich zunächst einmal gelöst, und Simonis ging es genauso. Sie stellte im Radio den tschechischen Rundfunk ein. Zuerst kam nur ein Pausenzeichen, einige Takte von Smetanas sinfonischer Dichtung *Vyšehrad* (»Die hohe Burg«), dann ertönte ein Männerchor mit einem Totenlied.

Den Rest des Tages war Andreas-Friedrich, wie sie in ihrem Tagebuch notierte, wie betäubt. Durch die große Spannung der letzten Wochen hatte sie, wie es schien, die Fähigkeit verloren, Freude zu empfinden. »Krieg oder Frieden?«, schrieb sie. »Beides erscheint mir gleich schuldbeladen.«

Aus der Sicht von Oppositionellen wie Ruth Andreas-Friedrich und ihrem Kreis war dies durchaus zutreffend. Als friedliebende Menschen wollten sie keinen Krieg, aber viele meinten, dass das Land nur durch einen Krieg von Hitler und seinem Regime befreit werden könne. Die Brüder Kordt, Erich, Berater des nationalsozialistischen Außenministers Ribbentrop, und Theo, hoher Diplomat an der deutschen Botschaft in London, gehörten zu einer Verschwörung hoher Politiker und Militärs. Für den Fall, dass Hitler in die Tschechoslowakei einmarschierte und einen Krieg riskierte, wollten sie einen Staatsstreich verüben mit der Begründung, dass der Führer wahnsinnig geworden sei. Susy Simonis war daran beteiligt, denn sie war hin und wieder als Kurier zwischen Erich in Berlin und Theo in London unterwegs. Noch Anfang September hatte sie Theo eine geheime Botschaft überbracht – auswendig, damit man die Nachricht auf keinen Fall abfangen konnte.[10]

Die Urheber der Putschpläne waren Offiziere, die mit der Abwehr, dem militärischen Geheimdienst des Deutschen Reichs, in Verbindung standen, unter ihnen Generalleutnant Hans Oster und Major Helmuth Groscurth. Einige der ranghöchsten Offiziere der Wehrmacht waren locker mit eingebunden, etwa General i. R. Erwin von Witzleben, General Ludwig Beck, bis vor Kurzem noch Generalstabschef des Heeres, Generaloberst Walther von Brauchitsch, Oberbefehlshaber des Heeres, und der Chef der Abwehr Admiral Wilhelm Canaris. Führende zivile Beteiligte waren der Wirtschaftsminister Hjalmar Schacht (der 1923 erfolgreich die Hyperinflation bekämpft hatte), der konservative frühere Oberbürgermeister von Leipzig Carl Goerdeler, der inzwischen als Handelsbeauftragter des Bosch-Konzerns viel im Ausland unterwegs war, und Ernst von Weizsäcker, Staatssekretär im Außenministerium und in dieser Eigenschaft Chef der Brüder Kordt. Die meisten Mitglieder der Gruppe waren deutsche Konservative alten Stils, oft eher Monarchisten als Demokraten. Einigen ging es nicht einmal darum, Hitler zu stürzen oder zu töten, sondern lediglich darum, ihn »zur Vernunft zu bringen«,[11] aber alle glaubten, dass ein Krieg zu diesem Zeitpunkt Deutschlands Untergang bedeutete, und waren bereit, drastische Maßnahmen zu ergreifen, um ihn zu verhindern.

Die britische Regierung war recht gut über die Existenz der Gruppe und ihre Ziele informiert. Theo Kordt wird im Tagebuch des damals 53-jährigen Sir Alexander Cadogan, Ständiger Unterstaatssekretär für auswärtige Angelegenheiten und Chef des britischen Foreign Office, am 6. September als »Herr X« erwähnt.[12]

An jenem Tag hatte Kordt mit Sir Horace Wilson Kontakt aufgenommen und ihn über Hitlers Absicht informiert, am 19. oder 20. September in die Tschechoslowakei einzumarschieren. Am folgenden Tag wiederholte der deutsche Diplomat diese Voraussage in Gegenwart von Cadogan und Außenminister Lord Halifax – der Premierminister war gerade zum Fliegenfischen in Schottland –, nachdem man ihn zu einem Geheimtreffen (»durch den Garteneingang«) in die Downing Street gebeten hatte. Kordt verband seine Informationen mit der Bitte an die Briten, die Tschechoslowakei, komme, was wolle, zu unterstützen. Er schlug sogar vor, das deutsche Volk durch eine Sondersendung im Radio zu warnen,[13] was Cadogan für verheerend hielt. Er erklärte, dass die Idee »mich beinahe misstrauisch macht«, also den Verdacht in ihm weckte, Kordt könne eine Art *Agent Provocateur* sein.

In den folgenden Tagen und Wochen versuchten Kordt und seine Freunde verzweifelt, die Briten zu einer harten Haltung gegenüber Hitler und seinen Machenschaften zu bewegen. Die Pläne des Widerstands konnten nur gelingen, wenn Briten und Franzosen sich angesichts der nationalsozialistischen Aggression hart zeigten, auch – oder vielleicht gerade – wenn das zu einem Krieg in Mitteleuropa führte. Das Problem war, dass die Briten, wie Cadogans Reaktion beweist, sich nicht entscheiden konnten, ob es sich hier um einen echten Versuch transnationaler Zusammenarbeit gegen die Bedrohung durch Hitler handelte oder ob sie von ein paar schlauen und hinterhältigen NS-Diplomaten hinters Licht geführt wurden.

AM ENDE ENTSCHIED die britische Regierung – vermutlich mit einem gewissen Bedauern –, so zu tun, als hielte sie den von Theo Kordt vertretenen Widerstand nicht für glaubwürdig. Das Misstrauen der herrschenden Klasse in Großbritannien gegen ihr deutsches Äquivalent war einfach zu groß und schließlich nicht erst 1933 mit der Machtergreifung Hitlers entstanden, sondern entsprang vielmehr den Erfahrungen im Ersten Weltkrieg und der heftigen Rivalität zwischen Deutschland und Großbritannien, die diesem vorausgegangen war.

BEI DER BRITISCHEN BEVÖLKERUNG herrschte weiterhin große Anspannung, insbesondere bei den einfachen Leuten, die nicht mehr wussten als das, was in der Zeitung stand oder über das Radio verbreitet wurde. Gegen Ende der Woche schrieb Leonard Grugeon, ein 22-jähriger Bankangestellter in Swindon, der als Beobachter für Mass-Observation Tagebuch führte, über die Stimmung seiner Kollegen in der Bank: »Inzwischen warten wir gespannt, während die Staatsmänner beratschlagen … Eine große Faulheit hat die Menschen ergriffen. Keine Arbeit außer dem Notwendigsten wird mehr erledigt. Briefe bleiben ungeschrieben, Bücher ungelesen, Theater unbesucht. Denn: Wer weiß, was morgen kommt? Aber alle stellen sich diese Frage.«[14]

Bis vor Kurzem hatten manche noch versucht, die Krise auf die leichte Schulter zu nehmen. Elizabeth Crowfoot, eine junge Schauspielerin, die mit einem Repertoiretheater auf Tournee war, hielt fest, wie die Schauspieler aus ihrer Truppe auf die neusten Nachrichten reagierten:

> B.R. (Schauspieler, etwa 30) kam auf mich zu und sagte: »Mir würde es nichts ausmachen, wenn ein Krieg käme. Überleg mal – ich muss mich dann nicht mehr um einen Job bemühen, nicht mehr ›in Verbindung bleiben‹. Alle Kostüme werden zur Verfügung gestellt, man muss sich nicht schminken, die Unterkunft ist frei« –
> K.K.: »Und zwei Schilling und zehn Pence am Tag – das muss es sein, so viel kriegst du, wenn du arbeitslos bist.«
> E.B., der im letzten Krieg war, sah die beiden bloß an.

Er werde sich wohl bei der Royal Air Force (RAF) bewerben, fuhr »K.K.« fort, dort gebe es einen Aufschub, weil man zuerst eine Ausbildung machen müsse – oder bei der Marine, dort sei es wenigstens »halbwegs sauber«. Er »konnte Dreck oder Ratten nicht ausstehen«.[15]

In Coventry, einem Zentrum der Rüstungsindustrie in Mittelengland und daher ein wichtiges Ziel für deutsche Bombenangriffe, hörte ein Beobachter von Mass-Observation, wie ein 16-jähriger Junge zu einem Passanten sagte, er werde im Kriegsfall »wie ein Hase davon und nach Hause laufen, niemand wird mich in Coventry festhalten, ich werde eine möglichst große

Entfernung zwischen mich und Coventry legen!« Ein Freund des Beobachters, der gerade aus Birmingham zurückgekehrt war, berichtete, dass Barrow's, ein großes Kaufhaus in der Bull Street in Birmingham, »einen Ansturm verkraften muss, der sich nur mit dem in der Weihnachtszeit vergleichen lässt«.[16]

Am folgenden Tag wurde Chamberlains Reise zur Münchner Konferenz vereinbart, und die Spannung nahm erheblich ab, wenngleich einige Zivilisten, denen der Beobachter begegnete, immer noch Gräben für den Fall von Bombenangriffen ausheben wollten. (»Sie werden uns verdammt gute Dienste leisten.«)

In Tunbridge Wells, vierzig Kilometer südlich von London, hörte C. Miller, eine junge Lehrerin und überzeugte Antifaschistin, die Sechs-Uhr-Nachrichten der BBC, als sie von der Arbeit nach Hause kam. Sie schrieb in ihrem Bericht:

> Chamberlain reist nach München. Bin enorm erleichtert ... Gleichzeitig gespannte Erwartung: Werden England und Frankreich die Tschechoslowakei nun in eine unmögliche Lage bringen? Wird Mussolini für seine Dienste Wohlverhalten in Bezug auf Spanien von uns fordern? Dennoch, es sind sehr hoffnungsvolle Nachrichten. Nun, nachdem ich auf dem Sofa gelegen ... und Nachrichten gehört habe, fühle ich mich sehr erfrischt und weniger müde.[17]

Miller berichtete außerdem, dass sie selbst an diesem Nachmittag einen Graben im Garten hatte ausheben wollen und dafür eigens eine Spitzhacke gekauft hatte. Sie hatte dafür am Wochenende sogar schon eine Stelle markiert. »Nun jedoch, wegen der besseren Nachrichten, weil es schon spät ist usw., verschiebe ich es.«

In Coventry registrierte ein Beobachter an diesem Abend »aufgeregtes Stimmengewirr« im Bus, als er nach Hause fuhr. Ein junger Kaufhausabteilungsleiter Ende zwanzig verkündete mit »erhobener Stimme: ›Na, habe ich es nicht immer gesagt? Ich wusste, dass es nie einen Krieg geben wird. Wir waren ganz schön nah dran, aber –‹«. Ein anderer junger Pendler war ähnlich optimistisch: »Hitler ist ja vielleicht ein Narr, aber kein so großer, dass er einen Krieg anfängt – ich habe nie gedacht, dass es zum Krieg kommen wird.«[18]

AUCH IN DEUTSCHLAND war den meisten nicht klar, ob die neue Entwicklung den Frieden sicherte oder nur eine Hürde auf dem Weg zum Krieg darstellte. Wilm Hosenfeld, ein 43-jähriger Veteran des Ersten Weltkriegs, Dorfschullehrer in Thalau in Osthessen und gläubiger Katholik, hatte als begeistertes SA-Mitglied zwei Jahre zuvor den Nürnberger Reichsparteitag besucht. Hitlers aggressive Rede am 26. September hatte ihn dagegen wenig begeistert, sondern ziemlich besorgt gestimmt: »Er redet maßlos, überheblich, man kann sagen, seine Art ist wenig vornehm, überlegen. Ausdrücke wie ›demokratisches Lügenmaul‹ sind unwürdig eines großen Staatsmannes, der ein großes Volk vertritt. Er will nicht nachgeben. Wir befürchten, dass es Krieg gibt.«[19]

Am folgenden Tag dachte er sogar darüber nach, ob eine Diktatur tatsächlich nur Vorteile und vielleicht nicht auch Nachteile hatte:

> Jetzt kommt einem doch auch mal zum Bewusstsein, welch große Gefahr die Staatsform der reinen Diktatur hat. Was steht im Wege, wenn Hitler unzugänglich bleibt und das d[eutsche] Volk in den Krieg stürzt? Volksbefragung? Das sind große Worte, in Wirklichkeit wird das Volk nicht gefragt. Ganz anders die Demokratie mit dem Parlament.[20]

Am darauffolgenden Tag war der Dorfschullehrer noch immer niedergeschlagen, schließlich verfügte er nicht über die geheimen Informationen, welche die Stimmung von Ruth Andreas-Friedrich und ihren Freunden gehoben hatten. Es war erneut ein »böser Tag«, an dem der Schatten des Krieges noch schwerer über allem lag. »Dieser Krieg«, schrieb Hosenfeld in sein Tagebuch, »wäre in seinen Folgen ungeheuer schlimm. – Wir stürzen jedes Mal, wenn der Rundfunk Nachrichten bringt, an den Lautsprecher. A[nnemarie] ist so niedergeschlagen, dass sie bei der geringsten Gemütsbewegung weint.«[21]

Im südwestdeutschen Stuttgart-Bad Cannstatt vertraute eine Frau in den Zwanzigern, die als Gärtnerin arbeitete, sich am 29. September ihrem Tagebuch an. Nachdem sie zunächst das außergewöhnlich heiße Wetter erwähnt hatte, das seit zwei Wochen herrschte, kam sie auf die Sudetenkrise und das Gipfeltreffen in München zu sprechen. Obwohl sie offensichtlich eine leidenschaftliche Anhängerin Hitlers war, zeigte sie sich besorgt über die Lage und darüber, was die Krise für ihren Vater und ihren Bruder bedeuten könnte:

> Sicher, wenn es sein soll, dann auch jeder an seinem Platz, u. Vertrauen auf des Führers glückliche Hand u. auf Italiens u. Japans Hilfebereitschaft. Die Ereignisse jagen sich, heute hat der Führer Mussolini, Chamberlain u. Daladier in München zur Besprechung, hebt die Spannung auf das Ergebnis. Alle paar Stunden sind Nachrichten am Radio u. Berichte von dem Terror in der Tschechei, die Spannung ist zum Platzen.
>
> Ob Papa mit muss, u. später Heinz? Was aus uns noch wird, wie wir all so versprengt wohnen, ich habe Angst um unsere Zukunft. Die Nachrichten der fremden Sender, die wir oft abhören, verwirren einen noch mehr, sie sind immer anders wie unsere, aber nie deutschfreundlich. Sie sind neidisch auf unser erstarkendes Deutschland, weiter nichts u. die Juden die herausgeflogen sind u. jetzt auch aus Italien müssen, werden schon ihr übriges tun.[22]

Dann erwähnte sie noch, dass sie und eine Freundin einen Film mit Zarah Leander gesehen hatten, der angeblich in Venedig mit dem Mussolini-Pokal ausgezeichnet worden war.

In Berlin war der 38-jährige Erich Ebermayer unterdessen in einer seltsamen Lage: nahe an der Elite des Dritten Reichs und doch stets am Rande der Legalität. Der erfolgreiche Romanschriftsteller, Dramatiker und Drehbuchautor war in der Weimarer Republik ein prominenter liberaler Autor gewesen. Als die Nazis an die Macht kamen, hatten sie viele seiner Werke verboten. Er hatte jedoch Verbindungen in Hitlers Zirkel, unter anderem zum Reichsleiter Philipp Bouhler, einem der frühesten Anhänger Hitlers und seit 1936 Chef der Reichskanzlei. Bouhler war ein Vetter mütterlicherseits von Ebermayer. Über einen anderen angeheirateten Vetter war er mit Fritz Todt verwandt, Generalinspektor für das Straßenwesen und Chef der gigantischen Organisation Todt, die hauptsächlich militärische Bauprojekte realisierte.

So kam es, dass Ebermayer an einem Tag ein glanzvolles Kulturfestival der Nazis besuchte und am nächsten zur angespannten »Plauderei« mit der Gestapo geladen wurde – allerdings landete er nie in einem Konzentrationslager. Zu seinem Glück wurden seine unpolitischen Theaterstücke immer noch aufgeführt, er durfte harmlose volkstümliche Filmdrehbücher schreiben, lukrative Engagements als (im Abspann gewöhnlich nicht genannter) »Script Doctor« übernehmen und als Theaterregisseur arbeiten. Das sicherte ihm während der gesamten Nazizeit ein ordentliches Einkommen.

Und er führte Tagebuch. Am 28. September schrieb er über Hitlers Wutrede vom 26. September, nachdem er einen Zeitungsbericht darüber gelesen hatte (»es war mir physisch unmöglich, ihm [im Radio] zuzuhören«):

> Interessant die Stimmung der Menschen in Berlin. Rechnen wir die fanatisierten Massen ab, die gestern den Sportpalast füllten, so sieht man überall nur vermieste Gesichter. Keiner will den Krieg – aber viele wollen die Sudeten. Es geht doch allen so gut! Wir verdienen so gut! Man hat ein Auto, einen Kühlschrank, eine Musiktruhe – wozu also noch Krieg? Der »Führer« hat es ja bisher immer ohne Krieg geschafft. Er wird es auch diesmal schaffen …[23]

Nach Ebermayers Einschätzung waren die meisten Deutschen für einen Erfolg Hitlers in den bevorstehenden, bisher wichtigsten Gesprächen. Sie vertrauten seit Jahren darauf, dass der »Führer« alles, was Deutschland brauchte, mit friedlichen Mitteln erreichte. Bisher war ihm das schließlich immer gelungen.

AM DIENSTAG, dem 29. September, holten Alexander Cadogan und seine Tochter Gillian Lord Halifax morgens um 7.30 Uhr in seiner Londoner Wohnung am Eaton Square 86 ab und fuhren mit ihm zum Heston Aerodrome, einem Flugplatz westlich von London. Dort ging Chamberlain an Bord einer in Amerika gebauten und als Zivilflugzeug registrierten Lockheed 14 Super Electra, die ihn und seine Berater nach München brachte. Mit derselben 14-sitzigen Maschine der British Airways war er eine Woche zuvor schon nach Bad Godesberg geflogen. Im Nieselregen winkten Cadogan und Gillian dem Premierminister, als er zu seiner schicksalhaften Mission aufbrach. Es war, wie Cadogan schrieb, »eine gute Show«.[24]

Wenigstens für Cadogan war der Rest des Tages, so notierte der überarbeitete Regierungsbeamte, »leicht« wie »die Stille im Auge des Taifuns!«. Er erhielt einen aufmunternden Anruf des amerikanischen Botschafters Joseph Kennedy, der versprach, er werde »dem Premierminister sagen, dass ich der richtige Mann für Washington bin!«.* Während Chamberlain sich in Deutschland aufhielt, konnte der Staatssekretär sogar »das erste Mal seit Tagen« zu Hause bei seiner Familie zu Abend essen.

* Botschafter in Washington zu werden war ein Lebenstraum von Alexander Cadogan.

Um 11.51 Uhr deutscher Zeit landete Chamberlain mit seinem Verhandlungsteam auf dem Flughafen Oberwiesenfeld im Norden von München, der ihm nach seiner Reise zu Beginn des Monats schon vertraut war. Er wurde von Außenminister Ribbentrop und einem Begrüßungskomitee empfangen, zu dem nicht nur vergleichsweise respektable Nazis wie General Ritter von Epp gehörten, sondern auch der SS-Brigadeführer Christian Weber, ein vierschrötiger früherer Rausschmeißer. Weber war der inoffizielle Stadtherr von München, ein bekannter alter Kämpfer der Nazis und einer jener Schlägertypen, die Hitler seit seinen ersten Tagen als aufrührerischer kleiner Politiker in Bayern als Leibwache gedient hatten. Ebenfalls auf dem Rollfeld wartete der in Eton zur Schule gegangene britische Botschafter in Deutschland Sir Nevile Henderson.

Die britische Delegation wurde sofort zu ihrem Quartier im Hotel Regina am Maximiliansplatz gebracht. Von dort war es kaum ein Kilometer bis zum sogenannten Führerbau in der Arcisstraße, einem erst kurz zuvor vollendeten Repräsentationsbau der Münchner NSDAP, in dem Hitlers politischer Stab untergebracht war, wenn er sich in München aufhielt. Hier fanden die Krisengespräche statt.

Sie begannen um 12.30 Uhr in Hitlers Arbeitszimmer. Das Treffen war sorgfältig inszeniert. Hitler war bewusst mit dem Rücken zum Fenster platziert, damit sein Gesicht im Schatten lag. Chamberlain saß links von ihm, Daladier und Mussolini saßen gemeinsam auf dem Sofa.[25] Das Dokument, auf das man sich einigen sollte, stammte angeblich von den Italienern, die als »ehrliche Makler« auftraten. In Wirklichkeit war es von Göring verfasst und von Ernst von Weizsäcker, Staatssekretär im Auswärtigen Amt und angeblich führendes Mitglied des Widerstands, in die Diplomatensprache gebracht worden. Danach hatte man es nach Rom geschickt, von wo es der Duce und seine Entourage wieder nach Deutschland gebracht hatten, um es nun bei den Münchner Gesprächen als sein eigenes Werk zu präsentieren.[26]

Die erste Sitzung dauerte bis zum Nachmittag, dann gab es eine Pause. Um 22 Uhr versammelte man sich erneut, um den endgültigen Wortlaut des Abkommens auszuarbeiten. »Armer PM, er muss halb tot sein!«, kommentierte Cadogan in seinem Tagebuch. Als die Verhandlungen um 2.30 Uhr beendet waren, hatte Hitler alles bekommen, was er wollte (oder besser gesagt, alles, was er zu diesem Zeitpunkt zu wollen beschlossen hatte, nachdem er des Vorwands für einen Einmarsch in der Tschechoslowakei beraubt worden war). Nur Daladier und seine Chefberater Alexis Léger äußerten grundsätz-

»Frieden für unsere Zeit« schien die Münchner Konferenz der Welt bringen. In Wahrheit hatte man den Zug in den Krieg bestiegen, als Mussolini, Hitler, Daladier und Chamberlain (v.l.n.r.) am 29. September auseinandergingen.

liche Bedenken hinsichtlich des weiteren Schicksals der Tschechoslowakei, doch das war kaum mehr als ein Rückzugsgefecht.[27]

Nach den Bestimmungen des endgültigen Abkommens erhielten die deutschen Truppen die Erlaubnis, am 1. Oktober die Gebiete der »Sudeten« zu besetzen, also zu dem von Hitler ursprünglich vorgesehenen Termin. Die Gebietsgrenzen waren dabei nicht nur von ethnischen, sondern in erheblichem Maß auch von strategischen Erwägungen bestimmt: Hunderttausende Deutsche verblieben im tschechoslowakischen Rumpfstaat, andererseits fand sich eine Million Tschechen im Deutschen Reich wieder. Wenn sie nicht Deutsche werden wollten, mussten sie das Gebiet bis zum 10. Oktober verlassen, gleichgültig ob ihre Muttersprache Tschechisch oder Deutsch war. Sie durften nichts mitnehmen und sollten keine Entschädigung erhalten. Die imposanten Befestigungen, die die Tschechoslowakei in der gebirgigen Grenzregion an der deutschen Grenze errichtet hatte, fielen an das Deutsche Reich. Damit war der Rest des Landes der Wehrmacht de facto schutzlos ausgeliefert. Auch der größte Teil der tschechoslowakischen Schwer- und Rüstungsindustrie fiel an Deutschland.

AM NACHMITTAG des 29. September 1938, während sich die Vier-Mächte-Gespräche im Führerbau dahinschleppten, radelte die 23-jährige Hausangestellte Maria Jörg auf einer Landstraße durch den Forstenrieder Park, einen großen Wald vor den Toren Münchens, der früher einmal als königliches Jagdrevier gedient hatte. Als sie die leichte Kurve bei dem bescheidenen Forsthaus Oberdill erreichte, dem einzigen bewohnten Haus in dieser Gegend, kam ihr ein Mann in den Dreißigern auf einem Fahrrad entgegen. Sie trat fester in die Pedale, aber wenig später wurde sie hinterrücks von starken Armen umklammert und vom Rad gerissen. Der Radfahrer hatte umgedreht und zerrte sie nun zum Straßenrand. Er würgte sie und schoss ihr dann mit einem kleinen Revolver in den Hinterkopf. Danach schleppte er sie weiter in den Wald hinein und versuchte sie zu vergewaltigen. Die spätere Beweisaufnahme ergab, dass er ejakulierte, bevor er sie penetrieren konnte.

Er zerstückelte die Leiche mit einem Messer, grub ein Loch in den weichen Waldboden, warf die Leichenteile hinein und bedeckte sie mit einer Mischung aus Erde und Tannennadeln. Schließlich zerlegte er hastig das Fahrrad und warf die Teile ins Unterholz. Er nahm den Geldbeutel und ein paar weitere Habseligkeiten der jungen Frau an sich und verschwand.

Nur 15 Kilometer, in Wahrheit aber Lichtjahre entfernt, nahmen die wichtigen Verhandlungen in München ihren Fortgang, während die Augen der Welt in angespannter Erwartung auf die Stadt gerichtet waren. Es sollte Monate dauern, bis man die als vermisst gemeldete Maria Jörg in dem Waldstück gegenüber dem Forsthaus fand. Erst im Lauf des folgenden Jahres kam die ganze Wahrheit über das schreckliche Schicksal der jungen Frau ans Licht – und ebenso die Wahrheit über die folgenreichen und auf ihre Art gleichfalls schrecklichen Dinge, die am 29. September 1938 in München beschlossen worden waren.

VOJTECH MASTNY, der tschechoslowakische Gesandte in Berlin, und der Ministerialrat im tschechoslowakischen Außenministerium Hubert Masařík waren von der Regierung der Tschechoslowakei als »Beobachter« nach München geschickt worden. Auch sie hatten im Hotel Regina Zimmer gebucht, wurden dort jedoch von Beamten der Gestapo in Empfang genommen und festgehalten, so dass sie nicht an den Verhandlungen teilnehmen konnten.[28]

Noch vor der ersten Vereinbarung war der tschechoslowakische Staat damit gedemütigt, und es sollten weitere Demütigungen folgen, die den Tschechen nicht nur von ihren offensichtlichen Feinden, sondern auch durch angebliche Freunde zugefügt wurden. Als Chamberlain mit Daladier im Schlepptau in den frühen Morgenstunden ins Hotel Regina zurückkehrte, luden die beiden die Vertreter der tschechoslowakischen Regierung zu einer Zusammenkunft ein. Es war schon nach zwei Uhr morgens, und Chamberlain gab sich keine Mühe, seine Erschöpfung zu verbergen, sondern gähnte ungeniert, während das Abkommen den Vertretern der Tschechoslowakei erläutert wurde. Man erklärte ihnen, dass ihre Zustimmung nicht unbedingt erforderlich sei. Sollten sie den Vereinbarungen nicht zustimmen, standen sie ganz allein da. »Danach waren sie mit uns fertig und erlaubten uns zu gehen«, sagte Masařík.[29]

Hitler schien mit dem Ergebnis sehr zufrieden zu sein. Er bestand sogar darauf, aus der Parteizentrale, dem »Braunen Haus«, das Gästebuch holen zu lassen, damit sich die Staatsmänner in dieses eintragen konnten. In Wahrheit war ihm das Sudetenland zu wenig, er wollte Prag und ganz Böhmen. Die Franzosen und Briten hatten ihn aber gezwungen, sich mit weniger zufriedenzugeben, da sie ihn auf seine öffentliche Behauptung festnagelten, es gehe ihm nur um die Sicherheit und Selbstbestimmung der Sudetendeutschen, und darauf bestanden, dass er auf sein eigentliches Ziel der totalen Zerstörung und militärischen Besetzung der Tschechoslowakei (wie sich später herausstellte, nur vorläufig) verzichtete.[30]

Am Freitag, dem 30. September, dem Morgen nach der Unterzeichnung des Abkommens, fuhr Chamberlain im offenen Wagen vom Hotel zu Hitlers Wohnung am Prinzregentenplatz 16 in unmittelbarer Nähe der Isar, wo der Diktator seit 1929 residierte, wenn er sich in München aufhielt. Chamberlain hatte für eine weitere bilaterale Zusicherung des Friedens ein besonderes Treffen verlangt: von Mann zu Mann und von Nation zu Nation. Die französischen Verbündeten Großbritanniens waren nicht informiert worden. Die Münchner jubelten dem Premierminister auf seiner kurzen Fahrt überschwenglich zu, was den Premierminister begeisterte, seinen Gastgeber aber verärgerte. Doch er wahrte die Form und hielt den »Mann mit dem Schirm« bei Laune.

Hitler und Chamberlain sprachen anderthalb Stunden offenbar in freundlicher Atmosphäre miteinander und setzten dann ihre Unterschriften unter ein gemeinsames Dokument, eine »deutsch-britische Friedenserklärung«. Darin versicherten beide Staaten, »nie wieder einen Krieg gegeneinander zu führen«. Wichtig schien, dass in dem Dokument ein formelles Procedere festgehalten wurde, mit dessen Hilfe für sämtliche Probleme, die in Zukunft zwischen den beiden Staaten auftauchten, eine friedliche Lösung gefunden werden sollte. Frank Ashton-Gwatkin, ein Beamter des Foreign Office und Befürworter der Appeasement-Politik, zitierte später die Behauptung eines deutschen Bekannten, Hitler habe nach der Unterzeichnung des zweiten Abkommens gesagt, Chamberlain »war so ein netter alter Herr, und ich dachte, ich gebe ihm meine Unterschrift als Souvenir«.[31]

Am Abend, nach etwas mehr als 24 Stunden auf deutschem Boden, stieg Chamberlain wieder in seine Lockheed Electra und kehrte nach London zurück. Gegen 17.30 Uhr landete er auf dem Heston Aerodrome, wo sich bereits eine große Schar von Gratulanten am Rollfeld eingefunden hatte. Als der Premier aus dem Flugzeug stieg und sich der Presse stellte, zog er die deutsch-britische Friedenserklärung aus der Tasche und las den versammelten Reportern und Kameraleuten – darunter erstmals bei einem Ereignis im Freien auch ein Übertragungsteam der BBC-Fernsehnachrichten – einen Abschnitt aus dem berühmten – später berüchtigten – »Stück Papier« vor.

»Meine lieben Freunde«, schloss er, »dies ist das zweite Mal, dass ein ehrenhafter Frieden aus Deutschland in die Downing Street zurückgekehrt ist. Ich glaube, es ist Frieden für unsere Zeit.«[32]

Alexander Cadogan schrieb an diesem 30. September erleichtert in sein Tagebuch: »Die *Times* hat diesen Morgen das Münchner Abkommen publiziert. Sieht für mich ganz gut aus.«[33] Er war am Nachmittag wegen des Verkehrs auf der Great West Road aufgehalten worden und dann förmlich zum Flughafen gerast, um zur Landung Chamberlains nicht zu spät zu kommen. Cadogan sah damals keine besondere Bedeutung in den Worten des Premierministers. Der Mandarin der Mandarine im Foreign Office hielt die Ereignisse routiniert in seinem Tagebuch fest:

> Stürmten mit erhobenem Polizeiausweis durch die Menge am Tor. Die Polizisten ließen die Menge eine Gasse bilden und ließen uns durch bis zur Landebahn. Wir kamen an, als der Pilot gerade den Motor abstellte und der P. M. das Flugzeug verließ. Er gab zuerst Clarendon die Hand, der ihm eine Einladung des Königs überbrachte, dann H. [Außenminister Halifax] und dann mir. Er hielt eine Rundfunkrede und kam recht schnell weg. Als er fertig war, begann es wieder zu regnen.

DIE GESONDERTE deutsch-britische Friedenserklärung, die Chamberlain bei seiner Rückkehr nach London vorzeigte, beruhigte viele Engländer, weil sie den Eindruck vermittelte, dass Hitler tatsächlich den Frieden zwischen den beiden Ländern wahren wollte. Joseph Goebbels, Hitlers Propagandaminister, interpretierte das Papier dagegen mit zynischen Worten. Nachdem er es ausgiebig mit Hitler diskutiert hatte, schrieb er am 2. Oktober 1938 in sein Tagebuch, der Führer habe die Erklärung vor allem deshalb unterzeichnet, weil »man bei ihrer Abfassung noch nicht [wusste], ob die Tschechen annehmen würden, und dafür war sie ausgezeichnet, dass sie London die Hände band«.[34] Dann schilderte er die dramatischen Ereignisse, die auf das Münchner Abkommen folgten:

> Um 14^{h} beginnt der Einmarsch der deutschen Truppen. Welch ein Tag! Welch ein glücklicher Tag! Man könnte sich selbst umarmen vor Freude. Der Empfang des Führers durch die Stadt Berlin wird in der ganzen Weltpresse groß geschildert und aufgezogen. Die deutsche Presse arbeitet auch in diesen Tagen musterhaft.

Ein trüberes Bild von der Arbeit der deutschen Medien während der Krise lieferte Ruth Andreas-Friedrich, die die Stimmung in der Presseorganisation, in der sie arbeitete, festhielt:

> Es ist sonderbar. Jeden Tag rollen aus diesem Haus hunderttausend Zentner bedruckten Papiers. Spülen eine Sturzflut nationalsozialistischer Propaganda über die Menschheit. Und doch gibt es kaum einen unter dem Dach, der ja sagt zu dem, was er schreibt, setzt, druckt, redigiert oder als Botenjunge durch die Gänge trägt. Solange die Wände noch keine Ohren haben, greuelt man zu zweien oder in Grüppchen hinter allen Türen. Die paar Hundertprozentigen sind bekannt, werden hofiert – und gemieden. Man warnt vor ihnen, schweigt oder wechselt das Thema, sobald sie ins Zimmer treten. Keiner aber wagt es, ihnen ins Gesicht zu sagen, was er denkt, was ihn drückt und wovor er zittert.[35]

Dem allmächtigen Goebbels machte dies nicht allzu viel aus, solange den Lesern der Zeitungen und vor allem den Ausländern, die die deutsche Presse noch lasen, der von ihm gewünschte Eindruck vermittelt wurde. Bis in die letzten Stunden der Münchner Verhandlungen hatte die deutsche Presse – unabhängig von den persönlichen Ansichten der Journalisten – eine universelle, synchronisierte und hysterische Gräuelpropaganda betrieben, um den Druck auf die Tschechoslowaken und ihre Verbündeten aufrechtzuerhalten, während der Einmarsch weiter vorbereitet wurde. Wie Ruth Andreas-Friedrich einräumt, galt das auch für sie selbst und ihre Kollegen. Die Berichte über »Greuel« gegen die Volksdeutschen ebbten nach Unterzeichnung des Abkommens ab, aber nun wurde vor den verräterischen Tschechen und den angeblichen Strippenziehern in Moskau gewarnt.

Am 29. September brachte die SS-Zeitung *Das Schwarze Korps* eine groteske Karikatur des tschechoslowakischen Präsidenten Edvard Beneš, der als »Stalins Affe« dargestellt war und dem russischen Diktator auf der Schulter saß, während beide von einem als extreme Karikatur eines Juden gezeichneten sowjetischen Außenminister Litwinow Anweisungen erhielten.

Am selben Tag lautete die Schlagzeile in der Lokalzeitung des für seine Schuhfabriken bekannten rheinland-pfälzischen Pirmasens: »Beneš plündert und mordet weiter«.

Noch am 1. Oktober, als sich die Nachricht vom Münchner Abkommen längst herumgesprochen hatte, hielt die Hetze an. Goebbels ließ nun verbreiten, dass die Tschechoslowaken die bittere Pille von München zwar geschluckt hätten, aber versuchen würden, das Sudetenland zu verwüsten, bevor es die Wehrmacht besetzen konnte. Die *Bodensee-Rundschau* schrieb: »Prag nimmt an und beginnt sein Zerstörungswerk«. Die (mehr oder weniger aus der Luft gegriffene) Behauptung, dass die Tschechen eine Politik der verbrannten Erde verfolgten, lag auch einem Bericht aus Wien zugrunde, der überschrieben war: »Riesige Kohlenlager in Flammen gesetzt – Juden als Drahtzieher der tschechischen Überfälle«.[36]

Dennoch gab es, als die Staatsgäste nach Unterzeichnung des Münchner Abkommens heimgekehrt und die Soldaten der Wehrmacht in die neuen Gebiete eingerückt waren, Erleichterung und sogar Jubel in Deutschland. Der Sicherheitsdienst der SS (SD), der neben den lokalen Stellen der Gestapo die öffentliche Stimmung sorgfältig überwachte, musste im Jahr 1938 die Existenz einer weit verbreiteten »Kriegspsychose« einräumen. Diese äußerte sich unter anderem in einem Defätismus, der »bis zur schärfsten Kritik an der ›Abenteuerpolitik des Reiches‹ ging«.[37]

Auf dem Höhepunkt der Krise fürchtete das Regime, dass Panik ausbrechen und es zu einem Ansturm auf die Banken kommen könnte, wie es ihn im Sommer 1914 gegeben hatte. In der kleinen sächsischen Stadt Naunhof in der Nähe von Leipzig wurde ein lokaler Agent des SD von der Berichterstattung über die politische Zuverlässigkeit oder Unzuverlässigkeit wichtiger Bewohner des Ortes entbunden, um bei der lokalen Sparkasse entsprechende Erkundungen einzuziehen. Er kam zu dem Schluss, dass Geld in der üblichen Menge auf die Konten eingezahlt wurde und es wegen der internationalen politischen Lage keine außergewöhnlichen Abhebungen gegeben hatte.[38] Das Volk, zumindest aber die braven Leute von Naunhof, hatten Vertrauen in das Vorgehen des Führers.

Die Welle der Angst ebbte allmählich ab. Hitler hatte erneut triumphiert, und zwar wieder ohne Krieg – so schien es jedenfalls.

2

Oktober 1938

Populärer als Hitler

WIE DIE DEUTSCHEN sahen auch viele Briten im Münchner Abkommen einen Grund zum Feiern. Die Erleichterung über die Nachricht »Kein Krieg!« war gewaltig. Die Leute hatten Gräben ausgehoben, Gasmasken verteilt und Kinder aus den größeren Städten evakuiert. Mit alldem mussten sie sich nun nicht mehr befassen, und wenn Hitler tatsächlich bekommen hatte, was er wollte, mussten sie es vielleicht nie mehr. Eine junge Frau, deren Vater im War Office in Whitehall arbeitete, berichtete: »Offenbar hat Wing-Commander Hodsoll, der für den Luftschutz verantwortlich ist, gemeldet ... dass ziemlich viele Gasmasken an amerikanische Touristen verkauft werden, die sie als ›Andenken‹ an die Krise mit nach Hause nehmen wollen.«[1]

Chamberlain hatte, kaum dass sein Flugzeug gelandet war, von einem Boten des Königs eine Einladung in den Palast erhalten. Soweit Cadogan sich erinnern konnte, zeigte sich erstmals seit dem Waffenstillstand im Jahr 1918 ein Premierminister mit dem König und der Königin auf dem Balkon des Buckingham-Palastes, um den Beifall der Öffentlichkeit entgegenzunehmen. »Der König führt den Jubel an!«, verkündete der *Daily Mirror*, ursprünglich eine Zeitung für die Mittelschicht, aber längst im Begriff, ein stark illustriertes linksgerichtetes Blatt für die Arbeiter zu werden. Er brachte Fotos von Mr und Mrs Chamberlain, wie sie strahlend den überschwänglichen Applaus genießen, während König Georg und Königin Elisabeth protokollwidrig seitlich von ihnen stehen, als wollten sie das triumphierende Paar noch mehr in den Mittelpunkt rücken. Weitere Fotos folgten auf den Innenseiten: von Mrs Chamberlain, wie sie im St James's Park von Fans umschwärmt wird, und von ihrem Mann, wie er sich in der Downing Street aus einem Fenster lehnt, um die dort versammelte Menge zu grüßen.

Dee Moss, eine 13-Jährige aus Leyton im Londoner Osten, befand sich in der Menge vor dem Sitz des Premierministers in Downing Street. Sie war mit ihrem Vater und ihrem Onkel in London geblieben, während ihre Mutter zu Beginn der Krise mit den jüngeren Geschwistern aufs Land gezogen war. Die Familie hatte mit gutem Grund Angst vor einem neuen Krieg, denn ihr Haus war im Ersten Weltkrieg von einer Bombe getroffen worden, die ein Zeppelin abgeworfen hatte. Die Explosion hatte die verglasten Türen zerstört, die noch immer nicht richtig repariert worden waren. Dee waren auch die Suchscheinwerfer nicht entgangen, die an der Grenze zwischen Leyton und Walthamstow den Nachthimmel über Bakers Arms absuchten, und hatte voller Unruhe gefragt: »Wozu sind die da? Was machen die?«

Als die Krise mit der Verkündung des Münchner Abkommens beendet schien, begleitete sie ihren Vater und ihren Onkel in die Innenstadt, wo sie sich unter die jubelnde Menge vor der Residenz des Premierministers mischten. Dee saß auf den Schultern ihres Vaters und konnte sehen, wie Chamberlain das Gebäude betrat. Das interessierte sie jedoch nicht besonders, weil der Premierminister alt war und nach ihrer Ansicht langweilig wirkte. Begeistert war sie dagegen, als sie den flotten ehemaligen Außenminister Anthony Eden sah (einen ausgesprochen modischen Mann, nach dem sogar ein Hut, ein schwarzer Homburg mit seidener Krempe, benannt war). Mit nur 41 Jahren war dieser ungewöhnlich jung für einen führenden Politiker. Das leicht zu beeindruckende junge Mädchen gestand, dass es sich »auf der Stelle in ihn verliebte«. Er sei »wie ein Filmstar« gewesen.[2]

Nicht alle Briten waren von dem Münchner Abkommen begeistert. Vera Ines Elkan, eine linke Fotografin, die sich durch Berichte von der Front im Spanischen Bürgerkrieg einen gewissen Namen gemacht hatte, war soeben erst nach London zurückgekehrt, wo sie mit spanischen Flüchtlingen arbeitete. Mit anderen Helfern aus dem Flüchtlingszentrum am Tavistock Square begab sie sich ins Tavistock Hotel, um Chamberlains Rundfunkansprache zu hören. Sie war empört über die Rede.

> Mir war total übel, und es war klar, dass er ein Idiot war; er wusste nicht einmal, wovon er sprach. Also ging ich zum ersten und einzigen Mal in meinem Leben auf eine Demonstration, bald danach war eine – und lief und lief. Es waren drei Meilen, aber es kam mir wie 300 vor. Neben mir ritt dieser riesige Polizist auf einem riesigen weißen Pferd, und ich dachte, er würde mich jeden Moment niederreiten. Ich weiß nicht mehr, wo wir losgingen, aber ich weiß noch, dass wir am Hyde Park und am Marble Arch vorbeikamen, und ich glaube, wir liefen die Oxford Street hinunter, und es war schrecklich. Ich hasste es. Wir schrien die ganze Zeit: Chamberlain muss weg! Chamberlain muss weg! Und dann ging er nicht weg …[3]

Der ehemalige britische Außenminister und Appeasement-Gegner Sir Anthony Eden, ein noch junger Mann in den Vierzigern, war so ziemlich das Gegenteil des steifen Premierministers, sondern trat elegant und dynamisch auf wie ein Filmstar. Auf Chamberlain machte er allerdings weniger Eindruck, mit dem fatalen Ergebnis, dass die beiden in dem Krisenjahr nicht an einem Strang zogen.

Von einer Antifaschistin war eine solche Reaktion zu erwarten, aber auch in der Regierung und im britischen Establishment taten sich tiefe Risse auf. George Patrick Jellicoe war der spät geborene Sohn und Erbe von John Jellicoe, Admiral und First Earl Jellicoe. Sein Vater hatte im Mai 1916 in der spektakulären, aber unentschiedenen Skagerrakschlacht vor Jütland die britische Nordseeflotte kommandiert und später als First Sea Lord und schließlich als Generalgouverneur von Neuseeland gedient. Er war 58 Jahre alt, als George geboren wurde. Als der Graf im November 1935 starb, wurde sein Sohn mit nur 17 Jahren und noch bevor er sein Studium an der Cambridge University begonnen hatte, sein Nachfolger. George war, wie er selber zugab, bis zum Münchner Abkommen, das unmittelbar vor dem Beginn seines letzten Studienjahrs geschlossen wurde, absolut unpolitisch:

> Ich hatte ein Urlaubssemester in Deutschland verbracht und ein gewisses Interesse für die dortigen Vorgänge und den Aufstieg Hitlers entwickelt, aber ich war nicht sehr engagiert, und ich glaube, meine Freunde auch nicht. München jedoch war die große Ausnahme. Ich glaube, ich bin damals politisch und international viel sensibler geworden. Ich hatte eine sehr klare Meinung in der Angelegenheit. Ich weiß noch, dass ich damals Archie John Wavell besuchte, den Sohn des Feldmarschalls, der damals General war. Er war in Salisbury Kommandeur, und ich weiß noch, dass ich ein klares Urteil über München hatte, dass ich es bedauerte, mich sehr dafür schämte, und ich glaube, vielen von meinen Freunden ging es genauso …[4]

In der Nacht vom 29. auf den 30. September hatten Chamberlain und Daladier erfolglos darum gekämpft, die Tschechoslowakei vor dem (ihrer Einschätzung nach) unvermeidlichen Ruin zu bewahren. Duff Cooper, Erster Lord der Admiralität in Chamberlains Regierung und ein bekannter Lebemann, hatte währenddessen an einem vom »The Other Club« veranstalteten Dinner teilgenommen. Der exklusive Dinnerclub, dem Politiker und allerhand andere bekannte Persönlichkeiten angehörten, hielt seine Treffen gewöhnlich im Pinafore Room des Savoy Hotels ab. Er war ein Vierteljahrhundert zuvor von Winston Churchill und dem bereits verstorbenen F. E. Smith gegründet worden und unterschied sich von anderen Clubs durch eine Vereinbarung, die, wie Churchill behauptete, auf sein Betreiben getroffen worden war, nämlich dass »nichts in den Regeln oder im Umgang des Clubs die Ranküne und Schärfe der Parteipolitik stören darf«.

An jenem Abend wurde der Club dieser besonderen Regel durchaus gerecht. Cooper und der Gesundheitsminister Walter Elliot wurden wegen ihrer hartnäckigen Unterstützung von Chamberlains Appeasement-Politik heftig angegriffen. Sie wurden zunächst von Churchill und, als der Abend weiter fortschritt und mehr getrunken wurde, von einigen seiner politischen Verbündeten schwer unter Beschuss genommen. Cooper stand eigentlich für eine kleine Gruppe in der Regierung, die versuchte, eine härtere Haltung gegenüber Hitler einzunehmen. Elliot gehörte ebenfalls zu dieser Gruppe, wenn auch als weniger eloquentes Mitglied. Als Minister war er selbstverständlich der Kabinettsdisziplin unterworfen und musste die Politik der Regierung verteidigen, obwohl er selbst angesichts der Bedrohung durch die Deutschen höhere Ausgaben für die Flotte gefordert hatte. Er war bekannt für seine heftigen Zornesausbrüche, und diesem Ruf wurde er in der hitzigen Auseinandersetzung dieses Abends durchaus gerecht. In seinen Memoiren erinnerte er sich: »Jeder beleidigte jeden« in einem monumentalen Wortgefecht, das bis in die frühen Morgenstunden andauerte.

Als der neue Tag anbrach, wies eines der Clubmitglieder seine Kollegen darauf hin, dass die Morgenausgaben der Zeitung schon an den Kiosken sein müssten. Jemand kaufte ein Exemplar, das ihm bei der Rückkehr in den Club von Duff Cooper sogleich aus der Hand gerissen wurde. Der überflog die Schlagzeilen schweigend und las dann den Bericht über das Ende der Münchner Konferenz laut vor – mit einer Stimme, die vor Zorn und Wut bebte. Der Verrat, den Großbritannien und Frankreich an den Tschechen verübt hatten, war vollkommen und unbestreitbar. Er warf die Zeitung auf den Tisch und verließ den Raum.[5] Am folgenden Tag trat er von seinem Regierungsamt zurück.[6]

DER TAG NACH Chamberlains Rückkehr aus München, der 1. Oktober, war ein Samstag. Es war das erste Wochenende seit Monaten, an dem es so schien, als könne und würde es keinen Krieg geben.

Die erleichterten Londoner konnten an diesem Wochenende im »Drury Lane« eine glanzvolle kommerzielle Produktion von Shakespeares *Heinrich V.* mit dem Theaterautor und Schauspieler Ivor Novello besuchen; im »Duchess« traten Sybil Thorndike und Emlyn Williams in Williams' Stück *The Corn is Green* auf; im »Shaftsbury« wurde die Bühnenversion von *Goodbye, Mr Chips* gegeben; und im »Victoria Palace«, der »Heimat des Lambeth Walk«, lief schon seit Längerem und so auch an diesem Abend das überaus erfolgreiche Musical *Me and My Girl*. Der Lambeth Walk genannte neue Tanz aus dem Musical war ein internationaler Hit. Ein britischer Journalist erinnerte sich, dass die Menschen in Prag trotzig den Lambeth Walk tanzten, als sie in jener langen, heißen Spätsommerkrise, die zumindest vorläufig mit dem Münchner Abkommen endete, das weitere Schicksal ihres Landes erwarteten.[7]

In den Londoner Kinos startete damals gerade einer der erfolgreichsten MGM-Filme des Jahres: der Fliegerfilm und Thriller *Test Pilot* mit Clark Gable, Myrna Loy und Spencer Tracy (unter dem Titel *Der Werkpilot* war er bereits seit Mitte August auch in den deutschen Kinos zu sehen). Außerdem liefen: *A Yank at Oxford* mit Robert Taylor und Vivien Leigh (in Deutschland: *Der Lausbub aus Amerika*), *A Day at the Races* von den Marx Brothers und der erste abendfüllende Disney-Klassiker *Snow White and the Seven Dwarfs* (der in Deutschland mit einem Aufführungsverbot belegt war, obwohl er zu Hitlers Lieblingsfilmen gehörte, der von dem Streifen eine Kopie besaß).[8]

Der Samstag war zudem der Tag, an dem Hunderttausende britischer Fußballfans in die Stadien pilgerten – insgesamt etwa 22 Millionen pro Jahr, allein für die Spiele der Football League, ohne Pokal- und Reservespiele. Ein Profifußballer durfte damals maximal acht Pfund die Woche verdienen (und nur sechs außerhalb der Saison). Doch die Begeisterung und der Raum, den der Fußball in den Zeitungen einnahm, waren offenbar ebenso groß wie heute, wobei fast ausschließlich vom Spiel und nicht vom Privatleben der Spieler berichtet wurde. Da sie nicht mehr als das Dreifache eines Industriearbeiters verdienten, meist mit den Fans im Bus beim Sportplatz eintrafen und nach dem Spiel mit ihnen ins Pub gingen, war das kaum verwunderlich.

Im BBC-Radio wurde unterdessen über Autorennen berichtet, etwa über den britischen Grand Prix in Donington. Und den etwa 20 000 stolzen Besitzern von Fernsehgeräten, die so nahe bei London wohnten, dass sie die Sendungen aus dem Alexandra Palace empfangen konnten, bot sich die Möglichkeit, sich *Look in and Laugh* mit Queenie Leonard anzusehen, daran anschließend die *Gaumont British News* und ein halb ernstes, halb komisches Theaterstück über Symeon Stylites den Älteren, der im 5. Jahrhundert nach Christus im heutigen Aleppo in Syrien 37 Jahre lang auf einer Säule lebte. Das Stück war bereits am 23. September live übertragen worden und wurde an diesem Abend erneut gezeigt, da man die erste Vorstellung nicht aufgenommen hatte. Es folgte eine viereinhalbstündige Sendepause, und danach wurde eine Show mit dem Titel *Cabaret* übertragen.

Die Presse lobte das Münchner Abkommen an jenem Wochenende nahezu einhellig. Das Wort »PEACE!« prangte in fünf Zentimeter hohen Lettern auf der Titelseite von Lord Beaverbrooks die Appeasement-Politik befürwortendem *Daily Express* und dazu das Versprechen: »Der *Daily Express* erklärt, dass Großbritannien weder in diesem noch im nächsten Jahr an einem europäischen Krieg beteiligt sein wird.«[9] Die Londoner *Times* wartete bis

Sonntag, bis sie dem Abkommen in einem 1500 Worte langen Leitartikel ihren uneingeschränkten Segen erteilte. Unter der Überschrift »A New Dawn« erklärte der Autor überschwänglich:

> Kein Eroberer, der von einem Sieg auf dem Schlachtfeld zurückkehrte, war je mit edlerem Lorbeer geschmückt als Mr Chamberlain bei seiner gestrigen Rückkehr aus München; und sowohl der König als auch das Volk haben ihm durch ihren Empfang gezeigt, dass sie seine Leistung zu würdigen wissen. Die Bedingungen der Regelung des tschechisch-deutschen Streits, die in den Morgenstunden formuliert wurden, wurden in den späteren Ausgaben der gestrigen *Times* veröffentlicht. Sie haben die Welt von der Bedrohung durch extreme Schrecken befreit und im Großen und Ganzen gerecht zwischen den gegensätzlichen Ansprüchen vermittelt. Aber auch dieser große Dienst an der Menschheit wirkt heute schon wie die weniger wichtige Hälfte der Arbeit des Premierministers in München. Er selbst verkündete ihn als das Vorspiel zu einer größeren Regelung. Er hatte nicht nur eine qualvolle Episode der Vergangenheit aus der Welt geschafft; er hatte auch eine neue Zukunftshoffnung für die Nationen gefunden. Die gemeinsame Erklärung von Herrn Hitler und Mr Chamberlain proklamiert, dass »der Wunsch der beiden Völker, niemals wieder gegeneinander Krieg zu führen«, in Zukunft die Gesamtheit ihrer Beziehungen bestimmen soll.[10]

Bis auf den kommunistischen *Daily Worker*, der erklärte: »Diese Schande wird uns nicht den Frieden bringen«, gab die Presse Chamberlain einen gehörigen Vertrauensvorschuss. Wie Hitler stand auch er damals auf dem Höhepunkt seiner Popularität. Spielzeugläden verkauften Chamberlain-Puppen mit hohen Stiefeln zum Fliegenfischen, in der einen Hand eine Angelrute mit Rolle und in der anderen ein Schild, auf dem FRIEDENSSTIFTER stand. Der Poeta laureatus John Masefield schrieb zu Ehren des Premiers sogar ein Gott sei Dank recht kurzes und ziemlich rätselhaftes Gedicht mit dem Titel »Neville Chamberlain«, das in der *Times* publiziert wurde:

> *As Priam to Achilles for his Son,*
> *So you, into the night, divinely led,*
> *To ask that young Mittelengland's bodies, not yet dead,*
> *Be given from the battle not begun.*[11]

(Wie Priam bei Achill um seinen Sohn,
So flehtest du bis in die Nacht,
Die Körper junger Männer, die noch lebten, freizugeben
Aus der noch nicht geschlag'nen Schlacht.)

Zwei Wochen nach seiner Rückkehr aus München schrieb Chamberlain von der schottischen Grenze, wo er auf Einladung des Lord of Home einen zehntägigen Angelurlaub verbrachte, an seine Schwester Hilda, dass »die überaus peinliche« Welle öffentlicher Zustimmung noch immer anhalte. In der Woche zuvor sei er über die Ankunft »zweier Kisten feinsten deutschen Weins (von verschiedenen Absendern)« informiert worden und habe außerdem »Fliegen und Lachsruten, Armbanduhren, Hufeisen als Glücksbringer, Tweed für Sportanzüge und Socken« erhalten. Außerdem ging

> die Flut von Briefen, Blumen, Ehrengaben und Geschenken, ohne groß abzuebben, weiter. Annie [Mrs Chamberlain] bekommt immer noch etwa 70 Briefe pro Tag, und in der Hoffnung, mit ihnen und den liegen gebliebenen fertig zu werden, hat sie sich mit Erfolg an Pearl und Hester gewandt, damit sie kommen und ihr als bezahlte Sekretärinnen helfen. Sie sind nicht nur mit Begeisterung gekommen, sondern haben auch noch Mabel Catterson Smith mitgebracht, also hoffe ich, dass wir jetzt ein bisschen vorankommen.[12]

Er habe, so fuhr Chamberlain fort, auch schmeichlerische Briefe aus Deutschland erhalten. »Ich höre oft«, schrieb der Premierminister vergnügt und bewies damit, dass die relativ harmlose persönliche Eitelkeit, die ihm oft vorgeworfen wurde, inzwischen an Größenwahn grenzte, »dass ich dort populärer bin als Hitler selbst«.

TATSÄCHLICH WURDEN VIELE DEUTSCHE nach der Münchner Konferenz merklich – wenn auch nur kurzfristig – von einer Welle der Zuneigung für Mr Chamberlain, den »alten Herrn mit dem Schirm«, erfasst. Ein Grund dafür war wohl die Tatsache, dass der Premier eigens nach München geflogen war, um das Sudetenproblem zu lösen. Dies warf ein günstiges Licht auf ihn, aber es zeigte auch, wie wichtig Hitler und mit ihm Deutschland auf der internationalen Bühne inzwischen geworden waren. Offenbar konnte der »Führer« die großen Staatsmänner der Welt nach Lust und Laune einbestellen.

Die anlässlich der Münchner Konferenz in Umlauf gebrachte Postkarte wurde dem Sonderstempel nach »im befreiten Sudetenland« aufgegeben. Chamberlain (links) wurde nach seiner Rückkehr aus München in der britischen Presse gefeiert, und es schmeichelte ihm durchaus, dass er in Deutschland angeblich »populärer [war] als Hitler«.

Minna von Alten, die fast achtzigjährige Großmutter von Irmgard Brester, bis dahin eine hartnäckige Monarchistin, wurde nun von einem ganz neuen Stolz erfasst: »Jetzt wehen die Fahnen, und alle Menschen haben glückliche Gesichter. Liebe Immo, wie hat sich das Geschick gewendet, in der Zeit des letzten Kaisers wäre kein Vertreter der Weltmächte zu uns gekommen, da mussten wir bei allen Staaten betteln, das verdanken wir alles unserem Führer ...«[13]

Die bereits erwähnte Gärtnerin aus Cannstatt zeigte sich in ihrem Tagebuch vor allem davon beeindruckt, dass Chamberlain und Hitler ein bilaterales Abkommen geschlossen hatten, um in Zukunft auftretende Probleme zwischen den beiden Staaten friedlich lösen zu können. Freilich stellte sie sich die besorgte Frage: »Aber Chamberlain ist alt, u. denken die anderen Engländer auch so?«[14] Die Tagebuchschreiberin konnte nicht wissen, dass die gesamte Einigung – das Münchner Abkommen, die deutsch-britische Friedenserklärung, einfach alles – ein Täuschungsmanöver des Führers war.

Am Morgen vor der Münchner Konferenz hatte Hitler Mussolinis Zug in Kufstein an der Grenze zwischen Deutschland und Österreich in Empfang genommen. Der Duce und seine Berater waren von dort in Hitlers Salonwagen mit dem Führerzug nach München gereist. Während der neunzig

Kilometer langen Fahrt hatten Hitler und Mussolini, wie der italienische Außenminister Graf Galeazzo Ciano in seinem Tagebuch festhielt, über Karten der tschechoslowakischen Grenzgebiete und Verteidigungsanlagen gebrütet, und Hitler hatte gegenüber dem Duce erklärt, dass er mit den Tschechen im Handumdrehen fertig werden wolle, um seine schnell wachsenden Kräfte gegen seine Feinde im Westen wenden zu können. Er betrachtete den europäischen Krieg als unvermeidlich: »Der Tag [wird] kommen, an dem wir uns vereint gegen England und Frankreich werden wenden müssen«, sagte er zu Mussolini, »es ist von großem Wert, dass das stattfindet, solange an der Spitze unserer Länder der Duce und ich stehen, und zwar noch jung und in voller Kraft«,[15] notierte Graf Ciano.

Keine drei Tage später war das Münchner Abkommen unter Dach und Fach, und die ersten Einheiten der Wehrmacht überquerten wie vereinbart am 1. Oktober 1938 um 14 Uhr an verschiedenen Stellen und in großer Zahl die ehemalige Grenze der Tschechoslowakei. Es war der erste von fünf Schritten einer Invasion, die für die ersten zehn Tage des Monats geplant war. Die deutschen Soldaten wurden von Massen begeisterter Sudeten mit dem Hitler-Gruß empfangen. Mitglieder der Sudetendeutsche Partei (SdP) bauten mit Eifer Grenzposten ab und rissen Barrieren nieder. Die SdP, die einst als friedliche Bewegung für mehr Autonomie der deutschsprachigen Bevölkerung geworben hatte, war inzwischen zu einem paramilitärischen Werkzeug der deutschen Regierung geworden, dessen aktive Mitglieder von der SA kaum noch zu unterscheiden waren.

Unterdessen hatten Hunderttausende nicht zu Unrecht verängstigte Tschechen und politische Gegner der Nazis, darunter auch einige Deutschsprachige, sich über die neue Grenze im tschechoslowakischen Rumpfstaat in Sicherheit gebracht. Aus den besetzten Gebieten wurden fast alle, die kein Deutsch sprachen, ausgewiesen, einige sogar getötet. Höfe und Besitztümer von tschechischen und jüdischen Bürgern wurden beschlagnahmt und 1940 an die sogenannten Bessarabien- und Dobrudschadeutschen verteilt, die unter der Parole »Heim ins Reich« von Rumänien in die besetzte Tschechoslowakei umgesiedelt wurden.[16]

Der Staatssekretär im Auswärtigen Amt Ernst von Weizsäcker war an der Planung des bewaffneten Staatsstreichs gegen Hitler beteiligt gewesen und andererseits als ranghöchster Berufsdiplomat des Amtes verantwortlich für den verschwommenen Wortlaut des Münchner Abkommens, durch das genau dieser Staatsstreich vereitelt worden war.

Ähnlich paradox war die Tätigkeit von Major Helmuth Groscurth. Schon am 27. August schrieb Groscurth nach einem Gespräch mit Karl Hermann Frank, dem stellvertretenden Führer der SdP, der gerade von einem Treffen mit Hitler zurückgekehrt war, in sein privates Tagebuch: »Führer ist zum Krieg entschlossen. Befiehlt die Herbeiführung von Zwischenfällen in der CSR [Tschechoslowakei].«[17] Groscurth, Chef der für Sabotage und Zersetzung zuständigen Abteilung II der Abwehr, führte diese Zwischenfälle prompt herbei und organisierte massive Finanzhilfe für das paramilitärische Sudetendeutsche Freikorps, das vor allem für die Unruhen verantwortlich war.[18] Der tief religiöse Pfarrerssohn gehörte zu den wenigen Auserwählten, die in die Vorgänge eingeweiht waren, und hatte wenigstens so viel Aufrichtigkeit, dass er sich (in der Privatsphäre seines Tagebuchs) eingestand: »Die Verlogenheit der deutschen Propaganda ist unerträglich.«[19]

Groscurth und sein Chef Canaris waren nicht die einzigen anständigen, ehrlichen Menschen, die dazu verführt wurden, für einen tyrannischen Lügner zu arbeiten. Den beiden sollten noch viele folgen.

Ohne Zweifel waren Groscurth und sein Kreis dank ihrer mit Macht und Wissen verbundenen Positionen in der Lage, an Hitlers Sturz zu arbeiten, und auch gewillt, dies zu tun, weil sie die Taten des Regimes verabscheuten. Dennoch lässt sich kaum leugnen, dass die ohnehin schon skeptischen Mitglieder der britischen Elite, wenn sie genau gewusst hätten, was ihre Kontaktleute im deutschen Widerstand auf ihren offiziellen Posten trieben, noch mehr Zweifel an deren Motiven gehabt hätten.

ZWAR SPIELTE DAS ZYNISCHE SCHÜREN der Unruhen durch das neue Großdeutschland bei der Schwächung des tschechoslowakischen Staates eine wichtige Rolle, aber die Unzufriedenheit der Sudetendeutschen hatte auch tiefe Wurzeln in der Geschichte der Region. Als ehemalige Bürger des Habsburgerreichs hatten sie sich als Bewohner von Verwaltungsbezirken in Böhmen und Mähren, die über deutsche Mehrheiten verfügten, 1918 der neu gegründeten Republik Österreich anschließen wollen. Doch die Sieger hatten das nicht zugelassen.

Die Deutschen in diesen Bezirken waren aus den Tagen des Habsburgerreichs daran gewöhnt, dass ihre Sprache in Böhmen und Mähren vorherrschte. Nun waren sie empört und bisweilen mehr als nur empört, dass sie unter die Herrschaft einer Nation (der Tschechen) gekommen waren, über die sie bis dahin regiert hatten.

Natürlich hatten die Deutschen in der neuen demokratischen, aber von einer großen slawischen Mehrheit bewohnten Republik im Prinzip dieselben Bürgerrechte wie ihre tschechisch-, slowakisch-, polnisch-, ukrainisch- und ungarischsprachigen Landsleute. Während allein die Tschechen etwa die Hälfte der Bevölkerung der ČSR stellten, waren die Deutschen immerhin die zweitgrößte ethnische Gruppe und lagen mit insgesamt 21 Prozent einiges vor den Slowaken, die mit 15 Prozent folgten. Die Lage schien sich aber allmählich zu beruhigen. Bis zu den 1920er Jahren war der extreme Nationalismus so weit abgeebbt, dass sich moderate deutschsprachige Parteien an der Koalitionsregierung in Prag beteiligten, unter anderen die Deutsche Sozialdemokratische Arbeiterpartei (DSAP), die traditionell die Arbeiter in den Industriestädten des Sudetenlands vertrat.

Dennoch legte sich die Skepsis der Sudetendeutschen gegen die Regierung des Tschechoslowakei nicht, und das kam nicht von ungefähr. Unmittelbar nach Gründung der Republik im Jahr 1918 hatte der führende tschechische Politiker Edvard Beneš den Gedanken einer multikulturellen Tschechoslowakei, einer »zweiten Schweiz«, ins Spiel gebracht. Doch so war es nicht gekommen, vielmehr begegnete eine Mehrheit der tschechischen Bevölkerung in einer Art Gegenreaktion auf die jahrhundertelange Herrschaft der Habsburger den Sudetendeutschen mit Feindseligkeit und Diskriminierung. Die Verwaltung und das Bildungswesen im Sudetenland wurden immer stärker »tschechifiziert«. Um der nationalen Uneinigkeit Herr zu werden, suchten die Prager Politiker eine (tschechische) Homogenität zu erzwingen. So wurden in den zwei Jahrzehnten zwischen dem Ende des Ersten Weltkriegs und dem Münchner Abkommen in den Städten mit traditionell deutschsprachiger Mehrheit Tschechen angesiedelt – unter anderen von der Prager Regierung ernannte Beamte und tschechisches Militärpersonal. Das erhöhte den Bedarf an tschechischen Schulen und Einrichtungen, was bei der deutschsprachigen Bevölkerung das Gefühl der Belagerung und zunehmenden Bedrohung ihrer Kultur verstärkte.

Die Tendenz der Zentralregierung, die Deutschen zu diskriminieren, nahm noch zu, als in den frühen 1930er Jahren die Weltwirtschaftskrise hereinbrach. Im Sudetenland stieg die Arbeitslosigkeit besonders stark an, weil ein Großteil der exportabhängigen und vom Einbruch des Welthandels besonders schwer betroffenen Leichtindustrie des Landes in den deutschsprachigen Gebieten lag. Im Jahr 1936 waren von den 846 000 Arbeitslosen in der ČSR 525 000 deutschsprachig.[20] Unter der andauernden Wirtschaftskrise blickten die Sudetendeutschen nun immer sehnsüchtiger über die Grenze ins Deutsche Reich, wo inzwischen beinahe wieder Vollbeschäftigung herrschte.

Ein gutes Beispiel für den dramatischen Niedergang des Wirtschaftslebens in den deutschsprachigen Gebieten der ČSR liefert Gablonz (tschechisch Jablonec), eine mehrheitlich deutsche Grenzstadt im Bergland des nördlichen Böhmen nahe der deutschen Grenze. Die zuvor blühende Gablonzer Industrie, insbesondere die Produktion von Glas und Modeschmuck, brach nach dem Börsenkrach von 1929 zusammen, was in der Region großes Elend auslöste.

Käthe Strenitz, die in Gablonz in einer gut situierten jüdischen Familie aufwuchs, war damals im frühen Teenageralter. Sie konnte ganz ordentlich Tschechisch und hatte einen tschechischen Klavierlehrer, obwohl die ethnischen Gruppen »insgesamt nicht viel miteinander verkehrten«. Die politischen und sozialen Probleme ihrer Umgebung hatte sie vor der Wirtschaftskrise nur vage registriert. Doch danach »gab es nichts mehr für die Leute. Sie verhungerten, und die schlimme Zeit dauerte ziemlich lang. Deshalb war der Boden für die Ankunft der Nazis bereitet.« An irgendwelche Anzeichen von Antisemitismus in ihrer Schule oder in der Stadt konnte sie sich nicht erinnern, »aber mein Bruder kam, als er noch sehr klein war, einmal mit einem Hakenkreuz auf dem Rücken nach Hause«. Ihre Mutter war »eine altmodische Liberale. Sie glaubte, dass alles wieder in Ordnung kommen und nichts Schlimmes passieren werde ... Ich brauchte lang, bis ich diese Vorstellung überwunden hatte.«[21]

Mitte der 1930er Jahre hatte sich die politische Landschaft dramatisch verändert. Die laute, nationalistische SdP besaß nun die Mehrheit bei den deutschen Wählern, und sie hatte sich von einer Interessengruppe, die friedlich mehr Rechte und mehr Autonomie für den deutschen Bevölkerungsteil forderte, zu einer separatistischen Bewegung mit einem zunehmend gewalttätigen paramilitärischen Flügel entwickelt. Die Separatisten wurden von Hitlers Regierung gesteuert und finanziell unterstützt. Sie hatten den ausdrücklichen Auftrag aus Berlin, den tschechoslowakischen Staat bei jeder sich bietenden Gelegenheit zu provozieren und stets mehr zu fordern, als die Regierung ihnen vernünftigerweise zugestehen konnte.

Dies war die Lage im Spätfrühjahr und Sommer 1938. Goebbels' Propagandamaschine lief auf Hochtouren. Sie fütterte die deutschsprachige Presse mit reißerischen Geschichten über Grausamkeiten gegen die Minderheit der Sudeten in der Tschechoslowakei und größtenteils erfundenen Nachrichten. Der feinfühlige Major Groscurth gestand privat ein, dass es sich bei den meisten dieser Gräuelgeschichten um groteske Übertreibungen handelte. In Wahrheit übten die tschechoslowakischen Behörden angesichts der systematischen, oft gewalttätigen Provokationen der SdP sogar eine bemerkenswerte Zurückhaltung.[22]

Mit dem sogenannten Aufstand der Sudetendeutschen, einer angeblich spontanen Reaktion nach Hitlers Hetzrede beim Nürnberger Reichsparteitag, erreichte die Propagandakampagne dann ihren Höhepunkt. Bewaffnete nationalistische Extremisten, angestiftet von Einheiten der SA und der SS auf der anderen Seite der Grenze, besetzten mehrere Städte mit deutschsprachiger Bevölkerungsmehrheit. Tschechische und jüdische Wohnungen und Geschäfte wurden attackiert, geplündert und verwüstet sowie tschechische Polizeikräfte angegriffen. Nach einem Bericht der deutschen Sozialdemokratischen Partei im Exil (Sopade), die damals noch ihre Zentrale in Prag hatte und im Sudetenland über ein weitgespanntes Netz von Informanten verfügte, errichteten die Separatisten in der kleinen Stadt Oberplan (Horní Planá) in einem Waldgebiet nahe der Grenze zu Deutschland und Österreich eine Terrorherrschaft:

> ... die Henleiner* benahmen sich, als ob sie (den Ort) bereits erobert hätten. Sie zerschlugen in der tschechischen Schule und im tschechischen Beamtenhaus die Fensterscheiben und beschmierten alles Tschechische, auch die Briefkästen, mit grüner Farbe. Den jüdischen Geschäftsleuten Kohn und Schwarz warfen sie mit großen Steinen sämtliche Fenster der Geschäfte und der Wohnungen ein. Schwarz war im Begriff, seine Frau in eine Entbindungsanstalt zu schaffen, und hatte sein Auto dafür schon vorbereitet. Die Henleiner zerrissen die Sachen im Auto (Federbetten, Babywäsche usw.) und zerstreuten alles auf dem Marktplatz, zerschnitten die Autoreifen und warfen das Auto um. Die tschechischen Staatspolizeibeamten waren bei den Ausschreitungen zugegen und durften nichts tun.[23]

Der knapp 17-jährige Franz Fühmann, Schüler an einem Gymnasium in Reichenberg in Nordböhmen, war damals ein großer Bewunderer Hitlers. Er hatte eine Zeit lang der Jugendorganisation der SdP angehört, die in den Tagen vor der Annexion als Turnverein organisiert war. Als Schriftsteller hat

* Anhänger Konrad Henleins, der im Oktober 1938 Gauleiter und Reichsstatthalter im Sudetengau wurde

er später in einem stark autobiographisch geprägten Bericht die Atmosphäre, die in jenen aufregenden Tagen Mitte September unter den jungen deutschen Nationalisten herrschte, geschildert:

> In der Frühe eines grauen, nebligen Tages hatte mein Freund Karli an das Fenster meiner ebenerdig gelegenen Studentenbude bei Frau Waclawec in der Gablonzer Straße gepocht und mir keuchend zugeschrien, ich solle schnell zur Turnhalle kommen, es sei Alarmstufe zwei, die Tschechen griffen heute die Turnhalle an![24]

Fühmann und seine Kameraden liefen zur Turnhalle, bewaffneten sich mit Hanteln und nahmen ihre Verteidigungspositionen ein. Der tschechische »Angriff« verlief jedoch ein wenig anders, als sie erwartet hatten. Er kam in Gestalt eines drahtigen kleinen Polizeileutnants und zweier älterer Polizisten, die die Deutschen beim Betreten der Turnhalle grüßten und sich dann an den »stämmigen« Anführer der Gruppe wandten:

> »Was belieben die Härschaften da zu machen«, fragte der Leutnant. »Wir turnen«, sagte der stämmige Mann heiser. Ich fühlte das Blut in den Schläfen pochen; jetzt musste der Befehl zum Sprung auf den Feind kommen! »Turnen iss gesund«, sagte der Leutnant und hob die linke Hand und strich mit der Rechten den Ärmelaufschlag zurück; »iss sehr gesund«, wiederholte er und schob den Ärmelaufschlag zurück. Dabei sagte er lächelnd ein drittes Mal, dass Turnen sehr gesund sei und fügte, auf die Armbanduhr sehend, hinzu, dass er die Herrschaften nicht habe stören wollen und schon wieder gehen werde; er wolle nur, und er hielt dem stämmigen Mann die Uhr vor die Augen, darauf aufmerksam machen, dass es schon Viertel nach sieben sei, und um acht Uhr, nicht wahr, sei doch Polizeistunde ... Er schob den Ärmelaufschlag über die Uhr zurück, führte die Hand ans Käppi und wandte, im Umwenden sagend: »Gute Unterhaltung winsch ich den Härschaften noch«, drehte sich um und ging, gemütlich, zur Tür hinaus. Die beiden Polizisten folgten ihm gemächlichen Schritts.

Am folgenden Morgen brachte der deutsche Radiosender dann »einen Bericht über die neue entsetzliche Bluttat des tschechisch-jüdisch-marxistischen Mordgesindels«. Die Turnhalle der Reichenberger Jugend sei gestürmt worden, und es habe einen blutigen Angriff auf die unschuldigen Schuljungen gegeben, die sich dort gerade aufhielten. Das Deutsche Reich könne es nicht mehr ertragen, »diese Greueltaten an seinen Brüdern und Schwestern jenseits der Grenzen ruhig mit anzusehen«.

> Wir hörten diesen Bericht und wussten, dass jedes Wort erlogen war, und hörten ihn dennoch leuchtenden Auges, und es kam uns überhaupt nicht in den Sinn, diese Meldung Lüge zu nennen. »Mensch, der versteht sich auf Propaganda, der kleine Goebbels«, sagte Karli, mein Stoßtruppführer, und boxte mich in die Rippen, »so eine Propaganda war noch nie da, das ist wirklich!«, und ich nickte. Er hatte ja recht.

Das Kriegsrecht wurde ausgerufen. Danach gelang es den tschechischen Behörden recht schnell, eine Art Ordnung wiederherzustellen. Die Führung der SdP floh mit vielen ihrer Anhänger über die Grenze nach Deutschland. Auf beiden Seiten hatte es viele Verletzte und Dutzende Tote gegeben, aber nirgends in dem von den Nazis behaupteten Ausmaß. Ihre Führer und Propagandaorgane bezifferten die Opfer auf deutscher Seite routinemäßig (und lügnerisch) mit Hunderten von Toten.[25] Und Goebbels mit seiner Propaganda trug am Ende den Sieg davon. Zwei Wochen später lag das Sudetenland den Nazis zu Füßen, und der Rest der Tschechoslowakei hatte praktisch alle seine Verteidigungsmöglichkeiten verloren.

HITLERS TRIUMPHALE ANKUNFT im Sudetenland erfolgte wenige Stunden, nachdem die Wehrmacht um acht Uhr morgens die Grenze bei Asch (Aš) überschritten hatte. Der »Führer« war in der Nacht mit dem Zug von Berlin nach Hof im äußersten Nordosten Bayerns gereist. Von dort waren es bis zur nächsten Gemeinde des Sudetenlands, der Grenzstadt Asch, keine dreißig Kilometer. In Asch wurde Hitler am Mittag in seinem provisorischen Hauptquartier von Generalleutnant Heinz Guderian empfangen, der mit seinen Panzereinheiten nur wenige Stunden zuvor in das Gebiet eingerückt war.

Hitler stieg nun in einen offenen Mercedes um und fuhr in dem neu erworbenen Land umher. Die Dörfer und Weiler, die er passierte, waren mit Hakenkreuzfahnen geschmückt, und an den Straßen standen dicht gedrängt die jubelnden Sudetendeutschen. Wie der Sonderkorrespondent der Londoner *Times* berichtete, warteten den ganzen Morgen »Hunderte in die farbenfrohe

In der sudetendeutschen Industriestadt Aussig (Ústí nad Labem) werden die deutschen Truppen Anfang Oktober 1938 freudig von der Bevölkerung empfangen. Ein Jahr später herrscht wieder Krieg in ganz Europa.

lokale Tracht gekleidete Mädchen mit Blumensträußen, die sie auf jedes Auto warfen, das aus Richtung Deutschland kam«.[26]

In Eger (Cheb), wo es in den Wochen zuvor zahlreiche Unruhen gegeben hatte, traf Hitler schließlich mit seinen Generälen und dem zum Reichskommissar für das Sudetenland ernannten SdP-Führer Konrad Henlein zusammen. Von einer Tribüne auf dem Marktplatz wandte sich der »Führer« in einer Rede an die riesige Menschenmenge, die immer wieder von lauten »Heil«-Rufen unterbrochen wurde.

Wie ein böses Omen prangte in jenen fröhlich feiernden Städten und Dörfern bereits hier und da in ungelenken Lettern das Wort »Jude« auf den Häuserwänden. Viele der etwa 50 000 Juden, die im Sudetenland lebten, hatten längst geahnt, was kommen würde. Einige waren erst kürzlich aus Deutschland hierher geflohen, andere lebten seit Generationen in dem Gebiet. Wer noch nicht gegangen war, ging nun, denn dass die Sudetengebiete eher früher als später aus der Tschechoslowakei herausgebrochen werden würden, das war so gut wie sicher. Die liberale jüdische Familie von Käthe Strenitz zog kurz vor dem Münchner Abkommen von Gablonz, wo sie über viele Generationen gelebt hatte, nach Prag. Dass Käthes »altmodisch liberale« Mutter in den Jahren zuvor politische Flüchtlinge aus Deutschland beherbergt und bewirtet hatte, dürfte zu der Entscheidung erheblich beigetragen haben, denn allein das hätte für Vergeltungsmaßnahmen gereicht.[27]

In Gottesgab (Boži Dar) im deutschsprachigen Gebiet hatte sich der junge jüdische Arzt Anton Weleminsky vor gerade einmal anderthalb Jahren niedergelassen. Er hatte an der Deutschen Universität in Prag, wo sein Vater Friedrich Weleminsky als Bakteriologe lehrte und forschte, seinen Abschluss gemacht, war kulturell deutsch aufgewachsen und sprach sehr schlecht Tschechisch. Deshalb eröffnete der frischgebackene junge Arzt, nachdem er seinen Militärdienst bei der tschechoslowakischen Armee abgeleistet hatte, eine Praxis im deutschsprachigen Sudetenland. Die mehr als tausend Meter hoch gelegene kleine Stadt an der sächsischen Grenze war malerisch gelegen und galt als die höchstgelegene in Tschechien.

Auch Dr. Weleminsky hatte die Zeichen der Zeit erkannt. Er gab seine Praxis auf und kehrte nach Prag zurück, wo seine Eltern lebten. Als er viele Jahre später gefragt wurde, ob er nicht trotz München in Gottesgab hätte bleiben können, wo er schließlich gerade erst eine Praxis eröffnet hatte, machte er eine lange Pause und knurrte dann ironisch: »Theoretisch«.[28]

Die Berichte, die in diesen Tagen und Wochen die Parteizentrale der Exil-SPD in Prag erreichten, widersprechen dem Eindruck von einer ordentlichen Übernahme der tschechoslowakischen Gebiete durch die Deutschen, den Goebbels mit seinem Propagandaministerium und sogar die britische Presse zu vermitteln versuchten. Hinter den Reihen der feiernden Massen, die die Straßenränder säumten und die in den Wochenschauen zu sehen waren, spielten sich in den Gebieten der Deutschen in der ČSR und darüber hinaus panische Jagd- und Fluchtszenen ab. In den ersten Wochen der Besetzung stand das Sudetenland unter Militärverwaltung, das heißt, die Wehrmacht stellte die oberste Autorität dar. Nach den Berichten an die sozialdemokratische Exilpartei setzte das zwar den vielen inoffiziellen Racheakten von Paramilitärs der SdP ein Ende, doch anstelle dieser irregulären Kräfte gingen nun Gestapo-Beamte, die in großer Zahl ins Land strömten, unabhängig von der Wehrmacht gegen angebliche »Volksfeinde« vor:

> Alle Wohnungen von Geflüchteten sind versiegelt. Sie werden geöffnet, wenn der Besitzer selbst kommt. Die Büros der sozialdemokratischen Partei sind ebenfalls versiegelt, wo sie geöffnet sind, sitzt die Gestapo drin

> und durchsucht die Akten. Die Verhaftungen nehmen täglich zu. Bis jetzt wird dabei nach keinem System vorgegangen. RW-Leute [Mitglieder der zur tschechoslowakischen Regierung loyalen deutschsprachigen Miliz], Gemeindefunktionäre und Spitzenfunktionäre der Partei werden fast ausnahmslos festgenommen. In Reichenberg trieb man Genossen durch die Straßen, die Tafeln umhängen hatten: »Ich bin ein Volksverräter.« In Neuern [Nýrsko], das eine sozialistische Mehrheit hatte, sind 70 geflüchtet, von den Zurückgebliebenen sind 28 verhaftet. Die Arbeitslosen werden zusammengetrieben und zum Arbeitsdienst eingesetzt.[29]

Sozialisten, Demokraten und Juden waren in der Zeit unmittelbar nach dem Münchner Abkommen nicht die einzigen Verfolgten. Wie Groscurth mit Abscheu notierte, als er in jenen Tagen die soeben erst besetzten Gebiete bereiste, waren auch einige Anhänger der SdP, einschließlich der Führer der Milizen, die während des Sommers die deutschsprachigen Gemeinden »verteidigt« hatten, von den »Lausbuben der Gestapa« verhaftet worden. Die Beschuldigten, von denen einige jahrelang andere, weniger extreme politische Gruppen unterstützt und sich erst kurz zuvor für die Sache der SdP entschieden hatten, standen im Verdacht, zu stark an lokale Loyalitäten gebunden zu sein.[30] Sie mussten nun erfahren, was es bedeuten konnte, einen totalitären Staat zur Invasion einzuladen, und wie zweifelhaft der Nutzen »erhörter Gebete« sein konnte.

AM SAMSTAG, dem 1. Oktober 1938, als die Wehrmacht den ersten Teil des ehemaligen tschechoslowakischen Gebiets in Besitz nahm, erschien in der Wochenendausgabe des *Daily Mirror* ein Artikel der jungen Kolumnistin Eileen Ascroft. Unter der Überschrift »An die unglücklichen tapferen Frauen von Prag« begann er mit dem Satz: »Wir, die Frauen Englands, danken Ihnen heute von ganzem Herzen für Ihr heroisches Opfer für die Sache des Weltfriedens«.[31]

Ascroft hatte ihre Kolumne erst kürzlich von dem Starkolumnisten Godfrey Winn übernommen, der sich nach seinem Wechsel zum konkurrierenden *Daily Express* rühmen konnte, der bestbezahlte Journalist in der Fleet Street zu sein. Ihr Artikel war eine Art Pastiche von Winns sentimentalem, schrulligem, skurrilem Stil voll zuckersüßer Herablassung und falscher Sympathie. Es bedurfte mehrerer Hundert Wörter, den tschechoslowakischen Frauen zu erklären, dass die Engländer angesichts ihrer »zahlreichen Nöte und Prüfungen« großes Mitleid mit ihnen hätten. Aber sie sollten nicht verbittert sein, denn (Großbuchstaben im letzten Abschnitt des Originalartikels): »*Was immer in Zukunft geschieht, für das tapfere kleine Volk der Tschechoslowakei wird es immer einen Platz und ein warmes Gefühl der Dankbarkeit in unser aller Herzen geben.*« Der Rest der Seite wurde von einer Anzeige für Black-Magic-Pralinen ausgefüllt.

Auch geistliche Führer wandten sich unmittelbar nach dem Münchner Abkommen an die Öffentlichkeit. Cosmo Gordon Lang, der Erzbischof von Canterbury, forderte die Nation via BBC-Radio auf, für die Abwendung eines Krieges zu beten. Nach der Rückkehr des Premierministers führte der Primas von ganz England den Jubel an. Des Rundfunks bediente er sich erneut am Sonntag, dem 2. September, als über die BBC seine lange, geradezu ekstatische Ansprache ausgestrahlt wurde, in der er über die Intervention Gottes sprach, die nach seiner Ansicht den Frieden auf der Welt gesichert hatte:

> Ich frage mich, ob sich in unserem Land je in der Geschichte ein größerer Strom von Gebeten erhoben hat. Er ist aufgestiegen aus den Herzen und Wohnstätten unseres Volkes und aus unseren Kirchen im ganzen Land. Es kann kein Zweifel daran bestehen, dass Gott geantwortet hat. Ich habe schon im Radio gesagt, dass mehr als einer der Abgeordneten, als sie hinaus in die Lobby strömten, zu mir sagte: »Das war die Hand Gottes.« Gestern las ich von einem alten Bauern in meiner eigenen Diözese, der in den weiten Himmel über Romney Marsh hinaufzeigte und leise sagte: »Es gibt einen Gott da droben.«[32]

Am folgenden Tag fand im House of Lords eine Debatte statt, bei der der Erzbischof sich eine rhetorische Frage erlaubte, die – wenn auch auf höherem Niveau – Eileen Ascrofts flüchtigen Ausdruck moralischer Zweifel aufnahm: »Ist es richtig, kann es je richtig sein, einen Frieden, irgendeinen Frieden auf einen Akt der Ungerechtigkeit zu gründen?« Langs vorläufige Antwort lautete, dass angesichts der Aussicht auf einen Krieg, »der die Zivilisation selbst zerstören könnte … beinahe jeder Preis es wert war, gezahlt zu werden, um diese Katastrophe zu vermeiden«. Mit dieser Reaktion, aber auch mit den nagenden Zweifeln, die ihr zugrunde lagen, sprach der Erzbischof wohl den meisten Menschen seines Landes aus der Seele.

Nach dem 4. Oktober verschwanden die Sudetenkrise und das Thema Kriegsgefahr allmählich aus den Schlagzeilen. Die größte Schlagzeile auf der Titelseite des *Daily Mirror* bezog sich nun auf die Warnung des früheren

Außenministers Anthony Eden vor den »Drohungen« der Diktaturen. In einem Kasten auf derselben Seite befand sich auch ein leicht sarkastischer Artikel mit dem Titel »Three Days«. Darin wurden die nahezu euphorischen Äußerungen Chamberlains bei seiner Rückkehr aus München am Freitag zuvor mit der vorsichtigeren Erklärung kontrastiert, die er am Montag im Unterhaus abgegeben hatte. Darin hatte der Premierminister, wahrscheinlich weil er sich von innerparteilichen Gegnern unter Druck gesetzt fühlte, betont, dass das neue Abkommen mit Deutschland rundweg zu begrüßen sei, Großbritannien aber dennoch die Wiederaufrüstung fortsetzen werde:

> Niemand sollte glauben, dass wir wegen des in München unterzeichneten Vier-Mächte-Abkommens in unseren Wiederaufrüstungsanstrengungen nachlassen dürften ... Wir müssen unsere Entschlossenheit bekräftigen, die Mängel bei unserer Bewaffnung und unseren Abwehrmaßnahmen zu beseitigen, damit wir uns ausrüsten und unsere Diplomatie wirksam gestalten können ...

Auf Seite vier der Zeitung erklärte dann der zurückgetretene Erste Lord der Admiralität Duff Cooper die Motive für seinen Rücktritt (neben einem Bild, das ihn mit seiner bezaubernden, vielen Lesern besser bekannten Frau, der Schauspielerin und Salonlöwin Lady Diana Cooper zeigte). Weitere Seiten des Blattes enthielten die üblichen Sensationsgeschichten, etwa über eine Frau, die »in Stöckelschuhen den Lambeth Walk tanzte, auf einer Treppe ausrutschte und starb«, sowie Berichte über schwere internationale Krisen, die durch das Münchner Abkommen in den Hintergrund gedrängt worden waren, etwa der blutige, schon zwei Jahre andauernde Aufstand der Palästinenser im Nahen Osten.[33]

Am Mittwoch, dem 5. Oktober, versuchte der Finanzminister Sir John Simon im Unterhaus die Debatte über das Münchner Abkommen mit dem Antrag zu beenden, »dass dieses Haus der Politik der Regierung Seiner Majestät zustimmt, durch die in der letzten Krise ein Krieg vermieden wurde, und dass es ihre Anstrengungen, einen dauerhaften Frieden zu sichern, unterstützt«. Mehrere Gegner der Appeasement-Politik aus der Fraktion der Konservativen hielten ebenfalls Reden, und Churchill unternahm einen besonders heftigen und wirkungsvollen Angriff auf das Abkommen. Er bezeichnete es als »eine totale, durch nichts gemilderte Niederlage« und stellte die angebliche Leistung Chamberlains in Frage:

> Der größte Erfolg, den er für die Tschechoslowakei und in den strittigen Fragen erzielt hat, besteht darin, dass der deutsche Diktator das Essen nicht vom Tisch gerissen hat, sondern sich damit zufriedengab, es Gang für Gang serviert zu bekommen.[34]

Dennoch wurde Simons Antrag am folgenden Tag mit 366 zu 144 Stimmen angenommen – einer Regierungsmehrheit von 222 Stimmen, obwohl sich dreißig konservative Gegner der Appeasement-Politik enthalten hatten. Während der viertägigen Debatte hatte der Fraktionschef David Margesson mit seinen Helfern unter den Rebellen Angst und Schrecken verbreitet mit der Drohung, sie aus der Fraktion auszuschließen und womöglich bei der nächsten Wahl Kandidaten gegen sie aufzustellen.[35]

Wie der klar pro Appeasement eingestellte *Daily Express* schon am Vortag verkündet hatte, gab es vermehrt Gerüchte, dass Chamberlain vorgezogene Neuwahlen plane, um von seiner Popularität nach dem Münchner Abkommen zu profitieren.[36] Margessons Drohung war also keineswegs theoretisch, sondern konnte sehr schnell bittere Realität werden. Nach der Abstimmung im Unterhaus gab es tatsächlich Versuche, Ortsverbände der Konservativen Partei zu bewegen, führende Rebellen nicht wieder aufzustellen. Die Versuche scheiterten zwar, doch die Presse, insbesondere die *Daily Mail* und der *Daily Express*, nahm die Gegner der Regierung nun unter permanenten Beschuss – und keineswegs nur die Konservativen.

Die Haltung der regierungsfreundlichen Presse und der Sittenwächter der Partei war inzwischen so intolerant, dass laut Geoffrey Cox, der damals gerade beim *Express* als Auslandskorrespondent angefangen hatte, in seiner Redaktion jeder, der Zweifel am Münchner Abkommen äußerte, wütend der Kriegshetze beschuldigt wurde. Am Ende, sagte er, habe die Haltung der Regierung gegenüber ihren Kritikern »Untertöne von Totalitarismus« gehabt.[37]

Als der erste Jubel darüber, dass der Krieg vermieden worden war, sich gelegt hatte, breitete sich trotz der Anstrengungen der Regierung und der für die Appeasement-Politik eintretenden Presse bei vielen Durchschnittsbürgern, die zunächst Chamberlains Aussage »Frieden für unsere Zeit« getraut hatten, eine Art Katerstimmung aus.

Isabel Blackwell, die als Archivkraft in einem Gewerkschaftsbüro arbeitete, war während der Krise »krank vor Sorge« gewesen. Als die unmittelbare Gefahr vorbei war, musste sie sich trotz aller Erleichterung eingestehen, dass sie »Hitler nicht traute« – ein Gefühl, das weit verbreitet war.

Auch eine Mrs E. Dawson aus Gateshead in Nordostengland, die »für die ganze Welt erleichtert und glücklich war« und Gott für die Anstrengungen des Premierministers dankte, räumte ein, dass »ich *im Innersten meines Herzens* zweifle«.[38]

Cyril Dunn, ein junger Journalist, der für das Provinzblatt *Hull Daily Mail* arbeitete, schrieb in sein Notizbuch: »Ich bin verdammt erleichtert, dass der Krieg wenigstens aufgeschoben ist … Aber ich bin eindeutig unglücklich wegen der Tschechen, und mir ist ein wenig unbehaglich wegen der Prestigeverluste der Demokratien. Und ich bin nicht der einzige.«[39]

Kaum jemand schien zu glauben, dass Hitler mit dem zufrieden sein würde, was er erreicht hatte. Die Frage war nur, wo er als Nächstes einmarschieren würde; am häufigsten wurde hier auf den Rest der Tschechoslowakei sowie auf Rumänien und Polen getippt.

AM SAMSTAG, dem 1. Oktober 1938, trat im gesamten Deutschen Reich eine Ausländerpolizeiverordnung in Kraft. Sie entzog allen ausländischen (oder staatenlosen) Personen, die in Deutschland lebten, das Recht, im Land zu bleiben. Sie mussten nun nachweisen, dass sie der ihnen erwiesenen Gastfreundschaft würdig seien, und sie konnten keinen Widerspruch einlegen, wenn die Behörden sie auswiesen. Die neue Verordnung bezog sich auch auf alle in Deutschland lebenden Personen, denen das Bürgerrecht entzogen worden war (was seit 1933 viele Juden und politische Gegner der Nationalsozialisten betraf).

Am Sonntag, dem 2. Oktober, um 14 Uhr, schickte das semidiktatorische Regime Polens Truppen in die bis dahin tschechoslowakisch regierte Industrieregion des früheren Herzogtums Teschen (Těšín) und annektierte das seit 1919 zwischen Polen und der Tschechoslowakei umstrittene Gebiet mitsamt seinen etwa 200 000 Bewohnern. Die nationalistische Presse in Polen tobte vor Begeisterung. Mehr Weitsicht bewies einer der tschechischen Offiziere, indem er seinen polnischen Kollegen nach der Kapitulation prophezeite, dass sie das Gebiet schon bald an Deutschland übergeben würden.[40]

Die internationale Reaktion war negativ. Indem es mit der Besetzung die Schwäche eines slawischen Brudervolks ausnutzte, so der vorherrschende Tenor, begab sich Warschau auf dieselbe moralisch verwerfliche Stufe wie Berlin. Alexander Cadogan vom britischen Foreign Office bezeichnete den polnischen Außenminister in seinem Tagebuch gar als »Beck, diesen Rohling«.[41]

Während das britische Parlament noch über Chamberlains Außenpolitik debattierte, erließ die deutsche Regierung am 5. Oktober 1938 eine Verordnung, die die Reisepässe aller Juden im Reich für ungültig erklärte. Innerhalb von 14 Tagen mussten sie ihre Pässe vorlegen, in die ein großes »J« für Jude gestempelt wurde. Danach waren die Pässe wieder gültig, ihre Besitzer als Juden aber stigmatisiert. In der ČSR erklärte Präsident Edvard Beneš an diesem Tag seinen Rücktritt. General Jan Syrový, ein Kriegsheld und ehemaliger Kommandeur der Tschechoslowakischen Legion im Ersten Weltkrieg, war Ende September Ministerpräsident einer nationalen Einheitsregierung geworden. Er erledigte nun auch die wichtigsten Aufgaben des Staatspräsidenten, bis der katholische und konservative Präsident des Obersten Gerichtshofs Emil Hácha sich bereit erklärte, das Amt zu übernehmen. Die neue tschechoslowakische Regierung vollzog einen scharfen Rechtsruck und beugte sich dem deutschen Druck. Beneš ging noch vor Ende des Monats nach London ins Exil.

Am Dienstag, dem 6. Oktober, diskutierte der Große Faschistische Rat in Rom neben anderen Themen die »Judenfrage«. Er verbot unter anderem Ehen zwischen italienischen Juden und Nichtjuden. Am selben Tag beschloss die polnische Regierung, die seit dem Tod des eher toleranten Marschalls Józef Piłsudski verstärkt eine ebenfalls antisemitische Politik verfolgte, dass alle Polen, die mehr als fünf Jahren ununterbrochen im Ausland lebten, ihre polnische Staatsbürgerschaft verlieren würden, wenn sie nicht in den zuständigen Konsulaten ihrer Gastländer ihre Pässe abstempeln ließen. Als Stichtag wurde der 30. Oktober festgesetzt.

Das Gesetz, nach dem dieser Angriff auf die Rechte der polnischen Juden erfolgte, war Ende März 1938 als Reaktion auf den deutschen Einmarsch in Österreich verabschiedet worden. Auf dem Gebiet der früheren Republik Österreich lebten etwa 20 000 Juden und weitere 30 000 in Deutschland, die eigentlich polnische Staatsbürger waren. In einigen Fällen handelte es sich um die zweite oder dritte Generation polnischer Exiljuden. Sie waren in Deutschland geboren und aufgewachsen, verdienten dort ihren Lebensunterhalt und lebten in der Regel wie ganz normale Deutsche. Das polnische Gesetz zielte darauf ab, diese Juden staatenlos zu machen und auf diese Weise an einer Rückkehr nach Polen zu hindern. Da der NS-Staat nicht die Absicht hatte, Zehntausende ausländischer Juden zu beherbergen, die nach dem 30. Oktober weder freiwillig noch unfreiwillig in ihre Heimat zurückkehren konnten, zog eine neue Krise herauf, deren Folgen schlimmer sein sollten, als die Betroffenen sich vorstellen konnten.

Am 9. Oktober 1938 erklärte Hitler in einer Rede in Saarbrücken an der Grenze zu Frankreich, er habe aus den Erfahrungen der vergangenen acht Monate (seit dem »Anschluss« Österreichs und der Sudetenkrise) die Lehre gezogen, zum Schutz des Reiches keine Anstrengung zu scheuen. Deshalb würden die Befestigungen an der Westgrenze (der sogenannte Westwall oder *Siegfried Line*, wie die Befestigung in England und Amerika genannt wurde) weiter ausgebaut. In der Rede wurde deutlich, dass Hitler dem Westen weiterhin misstraute, obwohl der Abschluss des Münchner Abkommens wenige Tage zuvor die internationalen Spannungen scheinbar reduziert hatte, und sie verhieß außerdem massive soziale und wirtschaftliche Veränderungen in den deutschen Grenzregionen zu Frankreich und den Beneluxstaaten. Das bis dahin schon gewaltige Bauprojekt des Westwalls schwemmte nun massenhaft Arbeiter und Militärpersonal in die Region. Das störte den Frieden in der traditionell ländlichen Gesellschaft erheblich, aber die vielen neuen Arbeitsplätze und der einsetzende Konjunkturaufschwung wurden durchaus geschätzt. Ein um seine Existenz kämpfender Ladenbesitzer in dem Dorf Irrel bei Bitburg meinte: »Zum Glück für die Geschäftsleute in unserer Gegend begann bald der Westwallbau, und mit den vielen Arbeitern, die unsere Gegend bevölkerten, kam auch der wirtschaftliche Aufschwung.«[42]

Am 10. Oktober 1938 wurde das sogenannte Sudetendeutsche Freikorps, auch Freikorps Henlein genannt, offiziell aufgelöst und am nächsten Tag die Deutsche Reichsmark im Sudetenland – vorläufig noch neben der tschechoslowakischen Koruna oder Krone – zur gültigen Währung erklärt. Wegen der strengen Politik der tschechoslowakischen Zentralbank war die Krone eine der härtesten Währungen Europas gewesen. Nun wurde der offizielle Umtauschkurs zur Mark auf etwas mehr als acht zu eins festgesetzt, was eine Entwertung der Krone um mindestens ein Drittel bedeutete. Die Preise für Nahrungsmittel und Konsumgüter waren in der Tschechoslowakei ohnehin schon niedriger als in dem mit hohen Steuern belasteten Deutschen Reich, das Ergebnis eine zweite Invasion, diesmal durch Horden von Touristen aus allen Teilen »Großdeutschlands«. Selbst aus dem weit entfernten Rheinland kamen sie, aßen und tranken und kauften ein wie besessen, während die einheimischen Sudeten erstaunt und empört zuschauten:

> Und dann kamen sie wieder zurück und aßen und tranken weiter, die Portion zwanzig Pfennig. Wenn sie beim besten Willen nichts mehr hineinwürgen konnten, standen sie auf und schaukelten ... durch die

> Straßen und klopften uns auf die Schulter, fragten, ob wir ihnen auch dankbar seien, dass sie uns befreit hatten. Wir sagten ja, und sie klopften uns auf die Schulter und sagten, wir müssten ihnen sehr dankbar sein, sie hätten kein Opfer gescheut, um uns zu befreien, da sei es nur recht und billig, wenn sie sich jetzt ein bisschen erholten und Kaffee mit Kuchen und Schlagsahne äßen, das gäbe es nämlich im Reich schon lange nicht mehr! Dann gingen sie wieder in die Läden hinein, und die Taschen füllten sich mit Schuhen und Seidenstrümpfen und Wäsche und Seife und Zigaretten und Keks und Sardinen und Wurst und Prager Schinken und Uhren und Schmuck, und dann schleppten sie die Taschen über die Grenze, die es nun nicht mehr gab …[43]

Allmählich schien das Leben für die meisten Deutschen – selbst die Sudetendeutschen – aber wieder seinen gewohnten Gang zu nehmen. Das war allemal besser als die katastrophale Alternative, die über ihnen und allen anderen geschwebt hatte.

»DIE DEUTLICHSTE REAKTION auf die Septemberkrise bei uns wackeren Staatsfeinden ist eine allseits erkennbare politische Desinteressiertheit«, schrieb Erich Ebermayer mit der für ihn typischen Mischung aus Selbstironie und einer gewissen Überheblichkeit. »Niemand will sich überhaupt noch um Politik kümmern. Jede Erregung darüber erscheint einem als Verschwendung. Es lebe das Privatleben –! Das ist jetzt erst einmal die Devise. Alles andere ist ja doch zwecklos. Wir können nichts ändern. Dem Triumphator [Hitler] gelingt ja doch alles.«[44]

Das Gefühl, sich lieber zurückziehen zu wollen, erfasste sogar die keineswegs desinteressierte Ruth Andreas-Friedrich. Sie bekannte das reuevoll in ihrem Tagebuch und tadelte sich selbst dafür. Ihr alter Freund Heinrich Mühsam hatte sie umgehend und heftig aus ihrem trügerischen Traum von der Normalität gerissen. Sie beschreibt am 15. Oktober eine Begegnung mit ihm, die wie üblich in seinem Stammlokal Hiller Unter den Linden stattfand. Er wirkte alles andere als fröhlich und starrte traurig auf die Notizen, die zwischen einem Weinglas und den halbleeren Tellern auf dem Tisch lagen. »Mir gefällt diese Stille nicht«, sagte er, »die Stille noch weniger als der Sturm.«

»Immer nur meckern hat auch keinen Sinn«, wies ihn Andreas-Friedrich behutsam zurecht. »Was haben Sie denn jetzt wieder auszusetzen?«

Er schüttelt den Kopf. »Gar nichts auszusetzen! Nur logisch zu folgern. Sehen Sie: Was tut ein Diktator ohne Erfolge? Ich meine, ohne sichtbare Erfolge. Er setzt sich selbst außer Kurs. Nur Könige oder liberale Staatspräsidenten können es sich leisten, sich auf ihren Lorbeeren auszuruhen. Tyrannen aber sind Getriebene. Ruhelose Wanderer zwischen Hosianna und Kreuzige. Soll ihnen nicht selbst der Atem ausgehen, müssen sie andere in Atem halten. Massen wollen Zirkus und Brot. Ist die außenpolitische Galanummer abgelaufen, springt der Clown aus dem Kasten. Wissen Sie, wer der Clown ist? Es ist der deutsche Jude!«[45]

3

November 1938

Wie Hasen werden wir gejagt

AM MORGEN des grauen, nebligen 7. November 1938 betrat der 17-jährige staatenlose Herschel Grynszpan um 9.45 Uhr die deutsche Botschaft in Paris. Er verlangte, wie es später hieß, einen hochrangigen Beamten zu sprechen, wenn möglich den Botschafter, weil er wichtige Informationen zu überbringen habe. Schließlich führte man den jungen Juden in das Büro des 29-jährigen Botschaftssekretärs Ernst vom Rath, Sprössling einer adligen Familie und Mitglied der NSDAP. Kaum hatte Grynszpan den Raum betreten, zog er eine Pistole unter seinem Regenmantel hervor und schoss fünfmal auf Rath. Dabei schrie er, wie die französische Polizei später behauptete, »*sale boche!*« (»dreckiger Deutscher!«).

Für den verzweifelten und zornigen jungen Mann war das Attentat ein individueller Akt des Protests. Er wollte die öffentliche Aufmerksamkeit auf das Schicksal seiner Familie und vieler Tausend anderer lenken, die in den eskalierenden internationalen Machtspielen jener Zeit wie Bauern auf dem Schachbrett verschoben wurden. Doch den bedrängten deutschen Juden, gefangen in einem Land, in dem sie keinerlei Rechte und keinen Schutz genossen, bescherte die Tat nicht die erhoffte Aufmerksamkeit und Hilfe, vielmehr wurde der Mord, der sich an jenem Morgen in vom Raths Büro ereignete, der Auftakt zu einem Pogrom von solcher Brutalität, wie es in Europa seit dem Mittelalter keines mehr gegeben hatte.

DAS JAHR 1938 war bis dahin keineswegs angenehm für die deutschen Juden verlaufen. Obwohl sie in Deutschland offiziell immer noch Schulen und Universitäten besuchen, mehr oder weniger normalen Umgang pflegen und Unternehmen führen durften, wurde ihnen das Leben durch immer neue formelle und informelle Restriktionen schwer gemacht. 150 000 Juden, etwa ein Drittel der jüdischen deutschen Bevölkerung von 1933, waren bereits ins Exil gegangen: in andere europäische Länder, nach Nord- und Südamerika und zu Tausenden nach Palästina. Doch inzwischen gab es kaum noch Länder, die bereit waren, Juden aufzunehmen. Die Not war groß, denn immer mehr Juden entschlossen sich zur Emigration oder mussten sich dazu entschließen, weil das Dritte Reich die administrative Schraube unaufhörlich anzog. Appelle an die internationale Gemeinschaft brachten indes nur magere Ergebnisse.

Vom 6. bis 15. Juli 1938, als die brutalen Übergriffe im Zusammenhang mit dem »Anschluss« Österreichs der Welt noch in frischer Erinnerung waren und sich im Sudetenland bereits neues Unheil zusammenbraute, hatten sich die Vertreter von 32 Ländern im prächtigen Hotel Royale in dem französischen Kurort Évian-les-Bains am Südufer des Genfer Sees getroffen. Auf der Tagesordnung stand die Frage, was mit den vor dem Faschismus fliehenden Juden geschehen oder, besser gesagt, was man gegen die zunehmende Gewalttätigkeit und Intoleranz des Hitler-Regimes unternehmen solle. Die Konferenz war insbesondere auf Betreiben des amerikanischen Präsidenten Roosevelt einberufen worden, der, wie viele vermuteten, aus innenpolitischen Gründen Verbündete suchte, die wie die Vereinigten Staaten bereit waren, die drangsalierten deutschen Juden aufzunehmen. Er hoffte sie aus Scham zum Handeln bewegen zu können, wenn er das Problem in aller Öffentlichkeit behandelte.

Noch vor der Eröffnung der Konferenz lud David Walker vom Londoner *Daily Mirror* seine Leser ein, sich zum Schicksal der Flüchtlinge zu äußern, das dort behandelt werden sollte. Er hatte Mitgefühl für die bedrängten Juden gezeigt und war ziemlich schockiert über die Schärfe der Briefe, die er in den folgenden Tagen von britischen Bürgern erhielt. Die meisten waren, wie er einräumen musste, eindeutig und oft abstoßend antisemitisch. Insbesondere wehrten die Verfasser sich leidenschaftlich dagegen, Flüchtlinge aus Hitler-Deutschland in Großbritannien aufzunehmen: »Statt diese stinkenden Leute rauszuwerfen, nehmen wir deutschen Abschaum auf«, unterzeichnet: »Judenhasser – und stolz darauf«.

»Viele Briefe waren unlogisch und einige unanständig«, schrieb Walker, »aber zusammengenommen beweisen sie eine Tatsache, die bekannt gemacht werden MUSS«:

> Wenn Évian ergebnislos endet, was durchaus passieren kann, müssen wir selbst entscheiden.
>
> Meiner Ansicht nach sind sämtliche Vorwürfe in den Briefen immer noch kein Grund für ein Pogrom. Aber ich bin in der Minderheit.
>
> Es bleibt eine Tatsache: Wenn wir nicht JETZT nach einer vernünftigen Lösung suchen, wird mehr Blut in den Rinnstein fließen, christliches und jüdisches.[1]

Die Konferenz verlief tatsächlich ergebnislos. Die Delegierten unternahmen Vergnügungsfahrten auf dem See, gingen ins Casino und genossen die Annehmlichkeiten des Nobelorts. Einer nach dem anderen brachte auf der Konferenz sein Mitgefühl mit den verfolgten Juden zum Ausdruck und erklärte dann, warum gerade sein Land leider keinen dieser Unglücklichen aufnehmen könne: schon zu voll, zu arm, zu wenig eingerichtet auf den Zustrom von Fremden. Der australische Delegierte sagte es mit brutaler Offenheit: »Da wir kein wirkliches Rassenproblem haben, haben wir nicht das Bedürfnis, eines zu importieren.«[2] Andere waren weniger offen, teilten aber das allgemeine Widerstreben. Golda Meir, die als Beobachterin der jüdischen Arbeiterbewegung in Palästina an der Konferenz teilnahm, schrieb später:

> Nur wer Ähnliches durchgemacht hat, kann verstehen, welche Gefühle mich in Évian erfüllten – eine Mischung aus Kummer, Wut, Frustration und Grauen. Am liebsten wäre ich aufgesprungen und hätte geschrien: »Wisst ihr nicht, dass diese ›Nummern und Zahlen‹ menschliche Wesen sind, Menschen, die vielleicht den Rest ihres Lebens in Konzentrationslagern verbringen oder in der Welt herumziehen müssen wie Leprakranke, wenn ihr sie nicht aufnehmt?« Natürlich wusste ich damals noch nicht, dass nicht Konzentrationslager, sondern Todeslager die heimatlosen Flüchtlinge erwarteten.[3]

Australien erklärte sich am Ende aber doch bereit, im Lauf der folgenden drei Jahre etwa 15 000 Flüchtlinge aufzunehmen. Großbritannien versprach ebenfalls, einige aufzunehmen, wenn auch nicht in seinem Mandatsgebiet Palästina wegen des dort auf niedrigem Niveau schwelenden Bürgerkriegs zwischen Arabern und Juden. Lord Winterton, der Leiter der britischen Delegation, sagte in diesem Zusammenhang, man könne Juden die Emigration nach Kenia erlauben, ein Gedanke, der nie zu Ende gedacht wurde. Auch die USA erhöhten ihre Einwanderungsquoten ein wenig, aber keineswegs so sehr, wie die Lage es erfordert hätte. Das Widerstreben der demokratischen Regierungen war schändlich, aber in Anbetracht der öffentlichen Meinung verständlich. Laut einer Umfrage der Zeitschrift *Fortune* in den USA waren mehr als zwei Drittel der Befragten dagegen, »unter den gegebenen Bedingungen« Flüchtlinge aufzunehmen.[4]

Juden waren nicht populär. Das war klar. Der einzige Staatschef, der den österreichischen und deutschen Juden ein großzügiges, um nicht zu sagen extrem großzügiges und deshalb verdächtiges Angebot machte, war General Trujillo, der starke Mann der Dominikanischen Republik. Der karibische Diktator kündigte an, 100 000 Visa auszustellen. Als Grund gab er an, dass er den Anteil der »Weißen« in seinem Land erhöhen wolle, dessen Bevölkerung größtenteils gemischtrassig oder schwarz war, wobei der Anteil der »Schwarzen« durch den Zustrom von Einwanderern aus dem benachbarten Haiti damals stark zunahm. Dass er in den nicht einmal zehn Jahren seiner Herrschaft Tausende unbewaffneter Zivilisten hatte ermorden lassen und besonders in den USA dringend etwas für sein Image tun wollte, sagte der Diktator nicht. Er bot den Juden schließlich ein ganzes Dorf an, wo sie als Bauern ihren Lebensunterhalt verdienen konnten. Nur wenige Juden nahmen die Einladung an. Letztlich erwies sich die Siedlung Sosúa nicht gerade als eine glückliche Schöpfung.[5]

Immerhin wurde auf der Konferenz von Évian ein ständiger Ausschuss gebildet, der sich um die Unterbringung jüdischer Flüchtlinge kümmern sollte. Angesichts der antisemitischen Tendenzen in den europäischen Ländern nahmen seine Aufgaben rasch zu, da er auch mit dem potenziellen neuen jüdischen Exodus aus Osteuropa und insbesondere aus Polen befasst war. Man musste Geld auftreiben, um diese Aufgaben zu bewältigen, das war allen klar, aber es geschah kaum etwas.[6] Dann kam es im Oktober in Deutschland zu einer neuen Krise.

Am 27. Oktober 1938 begannen auf Befehl von SS-Gruppenführer Reinhard Heydrich, dem Chef der Sicherheitspolizei des Reiches, Einheiten der Gestapo Tausende polnischer Juden festzunehmen und an die polnische Grenze zu transportieren. Alle in Deutschland geborenen polnischen Juden, auch jene, die einen polnischen Pass besaßen, mussten bis zum 29. Oktober das Land verlassen oder wurden deportiert. Das war zwei Tage vor dem Stichtag, von dem an die polnische Regierung diese Menschen trotz ihrer polnischen Pässe nicht mehr einreisen lassen wollte.

In der ministeriellen Verordnung, die die Festnahmen und Deportationen in Gang setzte, hieß es ausdrücklich, »dass eine möglichst große Zahl polnischer Juden … rechtzeitig vor dem genannten Zeitpunkt über die Grenze nach Polen geschafft werden sollte«.[7] In den folgenden zwei Tagen wurden im ganzen Land 18 000 polnische Juden (insbesondere erwachsene Männer) festgenommen und an drei verschiedenen Orten an der polnischen Grenze abgeladen – in der an einem See gelegenen Stadt Zbąszyń (deutsch Bentschen) westlich von Poznań, in Chojnize (Konitz), einer weiter im Norden Richtung Ostsee gelegenen Stadt, und im oberschlesischen Beuthen (polnisch Bytom).

Wie zu erwarten, waren die polnischen Behörden nicht in der Lage, den Ansturm zu bewältigen. Zunächst waren sie nicht einmal bereit, die Deportierten überhaupt einreisen zu lassen, aber im Lauf der folgenden zwei Tage ließen sie etwa 10 000 Menschen, die im Besitz gültiger Ausweispapiere waren, ins Land, freilich nur, wenn sie dort Verwandte hatten, die die Verantwortung für sie übernahmen. Etwa tausend Juden gelang es in den folgenden 24 Stunden, sich von der Grenze nach Warschau durchzuschlagen, obwohl sie kein Polnisch sprachen und sich nur schwer zurechtfanden. Wer keine Verwandten in Polen hatte oder nach Ansicht der Polen keinen gültigen Ausweis vorzeigen konnte, saß an der Grenze fest.

In Zbąszyń war die Lage am schlimmsten. Laut Presseberichten wurden die Deportierten dort in einigen Fällen von SS-Truppen mit gezücktem Bajonett[8] über Straßen und Felder getrieben, bis sie im Niemandsland zwischen der polnischen Stadt und dem letzten deutschen Bahnhof in Neu Bentschen landeten. Tausende waren gezwungen, unter menschenunwürdigen Umständen und dem rasch schlechter werdenden Herbstwetter ausgesetzt im Freien zu kampieren – oft über mehrere Wochen oder sogar Monate.[9]

Diese über Nacht durchgeführte Massendeportation – die sogenannte Polenaktion – war in ihrem Ausmaß, in ihrer brutalen Effizienz und in ihrer Unempfänglichkeit für das menschliche Leid der Deportierten ein neues Phänomen in der modernen europäischen Geschichte – eine Generalprobe für noch schlimmere Gräueltaten. Und sie war ein erster Hinweis darauf, dass bloßer Erfolg dem NS-Staat nicht genügte. In ihrer radikalen Grausamkeit war sie letztlich der Beginn einer Entwicklung, in deren Verlauf ein ganzes Volk schuldig wurde an einem Verbrechen von schier unvorstellbaren Ausmaßen.

ES IST EINE MERKWÜRDIGE TATSACHE, dass die »Polenaktion« in den Tagebüchern von Joseph Goebbels, dem fanatischsten Antisemiten unter allen führenden Nazis, keine Erwähnung findet. In seinem Tagebuch wurden solche Untaten gewöhnlich ausführlich behandelt, zumal Goebbels in der Regel nicht Mittäter, sondern Organisator der Aktionen war und deren Erfolg gern für sich reklamierte. Für dieses Schweigen gibt es eine Erklärung: Der ultraloyale, arbeitssüchtige Propagandaminister befand sich in jenen Schicksalstagen an einem kritischen Punkt seines Lebens und so weit weg vom politischen Geschehen, wie er zuvor noch nie gewesen war und auch nie mehr sein sollte. Die Gründe dafür waren seine unglückliche Ehe und eine ernste

Affäre mit der schönen, in der Tschechoslowakei geborenen Schauspielerin Lída (oder Liduschka, wie er sie nannte) Baarová.

Baarová war 17 Jahre jünger als Goebbels und mit 24 schon ein Star des deutschen Kinos. Im Sommer 1938 war ihr Verhältnis mit dem Propagandaminister, einem notorischen Schürzenjäger insbesondere in Filmkreisen, längst allgemein bekannt. Auf dem Höhepunkt der Sudetenkrise war er allem Anschein nach bereit, seine Frau Magda und seine Kinder zu verlassen, und das ausgerechnet für eine Frau, die Staatsbürgerin eines Landes war, das er und Hitler unbedingt zerstören wollten.

Mitte August gestand Goebbels seiner Frau seine Liebe zu der Schauspielerin. Magda klagte daraufhin Hitler, zu dem sie eine ganz besondere, wenn auch mit ziemlicher Sicherheit platonische Beziehung hatte, ihr Leid, und dieser befahl Goebbels, die Affäre zu beenden.

Bis Mitte Oktober war der Minister, wie er behauptete, fest entschlossen, sich von Magda scheiden zu lassen, obwohl sie gerade ihr viertes Kind geboren hatte. Bei einem Krisenbesuch der Familie Goebbels auf dem Berghof stellte Hitler dem Propagandaminister dann ein Ultimatum: Wenn er Magda für Lída verlasse, sei das sein politisches Ende. Goebbels gab nach, beendete die Beziehung und blieb auf seinem Posten, litt aber wochenlang unter schweren Depressionen und psychosomatischen Störungen. Da die Spekulationen nicht aufhörten, wurde schließlich auf Befehl Hitlers ein Fototermin mit Goebbels, Magda und den Kindern anberaumt. Die Bilder gingen mit der Anweisung an die Presse, diese so breit wie möglich zu streuen. Die »erste Familie« des Reiches wurde auf diese Weise als solide, liebevoll und für immer vereinigt vorgeführt.

Goebbels hatte sich also dem Befehl des »Führers« gebeugt und damit seine Position in der Regierung gerettet. Doch die wochenlangen Spannungen belasteten die Beziehung zwischen den beiden Männern und beschädigten möglicherweise auch Goebbels' Stellung in der NS-Hierarchie. Er musste sich von da an mehr anstrengen, um sich das Wohlwollen Hitlers zu erhalten und im Amt zu bleiben. In der Folge gebärdete er sich als noch radikalerer, allgegenwärtiger Herrscher über die öffentliche Meinung und treibende Kraft hinter der Transformation Deutschlands in eine »judenfreie« Volksgemeinschaft. Das Bedürfnis des Propagandaministers, sich zu rehabilitieren, sollte weit über die enge, von Gerüchten und Intrigen beherrschte Welt der Nazi-Elite hinaus schlimme Auswirkungen haben.

Die oberste Riege der Naziführer taugte nach den moralischen Maßstäben, die das Regime anlegte, kaum als Vorbild. Joseph Goebbels etwa wollte sich für die Schauspielerin Lída Baarová (1914–2000) von seiner Frau Magda trennen. Der Führer untersagte das.

DIE AKTION GEGEN die polnischstämmigen Bürger im Deutschen Reich war ein internationales Ereignis von widerwärtiger Grausamkeit. Ihre Ursprünge lagen sowohl in internationalen Konflikten und unterschwelligen Strömungen als auch in der Entwicklung innerhalb Deutschlands. Oberflächlich betrachtet und insbesondere aus der Sicht des Auslands mochten die Angriffe auf die etablierte, in Deutschland geborene jüdische Bevölkerung noch recht harmlos wirken: Nadelstiche gegen jüdische Ärzte und Anwälte, die Einführung »jüdischer« Ausweise und so weiter. Tatsächlich jedoch nahmen die Angriffe und die Gewalt gegen einzelne Juden, ihre Besitztümer und ihre Gemeinden 1938 im ganzen Reich erheblich zu.

Auch im Zuge der Sudetenkrise, als die deutsche Bevölkerung so viel Mitgefühl für die Leiden der deutschsprachigen Gemeinden in der Tschechoslowakei aufbrachte, war es zu einer Zunahme antisemitischer Gräueltaten gekommen. Vom Mai 1938 an, dem Monat, in dem das Hitler-Regime, nachdem es sich sechs Millionen Österreicher einverleibt hatte, seine Hasskampagne gegen die Tschechen startete, nahmen die rassistischen Zwischenfälle im Deutschen Reich merklich zu. Wie immer wurden »die Juden« für die wachsenden internationalen Spannungen verantwortlich gemacht, weil sie angeblich das Ausland gegen die Deutschen aufhetzten. Dazu hieß es im nationalen Bericht des Sicherheitsdiensts der SS für Oktober 1938 mit einer gewissen Befriedigung:

> Die zunehmende antijüdische Einstellung der Bevölkerung, die hauptsächlich durch das provozierende und freche Auftreten einzelner Juden während der außenpolitischen Krisenzeit hervorgerufen wurde, fand ihren stärksten Ausdruck in Aktionen gegen die jüdische Bevölkerung, die im Süden und Südwesten des Reiches teilweise pogromartigen Charakter annahmen.[10]

Tatsächlich fanden die schwersten Ausschreitungen in diesen Regionen oft in kleinen Städten und Dörfern statt und wurden gewöhnlich als Teil der allgemeinen Kampagne gegen den übermäßigen wirtschaftlichen Einfluss der Juden dargestellt. Immer öfter wurden einzelne Juden misshandelt, Geschäfte in jüdischem Besitz angegriffen, Fenster von Geschäften und Wohnhäusern eingeschlagen oder Synagogen angezündet. Schon im Mai 1938 wurde im hessischen Hanau in der Nacht auf den Sabbat der Eingang zur Synagoge zugemauert. Als eine lokale »arische« Baufirma ihn im Auftrag der jüdischen Gemeinde wieder freilegte, wurde sie bestraft, indem die Gemeinde Aufträge bei ihr kündigte. »Wie weiter bekannt wird, haben es die hiesigen Glaser abgelehnt, in der Synagoge Fensterscheiben einzusetzen«, heißt es hämisch im Bericht einer SD-Außenstelle. »Es dürfte sich nach diesen Ereignissen wohl kaum noch ein Handwerker finden, der für die Juden eine Arbeit übernehmen wird.«[11]

In Berlin hatte am 21. Juni 1938 eine von Gewalt und Unterdrückung begleitete Kampagne stattgefunden, hauptsächlich inszeniert von Goebbels in seiner Eigenschaft als Gauleiter der Hauptstadt. Mehrere Hundert Juden wurden, größtenteils in den Cafés um den Kurfürstendamm, festgenommen. Die Eingänge zu den Praxen jüdischer Anwälte und Ärzte wurden in roter Farbe mit antijüdischen Beleidigungen beschmiert und Läden in jüdischem Besitz geplündert und zerstört. Doch am folgenden Tag wurde die Operation auf persönlichen Befehl des »Führers« abgeblasen. Angesichts der Sudetenkrise, die sich damals gerade ihrem Höhepunkt näherte, wollte Hitler die

Weltöffentlichkeit durch diesen offensichtlich staatlich geförderten Vandalismus nicht gegen sich aufbringen.[12]

Außerhalb des Scheinwerferlichts gingen die erbarmungslosen Übergriffe allerdings weiter. In einem Bericht aus dem Büro des Regierungspräsidenten von Speyer am Rhein, das die antisemitischen Übergriffe im Oktober 1938 auflistete, wird die zynische Strategie deutlich, mit der sich die Staatsmacht offiziell von den Übergriffen distanzierte, die sie heimlich förderte. Dort heißt es, dass die jüdischen Wohnhäuser in Rülzheim, einer Gemeinde in der Nähe von Speyer, in roter Farbe mit Parolen wie »Hängt die Juden«, »Kriegshetzer« und »Juden tot« beschmiert wurden. In einer anderen Stadt der Gegend gab es einen Einbruch in der Synagoge, wobei wertvolle Kultgegenstände zerstört wurden. An einem weiteren Ort kam es zu Wohnungseinbrüchen und dem Diebstahl von Wertsachen. Auch ein jüdischer Friedhof wurde geschändet. In keinem Fall hatten die geschädigten Juden Anklage erhoben, und so endete der Bericht in hämischem Triumph:

> Die Täter konnten für all diese Vorkommnisse, die spontan aus dem Willen der Gesamtbevölkerung entstehen, nicht ermittelt werden. Die Bevölkerung will die Juden aus den Dörfern forthaben und rächt sich auf diese Art für das freche Auftreten der Juden während der Spannungszeit im September. Diese Begründung des Vorgehens der Bevölkerung klingt durch alle Berichte.
>
> Bei der Abschiebungsaktion gegen die polnischen Juden am 27. und 28.10. wurden mittels Sonderzug insgesamt 213 Personen abtransportiert ...[13]

Am 1. November 1938 zählte das SD-Hauptamt in Berlin die neuen Maßnahmen auf, mit denen das Regime zur »Lösung der Judenfrage im Reichsgebiet« beitragen wollte. »Durch Gesetz bzw. Verordnung erfolgte der Ausschluss der Juden aus folgenden Berufen«, heißt es weiter in dem Bericht:

> Versteigerungsgewerbe
> Bewachungsgewerbe
> Gewerbliche Auskunftserteilung über Vermögensverhältnisse oder persönliche Angelegenheiten
> Handel mit Grundstücken
> Gewerbsmäßige Vermittlung von Immobilienverträgen und Darlehen

Gewerbsmäßige Heiratsvermittlung und Fremdenführergewerbe
Wandergewerbe
Ärzteberuf
Betätigung als Rechtsanwalt[14]

Die deutschen Juden, die oft seit Jahren und Jahrzehnten als geachtete Bürger in den Gemeinden lebten, wurden durch das, was unter dem NS-Regime als Recht und Gesetz galt, langsam, aber sicher jeder Möglichkeit beraubt, weiterhin ihrem Beruf nachzugehen und ein Leben zu führen wie alle anderen Bürger auch. Aus den Berichten des SD geht außerdem hervor, dass Regierungsstellen unterschwellig die Anwendung von Gewalt förderten, in der Öffentlichkeit ihre Hände jedoch in Unschuld wuschen und die Übergriffe auf spontanen Volkszorn zurückführten. Die abstoßenden Ereignisse, die nun in endloser Kette folgten, stellten daher keine Überraschung für die staatlichen Stellen dar, sondern waren lediglich ein Beleg für die systematische Zunahme der Gewalt, die eben diese Stellen eifrig schürten und die nationalsozialistischen Organisationen in die Tat umsetzten.

DAS FOLGENREICHSTE RESULTAT der »Polenaktion« hatte sich weder an der Ostgrenze des Reiches noch in Berlin gezeigt, sondern Hunderte Kilometer weiter westlich in Paris.

Herschel Grynszpan war im März 1921 als Sohn jiddischsprechender jüdisch-polnischer Eltern in Hannover zur Welt gekommen. Sein Vater Sendel und seine Mutter Riva waren 1911 aus Polen, das damals zum Russischen Reich gehörte, nach Deutschland gekommen. Herschel, ein intelligenter Einzelgänger, der zu Wutausbrüchen neigte, war wesentlich religiöser als seine Eltern und besuchte mit einem Stipendium aus Mitteln der jüdischen Gemeinde eine Jeschiwa in Frankfurt am Main. Wegen des Abstammungsprinzips im deutschen Reichs- und Staatsangehörigkeitsgesetz von 1913 war ihm die deutsche Staatsbürgerschaft verwehrt, obwohl er in Deutschland geboren war. Er beschloss daher, nach Palästina zu emigrieren, kehrte nach Hannover zurück und bewarb sich beim dortigen Büro für jüdische Auswanderung für die Einreise nach Palästina. Dort teilte man ihm mit, dass er als 15-Jähriger ein Jahr zu jung sei, um allein zu reisen. Angesichts der zunehmenden Verfolgung durch die Nazis gelangten seine Eltern aber zu der Überzeugung, dass er das Land verlassen müsse. Ausgestattet mit einem polnischen Pass und einem bis April 1937 gültigen deutschen Wiedereinreisevisum konnte Herschel nach Belgien einreisen, wo die Aufenthaltsbestimmungen lockerer waren. Vor dort ging er jedoch schon bald nach Paris, wo er zunächst bei einem Onkel und einer Tante wohnte. In Frankreich lebte er illegal, weil er, wie es gesetzlich vorgeschrieben war, sich nicht selbst ernähren konnte. Er blieb dennoch in Paris.

Im Frühjahr 1937 verfiel sein Wiedereinreisevisum, so dass er nicht mehr nach Deutschland zurückkehren konnte. Sein polnischer Pass verlor im Januar 1938 seine Gültigkeit. Im Juli 1938 erhielt er keine Aufenthaltsgenehmigung mehr für Frankreich und wurde angewiesen, das Land bis Ende August zu verlassen. Von da an war er praktisch auf der Flucht. Er musste nun ständig fürchten, deportiert zu werden, konnte nicht arbeiten, weil er damit riskierte, dass sein Status als Illegaler entdeckt wurde, und seine mittellosen Verwandten konnten ihn nicht mehr unterstützen.

Da er nie richtig Französisch gelernt hatte, suchte er Zuflucht in einer jiddischsprachigen, jüdisch-orthodoxen Enklave in einem heruntergekommenen Teil von Paris und sann über einen Ausweg aus seiner misslichen Lage nach. Ende Oktober erreichten ihn schlimme Nachrichten aus Deutschland: Seine Eltern und drei noch lebende Geschwister waren zusammen mit anderen polnischen Juden deportiert und im Niemandsland bei Zbąszyń ausgesetzt worden. Die Presse war voller Berichte über das Leid der Deportierten und die schrecklichen Bedingungen, unter denen sie an der Grenze leben mussten.

Herschel Grynszpan stürzte das in noch tiefere Verzweiflung, und so ging er am 7. November 1938 in die deutsche Botschaft und schoss den Botschaftsrat Ernst vom Rath nieder. Danach ließ er sich noch an Ort und Stelle von der französischen Polizei festnehmen. Ein Foto, das kurz nach der Tat aufgenommen wurde, zeigt einen etwas pummeligen, aber durchaus gutaussehenden Teenager mit Anzug und Krawatte in einem Regenmantel. »Ich habe aus Liebe zu meinen Eltern und zu meinem Volk gehandelt«, erklärte er den Polizisten, die ihn verhörten. »Sie wurden zu Unrecht einer ungeheuerlichen Behandlung unterzogen. Es ist schließlich kein Verbrechen, jüdisch zu sein. Ich bin kein Hund. Ich habe ein Recht zu leben. Meine Leute haben ein Recht, auf dieser Welt zu existieren.«[15]

Vom Rath erlag zwei Tage später in einem Pariser Krankenhaus seinen schweren Verletzungen. Schon als er noch zwischen Leben und Tod schwebte, lief die Propagandamaschine der Nazis auf vollen Touren. Sie sah in dem Attentat keineswegs die unbedachte Tat eines geltungssüchtigen, hoffnungslosen 17-Jährigen, sondern den Beweis für eine weltweite jüdische Verschwörung.

»Feiger Mordanschlag des Juden Grünspan auf den Gesandtschaftsrat Ernst vom Rath« und »Weltjudentum reißt die Maske vom Gesicht« lauteten die Schlagzeilen, die Ruth Andreas-Friedrich am Morgen des 9. November in ihrem Tagebuch festhielt. Vom Raths angeblich vorbildlicher Lebenslauf und sein hingebungsvoller Dienst am deutschen Volk waren Thema in allen Zeitungen. Stündlich wurden ärztliche Bulletins veröffentlicht.

Als Ruth Andreas-Friedrich in Berlin zur Arbeit fuhr, fand sie die Atmosphäre im Bus mehr von Furcht als von Zorn geprägt. Doch sie registrierte, dass die inzwischen gesetzlich gekennzeichneten jüdischen Geschäfte auf dem Kurfürstendamm und in der Tauentzienstraße noch leerer waren als sonst, was ihre schlimmen Vorahnungen verstärkte. Noch konnte man hoffen, dass der verwundete Diplomat genesen würde.[16] Doch Ernst vom Rath starb am 9. November 1938 um etwa 17.30 Uhr. Als wenige Stunden später auf dem Gebiet des Großdeutschen Reichs die Nacht hereinbrach, hörte man in Berlin und Hunderten anderer Orte ein Geräusch, das vielen bereits vertraut war als Signal des Terrors: das Geräusch von zersplitterndem Glas.

AM 10. NOVEMBER 1938 um sieben Uhr morgens klingelte es an der Haustür von Ruth Andreas-Friedrich in schneller Folge – sie zählte neun oder zehn Mal. Das hörte sich dringend an. Als sie hinunterging und aufmachte, stand Dr. Weißmann vor der Tür, ein befreundeter jüdischer Anwalt. »Verstecken Sie mich, sie sind hinter mir her!«, keuchte er.

Sie starrte ihn an. »Wer? Was? Ich verstehe nicht.«

Weißmann rannte an ihr vorbei in ihre Wohnung. Dort setzte er sich erschöpft auf einen Stuhl und verbarg das Gesicht in den Händen. Andreas-Friedrich fragte noch einmal, was los sei. Er sah sie mit einem Ausdruck bitteren Spotts an:

> Leben Sie auf dem Mond? … Der Teufel geht um in Berlin! Die Synagogen brennen. Das Judenblut spritzt vom Messer. SA marschiert und schlägt Scheiben ein. Und Sie fragen noch: Was ist passiert?[17]

Andreas-Friedrich wurde langsam klar, was hier geschah. In ihrer friedlichen Vorstadt hatte sie von den Vorgängen in der Stadt nichts gesehen und gehört. Die Vergeltung, die sie alle gefürchtet hatten, hatte eingesetzt. Weißmann konnte kaum sprechen vor Erregung:

> Wie Hasen werden wir gejagt ... Den halben Kurfürstendamm entlang haben sie mich laufen lassen. Judenschwein! Massenmörder! Verrecke, du Aas! mir nachgebrüllt. Mit Steinen auf mich geworfen und mit Dreckklumpen. Die Lümmel, die Lausejungen, die verfluchten SA-Bengels! ... Die Polizei schaut zu. Lässt brennen, was brennt, und umbringen, was umgebracht werden soll!

Erst jetzt dämmerte Andreas-Friedrich, dass vom Rath gestorben sein musste. Ihr jüdischer Freund bestätigte das. »Und jetzt zelebriert man ihm die Totenmesse. Mit Pechfackeln und Benzinfässern. Mit Kirchenschändung und Massenmord. Fast hätten sie mich erwischt. Aber ich bin in eine Seitenstraße geschlüpft. Da haben sie statt meiner einen anderen verhauen.«

Andreas-Friedrich ließ Weißmann in ihrer Wohnung zurück und ging Milch und Brot kaufen. Bis neun Uhr hatte ihr Freund geduscht und gefrühstückt und war in einen Schlafanzug von Leo geschlüpft. Eine halbe Stunde später machte sie sich auf den Weg zur Arbeit, während er in ihrer Wohnung zurückblieb. Im Bus waren die Fahrgäste sehr still und schienen sich zu schämen. Der Kurfürstendamm, wo sie ausstieg, war »ein einziges Scherbenmeer«. An der Ecke Ku'damm/Fasanenstraße, in der Nähe ihres Büros, gewahrte sie eine Menschenmenge. Alle starrten wie gebannt Richtung Norden, wo in der Fasanenstraße die 1912 vollendete und damals vom Kaiser persönlich mit Cadiner Kacheln beschenkte Synagoge in Flammen stand, die größte in Berlin.

»Verfluchte Schande«, flüsterte ein Mann neben Andreas-Friedrich. Sie wollte »Bruder« zu ihm sagen, tat es aber nicht und schämte sich, weil sie schon daran gewöhnt war zu schweigen.

In der Redaktion herrschte das reinste Chaos. Ihr Chef saß verstört in seinem Büro. Er hatte gesehen, wie Nazischläger in der Synagoge Benzin ausleerten und sie johlend in Brand steckten. Es widerte ihn geradezu an, dass das Regime jetzt verbreitete, die Zerstörungen seien der Ausdruck »spontaner Volkswut«, dabei wusste doch jeder, dass sie von der SA organisiert worden waren. »Aber die Tatsachen?«, fragte Andreas-Friedrich. Wortlos wies er auf einige betippte Blätter mit dem Imprimatur des von Goebbels kontrollierten Deutschen Nachrichtenbüros (DNB). »Antijüdische Aktionen in Berlin und dem Reich« lautete die Überschrift der Presseerklärung, die in den Abendausgaben aller Zeitungen in Deutschland veröffentlicht werden musste. Erlaubt waren nur kosmetische Veränderungen durch die Redakteure, so dass alle Artikel mehr oder weniger gleichlautend waren. Ihr Chef musste für das Ergebnis dennoch »verantwortlich zeichnen. Tun, als glaube [er] den jämmerlichen Quark.« Das DNB-Machwerk begann:

> Nach Bekanntmachen des Ablebens des durch feige jüdische Mörderhand niedergestreckten Diplomaten Pg. vom Rath haben sich im ganzen Reich spontane judenfeindliche Kundgebungen entwickelt. Die tiefe Empörung des deutschen Volkes machte sich dabei auch vielfach in starken antijüdischen Aktionen Luft ... An vielen Stellen Berlins hat man die Schaufenster der jüdischen Geschäfte eingeschlagen und die Schaukästen der jüdischen Ladenbesitzer demoliert. Die jüdischen Geschäftsinhaber besaßen noch die Frechheit, durch ihre arischen Angestellten die Glasscherben mit den Fingern beseitigen zu lassen, was den leidenschaftlichen Protest der Passanten hervorrief ...

Und so ging es weiter, Abschnitt für Abschnitt. »Nun weiß ich es also«, schrieb Andreas-Friedrich. »Der jüdische Krieg hat begonnen.«

In einigen Teilen Deutschlands hatte er sogar schon vor dem Tod vom Raths begonnen. In der hessischen Stadt Kassel und in Dessau in Anhalt hatten organisierte nationalsozialistische Banden schon am Tag zuvor jüdische Wohnungen, Geschäfte und Synagogen angegriffen.[18] Goebbels war umgehend über die Unruhen informiert worden. Er hielt sich gerade in München auf, wo alljährlich des gescheiterten Putsches vom November 1923 gedacht wurde, mit dem Hitler auf der nationalen Bühne erschienen war. Am Spätnachmittag, als er schon wusste, dass vom Rath gestorben war, hatte Goebbels im Rathaus ein Gespräch mit Hitler. Danach schrieb er in sein Tagebuch:

> Ich trage dem Führer die Angelegenheit vor. Er bestimmt: Demonstrationen weiterlaufen lassen. Polizei zurückziehen. Die Juden sollen einmal den Volkszorn zu verspüren bekommen. Das ist richtig. Ich gebe gleich entsprechende Anweisungen an Polizei und Partei. Dann rede ich kurz dementsprechend vor der Parteiführerschaft. Stürmischer Beifall. Alles saust gleich an die Telefone. Nun wird das Volk handeln.[19]

Aus internen Dokumenten der NSDAP geht klar hervor, dass Goebbels' wütende Rede vor den in München versammelten Parteibossen trotz ihrer bösartigen Leidenschaft sorgfältig kalkuliert war. Bestreitbarkeit war alles. Nur nichts Schriftliches. Er wollte, dass die SA ein Pogrom organisierte, das man später als Ergebnis spontanen Volkszorns darstellen konnte.[20]

Die meisten organisatorischen Vorbereitungen und Telefonate erfolgten zwischen 22 Uhr und Mitternacht. Einer der wichtigsten Anführer, die von Goebbels bei der Aktion eingesetzt wurden, war Viktor Lutze, Stabschef der SA, die in den deutschen Städten schon vor Hitlers Machtergreifung Angst und Schrecken verbreitet hatte.[21] Wenngleich Lutzes Organisation seit 1933 sowohl politisch als auch zahlenmäßig an Bedeutung verloren hatte (die Mitgliederzahl war von vier Millionen auf weniger als zwei Millionen geschrumpft), war sie immer noch eine Armee trainierter Schläger, die bereit und in der Lage war, die Befehle der Partei in die Tat umzusetzen. Und so spielten die SA-Mitglieder eine wichtige Rolle bei den schrecklichen Ereignissen in der folgenden Nacht.

Eine Welle der Zerstörung rollte am 10. November in den Stunden nach Mitternacht über das Land. Geschäfte und Wohnhäuser wurden geplündert, Juden zusammengeschlagen oder gar getötet, Tausende jüdische Männer in sogenannte Schutzhaft genommen. Mit Benzinkanistern ausgerüstete SA-Männer in Zivil setzten Synagogen in Brand und hinderten die Feuerwehr am Löschen. Die Zeitungen, die bis hinunter zum kleinsten Lokalblättchen unter strenger Überwachung des Propagandaministeriums standen, druckten alle die gleiche Erklärung, warum der Staat die Synagogen nicht schützte.

Die Erklärung in der *Pommerschen Zeitung* in Stettin (Szczecin), einer Stadt, die 1939 etwa 270 000 Einwohner hatte, war mehr oder weniger typisch: »Die Feuerlöschpolizei, die mit zahlreichen Wagen und Löschgeräten angerückt war, musste sich angesichts der raschen Ausdehnung des Brandes auf den Schutz der umliegenden Gebäude beschränken.«[22] Dies stimmte absichtlich oder unabsichtlich mit Goebbels' Tagebuchkommentar über die Zerstörung der Alten Synagoge Ohel Jakob in der Herzog-Rudolf-Straße im historischen Zentrum der Stadt München überein. Er sah in den frühen Morgenstunden des 10. November »den Himmel blutrot« über der Synagoge und schrieb: »Wir lassen nur soweit löschen, als das für die umliegenden Gebäude notwendig ist. Sonst abbrennen lassen.«[23]

Die *Pommersche Zeitung* zählte im letzten Abschnitt ihres Berichts über die »Kristallnacht« fast beiläufig die barbarischen Untaten auf, die anderswo in der Region verübt worden waren:

> Auch in der Provinz gingen an mehreren Orten – so u.a. in Stralsund, Pasewalk, Swinemünde, Greifenhagen, Gollnow, Naugard, Pyritz, Köslin, Stolp, Neustettin, Schneidemühl – die Synagogen in Flammen auf. In verschiedenen jüdischen Geschäften wurden die Fensterscheiben zertrümmert. In Stralsund wurden sämtliche Juden in Schutzhaft genommen. Zu Misshandlungen von Juden ist es, da die Bevölkerung trotz aller begreiflichen Erregung über die feige jüdische Meucheltat die Besonnenheit bewahrte, nicht gekommen.

Die offizielle Linie zur »Reichskristallnacht« lautete, dass sich die »Volksgenossen« aus Empörung über den feigen Mord an vom Rath wie ein Mann erhoben hätten. Gebäude, Geschäfte und Synagogen waren beschädigt worden, doch der rachsüchtige Mob hatte mit eiserner teutonischer Selbstkontrolle die Waren in den Läden nicht angerührt. »Da die Volksgenossen äußerste Disziplin bewahrten, ist keinem Juden auch nur ein Haar gekrümmt worden«,[24] hieß es weiter.

Die Wirklichkeit sah anders aus. 91 Juden wurden während des Pogroms nach der offiziellen Schätzung – in den internen Dokumenten des Regimes – getötet. In Wahrheit dürften es viel mehr gewesen sein. Hunderte begingen Selbstmord. Viele weitere Juden kamen ums Leben, als man sie zu Tausenden in Konzentrationslagern internierte. Dort wurden sie geschunden und misshandelt, verhungerten oder schufteten sich zu Tode. Im Lauf der Zeit wurde die Zahl der Opfer vierstellig.[25] Vermutlich hatte die SA die Erlaubnis, Gewalt anzuwenden, aber vielerorts geriet der braune Mob in der Nacht vom 9. auf den 10. November außer Kontrolle. Vielleicht hatte nicht einmal die Regierung einen Überblick über das ganze schändliche Ausmaß des Massakers.

Ruth Andreas-Friedrichs Freund Dr. Weißmann entkam in dieser Nacht den SA-Banden, die auf dem Kurfürstendamm nach Juden suchten. Der Schriftsteller Erich Ebermayer, der ebenfalls auf dem Ku'damm unterwegs war, berichtete aus seiner Warte von der Hölle des 9. November:

> Wir hatten in der Stadt gegessen und schlenderten dann den Kurfürstendamm entlang. Plötzlich rollten Lastwagen an, vollgefüllt mit SA-Männern. Beinahe lautlos vollzog sich in wenigen Minuten Ungeheuerliches: Eine der großen Fensterscheiben in Geschäften am Ku-Damm nach der anderen klirrte. Glasscheiben fielen heraus. Alles blieb wie

erstarrt stehen. Unter knapp gegebenen Befehlen gingen die SA-Truppen weiter, von Haus zu Haus. Einer trug eine Liste und rief immer den Namen des nächsten Geschäfts. Dann klirrten wieder Scheiben. Auf der anderen Seite des Dammes »arbeitete« ein anderer SA-Trupp genauso lautlos und präzise. Einige Leute rannten los und suchten nach Polizisten. Aber kein Polizist war zu sehen. Der an der Kreuzung Joachimsthaler, der den Verkehr zu regeln hatte, schien nicht zuständig zu sein.

Er grinste nur.

Über Glasscherben, die die breiten Bürgersteige bedeckten, gingen wir weiter gegen Halensee zu. Als wir schon beinahe an der Wilmersdorfer Straße waren, wo mein Wagen parkte, war plötzlich rechts hinter uns heller Feuerschein am Himmel. Wir starrten hinauf. Die Flammen selbst waren nicht zu sehen, aber der Widerschein am Himmel nahm von Minute zu Minute zu. Menschen kamen aus der Gegend, wo der Großbrand wütete, angerannt: Die Synagoge brennt! SA-Leute haben die Synagoge in Brand gesteckt![26]

Ebermayer lässt in seinem Tagebuch keinen Zweifel, dass die »Volksgenossen« sich in Bezug auf das Inventar der jüdischen Geschäfte und Unternehmen keine Zurückhaltung auferlegen. »Seit heute Morgen [dem Morgen des 10. November] wird geplündert. Jeder nimmt sich, so hört man, aus den demolierten Geschäften, was er brauchen kann. Leute mit Mänteln, Damenkleidern, Dutzenden von Schlipsen überm Arm gehen ungeniert über die Straßen.«[27]

Wie es um die persönliche Unversehrtheit und den Privatbesitz der Betroffenen stand, erzählte Ruth Adler, die wie Hunderte ihrer Leidensgenossen etwas ganz anderes erlebte, als in der Presse zu lesen war. Die 15-Jährige entstammte einer alten Frankfurter Familie, die sich im Buchhandel einen Namen gemacht hatte und in Frankfurt eine bekannte Buchhandlung besaß. Ruth lebte damals mit ihren Eltern in Düsseldorf. Am 9. November 1938 waren sie und ihr jüngerer Bruder von den Eltern getrennt bei »arischen« Bekannten, einem Architekten und seiner Frau, untergekommen, da man sie vor den in der Pogromnacht verübten Gewalttaten in Sicherheit bringen wollte. Am nächsten Tag mussten die Kinder allerdings nach Hause zurückkehren, weil die Concierge im Haus des Architektenehepaars die Gestapo über ihre Anwesenheit informiert hatte. Sie kamen in eine völlig verwüstete Wohnung:

> Die Tür war aus den Angeln gerissen, alle Fenster waren eingeschlagen, und all unsere Möbel lagen auf der Straße, waren hinausgeworfen worden. Die Küchenschränke waren aus den Wänden gerissen. Das wunderschöne Limoger Porzellan meiner Mutter, das sie nur für ihre Teegesellschaften verwendete, war total zerstört, ein Scherbenhaufen ... Wir saßen auf einem Haufen zerbrochener Gläser und zerbrochenen Porzellans. Das Gemälde meiner Eltern war mit Messern zerschnitten. Und der Signac* ... war in kleine Fetzen zerrissen. Wir krochen kreuz und quer über den Boden, suchten die Fetzen zusammen und sammelten sie, und schließlich brachte sie meine Mutter zum Restaurateur.[28]

Wenig später kehrten auch die Eltern zurück und begannen die Trümmer aufzuräumen, nachdem sie sich ein bisschen Ruhe gegönnt hatten. Die nächsten Nachbarn helfen ihnen dabei, obwohl sie wussten, wie riskant es war, sich Juden gegenüber freundlich und hilfsbereit zu verhalten. Am Sonntag wurde Ruths Vater während des Ausgangs mit dem Dackel der Familie von der Gestapo aufgegriffen und, wie es das Regime formulierte, »in Schutzhaft genommen«.

Die Reichspogromnacht fand überall im Reich statt, in Berlin und anderen Großstädten, in kleineren Städten und sogar in den Dörfern. Auch wo es weder eine Synagoge noch ein jüdisches Geschäft gab, kam es zu Übergriffen. Die Täter suchten die Deutschen mit jüdischen Wurzeln sogar an sicheren und höchst unverdächtigen Orten heim.

Die damals elfjährige Inge Lueg war ein stolzes »Bayer-Kind«. Ihr Vater, ein studierter Chemiker, arbeitete als Fabrikmanager für das riesige Pharmaunternehmen in Leverkusen, das sich praktisch nördlich von Köln am Zusammenfluss von Wupper und Rhein eine eigene Stadt geschaffen hatte. Bayer gehörte damals zu dem riesigen Chemie- und Pharmakonzern I.G. Farben und war ein vorbildlicher Arbeitgeber paternalistischer Art. Das Unternehmen stellte seinen Arbeitern Unterkünfte, Schulen, ein Krankenhaus und andere grundlegende Dinge zur Verfügung – im Fall von Inges Familie ein Haus in der Vorstadt Wiesdorf, das die Briten nach dem Ersten Weltkrieg für ihre Besatzungstruppen nutzten und 1926 schließlich räumten. Die Familie eines hohen Angestellten bei Bayer hatte, wie Inge einräumte, »ein begütertes und behütetes Leben«.

* Paul Signac (1863–1935), französischer Impressionist

Die Schaufenster eines »jüdischen« Geschäfts wurden während der Pogromnacht eingeschlagen, das Innere mitsamt den Waren mutwillig zerstört. Die Passanten gehen am folgenden Tag scheinbar ungerührt ihres Weges und wirken zum Teil beinahe heiter.

Inge war groß für ihr Alter, groß genug, um die schweren Fensterläden auf der Außenseite des Hauses zu schließen, eine Aufgabe, die sie mit Stolz erledigte. Als sie am Abend des 9. November 1938 die Fenster öffnete, um die Läden zu schließen, und ihre Mutter wie immer dicht hinter ihr stand, weil sie Angst hatte, ihre Tochter könnte hinausfallen, vernahmen die beiden seltsame Geräusche in der Nachbarschaft.

> Plötzlich hörte man ein Krachen und Klirren und Rufen, eine Menge Schreie und furchterregende brüllende Geräusche, und das Krachen ging weiter, und ich sagte zu meiner Mutter: Was ist das? Und meine Mutter sagte: Ach nichts, mach nur die Läden schnell zu. Aber es war schrecklich. Es gab eine jüdische Familie, einen Chemiker, und sein Besitz wurde zerstört. Wir hatten mehrere in der Umgebung, und einige von ihnen kamen davon …[29]

Inge hörte später von ihrer Schwester, dass einer der jüdischen Nachbarn sich erhängt hatte. Die Behörden wussten, dass ein großer Teil der Deutschen das Märchen vom »Volkszorn« nicht glaubte. Die Polizei in der ostwestfälischen Industriestadt Bielefeld gab sich daher erst gar keine Mühe, die Bilanz der Ereignisse zu verschleiern, sondern legte einen Bericht von geradezu brutaler Offenheit vor. Darin hieß es, fast niemand habe geglaubt, dass sich die »Kristallnacht« spontan ereignet habe. Missbilligend wurde erwähnt, dass in einer Reihe von Fällen »schulpflichtige Kinder sich beim Einschlagen von Fensterscheiben und sogar Anlegen von Bränden und Zerstörung von Einrichtungsgegenständen und dergleichen beteiligten«. Und weiter:

> In diesem Zusammenhang wäre noch zu bemerken, dass die Art der Berichterstattung über den Verlauf der Aktion durch die Presse allgemein Anstoß erregt hat. Da, wie bereits erwähnt, die Bevölkerung in fast keinem Falle an der Aktion teilgenommen hat, wirkt die dauernde Behauptung der Presse, es handle sich um eine spontane Empörung des Volkes, geradezu lächerlich, zumal die Tatsache, dass die Aktion von oben organisiert war, infolge der im allgemeinen einheitlichen Durchführung der Aktion nicht zu verkennen war.[30]

Tatsächlich wissen wir aus der nicht redigierten Version von Goebbels' Tagebüchern, dass der Minister persönlich die Zeit fand, mit seinem alten Spießgesellen Werner Wächter* in Berlin zu telefonieren und zu verlangen, dass die organisierten Schlägerbanden der prächtigen Synagoge in der Fasanenstraße – für den fanatischen Antisemiten und langjährigen Gauleiter von Berlin ein besonderes Ärgernis – besondere Aufmerksamkeit widmeten, eine Anweisung, der sie nur allzu gern Folge leisteten.[31]

Wie längst nicht alle Deutschen die Lüge vom Ausbruch des spontanen Volkszorns gegen die Juden glaubten, so hießen auch längst nicht alle die Zerstörung von Synagogen gut. Über die alte, streng katholische Stadt Paderborn in Nordrhein-Westfalen berichtete der Landrat, »der überwiegende Teil der Bevölkerung, der noch unter dem Einfluss zentrümlicher [sic!] und kirchlicher Kreise steht, lehnt die Aktionen gegen die Juden … ab«.

* Werner Wächter (1902–1946?) war ein leitender Angestellter des Propagandaministeriums. Er war schon in der Zeit der Berliner Straßenkämpfe vor der Machtergreifung Goebbels' rechte Hand gewesen. Er verschwand 1946, vermutlich weil er getötet wurde.

Und weiter hieß es:

> Die Kreise, die dem nationalsozialistischen Staat aus ihrer politisch-kirchlichen Bindung heraus grundsätzlich besonders ablehnend gegenüberstehen, zeigen sich besonders ungehalten darüber, dass die Gotteshäuser der Juden in Brand gesetzt worden sind. Scheinbar wird von diesen Kreisen, die das Judentum noch immer als eine Religionsgemeinschaft und nicht als eine fremde Rasse ansehen, das Greuelmärchen verbreitet, dass auch eine gleiche Aktion gegen die Gotteshäuser der anderen »Konfessionen« entfesselt werden könnte.[32]

Ähnliche Beobachtungen sind auch in den Berichten aus dem protestantischen Bielefeld zu lesen, wo sich Bürger alarmiert zeigten über den Angriff auf die jüdische Glaubensgemeinschaft, weil sie fürchteten, es könnten ähnliche Angriffe auf christliche Einrichtungen folgen, wenn es dem Regime ins Konzept passe.[33]

Das Büro des Sicherheitsdienstes der SS im streng katholischen Cochem an der Mosel meinte eine Verschwörung der katholischen Kirche zu erkennen mit dem Ziel, das Pogrom für die Untergrabung der Autorität des NS-Regimes zu nutzen. Am Sonntag nach der Reichspogromnacht berichtete der Cochemer SD:

> In den Gottesdiensten des der Aktion folgenden Sonntages wurde in vielen Predigten von der Nächstenliebe gesprochen, die bedingungslos sei, und als Grundsatz herausgestellt, dass es Pflicht sei, nach dem Wort zu handeln »Leben und leben lassen«. Diese Hetze wurde allgemein richtig erkannt, obwohl in keinem Worte der Juden gedacht oder diese erwähnt wurden.[34]

In der auf halbem Weg zwischen Paderborn und Kassel gelegenen kleinen Stadt Borgentreich sah sich der Bürgermeister gezwungen, an das Gestapo-Hauptquartier in Bielefeld zu berichten, dass die Angriffe auf jüdische Bürger und ihren Besitz »nicht verstanden« würden:

> Die Juden wurden auch bemitleidet. Insbesondere darüber, dass ihnen Schaden an ihrem Hab und Gut zugefügt wurde und dass die männlichen Juden einem Konzentrationslager zugeführt wurden. Diese

> Stimmung in der Bevölkerung war gewiss nicht allgemein, aber ich schätze, dass hierzulande wenigstens 60 Prozent der Bevölkerung so dachte ...[35]

Selbst die junge Gärtnerin in Cannstatt, eine entschiedene und gewöhnlich unkritische Unterstützerin der Aktionen des Regimes gegen die Juden, schrieb in ihr Tagebuch, dass »solche Prügeleien uns Deutschen nicht würdig« sind.[36]

Das Regime musste zur Kenntnis nehmen, dass sogar jene, die nichts dagegen hatten, dass man den Juden das Leben schwer machte, sowohl über die ungehemmte Brutalität als auch über die willkürliche Beschädigung von Gebäuden, Geschäften und der Habseligkeiten der Juden entsetzt waren. Schließlich hätten diese Vermögenswerte auf »Arier« oder direkt an den Staat übertragen werden können. Diese kühle praktische Betrachtungsweise war besonders in der Unterschicht weit verbreitet.[37] Aber sie wurde auch von einigen Mitgliedern der Elite geteilt. Göring, der Beauftragte für den »Vierjahresplan«, unterstützte das Pogrom zwar prinzipiell, brachte jedoch seine Missbilligung angesichts des »Schadens«, den die massive Welle absichtlicher Zerstörung angerichtet hatte, deutlich zum Ausdruck. Für den Schaden scheint er insbesondere Goebbels verantwortlich gemacht zu haben. »Mir wäre lieber gewesen, ihr hättet 200 Juden erschlagen und hättet nicht solche Werte vernichtet«, äußerte er gegenüber dem Propagandaminister und seinen Gesinnungsgenossen.[38]

Am Nachmittag des 10. November, als das Ziel erreicht war und die brutale »Aktion« sich tief in das öffentliche Bewusstsein eingegraben hatte, befahl Goebbels, das Plündern einzustellen. Er brachte eine Presseerklärung heraus, in der er die »berechtigte« Empörung des Volkes gegen die Juden zwar nicht verurteilte, aber doch zur Ordnung aufrief:

> Die berechtigte und verständliche Empörung des deutschen Volkes über den feigen jüdischen Meuchelmord an einem deutschen Diplomaten in Paris hat sich in der vergangenen Nacht in umfangreichem Maße Luft verschafft. In zahlreichen Städten und Orten des Reiches wurden Vergeltungsaktionen gegen jüdische Gebäude und Geschäfte vorgenommen.
>
> Es ergeht nunmehr an die gesamte Bevölkerung die strenge Aufforderung, von allen weiteren Demonstrationen und Aktionen gegen das

> Judentum, gleichgültig welcher Art, sofort abzusehen. Die endgültige Antwort auf das jüdische Attentat in Paris wird auf dem Wege der Gesetzgebung bzw. der Verordnung dem Judentum erteilt werden.[39]

Die Bekanntmachung erschien am folgenden Morgen, dem 11. November, auf den Titelseiten sämtlicher Zeitungen des Landes und wurde auch im Rundfunk verlesen. Erich Ebermayer hörte sie im Radio und machte sich seine Gedanken. Er überlegte kurz, ob Göring, Himmler oder Hess das Pogrom veranlasst hatten, und kam dann der Wahrheit sehr nah:

> Oder es *war* Goebbels' Idee und er sieht sich nun genötigt, da offenbar das liebe Volk die Gelegenheit zu gigantischen Plünderungen freudig ergriffen hat, zu bremsen, um die Zügel in der Hand zu behalten. Was aber soll die dunkle Drohung *gesetzlicher* Maßnahmen gegen das Judentum? Es sollte mich nicht wundern, wenn Hitler und Goebbels die willkommene Gelegenheit dieses wahrhaft zu verurteilenden Mordes benützen würden, um den noch in Deutschland verbliebenen Juden wirtschaftlich und moralisch den Garaus zu machen. Dieser Regierung kommt ja immer alles genau zur rechten Zeit zugeflogen: Im Februar 1933 steckt ein holländischer Narr mit dem KPD-Parteibuch in der Tasche den Reichstag an – was zur »Ausrottung« der politischen Linken führt. Und jetzt erschießt ein verblendeter junger Jude einen unschuldigen deutschen Diplomaten! Glück muss man haben! Die Herren *haben* Glück.[40]

Nach dem Bericht von Reinhard Heydrich, als Chef der Sicherheitspolizei und des SD ein weiterer wichtiger Organisator des Pogroms, wurden in der »Reichskristallnacht« 190 Synagogen durch Feuer oder absichtliche Demolierung, oft durch Dynamit, zerstört (eine Zahl, die bald auf 267 steigen sollte). Etwa 30 000 jüdische Männer wurden festgenommen und größtenteils in Konzentrationslager verbracht.[41] Nach abschließenden Schätzungen von Historikern war die Zahl der zerstörten Synagogen und jüdischen Gebetshäuser allerdings beträchtlich höher. Sie belief sich auf mehr als 1000, was heißt, dass fast alle jüdischen Gotteshäuser in Deutschland erfasst wurden.[42] 7500 von geschätzten 9000 jüdischen Geschäften in Deutschland wurden angegriffen, geplündert und oft völlig zerstört.[43]

Während sich Ebermayer über Goebbels' Motive den Kopf zerbrach, machte Ruth Andreas-Friedrich eine Bestandsaufnahme. Dr. Weißmann, der jüdische Anwalt, der am frühen Morgen auf der Flucht vor der SA vor ihrer Tür gestanden hatte, war nicht ihr einziger »Gast«, wie sie feststellte, als sie am 10. November von der Arbeit nach Hause kam.

> Die ganze Wohnung steckt voller Einquartierung. Levy ist gekommen und Jochen Cohn. Sie hocken auf meiner Couch und spielen Ecarté [ein Stichspiel ähnlich wie Whist]. »Um die Gedanken abzulenken«, sagt Levy entschuldigend. Er sieht erschöpft aus und unrasiert ... Jochen Cohn reibt sich verlegen die Stirn. »Dass wir Sie hier so überfallen ...«

Leo Borchard, ihr Lebensgefährte, war nicht da. Er suchte nach einem Freund: Dr. Hirschberg war nicht ans Telefon gegangen, und man befürchtete, dass die Gestapo ihn mitgenommen hatte. In Leos Schlafzimmer waren, wie sich herausstellte, zwei weitere Flüchtlinge. »Nur für eine Nacht ... nur bis das Ärgste vorüber ist«, stammelten sie. Dann klingelte das Telefon, Franz Wolfheim, ein weiterer Freund, war in der Leitung. Seine Stimme klang heiser und aufgeregt. Er wohnte nur fünf Minuten entfernt und bat Andreas-Friedrich, ihm die Haustür zu öffnen. Mit ihm waren es sechs Gäste. »Allmählich bekomme ich Beklemmungsgefühle«, schrieb die Gastgeberin in ihr Tagebuch.[44]

Sie sollte diese Gefühle bald verdrängen und sich schließlich an die Enge gewöhnen. Das Regime war von der Diskriminierung der deutschen Juden zur Verfolgung übergegangen, und das hieß Verdrängung ins Exil oder Gewalt gegen Leib und Leben. Andreas-Friedrich und ihre Freunde bemühten sich in den folgenden sechs Jahren, ihren jüdischen Mitbürgern Zuflucht und Hilfe zu gewähren, was mit großen Risiken für sie selbst verbunden war. Sie sollten nach dem Krieg als Widerstandsgruppe »Onkel Emil« bekannt werden.

NACH DEM POGROM am 9. und 10. November erschien die *Pommersche Zeitung* mit der Schlagzeile: »Schluss jetzt mit der jüdischen Weltpest«.

Für die nichtjüdischen Bürger Stettins ging das Leben danach fast normal weiter, sofern sie sich nicht an den antisemitischen Demonstrationen beteiligten, die der lokale Gauleiter ankündigte. In der Ruine der Stettiner Synagoge waren die letzten Flammen am Donnerstag, dem 10. November, gegen Mittag gelöscht. Das stattliche Gebäude hatte seit 1875 ganz in der Nähe des Hauptbahnhofs an der belebten Durchfahrtsstraße Grüne Schanze* gestanden. Auf

* heute *Ulica Dworcowa* – Bahnhofstraße

seiner Rückseite waren das Verwaltungsbüro und das jüdische Gemeindezentrum untergebracht, die von der Rosengartenstraße 9/10 zugänglich waren, einer Straße mit vielen kleinen Läden und Unternehmen. In dem Eckhaus neben der Synagoge befand sich die Stadtbücherei. Das Rathaus lag einen Block weiter südlich in der Karlstraße, dann kam das Hafenviertel.

Die Abrissarbeiten begannen sofort. Schon am Freitagnachmittag, weniger als 48 Stunden nach dem Pogrom, hatte eine Abrisskolonne Sprengladungen an der Vorderfront der Synagoge angebracht. Die »Gefahr« für den Verkehr sollte so schnell wie möglich beseitigt werden. Die Sprengung fand am Samstagnachmittag, dem 12. November, statt. Danach lag die Synagoge, die mehr als sechzig Jahre lang einer blühenden Gemeinde von 7000 Deutschen jüdischen Glaubens als Gotteshaus gedient und Raum für 1600 Besucher geboten hatte, in Schutt und Asche. Straßenbahnen, Autos, Lastwagen und »arische« Fußgänger konnten die Grüne Schanze nun wieder sicher passieren.[45]

Im Anzeigenteil der *Pommerschen Zeitung* warb das 500 Meter nordöstlich der Synagoge gelegene Stettiner Stadttheater für ein Operettenwochenende. Am Samstagabend wurde *Der Vogelhändler von* Carl Zeller gegeben und am Sonntag eine Matinee mit *Der Barbier von Bagdad* von Peter Cornelius. Die Hauptvorstellung am Abend, Franz Lehárs *Der Zarewitsch,* war schon ausverkauft. Lehár hatte die Operette eigens für den international berühmten österreichischen Tenor Richard Tauber komponiert. Tauber war Halbjude und nach der Machtergreifung der Nazis zunächst aus Deutschland und nach dem »Anschluss« Österreichs auch von dort emigriert. Zwei Minuten vom Stadttheater entfernt in der Luisenstraße befand sich das Trocadero, ein Varietee- und Cabaret-Club. Dort trat die Berliner Künstlerin Carmencita, »die europäische Shirley Temple«, mit ihrer Truppe auf.

Im nahegelegenen Kino Urania wurde der Film *Das blaue Licht* aus dem Jahr 1932 gezeigt. Hauptrolle und Regie: Leni Riefenstahl. Die überzeugte Nationalsozialistin war, bevor sie denkwürdige Filme über den Nürnberger Reichsparteitag und die Olympischen Spiele von 1936 in Berlin drehte, als Schauspielerin erfolgreich. Druch *Das blaue Licht* war Hitler auf Riefenstahl aufmerksam geworden war, deren Aussehen seiner Ansicht nach die Seele der deutschen Frau spiegelte. Selbstverständlich waren die Namen der Drehbuchautoren Carl Mayer und Béla Balázs und der des Koproduzenten Harry Sokal, weil sie Juden waren, aus dem Abspann des Films entfernt worden.

Das grandiose neue Filmtheater Ufa-Palast, ganz Art déco und Glas, mit Bar und Restaurant im Erdgeschoss, erhob sich auf dem Paradeplatz, quasi um die Ecke der Synagoge. Hier konnten die Stettiner an jenem Samstagabend das überaus rührselige Stück *Frau Sixta* sehen und in der Nachmittagsvorstellung eine Zeichentrickversion von *Der gestiefelte Kater.* (»Seht euch den Kater an, wie er sich die Stiefel anzieht, wie er tanzt und singt und spricht wie ein Mensch.«)

Wer vom Hauptbahnhof zu einem dieser Theater oder ins Trocadero gelangen wollte, kam unweigerlich an der Ruine der Synagoge vorbei, es sei denn, er machte einen riesigen Umweg.

DIE »REICHSKRISTALLNACHT« fand auch in der britischen Presse viel Beachtung. Die populären rechtsgerichteten Blätter, der *Daily Express* und die *Daily Mail,* gingen offenbar der Lüge auf den Leim, die Exzesse seien ein Ausdruck spontaner öffentlicher Empörung über die Juden gewesen. Am Freitag, dem 11. November, erschien der *Express* mit der Schlagzeile »Plündernder Mob missachtet Goebbels«. »Gestern wurden Synagogen und jüdische Geschäfte in Berlin geplündert, als antijüdische Unruhestifter die Kontrolle über die Stadt übernahmen«, erklärte das Blatt seinen Lesern. Nicht einmal Goebbels' Aufruf, die Krawalle zu beenden, habe »den Wahnsinn des Mobs im Zaum halten können«.[46] Die *Daily Mail,* berühmt-berüchtigt sowohl für ihre wohlwollende Berichterstattung über Hitlers erste Jahre als Diktator als auch über den Aufstieg der britischen Faschisten unter Sir Oswald Mosley, verfolgte eine ähnliche Linie. Sie bezeichnete die Gewalt zwar als »Verbrechen im Namen der Gerechtigkeit«, hielt die Reichspogromnacht aber für eine »interne Angelegenheit«.

Auch nach der Reichspogromnacht blieben die beiden großen rechtsgerichteten Blätter dabei, jede Veränderung der britischen Einwanderungsgesetze zugunsten der verfolgten deutschen Juden abzulehnen.[47]

Fast zwei Wochen nach den Pogromen behandelte der *Daily Express,* dessen Besitzer Lord Beaverbrook nach wie vor ein überzeugter Befürworter der Appeasement-Politik war, die Angelegenheit in einem Leitartikel. Wie so oft gefror die lebendige und entsetzte Reaktion der Auslandskorrespondenten der Zeitung in der Chefetage des *Express,* wo die Linie des Blattes bestimmt wurde, zu kalter Gleichgültigkeit. Dies war der ausschlaggebende Grund, weshalb Geoffrey Cox, der junge Journalist, der so bewegend über den Verrat an der Tschechoslowakei berichtet hatte, Lord Beaverbrooks Angebot ablehnte, Leitartikler der Zeitung zu werden und damit zum Sprachrohr des Besitzers. Später erfuhr er, dass er wegen seiner Weigerung beinahe gefeuert worden wäre, da »*the Beaver*« solchen Ungehorsam alles andere als gnädig aufnahm.[48]

»The Jews are always in the news« (»Die Juden sind immer in den Nachrichten«) reimte der anonyme Leitartikelschreiber und war offensichtlich stolz auf diese Formulierung. »Jeden Morgen bekommen wir einen weiteren Bericht über Judenpogrome hier und dort und überall, mit Schilderungen von den Leiden der jüdischen Rasse und Aufzählungen der Beschränkungen, denen jüdische Menschen heute unterworfen sind.« Nun werde im Parlament sogar ein »Notfallplan« diskutiert und erwogen, diesen verfolgten Juden die Einreise in das Vereinigte Königreich zu erlauben.

> Was für einem guten Zweck soll er dienen? Wird er vorgeschlagen, um mehr Flüchtlinge in Großbritannien einreisen zu lassen?
>
> Dies ist ein gefährlicher Vorschlag. Wir haben unser Kontingent ausländischer Juden bereits aufgenommen. Wir können nicht noch mehr assimilieren.[49]

Unter Umständen könne man ja Juden die Ansiedlung in »unentwickelten Teilen« des Britischen Weltreichs gestatten, allerdings mit Ausnahme Palästinas, »das nicht noch mehr von ihnen verkraften kann«. Letztlich handle es sich um ein »rein administratives Problem, für das Mr Chamberlain und seine Kollegen zuständig sind«. Dann schloss der Leitartikler unter der Unterüberschrift »Reden ist Silber« mit Sätzen von kaum zu überbietender Banalität:

> Der *Daily Express* hat das größte Mitgefühl mit den Juden. Er beklagt und bedauert die Verfolgung, der sie ausgesetzt sind. Dennoch kann er nicht erkennen, dass den Juden oder uns selbst mit weiteren Beschuldigungen irgendwie gedient wäre.
>
> Man sollte sich in der Tat an das heute tatsächlich zum Gemeinplatz gewordene uralte Sprichwort halten: »Reden ist Silber, Schweigen ist Gold.«

Der linke *Daily Mirror* brachte viel weniger Details über die antijüdischen Ausschreitungen als der *Express*, dessen großzügig finanzierte Auslandsredaktion ausführlich über brutale und schockierende Einzelheiten berichtete. Am 11. November galt die Hauptschlagzeile des *Mirror* auch nicht der Reichspogromnacht, sondern verwies auf das geplante Verbot des sogenannten *Baby*

Farming durch betrügerische Adoptionsgesellschaften, die Kleinkinder an kinderlose Paare verkauften. Die Ereignisse in Deutschland waren unter der Überschrift »Nazi Hate Day« auf eine Spalte am rechten Rand der Titelseite verdrängt. Der Bericht war durchaus erschreckend, aber relativ kurz, und er kam aus Wien, wo das Blatt vermutlich einen Korrespondenten hatte.

Am 12. November wurde das Pogrom in Deutschland auf der Titelseite des *Mirror* überhaupt nicht erwähnt. An diesem Tag lautete die Schlagzeile »The Duke of Windsor Is Coming Home Soon«,* daneben ein großes Foto des Herzogs und der Herzogin mit seinem jüngeren Bruder, dem Herzog von Gloucester, und dessen Frau in einem vornehmen Restaurant in Paris – angeblich die erste Begegnung der Brüder seit Eduards Abdankung. Auf Seite vier wurde in einem einspaltigen Artikel mit der Überschrift »Die Nazis versuchen die Schuld für die Aufstände von sich zu weisen« die Kritik wiedergegeben, die Männer wie der Führer der Liberalen Sir Archibald Sinclair an der Judenverfolgung übten, und abträglich über Goebbels' neueste Ergüsse berichtet. Aber es wurden keine weiteren Einzelheiten über die Ereignisse in Deutschland veröffentlicht.

Am folgenden Montag brachte der *Mirror* auf Seite zwei einen einspaltigen Artikel mit der Überschrift: »Jews: Britain Warns Hitler«. Er enthielt die verschwommene Kritik der britischen Regierung an Berlin und skizzierte unmittelbar bevorstehende weitere antijüdische Maßnahmen des NS-Regimes. Es folgte ein relativ ausführlicher Bericht über Maßnahmen der Nazis gegen die katholische Kirche und schließlich, auf der Rückseite des Blattes, eine kurze Meldung »›Hands Off Jews‹ – U.S.« über ein geheimes Treffen zwischen dem amerikanischen Außenminister Cordell Hull und dem deutschen Botschafter in Washington. Gut versteckt am unteren Rand der zweiten Seite stand außerdem ein Bericht über Stadtrat H.G. Andrews von Hove, Gründungsmitglied der Anglo-German Friendship League, der sich entsetzt über die Reichspogromnacht äußerte und darauf hinwies, dass er »viele Hundert Pfund« für die Pflege enger Beziehungen zwischen Großbritannien und Deutschland ausgegeben habe. »Ich habe an deutsche Diplomaten geschrieben, die ich kenne«, erklärte er, »und ihnen gesagt, dass sie von *uns* keine Freundschaft mehr erwarten können, wenn sie diese unglücklichen Menschen nicht besser behandeln«. Er habe daher drei große Reisen nach Deutschland abgesagt, die er für das kommende Jahr geplant hatte.

* Duke of Windsor war der Titel Eduards VIII. nach der Abdankung.

Selbst der frühere Luftfahrtminister Lord Londonderry, leidenschaftlicher Anhänger der Appeasement-Politik, häufiger Deutschland-Besucher und Star der mit den Nazis sympathisierenden Londoner Gesellschaft, sah sich veranlasst, die Gewalt zu kritisieren und den Opfern der Nazis sein Mitgefühl zu bezeugen. Dies rief wiederum die Zeitung *Action* auf den Plan, das Sprachrohr der British Union of Fascists, die den Verdacht äußerte, dass man Londonderry irgendwie »zum Besten gehabt« haben müsse, denn, so merkte das Blatt höhnisch an: »Ein paar zerbrochene Fensterscheiben in Deutschland können doch nicht für eine solche Konversion verantwortlich sein.«[50]

Im *Mirror* wurden kaum redaktionelle Kommentare veröffentlicht. Das Blatt stand der Aufnahme von mehr jüdischen Flüchtlingen eher wohlwollend gegenüber, äußerte sich diesbezüglich aber nur zurückhaltend und indirekt. Unter der Überschrift »Wählen Sie Ihre Flüchtlinge« nannte das Blatt an keiner Stelle die Nation oder Religion der Menschen, von denen die Rede war, aber mit der (möglicherweise) »nicht netten« Flüchtlingsgruppe waren für jedermann verständlich die verfolgten Juden aus Deutschland gemeint:

> Nur wenige Leute hatten (unserer Ansicht nach) während der letzten Krise beziehungsweise dem letzten gerade noch verhinderten Krieg etwas dagegen, ein paar Flüchtlinge aufzunehmen.
>
> Nette Flüchtlinge natürlich. Hübsche kleine Kinder, alle gewinnend und voller Angst. Oder ruhige nette Erwachsene. Nicht jedoch seltsame Gestalten aus Nirgendwo; verarmt und schmutzig; minderwertige Rassen fremder Abstammung.
>
> Das ist kurz gesagt, das innenpolitische Flüchtlingsproblem, das … im House of Lords bald zur Sprache kommen wird. Geht es um nette Wochenendgäste oder um die unterschiedslose Einquartierung von Schurken?
>
> Und was wird aus den nicht Netten, wenn niemand Nettes sie aufnimmt?

Am 21. November fand im Unterhaus eine Debatte über einen ebenfalls allgemein formulierten Antrag der Labour Party statt. Er lautete:

> Dieses Haus nimmt mit großer Besorgnis die bedauernswerte Behandlung bestimmter nationaler, religiöser und politischer Minderheiten in Europa zur Kenntnis und würde angesichts der zunehmenden Schwere

> des Flüchtlingsproblems eine sofortige konzertierte Aktion der Nationen, einschließlich der Vereinigten Staaten von Amerika, zur Sicherung einer gemeinsamen Politik begrüßen.

Der Labour-Abgeordnete Philip Noel-Baker schilderte bewegend und detailreich, was sich in der Pogromnacht ereignet hatte. Der Antrag der Labour Party wurde schließlich einstimmig angenommen.

In der Debatte brachte auch der Innenminister Samuel Hoare sein Mitgefühl mit Hitlers Opfern zum Ausdruck. Dennoch sei er, versicherte er dem Parlament, ein »leidenschaftlicher Anhänger« des Münchner Abkommens und glaube weiterhin, dass eine englisch-deutsche Freundschaft möglich ist. Schnell wurde klar, dass sein Hauptproblem nicht das Pogrom war, sondern die vermehrte Einwanderung, die Schwierigkeiten verursachen würde.

> Ich bin gegen jeden Versuch, sich in die inneren Angelegenheiten anderer Länder einzumischen, doch die Probleme, die durch die Maßnahmen gegen die Juden in Deutschland entstehen, und die Art, wie sie entstehen, bedürfen zwingend der Aufmerksamkeit anderer Länder.
>
> Eine solche Aktion kann nicht rein innenpolitisch bleiben, wenn es dabei um Hunderttausende von Männern, Frauen und Kindern geht, die in anderen Ländern Zuflucht suchen.

Das Problem müsse von den 32 Ländern gelöst werden, die im Juni an der Konferenz von Évian teilgenommen hatten. Diese würden in zehn Tagen in London zusammenkommen, um darüber zu beraten. Schon jetzt gebe es

> in Bezug auf jede ausländische Einwanderung großen Umfangs eine Unterströmung des Misstrauens und der Furcht. Unter der Oberfläche, und ich berichte hier nur über die Erfahrungen des Innenministeriums, ist eine eindeutig antijüdische Bewegung in der Entstehung begriffen … Ich muss sorgfältig alles vermeiden, was nach einer massenhaften Einwanderung aussieht, weil dies zu einer Bewegung führen könnte, deren Entstehung wir alle verhindern wollen.[51]

Außer vagen Versprechungen, die Erteilung von Visa zu beschleunigen und möglicherweise geflohene deutsche Juden in fernen Teilen des Britischen Weltreichs anzusiedeln, gab es keine Hinweise, dass Großbritannien im

Alleingang schleunigst eine Rettungsaktion durchführen würde. Vielmehr wurde das Thema als rein verwaltungstechnisches Problem abgetan.

Am folgenden Tag brachte die täglich erscheinende (bewusst volkstümlich gehaltene) Leserbriefseite des *Mirror* einen Brief mit der Überschrift »ARROGANT JEWS?« Das unter Pseudonym eingegangene Schreiben aus Nordostengland offenbarte, dass Hoares Sorgen bezüglich der Stimmung im Land nicht ganz unbegründet waren:

> Man hat mir zu verstehen gegeben, dass der *Daily Mirror* in jüdischem Besitz sei und von Juden kontrolliert werde.
>
> Wenn Sie Juden sind und wollen, dass die Menschen in diesem Land die Juden lieber mögen, dann bitten Sie die jüngeren Juden, sich in der Öffentlichkeit weniger arrogant zu verhalten und besser zu benehmen.
>
> Ich bin kein Judenhasser oder Judenhetzer, aber die jüngeren Juden sorgen dafür, dass selbst der toleranteste Mensch die Geduld verliert.
>
> Dieses Land ist immer noch das beste Land der Welt.
>
> Tragen Sie mit dazu bei, dass es das Land der Freien bleibt, indem Sie die jüngeren Juden bitten, sich seiner wert zu erweisen.[52]

»Sie haben allem Anschein nach nicht alle Tassen im Schrank«, antwortete die Redaktion der Leserbriefseite dem anonymen Schreiber wenig höflich und rügte: »Wenn Sie versuchen, negative Gefühle zu erzeugen, machen Sie schlechte Arbeit, weil Sie sich selbst als Heuchler outen, der kaum mehr verdient als Verachtung.«

Die wohlmeinenden Briten trösteten sich gern mit dem (wie interne staatliche Berichte in Deutschland zeigten) nicht ganz von der Hand zu weisenden Gedanken, dass ein großer Teil der Deutschen das Pogrom nicht guthieß. Der Berlin-Korrespondent des *Daily Express* informierte seine Leser am 14. November, »dass die Pogrome bei der Masse der Menschen auf so große Ablehnung stoßen, wie ich es in den fünf Jahren, die Hitler an der Macht ist, nie erlebt habe«.[53] Fast alle britischen Zeitungen, von links bis rechts, vertraten diese Auffassung. Als eine schockierte Leserin eine Woche nach dem Pogrom einen Leserbrief an den *Mirror* sandte, in dem sie von einem Besuch bei Düsseldorfer Freunden erzählte, wo sie erlebt hatte, wie Juden misshandelt wurden, antwortete die Redaktion: »Die grundsätzlich anständige Masse der Deutschen wird durch die Taten ihrer Regierung als eine Horde wahnsinniger Übeltäter gebrandmarkt. Es besteht die Gefahr, dass die Taten einiger weniger als der Wille des Volkes gesehen werden, über das sie herrschen. Und das ist einer der sichersten Wege zum Krieg.«[54]

Selbst der unerschütterlich linke *Daily Herald*, Sprachrohr der Labour Party und zum Teil im Besitz der britischen Gewerkschaften, betonte, dass »kein Mensch, der die Deutschen nur ein bisschen kennt, einen Augenblick daran zweifeln wird, dass eine Mehrheit von ihnen wegen dieses Ausbruchs selbst Mitleid und Scham empfindet«.[55]

Schon bald begannen mitfühlende Menschen jeglicher Couleur – und keineswegs nur Juden –, den verfolgten deutschen Juden zu helfen. Das britische Establishment folgte, wenn auch manchmal widerstrebend, ihrem Beispiel. Dabei versuchte die Regierung stets die Kontrolle über die Aktivitäten zu behalten, um eine diplomatische Krise mit dem Berliner Regime zu vermeiden. Selbst der Premierminister ließ erkennen, dass er die Untaten in Deutschland zwar ehrlich bedauerte, aber das traditionelle Vorurteil, dass alle Juden »reich« seien, durchaus teilte und auch die Ansicht, dass man nicht zu viele »nicht nette« Menschen ins Land lassen solle. »Die Verfolgung entstand aus zwei Gründen«, schrieb er einige Monate nach der Pogromnacht an seine Schwester Hilda:

> … aus dem Bedürfnis, die Juden ihres Geldes zu berauben, und der Eifersucht auf ihre überlegene Klugheit. Zweifellos sind die Juden kein liebenswertes Volk; ich selbst mag sie auch nicht – aber das ist keine ausreichende Erklärung für das Pogrom.[56]

Wenigstens mit seiner letzten Beobachtung hatte Chamberlain recht. Mit dem Terror der Reichspogromnacht ging es den Nazis nicht nur darum, Gewalt gegen eine verhasste Minderheit zu üben und sie möglicherweise loszuwerden, es ging ihnen auch nicht nur um Enteignungen großen Stils und darum, »die Juden ihres Geldes zu berauben«, wenngleich sie dieses gut brauchen konnten, da die massive Staatsverschuldung, insbesondere durch Rüstungsausgaben, das Land in den Bankrott zu treiben drohte.[57] Das alles waren lediglich Etappen auf dem Weg zu ihrem weltumspannenden strategischen Ziel. Das finstere »Weltjudentum«, das in den Augen vieler leichtgläubiger Deutscher den unglücklichen Herschel Grynszpan und jeden einzelnen Juden mit allen ihren Glaubensgenossen weltweit unauflöslich verband, sollte nicht nur als Macht im wirtschaftlichen und kulturellen Leben Deutschlands eliminiert, sondern auch als Urheber des bevorstehenden Weltkonflikts angeprangert werden. Die

Menschen in Großbritannien und Frankreich und ebenso ihre Staatsmänner mochten die besten Absichten hegen, aber nach diesem Narrativ der Nazis lauerten hinter ihnen das jüdische Geld und die jüdische Presse. Diese im Verborgenen operierenden Mächte erklärte das nationalsozialistische Deutschland zu seinen schlimmsten und erbittertsten Feinden, da sie Deutschland einzukreisen und zu vernichten drohten. Mit dem Märchen vom »Weltjudentum« trieben sie die Welt mit Hilfe der nichtjüdischen politischen Marionetten in den demokratischen Staaten unaufhaltsam in den Krieg.

Am Abend des 10. November empfing Hitler 400 Vertreter der deutschen Presse und der Verlagswirtschaft im Führerbau in München, wo er mit Daladier und Chamberlain nur wenige Wochen zuvor das berühmte Abkommen unterzeichnet hatte. Der Führer dankte den Pressevertretern in einer 45-minütigen Rede für ihre Anstrengungen zum Wohle des neuen Deutschlands. Nicht weit entfernt schwelte noch immer die Ruine der Ohel-Jakob-Synagoge. Eine erhaltene Aufnahme der Rede belegt, dass Hitler vor dem illustren Auditorium weit über die harmlose Banalität der stark redigierten Version hinausging, die zur Veröffentlichung in der Presse freigegeben wurde. In der unzensierten Version erklärte er, dass »eine langsame Vorbereitung des deutschen Volkes« notwendig sei. Vorbereitung worauf? Es folgte eine außerordentlich offene Erklärung:

> Der Zwang war die Ursache, weshalb ich jahrelang nur vom Frieden redete. Es war nunmehr notwendig, das deutsche Volk psychologisch allmählich umzustellen und ihm langsam klarzumachen, dass es Dinge gibt, die, wenn sie nicht mit friedlichen Mitteln durchgesetzt werden können, mit Mitteln der Gewalt durchgesetzt werden müssen. Dazu war es aber notwendig … dem deutschen Volk bestimmte außenpolitische Vorgänge so zu beleuchten, dass die innere Stimme des Volkes selbst langsam nach der Gewalt zu schreien begann. Das heißt also, bestimmte Vorgänge so zu beleuchten, dass im Gehirn der breiten Masse des Volkes ganz automatisch allmählich die Überzeugung ausgelöst wurde: Wenn man das eben nicht im Guten abstellen kann, dann muss man es mit Gewalt abstellen; so kann es aber auf keinen Fall weitergehen.[58]

Mit der Reichspogromnacht nahm die Radikalisierung des deutschen Normalbürgers sozusagen Fahrt auf. Das Regime ging nun daran, das deutsche Volk, jenes skeptische, eindeutig pazifistische Kollektiv, das Hitler am

27. September 1938 vom Balkon der Reichskanzlei mit Missmut beobachtet hatte, mit Hilfe der Propaganda in eine harte, militante Masse zu verwandeln, die ihm in den Krieg folgen würde. Große Teile der deutschen Bevölkerung, erklärte er an jenem Abend seinen Zuhörern im Führerbau, und insbesondere jene, die sich als Intellektuelle betrachteten, seien nichts als Feiglinge (»dieses *Hühnervolk*«). »Die sind schon jetzt, da wir doch überhaupt nur Erfolge haben, und zwar weltgeschichtlich einmalige Erfolge, unzuverlässig.« Es sei die Aufgabe der Presse, dafür zu sorgen, dass sich das ändere.

»Die Juden sind unser Unglück«, hatte der bekannte nationalistische Historiker Heinrich von Treitschke ein Jahrzehnt nach Gründung des mächtigen Deutschen Reiches geschrieben. Treitschkes bevorzugte Lösung für dieses »Problem« hatte darin bestanden, die Juden so gründlich zu assimilieren, dass sie keine separate Gruppe mehr darstellten, und keineswegs darin, sie auszuweisen oder umzubringen. Der berühmte Ausspruch, der in den Jahren danach so viel dazu beitrug, den Antisemitismus in Deutschland salonfähig zu machen, schmückte nun die Titelseite des berüchtigten *Stürmer*, des nationalsozialistischen Hetzblattes.

In der Weimarer Zeit hatte sich der Komponist Friedrich Hollaender in dem satirischen Couplet »An allem sind die Juden schuld« über diese Haltung noch lustig gemacht. »Ob es regnet, ob es hagelt, ob es schneit oder ob es blitzt,/Ob es dämmert, ob es donnert, ob es friert, oder ob du schwitzt …«, hatte Hollaender gereimt und den Antisemitismus mit komischer Wirkung ins Absurde gesteigert. Mit den Ereignissen vom 9. November war das Lied förmlich über Nacht bittere Realität geworden. Die Juden wurden nun vom Hitler-Regime immer ungenierter für alle vergangenen und künftigen Übel verantwortlich gemacht.

Der Dorfschullehrer Wilm Hosenfeld, gläubiger Katholik und SA-Führer aus Überzeugung, hatte immer heftiger mit inneren Widersprüchen zwischen seinem Glauben und der Loyalität zu der inzwischen fast gänzlich gesetzlosen NSDAP zu kämpfen: »Judenpogrome in ganz Deutschl[and]«, schrieb er am Wochenende nach der Reichspogromnacht in sein Tagebuch. »Es sind fürchterliche Zustände im Reich, ohne Recht und Ordnung, dabei nach außen Heuchelei und Lüge.«[59] Hosenfeld und Millionen andere Deutsche, die zutiefst beunruhigt waren über die Richtung, die ihr Land einschlug, sahen sich von nun an einer rücksichtslosen Propagandakampagne ausgesetzt, die darauf abzielte, aus den Zweiflern willige Anhänger zu machen, die, wenn mitunter auch nur widerstrebend, dem Ruf des Führers in den Krieg folgten.

4

Winter 1938/39

Bedeutet Einberufung, dass die Männer fortmüssen?

IM AUGUST 1936, mehr als zwei Jahre vor der Reichspogromnacht, besuchte ein 22-jähriger junger Mann die Reichshauptstadt. In seinem norwegischen Pass stand der Name »Gunnar Gaasland«, aber er war als Herbert Frahm in der Hansestadt Lübeck geboren worden. Als bekannter Aktivist einer marxistischen Splittergruppe hatte der bei der Machtergreifung der Nazis gerade 19-Jährige die Verhaftung durch die Gestapo zu befürchten und die nächstbeste Gelegenheit genutzt, über die Ostsee nach Norwegen zu fliehen. Nun war er das erste Mal nach seiner Flucht wieder nach Deutschland zurückgekehrt – mit einem echten Pass, der einem Sympathisanten in Oslo gehörte, aber mit einem falschen Foto. In Berlin, wo gerade die Olympischen Spiele stattfanden, sollte er feststellen, in welchem Zustand sich die antinationalsozialistische Untergrundbewegung und überhaupt der Widerstand nach dreieinhalb Jahren NS-Diktatur befand.

Der junge Gunnar alias Herbert hatte zur Sicherheit mehrere Decknamen. Im Jahr 1936 trug er gewöhnlich den Namen »Willy Brandt«, unter dem er im Deutschland der Nachkriegszeit eine wichtige Rolle spielen und ein international bekannter Politiker und geachteter Staatsmann werden sollte. Der sozialistische Heißsporn von 1936 hatte allerdings noch nichts Staatsmännisches an sich. Er plante den Umsturz und wollte herausfinden, wie die innere Opposition den erwarteten (theoretisch) unvermeidlichen Untergang eines Regimes, in dem die meisten Linken das dekadente Endstadium des Kapitalismus zu erkennen glaubten, am besten beschleunigen konnte. Da zu den Olympischen Spielen scharenweise Ausländer erwartet wurden, wirkte Berlin oberflächlich entspannt und kosmopolitisch gestimmt, war herausgeputzt und zeigte sich von seiner besten Seite. So hatte er sich das nicht vorgestellt. Es gab kaum noch äußere Anzeichen für den bis dahin immer fester werdenden Griff des Polizeistaats, und die an tijüdischen Aktionen schienen vorerst ausgesetzt. Die deutsche Presse hatte sogar eine Anweisung erhalten, die der Haltung des Regimes im Grunde vollkommen widersprach: »Es wird dringend gewarnt, die Berichterstattung der Olympischen Spiele mit rassischen Gesichtspunkten zu belasten.«[1] *Der Stürmer*, Julius Streichers antisemitisches Hetzblatt, wurde vorübergehend nicht mehr öffentlich ausgehängt.

Zwischen 1934 und 1936 war in Berlin-Charlottenburg, westlich des Stadtzentrums, für 55 Millionen Reichsmark* ein riesiger neuer Sportkomplex erbaut worden mit einem Stadion für 110 000 Zuschauer im Zentrum. Das Regime betrachtete die Spiele, die 1931 an die Weimarer Republik als Gastland vergeben worden waren, als willkommene Gelegenheit, für sich zu werben. Die Besucher, die aus aller Herren Länder nach Berlin kamen, sollten das »neue Deutschland« als fortschrittlich, effizient und weltoffen erleben. Goebbels persönlich erklärte die Spiele auf einem großen Empfang für die Weltpresse zu einem »Fest der Freude und des Friedens«. Deutschland wolle »eine Brücke bauen, auf der die Völker Europas sich verständigen können«. In seinem Tagebuch gratulierte er sich selbst: »Eine große Propagandatat«.[2]

Der junge Willy Brandt berichtete seinen Genossen in Skandinavien, dass nur wenig Hoffnung auf größere Erfolge der internen Opposition bestehe, geschweige denn darauf, dass das Regime von selbst zusammenbrechen oder, marxistisch formuliert, seinen »inneren Widersprüchen« zum Opfer fallen würde.[3] Tatsächlich gab es nach Ansicht der meisten Deutschen ganz unabhängig von den Olympischen Spielen am Dritten Reich nichts auszusetzen: Die Arbeitslosigkeit war 1936 fast ganz beseitigt worden, die »Ordnung« wiederhergestellt, die Rüstungsindustrie wuchs enorm, und die Streitkräfte des Landes waren erheblich vergrößert worden. Wohnungen und Straßen (einschließlich der berühmten Reichsautobahnen) waren gebaut und zahlreiche andere Infrastrukturmaßnahmen vorgenommen worden. Die Wirtschaft, insbesondere die Rüstungsindustrie, lief auf Hochtouren.

Im März 1936, fünf Monate vor den Olympischen Spielen, hatte die Wehrmacht das entmilitarisierte Rheinland besetzt. Die meisten Historiker sind sich heute einig, dass die deutschen Truppen 1936 hätten kapitulieren müssen, wenn die Westalliierten gegen die Besetzung bewaffneten Widerstand geleistet hätten (Hitler sollte die Tage nach dem Einmarsch später als »die aufregendste Zeitspanne« in seinem Leben bezeichnen), aber sie taten es nicht, sondern ließen zu, dass Hitler den Versailler Vertrag brach, nach dem das Rheinland eine entmilitarisierte Pufferzone war. Und auch als Deutsch-

* Im Jahr 2017 waren das etwa 230 Millionen Euro (Schätzung des Äquivalents unter: https://www.bundesbank.de/resource/blob/622372/568ea43e6304db7136ab615315240983 – zuletzt aufgerufen am 28. Mai 2019).

land und Italien ganz offen die nationalistischen Rebellen Francos unterstützten, die sich im Juli 1936 gegen die demokratisch gewählte Regierung Spaniens erhoben, unternahmen Großbritannien und Frankreich nichts. Es folgte im März 1938 der »Anschluss« Österreichs – erneut ohne Widerstand der Achse London–Paris – und schließlich die Besetzung des Sudetenlands, nachdem sich die zunächst energisch wirkende Unterstützung der Demokratien für die Tschechoslowakei angesichts eines drohenden Krieges in Europa in nichts aufgelöst hatte. Nun waren Rechtlosigkeit und Verfolgung über die deutschen Juden hereingebrochen, und wieder einmal hatten die Demokratien nur leere Worte, denen keine Taten folgten.

In der Rede, die Hitler am 10. November 1938 angesichts staatlich organisierter antisemitischer Gewalt vor Pressevertretern hielt, beglückwünschte er sich selbst zunächst dafür, dass er seine Ziele bisher ohne Krieg erreicht hatte. Nun aber müsse sich das deutsche Volk, das über die Maßen von seinem Genie profitiert hatte, auf die Möglichkeit, ja die Wahrscheinlichkeit eines Krieges vorbereiten, wenn die nationale Wiedergeburt, wie sie ihm vorschwebte, gelingen sollte.

Zunächst gingen die Nazis dazu über, auch auf institutioneller Ebene nach der Logik der Reichspogromnacht zu verfahren – nämlich unter Missachtung der Gesetze. Schon in der zweiten Novemberwoche schmachteten Tausende von der Gestapo festgenommene jüdische Männer in Konzentrationslagern, während der Regierungsapparat eine Fülle antijüdischer Gesetze durchpeitschte, die solche Festnahmen zu legalen Handlungen machten. Ein Großteil wurde während der Besprechung auf den Weg gebracht, die Göring am 12. November im nagelneuen Gebäude seines Reichsluftfahrtministeriums abhielt.

Schon am 11. November war Juden der Besitz von Feuerwaffen verboten und mit einer Strafe von bis zu fünf Jahren Zwangsarbeit belegt worden.

Am 12. November wurde die Entfernung der Juden aus dem deutschen Wirtschaftsleben verkündet, ein Gesetz, durch das die jüdischen Einzelhändler verpflichtet wurden, ihre Geschäfte an Arier zu übergeben. Außerdem hatten die deutschen Juden für die Schäden aufzukommen, die während der Pogromnacht entstanden waren, und wurden verpflichtet, eine Milliarde Reichsmark Schadenersatz an das Reich zu zahlen. Das Geld wurde in Form einer Sondersteuer eingetrieben. Ebenfalls am 12. November wurde den Juden der Besuch von Theater- und Konzertveranstaltungen, von Kunstgalerien und Museen sowie öffentlichen Schwimmbädern verboten.

Am 15. November wurden alle jüdischen Schüler von den deutschen Schulen verwiesen und durften von da an nur noch jüdische Schulen besuchen.

Vom 19. November an durften Juden das deutsche Gesundheits- und Sozialsystem nicht mehr in Anspruch nehmen.

Am 23. November wurden sämtliche Unternehmen in jüdischem Besitz für beschlagnahmt erklärt.

Vom 28. November an galt eine Ausgangssperre für die Juden.

Vom 30. November an durften jüdische Rechtsanwälte ihren Beruf nicht mehr ausüben und nur noch als »Berater« für andere Juden auftreten.

Vom 3. Dezember an mussten die Juden ihre Führerscheine abgeben und durften kein Auto mehr besitzen. Auch auf dieses Gesetz hatte man sich schon in der Besprechung am 12. November geeinigt, aber seine Formulierung hatte einige Wochen gedauert.

Am 5. Dezember wurden die jüdischen Vermögen eingefroren.

Trotz der Pogromnacht und der Flut von Gesetzen, mit denen die deutschen Juden gedemütigt, in Angst und Schrecken versetzt und eingeschüchtert wurden, empfing der französische Außenminister Georges Bonnet seinen deutschen Amtskollegen Joachim von Ribbentrop am 6. Dezember 1938 in Paris. Beide lächelten in die Kameras und unterzeichneten einen Freundschafts- und Nichtangriffsvertrag. Darin versicherten die beiden Länder, dass sie keine territorialen Forderungen gegen den jeweils anderen erhoben und manches Gute mehr für die künftigen gegenseitigen Beziehungen, so dass der Vertrag große Ähnlichkeit mit dem von Hitler und Chamberlain Ende September unterzeichneten aufwies. Wie sich herausstellen sollte, war er von ebenso geringer Bedeutung. Wenngleich es zwischen den beiden Ländern eine kurze Phase des Tauwetters gab und Hoffnung auf eine bessere wirtschaftliche Zusammenarbeit bestand, unterschrieben die Franzosen den Vertrag letztlich nur, um Zeit zu gewinnen. Das NS-Regime wiederum nutzte ihn unter anderem, um die französische Glaubwürdigkeit hinsichtlich des Beistandspakts zu untergraben, den Frankreich mit der Sowjetunion geschlossen hatte. Ribbentrop setzte mit der für ihn typischen Unverschämtheit später die falsche Behauptung in die Welt, Frankreich habe Deutschland gegen die Zusicherung, im Westen friedliche Absichten zu verfolgen und Paris bei einem eventuellen territorialen Konflikt mit Mussolini zur Seite zu stehen, in Osteuropa freie Hand gewährt.[4]

Am 8. Dezember wurden alle Juden von den deutschen Universitäten verwiesen.

IN GROSSBRITANNIEN MACHTEN die wohlhabenderen Schichten mehr Geld locker, als sich Weihnachten näherte. Nach einem zwischenzeitlichen Einbruch des internationalen Handels im Zusammenhang mit der Rezession, die den von Roosevelt eingeleiteten Erholungsprozess kurz unterbrochen hatte, schien sich die Wirtschaft nun wieder relativ störungsfrei zu entwickeln. Durch die beschleunigte Wiederaufrüstung hatte auch die Arbeiterklasse mehr Geld in der Tasche, insbesondere in Mittelengland, wo die Luftfahrtindustrie als Arbeitgeber für ausgebildete wie angelernte Kräfte immer wichtiger wurde. Immer noch hoffte man auf den Frieden, aber die Möglichkeit, ja sogar Wahrscheinlichkeit eines Krieges wurde nicht mehr strikt ausgeschlossen. In aller Eile wurden bereits staatlich subventionierte »Schattenfabriken« errichtet.

Am 1. Dezember verkündete Sir John Anderson, ehemals Chef der Steuerbehörde, später Gouverneur von Bengalen und erst jüngst zum Lordsiegelbewahrer ernannt, dass ein nationales Register der erwachsenen britischen Bevölkerung erstellt werde. Ein solches Register war der erste Schritt zur allgemeinen Wehrpflicht, die von vielen konservativen Kreisen und insbesondere vom *Daily Express* gefordert wurde. Die Registrierung war anfangs freiwillig, wurde aber später obligatorisch.

Im Jahr 1938 hatte sich angesichts der inzwischen mehr oder weniger ständig drohenden Kriegsgefahr in der breiten Bevölkerung längst ein Stimmungsumschwung vollzogen. Eine halbe Million Briten meldeten sich freiwillig, um in irgendeiner Funktion als militärische Hilfskräfte zu dienen. Manche meldeten sich zur Reserve der Armee, machten einen Erste-Hilfe-Kurs oder wurden zum Organisator von Luftschutz- und Evakuierungsübungen ausgebildet. Linke und Pazifisten verurteilten diese Maßnahmen allerdings immer noch als »Remilitarisierung« der Gesellschaft.

NS-Deutschland hatte dagegen bereits eine (gründlich) militarisierte Gesellschaft. Seit dem Spätfrühling 1933, als Göring den Reichsluftschutzbund (RLB) gründete, waren dort die zivilen und militärischen Ressourcen systematisch mobilisiert worden. Dagegen nahm sich die britische Luftschutzorganisation Air Raid Precautions (ARP) immer noch winzig aus, selbst als sie in der Krise vor dem Münchner Abkommen Zulauf erhielt. Der deutsche Verband hatte 1939 rund 15 Millionen Mitglieder und mehr als 700 000 Funktionsträger, davon 280 000 Frauen.

Noch im November 1938 stellte die britische Regierung zehn Millionen Pfund an Subventionen für weniger wohlhabende Bürger bereit, die in ihrem

Garten einen Luftschutzbunker bauen wollten. Die »Anderson Shelters«*[5] wurden als Bausätze geliefert. Sie boten keinen Schutz bei einem direkten Treffer, bewahrten ihre Besitzer und alle, die mit ihnen dort Schutz suchten, also in der Regel Familienangehörige und Nachbarn, aber vor den schlimmsten Auswirkungen einer in der Nähe fallenden Bombe. Dee Moss beschrieb den mit einem Wellblechdach versehenen, mit Erde bedeckten Anderson Shelter, den ihr Vater und ihr Onkel Harry nach dem Münchner Abkommen in der Londoner Vorstadt Leyton bauten:

> Es war wunderbar, einen Luftschutzraum zu haben. Man grub ein großes Loch, und da kam diese Form aus Blech hinein, und dann gab es eine halbhohe Betonverkleidung, die man als Ablage verwenden konnte, und ich glaube, sie war etwa 15 Zentimeter dick und ging ganz herum. Und es gab eine bestimmte Art, wie man die Vorderseite mit Decken und Sachen ausstaffierte. Natürlich, später im Krieg, als wir das ganze Essen darauf anbauten, waren wir sehr zufrieden damit … Wir strichen ihn rosa, weil das angeblich beruhigend war.[6]

In Rushden, einer wohlhabenden Stadt in Northamptonshire, deren wichtigster Wirtschaftszweig damals die Schuhherstellung war, lebte die 27-jährige Bibliothekarin Marion Perkins bei ihrer erst kürzlich verwitweten Mutter. Ende September 1938 machte Marion Urlaub in Cornwall und schenkte der internationalen Politik nur wenig Aufmerksamkeit. Sie war daher überrascht, als kurz nach ihrer Rückkehr die Schwester ihres verstorbenen Vaters anrief und mitteilte, dass ihre Cousine Barbara nach Northamptonshire kommen werde. Tatsächlich traf diese noch am selben Nachmittag mit einem großen Koffer in Rushden ein, da ihre Mutter sie wegen der drohenden deutschen Bombenangriffe umgehend aus London weggeschickt hatte.

Am folgenden Tag musste Marion nur vormittags in der kleinen Bücherei sein, die sie leitete, am Nachmittag hatte sie frei. Nach einer Besprechung mit Angestellten der Stadt über die internationale Krise und die Appelle der Regierung an die Bevölkerung, sich in den Dienst des Vaterlandes zu stellen, meldete sie sich freiwillig bei den Air Raid Precautions und erklärte sich bereit, an ihrem freien Nachmittag mehrere Straßen abzuklappern und an den Haus-

* Nicht benannt nach dem Lordsiegelbewahrer John Anderson, sondern nach einem gleichnamigen Regierungsangestellten, der die Bunker entworfen hatte.

Obwohl man glauben wollte, dass der Frieden gewahrt werden könnte, errichteten während der Sudetenkrise immer mehr britische Familien Luftschutzbunker in ihren Gärten.

türen zu fragen, ob man Evakuierte aus den Großstädten aufnehmen könne. Mit ihrer Cousine Barbara im Schlepptau war Marion dabei recht erfolgreich. Als Leiterin der Stadtbücherei und Tochter des verstorbenen Rektors der lokalen Grundschule war sie bekannt und angesehen. Die gebildete und an systematische Arbeit gewöhnte Bibliothekarin erstellte dann auf der Schreibmaschine der Bücherei Listen mit den Ergebnissen der Befragung zusammen. In den folgenden Wochen und Monaten übernahm Marion Perkins eine wichtige Rolle beim Tippen und Verteilen von Aufstellungen mit den Haushalten, die bereit waren, bei Bedarf Evakuierte aufzunehmen. Zudem fand sie die Zeit, Erste-Hilfe-Kurse zu besuchen und zu lernen, wie man sich bei Gas- und Bombenangriffen verhält. Später im Krieg wurde sie Hilfskrankenschwester.[7]

In dem Winter nach dem Münchner Abkommen meldeten sich Tausende von Freiwilligen. Frauen aus dem Mittelstand waren besonders zahlreich vertreten. Wie Marion sich erinnerte, waren die meisten Arbeiter in Rushden durchaus bereit zu helfen, aber sie mussten in der Regel viele Stunden in den Schuhfabriken arbeiten und konnten im Notfall Evakuierte zwar aufnehmen, hatten aber im Gegensatz zu den ARP-Freiwilligen aus der Mittelklasse keine

Zeit, Kurse zu besuchen oder sich tagsüber in Bereitschaft zu halten. Das bedeutete allerdings nicht, dass die Luftschutzorganisation nur aus Müßiggängern bestand. Viele Luftschutzhelfer und Luftschutzhelferinnen fanden Zeit für die ehrenamtliche Tätigkeit, obwohl sie einen Beruf ausübten oder eine Familie betreuen mussten. Freilich waren einige engagierter als andere. Reuben Hyams etwa, ein jüdischer Arbeiter aus dem Londoner East End, tat sich besonders hervor:

> Damals waren die Gerüchte, was den Juden in Deutschland passierte, sehr stark … Ich musste wegen einer Bronchitis zum Arzt und sagte ihm, dass ich daran dächte, mich freiwillig als Soldat zu melden … und er sagte: Die werden Sie nicht nehmen, und ich sagte: Warum? Ich glaube, er war einer von den Ärzten, die einen untersuchen, bevor man zu Militär geht, und er sagte: Sie sind viel zu myopisch … Ich meine, kurzsichtig. Also meldete ich mich gleich bei ARP und ging zur Erste-Hilfe-Abteilung …[8]

Der 25-jährige Walter Togwell war im Herbst 1938 gerade erst aus Spanien zurückgekommen, wo er im Bürgerkrieg bei den Internationalen Brigaden gekämpft hatte. Der rastlose und überzeugte Kommunist aus der Londoner Arbeiterklasse hatte zuvor als Kellner seinen Lebensunterhalt verdient. Nun arbeitete er wieder in einem Hotel, wurde aber bald (und nicht zum ersten Mal) gefeuert, weil er seine Arbeitskollegen anführte, als sie im Hotel Ocean in Brighton gegen ihre niedrigen Löhne protestierten. Das Ocean war ein luxuriöses Art-déco-Hotel mit 426 Zimmern, das erst in jenem Jahr eröffnet worden war. Togwell wurde daraufhin von den Londoner Arbeitsagenturen für das Hotel- und Gaststättengewerbe auf eine schwarze Liste gesetzt. Schließlich bekam er eine bezahlte Stelle bei der ARP. Er rüstete mehrere Gebäude für den Luftschutz aus, geriet aber auch dort mit seinen Arbeitgebern aneinander. Als Nächstes wurde ihm eine feste Stelle beim Bau einer Flugabwehrgeschützstellung auf dem Gipfel des Primrose Hill im Londoner Norden angeboten, und als der Krieg ausbrach, ging er als Installateur zur Armee. Eine solche Karriere war für einen politisch engagierten jungen Mann zwar ungewöhnlich, aber auch irgendwie bezeichnend für die Situation unmittelbar vor dem Krieg.[9]

Nicht alle Zivilisten waren so überzeugt wie Walter Togwell, dass sie einen Beitrag zur Verteidigung des Vaterlandes leisten müssten oder sollten.

Manche wussten nicht einmal, was in den Krieg zu ziehen wirklich bedeutete. Eine »gut situierte junge Dame« frage eine Berichterstatterin von Mass-Observation in Liverpool: »Bedeutet Einberufung, dass die Männer von zu Hause fort müssen? Ich dachte, das würde sich praktisch nur auf die Abende erstrecken. Wie schrecklich!«[10] Einen solchen Irrtum hätte 1938/39 kein Deutscher begangen, selbst ein äußerst behüteter nicht.

Die Briten blieben in beinahe allen ihren Einstellungen entschieden zivil, und John Anderson war allem Anschein nach nicht in der Lage, irgendeine Form von Zwang bei den immer wichtiger werdenden nationalen Diensten des Landes einzuführen. »Freundlich und unfreundlich gesinnte Ausländer«, schrieb der *Daily Mirror* in einem Leitartikel in der Woche vor Weihnachten, »finden es gleichermaßen verblüffend, dass sich das britische Volk nie auf eine Krise vorbereitet, bevor sie kommt.«

> Erst Jahre nachdem die Bedrohung aus der Luft offensichtlich geworden ist ... bekommen wir mit Sir John Anderson einen erst kürzlich ernannten Minister, der *zum ersten Mal* [im Original hervorgehoben] einen Plan vorlegt, den man als »umfassend« bezeichnen könnte. Einen Plan, der nicht einmal für den ganzen Staat gilt, weil er (zu Recht oder Unrecht) nicht obligatorisch ist.
>
> Wieder sollen wir erst einmal abwarten, ob dieser immer noch freiwillige Plan funktioniert.
>
> Wenn nicht, wird es eine Neubewertung und einen neuen Plan geben. Wir sollen abwarten und Tee trinken.
>
> Was werden wir erleben, solange wir warten?
>
> Gerüchten zufolge den Aufstand bestimmter Minister, die der Ansicht sind, dass wir lange genug gewartet haben und wir jetzt Ergebnisse sehen sollten.[11]

Wenn es in Großbritannien einen Bereich gab, in dem – mit eifriger Unterstützung des *Mirror* – tatsächlich etwas geschah, dann war es die Unterbringung von Flüchtlingen aus Deutschland und Österreich. In erster Linie handelte es sich dabei um Kinder, deren Schicksal immerhin bewirkte, dass innerhalb von wenigen Wochen nach der Pogromnacht Teile des Establishments aktiv wurden. Der frühere Premierminister Stanley (inzwischen Lord) Baldwin, der nach wie vor die Außenpolitik der Regierung unterstützte, war über die Pogromnacht in Deutschland zutiefst entsetzt und gern bereit, seinen

Namen für den Spendenfonds »Earl Baldwin Fund for Refugees« zur Verfügung zu stellen. Mit dem Fonds sollte eine langfristige finanzielle Unterstützung für all jene organisiert werden, die vor Hitlers jüngsten Untaten fliehen mussten. Baldwin trat am 7. Dezember 1938 mit dem Erzbischof von Canterbury, dem Führer der oppositionellen Labour Party Clement Attlee und Lord Rothschild bei einer Veranstaltung im Mansion House, dem Amtssitz des Londoner Bürgermeisters, auf. Mit den Mitteln des Fonds wollte man zunächst einmal rund tausend, langfristig aber noch sehr viel mehr Bedrängte nach Großbritannien holen.

Es war wichtig, dass die notwendigen Geldmittel dafür von privater Seite zur Verfügung gestellt wurden. Bereits in der Parlamentsdebatte vom 21. November hatte der Innenminister nämlich deutlich gemacht, dass die Regierung auf keinen Fall den Eindruck erwecken wolle, sie verhätschle ausländische Juden, denn das hätte den ohnehin schon weit verbreiteten Antisemitismus noch verstärkt. Dass Kinder bevorzugt werden sollten, war im Grunde unumstritten. Nach der Bombardierung von Guernica und Bilbao hatte Großbritannien bereits 4000 Kinder aus dem spanischen Baskenland aufgenommen, womit ein Präzedenzfall geschaffen war.

Anfang Dezember 1938 machte sich die erste Gruppe jüdischer Kinder und Jugendlicher aus Deutschland auf den Weg nach Großbritannien. Das war der Beginn der legendären Kindertransporte. Es war pure Verzweiflung, dass so viele Eltern sich entschlossen, ihre Söhne und Töchter allein in das fremde Land zu schicken. Und die Kinder wussten oder ahnten zumindest, dass das Schicksal ihrer Eltern unter einem schlechten Stern stand. Noch bevor die Aktion startete, hatten die vorwiegend jüdischen Wohltätigkeitsorganisationen, die das Projekt Refugee Children's Movement (RCM) unterstützten, der Regierung garantieren müssen, dass die Neuankömmlinge die Staatskasse nicht belasten würden. Die Organisationen verpflichteten sich, für die Reisekosten der Kinder aufzukommen, Pflegeeltern für sie zu suchen und eine Bürgschaft von fünfzig Pfund pro Kind (hundert Pfund für Jugendliche über 16, aber unter 18 Jahren) zurückzulegen.

Die Bürgschaft, etwa 3000 beziehungsweise 6000 heutige Pfund, war zur Deckung der Kosten bestimmt, die nach dem relativ kurzen Aufenthalt in Großbritannien entstehen würden. Lange hatte die Regierung an der Option festgehalten, die jüdischen Flüchtlinge in den Kolonien anzusiedeln, und dorthin sollten auch diese Kinder verfrachtet werden. Doch Viscount Samuel, früherer Hochkommissar für Palästina, Führer der Liberalen Partei bis 1935 und als Innenminister in den Jahren 1931/32 der erste praktizierende Jude im Kabinett,* wandte sich schließlich am 25. November 1938 über den Rundfunk an die Briten und bat sie, alle in Großbritannien eintreffenden deutschen Flüchtlingskinder und nicht nur die jüdischen aufzunehmen.

Der erste Kindertransport kam am 2. Dezember 1938 in England an. In Harwich, Essex, verließen rund 20 Kinder die Fähre aus Hoek van Holland und wurden zunächst in der Nähe des Badeorts Dovercourt in einem vom *Daily Express* so genannten »60 000-Pfund-Ferienlager« untergebracht. Dort sollten sie, wie die Zeitung schrieb, bleiben, bis man sie Pflegeeltern zugeteilt hatte. Während der Wartezeit im Camp erhielten sie Englischunterricht. Die meisten Kinder waren nach den schrecklichen Ereignissen in ihrer Heimat und der langen Reise erschöpft und desorientiert, aßen dankbar das herzhafte englische Frühstück und erkundeten vorsichtig ihre Umgebung. Der Reporter machte sich nützlich, indem er ihnen Darts beibrachte. Viele Kinder hatten das Lächeln nicht verlernt. Aber ein trauriger kleiner Junge aus Berlin blieb ernst und sagte, sein Vater müsse sich verstecken, sonst »muss er in ein Konzentrationslager«.

»Warum?«

»Ich weiß nicht.«

Der Reporter schrieb einen freundlichen Artikel, der allerdings die üblichen Klischees enthielt:

> Ein reicher Londoner Jude schickte etwa 300 Paar Schuhe, 300 Mackintoshes [Regenmäntel] und 300 warme Pullover für sie ... Die neuen Kleider waren noch in ihren Kisten. Sie wurden nicht gebraucht.[12]

Der Gedanke, dass »reiche Juden« für die Flüchtlinge aus Deutschland zahlen sollten, war weit verbreitet, und wer es sich in der jüdischen Gemeinde Großbritanniens leisten konnte, brachte tatsächlich große Summen für die jüdischen Flüchtlinge aus Deutschland auf. In der »Live Letter Box« des *Daily Mirror*, stets ein verlässlicher Spiegel gängiger Meinungen, war dessen ungeachtet ein zeitlos vertrauter Protest zu lesen:

* Benjamin Disraeli, der im 19. Jahrhundert Premierminister gewesen war, entstammte zwar einer jüdischen Familie, war aber als junger Mann zum Christentum konvertiert. Samuel dagegen war seit seiner Jugend überzeugter Atheist, hatte aus familiären Gründen die Verbindung zu seiner Religionsgemeinschaft aber nie abgebrochen.

Sollten wir uns nicht zuerst um die Bedürfnisse unserer eigenen Leute kümmern, statt um die jüdischen Flüchtlinge, für die Lord Baldwin sich einsetzt?

Es gibt so viele englische Menschen in diesem Land, die heimatlos, mittellos und arbeitslos sind.

Können wir nicht zuerst ihr Schicksal erleichtern?

Fängt die Wohltätigkeit nicht zu Hause an?[13]

Doch der *Mirror* hielt unbeirrt an der Unterstützung des Baldwin Fund fest und machte Werbung dafür. Dasselbe galt für die *Times*, die deswegen einiger antisemitischer und zuweilen in geradezu hemmungsloser Weise geäußerten Kritik ausgesetzt war. Selbst unter den Mitarbeitern der Zeitung war die Haltung nicht einhellig. Ein Korrespondent, der zuvor aus China über die Schrecken der japanischen Invasion berichtet hatte, vertrat etwa die Ansicht, dass das Leiden der Juden in Deutschland im Vergleich zu dem der Chinesen »völlig unerheblich« sei.[14]

In den Kinos wurde vor dem Hauptprogramm ein kurzer Film gezeigt, in dem der Erzbischof von Canterbury für Spenden warb und ausdrücklich betonte, dass das Geld nicht nur praktizierenden Juden, sondern auch Christen zugutekomme (von denen aber viele jüdischer Herkunft waren). Dies trug, wie die *Times* schrieb, »zweifellos zu einer großzügigeren Reaktion bei, als es sonst vielleicht der Fall gewesen wäre«.

Dass die Spendenbereitschaft zunahm, rief die British Union of Fascists auf den Plan, die vor den Kinos und anderswo mit Schildern gegen die Spenden »für Juden« protestierte und zwei Millionen Flugblätter mit Angriffen gegen den Baldwin Fund verteilte.[15] Doch dem Fonds, der im neuen Jahr zudem mit Zeitungsanzeigen warb, gelang es schließlich, mehr als eine halbe Million Pfund aufzutreiben (einiges mehr als dreißig Millionen in der Kaufkraft des 21. Jahrhunderts).[16]

Unterdessen wuchsen in der britischen Öffentlichkeit die Zweifel, ob sich Hitler durch das Münchner Abkommen wirklich hatte »bestechen lassen«. Von Mass-Observation Befragte äußerten vermehrt den Verdacht, dass Chamberlain irgendwie »auf Hitlers Seite« stehe. Schon einen Monat nach dem Abkommen waren vierzig Prozent der Befragten unzufrieden mit dem Premierminister, 72 waren für Wiederaufrüstung, und 86 Prozent glaubten nicht an Hitlers Behauptung, dass er keine weiteren territorialen Ansprüche hege. Die letzte Befragung fiel für die Regierung so schlecht aus, dass die liberale *News Chronicle*, die die Umfrage in Auftrag gegeben hatte, sie mit der Begründung nicht publizierte, dass sie die deutsche Öffentlichkeit reizen könnte. In der Umfrage sprach sich nämlich eine knappe Mehrheit von vierzig zu 39 Prozent für eine neue, das Münchner Abkommen ablehnende Koalition mit Anthony Eden als Premierminister aus.[17]

Sowohl Anthony Eden als auch Winston Churchill, die beiden prominentesten Kritiker der Politik Chamberlains, wurden mit Aufrufen bombardiert, die Regierung zu übernehmen. Zwar bekundeten viele Briten eine ambivalente Haltung gegenüber den jüdischen Flüchtlingen, aber nach der Pogromnacht hielten die meisten das nationalsozialistische Regime für barbarisch und waren der Ansicht, dass Deutschland von einem Wahnsinnigen regiert werde. Nur wenige glaubten noch, dass Hitler ein Staatsmann sei, mit dem die Demokratien, wie Chamberlain es ausdrückte, »ins Geschäft kommen« könnten.

Chamberlains Regierung reagierte auf die Kritik, indem sie zu nationaler Einheit aufrief und die Integrität all jener anzweifelte, die sich nicht fügten. Ein Leitartikel, der kurz vor Weihnachten im *Daily Mirror* erschien, fügte sich ausdrücklich nicht:

> Der gestrigen außenpolitischen Debatte im Unterhaus gingen wie üblich Vorwürfe an jene voraus, die die »nationale Einheit« zerstören, indem sie es wagen, Angelegenheiten zu diskutieren, bei denen es um die schiere Existenz der Nation geht.
>
> Die Urheber dieser Vorwürfe sind offenbar der Ansicht, dass sich das Parlament nicht einmischen sollte. Das Parlament soll ruhig bleiben und die Beschlüsse registrieren, die von den Bescheidwissenden gefasst werden. Wie Hitlers Jasager im Reichstag. Das ist nationale Einheit: Mit allem einverstanden sein, was die tun, die Bescheid wissen.
>
> Wir haben diesen Punkt des »Appeasements« in der Parteipolitik noch nicht erreicht. Und diese Debatte hat erneut gezeigt, dass es keine nationale Einheit gibt …[18]

Der britische Normalbürger und insbesondere der aus der Mittelschicht konnte nur weitermachen und weiter hoffen. Eine Schülerin im Teenageralter aus einer Londoner Vorstadt, Tochter eines Beamten, der für den MI5 arbeitete, erinnerte sich, wie ihr Leben kurz vor Weihnachten 1938 aussah:

Wir waren immer stärker mit den Aktivitäten zum Ende des ersten Trimesters beschäftigt, mit Theaterstücken und dem Weihnachtsgottesdienst. Auch die üblichen Partys fanden statt, aber zuerst kamen natürlich die Prüfungen. Ich kann mich nicht erinnern, dass ich – ich war damals sechzehn – allzu viel über die Möglichkeit eines Krieges nachgedacht hätte.

Was ich noch weiß, ist, dass wir eines Samstags beim Tee saßen und der Tisch randvoll war mit belegten Broten und herrlichem Kuchen: Victoria Sponge mit Marmelade und Chocolate Cream Sponge, die meine Mutter immer so wunderbar buk, und dass meine Mutter sagte: »Wenn der Krieg ausbricht, werden wir nicht mehr so eine Teepause machen wie jetzt.«

Am selben Tag hatte ich bei einer örtlichen Schule Evakuierungsnotizen hängen sehen, Instruktionen, wie man sich verhalten sollte, wenn es zu einer Kriegserklärung kam.[19]

SEIT DER REICHSPOGROMNACHT bestand an der gnadenlosen Barbarei des NS-Staats im Grunde kein Zweifel mehr, aber selbst im Dezember 1938 konnte man in Deutschland immer noch ausländische Zeitungen und Zeitschriften (mit Ausnahme der linken) kaufen, und ausländische Radiosender zu hören war zwar nicht unbedingt gern gesehen, aber keineswegs verboten. Es wurden auch weiterhin ausgewählte Filme aus dem Ausland gezeigt, Ford produzierte Autos in Deutschland, und Coca-Cola, das Ende der 1920er Jahre in Deutschland eingeführt worden war, war inzwischen so beliebt, dass viele Deutsche offenbar glaubten, es handle sich um ein deutsches Produkt. Selbst die Parteimitglieder, die in Massen zu Goebbels' Reden in den Berliner Sportpalast strömten, wurden von einem Wandplakat mit dem Spruch »Trink Coca-Cola. Stets eiskalt« begrüßt.[20]

Maria Sommer lebte 1938 als Teenager in Berlin. Sie war das einzige Kind einer einigermaßen wohlhabenden, gebildeten Familie aus der Mittelschicht. Ihr Vater war Stadtbaumeister in Berlin-Schöneberg und ein Nationalist alter Schule. Doch er war auch stolz darauf, gut informiert zu sein, und Stammgast in einem Café, wo internationale Zeitungen auslagen. Maria Sommer konnte, wie sie selbst sagte, schon als Kind »ihren Barock von ihrem Rokoko« unterscheiden und kannte sich gut mit klassischen deutschen Dramen aus, da ihre Eltern sie regelmäßig ins Theater mitnahmen. Dass Goethe, Schiller und Kleist bei den Nazis öfter auf die Bühne kamen als vor 1933, war kein Wunder, da viele zeitgenössische Autoren ins Exil gegangen oder mit Aufführungsverbot belegt waren.

Die große, schlanke Maria war fast elf, als Hitler an die Macht kam. Mit 14 Jahren trat sie in den Bund Deutscher Mädel (BDM) ein und wurde eine begeisterte Gruppenführerin. Sie und die jüngeren Mitglieder unter ihrer Obhut gehörten zu der großen Masse von Jungen und Mädchen der NS-Jugendbewegung, die bei der Eröffnung der Olympischen Spiele in Berlin ihren großen Auftritt hatten. Hereingerufen von der olympischen Glocke, strömten mehrere Tausend Kinder in der perfekt eingeübten Nachahmung eines Ausdruckstanzes, dem »Kinderreigen«, ins Stadion. Die Mädchen hatten Hüpfseile und bewegten sich spielerisch, die Jungen auf eine eher steife, militärische Art. Sie formierten sich, lösten sich auf und bildeten immer neue, spektakuläre Formationen, die von den erhöhten Plätzen in dem riesigen Stadion gut zu erkennen waren. Zum Schluss bildeten sie mit außerordentlicher Präzision die olympische Flagge nach – die Mädchen in ihren weißen Kleidern den Hintergrund und die Jungen, in den passenden Farben gekleidet, die fünf verschlungenen Ringe in den Farben Blau, Gelb, Schwarz, Grün und Rot.

Die 16-jährige Maria war schon im Bett und schlief, als während der Reichspogromnacht die Gewalt auf den Straßen tobte. Von den brutalen Ereignissen erfuhr sie durch ihre Mutter, die schreckliche Dinge in der Nähe des Hauses gesehen hatte. Maria war außer sich. »Wenn das der Führer wüsste!«, rief sie empört. Wie viele leidenschaftliche Anhänger Hitlers konnte und wollte sie nicht glauben, dass die oberste Parteiführung das Pogrom angeordnet hatte. Ihre Familie hatte das Gefühl, in einer guten Zeit zu leben. Ihre Eltern waren zwar keine Parteimitglieder, aber als leidenschaftliche Patrioten mit vielen »positiven« Errungenschaften des Regimes einverstanden. Und Maria, die keine Geschwister hatte, war gern beim BDM, da sie dort viele Freundinnen fand und es viel zu tun gab.[21]

Weiter unten auf der sozialen Leiter lebte die damals knapp zehnjährige Elly Luckow. Sie stammte aus einer Arbeiterfamilie und hatte wie so viele Mitglieder aus dieser Schicht nie Stabilität oder Sicherheit kennengelernt. Ihre Mutter, eine Dorfschönheit aus Thüringen, war mit noch nicht einmal zwanzig Jahren in die Stadt gezogen. Zunächst hatte sie als Kindermädchen bei einer wohlhabenden Familie gearbeitet, dann hatte sie eine Affäre mit einem älteren Offizier, aus der ihre erste Tochter, Ellys ältere Halbschwester, hervorging. Eine Heirat war wegen des großen sozialen Unterschieds nicht in Frage gekommen, doch der Offizier blieb mit ihr in Verbindung und unterstützte sie gelegentlich finanziell. Später heiratete die Mutter einen Berliner Arbeiter, Ellys Vater, und brachte noch zwei weitere Kinder, einen Jungen und ein Mädchen, zur Welt.

Als Elly sechs oder sieben Jahre alt war, trennten sich ihre Eltern. Ellys Vater starb dann etwa zur Zeit der Sudetenkrise. Ellys Mutter arbeitete in verschiedenen Bezirken Berlins als Haushaltshilfe, mindestens einmal für eine jüdische Familie. In den späten 1930er Jahren lebte sie mit ihren Kindern im Zeitungsviertel, dem Standort der Druck- und Verlagsindustrie im Herzen der Stadt. Elly hatte es ziemlich weit zur Schule und wurde unterwegs in der Kommandantenstraße gelegentlich von Männern belästigt. Weil ihre Mutter arbeitete, war die Wohnung oft leer, wenn sie nach Hause kam.

Das Leben war hart. Dennoch fand Elly – genau wie Maria Sommer – die Nazi-Ära wenigstens in den ersten Jahren gut. Ihre Familie hatte etwas mehr Geld als früher – Kinder galten als Zukunft des ruhmreichen, expansiven Reiches und wurden subventioniert. Im Jahr 1936 wurde für Haushalte mit niedrigem Einkommen vom fünften Kind an eine Kinderbeihilfe eingeführt, und von 1938 an gab es diese bereits vom dritten Kind an (Ellys Mutter hatte vier Kinder). Im Dezember 1938 wurde das Mutterkreuz in Bronze, Silber und Gold eingeführt. Es brachte den Müttern großer Familien keine zusätzliche finanzielle Förderung, aber Sozialprestige und später Privilegien bei der Lebensmittelzuteilung.[22] »Es wurde besser für uns arbeitende Menschen«, erinnerte sich Elly. »Wir bekamen endlich etwas mehr Essen auf den Tisch.«

Manche Kinder erhielten besondere Vergünstigungen. Der NS-Staat hatte den Anspruch, klassenlos zu sein, eine große »Volksgemeinschaft« ohne soziale Barrieren. Elly war eine attraktive junge Frau (Teenagerfotos zeigen eine Art kleinere Ausgabe von Ingrid Bergman) mit einer gewissen Respektlosigkeit und dem rasiermesserscharfen, oft aggressiven Witz, der in ganz Deutschland als »Berliner Schnauze« bekannt war. Dennoch wurde sie von ihrem Lehrer für einen Erholungsaufenthalt bei einer reichen Familie in Westdeutschland ausgewählt, weit weg von den Berliner Arbeitervierteln. Sie wurde in einen Zug Richtung Rheinland gesetzt und bei ihrer Ankunft von einem Wagen mit Chauffeur am Bahnhof abgeholt. Sie verbrachte einige Wochen in einem prächtigen Landhaus, wo sie nur wenig bevormundet wurde. Die schlimmste Krise kam, als sie versehentlich eine Vase vom Tisch stieß, die sich als wertvolles Erinnerungsstück entpuppte, das ihre Gastgeberin einige Jahre zuvor von einer Chinareise mitgebracht hatte. Ansonsten waren die Tage im Rheinland jedoch ein unvergessliches Erlebnis, das Elly letztlich wohl der »Volksgemeinschaft« zu verdanken hatte, in der die Reinheit der Herkunft (und ein gutes »arisches« Aussehen) Trümpfe waren.[23]

Noch einen weiteren Trumpf gab es unter der rigiden, oberflächlich betrachtet puritanischen Oberfläche des NS-Staats: Beziehungen. Zu den lebenden Theaterautoren, die in Deutschland noch aufgeführt wurden, gehörte Erich Ebermayer. Eines seiner Stücke sollte im Staatstheater von Oldenburg Premiere haben. Ebermayer war gebeten worden, an den Proben teilzunehmen und der Premiere beizuwohnen. Das ehemalige Großherzogtum, jetzt Freistaat Oldenburg, hatte 1932 die zweifelhafte Auszeichnung erworben, der Bundesstaat mit dem höchsten Stimmenanteil der NSDAP zu sein. Die Partei errang im oldenburgischen Parlament die absolute Mehrheit, und der altgediente Gauleiter Carl Röver wurde Oldenburger Ministerpräsident und nach Hitlers Machtergreifung Reichsstatthalter für Bremen und Oldenburg.

Oldenburg lag nicht nur geografisch weit entfernt von Berlin, und Ebermayer hatte gefürchtet, sich in der Provinz zu langweilen (und vielleicht bei provinziellen Nazis Anstoß zu erregen). Aber wider Erwarten genoss er die Zeit in der Provinz, denn seine Kollegen am Theater entpuppten sich als äußerst sympathisch, und das galt selbst für den Generalintendanten des Staatstheaters, einen fanatischen Nazi und Mitglied der SS. Die Stadt hatte etwas Schrulliges, das Ebermayer gefiel. Insbesondere war er angenehm überrascht, als »Herr F.«, ein wohlhabender lokaler Geschäftsmann, ihn und andere Mitglieder des Theaters in seine große Villa am Stadtrand zum Dinner einlud.

> Es wurde ein unvergesslicher und komischer Abend. Herr F. ist ein Herr Mitte 60, »Frau F.«, wie er seinen Freund unbekümmert auch neuen Gästen vorstellt, ist »erst« 47 und zeigt noch letzte Spuren einstiger juveniler Schönheit, was außerdem ein großes Aktgemälde an der Wand des Esszimmers bestätigt. Die beiden Freunde leben seit 30 Jahren zusammen. Und *das* in Oldenburg! »Das macht den Oldenburgern gar nichts …«, sagt Herr F., und »Frau F.« lächelt dazu. Auch der Generalintendant, der uns in das originelle Haus kultivierter Gastfreundschaft brachte, lächelt.[24]

Ein privilegiertes schwules Paar konnte sich in Oldenburg also zumindest innerhalb einer ausgewählten Gruppe lokaler Prominenz ganz offen bewegen und wurde trotz der extrem homophoben Politik des NS-Staats (nach einem

Gesetz aus demselben Jahr konnten verurteilte Homosexuelle direkt ins Konzentrationslager geschickt werden) nicht verfolgt.

Diese Toleranz erstreckte sich natürlich nicht auf die jüdische Gemeinde Oldenburgs, die 1933 aus etwa 350 Mitgliedern bestand. Nachdem man vom 9. auf den 10. November die Synagoge niedergebrannt hatte, wurden noch in derselben Nacht alle Juden auf dem Pferdemarkt im Stadtzentrum zusammengetrieben. Die erwachsenen Männer wurden in die öffentlichen Toiletten auf dem Platz gesperrt. Am folgenden Tag trieb man sie vor aller Augen durch die Straßen zum Bahnhof. Dort wurden sie in einen Sonderzug gesetzt und in das fast 400 Kilometer entfernte Konzentrationslager Sachsenhausen geschafft.[25]

EINE GUTE WOCHE vor dem Weihnachtsfest, von dem viele geglaubt hatten, dass es eine Kriegsweihnacht werden würde, »spaltete« der deutsche Chemiker Otto Hahn mit seinem Assistenten Fritz Straßmann in einem bahnbrechenden Experiment am Kaiser-Wilhelm-Institut zu Berlin ein Uran-Atom. Einige Wochen später veröffentlichte die österreichische Physikerin Lise Meitner, ehemals eine enge wissenschaftliche Mitarbeiterin Otto Hahns, mit ihrem Mitarbeiter und Neffen Otto Frisch, einem ebenfalls bedeutenden Physiker, in der britischen Wissenschaftszeitschrift *Nature* eine theoretische Erklärung zu dem Experiment. Meitner und Frisch lebten damals schon in Schweden, weil sie im Sommer 1938 wegen ihrer jüdischen Vorfahren aus Deutschland hatten fliehen müssen, aber sie waren mit Hahn in Verbindung geblieben und kannten alle Details des Versuchs.

Die erfolgreiche »Kernspaltung« (ein von Frisch geprägter Begriff) erregte außerhalb einer relativ kleinen Gruppe von Spezialisten kaum Aufmerksamkeit. Dennoch war dies möglichweise das folgenschwerste Ereignis des Jahres 1938, ein Ereignis, das in seiner Bedeutung den ostentativen Fanatismus und die landhungrige Gewalt, die die internationale Bühne damals beherrschten, weit in den Schatten stellte. Hahns Experiment bereitete den Weg für die Entwicklung der Atombombe.

DER SPÄTHERBST 1938 war bis in den Dezember hinein fast durchgehend mild gewesen, aber in den Tagen vor Weihnachten fiel in weiten Teilen des europäischen Festlands Schnee, und es blies ein kalter Wind. Am 23. Dezember 1938 herrschten die niedrigsten Temperaturen im Südwesten Deutschlands. In Freiburg im Schwarzwald, gewöhnlich einer der wärmsten und sonnigsten Orte des Reiches, wurden zwischen -10 und -15 °C gemessen. In Berlin war es bewölkt bei Temperaturen von -6 bis -7 °C, und es lagen acht Zentimeter Schnee.

Die Weihnachtsferien hatten bereits begonnen, und die 16-jährige Handelsschülerin Ruth Thieme, eine Arzttochter aus der Leipziger Satellitenstadt Grimma, fuhr für ein, zwei Tage mit ihren Freundinnen zum Skifahren. Danach tat sie für das Volk und die weniger Begüterten ihre Pflicht, was sie mit einem kleinen Flirt verband:

> Am 23.12. war ich mit Inge zu der Bescherung durch das Winterhilfswerk. Wir mussten Kaffee ausschenken und einige Lieder vortragen. Winkler Raimund war auch da. Inge und ich gingen mit ihm heim. Er hat furchtbar angegeben auf dem ganzen Weg, er schaffte uns heim. Wir haben so gelacht.[26]

Das Winterhilfswerk (WHW) war eine Wohltätigkeitsorganisation, die Arme und Arbeitslose unter der Parole »Keiner soll hungern, keiner soll frieren« in den harten Wintermonaten unterstützte. Tatsächlich war das WHW schon unter der Regierung Brüning gegründet worden, fast zwei Jahre vor Hitlers Machtantritt, doch die Nazis hatten es als perfekten Ausdruck klassenloser, nationaler Solidarität erst richtig auf Touren gebracht und reklamierten wie üblich für sich das Verdienst, die Einrichtung ins Leben gerufen zu haben.[27]

Die alljährlichen Sammlungen für das Winterhilfswerk entwickelten sich für das Regime schnell zu einem großen und erfolgreichen Unternehmen. Von Oktober bis März klapperten Mitglieder der Hitlerjugend, der SA und anderer nationalsozialistischer Organisationen auf den Straßen und in den Restaurants und Geschäften mit ihren Sammelbüchsen. »Eintopfsonntage« wurden organisiert, bei denen Familien oder Gruppen statt des üppigen Sonntagsbratens nur eine einfache Mahlzeit zu sich nahmen und den eingesparten Betrag an das WHW spendeten. Nahrung, Kleidung und Kohle zum Heizen wurden an verdiente Mitglieder der Volksgemeinschaft verteilt – und Geschenke an arme Kinder. Auch auf der Veranstaltung, auf der Ruth Thieme zwei Tage zuvor Kaffee ausgeschenkt hatte, war das so.

Wie ihre Tagebücher zeigen, war Ruth Thieme ziemlich unpolitisch. Begeisterte Nazis in ihrem Alter hatten in den Weihnachtsferien gewöhnlich viel mehr zu tun. Dorothea B., eine 14-Jährige aus Durlach in Südwestdeutschland, die ganz im Bann des Regimes stand, erwähnt in ihrem Tagebuch zahlreiche politischen Aktivitäten, an denen sie teilnahm, außerdem wichtige Reden Hitlers und ähnliche Ereignisse.

Wie Maria Sommer hatte auch Dorothea beim Jungmädelbund, der NS-Jugendorganisation für zehn- bis 14-jährige Mädchen, eine Ausbildung zur Gruppenleiterin durchlaufen. So kam es, dass sie 1938 nicht nur an der »Volksweihnacht« am 23. Dezember, sondern auch an der »Wintersonnwendfeier« zwei Tage zuvor teilnahm. Diese war überzeugten Nazis in der Regel wichtiger als Weihnachten, weil sie – angeblich – an die heidnisch-germanische Winterfeier erinnerte und frei von jüdisch-christlichen Einflüssen war. Am 21. Dezember besuchte Dorothea um 15 Uhr nachmittags die Weihnachtsfeier der Jungmädel, wo an die ärmeren Mädels Geschenke verteilt wurden, was sie »prima« fand. Am Abend des sehr kalten Tages ging sie um zwanzig Uhr auf den Turmberg, eine 260 Meter hohe Erhebung über der Stadt, wo die Durlacher Nazis zu Füßen eines mittelalterlichen Turms ihre Wintersonnwendfeier abhielten. Es wurde ein großes Feuer entzündet, das Dorothea in ihrem Tagebuch ebenfalls als »prima« bezeichnete. Dann sah man sie auf der stark politisierten »Volksweihnacht« in der Festhalle im Zentrum von Durlach. Dorothea berichtete darüber in ihrem Tagebuch:

> Am Anfang sangen BDM-Mädel u. Jungmädel das Lied »Hohe Nacht der klaren Sterne«. Übertragung der Rede des Hauptamtsleiters Hilgenfeld. Dann sangen wir zu Beginn des Theaterstückes »Der Lebensbaum« das Lied »Leise rieselt der Schnee« und dazwischen »O Tannenbaum, o Tannenbaum, Du trägst ein' grünen Zweig«. Ansprache des Ortsgruppenführers Edel. Die vielen Kinder wurden mit Kakao und Kuchen bewirtet. Danach war die Bescherung der armen Volksgenossen.[28]

Die ständige Abfolge von Veranstaltungen dieser Art beherrschte das Leben der politisch Engagierten in Deutschland und hielt sie pausenlos beschäftigt, so dass sie sich keine eigenen Gedanken mehr machten – oder machen konnten. Das Regime hatte ein umfassendes Repertoire an Parolen, die es permanent unters Volk brachte und so den »Volksgenossen« jeden Tag aufs Neue seine Botschaft einhämmerte.

Die Morgenausgabe der *Freiburger Zeitung* vom 23. Dezember 1938 enthielt überwiegend Berichte, die als Presse-Informationen vom Deutschen Nachrichtenbüro in Berlin an die Redaktionen im ganzen Land verschickt wurden. Auf der Titelseite wurde über den Plan eines antikommunistischen

Pakts für den Fernen Osten berichtet, der zwischen Japan, dessen Marionettenstaat Mandschukuo und der Kuomintang-Regierung (mit der sich Japan damals im Kriegszustand befand, weil es große Teile des chinesischen Territoriums besetzt hatte) geschlossen werden sollte und zum Ziel hatte, den Kommunismus in der Region zu unterdrücken. Im Grunde war das reine Propaganda der Japaner, die Schwierigkeiten in China hatten und einen Keil zwischen die verschiedenen widerständigen chinesischen Gruppen treiben wollten.*

Im Artikel darunter zeigte sich der »Führer« bei einer Weihnachtsfeier mit Bauarbeitern in der beinahe vollendeten Reichskanzlei von seiner volkstümlichen Seite. In der rechten Spalte wurde darüber berichtet, dass Hitler in dem riesigen Berliner Ufa-Palast am Zoo, der mehr als 2000 Zuschauer fasste, der Premiere des neuen und äußerst aufwendigen Propagandafilms *Pour le Mérite* beigewohnt hatte. Der nach dem hohen deutschen Orden (im Volksmund »Blauer Max«) benannte Film handelte von der Niederlage Deutschlands im Ersten Weltkrieg. Es ging um die Demütigung von vier heroischen Fliegerassen nach dem Friedensschluss, den heimlichen Wiederaufbau der deutschen Luftwaffe und schließlich um die Ankunft des Nationalsozialismus, der den Nationalstolz und die Stärke Deutschlands wiedergeherstellt habe. Am Ende zeigen sich die vier Freunde aus dem Ersten Weltkrieg vereint in der Uniform ranghoher Luftwaffenoffiziere und bereit, ihrem Land erneut zu dienen.

Wer lieber in amerikanische Filme ging, sollte in derselben Spalte durch einen Artikel mit der Überschrift: »Hollywood wimmelt von Juden« davon abgehalten werden.

Zur Abrundung der Artikel auf der Titelseite, die sich ausnahmslos direkt auf die Informationen des DNB stützten, brachte die Zeitung noch einen detaillierten Bericht über Grausamkeiten, die britische Soldaten in dem palästinensischen Dorf Attil angeblich begangen hatten. Es wurde behauptet, die Engländer hätten fünf Geiseln genommen, diese geschlagen, ihnen schließlich die Augen ausgestochen und sie getötet. Weitere Dörfer seien geplündert und Häuser niedergebrannt worden. Auf diese Weise wurden die Briten mit ihrer hochmoralischen Verurteilung der Pogromnacht als Heuchler vorgeführt (und

* Der Versuch war erfolgreich. Kurz darauf desertierte Wang Ching-wei, einer der Stellvertreter des chinesischen Führers Chiang Kai-shek, und ging nach Französisch-Indochina ins Exil, wo er Verhandlungen mit den Japanern aufnahm. Er wurde Ministerpräsident einer in Nanjing sitzenden Kollaborationsregierung. Wäre er 1944 nicht gestorben, hätte man ihn nach dem Ende des Krieges als Verräter vor Gericht gestellt.

natürlich als Verbündete des stetig anschwellenden Stroms jüdischer Siedler in Palästina, gegen die sich der arabische Aufstand richtete).

Mit Artikeln über jüdische Betrüger und Gangster aus aller Welt suchte die Nazipresse Tag für Tag ihre Leser zu manipulieren und ihre Weltsicht auf die vom Regime gewünschte Weise zu beeinflussen. In der von diesem verbreiteten Version der Weltlage waren die unschuldigen, wohlmeinenden Deutschen, die sich einzig und allein von der jüdischen Plage befreien und ihre nationale Identität wiederherstellen wollten, von neidischen und heuchlerischen britischen, französischen und amerikanischen Imperialisten umzingelt, die sich selbst als Demokraten bezeichneten, in Wirklichkeit aber andere Nationen unterdrückten. Die Demokraten wurden wiederum von betrügerischen Juden kontrolliert, die einzig und allein danach trachteten, das wiedererstarkende Deutsche Reich zu zerstören. Diese Argumentation war extrem zynisch und nur schwer zu widerlegen, denn Berichte wie der aus Palästina enthielten, selbst wenn sie hemmungslos übertrieben oder (wie die *Times* und der *Manchester Guardian* behaupteten)[29] gänzlich erfunden waren, eben doch ein Körnchen Wahrheit. Neuere Forschungen haben ergeben, dass es bei der Unterdrückung des palästinensischen Aufstands durch die Briten wesentlich brutaler zuging, als die britische Regierung 1938 einräumte.

Ein Lokalblatt wie die *Freiburger Zeitung* brachte gewöhnlich zwei Seiten dieser von Goebbels gesteuerten nationalen und internationalen Nachrichten. Der Rest waren größtenteils weitgehend unpolitische Lokalnachrichten – kaum anders, als es zehn Jahre zuvor in der demokratischen Weimarer Republik gewesen sein mochte. Doch hin und wieder waren auch die Lokalnachrichten ausgesprochen politisch.

So berichtete die *Freiburger Zeitung* am 23. Dezember über die am Abend des 21. Dezember von der SA veranstaltete Wintersonnwendfeier, bei der 660 SA-Mitglieder in Reih und Glied und mit Fackeln in der Hand auf dem eingeschneiten Alten Messeplatz im Osten der Stadt aufmarschierten. Sie verfolgten zunächst die Rede eines SA-Brigadeführers, dann wurde das Sonnwendfeuer entzündet, so dass die Flammen »ihren zuckenden Schein über die Reihen der SA-Männer« warfen. Die von dem Lokalblatt abgedruckte Rede des SA-Führers mochte aus einer zentralen Werkstatt für Nazireden stammen, war in ihrem überschwänglichen, verlogenen Pathos und ihren verschwurbelten Todesschwüren aber noch unerträglicher als das, was Goebbels selbst für gewöhnlich von sich gab:

> Hier, am lodernden Flammenstoß, wollen wir uns daran erinnern, dass es die alten deutschen Mannestugenden waren, die uns frei und groß und stark gemacht haben; die Mannestugenden, die in den Begriffen umschlossen sind: heiliger, lodernder Glaube, kompromissloser Einsatz bis zum Letzten, Treue zum erkorenen Führer bis in den Tod hinein und Kameradschaft, die uns umfasst und das ganze deutsche Volk umschließen soll. So schwören wir am Flammenstoß, Kämpfer zu bleiben, hart, unerbittlich, einfach und bescheiden. Wir tragen in uns den heiligen Glauben an den Führer, und wir geloben ihm in dieser Stunde, die Aufgaben, die er seiner SA stellte, mit vollstem Einsatz und restloser Hingabe zu erfüllen.

Vier Kränze wurden »den Flammen übergeben«: einer für den Führer, einer für die gefallenen Kameraden, einer für die deutschen Mütter und der vierte (von einem Mitglied der Arbeitsfront) zu Ehren »unserer Jugend, der deutschen Zukunft«. Und dann, »mit dem gemeinsamen Gesang: ›Ein junges Volk steht auf‹ war diese eindrucksvolle Feier in eisiger, schweigender Nacht beendet«.[30]

WIE IN DEUTSCHLAND war auch in Großbritannien zu Weihnachten 1938 Schnee gefallen, an vielen Orten sogar mehr als in allen Jahren des 20. Jahrhunderts zuvor. Am Weihnachtstag selbst lag ein Hoch über dem schneebedeckten Land, ein scharfer Ostwind wirbelte den Schnee auf, aber sonst war es ein klarer Tag, wie sich die Londoner Schülerin Maud Hilde erinnerte:

> Dann war weiße Weihnachten! Ein seltenes Ereignis in London. Der Dezember hatte ungewöhnlich mild begonnen, dann, am 16., wurde es bitterkalt, mit Stürmen auf dem Kanal, dass keine Fähren mehr fuhren, gefolgt von kurzem Tauwetter und erneutem heftigem Frost am 23. Am Weihnachtstag lagen vier Inches [etwa zehn Zentimeter] Schnee auf dem Trafalgar Square, und auf der Hampstead Heath konnte man Wintersport treiben. Die Straßen waren weiß und total verlassen. Ich weiß noch, dass ich am Abend des zweiten Weihnachtsfeiertags mit unserer Mutter zur Vordertür unseres Hauses ging und wir die Milchflaschen für die Lieferung an nächsten Tag rausstellten. Eiskalte Luft wehte uns ins Gesicht, als wir die Tür aufmachten, und wir waren glücklich und

> zufrieden, dass wir wieder in die Wärme des vorderen Wohnzimmers mit dem lodernden Kaminfeuer zurückkehren konnten. Irgendwie wirkte alles sicher und beständig, und doch hatten wir Gedanken über eine unsichere Zukunft im Kopf. Es war immer noch Frieden, aber eigentlich traute ihm niemand mehr. Es war wirklich die Ruhe vor dem Sturm.[31]

Der erste Weihnachtsfeiertag fiel in diesem Jahr auf einen Sonntag. Montag, der 26. Dezember (der *Boxing Day*), war ein gesetzlicher Feiertag, und es wurde praktisch nicht gearbeitet. Am nächsten Tag brachte der *Manchester Guardian* eine poetische Beschreibung des an diesem Abend völlig verlassenen Bankenviertels in der City of London:

> Der Schneefall, der seit den frühen Morgenstunden angedauert hatte, hörte auf, und da lagen die jungfräulichen Straßen, bedeckt von einem Stoff, der in der Weihnachtszeit fast so selten war wie Gold. Ein Mann konnte in die Lombard Street hineingehen wie Robinson Crusoe und dort seine einsamen Fußabdrücke hinterlassen wie ein Eroberer.[32]

Schon ein paar Stunden später stiegen die Temperaturen, es regnete, und der Schnee begann zu schmelzen. In Nordengland und Schottland waren immer noch einige Dörfer abgeschnitten, und es gab hier und da Überschwemmungen, doch das Wetter kehrte schnell wieder zu seiner für Großbritannien typischen nassen Kälte zurück. »Unser Klima«, erinnerte der *Mirror* fröhlich seine Leser, »hat uns zu dem gemacht, was wir sind – tapfer und verschnupft«.[33] Als die Weihnachtsfeiertage vorüber waren und man nicht mehr über das Wetter reden konnte, kam die britische Presse, die sich in ernsten Momenten durch eine eigenwillige und manchmal ärgerliche Vielfalt auszeichnet, auf die internationale Lage zurück. Die Aufständischen des von Italien und Deutschland unterstützten nationalistischen Generals Franco überschritten den Ebro und stießen in das republiktreue Katalonien vor, neben den Gebieten um Madrid und Valencia eine der letzten Regionen, in denen sich die Republik noch gehalten hatte. Das Münchner Abkommen zeigte auch hier – weit über Mitteleuropa hinaus – Folgen, denn der Verrat der Briten und Franzosen an der Tschechoslowakei hatte alle Hoffnungen auf ein großes Bündnis zerstört, das die Spanische Republik in letzter Minute noch hätte retten können.

Winter 1938/39 in England: »Auf der Hampstead Heath konnte man Wintersport treiben«, erinnerte sich die Londoner Schülerin Maud Hilde. Die ungewöhnliche Pracht lenkte die Briten für kurze Zeit von der bedrohlichen Weltlage ab.

In einer Artikelserie unmittelbar vor und nach dem Jahreswechsel berichtete David Walker aus Südosteuropa – zunächst aus Ungarn und dann aus Rumänien – von dem immer größer werdenden deutschen Einfluss an der Donau und der damit verbundenen Gefahr für den Frieden. Im nach wie vor weitgehend feudal regierten Ungarn stellte er einen wachsenden faschistischen Einfluss fest, und aus der rumänischen Hauptstadt Bukarest erfuhren die Leser »Die Wahrheit über Hitler und Rumänien«. Walker hegte die Befürchtung, dass das von sich bekämpfenden Klassen und Volksgruppen zerrissene Land Hitler »wie eine reife Pflaume« in den Schoß fallen werde. Bukarest, das »Paris des Balkans«, war eine Stadt extremer Gegensätze. Walker schildert, wie er mit einem Freund auf dem Weg zu einem luxuriösen Nachtclub völlig verarmten Bettlern begegnet:

> In der beißenden Kälte kauerten Bettler jeden Alters im Windschatten von Bürogebäuden oder rannten den Gehweg entlang und versuchten verschrumpelte Mimosensträuße zu verkaufen. Drinnen aber war das allen egal.

»Deutschland weiß, dass es mit tschechischer Munition, siebenbürgischem Weizen und rumänischem Öl der autarke Herr der Welt sein wird«, erklärte Walker. Am 3. Januar 1939, nach der Neujahrspause, fasste er seine Erkenntnisse in einem Artikel unter der Überschrift »Wir hörten Hitlers Peitsche knallen« zusammen. Darin kam er zu dem Schluss, dass Südosteuropa »eine wilde Mischung von Nationalitäten [ist], deren Schicksal sich in den nächsten paar Monaten entscheidet ... Der Donauwalzer! Wann wird England begreifen, dass das romantische Zeitalter vorbei ist und sich dieser Walzer unter dem Peitschenknall des Diktators wie ein Leichnam versteifen und in der nüchternen Zielstrebigkeit des Stechschritts enden wird?«[34]

Walkers drei Artikel sind durch und durch seriöser Journalismus. In einer Boulevardzeitung waren solche Beiträge eher selten. Die Reichspogromnacht schien schon vergessen. In Bezug auf die Lage in Deutschland gab es im *Mirror* im selben Zeitraum nur noch zwei weitere Artikel zum Thema, und zwar Spekulationen über Goebbels' Krankheit, mit denen der *Mirror* seine Leser amüsierte.

Am 30. Dezember 1938 brachte der *Mirror* auf der Titelseite die für ein Boulevardblatt typischere und mehr oder weniger erfundene Geschichte, Freunde von Lída Baarovás »Ehemann«, dem Schauspieler Gustav Fröhlich, hätten den deutschen Propagandaminister Joseph Goebbels zusammengeschlagen. Am folgenden Tag berichtete das Boulevardblatt, »Geprügelter Nazihäuptling hat ›Rückfall‹« und setzte ein verführerisches Foto der Baarová dazu. »In Film- und Theaterkreisen« waren angeblich sechs Verhaftungen vorgenommen worden, und die Baarová »versteckte sich« in einer Villa außerhalb Berlins. Bis zum 2. Januar war Goebbels »In Ungnade gefallen – verliert Ämter«, und Gustav Fröhlich saß »in einem Konzentrationslager«. Fast nichts von alledem entsprach der Wahrheit. Goebbels war weder in einer Wohnung noch sonst irgendwo zusammengeschlagen worden. Fröhlich war nicht Baarovás Ehemann, auch wenn er das einmal gern gewesen wäre, und im Konzentrationslager war er auch nicht. Hitler hatte sich über seinen Propagandaminister zwar verstimmt gezeigt, aber keine Anstalten gemacht, ihn zu entlassen. Und Goebbels sollte sich langsam, aber sicher von der Depression nach der Affäre erholen.

David Walkers seriöse Artikel blieben eine Ausnahme in der britischen Boulevardpresse. In den sieben Wochen nach der Pogromnacht wurden aus den Horrorgeschichten über das NS-Regime allmählich Seifenopern.

In Übereinstimmung mit Lord Beaverbrooks leidenschaftlicher Unterstützung der Appeasement-Politik bestritt der *Daily Express*, dass die Lage in Europa zu einem Krieg führen könnte. Kurz nach Weihnachten 1938 berichtete die Zeitung unter der Überschrift »›Kein Krieg im Jahr 1939‹, sagen französische Wahrsager« über eine Konferenz spiritistischer Medien in Paris. Dort hatte es offenbar eine Kontroverse zwischen einem M. Laffon und einer Mme Luce Vidi gegeben. Laffon sagte voraus, dass Mussolini 1939 sterben werde, und Vidi bestritt das so heftig, dass die beiden zankenden Wahrsager schließlich aus dem Konferenzsaal geschafft werden mussten.[35]

Einige Tage darauf wurde in einem ernsthafteren Artikel ohne Zuhilfenahme einer Kristallkugel erneut die Ansicht vertreten, dass es 1939 keinen Krieg geben werde. Am Montag, dem 2. Januar 1939, brachte Lord Beaverbrooks *Daily Express* – damals mit einer Auflage von knapp 2,5 Millionen Exemplaren die meistverkaufte Zeitung in Großbritannien – einen Kommentar des Schriftstellers und Journalisten Malcolm Thomson. Das Gewicht dieses scheinbar routinemäßigen Kommentars zum Jahreswechsel war größer, als es den Anschein hatte: Thomson war Beaverbrooks Sekretär und sozusagen die Stimme seines Herrn.

Unter der beruhigenden Überschrift »Weshalb Sie 1939 gut schlafen können« erklärte Thomson: »Es wird 1939 keinen großen Krieg geben. Nichts an unserer gegenwärtigen Lage lässt darauf schließen, dass es irgendeinen großen Umbruch geben wird oder geben muss.« Nachdem er in etwa 2000 Wörtern detailreich erklärt hatte, warum er dieser Ansicht war, kam er zu dem Schluss, dass die Diktaturen, so beängstigend die jüngsten Ereignisse auch sein mochten, in Wirklichkeit auf dem Rückzug seien:

> Freuen Sie sich also auf ein Jahr, in dem die Bollwerke gegen einen allgemeinen Krieg an Stärke zunehmen. Bedenken Sie, dass ein Krieg für kleine Staaten heute schon zu kostspielig ist und auch für große Mächte immer weniger möglich wird. Die Zerstörung ist zu groß. Und die Völker wissen es. Glauben Sie an den Frieden – und bestehen Sie darauf, dass Großbritannien stark sein muss, um Ihren Glauben zu stärken![36]

In den ersten Wochen des Jahres 1939 führte der *Express* zwei Kampagnen durch. In der einen forderte er, dass die Regierung die zehn Millionen Pfund nicht bezahlen solle, die sie den Tschechen nach dem Münchner Abkommen versprochen hatte. Da sich die Überreste der Tschechoslowakei bereits in ein vom Dritten Reich abhängiges Gebiet verwandelten, werde das Geld nur in Hitlers Taschen landen, schrieb das Blatt. In der zweiten Kampagne wurde der Lordsiegelbewahrer und Chef von ARP John Anderson aufgefordert, seinen Urlaub in Arosa abzubrechen und sich um die Luftschutzmaßnahmen zu kümmern, die allem Anschein nach in ernsten Schwierigkeiten steckten. Die im Herbst und Winter rekrutierten und ausgebildeten Freiwilligen seien, wie das Blatt behauptete, sich selbst überlassen. Die Luftschutzgräben, die man während der Sudetenkrise in Parks und auf anderen öffentlichen Flächen so eifrig ausgehoben hatte, füllten sich mit Schmelzwasser und dem auf den Schnee folgenden Regenwasser. Enten würden in den Gräben schwimmen und Kinder Seefahrer spielten, indem sie selbstgebastelte Segelboote fahren ließen, andere würden ARP-Sandsäcke ins Wasser werfen, weil es so schön platschte. Eine am 9. Januar publizierte Fotografie zeigte den unglücklichen Sir John in den Schweizer Bergen mit sichtlichem Unbehagen auf einem Schlitten sitzend. In dem Text unter dem Foto erzählte ein Mr Higgins, der eine Ausbildung als Luftschutzhelfer gemacht hatte und dessen Kinder nun vergnügt in einem Graben im Wimbledon Common Kapitän spielten, dem Reporter vom *Express:* »Ich habe all meine Tests vor Weihnachten bestanden, aber noch keinen Job erhalten. Ich habe meine Begeisterung fast vollkommen verloren. Wenn ich nicht bald etwas zu tun kriege, höre ich auf.«[37]

In derselben Ausgabe berichtete der *Express* mit einiger Genugtuung, Sir John habe die Schweiz verlassen und sei auf dem Heimweg. Er werde noch an diesem Tag in der Victoria Station eintreffen, sich von dort unverzüglich in sein Büro begeben und die Arbeit wieder aufnehmen.

DR. HJALMAR SCHACHT hatte seinen großen Auftritt schon gut anderthalb Jahrzehnte zuvor im November 1923 gehabt. Damals hatte der begnadete Banker, gerade mit Mitte vierzig, die Mark gerettet und die Hyperinflation beendet, die die Weimarer Republik zu ruinieren drohte. Dann hatte er zunächst als Währungskommissar und bis 1930 als Reichsbankpräsident demokratischen Regierungen gedient. Im Lauf der Jahre war er politisch immer weiter nach rechts gerückt und zum Befürworter eines autoritären Nationalismus geworden. Nach der Machtergreifung der Nazis hatte er erneut das Amt des Reichsbankpräsidenten übernommen, und im August 1934 war er außerdem Wirtschaftsminister in Hitlers Regierung geworden.

Schacht setzte sein Genie als Finanzier für das Dritte Reich ein und half mit beim Aufbau jener Art von protektionistischer, importfeindlicher, eigenständiger, möglichst autarker Volkswirtschaft, die Hitler haben wollte. Mit diversen finanzpolitischen Taschenspielertricks und durch Handelsabkommen, die es Deutschland gestatteten, seine Rohstoffe entweder durch Tauschgeschäfte zu finanzieren oder mit Reichsmark zu bezahlen, reduzierte er die

Schulden, die unter den Ministern und Institutionen der Weimarer Republik bedrohlich angewachsen waren. Von 1935 an übernahmen dann allmählich führende Nazis die Kontrolle über die Wirtschaft und vor allem die kriegswichtigen Industrien, angeführt von Göring, den Schacht mit gutem Grund für einen wirtschaftswissenschaftlichen Analphabeten hielt.

In November 1937 trat Schacht als Reichswirtschaftsminister zurück, weil Göring ihn immer massiver unter Druck setzte und er sich überdies durch ständige Appelle, die Militärausgaben zu reduzieren und den Haushalt auszugleichen, in den herrschenden Kreisen unbeliebt gemacht hatte. Er blieb jedoch Reichsbankpräsident und Minister ohne Geschäftsbereich, weil Hitler auf seinem Verbleib bestand, da er fürchtete, das Ausland werde auf Schachts Entlassung negativ reagieren.

Als »moderater« Antisemit, der gerne Ausnahmen für jüdische Kollegen und Freunde machte, war Schacht entsetzt über die Gewalt in der Pogromnacht. Er wandte sich schließlich mit dem Vorschlag an Hitler, eine Anleihe aufzulegen, in die vorrangig jüdisch beeinflusste Finanzgesellschaften in London und New York einzahlen sollten. Mit diesem Geld könnten Juden überredet werden, Deutschland zu verlassen und dabei einen Teil ihres Vermögens zurückzulassen. Dass die Flüchtlinge nicht mittellos waren, sollte für potenzielle Gastländer einen Anreiz darstellen, sie aufzunehmen. Deutschland könne auf diese Weise Hunderte Millionen Reichsmark verdienen. Der Vorschlag war ein weiterer Versuch Schachts, Deutschland und – angesichts seiner Probleme mit dem Regime – vielleicht auch sich selbst zu »retten«. Es war der Versuch, deutsche Juden »zu verkaufen« und Deutschland »judenfrei« zu machen, während es zugleich Geld und Exportmöglichkeiten erwarb.

So kam es, dass Schacht am 14. Dezember 1938 – offenbar mit Zustimmung Hitlers – nach London flog und mit Montagu Norman, dem mit ihm befreundeten Gouverneur der Bank of England, sowie anderen einflussreichen britischen und europäischen Bankiers Gespräche führte, die später so genannten »Schacht-Rublee-Verhandlungen«.*

Schacht kehrte nach drei Tagen mit einigermaßen präzise ausgearbeiteten Vorschlägen in die Reichshauptstadt zurück. Anfang Januar 1939 reiste Montagu Norman nach Berlin, offiziell, um an der Taufe von Schachts Enkel teilzunehmen, der ihm zu Ehren »Norman« heißen sollte, inoffiziell jedoch, um

* George Rublee war der amerikanische Direktor des in London angesiedelten Intergovernmental Committee on Refugees.

mit Chamberlains Segen über die Anleihe zu sprechen. Andere Mitglieder der britischen Elite waren freilich weniger erpicht darauf, deutschen Juden die Freiheit zu erkaufen. Alexander Cadogan, der ranghöchste Diplomat im Foreign Office, war eindeutig nicht dafür und brachte dies in einem Brief an den Außenminister klar zum Ausdruck.

Cadogan hatte, kurz bevor Montagu nach Deutschland abreiste, eine Unterredung mit dem »wütenden« Norman und kam dabei zu dem Schluss, dass es sich bei den Verhandlungen erstens um eine »Show-Einlage von Nr. 10 [Downing Street]« handelte und das Ganze zweitens nicht ganz ernst gemeint war. In seinem Tagebuch hielt er fest, dass er beim Abschied von dem einigermaßen besänftigten Gouverneur gesagt habe: »Nun, ich hoffe, Sie werden uns über die Ergebnisse informieren.« Darauf hatte Norman geantwortet: »Es wird keine Ergebnisse geben.« Und Cadogan: »*Tant mieux* … « – »Umso besser.«[38]

Der *Express* konzentrierte sich wie gewöhnlich auf die »reichen Juden«, die praktisch ein Lösegeld für ihre ärmeren Leidensgenossen zahlen würden.[39] Die *Times* berichtete über die Gespräche erst, als Einzelheiten bekannt wurden, und der Labor-Abgeordnete Hugh Dalton sagte im Unterhaus, Dr. Schacht sei mit einem Plan nach London gekommen, »nach dem wir der deutschen Regierung Geld zahlen sollen, damit sie den Juden erlaubt, Deutschland zu verlassen. Das scheint mir ein ziemlich unverschämter Vorschlag zu sein.«[40] Die Zeitung selbst nahm kurz vor Weihnachten in einem Leitartikel Stellung, in dem sie die deutsche Regierung scharf kritisierte: »Nicht damit zufrieden, ihre Kassen mit dem beschlagnahmten Besitz der unglücklichen Juden zu füllen … versuchte [sie], ihr Leiden als Hebel zu nutzen, um von anderen Ländern Handelskonzessionen zu erpressen.«[41] Die Summen, um die es ging, seien riesig und könnten einen Präzedenzfall darstellen. Andere Länder mit antisemitischen Regierungen könnten leicht ähnliche Erpressungsaktionen starten, wenn dieser deutsche Plan Erfolg habe – und Ländern wie Amerika widerstrebe es ohnehin, zusätzliche Flüchtlinge in so großer Zahl aufzunehmen, wie sie laut Plan über den Atlantik geschickt werden sollten.

Nach dem Besuch Montagu Normans verlor Schacht allerdings seinen Posten als Reichsbankpräsident. Am 20. Januar 1939, als die Verhandlungen über die umstrittene Anleihe noch liefen, wurde er von Hitler entlassen. Walter Funk, ein radikaler Nationalsozialist, der Schacht schon als Reichswirtschaftsminister abgelöst hatte, übernahm nun auch die Reichsbank. Nachdem die Nachricht bekannt geworden war, empörte sich der *Mirror* am folgenden Tag:

> Wie weit ist Nazideutschland von einem finanziellen Kollaps entfernt?
>
> Die Frage ist wieder in den Nachrichten, seit wir die Entlassung des Finanzjongleurs Dr. Schacht zur Kenntnis genommen haben.
>
> Gesunde Finanzen und ein wilder Rassenfanatismus, der fantastische Rüstungsausgaben fordert, sind nicht miteinander zu vereinbaren.[42]

Die Gespräche über die Flüchtlingsanleihe wurden abgebrochen und nach Schachts Entlassung jede finanzpolitische Vorsicht aufgegeben. Das Gebot eines ausgeglichenen Haushalts spielte bei den Plänen der Berliner Regierung keine Rolle mehr. Schacht behielt als Minister ohne Geschäftsbereich seinen Kabinettsrang und sein Gehalt, eine Art finanzpolitisches Feigenblatt, galt aber von da an im Politikbetrieb als mehr oder weniger irrelevant. Dass er bereits Kontakt zu Widerstandskreisen aufgenommen hatte, ahnten Hitler und die NS-Führung nicht.

Am 30. Januar 1939 gedachte Hitler des sechsten Jahrestags der Machtergreifung in einer Ansprache vor dem Marionettenreichstag. Die Rede war von seinen Anhängern schon sehnsüchtig erwartet worden, und seine Gegner außerhalb und innerhalb Deutschlands hatten sich vor ihr gefürchtet. Alexander Cadogan schrieb ein Positionspapier über die Lage, von dem eine von Lord Halifax unterzeichnete Kopie nach Washington telegrafiert wurde, damit dem britischen Botschafter im Umgang mit der Regierung Roosevelt der Gesprächstoff nicht ausging. In dem Papier erklärte Cadogan unter Berufung auf Quellen britischer Nachrichtendienste und Gespräche mit Mitgliedern des deutschen Widerstands, dass Hitler »für Frühjahr 1939 ein weiteres außenpolitisches Abenteuer« plane:

> Die wirtschaftliche und finanzielle Krise, mit der Deutschland jetzt konfrontiert ist, könnte Hitler durchaus zwingen, etwas zu unternehmen, und er steht dabei vor der Wahl, entweder die Aufrüstung zu verlangsamen und seine Politik der Expansion aufzugeben oder irgendein außenpolitisches Abenteuer zu beginnen in der Hoffnung, dass er dadurch sowohl die Aufmerksamkeit von seinen innenpolitischen Schwierigkeiten ablenkt als auch die materiellen Ressourcen erbeutet, die das Land dringend benötigt, aber im Ausland nicht mehr kaufen kann. Es kann kaum Zweifel bestehen, dass ein Mann von Hitlers Temperament versucht sein wird, sich für die zweite Alternative zu entscheiden.[43]

Chamberlain hatte beschlossen, sich – präventiv – selbst zu äußern, und nutzte dafür eine Rede, die schon lange für Samstag, den 28. Januar, in seiner Heimatstadt Birmingham geplant war. Zur Enttäuschung mancher Zuhörer beharrte er dort auf der Richtigkeit des Münchner Abkommens, sagte, es gebe »weder etwas zu bedauern noch irgendeinen Grund zu der Annahme, dass ein anderer Kurs besser gewesen wäre«, und betonte, dass er trotz der britischen Wiederaufrüstung – »zur Verteidigung, nicht zum Angriff« – eine »konsequente, unerschütterliche Friedenspolitik« betreibe und nach wie vor überzeugt sei, dass es keine »Differenzen gibt, die, so ernst sie auch sein mögen, nicht geklärt werden können, ohne dass man auf einen Krieg zurückgreifen muss«.[44]

»Uff!«, schrieb er unmittelbar danach in einem Brief an seine Schwester Ida. »Gott sei Dank ist diese Rede vorbei ...« Er beteuerte, dass er seine Worte sehr sorgfältig gewählt habe. Chamberlains außenpolitischer Berater Sir Horace Wilson hatte eine Kopie der Rede von Birmingham an Hitler geschickt in der Hoffnung, dass sich dessen Reichstagsrede noch in der Vorbereitung befand und dieser »trotz aller gegenteiligen Gerüchte« keinen aggressiven Ton gegen Großbritannien anschlagen werde.[45]

Wenn man das in Downing Street tatsächlich gehofft hatte, so wurde man bitter enttäuscht. Laut Goebbels, der am 27. Januar eine Besprechung mit Hitler hatte, war die Rede zu diesem Zeitpunkt »schon fertig«.

ER DACHTE, SIE SEIEN ALLEIN in dem verschneiten Schrebergarten im Wald. Sie war viel jünger als die anderen und umso leichter zu überwältigen. Dann kamen Leute und unterbrachen ihn. Schließlich wurde er selbst überwältigt.

Am Sonntag, dem 29. Januar 1939, wurde in den eiskalten frühen Morgenstunden in einem Waldgebiet am Stadtrand von München ein 32-jähriger Mann festgenommen. Er hatte in dem fast gänzlich verlassenen Wald ein zwölfjähriges Mädchen angegriffen, in den Schnee geworfen und sexuell missbraucht. Von Passanten entdeckt, rannte er davon, doch sie verfolgten ihn. Sie verloren ihn zunächst aus den Augen, aber dann fanden sie seine Spur im Schnee und gelangten zu seinem Versteck. Nun gab es kein Entrinnen mehr. Jemand holte die Polizei.

Wenige Stunden später hatte man den Verdächtigen als einen allem Anschein nach ehrenwerten Familienvater mit kleinen Kindern identifiziert, der in der Nähe des Tatorts wohnte. Er hieß Johann Eichhorn und wurde am

Die »Bestie von Aubing«, Johann Eichhorn, wurde im Januar 1939 verhaftet. Der brutale Vergewaltiger hatte – wie allmählich ans Licht kam – einige seiner Opfer mit unvorstellbarer Grausamkeit getötet.

8. Oktober 1906 in der Gemeinde Aubing westlich von München geboren. Der ausgebildete Schlosser war während der Weltwirtschaftskrise zeitweise arbeitslos gewesen, hatte aber seit vier Jahren wieder eine Anstellung als Rangierer bei der Deutschen Reichsbahn im Bahnhof München-Laim. Er legte die zehn Kilometer zwischen Aubing und dem Bahnhof mit dem Fahrrad zurück. Er galt er als fleißiger Arbeiter, der seiner Frau Josefa und seinen kleinen Jungen offenbar ein guter Ehemann und Vater war.

Auf einem Plakat, das von der Münchner Polizei verteilt wurde und »eine hohe Belohnung« für »sachdienliche Hinweise« versprach, war ein Foto von ihm abgedruckt. Es zeigte einen kräftigen Mann durchschnittlicher Größe in

Jackett, Pullover mit V-Ausschnitt, darunter ein Hemd mit korrekter Krawatte, ganz untadeliger Handwerker und Familienvater. Man hatte ihn wegen eines Sexualverbrechens festgenommen und verschiedene Gegenstände in seinem Besitz gefunden: eine Polobluse, eine ärmellose Frauenweste, ein Opernglas, einen Ring und einen Kamm. Diese waren ebenfalls auf dem Plakat abgebildet. Wer einen der Gegenstände erkannte, sollte sich bei der Polizei melden, die vermutete, dass Eichhorn in den vergangenen zwölf Jahren womöglich auch an Raubüberfällen und weiteren Sexualverbrechen beteiligt gewesen war.

Der Mann, den man später die »Bestie von Aubing« nennen sollte, war endlich hinter Gittern, aber noch hatte er kaum etwas gestanden. Es sollte fast das ganze Jahr 1939 dauern, bis die grausige Geschichte vollends ans Licht kam.

AM ABEND DES 30. JANUAR, als Eichhorns zweite Nacht im Polizeigewahrsam begann, fand um zwanzig Uhr in der Berliner Krolloper eine feierliche Sitzung des inzwischen politisch bedeutungslosen Reichstags statt. Anwesend waren auch die Abgeordneten, die Anfang Dezember im Sudetenland gewählt worden waren – wobei die Wähler sich aber lediglich entscheiden konnten zwischen dem Bekenntnis für oder gegen Hitler –, und Vertreter der Ostmark, wie Österreich nun offiziell genannt wurde. Das Parlament hieß nun Großdeutscher Reichstag und hielt an diesem Abend die erste seiner sehr seltenen Sitzungen ab.* Zuerst wurden einige formale Entscheidungen getroffen. Göring wurde in seinem Amt als Reichstagspräsident bestätigt, das er schon seit 1932, also schon vor der Machtergreifung, innehatte. Das Ermächtigungsgesetz von 1933, das den Führer offiziell mit diktatorischen Vollmachten ausgestattet hatte, wurde um weitere vier Jahre bis 1943 verlängert. Dann trat Hitler auf das Podium und sprach zweieinhalb Stunden lang. Goebbels skizzierte all diese Vorgänge in seinem Tagebuch und bezeichnete die Rede natürlich als »Meisterwerk«. Der Propagandaminister hatte seine Post-Baarová-Depression offensichtlich noch nicht vollkommen auskuriert, denn die Erinnerungen an 1933 machten ihn traurig: »Ich denke an die Zeit vor sechs Jahren zurück. Da war es noch schön. Jetzt ist alles furchtbar und schrecklich.«[46]

* Der Großdeutsche Reichstag trat danach nur noch acht Mal zu kurzen Sitzungen zusammen. Die letzte Sitzung fand 1942 statt.

Die Rede wurde weder in Deutschland noch im Ausland als kriegshetzerisch empfunden. Die Börse an der Wall Street war infolge der Zeitverschiebung noch geöffnet, als Hitler mit seiner Rede begann. Die Aktien stiegen ordentlich, doch dann schloss der Markt, bevor Hitler geendet hatte. Am folgenden Tag stiegen sie in London wie in Paris und abermals in New York (»Aktien steigen wegen Hitlers Unbestimmtheit«, formulierte es der *Manchester Guardian*).

Hitler sprach ausführlich darüber, wie die Nationalsozialisten an die Macht gekommen waren und was sie seitdem getan hatten: Sie hatten die Arbeitslosigkeit besiegt, und es war ihnen trotz der harten Bedingungen des Versailler Vertrags und dem Verlust wichtiger Gebiete im Osten gelungen, das Volk mit Nahrung und Kleidung zu versorgen. 99 Prozent der Deutschen würden das Regime unterstützen, behauptete er und versicherte, dass Deutschland nur friedliche Ziele verfolge, dass es außer der Rückgabe der deutschen Kolonien keine Forderungen an Großbritannien oder Frankreich habe und es keinen Grund für einen Krieg gebe, es sei denn, die Juden würden einen herbeiführen. Die folgende lange Tirade zu diesem Thema war vermutlich für seine deutschen Zuhörer bestimmt. Wenn es Krieg gebe, so werde das die Schuld der Juden sein, sagte er, und dann gab er seinen Parteigenossen und der Welt das folgende berühmt-berüchtigte Versprechen:

> Ich will heute wieder ein Prophet sein: Wenn es dem internationalen Finanzjudentum in und außerhalb Europas gelingen sollte, die Völker noch einmal in einen Weltkrieg zu stürzen, dann wird das Ergebnis nicht die Bolschewisierung der Erde und damit der Sieg des Judentums sein, sondern die Vernichtung der jüdischen Rasse in Europa.[47]

Am Ende der Rede kam Hitler noch einmal darauf zurück: »Ich glaube«, brüllte er, »dass, wenn es gelänge, der jüdischen internationalen Presse- und Propagandahetze Einhalt zu gebieten, die Verständigung unter den Völkern sehr schnell hergestellt sein würde.« Es war eine bizarre Verleugnung von tausend Jahren steten Wandels und immer wieder gewalttätig agierender – und fast gänzlich »judenfreier« – europäischer Großmachtpolitik.

Hitlers Drohung, ein neuer Weltkrieg bedeute die Vernichtung der Juden in Europa (der Begriff Völkermord war damals noch nicht geprägt), wurde kaum Aufmerksamkeit geschenkt – nicht einmal im liberalen *Manchester Guardian*. Wer überhaupt darauf einging, interpretierte die Aussage als

Bestandteil von Hitlers allseits bekanntem Repertoire an Prahlereien, Drohungen und Schuldzuweisungen, an das sich die Welt längst gewöhnt hatte.

Chamberlain schrieb Anfang Februar in Bezug auf den ungewöhnlichen, aber willkommenen Verzicht Hitlers auf direkte Drohungen gegen die Nachbarstaaten an seine Schwester Hilda, dass »wir gegenüber den Diktatoren allmählich wieder Oberwasser kriegen«. Und er brachte unter Rückgriff auf eine Formulierung aus der *Times* zum Ausdruck, Hitler habe »den Bus verpasst«, als er im September des vorigen Jahres nicht die ganze Tschechoslowakei geschluckt habe.[48]

In Deutschland schien sich die Stimmung nach der Hitler-Rede zu verbessern. Trotz ihrer widerwärtigen Aspekte war sie zweifellos eine rhetorische Leistung und hatte die innenpolitische Lage überwiegend erfreulich dargestellt. Einer solchen Aufmunterung hatte es dringend bedurft. So stand etwa im Bericht der Gauleitung Westfalen-Nord zum Januar 1939:

> Die gewaltige Rede des Führers im Großdeutschen Reichstage hat naturgemäß am Ende des Berichtsmonats die allgemeine Stimmung der gesamten Bevölkerung schlagartig verbessert. Es muss herausgestellt werden, das VOR diesem Ereignis von größter politischer Bedeutung die allgemeine Stimmung sich außerordentlich gegenüber der Hochstimmung der Sudetendeutschenbefreiung VERSCHLECHTERT hatte. Diese Feststellung konnte sowohl in den breiten Kreisen des Industrie- und Mittelstandes wie auch auf dem Lande gemacht werden.
>
> Die augenblickliche Stimmungsverbesserung durch die Führerrede wird daher nicht anhaltend sein können, weil gewisse wirtschaftliche Nöte und Missstände in Stadt und Land allgemeine Schwierigkeiten verursachen.[49]

Wenn das Regime die deutsche Bevölkerung wirklich von der Maxime »Kanonen statt Butter« überzeugen wollte, musste es sich noch mehr anstrengen und noch mehr spektakuläre Erfolge erzielen, die sich in aufreizenden Hitler-Reden verwerten ließen. Es durfte keinen Stillstand geben.

Am 1. Februar 1939 berichtete Goebbels in seinem Tagebuch von einem Besuch bei Hitler, einen Tag nachdem dieser die Welt und die Aktienbörsen schon allein dadurch beruhigt hatte, dass er keine neuen außenpolitischen Initiativen ankündigte. Tatsächlich war die Rede eine taktisch motivierte Täuschung gewesen, was aus Goebbels' Tagebucheintrag deutlich hervorgeht:

Er will jetzt auf den Berg [nach Berchtesgaden] fahren und über seine nächsten außenpolitischen Maßnahmen nachdenken. Vielleicht kommt wieder die Tschechei daran. Denn dieses Problem ist ja nur zur Hälfte gelöst. Aber er ist sich noch nicht ganz klar darüber. Vielleicht auch die Ukraine.[50]

5

Frühjahr 1939

Es ist wieder einmal Hitler. Aber keine Angst!

AM 3. FEBRUAR 1939, kurz vor dem Morgengrauen, wurde London von einem Akt des Terrorismus heimgesucht.

In der Gepäckaufbewahrung der Londoner U-Bahn-Stationen Tottenham Court Road und Leicester Square waren Bomben gelegt worden. Die erste explodierte um 5.55 Uhr neben dem verglasten Fahrkartenschalter in der Tottenham Court Road. Die Explosion war sehr heftig. Sie riss die Tür des Gepäckraums aus den Angeln und schleuderte sie quer durch die Halle. Joseph Eyre, ein Fahrkartenschaffner, der an der Barriere oben an der Rolltreppe stand, wurde von der Tür getroffen. Er erlitt einen Beinbruch, und ein Arm wurde aufgerissenen. Die Verletzungen waren relativ leicht, aber er hatte einen schweren Schock. In einer Wand klaffte ein großer Riss. Wasser überflutete die Station. Am Leicester Square, nur wenige Hundert Meter entfernt, explodierte um 6.20 Uhr eine zweite schwere Bombe. Sie war ebenfalls in der Gepäckaufbewahrung deponiert, unmittelbar neben der Haupttreppe, die von der Charing Cross Road in die Station hinabführt. Die schlimmsten Verletzungen erlitt der Milchmann Albert Brice. Er wollte gerade zwei Halbliterflaschen vor die Tür des Gepäckraums stellen für die Angestellten, die später die Gepäckaufbewahrung öffnen würden.

Glücklicherweise waren an dem dunklen Februarmorgen nur wenige Leute unterwegs, sonst hätte es mehr Verletzte und fast sicher Tote gegeben. So waren insgesamt sieben Opfer zu beklagen, die im Krankenhaus behandelt werden mussten. Die betroffenen Teile der Stationen wurden abgeriegelt und schon nach kurzer Zeit wieder eine Art Normalbetrieb aufgenommen. Nach den Anschlägen durfte nur noch Gepäck zur Aufbewahrung angenommen werden, das zuvor geöffnet und inspiziert worden war.[1]

Die Täter wurden bei der Irish Republican Army vermutet. Der Stabschef der IRA Seán Russell hatte seine Organisation zur rechtmäßigen Regierung der unabhängigen »Irish Republic« erklärt (obwohl Irland gerade durch ein Plebiszit eine neue Verfassung angenommen hatte, nach der es Mitglied des British Commonwealth blieb und der König in London weiterhin gewisse Befugnisse hatte). Am 15. Januar 1939 hatte Russell eine neue Kampagne gegen die (in den Augen der irischen Nationalisten) fortgesetzte britische Besatzung der sechs Grafschaften Nordirlands angekündigt. Die »Sabotage« (oder »S«)-Kampagne sollte auf der britischen Hauptinsel ein möglichst großes Chaos verursachen. Dass es Tote unter der britischen Zivilbevölkerung geben würde, war nicht eingeplant, sollte aber in Kauf genommen werden.

Die »S«-Kampagne dauerte das ganze Jahr. Dutzende große und kleine Bomben, die Kraftwerke, Telefonverbindungen, Verkehrsknotenpunkte und in einigen Fällen auch Geschäftsviertel treffen sollten, explodierten, aber entscheidende Ergebnisse wurden nicht erzielt.

Im Februar 1939 fanden überdies in Irland und Deutschland nach dem Wahlspruch »Der Feind meines Feindes ist mein Freund« Treffen zwischen Vertretern der IRA und der deutschen Abwehr statt. Wichtigster Verbindungsmann der IRA war der berüchtigte Seamus (Jim) O'Donovan, ein altgedienter Sprengstoffexperte, der an der Konzipierung des »S«-Plans mitgewirkt hatte und bei Einsätzen bereits drei Finger verloren hatte.[2] Einer der beteiligten deutschen Experten war Theo Kordt, jener Freund von Ruth Andreas-Friedrich, der als Londoner Botschaftsvertreter während der Krise vor dem Münchner Abkommen im Auftrag des Widerstands gegen Hitler geheime Besprechungen mit Vertretern der britischen Regierung geführt hatte. Kordt reiste nach Irland, um die Zusammenarbeit vorzubereiten.[3] Dass er für oppositionelle Kreise in Deutschland mit der britischen Regierung verhandeln und gleichzeitig eine Zusammenarbeit von Abwehr und IRA aufbauen konnte (die damals gerade auf den Straßen Londons und anderer britischer Städte britische Bürger in die Luft jagte), wirft ein grelles Licht auf den Widerspruch zwischen moralischem Anspruch und praktischer Umsetzung, in dem Kordt sich befand.

Der »S«-Plan und insbesondere die Bomben in den U-Bahn-Stationen lösten bei den Londonern Angst und Schrecken aus. Das Britische Weltreich hatte indes noch mit einer weiteren Guerilla-Armee zu kämpfen, die ebenfalls im Februar 1939 in London auftrat, allerdings nicht um zu töten, sondern um zu verhandeln. Am Dienstag, dem 7. Februar 1939, trafen palästinensische und jüdische Vertreter sowie Vertreter aus benachbarten arabischen Ländern wie Ägypten, dem Irak, Jordanien, Jemen und Saudi-Arabien mit britischen Regierungsbeamten zusammen in dem Wunsch, der Gewalt in Palästina ein Ende zu bereiten. Die britische Regierung hatte ein großes Interesse daran, dass sich die Lage im Nahen Osten entspannte, da sie das strategisch wichtige Gebiet im Fall eines Krieges gegen Deutschland und dessen Verbündete verteidigen musste. Die Palästinenser und ihre arabischen Verbündeten befanden sich also in einer starken Verhandlungsposition.

Die Delegierten kamen in dem prachtvollen St James's Palace zusammen, den der König für die Konferenz zur Verfügung gestellt hatte. Eröffnet wurde sie mit einer Ansprache des Premierministers – besser gesagt zwei Ansprachen. Denn die Palästinenser weigerten sich, im selben Raum wie die Vertreter der Jewish Agency zu tagen, weshalb Chamberlain eine Ansprache vor den Arabern und eine vor den Juden hielt, gespickt mit denselben frommen Wünschen und Erwartungen.

Die St.-James-Konferenz dauerte fünf Wochen. Die Debatte über die strittigen Fragen wurde in den folgenden Monaten weiter fortgesetzt. Das praktische Ergebnis bestand zunächst darin, dass die jüdische Immigration nach Palästina mehr oder weniger verboten blieb. Da der Verfolgungsdruck in Deutschland aber nicht nachließ, änderte sich nichts, und das galt auch für die gewaltsame Auseinandersetzung zwischen Arabern und Juden.

Die Reaktion der deutschen Presse auf die St.-James-Konferenz war ziemlich durchtrieben, denn sie kombinierte einen relativ objektiven Bericht über die Ankunft der Delegierten und Chamberlains Eröffnungsansprachen mit einem knappen Exkurs über die neueste Initiative des nationalsozialistischen Chefideologen Alfred Rosenberg. Dieser hatte in einer Rede vor der Auslandspresse in Berlin das südamerikanische Guyana sowie die französisch regierte Insel Madagaskar vor der Küste Afrikas als mögliche Ziele für die Juden, die ihre Heimatländer verlassen mussten, erstmals öffentlich ins Spiel gebracht. Betroffen waren von dieser unvermeidlichen Emigration, wie er unmissverständlich klarmachte, nicht nur die Juden aus Deutschland, sondern aus ganz Mittel- und Osteuropa, also zwölf bis fünfzehn Millionen Menschen und damit viel zu viele für das kleine Palästina.

Das passte ins Konzept der Deutschen, die bestrebt waren, sich als Verteidiger der arabischen Interessen zu präsentieren. In Rosenbergs Darstellung waren die Juden wie immer und überall auch im Nahen Osten die Bösewichter. Dagegen bezeichnete er die Palästinenser als »Freiheitskämpfer«. Die Gründung eines jüdischen Staates hielt Rosenberg ohnehin für unmöglich, da dies aufgrund des jüdischen Rassencharakters »zu einer gegenseitigen Ausplünderung und einem gegenseitigen Massaker führen« müsse. Dementsprechend lautete eine Überschrift in der deutschen Presse: »Kein künstlicher Judenstaat, sondern Errichtung eines jüdischen Reservates unter Polizeikontrolle«.[4]

Die deutsche Presse verfolgte ganz offensichtlich das Ziel, die britische Nahostpolitik wieder einmal als heuchlerisch anzuprangern, arabische Unterstützung zu gewinnen, die Juden in Palästina sowie andernorts noch verächtlicher zu machen und den Einfluss, den sie dadurch im Nahen Osten zu gewinnen hoffte, in diesem empfindlichsten Teil des Britischen Weltreichs später zu nutzen. Der »Madagaskarplan« tauchte in den folgenden zwei Jahren immer wieder auf, am auffälligsten kurz vor dem Fall Frankreichs im Jahr 1940. Danach wurde er zugunsten der Politik der Ausrottung aufgegeben.

In Spanien lag die Republik inzwischen im Todeskampf. Die deutsche Presse freute sich hämisch über den Untergang des »roten Spanien« und des »sowjetischen Katalonien« und brachte Bilder von kräftigen, brutal wirkenden Soldaten der Spanischen Republik, die sich über die Grenze ins sichere Frankreich retteten. Die britische Presse berichtete über die letzten Schlachten des Bürgerkriegs, konzentrierte sich jedoch auf das Leid der Flüchtlinge, die über die Pyrenäen entkamen, und insbesondere auf das Leid der Kinder. »Flüchtlingskinder zwei Tage im Schneesturm in den Bergen verschollen« lautete am 2. Februar eine Schlagzeile im *Express* mit Foto.

John Anderson, für den das Schlittenfahren in Arosa wohl nur noch eine blasse Erinnerung war, hatte sich – wenigstens in den Augen des *Express* – beim Zivilschutz zum Handeln gezwungen gesehen und – wie das Blatt berichtete – verkündet, in naher Zukunft »zwölf ARP-Diktatoren« zu ernennen:

> ARP-Chef Sir John Anderson gab gestern auf einer Pressekonferenz bekannt, dass im Fall einer Kriegserklärung zwölf Diktatoren die höchste Verantwortung für die zwölf Gebiete übernehmen werden, in die das Land aufgeteilt wird. Er hofft, vor Anfang März dafür Männer von nationalem Ansehen zu finden.[5]

Ergänzt war der Bericht durch die ominöse Information, dass das System angeblich »auf Methoden beruht, die in Deutschland und Spanien benutzt werden«.

An anderer Stelle hatte der *Daily Express* eine Karikatur abgedruckt: Zwei Männer aus der Londoner City in Anzug und Melone stehen in einem Pendlerzug, sagt der eine zum anderen: »Dieses Jahr machen wir unseren Urlaub zwischen der Spätfrühlings- und der Frühherbstkrise.«[6]

Auf die ständigen Krisen reagieren die Briten allmählich mit Galgenhumor, wie etwa die Karikatur aus dem *Daily Express* vom Februar 1939 bestätigt.

IN DEUTSCHLAND WAREN POLITISCHE WITZE inzwischen verboten. Unmittelbar vor Hitlers Reichstagsrede am 30. Januar hatte Goebbels, wie er in seinem Tagebuch notierte, einen Artikel diktiert, der die Verfolgung der letzten Satiriker in Post-Weimar-Deutschland einleiten sollte. Die kommende Ära würde vom Konformismus geprägt sein. Hitler hatte in seiner Rede vor ausgewählten Pressevertretern im November 1938 einige Energie auf Angriffe gegen »Intellektuelle« verwendet, die im Gegensatz zu normalen, anständigen Deutschen dauernd vor dem Führer warnten, ihn kritisierten und an seinem Handeln etwas auszusetzen hatten. Goebbels hatte diesen Vorstoß Hitlers richtig verstanden und war entschlossen, die Wünsche seines Herrn zu erfüllen.

Das erste Opfer aus den Reihen der Satiriker wurde Werner Finck, der im »Kabarett der Komiker« in Berlin auftrat und einer der Besten seines

Fachs war. Der damals 36-jährige Meister der Andeutung und des unvollendeten Satzes war *Conférencier* und Mitbesitzer der »Katakombe« gewesen, eines politischen Kabaretts in Berlin, das von 1929 bis 1935 existiert hatte. Ursprünglich vom NS-Regime toleriert, das sich in der Anfangszeit einen gewissen Anstrich von Liberalität leistete, wurden Finck und sein Etablissement mit der Zeit immer schärfer überwacht. In einem Gestapo-Bericht von Anfang 1935 heißt es über eine Vorstellung:

> Das Publikum in der Katakombe setzt sich in der überwiegenden Mehrzahl aus Juden zusammen, die den Gemeinheiten und der bissigen, zersetzenden Kritik des Conférenciers Werner Fink [sic!] fanatischen Beifall zollen. Fink ist der typische frühere Kultur-Bolschewist, der offenbar die neue Zeit nicht verstanden hat oder jedenfalls nicht verstehen will und der in der Art der früheren jüdischen Literaten versucht, die Ideen des Nationalismus und alles, was einem Nationalsozialisten heilig ist, in den Schmutz zu ziehen.[7]

Die »Katakombe« wurde noch im selben Jahr geschlossen. Werner Finck wurde von der Gestapo verhört und kam in das Gefängnis in der Prinz-Albrecht-Straße gegenüber der Gestapo-Zentrale. Bei der Einlieferung befragte ihn ein muskelbepackter SS-Mann anhand einer Checkliste, ob er irgendwelche Waffen bei sich habe. Finck reagierte schlagfertig wie immer: »Wieso?«, fragte er, »braucht man hier welche?« Bald darauf wurde er in das KZ Esterwegen im Emsland verlegt. Er hatte Glück. Nach sechs Wochen kam er wieder frei. Die unerwartete Entlassung war angeblich ein taktischer Schachzug Görings in seinen ständigen Auseinandersetzungen mit Goebbels. Nach der Haft hatte Finck für ein Jahr Auftrittsverbot. Während dieser Zeit verfasste er regelmäßig behutsam formulierte satirische Kolumnen für das *Berliner Tageblatt*.

Im Grunde war Finck gar nicht besonders politisch. Er charakterisierte sich selbst als einen »eingefleischten Individualisten«, und genau deshalb fand er die vom Regime angeordnete Konformität und Herdenmentalität wohl so absurd und konnte sich seinen Spott nicht verkneifen.

Im Januar 1939 stand Finck bereits seit zwei Jahren wieder auf der Bühne, und Goebbels hatte seine Auftritte erneut gründlich satt. Finck wurde aus der Reichskulturkammer ausgeschlossen, was automatisch Auftrittsverbot bedeutete. Es galt sowohl für das Kabarett als auch für den Film, der für den

Komiker Finck ein lukratives zweites Standbein dargestellt hatte. In einem Artikel des *Völkischen Beobachters* mit der Überschrift »Haben wir eigentlich noch Humor?« erklärte Goebbels nun, dass politischer Humor liberal sowie gefährlich sei und daher verboten werde:

> Die politische Witzemacherei ist ein liberales Überbleibsel. Im vergangenen System konnte man damit noch etwas erreichen. Wir sind in diesen Dingen zu gescheit und erfahren, als dass wir sie ruhig weitertreiben ließen.[8]

Man hatte seine Lehren aus der deutschen Satire vor 1918 gezogen, die Goebbels als »jüdische Schöpfung« betrachtete. Diese jüdische Satire hatte in seinen Augen den Staat unterminiert und damit die Niederlage im Ersten Weltkrieg sowie den Zusammenbruch des Deutschen Reiches mit verschuldet. So etwas durfte nicht noch einmal geschehen. Am 1. Februar 1939 bestellte Goebbels, wie seinem Tagebuch zu entnehmen ist, Willi Schaeffers, den Direktor des »Kabaretts der Komiker«, zu sich. Dieser war ein Sympathisant der Nazis, aber noch größer war seine Sympathie für gute Witze. Laut Goebbels entbrannte zwischen den beiden ein »langer Kampf … Aber ich bleibe bei meinem Standpunkt. Der politische Witz wird ausgerottet. Und zwar mit Stumpf und Stiel.«[9] Das Fazit des Ministers war unmissverständlich: »Wir haben keine Lust, weiterhin unsere Partei, unseren Staat und unsere öffentlichen Einrichtungen von intellektuellen Nichtskönnern anblödeln zu lassen.«[10]

Noch herrschte kein Krieg, aber jeder Aspekt des Lebens einschließlich des Rechts, Witze zu machen, musste so behandelt werden, als ob schon Krieg sei:

> Dieses Volk hat Humor, aber es handelt sich um einen klaren, dem preußischen Kommiss entnommenen Grundsatz, nach dem immer nur der recht hat, zu spotten, zu meckern oder auch einmal zu schimpfen, der mitmarschiert.

Goebbels' Artikel gegen die politische Satire war der Startschuss für den hemmungslosen Feldzug gegen »Intellektuelle«. Schon die Überschrift enthielt eine besonders unheilvolle Botschaft für die Reste der einst wortgewaltigen liberalen Presse in Deutschland und war vor allem gegen das *Berliner Tageblatt* gerichtet. Die seit Jahrzehnten international hoch angesehene, meinungsbildende bürgerlich-liberale Zeitung hatte kurz zuvor unter der Überschrift »Haben wir eigentlich noch Humor?« eine Serie publiziert, zu der verschiedene bekannte Kabarettisten – unter anderen Werner Finck – Beiträge geliefert hatten. Das Blatt hatte die Nazi-Ära bis dahin irgendwie überstanden und immerhin Reste seiner alten demokratisch-kritischen Prinzipien gerettet, was ihm nun Schwierigkeiten mit den Zensoren des Regimes einbrachte. Da der Krieg am Horizont stand (Goebbels und die anderen Mitglieder von Hitlers innersten Kreis hielten ihn zu diesem Zeitpunkt praktisch für unvermeidlich), waren solche Überbleibsel aus der Weimarer Republik zum Abschuss freigegeben. Am 31. Januar 1939 erschien die letzte Ausgabe des *Berliner Tageblatts*.

Das Schicksal der Zeitung wurde am folgenden Tag in der Londoner *Times* und noch viel ausführlicher im *Manchester Guardian* behandelt. Der *Guardian* brachte einen Essay des angesehenen Schriftstellers Theodor Wolff. Er war 25 Jahre Chefredakteur des *Tageblatts* gewesen und kurz nach der Machtergreifung der Nazis außer Landes gegangen. Wolff entstammte dem jüdischen Großbürgertum und lebte zu jener Zeit unglücklich im französischen Exil in Nizza. Dort hatte er auch mit bitterem Spott über den Fahrstuhlführer geschrieben, der nach dem Wahlsieg der NSDAP im März 1933 plötzlich in SA-Uniform zur Arbeit erschienen war. Wie sich herausstellte, hatte er die Journalisten schon seit Längerem bespitzelt. Die Geschichte dieses Liftboys verwendete Wolff auch als Schluss für den Essay über das Verbot seiner früheren Zeitung:

> Und jetzt fährt dieser Mann, wenn er nicht inzwischen irgendeinen hohen Verwaltungsposten bekommen hat, die traurigen Gestalten der letzten Redaktion hinunter und lädt sie dort aus. Die Ware, die sie noch lieferten, stammte fast ausschließlich von einem einzigen Lieferanten und war nicht makellos, aber einige der Männer waren vielleicht ähnlich arm dran wie der Steuereintreiber unter Jakob II., der »vierzehn Gründe hatte, den Befehlen Seiner Majestät zu gehorchen: eine Frau und dreizehn Kinder«; und diesen Unglücklichen können wir durchaus verzeihen, wenn sie nun schweigend ins Tal des Vergessens hinabfahren.[11]

Nach dem Verbot des *Tageblatts* war nur noch ein liberales Blatt aus der Zeit vor der Machtergreifung übrig, und zwar die *Frankfurter Zeitung*, die ab und zu milde Kritik üben durfte. Goebbels (und auch Hitler) duldeten sie jahrelang zähneknirschend, um wenigsten einen Anschein von Pressefreiheit aufrechtzuerhalten, was sich als nützlich erwies, wenn man ausländischer Kritik am Regime den Wind aus den Segeln nehmen wollte.[12]

Werner Finck verstand es, die Zeichen zu deuten. Er wusste, dass der für seine Rachsucht berüchtigte Goebbels noch nicht mit ihm fertig war. Also überlegte er, wo er vergleichsweise sicher sein würde, und entschied sich mit dem scharfen Auge des Satirikers (richtig, wie sich herausstellte) zur Wehrmacht zu gehen. Noch bevor der Krieg ausbrach, absolvierte er eine Ausbildung zum Funker bei der 23. Infanterie-Division und überlebte das Dritte Reich als Soldat.

Ruth Andreas-Friedrich verdiente ihren Lebensunterhalt immer noch als Journalistin, doch ihre größte Sorge galt am Ende des Winters den vielen jüdischen Freunden, die man in der Pogromnacht oder unmittelbar danach festgenommen und inzwischen in oft entsetzlichem körperlichen Zustand aus den Konzentrationslagern des Regimes wieder entlassen hatte. Die meisten waren ins KZ Buchenwald bei Weimar gekommen, wo im November mehr als 10 000 jüdische Männer interniert waren. Sie berichteten von Misshandlungen und schlechtem Essen, von Morden an Mitgefangenen sowie davon, dass Hunderte Häftlinge einen einzigen Abort im Freien benutzen mussten und viele an der Ruhr und anderen Darmkrankheiten litten. »Der zehnte November hat selbst den heimattreuesten Juden die Augen geöffnet«, schrieb Andreas-Friedrich. »Wer es irgend ermöglichen kann, versucht, aus dem Lande zu gehen.«

Die widerständige Journalistin und die Mitglieder ihres Netzwerks waren natürlich genau die pingeligen, kritischen, »defätistischen« Intellektuellen, die das NS-Regime so verachtete und vor denen es solche Angst hatte. Für Menschen wie Goebbels war es ein Kompliment, wenn jemand als »Fanatiker« bezeichnet wurde, für Ruth Andreas-Friedrich und ihren Zirkel war es genau das nicht. Sie und Leo Borchard unternahmen mit ihren »arischen« Mitstreitern alles nur Erdenkliche, damit die Juden in ihrem Bekanntenkreis irgendwie mit heiler Haut davonkamen und wenigstens einen Teil ihrer Besitztümer vor den fanatischen NS-Anhängern retten konnten, die wie Geier über sie herzufallen und sie kahlzufressen drohten. Sie verkauften Möbel, Tafelgeschirr und Bücher für sie und machten, was sie konnten, zu Geld für die Flucht. Damals lebten noch etwa 250 000 Juden in Deutschland, die dringend ein Asyl suchten, aber abgewiesen wurden, wohin sie sich auch wandten. Andreas-Friedrich berichtet voller Zorn und Traurigkeit über ihr Schicksal:

> Was sind eine Viertelmillion verteilt über die ganze Erde? Warum erbarmt man sich ihrer nicht? Warum zeigt sich nicht eine Großmacht bereit, um dieser Viertelmillion Menschen willen ein Opfer zu bringen? Es ist ein trauriges Erbarmen, das das Maß seiner Hilfeleistung von der Summe abhängig macht, die der Erbarmungswürdige im Geldbeutel trägt. Wer keine Verbindungen nach draußen hat, keine einflussreichen Bürgen auftreiben kann, muss sich damit abfinden, als lästiger Fremdling im Lande zu bleiben. Rette sich, wer kann![13]

Was sie und ihre Freunde für die Juden taten, war illegal. Jeder Pfennig aus dem Verkauf jüdischer Güter hätte gemeldet werden müssen, damit der Staat seinen Opfern alles bis auf einen kleinen Rest rauben konnte, bevor er ihnen erlaubte, das Land zu verlassen. Andreas-Friedrich und ihre Freunde hielten das, was sie taten, für das Allermindeste, was man von einem zivilisierten Menschen erwarten konnte.

Wie die jüdischen Freunde von Ruth Andreas-Friedrich wurde in jenen Tagen auch Ruth Adlers Vater aus dem KZ Dachau entlassen, wohin ihn die Gestapo zwei oder drei Wochen nach seiner Verhaftung gebracht hatte. »Eines Tages«, erinnerte sich Ruth, »erschien mein Vater in Gefängniskleidung.«

> Sie hatten ihm die Zähne ausgeschlagen. Er hatte keine Zähne mehr. Sie hatten ihn hungern lassen und ihn am Ende einfach aus dem Konzentrationslager getrieben. Es war Winter, er lief die Bahnlinie entlang nach München, barfuß. Dachau liegt in der Nähe von München. Dort hatten polnische Juden eine Suppenküche eingerichtet. Sie gaben den Leuten zu essen und Geld, damit sie mit dem Zug nach Hause fahren konnten. Sie halfen ihm, einen Mantel zu besorgen den er über den gestreiften Pyjama anziehen konnte – es war nur ein Pyjama. Es war Winter. Er hatte keine Schuhe.

Während Ruths Vater in Dachau interniert war und niemand wusste, ob er überleben oder sterben würde, kümmerte sich Ruths Mutter darum, dass die Familie, sobald er freikam, das Land verlassen konnte. Noch bevor Ruth ihren Vater wiedersah, hatte ihre Mutter eine Familie in New York gefunden, die den Adlers das Geld für amerikanische Visa vorstreckte. Nun konnten sie packen und planen und den ganzen lästigen Papierkram erledigen, der nötig war, wenn man Deutschland entrinnen wollte.[14]

Die Zeit drängte, und jeder wusste es. Hitlers weitgehend inhaltsleere Rede vom 30. Januar mochte die Aktienbörsen glücklich gemacht haben, aber jedem war klar, dass es nur eine Atempause war.

»Ist Ihnen nicht auch schon aufgefallen«, meinte ein befreundeter Hochschulprofessor im März 1939 beunruhigt zu Ruth Andreas-Friedrich, »dass man sich wieder mal beängstigend lebhaft für die tschechischen Volksdeutschen interessiert?«[15]

SEIT DER JUNGE FRANZ FÜHMANN in den ersten Oktobertagen des Jahres 1938 beobachtet hatte, wie die verzweifelten tschechoslowakischen Soldaten ihre Bergfestungen verließen und sich in das mehr oder weniger wehrlose Landesinnere der ihnen verbliebenen Tschecho-Slowakischen Republik zurückzogen, glich sich das Land immer mehr den anderen deutschen Verbündeten und Satellitenstaaten an. Am 1. Februar erhielten die in der Tschechoslowakei lebenden jüdischen Emigranten den Befehl, das Land binnen sechs Monaten zu verlassen. Viele waren vorher schon geflohen, ebenso die meisten politischen Flüchtlinge, die nach 1933 in der demokratischen Tschechoslowakei Schutz gesucht hatten.

Der bösartige Antisemitismus, der in Nazideutschland verbreitet war, war in der Tschechoslowakei nur selten anzutreffen. Nach dem Münchner Abkommen und der Vertreibung Zehntausender tschechischsprachiger Bürger aus dem Sudetenland zeigte sich bei den Tschechen aber eine bisher kaum gekannte neue Feindseligkeit gegen die Juden. Sie traf insbesondere jene Juden, die ebenfalls aus den Grenzregionen in Böhmen und Mähren geflohen waren, wo sie historisch dazu tendiert hatten, sich mit der deutschsprachigen Bevölkerung zu identifizieren.[16] »Ein freier Platz, der von einem deutschen oder jüdischen Flüchtling besetzt wird«, schrieb damals ein bekannter tschechischer Publizist, »ist für ein Mitglied unseres Volkes verloren«. Mit dieser Meinung stand er nicht allein.

Beneš war schon im Oktober 1938 nach London ins Exil gegangen, und von da an kamen sowohl der Staatspräsident als auch der Ministerpräsident der sogenannten Rest-Tschechei aus der autoritär nationalistischen Bauernpartei. Die Prager Regierung weigerte sich zwar auch weiterhin, rassistische oder antisemitische Gesetze zu erlassen, und setzte die Polizei gegen rechtsextreme Demonstranten ein. Doch alle, die seit 1914 zugewandert waren, wurden aufgefordert, das Land zu verlassen. Auf diese Weise suchte die Regierung in Prag den Nationalsozialisten entgegenzukommen, da gute

Beziehungen zum Deutschen Reich für die Tschecho-Slowakei inzwischen lebenswichtig waren, und zugleich bemühte sie sich nach Kräften, andere Länder zur Aufnahme dieser Menschen zu bewegen.

Die Slowakei hatte inzwischen eine beträchtliche Autonomie gewonnen. Ihre Politiker und deren Anhänger waren oft wesentlich antisemitischer als die tschechische Führung. Zahlreiche Juden wurden bei der Ausübung ihrer Berufe behindert, andere der Zusammenarbeit mit den früheren ungarischen Oberherren des Landes beschuldigt, enteignet und deportiert. Im Winter 1938/39 tobte ein erbitterter Kampf zwischen extremen Antisemiten und gemäßigteren Führungspersönlichkeiten, die wie die Prager Regierung den radikalen Antisemitismus ablehnten.

Die Slowakei war zutiefst gespalten, und ihre jüdische Bevölkerung war immer wieder von Exklusion und Expropriation betroffen. Da beide Länder nach wie vor eine gemeinsame Währung hatten, zogen viele jüdische Bürger ihr Vermögen aus den Banken in der slowakischen Hauptstadt Bratislava ab und transferierten es nach Prag, wo es zumindest vorläufig vor Enteignung sicher war. Insgesamt gelang es der Prager Regierung und bis zu einem gewissen Grad auch der in Bratislava, trotz des wachsenden Drucks aus Berlin, das von Tschechen wie Slowaken im Umgang mit den Juden eine Angleichung an die deutschen Verhältnisse erwartete, die Rechtsstaatlichkeit aufrechtzuerhalten und nicht wie die Nazis eine Flut antisemitischer Gesetze zu erlassen.

In den ersten zwei Monaten des Jahres 1939 wurde der deutsche Druck aber stärker, und die Hitler-Regierung nahm eine immer drohendere Haltung ein. Bei einem Treffen mit dem neuen tschechoslowakischen Außenminister František Chvalovský machte Hitler dem Minister mit brutaler Deutlichkeit klar, dass es mit seinem Staat aus sei, wenn man nicht alle deutschen Forderungen erfülle.[17] Deutschland wollte der Tschechoslowakei offensichtlich auch das letzte bisschen Bewegungsfreiheit und Selbstbestimmung rauben, das ihr nach dem Münchner Abkommen noch geblieben war.

Unter anderem wurde die tschechische Regierung nun gezwungen, die Kommunistische Partei zu verbieten, diskriminierende Maßnahmen gegen die Juden im öffentlichen Dienst zu ergreifen und den Status der Flüchtlinge, die seit 1933 das tschechische Bürgerrecht erhalten hatten, einer Neubewertung zu unterziehen. Dieser neue Kurs offenbarte, dass das Land den Deutschen schutzlos ausgeliefert war und den bösen Nachbarn wenigstens pro forma geben musste, was sie wollten. »Man muss zugeben, schrieb ein tschechischer Journalist, der dem exilierten Beneš nahestand und keinen Grund hatte, seinen Nachfolgern zu schmeicheln, »dass die Regierung im Gefolge des Münchner Abkommens sowohl in der Judenfrage als auch in anderen Dingen maßvoll handelte. Sie verhinderte Exzesse und versuchte wenigstens einige der wichtigsten Prinzipien demokratischer Politik aufrechtzuerhalten.«[18]

Nach dem Münchner Abkommen lebten immer noch mehrere Hunderttausend deutschsprachige Staatsbürger in der Tschechoslowakei, davon etwa 30 000 (vier bis fünf Prozent) in Prag mit seinen insgesamt 670 000 Einwohnern.[19] Die Prager Karlsuniversität war eine der ältesten deutschsprachigen Bildungsstätten Europas. Anton Weleminskys Vater hatte hier gelehrt. Anton, der junge Arzt, der kurz vor dem Münchner Abkommen aus dem Sudetenland zu seinen Eltern nach Prag zurückgekehrt war, fand dort nun keine Arbeit, da er nur schlecht Tschechisch sprach. Glücklicherweise hatte sein Vater Kontakte zu britischen Hochschullehrern, von denen einer für Anton bürgte, so dass dieser mit einem befristeten Visum nach Großbritannien reisen konnte. Als er in Februar 1939 dort eintraf, empfand er die Briten als »freundlich … aber sie begreifen nicht, was los ist« in Deutschland und in Mitteleuropa, und erst recht nicht, womit sie es beim NS-Staat zu tun haben. Anton Weleminsky erinnerte sich an ein Werbeplakat für den *Daily Mirror* mit der Geschichte von einer Braut, die ihre Hochzeit absagte, weil sie Angst um ihren Hund hatte. Großbritannien wirkte wie eine andere Welt – von Schläfern bewohnt, die bald ein böses Erwachen erleben würden.[20]

Ende Februar hob die tschechoslowakische Regierung den Ausnahmezustand auf, in dem sich das Land seit September befand. Es war einer von vielen Versuchen, die neuen deutschen Oberherren zu besänftigen, und tatsächlich trat für kurze Zeit Ruhe ein. Doch dann berichtete die deutsche Presse über Unruhen in der Slowakei und in der »Karpato-Ukraine« im äußersten Osten des Landes, beides Regionen, die durch das Münchner Abkommen weitreichende Autonomie erhalten hatten. Die Vertreter der deutschsprachigen Minderheit in der Slowakei, etwa 150 000 Personen bei einer Gesamtbevölkerung von rund zwei Millionen, erhielten aus Berlin die Anweisung, sich mit den nationalistischen Kräften unter Ministerpräsident Jozef Tiso (einem katholischen Priester) zu verbünden. Als daraufhin die herrschende Gruppe der slowakischen Nationalisten versuchte, die Slowakei für unabhängig zu erklären, brachte die Prager Zentralregierung in Bratislava und anderen wichtigen slowakischen Städten Militär und Polizei in Stellung.

Am 11. März wurde der Ton in der deutschen Presse noch einmal schärfer. Gestützt auf die Vorlagen des Deutschen Nachrichtenbüros erschienen nun nicht mehr durchweg wohlwollende Berichte über die slowakischen Unabhängigkeitsbestrebungen, sondern man erfuhr plötzlich auch von feindseligen Attacken der Prager Einsatzkräfte gegen deutschsprachige Bürger in der slowakischen Hauptstadt Bratislava und Umgebung. In den Morgenausgaben wurden noch relativ unbedeutende Vorfälle geschildert: die Besetzung von Amtsräumen der Deutschen Partei oder ein Schlagstockeinsatz der Polizei gegen eine slowakisch-deutsche Versammlung.[21] Aber als die Nachtausgaben erschienen, lief die Propagandamaschine schon auf Hochtouren. Sie brachte die Geschichte eines tschechischen Soldaten, der ein deutsches Schulmädchen mit dem Gewehrkolben schlug, weil es einem Haltebefehl nicht Folge geleistet hatte, und einen großen Bericht unter der Schlagzeile »Tschechenterror«.

Franz Karmasin, ein Nazi, der die deutsche Bevölkerungsgruppe in der slowakischen Regierung vertrat, hielt vor mehreren Tausend Zuhörern eine hetzerische Rede und machte sich dann über die Donau ins sichere deutsch regierte Österreich davon:

> Die Methoden der Tschechen haben sich in den letzten zwanzig Jahren nicht geändert. Unsere deutsche nationale Gruppe steht unter dem Schutz des Führers Adolf Hitler. Wir werden gemeinsame Sache mit den Slowaken machen, um im Land wieder Friede und Ordnung herzustellen.[22]

In den folgenden zwei bis drei Tagen wurden die deutschen Zeitungen auf Goebbels' Befehl hin mit Horrorgeschichten über tschechische Grausamkeiten gegen Deutsche nicht nur in der Slowakei, sondern auch in den tschechisch regierten Teilen des Landes überschwemmt.

Die Atempause in der internationalen Politik ging zu Ende.

IN GROSSBRITANNIEN war am 11. März 1939 die wichtigste Nachricht die Verurteilung von sechs Männern und einer Frau zu insgesamt 121 Jahren Gefängnis, weil sie sich, wie der Richter es formulierte, einer »diabolischen Verschwörung« schuldig gemacht hatten. Die Täter hatten am 16. Januar im Zentrum von Manchester in Kabelschächten drei Bomben gelegt. Ziel der Aktion war es, die Stromversorgung der Stadt zu sabotieren. Bei dem Anschlag war ein Mann, der auf einem in der Nähe gelegenen Markt als Träger arbeitete, von einem durch die Luft fliegenden Kanaldeckel getötet worden. Deshalb fiel das Urteil besonders hart aus.[23]

Fünf junge Iren wurden zu je zwanzig Jahren Zuchthaus verurteilt, und eine junge Irin erhielt für ihre Beteiligung an dem Anschlag sieben Jahre. Es wurde laut im Gerichtssaal, als die Angeklagten Parolen skandierten und ihre Unterstützer auf der Galerie im Chor »Hoch die Republik!« riefen. Der *Daily Express* schrieb über den 21-jährigen Michael Rory Campbell, einen der Anführer, er beherrsche »die Kunst, mit den Lippen, aber nie mit den stahlkalten blassblauen Augen zu lächeln«. Als der Richter Campbell für seine Mitschuld am Tod des unbeteiligten Passanten tadelte, »lief dieser rot an und äußerte sich zum ersten Mal: ›Es war für eine gute Sache‹, brüllte er, ›ich würde es wieder tun. Gott schütze Irland!‹ Als er abgeführt wurde, skandierten Frauen unter den Zuschauern: ›Guter alter Rory!‹« Die 22-jährige Mary Glenn, der man schon als Kind »beigebracht hatte, England zu hassen«, sagte ruhig: »Gott schütze Irland«, bevor sie aus dem Gericht geführt wurde, um ihre Strafe anzutreten. Sie war Bardame im Hotel Rose of England in Manchester gewesen und hatte für die »Einheit im aktiven Dienst«, die die Bomben legte, als Botin und generell als Mittelsperson gearbeitet.

Obwohl überall im Land Bomben explodierten und Hitler die Tschechoslowakei bedrohte, waren viele britische Politiker allem Anschein nach immer noch zuversichtlich, dass die Appeasement-Politik funktionierte. Auf derselben Seite, auf der der *Daily Express* über die Urteile gegen die Bombenleger in Manchester berichtete, konnte man auch lesen, dass der Innenminister Sir Samuel Hoare in einer Rede dafür geworben hatte, die Welt mittels eines Fünf-Jahres-Plans zu befrieden. Wenn die Diktatoren (einschließlich Stalins) und die Premierminister Englands und Frankreichs zusammenkämen, um wieder Vertrauen herzustellen, könnten sie »einen Alptraum beenden« und ein neues Goldenes Zeitalter heraufführen:

> Hier besteht tatsächlich die größte Chance, die die führenden Politiker der Welt je gehabt haben. Fünf Männer in Europa, die drei Diktatoren und die Premierminister von Großbritannien und Frankreich, könnten, wenn sie in einheitlichem Handeln dem gleichen Ziel zustrebten, in einem unglaublich kurzen Zeitraum die gesamte Weltgeschichte verändern.
>
> Diese fünf Männer könnten, wenn sie in Europa zusammenarbeiteten und bei ihren Anstrengungen den Segen des Präsidenten der Vereinigten Staaten hätten, für immer zu Wohltätern der menschlichen Rasse werden.

> Unser eigener Premierminister hat bewiesen, dass er entschlossen ist, mit Herz und Seele für dieses Ziel zu arbeiten. Ich kann nicht glauben, dass die anderen europäischen Führer sich ihm nicht anschließen bei der hohen Aufgabe, der er sich widmet.[24]

In Übereinstimmung mit seiner Pro-Appeasement-Linie übte der *Express* keine Kritik an der Rede. Es blieb dem sonst durchaus liberalen und idealistischen *Manchester Guardian* überlassen, auf die praktischen Mängel von Hoares Vision einer neuen Ära der internationalen Zusammenarbeit hinzuweisen. »Wieder einmal hoffen wir, auch wenn dies einem gewöhnlichen Beobachter kaum glaublich erscheint«, kommentierte der Leitartikler des Blattes, »dass die Regierung für ihren überschwänglichen Optimismus ein paar Gründe hat, die sie uns vorenthält.«[25]

Am Montag, dem 13. März 1939, als der Leitartikel im *Manchester Guardian* erschien, wurde auf den Titelseiten der deutschen Presse ausschließlich von tschechischen Gräueltaten berichtet: gegen Slowaken, gegen deutschsprachige Staatsbürger und sogar gegen Besucher aus Deutschland. Es ging um eine »Wiederkehr des berüchtigten Beneš-Kurses« und »Empörende Ausschreitungen gegen Deutsche und Slowaken«. Scharen von tschechischen Polizisten, so las man, riefen im Chor: »Hoch Stalin! Hoch Beneš!« Es sei »Terror wie zu den schlimmsten Zeiten«.[26]

Die Überschrift »Wiederkehr des berüchtigten Beneš-Kurses«, die den Namen des exilierten Ex-Präsidenten wie einen bösen Fluch erscheinen ließ, war der gefährlichste Vorwurf, den die von Goebbels inspirierte Presse erhob. Tatsächlich hatte die Prager Regierung in dem verzweifelten Versuch, zusammenzuhalten, was von ihrem Land noch übrig war, wenn überhaupt nur sehr widerstrebend Gewalt gegen die in der Slowakei und anderswo offen meuternden Nationalisten eingesetzt, denn ihr war klar, dass die Deutschen das als Vorwand für Gegenmaßnahmen nutzen würden.

Auf dem Festland braute sich also etwas zusammen, was nicht im Entferntesten auf Hoares »Goldenes Zeitalter« hindeutete. Bis zum 14. März hatte Deutschland sowohl an der Grenze der tschechischen als auch der slowakischen Gebiete der Tschecho-Slowakei Truppen konzentriert, die Pressekampagne im Reich war auf ihrem Höhepunkt angelangt, und Hitler hatte beschlossen, der Prager Regierung seine Forderungen zu unterbreiten, Forderungen, deren Erfüllung in der Praxis den Verlust der letzten Reste von Integrität und Unabhängigkeit bedeuten würde.

Die Slowakei und Ruthenien im Osten des Landes sollten unabhängig werden, und das, was Hitler im Gespräch verächtlich als »Rest-Tschechei« bezeichnete, sollte … ja, was sollte es sein und wie sollte es genannt werden? Der Korrespondent des *Express* in Prag war sich nicht sicher, doch er wusste, dass man in den Cafés und Bars »für dreieinhalb Pennys ein Paar beste Prager Würste mit Kartoffelbrei und Sauerkraut« bekam. Auch einen guten Anzug gab es für einen Spottpreis, weil die Textilfabriken des Sudetenlands nun zu Deutschland gehörten, aber die alten Verträge noch liefen, weshalb Kleidung nun künstlich verbilligt war. Doch dann schrieb der Journalist:

> Eine trübe Stimmung hat die Prager erfasst. Sie versammeln sich in den Cafés am Wenzelsplatz und stellen einander Fragen.
>
> Der Ausstieg der Slowakei bedeutet das Ende des Staates Tschecho-Slowakei, den die Alliierten nach dem Krieg gründeten. Es ist, als hörten wir in England plötzlich, dass uns Schottland verlassen hat und dann die Waliser, um ein Bündnis mit einer großen feindlichen Macht zu schließen.
>
> Sie fragen einander, wie wird man unser Land nennen? Ohne die Slowakei kann man den Rest nicht einfach tschechisch nennen. Wir haben nicht einmal mehr einen Namen.[27]

Es folgte auf der Titelseite des *Express* ein ausführlicher Artikel (mit Bild) über die größtenteils enttäuschende Laufbahn von vier jungen Frauen, die der Filmmagnat Sir Alexander Korda 1936 zu den »Stars der Zukunft« seiner Gesellschaft zu machen versprochen hatte, und ein hübscher kleiner Kasten mit der Überschrift »Es ist wieder einmal Hitler. ABER KEINE ANGST!«, in dem die traurige Lage auf dem Kontinent für die mehr als zwei Millionen Leser zusammengefasst wurde:

> Dies ist ein unerträglicher und schändlicher Versuch, ihnen ein politisches System aufzuzwingen, das sie ganz bestimmt nicht wollen, selbst wenn es die Slowaken und die Ruthenen möglicherweise wollen.
>
> Doch es ist nicht die Aufgabe der britischen Regierung, diese Länder zu verteidigen.
>
> Es wird aus diesem Grund keinen Krieg geben. Diesen März wird nicht die Atmosphäre der Septemberkrise herrschen, kein herbstliches Zittern im Frühling.

> Das Problem des Krieges wurde in München gelöst, als das Sudetenland an die Deutschen abgetreten wurde.
>
> Und es ist seit vielen Monaten für viele offensichtlich, dass die Tschecho-Slowakei ein deutscher Vasallenstaat ist.
>
> Es musste zwangsläufig Unruhen zwischen den verschiedenen Volksgruppen dieses Minivölkerbunds geben.
>
> Dennoch versprachen wir, ihn mit seinen Tschechen, seinen Slowaken, seinen Kroaten* und seinen Ungarn zu verteidigen. Das Versprechen war absurd …

Noch bevor sich Hitlers Armee in Bewegung setzte, hatte nicht nur Lord Beaverbrooks Appeasement predigendes Sprachrohr, sondern auch die britische Regierung erkannt, dass das, was in München wie eine Garantie für die Tschechen gewirkt hatte, in Wirklichkeit nichts dergleichen war. Die mit fetten Punkten gegliederte Liste war mit einem Verweis auf Seite zehn versehen. Dort wurden die Leser in einem Kommentar daran erinnert, dass die Regierung bereits erklärt hatte, nichts zur Verteidigung der Tschechen zu unternehmen, und es wurde eine Rede zitiert, die Außenminister Lord Halifax am Abend zuvor gehalten hatte:

> Lord Halifax … warnte die Öffentlichkeit davor, in jedem Ereignis eine Krise zu sehen:
>
> »Es ist keine Überraschung, dass in dieser Zeit viele Nerven gereizt und überstrapaziert sind; und gereizte Nerven und ein ruhiges Urteil passen schlecht zusammen. Fast jede Woche geschehen irgendwo in Europa Dinge, die als Krise dargestellt werden. Ständig schwirren sensationelle Gerüchte umher, was passieren wird. Und einige von uns geben sich keine große Mühe mehr, zwischen Tatsachen und Erfindungen zu unterscheiden. Das Handeln der Regierung wird von diesen unbestätigten Spekulationen nicht beeinflusst werden.«

* Die Erwähnung dieser Volksgruppe ist verwirrend, wenn auch nicht völlig falsch. Tatsächlich gab es sowohl in der Slowakei als auch in Tschechien jeweils eine kleine kroatischsprachige Minderheit – Überbleibsel von Migrationsbewegungen im alten Österreich-Ungarn. Doch mit insgesamt ein paar Tausend Personen war diese Gruppe klein, wenn man sie etwa mit der ukrainischsprachigen Volksgruppe in Ruthenien vergleicht, die hier offenbar keine Erwähnung wert ist.

Um vier Uhr am Nachmittag desselben Tages bestieg Staatspräsident Emil Hácha mit seinem Außenminister einen Zug nach Berlin, wo er sich mit Hitler und seinen Paladinen treffen wollte. Laut dem offiziellen Protokoll fand das Treffen allein auf Bitten der tschechoslowakischen Regierung statt. Dies mag formell der Wahrheit entsprochen haben, doch der Zug wurde von den Deutschen geschickt, und in Berlin hatte man auf diesen Moment schon lange gewartet, wie Goebbels an diesem Tag triumphierend in seinem Tagebuch vermerkte.[28] Jedenfalls war der Besuch ein letzter Versuch der Tschechen, nach der von den Deutschen herbeigeführten Krise wenigstens noch ein Fünkchen Hoffnung zu bewahren, dass ihr Land, das ihre angeblichen Freunde und Beschützer im Westen schon gar nicht mehr als eigenständig anerkannten, noch zu retten sei.

DIE DEUTSCHE PRESSE PRÄSENTIERTE die Demütigung der Vertreter der »Rumpftschechei« in der Nacht vom 14. auf den 15. März natürlich als eine wohlwollende Lösung der Probleme, die durch den von Haus aus chaotischen Charakter des tschechischen Staates entstanden waren. Die Morgenausgabe der *Freiburger Zeitung* vom 15. März berichtete wieder von Unruhen und antideutschen Gräueltaten. Dass der tschechische Präsident Hácha um 22.40 Uhr nach fast siebenstündiger Fahrt auf dem Anhalter Bahnhof in Berlin eingetroffen war, wurde nur kurz erwähnt.

Hácha bekam einen veritablen Staatsempfang mit Militärkapelle und Ehrenformation. Als er jedoch in der Reichskanzlei eintraf, ließ man ihn warten. Hitler sah sich derweil in seinem Privatkino in aller Seelenruhe einen Film zu Ende an – offenbar die gerade in die Kinos gekommene romantische Komödie *Ein hoffnungsloser Fall*. Die Hauptrolle spielte die österreichische Schauspielerin Jenny Jugo. Sie war bei der Vorführung anwesend und erzählte Erich Ebermayer später, Hitler habe gelächelt, als man den Raum verließ, mit einer Kopfbewegung auf die Tür gedeutet, hinter der der tschechische Präsident wartete, und scherzhaft bemerkt: »*Auch* ein hoffnungsloser Fall!«[29]

Erst um 1.30 Uhr trafen Hácha und sein Außenminister Chvalovský mit Hitler und seinen Spießgesellen zusammen. Der kleine 67-jährige tschechische Präsident musste nun erfahren, wie gnadenlos das verbrecherische deutsche Regime agierte.

In den späteren Ausgaben der *Freiburger Zeitung* vom Mittwoch wurde dann der Einmarsch deutscher Truppen in Böhmen und Mähren gemeldet.

Berichte über Gewaltakte gab es nicht, stattdessen drei Seiten voller Freude und Triumph. »Lösung und Erlösung durch Großdeutschland« lautete die Schlagzeile auf der Titelseite und »Hakenkreuzfahnen über Prag« eine weitere. Nach Gesprächen in den frühen Morgenstunden hatte die tschechische Delegation angeblich freiwillig auf die Souveränität ihres Landes verzichtet, und Hitler hatte zugestimmt. »Die entscheidende Stunde«, lautete die Schlagzeile auf Seite zwei der *Freiburger Zeitung*, »Der Führer nimmt das tschechische Volk unter den Schutz des Deutschen Reiches«.

Nicht erwähnt wurden die massiven Drohungen, die die Tschechen zur Kapitulation veranlasst hatten. Göring, der an diesem Abend auf Befehl Hitlers aus dem Frühjahrsurlaub an der italienischen Riviera zurückgekehrt war, nahm an dem Festival der Einschüchterung in der Reichskanzlei ebenfalls teil. Er stellte klar, dass er das historische Prag mit seiner Luftwaffe in Schutt und Asche bomben werde, wenn die tschechischen Politiker nicht nachgaben und die Erklärung unterzeichneten, mit der sie ihr Land unter deutschen »Schutz« stellten. Hácha hielt den gnadenlosen Einschüchterungsversuchen etwa zweieinhalb Stunden stand. Dabei erlitt er angeblich einen leichten Herzinfarkt und konnte nur noch dank der Injektionen der Ärzte weiterverhandeln, die Hitler in weiser Voraussicht bereitgestellt hatte. Kurz vor vier Uhr morgens setzten Hácha und sein Außenminister ihre Unterschriften unter den von den Deutschen vorbereiteten Text. Danach wurden sie in eine Suite im Hotel Adlon gebracht in dem bitteren Bewusstsein, dass ihr Land nun nicht mehr existierte und die meisten ihrer Landsleute sie als Verräter betrachten würden.

»Ich werde als der größte Deutsche in die Geschichte eingehen«, sagte Hitler zu seinen Sekretärinnen, als er triumphierend von der Zusammenkunft mit den Tschechen zurückkehrte.

Etwa zwei Stunden später, um sechs Uhr morgens, überschritt die Wehrmacht die Grenze zu Böhmen und Mähren. Um neun Uhr marschierten deutsche Truppen in Prag ein.[30]

Die Erklärung, die Hitler zur Rechtfertigung der lange geplanten Invasion herausbrachte, ist ein beeindruckendes Beispiel dafür, wie man den Angriff auf ein Nachbarland rechtfertigen kann. Auch achtzig Jahre später ist Hitlers Drehbuch noch so gut, dass die Aggressoren, die nach ihm kommen, davon nicht wesentlich abweichen müssen:

An das deutsche Volk!
Nachdem erst vor wenigen Monaten Deutschland gezwungen war, seine in geschlossenen Siedlungsgebieten lebenden Volksgenossen gegenüber dem unerträglichen terroristischen Regime der Tschechoslowakei in Schutz zu nehmen, zeigten sich in den letzten Wochen steigend erneut gleiche Erscheinungen. Dies muss in einem Raume, in dem so viele Nationalitäten nebeneinander leben, zu unerträglichen Zuständen führen.

Als Reaktion auf diese erneuten Angriffe gegen die Freiheit und das Leben der Volksgruppen haben sich diese nunmehr von Prag losgelöst. Die Tschechoslowakei hat damit aufgehört zu existieren.

Seit Sonntag finden in vielen Orten wüste Exzesse statt, denen nunmehr aber wieder zahlreiche Deutsche zum Opfer fielen. Stündlich mehren sich die Hilferufe der Betroffenen und Verfolgten. Aus den volkreichen deutschen Sprachinseln, die die Großmut Deutschlands im vergangenen Herbst bei der Tschechoslowakei beließ, beginnt wieder ein Strom von Flüchtlingen, von um Hab und Gut gebrachten Menschen in das Reich zu fließen.

Eine Fortdauer dieser Zustände muss zur Zerstörung der letzten Ordnung in einem Gebiet führen, an dem Deutschland lebenswichtig interessiert ist, ja das selbst über tausend Jahre lang zum Deutschen Reich gehörte.

Um diese Friedensbedrohung nunmehr endgültig zu beseitigen und die Voraussetzungen für die erforderliche Neuordnung in diesem Lebensraum zu schaffen, habe ich mich entschlossen, mit dem heutigen Tage deutsche Truppen nach Böhmen und Mähren einmarschieren zu lassen. Sie werden die terroristischen Banden und die sie deckenden tschechischen Streitkräfte entwaffnen, das Leben aller Bedrohten in Schutz nehmen und somit die Grundlagen für die Einführung einer grundsätzlichen Regelung sichern, die dem Sinn einer tausendjährigen Geschichte und den praktischen Bedürfnissen des deutschen und des tschechischen Volkes gerecht wird.[31]

Hitler hielt sich gar nicht erst damit auf zu behaupten, dass der tschechische Präsident Hácha sein Land »freiwillig« unter den »Schutz« Deutschlands gestellt habe. Die »Proklamation des Führers« war ganz offen in der Sprache des Eroberers verfasst und strafte die angebliche völkerrechtliche Rechtfertigung der Aktion Lügen.

Begleitet wurden die regulären Truppen natürlich von Einheiten der SS und der Gestapo. Sie operierten genauso, wie sie es im Oktober 1938 im Sudetenland getan hatten – nach einem lange vorbereiteten Plan zur Ausschaltung jeglicher Opposition und zur Verhaftung sämtlicher Feinde des Regimes, die Prag nicht bereits in weiser Voraussicht verlassen hatten. Im Rahmen dieses »Aktion Gitter« genannten Plans wurden allein in Prag binnen 48 Stunden etwa 450 Verhaftungen vorgenommen. Im Lauf der folgenden Wochen stieg diese Zahl für Prag auf 2500, wobei nicht nur Tschechen, sondern auch deutsche Flüchtlinge und Oppositionelle betroffen waren.[32] Das Zwielicht der tschechischen Demokratie wurde schnell zur totalitären Nacht.

In den Grenzgebieten und sogar in Prag selbst hatte es im März noch starke Schneefälle gegeben, aber inzwischen hatte ein leichtes Tauwetter eingesetzt. Käthe Strenitz war mit ihrer jüdischen Familie im Jahr zuvor aus dem Sudetenland nach Prag geflohen. Sie studierte jetzt und schätzte die dortige Kunstszene. Sie erinnerte sich später daran, wie der Einmarsch der Wehrmacht in die alte böhmische Hauptstadt von schweigenden Tschechen am Straßenrand verfolgt wurde:

> Es war Matschwetter. Ich weiß noch, wie sie langsam einmarschierten mit all den Panzerfahrzeugen und so. Es herrschte ein Gefühl, wissen Sie, man hatte ein Gefühl von Unheil, aber ich hatte nicht wirklich Angst, erst zum Schluss, als ich ging. Ich hatte nicht besonders Angst um mich, ich hatte Angst um meinen Bruder und meinen Vater, weil sie allem Anschein nach keine Möglichkeit hatten rauszukommen. Und so war es auch.[33]

Die frühreife 16-Jährige wurde bald darauf eine der älteren Teilnehmerinnen eines Kindertransports. Ihren jüngeren Bruder schickte ihre Mutter nicht mit, weil sie es nicht ertrug, sich von ihm zu trennen.

Hitler folgte seinen Truppen noch am selben Tag nach Prag und übernachtete im Hradschin, der Burg über der Prager Altstadt, die in den zwei Jahrzehnten zuvor der Sitz der tschechoslowakischen Regierung gewesen war. Dort erließ er weitere Bestimmungen, wie sein neues »Protektorat« zu regieren sei, und repräsentierte die neue Macht.

Major Helmuth Groscurth wurde derweil durch Routinetätigkeiten in Breslau festgehalten. Der oppositionelle Offizier der Abwehr hatte direkt dazu beigetragen, die Unruhen vor dem Münchner Abkommen anzuheizen, und sich zugleich an der Vorbereitung eines Putschs für den Fall beteiligt, dass die Sudetenkrise in den Krieg führen sollte. Nun musste er zu seinem Leidwesen das Kommando über die zurückbleibenden Soldaten übernehmen, während der größte Teil seines Regiments ausrückte nach Süden Richtung tschechische Grenze. Als die Soldaten seines Regiments mit anderen Einheiten der Wehrmacht am 15. März in Prag einmarschierten, saß er immer noch in Breslau.[34] Er war ziemlich niedergeschlagen. Ein dringendes Telegramm an Konrad Henlein, den Gauleiter des Sudetenlands, mit dem er so manches Unheil gestiftet hatte, und eine Notiz für seinen kommandierenden General in Berlin mit der dringenden Bitte um einen geeigneten Auftrag, waren unbeantwortet geblieben. Doch dann unternahm er am 17. März mit Hauptmann Dingler, dem Chef der Abwehr in Breslau, eine Reise nach Süden. Sie fuhren durch das soeben erst besetzte Mähren im Ostzipfel des Sudetengaus in die Umgebung der alten Stadt Olmütz (tschechisch Olomouc). Von dort berichtete Groscurth:

> Das Leben verläuft völlig normal, als wenn gar nichts geschehen wäre. Die Läden sind offen, die Bevölkerung ist zurückhaltend oder entgegenkommend, nirgends feindlich. Tschechische Soldaten und Offiziere wandeln auf den Straßen und freunden sich mit uns an. Eine erstaunliche Angelegenheit.

Von SS-Einheiten, die jetzt in die Slowakei verlegt wurden, berichtete Groscurth dagegen, dass sie sich im Sudetenland »wie die Vandalen benahmen«. Er wusste davon, weil diese Einheiten zu Groscurths Entrüstung zeitweilig in der Kaserne des 49. Infanterie-Regiments in Breslau untergebracht waren.

Nach seinem Abstecher in die »Rumpftschechei«, die nun »Protektorat Böhmen und Mähren« hieß, zeigte sich Groscurth über die internationale Reaktion auf die deutsche Besetzung dieser überwiegend slawischen Gebiete sehr besorgt. Die deutsche Aggression stand im Widerspruch zu zahlreichen öffentlichen Äußerungen Hitlers, dass er nur die deutschen Minderheiten befreien wolle (»Ich will keine Tschechen«, hatte er den Vertretern der demokratischen Staaten in München erklärt).

Chamberlain, der britische Architekt der Appeasement-Politik, hatte am 17. März das Scheitern dieser Politik eingestanden und sich kämpferisch zu Hitlers Einmarsch geäußert. »Die Rede Chamberlains war für uns vernichtend«, schrieb Groscurth in sein privates Tagebuch:

> Wer soll uns denn auch noch glauben, nachdem wir uns über alle Abmachungen hinwegsetzen und das Volkstumsprinzip völlig über den Haufen werfen?[35]

»Die Lösung der polnischen Frage wäre viel wichtiger«, schrieb Groscurth empört. Dieser letzte, größte und ganz gewiss unübersehbare Verrat, werde das polnische Problem nur noch verschärfen.

Polen hatte im Herbst 1938 von der Verstümmelung der Tschechoslowakei profitiert und schien in den ersten Monaten des Jahres 1939 bereit, seine Handelsverbindungen und politischen Beziehungen zu Deutschland zu verbessern. Nun jedoch musste das Warschauer Oberkommando an die eigene Landesverteidigung denken. Kein Vertrauen mehr, nur noch Wiederaufrüstung und die Demokratien gänzlich in der Defensive.

Wilhelm Sölter, ein 36-jähriger juristischer Sachbearbeiter in der Staatsanwaltschaft einer kleinen Stadt bei Hannover, träumte davon, Schriftsteller zu werden. Fast täglich schrieb er in sein Tagebuch. Sein Eintrag vom 16. März zeigte ihn als leidenschaftlichen Bewunderer des Führers, denn er brachte echte Begeisterung über den Einmarsch in die Tschechei zum Ausdruck, aber diese Begeisterung war nicht ganz frei von böser Vorahnung:

> Hitler ist gestern Abend noch auf dem Hradschin eingezogen. Ein wahrer Reichsherzog! Nun ist die alte, glanzvolle Zeit zurückgekehrt.
>
> Ging mit Busser spazieren. Man kann mit ihm schon schöne Spaziergänge machen. Er fragte mich, wie man ein Flugzeug steuert.
>
> Abends war eine Verdunkelungsübung.[36]

Sir Cuthbert Headlam, konservativer Parteigrande im Nordosten Englands und leicht skeptischer Unterstützer Chamberlains, hatte keinen Augenblick Zweifel, was die Besetzung Prags für Großbritannien und den Premierminister bedeutete. »Ich fürchte, das wird der Appeasement-Politik des armen Neville den Todesstoß versetzen«, schrieb er am 15. März 1939 in sein Tagebuch, »und natürlich werden all seine Gegner sagen: ›Wir haben es Ihnen vorausgesagt.‹« Bedrückt fuhr er fort:

> Es ist, glaube ich, auch das Ende jedes weiteren Umgangs mit Hitler. Der Mann sollte von nun an als völlig inakzeptabel gelten und, wenn wir stark genug sind, bekämpft werden.

Am 18. März, nach Chamberlains »guter« Rede, war Headlam noch deprimierter und verzweifelt über die Fehler, die sein Land seit dem Ende des letzten Krieges gemacht hatte:

> Wir sind schuld am Hitlerismus, daran besteht kein Zweifel, und mit wir meine ich die englische Nation und ihre Sonderlinge mit ihren Marotten, ihre Narren mit ihren Torheiten, die sie seit dem Waffenstillstand in die Irre geführt und betrogen haben.

Chamberlain hatte sich, wie es bei seinen wichtigsten Erklärungen oft der Fall war, nicht im Unterhaus, sondern in seiner Heimatstadt Birmingham geäußert. Er und seine Umgebung waren sich der Wichtigkeit der Rede voll und ganz bewusst. Wie Chamberlain seine Zuhörer kokett wissen ließ, wurde die Rede am Vorabend seines siebzigsten Geburtstags von der BBC im gesamten britischen Commonwealth sowie in den USA übertragen und noch am selben Abend um 22.50 Uhr in deutscher Übersetzung ausgestrahlt.

Sie war von allerlei Sorge, etwas Zorn, einer gewissen Selbstrechtfertigung und – das war typisch für Chamberlain – einer gewissen Absicherung für den Fall geprägt, dass sich der Friede, trotz allem, was geschehen war, doch noch erhalten ließe.

Die Hoffnungen aller Europäer, sagte der Premierminister, dass das Münchner Abkommen eine neue Ära des Friedens und Wohlstands einleiten werde, seien durch die deutsche Besetzung von Böhmen und Mähren »mutwillig zerschlagen« worden. Er verteidigte sich gegen seine Kritiker (von denen Churchill der wichtigste war), die im Münchner Abkommen den Ursprung allen Übels sahen. Dabei zeigte sich wieder einmal der versteckte, aber durchaus ausgeprägte Egoismus des scheinbar so höflichen älteren Gentlemans mit dem Schirm und dem altmodischen Habitus. Chamberlain gab fast nie zu, dass er Unrecht hatte, und an diesem Abend machte er keine Ausnahme. In seiner neuen Version der Ereignisse hatten er und Daladier sechs Monate zuvor das Abkommen geschlossen, weil die Alternative der Krieg gewesen wäre – obendrein ein vergeblicher, denn, so Chamberlain, keine militärische Intervention hätte die Tschechoslowakei retten können. Er wiederholte die Zusicherungen, die ihm Hitler im September 1938, nach »Lösung« des Sudetenproblems, gegeben hatte, »dass es für Deutschland in Europa keine territorialen Probleme mehr gibt«, denn er sei »nicht mehr am tschechischen Staat interessiert, und das wird ihm garantiert«. Chamberlains Zorn über

Hitlers flagranten Wortbruch war jedenfalls echt. Er machte diesen Wortbruch geradezu zum zentralen Punkt seiner Rede. Hitler habe der Welt eine »Serie böser Überraschungen« zugefügt: die Besetzung des Rheinlands und die Annexion Österreichs und des Sudetenlands. Diese hätten jedoch aus Gründen der Gerechtigkeit und der nationalen Selbstbestimmung wenigstens eine gewisse Berechtigung gehabt, »so sehr wir auch an den dabei zum Einsatz gebrachten Methoden Anstoß nehmen mögen«. Nun jedoch gab es eine neue Situation:

> Die Ereignisse aber, die im Laufe dieser Woche unter völliger Missachtung der durch die deutsche Regierung selbst niedergelegten Grundsätze stattgefunden haben, scheinen einer neuen Kategorie anzugehören und müssen uns alle veranlassen, uns folgende Frage zu stellen: Ist dies das Ende eines alten Abenteuers oder der Beginn eines neuen? Ist dies der letzte Angriff auf einen kleinen Staat, oder sollen ihm weitere folgen? Oder führt dies gar zu dem Versuch, die Welt mit Gewalt zu dominieren?[37]

Dann appellierte Chamberlain an alle Briten, sich zum Dienst am Vaterland zu melden, falls sie das noch nicht getan hatten. Zugleich beschwichtigte er, dass nun zwar vermehrt die Rede vom bewaffneten Widerstand gegen Hitler sei, aber es bestehe immer noch keine Pflicht, die Mittel dafür bereitzustellen. Chamberlain schloss mit der ihm eigenen Vorsicht:

> Ich fühle mich verpflichtet zu wiederholen, dass ich nicht bereit bin, für dieses Land neue unbestimmte Verpflichtungen einzugehen, deren Bedingungen heute noch nicht vorhersehbar sind. Doch es kann keinen größeren Irrtum geben als die Annahme, dass unser Volk, weil es den Krieg für eine sinnlose und grausame Angelegenheit hält, nicht selbstbewusst und mit aller Kraft Widerstand leisten würde, wenn es je mit einer solchen Herausforderung konfrontiert wird.

Sein konservatives Publikum reagierte darauf mit großem Beifall und sang »For he's a jolly good fellow«. Dann wurde eine Resolution verabschiedet, in der die Anwesenden »seiner Führung ihr uneingeschränktes Vertrauen« aussprachen. Es folgte zum Abschluss des Abends ein kurzes Schlusswort des Premierministers:

> Wir sollten nicht verzagt sein. Dies ist eine große und mächtige Nation – weit mächtiger. als wir es noch vor sechs Monaten waren –, und Gewalt und Unrecht ziehen früher oder später ihren gerechten Lohn nach sich. Jeder dieser Rechtsbrüche erzeugt in der Zukunft neue Gefahren für Deutschland, und ich wage die Prophezeiung, dass es die Taten seiner Regierung noch bitter bereuen wird.

Chamberlain hatte das Münchner Abkommen und die Wiederaufrüstung verteidigt, und er hatte sich, wenigstens für den Augenblick, Rückendeckung verschafft, indem er seinem Publikum versicherte, dass es keine Garantien von der Art mehr geben werde, wie Großbritannien sie im Jahr zuvor der Tschechoslowakei gegeben (und dann aber nicht erfüllt) hatte. In die Rede hineingewirkt war sogar die Hoffnung, dass die Besetzung Prags womöglich »das Ende eines alten Abenteuers« und nicht der Beginn einer neuen Aggression sein könnte.

DER BRITISCHE BOTSCHAFTER Nevile Henderson wurde nach dem Einmarsch der Wehrmacht in die Tschechoslowakei vorübergehend aus Berlin zurückgerufen. Frankreich und Großbritannien sandten Protestnoten an das deutsche Außenministerium, deren Annahme Staatssekretär von Weizsäcker mit der Geste des loyalen Regierungsbeamten verweigerte. Goebbels hatte sich genau wie sein Führer daran gewöhnt, dass der Westen gern bellte, aber nicht zubiss. Er schrieb am 19. März 1939 in sein Tagebuch:

> Am Nachmittag kommt eine scharfe amtliche Erklärung aus London. Das Münchner Abkommen sei gebrochen. England erkenne die Neuordnung in Böhmen und Mähren nicht an. Aber das ist wohl nur Theaterdonner. Was wollen denn diese Demokraten noch außer Protestieren. Das ist nur hysterisches Geschrei post festum, das uns ganz kaltlässt. Die deutsche Presse wird das auch so von obenher behandeln. Verachtung ist hier am Platze.[38]

Außerhalb des NS-Führungszirkels stießen die Aktionen des 15. März keineswegs auf allgemeine Zustimmung. Trotz der lautstark proklamierten offiziellen Auffassung, dass das Anknüpfen an mittelalterliche imperiale Beziehungen eine nationale Erneuerung bedeute, erkannten viele Deutsche nun klar, um was es sich in Wahrheit handelte: Aus dem Bestreben, Deutsche »heim ins Reich« zu holen, war die Eroberung fremder Länder geworden. Sie verstanden genau, was Chamberlain meinte, und nicht wenige beschlich der Verdacht, dass ein Krieg nun wahrscheinlich, wenn nicht gar unvermeidlich geworden war.[39] Major Groscurth gehörte zu diesen Deutschen. Erich Ebermayer ebenfalls. Der ein luxuriöses Leben führende literarische Hans Dampf in allen Gassen hatte am Abend auf Radio Beromünster Auszüge aus Chamberlains Rede gehört. Der Schweizer Sender reichte dank seines starken Mittelwellensignals weit nach Deutschland hinein und war eine der wenigen Quellen, die noch unabhängige deutschsprachige Nachrichten und Informationen lieferte.

Wie Ebermayer sofort begriff, würde »der kalte nackte Rechtsbruch« dazu führen, dass niemand Deutschland noch traute. Von nun an konnten sich die Nachbarländer entweder unterwerfen – oder kämpfen.

> Chamberlain hat offenbar die erste sich bietende Gelegenheit benutzt, um sich nach dem Schock zu dem Einmarsch Hitlers in der Tschechoslowakei zu äußern. Seine Rede flammt von Empörung, Verbitterung, Enttäuschung. So kühl wie die Engländer in Stunden der Not und Gefahr zu sein pflegen – diesmal schlägt wirklich die Flamme der Wut und des Hasses gegen den Mann, der ihn, den allzu gutgläubigen Gentleman, so primitiv, so brutal betrogen hat, aus den Worten des englischen Regierungschefs.[40]

Zufällig oder nicht hatte Ebermayer nur ein paar Tage zuvor ein Angebot für ein halbverfallenes Schloss in der Umgebung von Bayreuth im Norden Bayerns abgegeben. Der Besitzer, ein älterer Arzt, der ein Anhänger der Naturheilkunde und des Vegetarismus war und als altgedientes Parteimitglied das Goldene Parteiabzeichen besaß, fühlte sich von der Verwaltung des alten Gemäuers, in dem er mit seiner aristokratischen Frau lebte, allmählich überfordert. Ebermayer war in der Gegend geboren und hatte dort seine Kindheit verbracht. Sie schien ihm mehr Sicherheit zu bieten als die großen Städte, war angenehm ländlich und doch über die neue Autobahn Berlin–München gut angeschlossen. Der Gedanke, seine Zuflucht auf dem Land zu suchen, war Ebermayer schon während der Sudetenkrise gekommen, als er angesichts der Gerüchte über mögliche Luftangriffe in Berlin ein Gefühl der »körperlichen Bedrohung« empfunden hatte. Was immer sein wichtigstes Motiv gewesen sein mag, Ebermayer glaubte jedenfalls, dass Deutschland nach der Invasion in der Tschechoslowakei von misstrauischen und feindlich gesinnten fremden Mächten umgeben war, und er glaubte nicht mehr daran, dass der Frieden noch lange halten würde. Sein Angebot wurde angenommen, und so war er im Frühjahr 1939 stolzer Besitzer einer mittelalterlichen Halbruine auf einem Hügel in Oberfranken. Das idyllische zweite Heim war nach angemessener Renovierung eine Art Schlupfloch, wie viele seiner deutschen Landsleute es ebenfalls dringend suchten und – Krieg hin oder her – auch hätten brauchen können. In den turbulenten Monaten und Jahren, die nun kommen sollten, machte der neue Besitzer jedenfalls reichlich Gebrauch von diesem Refugium.

Nicht nur unter Intellektuellen wie Ebermayer und akademisch gebildeten Militärs wie Groscurth gab es Zweifler, auch viele ganz normale Deutsche nahmen die neuesten Ereignisse nicht mehr so begeistert auf wie frühere territoriale Coups. Es gab unkritische Hitler-Anhänger wie Wilhelm Sölter, aber selbst dem einen oder anderen Parteimitglied war mulmig, solange die Invasion vom 15. März noch nicht erfolgreich abgeschlossen war. Zur allgemeinen Erleichterung wurde bald klar, dass auch diesmal weder die Tschechen noch die Alliierten kämpfen würden. Alles war wesentlich schneller gegangen als während der Sudetenkrise, die sich mit zunehmenden Spannungen, komplizierten Verhandlungen und ständig wachsender allgemeiner Besorgnis monatelang hingezogen hatte. Im März 1939 hatte es dagegen nur eine kurze hysterische Propagandakampagne gegeben, ein paar Tage später hatte die Prager Regierung kapituliert und die Wehrmacht die Stadt besetzt. War das gut oder schlecht? Niemand konnte es mit Bestimmtheit sagen.

Die Sopade-Berichte, die jetzt nicht mehr in Prag, sondern in Paris vom Exilvorstand der Sozialdemokraten produziert wurden, aber immer noch auf ein dichtes Netz von Informanten in Deutschland gestützt waren, spiegelten diesen Zwiespalt. In einem Bericht wurde widerstrebend eingeräumt, dass die Invasion der Tschechoslowakei ein »neuer großer Prestigeerfolg« für Hitler gewesen sei und die Unzufriedenheit dämpfe, die im Winter 1938/39 unter der Oberfläche schwelte:

> Gegen solche Erfolge, wie sie Hitler aufweisen kann, gibt es keine Argumente, auch nicht das Argument, dass die Tschechoslowakei überfallen sei und dass Hitler ein Unrecht begangen habe. Natürlich denken viele Menschen darüber nach, ob die Tschechen mit den Erklärungen Hitlers übereinstimmen, wonach er keine fremden Völker haben wolle. Aber auch ruhig und objektiv Urteilende lassen sich von der Propaganda, nach der Hitler Ruhe stiften musste, beeinflussen. Nach und nach kamen zwar immer mehr Nachrichten aus dem Ausland, besonders durch

> die englischen Sender nach Deutschland herein, aber durch die jahrelange Absperrung der Menschen hat ihre Überlegungsfähigkeit – bis auf eine Schicht von geschulten Leuten – arg gelitten.[41]

Ein anderer Bericht stellte die Lage ein wenig anders dar. Privat, hieß es dort, seien die Leute offener und redeten dem Regime weniger nach dem Mund. So sagte ein Mann zu dem Berichterstatter: »Es wird alles weitergehen wie bisher. Mich interessieren diese ›Erfolge‹ gar nicht.« Und »ein Kühnerer sagte: ›Ich meine, man hätte die Tschechen in Ruhe und unter sich sein lassen sollen, das kann nicht gut ausgehen.‹« Ein weiterer unternahm einen historischen Exkurs und lieferte dann einen sehr zeittypischen Verbraucherbericht:

> Wir haben schon einmal gesiegt, und es hat ein böses Ende genommen. Auch der Napoleon hat erfahren, dass man nicht immer siegen kann und dass auch die schönsten Erfolge nach einer gewissen Zeit nichts mehr nützen. Man sollte doch jetzt Schluss machen und sich mit den anderen verständigen. Da es jetzt nur noch 65 Gramm Kaffee [pro Woche] gibt, die Butterration immer kleiner wird und das Brot immer noch nicht sein normales Aussehen hat, würden Verbesserungen auf diesen Gebieten viel mehr interessieren.[42]

In der Hunderte Kilometer weiter östlich gelegenen Kohle- und Stahlregion Oberschlesien, die im Süden an das neu geschaffene Protektorat Böhmen und Mähren und im Osten an Polen grenzte, fasste einer der Berichterstatter der Sopade die Stimmung wie folgt zusammen: »Wohin soll dieser Wahnsinn führen!« Selbst Nazis, die nicht zur stark exponierten Elite der Partei gehörten, übten im persönlichen Gespräch zuweilen Kritik. »Unter den politisch geschulten Arbeitern« (das heißt jenen, die den Schmeicheleien der Nazis nicht erlegen waren) herrschte die Ansicht vor, »dass die wirtschaftlichen und finanziellen Schwierigkeiten bereits ein derartiges Ausmaß angenommen haben, dass dem Regime nur noch der Krieg als Ausweg bleibt. Nachdem einmal die Kriegsvorbereitungen ein solches Ausmaß erreicht hätten, gäbe es kein ›Zurück‹ mehr.« Die untere Mittelschicht und die Selbstständigen rechneten mit noch mehr Steuern, und sogar die Kapitalisten fürchteten die wachsende Radikalisierung des Regimes, dessen Politik – etwa in der Pogromnacht – immer mehr der bolschewistischen Bedrohung gleiche, vor der sie die Nazis eigentlich schützen sollten. Nur bei den Schulkindern und den Mitgliedern der Hitlerjugend, die inzwischen seit mehr als sechs Jahren indoktriniert wurden, und bei den jüngeren SA-Mitgliedern war wirkliche Begeisterung zu verspüren.[43]

Ein Grund, mit der Entwicklung zufrieden zu sein, zeigte sich für viele Deutsche jedoch eine Woche nach der Besetzung der Tschechoslowakei. Am 22. März sah sich der baltische Staat Litauen, der bis 1918 zum Russischen Reich gehört hatte und im Gegensatz zu Deutschland mit seinen achtzig Millionen Einwohnern nur über eine Bevölkerung von knapp zwei Millionen Menschen verfügte, gezwungen, das Memelland mit der strategisch wichtigen Hafenstadt Memel (litauisch Klaipėda) an Deutschland abzutreten. Die Stadt an der Nordküste Ostpreußens hatte 400 Jahre zu Preußen gehört, war im Versailler Vertrag unter internationale Kontrolle gestellt, aber Anfang 1923 von irregulären litauischen Truppen besetzt worden. Damit waren vollendete Tatsachen geschaffen, die die überwiegend deutsche Bevölkerung der Stadt und die Regierung in Berlin akzeptieren mussten. Aber weder die internen Spannungen zwischen Deutschen und Litauern noch die internationalen Spannungen ebbten ab. Im Jahr 1938 errangen dann memeldeutsche Parteien bei der unter litauischer Kontrolle durchgeführten Landtagswahl im Memelland 87 Prozent der Stimmen. Wie die Freie Stadt Danzig stand damit auch das Memelland de facto unter nationalsozialistischer Herrschaft.

Einige Tage nach der Besetzung Prags verlangte Joachim von Ribbentrop offiziell die Rückgabe des Memellands an das Deutsche Reich. Dem zwischen dem aggressiven Deutschland und der aggressiven Sowjetunion eingeklemmten Litauen blieb kaum eine andere Wahl, als dem zuzustimmen. Und so fand unter großem Jubel der Deutschen die »Heimkehr« des Memellands in das Deutsche Reich statt. Die achtzigjährige Minna von Alten schrieb dazu aus Braunschweig an ihre Enkelin im niederländischen Utrecht: »Soeben, liebes Kind, habe ich die Fahne für das Memelland rausgehängt, was uns seit voriger Nacht gehört. Wir leben in einer wunderbaren Zeit, hoffentlich ist alles so recht und gut …«[44] Erich Ebermayer, der über die Invasion in der Rumpftschechei so verstört gewesen war, ließ zum Memelland eine leicht zynische Bemerkung fallen, eine Art schriftliches Achselzucken:

> Das Memelland ist nun durch einen »Staatsvertrag« mit dem Deutschen Reich vereinigt. Das Memelland wird von litauischen Militär- und Polizeistreifen geräumt. Memel wird Freihafen. Wir sind so viel Schlimmeres und Rechtsbrecherisches gewöhnt, dass diese Rückgliederung eines durch den Versailler Vertrag abgetrennten Landes niemanden mehr aufregt.[45]

Wieder war es ein im Wesentlichen deutsches Gebiet, das an Deutschland zurückfiel. Aber ein Präzedenzfall war geschaffen, wie die Sopade nach dem Ereignis in einem Bericht aus der Freien Stadt Danzig bemerkte: »Nach der Besetzung des Memelgebietes herrschte in Danzig allgemein die Auffassung, dass Danzig jetzt endgültig dem Dritten Reich einverleibt werde.«

Polen jedoch hatte seine Truppen in der Umgebung der Stadt verstärkt und weitere Vorbereitungen für den Fall einer spontanen deutschen Aktion getroffen. Die Botschaft lautete, dass es in dieser strategisch wichtigen Stadt keinen wie auch immer gearteten Coup zulassen werde, was die ortsansässigen Nazis laut Sopade durchaus verstanden.[46] Polen mit seinen 35 Millionen Bürgern und einer großen Armee war nicht Litauen. Nur – hatte Hitler das begriffen? Und wenn ja, machte es für ihn einen Unterschied?

Am Tag nach Chamberlains Rede in Birmingham sprach das britische Kabinett erstmals darüber, Polen im Falle eines deutschen Angriffs Garantien anzubieten.

FÜNF TAGE NACH DEM DEUTSCHEN EINMARSCH in Prag und zwei Tage nach Chamberlains Rede in Birmingham war ein Berichterstatter von Mass-Observation im Zug Ohrenzeuge eines Gesprächs zwischen Fabrikarbeitern aus Yorkshire. Das Gespräch verlief sprunghaft und war geprägt von einer bizarren Mischung aus Gefühlen und Meinungen, die nach dem Zusammenbruch der Appeasement-Politik für viele Briten typisch war:

– Hitler ist so weit gegangen, wie er kann.
– Das ist ihm scheißegal.
– Er muss die ganze Zeit gelogen haben.
– Luftkrieg ist schrecklich. Deshalb hat sich unsere Regierung zurückgehalten. Sie wollen die ihre eigenen Angelegenheiten regeln lassen.
Es ist eine Schande, dass wir darin verwickelt sein müssen.
– Wir werden immer in diese Angelegenheiten verwickelt.
– Unsere Luftwaffe ist besser als die deutsche, weil wir das beste Material haben.
– Wir sollten sie [Deutschland] unter unsere Herrschaft bringen und das Problem ein für alle Mal regeln.
– Die wollen uns in den Griff kriegen.
– Wir sollten ohne Kriege klarkommen.
[An diesem Punkt stiegen sie aus, deshalb hörte ich nichts mehr.][47]

Viele Briten hielten sich für friedliebend und waren zugleich stolz darauf, dass sie ihr Weltreich mit Gewalt aufrechterhielten. Und sie konnten sich (wie die Fabrikarbeiter im Zug) durchaus vorstellen, die Deutschen »unter unsere Herrschaft [zu] bringen«. Die meisten wollten offenbar irgendeine Stärkung der nationalen Einheit angesichts der Bedrohung durch Hitler. Anthony Eden hatte zwei Tagen nach der Annexion der Tschechoslowakei einen Aufruf herausgebracht, der in diese Richtung ging. Darin hatte er das Scheitern der Appeasement-Politik kritisiert, aber Chamberlain in seiner Rolle als Premierminister nicht in Frage gestellt. Als die parlamentarischen Zirkel auf die Initiative nicht sofort positiv reagierten – das Land wurde seit 1931 von einer Koalition mit einer überwältigenden Mehrheit regiert –, schlug Eden die Gründung eines »Außenpolitischen Rates« vor, ein Forum aus allen Parteien, das eine Strategie für den Umgang mit den Diktatoren ausarbeiten sollte.

Der *Daily Mirror* plädierte in Ermangelung eines stimmigen Ersatzes für die Appeasement-Politik für irgendeine Art von Wehrpflicht und brachte den Vorschlag ins Spiel, die Regierung auf eine breitere Basis zu stellen. Außerdem führte er am 18. März unter dem Titel »The Way the Wind Blows« eine der zunehmend so geschätzten Meinungsumfragen durch. Dabei zeigte sich, dass die offensichtlich willkürlich ausgewählten Befragten alle mehr oder weniger stark für etwas plädierten, das sehr viel Ähnlichkeit mit Anthony Edens Vorschlag hatte:

- Ich bin auch der Ansicht, dass wir etwas unternehmen sollten, um das aufzuhalten, was sonst unaufhaltsam auf uns zukommt.
- Die schwache Politik unseres Premierministers hat Hitler fälschlich Mut gemacht, aber eine einige Partei, die fest zu ihren Überzeugungen steht, sollte in der Lage sein, diesem schrecklichen Zustand ein Ende zu setzen.
- Wenn wir unser Ansehen nicht verlieren wollen, müssen sich alle Parteien unter einem starken Führer zusammenschließen, um die ausländische Aggression zu bekämpfen.
- Meiner Ansicht nach brauchen wir zwei oder drei starke Männer an Mr Chamberlains Seite, um ihm in seinem schweren Amt beizustehen.

Nur einer der Befragten, ein Buchhalter, warb heftig für eine Art militanten Isolationismus. Großbritannien solle sich nicht in die Angelegenheiten des Kontinents verstricken. »Ich glaube nicht, dass ein einziges britisches Leben riskiert werden sollte, solange Hitler uns nicht direkt angreift«, sagte er dem Reporter des *Mirror*. »Regierung hin oder her, er würde dann sehen, aus was für einem Holz England geschnitzt ist.«[48]

Als er der 24-jährigen Unity Mitford eine ganze Seite für einen deutschlandfreundlichen Artikel überließ, bewies der *Mirror* ausgerechnet in dieser heiklen Angelegenheit, dass Prominenz immer sticht. Die fanatische Anhängerin des Nationalsozialismus und Freundin Hitlers war eine der sechs glamourösen hochadligen Mitford-Schwestern, der Töchter von Lord und Lady Redesdale. Unitys ältere Schwester Diana war mit Sir Oswald Mosley, dem Führer der britischen Faschisten, verheiratet. Ihre jüngere Schwester Jessica war dagegen eine überzeugte Kommunistin. Unity Mitford vertrat die Ansicht, Briten und Deutsche hätten als Angehörige der nordischen Rasse vieles gemeinsam, wirkliche Interessengegensätze gebe es nicht, und Hitler selbst sei selbstverständlich probritisch. Die beiden Länder sollten Verbündete werden, nicht Feinde. Der *Mirror* machte keinen Hehl daraus, dass er diese Ansichten nicht teilte, und fragte seine Leser nach ihrer Meinung: »Wir teilen ihre Meinung nicht, und der Chefredakteur fragt, was Sie denken!« Die Reaktion waren mehr als tausend Zuschriften, und von einer Hand voll Ausnahmen abgesehen war die junge Faschistin allen verhasst. Einer der wenigen, die für Mitford Stellung bezogen, verbarg sich hinter dem Pseudonym »Indignant of Birmingham«:

> Mein Glückwunsch, Miss Mitford, dass Sie den Schneid haben zu sagen, was bestimmt alle denkenden Menschen heutzutage für richtig halten.
>
> Es ist Blödsinn zu sagen, dass der Einmarsch in die Tschechoslowakei eine Aggression war, wo doch Hitler in Wirklichkeit einmarschiert ist, um das Land zu befrieden und zu verhindern, dass es in Anarchie versinkt.
>
> Wir haben heutzutage keine Zeit für Schludrigkeit und Rührseligkeit.
>
> Deutschland ist die stärkste Macht in Europa, und es obliegt uns, das anzuerkennen und ein vollwertiges Bündnis mit ihm zu schließen.
>
> Zusammen wären wir stark genug, um der ganzen Welt unseren Willen aufzuzwingen.[49]

Mass-Observation zeichnete zwei ähnliche Stellungnahmen auf. Die eine lautete: »Ich finde, Hitler ist gut. Wir hätten gerne einen wie ihn hier drüben« (Eisenbahnangestellter, 45, »als bekannter Faschist identifiziert, der nach dem Münchner Abkommen einen Leserbrief an die *Liverpool Daily Post* geschrieben hatte, in dem er dazu aufrief, das Ereignis mit einem nationalen Feiertag zu würdigen«).[50]

Im Allgemeinen jedoch war die britische Bevölkerung offenbar überzeugt, dass man Hitler nun definitiv nicht mehr trauen könne, dass er weiter wie eine Dampfwalze über Ost- und Südosteuropa hinwegrollen werde und dabei nicht nur Menschen deutscher Sprache, sondern auch viele Millionen Nichtdeutsche unter seine Herrschaft bringen wollte. Rumänien, Polen, Ungarn standen auf seiner Liste, was nicht unbedingt bedeutete, dass Großbritannien gegen ihn kämpfen sollte:

> Hitler? Was der tut, stört mich nicht besonders. Solange er uns nicht behelligt, und ich glaube, das wird er nicht, wissen Sie. Was sollen wir uns dann aufregen? Jedenfalls sind ein paar von diesen osteuropäischen Ländern einfach nichts als Unruhestifter. Die können eine starke Hand gut vertragen, meine ich.
>
> [Auf die Frage, ob es einen Krieg geben werde:] Nein, wie schon gesagt, ich glaube nicht, dass der alte Hitler oder der alte Muss [Mussolini] uns stören werden.[51]

Und am 20. März äußerte eine ältere Frau in Burnley, Lancashire, dass die ganze internationale Lage durch eine Verschwörung verursacht worden sei:

> Hausfrau ... glaubt nicht, dass es einen Krieg geben wird. Den Finanziers und Waffenproduzenten geht es gut. Das sind die Mächte hinter den Kulissen, und die brauchen keinen Krieg – sie sind in Deckung. Hitler wird langsamer machen – er hat nicht genug Geld, um einen Krieg anzufangen. Sie begegnet der Lage mit zynischem Misstrauen und glaubt, alles könnte manipuliert sein ... Sie fragt sich, wer der »Strippenzieher« ist und wer die »Puppen« – Hitler & Co. oder Chamberlain & Daladier – oder sind sie alle Puppen in unsichtbaren Händen?
>
> [Auf die Frage, ob sie sich freiwillig melden will:] Kein Interesse an ARP oder Arbeitsdienst.[52]

Manche Befragten glaubten auch, die Mächtigen wollten die Kriegsgefahr nutzen und durch die Hintertür ein autoritäres System einführen. Ein 33-jähriger Gebrauchsgrafiker sagte laut einem Berichterstatter von Mass-Observation in Northampton:

> Ist fast sicher, dass zwischen den großen Mächten in Europa noch mehrere Jahre kein Krieg stattfinden wird. Reaktionäre Elemente in den demokratischen Ländern nutzen eine Zeit der hysterischen Ängste, um bei den Völkern eine Form von Faschismus einzuführen.
>
> Betrachtet ARP und Registrierung als Vorstufen zum Zwangsdienst – auch in der Industrie, was die Verhandlungsmacht der Gewerkschaften schwächen würde.[53]

Man konnte die britische Gesellschaft in den 1930er Jahren leicht für ziviler halten, als sie in Wirklichkeit war: Millionen britischer Männer, die sich damals in den besten Jahren befanden, hatten eine militärische Ausbildung absolviert und oft als wehrpflichtige Soldaten im Ersten Weltkrieg gekämpft. Außerdem bekamen Tausende mittelständischer britischer, genauer gesagt englischer Jungen, die gebührenpflichtige Eliteschulen besuchten, eine Art militärische Ausbildung. Auf diesen Umstand wies George Orwell Mitte 1939, als die landesweite Debatte über die Wehrpflicht voll in Gang war, in dem kritischen Essay »Democracy in the British Army« hin:

> Es ist eine Tatsache, die von den Sozialisten nicht immer zur Kenntnis genommen wird, dass in England die gesamte Bourgeoisie in einem gewissen Ausmaß militarisiert ist. Fast jeder Junge, der eine Privatschule besucht, war (in der Theorie freiwillig, aber in der Praxis zwangsweise) beim O.T.C. [Officer Training Corps], und obwohl die Ausbildung zwischen dem 13. und dem 18. Lebensjahr stattfindet, ist sie nicht zu verachten.[54]

Sämtliche meinungsbildenden Medien – mit Ausnahme rechtsextremer Publikationen wie *Action* – stimmten darin überein, dass Hitler sich des Feigenblatts, mit dem er sein Eroberungsprogramm tarnte – nämlich die Versicherung, dass er dem Reich »nur Deutsche« einverleiben wolle –, inzwischen entledigt hatte, doch welchen Kurs Großbritannien einschlagen sollte, darüber herrschte keine Einigkeit. Während die gleichgeschaltete deutsche

Presse für eine Kampagne gegen die angeblich von Großbritannien betriebene Politik der »Einkreisung« eingespannt wurde, vertraten auf der anderen Seite des Kanals sowohl einzelne Bürger als auch die Presse nach wie vor unterschiedliche und oft durchaus exzentrische Meinungen.

Der *Daily Express* brachte wie üblich ein paar hervorragende Vor-Ort-Berichte seiner engagierten und gut bezahlten Auslandskorrespondenten über die Invasion in Böhmen und Mähren. Aber in Übereinstimmung mit seiner entschlossenen Antikriegshaltung (besser gesagt, der seines Besitzers) verband das Blatt die schmallippige Verurteilung von Hitlers Verrat in Sachen Tschechoslowakei mit einer energischen Verteidigung des britischen Rechts auf Nichteinmischung, unabhängig davon, ob Großbritannien die Existenz des überfallenen Staates garantiert oder nicht garantiert hatte:

> Mr Chamberlain hat mit dem Abschluss des Münchner Abkommens einen klugen Kurs eingeschlagen. Er hat es nicht nötig, dieses Abkommen zu verteidigen. Aber er hat es auch nicht nötig, Hitler zu verteidigen, der das Abkommen gebrochen hat.

Conscription (Wehrpflicht) – oder *Compulsion* (Wehrzwang), wie der *Express* es nannte, war nach Ansicht der Zeitung die richtige Antwort. Sie entsprach nicht der britischen Tradition in Friedenszeiten und würde den Diktatoren deshalb signalisieren, dass das Land es ernst meinte.

> Wird Mr Chamberlain sie uns geben?
>
> Zweimal hatte er bereits Gelegenheit dazu, als die Menschen zutiefst aufgewühlt waren. Das erste Mal, als Österreich fiel. Das zweite Mal in der Münchner Zeit. Nun hat [Downing Street] Number Ten die dritte Gelegenheit. Wieder einmal sieht sich der Premierminister einer erwartungsvollen, handlungsbereiten, der Führung harrenden Nation gegenüber. Und einer, die weiß, dass die Dringlichkeit, wenn sie schon im letzten September groß war, jetzt noch viel größer ist.
>
> Wird Mr Chamberlain die Chance nutzen?
>
> Wird er dem Ruf folgen?[55]

Die Reaktion des Premierministers auf Hitlers Verrat an jenem Abend in Birmingham wurde allseits begrüßt, wenngleich das Blatt sich ein wenig besorgt zeigte, weil Chamberlain das Wort »Wehrpflicht« in Birmingham kein einziges Mal in den Mund genommen hatte. Nach dieser ausführlichen Stellungnahme kehrte das Blatt dann aber erleichtert zu seinem gut abgehangenen Thema »kein Krieg« zurück:

> Wir machen folgende Voraussage:
> Aus den starken Worten des Premierministers wird die Erkenntnis der Lage in dem Lager erwachsen, wo sie am dringendsten nötig ist. Und deshalb steht der aufgewühlten Welt eine neue Friedenszeit bevor.[56]

Der bizarre Kommentar einer der von Mass-Observation über die »März-Krise« befragten Personen am 18. März 1939 ist auf seine Art womöglich die beste Zusammenfassung des wahren Gemütszustands vieler Briten im Vereinigten Königreich zu jener Zeit. Großbritannien hatte das Privileg, ein Inselstaat von ungewöhnlicher nationaler und kultureller Homogenität zu sein, und seine Bewohner zeigten bisweilen einen spektakulären Mangel an Verständnis für die Probleme der Völker auf dem europäischen Festland, die sich in einem chaotischen Dschungel von Nationalitäten und Kulturen ohne den Schutz natürlicher Grenzen behaupten mussten. Auf die Frage, was wegen der internationalen Lage unternommen werden könne, antwortete die Befragte, eine 48-jährige, unverheiratete Pfadfinderführerin in sichtlichem Zorn: »Man weiß wirklich nicht, was man darüber sagen soll, was als Nächstes passiert«:

> Mein einziger Vorschlag wäre, dass alle Deutschen auf tschechoslowakischem Boden plötzlich eine tödliche Krankheit bekommen.[57]

6

April/Mai 1939

Wir haben ihn alle sehr, sehr lieb!

AM DONNERSTAG, DEM 20. APRIL 1939, war es in Berlin wolkig und kühl. Gegen Mittag kletterte das Thermometer auf 14 Grad, und ab und zu kam die Sonne heraus. Es wehte ein leichter Wind, nichts Ungewöhnliches für die Jahreszeit. Ungewöhnlich und spektakulär war dagegen die Militärparade, die an diesem Tag in der Reichshauptstadt stattfand, die größte seit Ende des Ersten Weltkriegs.

Es war Adolf Hitlers fünfzigster Geburtstag. Von der Ostsee bis zur Donau, von den Ufern des Rheins bis zur Mündung der Weichsel waren die Häuser beflaggt, sah man jubelnde Menschen auf den Straßen, die den »Führer« feierten – jedenfalls galt das für die meisten Deutschen.

In Berlin, wo Hitler die gigantische Parade zu seinem Geburtstag abnahm, war zu diesem Anlass der erste Abschnitt der geplanten »Ost-West-Achse« fertiggestellt worden.

Die Achse war das Herzstück von Hitlers Traum (und dem seines Architekten Albert Speer), eine Hauptstadt Germania von gigantischer Größe zu erbauen. Sie sollte über fünfzig Kilometer in den Ausmaßen einer Autobahn (120 Meter breit mit vier Fahrspuren in jede Richtung) von Wustermark, dreißig Kilometer westlich von Berlin, Richtung Osten durch die westlichen Vororte der Stadt über Heerstraße, Kaiserdamm, Bismarckstraße und Knie vorbei an der Technischen Hochschule Charlottenburg (heute Technische Universität Berlin) durch den Tiergarten bis zum Brandenburger Tor führen und weiter über den Boulevard Unter den Linden in das historische Zentrum der Stadt zur Frankfurter Allee.

Der erste Abschnitt des gigantischen Bauprojekts unter der Leitung des Generalbauinspektors Albert Speer, der an Hitlers Geburtstag eröffnet werden sollte, war sieben Kilometer lang und führte vom Brandenburger Tor in westliche Richtung. Die Siegessäule mit der »Viktoria«, einer acht Meter hohen, 35 Tonnen schweren, vergoldeten Bronzestatue, wurde im Zuge dieses Ausbaus um 7,5 Meter erhöht und vom Königsplatz vor dem Reichstag 1,6 Kilometer nach Westen auf den Großen Stern im Tiergarten versetzt.

Tatsächlich war die Prachtstraße schon am Vorabend in Anwesenheit von Hitler mit einer Lichtschau eingeweiht worden. Die Schweizer Zeitung *Neue Züricher Zeitung* schrieb über die Feier:

> Aus den dicht gedrängten Spalieren des Publikums ertönten Heilrufe und Händeklatschen, als die lange Automobilkolonne mit Hitler und seinem Gefolge vorüberfuhr. Bei Beginn der Zeremonie läuteten alle Glocken von den mit Hakenkreuzfahnen behängten Kirchtürmen.[1]

»An ein Durchkommen ist nicht zu denken«, schrieb Ruth Andreas-Friedrich in ihr Tagebuch. Sie und Leo verbrachten den Abend in der Innenstadt und hatten Schwierigkeiten, sich durch die Menge zu kämpfen, die sich »lachend, schwatzend, abenteuersuchend« vorwärtsschob. Von Weitem hörten sie »Heil! Heil!«-Sprechgesänge, die allmählich näher kamen, und begriffen, dass Hitlers Fahrzeugkolonne heranrollte. »Teufel, der Führer!«, murmelte Leo.

> [Er] drängt mich mit Aufbietung aller Kräfte in eine Seitenstraße. Hinter uns reckt sich die Menge zum »Deutschen Gruß«. »Sieg Heil! Sieg Heil!«, hören wir sie rufen. Wer den Arm nicht hebt, wird festgenommen. Als wir uns umschauen, sehen wir etwa fünfzehn bis zwanzig Leute, die sich gleichfalls aus der Masse herauswinden und hastig in der stillen Seitenstraße untertauchen. »Guten Abend«, begrüßen wir sie im Vorübergehen. – »Guten Abend«, antworteten sie freundlich. Einer zieht sogar mit gerührtem Lächeln den Hut.[2]

Am nächsten Morgen fand ein Empfang in der Reichskanzlei statt, zu dem Vertreter aus 24 Ländern erschienen, unter ihnen der Apostolische Nuntius Monsignore Orsenigo. Der Botschafter des Vatikan, der mit den Faschisten sympathisierte, überbrachte Hitler die herzlichsten Glückwünsche des neuen Papstes Pius XII.[3] Weitere Gäste waren unter anderen der neu ernannte »Reichsprotektor« von Böhmen und Mähren, Konstantin von Neurath, der in Begleitung des machtlosen Präsidenten Hácha erschien (»Er spielt keine glückliche Rolle«, bemerkte Goebbels sarkastisch), Jozef Tiso, Ministerpräsident der Slowakischen Republik sowie der rumänische Außenminister Grigore Gafencu. Der Bürgermeister und NS-Gauleiter von Danzig, Albert Forster, überreichte Hitler als Geschenk die Ehrenbürgerurkunde der Freien Stadt Danzig.

Hitler nimmt die gigantische Parade anlässlich seines fünzigsten Geburtstags ab. Auf der Tribüne verfolgt Emil Hácha (mit Zylinder), der Präsident von Großdeutschlands neuem Vasallenstaat, mit steinerner Miene den schier endlosen Vorbeimarsch.

Kurz vor Mittag begaben sich der Führer und seine Begleitung im Konvoi zur Technischen Hochschule Charlottenburg, vor der ein gewaltiges Podium aufgebaut war. Hitler nahm dort umringt von seinen Begleitern auf einem thronähnlichen Sessel Platz. Vor den Deutschen und vor der ganzen Welt präsentierte er sich auf diese Weise nicht nur als erfolgreicher Staatsmann, sondern zugleich auf ehrfurchtgebietende Weise als Kriegsherr und Oberbefehlshaber einer gewaltigen Militärmacht. Die Botschaft war deutlich: »Wir haben ohne Krieg eine Menge erreicht, aber wenn es nötig ist, können wir kämpfen.« Der Filmhistoriker Fritz Terveen hat die Szene beschrieben:

> Es ist nicht nur eine stolze Festparade, was da jetzt beginnt, sondern ein wohlberechneter Schau- und Kraftakt von ganz bestimmter innen- wie außenpolitischer Bedeutung. Seit München wusste Hitler recht gut, dass es in weiten Kreisen der Bevölkerung an innerer Kriegsbereitschaft fehlte ... nun [konnte es] nur nützlich sein, dem Volke einmal eine konzentrierte Vorstellung zu vermitteln von der inzwischen erreichten militärischen Stärke des Reiches, geeignet, jeden Hang zum »Defaitismus« einzudämmen.[4]

An der Parade nahmen etwa 50 000 Soldaten teil, die in schier endloser Folge über viereinhalb Stunden an der Tribüne des Führers vorbeizogen. Das ganze Spektakel zielte darauf ab, die deutsche Öffentlichkeit zu begeistern – und die ausländischen Beobachter einzuschüchtern. Angeblich hatte Hitler Ribbentrop aufgefordert, dafür zu sorgen, dass sich unter den geladenen ausländischen Gästen »so viele feige Zivilisten und Demokraten wie möglich« befanden. Geschwader der Luftwaffe dröhnten durch die Luft und führten die neuesten Flugzeugtypen vor. Viele der ausländischen Würdenträger schienen tatsächlich beeindruckt, nur der sowjetische Militärattaché verzog keine Miene, jedenfalls nicht, als die Kamera der *Wochenschau* für einen Moment sein Gesicht einfing. Entlang der Paraderoute drängte sich die jubelnde und salutierende Bevölkerung. Goebbels, der Regisseur dieser martialischen Feierlichkeiten, war noch am nächsten Tag völlig verzückt von all der Pracht:

> Ein glänzendes Bild deutscher Macht und Stärke. Unsere schwerste Artillerie wird zum ersten Mal gezeigt. Alles ist maßlos erstaunt und verblüfft. Stürme des Beifalls. Der Führer wird vom Volk gefeiert, wie sonst nie ein sterblicher Mensch gefeiert worden ist. So also stehen wir da. Im gleißenden Sonnenlicht leuchtet die Siegesgöttin. Ein wunderbares Vorzeichen. Das Publikum rast vor Begeisterung. So sah ich unser Volk noch nie.[5]

Auf Anweisung des Propagandaministers war eine zwanzigminütige Sondersendung der *Wochenschau* vorbereitet worden mit dem Ziel, der deutschen Öffentlichkeit »eine Atmosphäre der Disziplin und der konzentrierten Stärke zu präsentieren«. Zwölf speziell ausgewählte Kameraleute hatten während der Parade an verschiedenen Standplätzen fast 10 000 Meter Filmmaterial aufgenommen,* von dem schließlich ein Zwanzigstel für die *Wochenschau* verwendet wurde. Diese immer noch riesige Menge an Material schnitt man dann so zurecht, dass es zu der mit Bedacht ausgewählten dramatischen und überwiegend militärischen Musik passte. Kopien des Films wurden umgehend in alle Kinos des Landes versandt und dem begeisterten Publikum vorgeführt.[6]

Die *Neue Zürcher Zeitung* suchte ihren Lesern einen Eindruck von der Feier und von der fast andächtigen Verehrung für den »Führer« zu vermitteln.

* ungefähr 300 Filmminuten

> In jedem Schaufenster steht eine Fotografie Hitlers, mit Tannengrün oder mit vergoldeten Lorbeerblättern umrahmt. Übergroße Hitlerbilder hängen an den Fassaden zahlreicher Geschäftshäuser. Der Straßenzug vom Brandenburger Tor durch den Tiergarten und durch Charlottenburg … ist mit Tausenden von riesigen goldgeränderten Flaggen, Pylonen und altarähnlichen Bauten flankiert, auf denen schwarze und goldene Adler thronen.[7]

Der Rundfunk widmete sich an diesem Tag fast ausschließlich dem Führergeburtstag, und alle deutschen Blätter veröffentlichten illustrierte Beilagen, Sonderbeiträge sowie künstlerische und literarische Ehrungen. »Deutscher Friede durch den Führer« lautete eine Schlagzeile, »Für den großartigsten Sohn unseres Volkes« eine andere oder »Adolf Hitlers Name – ein Programm für die Welt« und schließlich einfach: »Wir haben ihn alle sehr, sehr lieb!«[8]

Das holprige Gedicht in der SS-Zeitung *Das Schwarze Korps* war keineswegs der einzige literarische Erguss dieser Art und stand mehr oder weniger für den allgemeinen Trend:

Führer

Wir haben dir einmal geschworen.
Nun sind wir auf immer dein.
Wie Bäche im Strome verloren,
Münden wir in dich ein.

Auch wenn wir dich einmal nicht fassen,
Werden wir mit dir gehn.
Einst wirst du uns schauen lassen,
Was du vor uns gesehn.

Herzen wie erzene Schilde
Haben wir um dich gestellt.
Und es ist uns, als hielte
Gott durch dich seine Welt.[9]

Reichspressechef Otto Dietrich verglich Hitler mit Julius Caesar, der an seinem fünfzigsten Geburtstag den Rubikon überschritten hatte, um in Rom die Macht zu ergreifen, sowie mit Karl dem Großen und Friedrich dem Großen (die Partei hatte Hitler zum Geburtstag ein Kompendium von fünfzig Originalbriefen des preußischen Königs geschenkt). Dietrich stellte Hitler sogar über Alexander den Großen und Napoleon, »weil der Gründer des Großdeutschen Reiches seine Erfolge nicht dem Glück der Schlachten und dem Zufall des Erfolges verdanke, sondern sich als genialer politischer Baumeister bewähre«.[10]

Erich Ebermayer, der gerade aus dem Frühjahrsurlaub in Venedig nach Berlin zurückgekehrt war, kommentierte die Veranstaltung in einem zynischen, aber seltsam elegischen Tonfall:

> Heute hat Adolf Hitler seinen 50. Geburtstag. Das bekannte Flaggenmeer wogt. Und überall Truppenparaden. Auch nicht mehr der Jüngste ... denkt man unwillkürlich. Im Allgemeinen stellt man ihn sich eigentlich als »alterslos« vor. Ein Roboter ohne vegetative Eigenschaften. Ihn sich mit 60 oder 70 vorzustellen, gelingt überhaupt nicht. Der milde weise alte Herr auf dem Berghof, der pater patriae – det is nich drinn, sagt der Berliner.[11]

Die Londoner *Times* würdigte die Vorführungen zum Geburtstag Hitlers in ihrer Ausgabe vom folgenden Tag als »eindrucksvolle Kostprobe der militärischen Stärke Deutschlands« und wies – wie Goebbels – auf die großkalibrige Artillerie hin, vor allem auf die 12,8-Zentimeter-Flak (von der es hieß, sie könne feindliche Bomber in einer Höhe von 10 000 Metern treffen). In der Zeitung wurde zudem erwähnt, dass erstmals Fallschirmtruppen vorgeführt wurden und ein ungewöhnlich großes Kontingent an motorisierten Fahrzeugen bei dem Aufmarsch zu sehen gewesen sei. Dieser letzte Aspekt verleitete den Berlin-Korrespondenten der Zeitung zu der abfälligen Bemerkung, eine moderne Militärparade sei wenig glanzvoll, vielmehr »ein auf monotone Weise effizienter Umzug von Fahrzeugen und Zerstörungsmaschinen ... die Stimmung der Massen stieg verständlicherweise sofort, als eine vereinzelte Kavallerie-Schwadron vorbeistürmte«.[12]

Der Korrespondent des *Daily Express* hob die Tatsache hervor, dass Hitler im Anschluss an die Parade nicht wie geplant die Operette *Die lustige Witwe* genießen konnte, weil die Menge wieder und wieder verlangte, dass er sich ihr zeige. Dieselbe Zeitung berichtete unter der Überschrift »Londoner Nazis trinken auf Hitlers Wohl«, dass 150 Mitglieder des Londoner German Club im »Florence«, einem altehrwürdigen italienischem Restaurant in der Rupert Street in Soho, an einem Abendessen zu Ehren des Führers teilgenommen und an den großen Mann in Berlin sogar ein Glückwunschtelegramm geschickt hatten. Diesen Feierlichkeiten saß nach Auskunft des Blattes kein anderer als Botschaftsrat Theo Kordt vor, jener Diplomat mit Kontakten zum deutschen Widerstand, der Hitler in Wirklichkeit zum Teufel wünschte.[13]

Den Deutschland-Berichten der Sopade zufolge war die allgemeine Ekstase dieser Tage wohl meistens echt, aber irreführend, denn »über allem Fahnenprunk und Festeslärm lagerte der lähmende Druck der Kriegsangst«.[14] Dass Hitler Millionen, ja zig Millionen Bewunderer hatte, ließ sich nicht bestreiten. Die breite Öffentlichkeit war ganz offensichtlich davon überzeugt, dass der »Führer« ein raffinierter Politiker und ein kluger, ja geradezu genialer Staatsmann war. Aber »es ist denkbar, dass diese Achtung vor dem Politiker Hitler sehr bald verloren geht, wenn er den ersten sichtbaren außenpolitischen Misserfolg haben wird«.[15]

Derselbe Bericht vermerkte, dass in den Arbeitervierteln der schlesischen Industriegebiete örtliche NS-Funktionäre von Haus zu Haus gegangen waren und die Bewohner in Kenntnis gesetzt hatten, dass vom 19. bis einschließlich 21. April alle Fenster mit Flaggen zu behängen seien. Sie verlangten sogar eine Unterschrift, mit der bestätigt wurde, dass die vorgeschriebenen Flaggen in ausreichender Anzahl angeschafft worden seien:

> Das Heraushängen von Papierfähnchen war verboten, auch in den Höfen mussten Stoff-Fahnen verwendet werden. Wer keine Fahnen besaß oder solche nicht selbst bis zum besagten Termin sich beschaffen konnte, musste dies auf der Liste vermerken. Ihm wurden die Fahnen und Fähnchen dann durch den Blockwart leihweise zur Verfügung gestellt. Diese Anweisungen wurden mit der Warnung verbunden, wer diesmal nicht flaggt, werde als Staatsfeind der Polizei überstellt werden und verliere obendrein die Arbeit.[16]

Kaum mehr als einem Monat nach Beginn der deutschen Besatzung veranstalteten die örtlichen Nazis und die zivilen und militärischen Angestellten der Besatzungsregierung in Prag ihre eigene Parade zu Hitlers Geburtstag. Noch während diese stattfand, verbreitete sich unter den Tschechen das

Gerücht, dass beim Jan-Hus-Denkmal am Altstädter Ring Blumen niedergelegt werden sollten. Der Tod des großen religiösen Reformers im Jahr 1415 auf Geheiß der katholischen Autoritäten hatte in Böhmen eine große Revolte gegen die römische Kirche ausgelöst und galt als der Beginn des goldenen »hussitischen« Zeitalters in der Nationalgeschichte des Landes. Die Revolte dauerte fast 200 Jahre und endete mit der Schlacht am Weißen Berg, in der die Böhmen den Truppen der katholischen Habsburger unterlagen.

Dem Prag-Korrespondenten der *Times* zufolge legten am 20. April 1939 gegen 19 Uhr, als sich etwa 400 Kilometer nördlich in Berlin noch immer die jubelnden Menschenmassen vor der Reichskanzlei drängten, tschechische Bürger in andächtiger Stille 30 000 Primelsträuße zu Füßen der Treppe nieder, die zum Hus-Denkmal führte. Auf der Vorderseite des Denkmals prangten in floralen Lettern die berühmten Worte von Hus, die nach 1918 zum Motto der Tschechoslowakischen Republik geworden waren: *Pravda Vitezi* (»Die Wahrheit siegt«).[17]

IN DIESEM APRIL gab es in und um Berlin jede Menge Schusswaffen, Butter dagegen gab es eher nicht. Dabei herrschte jetzt Vollbeschäftigung – und zwar Ende März 1939 so deutlich, dass der Sicherheitsdienst (SD) in seinem Wirtschaftsbericht verkünden konnte, die Behörden würden in Zukunft wegen der geringen Zahl von nur noch 140 000 arbeitslosen deutschen Männern keine Beschäftigungszahlen mehr veröffentlichen. Weitere Statistiken würden fast ausschließlich die natürliche Fluktuation auf dem Arbeitsmarkt spiegeln und nicht einen tatsächlichen Arbeitsmangel, wodurch ein falscher Eindruck entstehen könnte.[18]

Dennoch blieben die Löhne im Vergleich zu anderen entwickelten Industrieländern niedrig, vor allem die der Industriearbeiter. Und die NSDAP sorgte dafür, dass sie niedrig blieben, indem sie die arbeitende Bevölkerung unablässig an die Schrecken der nun eingedämmten Arbeitslosigkeit erinnerte. Wie sehr dies allerorten Unbehagen auslöste, konnte man sogar dem Kauderwelsch der Parteiberichte entnehmen, in denen zugegeben wurde, dass »die Bevölkerung sich Sorgen macht, welche durchaus nicht im ehrenvollen Einsatz der Nation in einem Kriegsfalle begründet liegen, sondern in der Sorge um eine soziale und ernährungspolitische Infragestellung«.[19]

Die Sorgen waren berechtigt, denn es herrschte ein ernstzunehmender Mangel an Grundnahrungsmitteln. Ein Bericht aus dem Ruhrgebiet beklagte beispielsweise, dass Großhändler auf dem zentralen Markt in Essen, der größten Stadt der Region, kaum noch Waren anbieten konnten. »Meistens kehren die Gemüsehändler mit ihren Wagen leer zurück, ohne überhaupt eine Zuteilung von Gemüse erhalten zu haben. Die Verärgerung der Bevölkerung hierüber ist sehr groß.«[20] Viele Waren standen unter staatlicher Preiskontrolle, durften also nur zu festgelegten Preisen verkauft werden, wodurch sie anfällig für den Schwarzmarkt wurden:

> Auf dem ganzen Markt war kein Grünkohl zu haben, bis mit etwas Verspätung ein Händler eintraf, der einen großen Korb Grünkohl mitbrachte. Als die Frauen dann den Kohl kaufen wollten, hatte er bereits festgestellt, dass er allein auf dem ganzen Markt Grünkohl hatte. Er lud diesen wieder auf den Wagen und sagte: »Wenn ich schon sehe, wie die Weiber um den Kohl stehen, dann nehme ich ihn lieber wieder mit nach Hause und fress ihn selber.« Wahrscheinlich konnte er zu Hause mehr damit verdienen. Bei der sprichwörtlich bekannten Frechheit der Händler und aus Angst, im Mittelpunkt einer Szene zu stehen, bringen dann die Frauen leider nicht den Mut auf, dieses verwerfliche Auftreten bei der Marktpolizei zu melden.[21]

Der Mangel an Waren wie Kaffee – das heißt, Kaffee aus den Subtropen und nicht Malz, Zichorie oder andere selbstgezogene Kaffeeersatzpflanzen – wurde allmählich zum Problem, vor allem für die Mittelklasse. Die Leute liebten ihren echten Kaffee, aber die auf Autarkie ausgelegte Wirtschaftspolitik des Regimes stellte Devisen eher für Bodenschätze und andere Rohstoffe und nicht für den Import von Luxusgütern bereit.

Im Januar 1939 wurde in einem Parteibericht an die Gauleitung in Westfalen ausdrücklich auf die »Kaffeehamsterei« hingewiesen, ein Problem, das vor allem in den Städten und in »besser gestellten Kreisen« auftrat. In den reicheren Stadtvierteln von Berlin zum Beispiel standen Frauen vor Fachgeschäften Schlange, um Vorräte aufzukaufen, sobald sie verfügbar waren. »Hier muss bei ähnlichen Vorfällen mit drastischen Mitteln eingegriffen werden, um solche Kaffeepatrioten in weiten Kreisen lächerlich zu machen. Und zwar an Ort und Stelle!«[22] Goebbels selbst fühlte sich veranlasst, für den *Völkischen Beobachter* einen Artikel zu schreiben, in dem er die »Kaffeetanten« angriff, die sich lächerlich machten, indem sie sich um Vorräte eines Luxusgetränks rissen, das so teuer war, dass die breiten Massen es sich nur selten leisten konnten. Überhaupt sei Kaffee gar nicht gesund, schnaubte

Goebbels, und »der Mangel [an Kaffee] für die Gesundheit aller Familienmitglieder außerordentlich zuträglich«.[23]

Der Lebensstandard der Deutschen entsprach bei Weitem nicht dem der Amerikaner (und hatte diesem wohl auch nie entsprochen), und selbst mit den Briten konnten sie in dieser Beziehung nicht mithalten. In einem Interview hatte Hitler gesagt: »Ich habe den Ehrgeiz, das deutsche Volk reich, das deutsche Land schön zu machen. Ich möchte, dass der Lebensstandard des Einzelnen gehoben wird.« Doch »nach dem Maßstab damaliger Tage, ganz zu schweigen von den Maßstäben des späteren 20. Jahrhunderts«, war »Deutschland in den zwanziger und dreißiger Jahren alles andere als eine wohlhabende Gesellschaft«, wie der Wirtschaftshistoriker Adam Tooze dargelegt hat. Das Pro-Kopf-Einkommen – ein grundlegender Maßstab zum Vergleich von Lebensstandards – war in dieser Zeit nur halb so hoch wie das in den Vereinigten Staaten und erreichte höchstens zwei Drittel von dem Großbritanniens.[24]

Ohne Frage hat sich die deutsche Wirtschaft zwischen 1933 und 1939 erholt und sogar zugelegt, doch zu keiner Zeit erreichten die nationalen Investitionen in die Konsumgüterindustrie auch nur annähernd das Niveau, das sie vor der Wirtschaftskrise gehabt hatten. Der weit überwiegende Teil des Wachstums war der Rüstungsindustrie sowie dem Flugzeug- und Schiffbau zu verdanken, große Mengen des erwirtschafteten Geldes wurden in diverse kriegsrelevante Infrastrukturmaßnahmen investiert sowie in die ungeheuer teure Entwicklung von synthetischen Brennstoffen und Gummi. All das zielte darauf ab, Deutschland autark zu machen, so dass es sich im Kriegsfall selbst versorgen konnte.

Die Reallöhne der meisten Deutschen lagen schließlich unter dem, was sie in den letzten Jahren der Weimarer Republik verdient hatten, obwohl das Bruttosozialprodukt seit der Machtübernahme der Nazis um 31 Prozent gestiegen war. Aber die Steuern waren noch mehr gestiegen, denn an die NSDAP und ihre Institutionen mussten Beiträge gezahlt werden, die zu Zeiten der Demokratie nicht erhoben worden waren. Josepha von Koskull, eine alleinstehende berufstätige Berlinerin von knapp vierzig Jahren erinnerte sich eher an die problematischen Seiten des Nazi-»Wunders«:

> Bei jeder neuen Gehaltsregelung, derer es nach der »Machtübernahme« mehrere gab, wurde ich jedes Mal im Gehalt herabgesetzt, denn ich war natürlich nicht Parteimitglied; ich bekam als Bibliothekarin zuletzt ein Gehalt, das geringer war als das der Sekretärinnen. Meine kleine

Wohnung wurde mir fast zu teuer. Ich habe schon lange, bevor Hermann Göring uns Kanonen statt Butter anbot, Margarine statt Butter gekauft und auf Kaffee, Sonntagskuchen und manches andere verzichten müssen.

Von meinem geringen Gehalt musste ich die Beiträge zur Arbeitsfront, zur Volkswohlfahrt, zum Luftschutz entrichten. Diesen drei Organisationen konnte man sich nicht entziehen, wenn man im Dritten Reich eine Anstellung hatte. Das Winterhalbjahr kostete außerdem noch die Beiträge zur Winterhilfe; die paar Mark summierten sich.[25]

In Westfalen widmete sich zur Zeit des Münchner Abkommens ein ganzer Abschnitt des Gauleiterberichts dem wachsenden Unmut unter den Bergarbeitern der Region, deren Situation »geradezu katastrophal« war. Die Löhne blieben niedrig, die geforderten Akkordleistungen wurden immer höher geschraubt und die Arbeitszeiten verlängert. Der Appell der Partei an die Bergleute, die Produktivität zu steigern, stieß auf taube Ohren. Die Söhne folgten ihren Vätern nicht mehr ins Bergwerk. »Überhaupt«, hieß es in dem Bericht, »besteht in der gesamten arbeitenden Bevölkerung eine grundsätzliche Abneigung, Bergmann zu werden«. Und weiter:

Der Arbeiter weiß, dass jeder Zechenbetrieb gewinnbringend arbeitet, und wundert sich deshalb, dass die Großindustrie ihren Gefolgschaftsmitgliedern so wenig Entgegenkommen in der Feierabendgestaltung, in der Verschönerung des Urlaubs durch K.d.F. usw. zeigt, wie dies bei anderen Unternehmen in erfreulicher Weise der Fall ist.

»Die Weltanschauung des Nationalsozialismus fest zu verankern, wird hier im Augenblick leichter sein, wenn man dem schwer arbeitenden Menschen den ihm zustehenden Lebensstandard einräumt«,[26] lautet das Fazit des Berichts. Anders als die Informanten der Nazis versuchten die der sozialistischen Exil-Sopade, wenn sie über ihre Quellen innerhalb Deutschlands von ähnlichen Beschwerden der Arbeiter hörten, natürlich nicht, die Ausbeutung schönzureden. Für die Sopade war Ausbeutung Ausbeutung und genau das, was man vom Faschismus zu erwarten hatte.

Obwohl in Deutschland für erwachsene Männer (die Arbeitstage von Frauen und Jugendlichen waren noch recht strikt reguliert) formell immer noch der in der Weimarer Republik eingeführte Achtstundentag galt, betrug

Mit einer gewissen Häme berichtet die deutsche Presse davon, wie arbeitslose britische Arbeiter sich Zutritt zum Grillrestaurant des Londoner Nobelhotels The Ritz verschaffen, dort aber nicht bedient werden, und weist voller Stolz darauf hin, dass in der »klassenlosen« Volksgemeinschaft des Dritten Reiches Vollbeschäftigung herrscht.

die Arbeitszeit in der Regel zwischen neun und zehn Stunden – Überstunden wurden nicht bezahlt. Und die geforderte Leistung in der Akkordarbeit wurde weiter angehoben. Allgemein machte sich Erschöpfung breit, worunter die Produktivität litt, wie schließlich selbst einige der zahmen Betriebszeitungen berichteten. Junge Arbeiter kehrten dem Bergbau und der Landwirtschaft den Rücken und suchten besser bezahlte, sauberere und weniger schwere Arbeit in modernen Fabriken. Industriezweige von nationaler Wichtigkeit verloren so viele Arbeiter, dass im März 1939 eine Anordnung herausgegeben wurde, die »den Wechsel des Arbeitsplatzes einschränkte« und zudem von einer staatlichen Genehmigung abhängig machte. Das betraf in erster Linie Arbeitsplätze in der Land- und Forstwirtschaft, im Bergbau sowie in der Eisen- und Stahlindustrie.[27] Den Zahlen der Deutschen Arbeitsfront zufolge fehlten im späten Frühjahr 1939 in Deutschland 50 000 Bergarbeiter.[28]

Alles wurde dem »verrückten Tempo« der Wiederaufrüstung untergeordnet, wie die sozialistischen Exilanten es ausdrückten. Der Anteil des Nationaleinkommens, der für Konsumgüter aufgewendet wurde, hatte in

Deutschland im Jahr 1928 noch 71 Prozent betragen, 1938 war er auf 59 Prozent gefallen. Die Ausgaben für Rüstung und Verteidigung stiegen währenddessen auf 23 Prozent der nationalen Gesamtausgaben. Auch das stand im scharfen Kontrast zu Großbritannien, wo während derselben Jahre – in gewissem Ausmaß begünstigt durch billige Importe – der Verbrauch von Konsumgütern weiterhin in flottem Tempo anstieg.[29] Das änderte nichts daran, dass Großbritannien ein Hort der Ungleichheit und die Arbeitslosigkeit auf einem relativ hohen Niveau blieb. Deutsche Zeitungen berichteten (auf Weisung Goebbels') regelmäßig voller Entzücken über britische Arbeitslose, etwa über jene 45 erwerbslosen Arbeiter, die 1938 in das Grillrestaurant des Londoner Ritz marschierten und Tee bestellten (für den sie nach eigener Aussage bezahlen wollten). Die Demonstranten wurden aber gar nicht erst bedient und schließlich von der Polizei zum Abzug überredet.

Der Vorfall im Ritz wurde von Goebbels' Deutschem Nachrichtenbüro begierig aufgegriffen (»Ungewöhnliche Gäste im Ritz«), denn in der Tat illustrierte er das Unvermögen der größten europäischen Demokratie, ihre Bürger in Lohn und Brot zu setzen. Gleichzeitig konnte man mit dieser Geschichte auf willkommene Weise hervorheben, wie snobistisch und verlogen die britische Gesellschaft in ihrem Kern noch immer war und wie schlecht sie gegen die angeblich egalitäre »Volksgemeinschaft« im stolz-undemokratischen Nazideutschland abschnitt. Dass das Grillrestaurant des Ritz eigentlich geschlossen war, als die nationale Vereinigung der erwerbslosen Arbeiter ihre Aktion durchführte, wurde in den Verlautbarungen des Deutschen Nachrichtenbüros allerdings nicht erwähnt – in der britischen Presse aber sehr wohl.[30]

IN GROSSBRITANNIEN gab es auf den Straßen im Vergleich zu Deutschland etwa doppelt so viele private Autos – rund zwei Millionen, und das obwohl Hitlers erste Maßnahme als Reichskanzler die Reduzierung von Steuern auf den Verkauf neuer Automobile gewesen war. Das Problem in Deutschland lag in der allgemeinen Kaufkraft (beziehungsweise dem Mangel daran), und die war sogar bei der angeblich gut situierten Mittelschicht nur gering.

In Bezug auf den absoluten Besitz war die Abweichung sogar noch größer als eins zu zwei, denn in Großbritannien lebten nur 47 Millionen Menschen, während Deutschland 67 Millionen Einwohner hatte (79 Millionen nach den Annexionen von Österreich, dem Sudetenland und dem Memelland). Einer von 25 Briten besaß ein Auto, wohingegen es nur einer von sechzig Deutschen war. Der Autobesitz in den Vereinigten Staaten, der Heimat von Ford und General Motors, übertraf den in allen anderen entwickelten Gesellschaften noch bei Weitem. Im Jahr 1939 gab es dort mehr als 26 Millionen registrierte Privatwagen, was bedeutet, dass bei einer Bevölkerung von 131 Millionen auf jeden fünften Amerikaner ein Auto kam.[31]

Im Jahr 1937 hatte die Deutsche Arbeitsfront eine Umfrage durchgeführt, die für Deutschland einen Durchschnittslohn von 182 Reichsmark monatlich ermittelte. Davon wurden 85 Prozent für Miete, Heizung, Essen und Kleidung ausgegeben. Von dem bisschen, was übrig blieb, zahlte man vier Reichsmark für Möbel und Haushaltsgegenstände, sechs Reichsmark für Bildung, Unterhaltung und Freizeit, zwei für die Fortbewegung und magere achtzig Pfennig für Urlaube und Ausflüge. Eine Studie aus dem Jahr 1938 zeigte, dass eine vierköpfige Familie mit einem Jahreseinkommen von 2300 Reichsmark, die ein kleines Auto besaß und damit nicht mehr als 10 000 Kilometer im Jahr fuhr, für Essen, Wohnen und die Betriebskosten des Autos ihr gesamtes Einkommen aufwenden musste.[32]

Obwohl Deutschland den anderen Industrienationen so weit hinterherhinkte, verdreifachte sich dort zwischen 1933 und 1939 die Zahl der Privatwagen. Inge Luegs Vater, Manager beim Chemiekonzern Bayer, hatte Mitte der 1930er Jahre einen kleinen Opel gekauft. Die gut situierte Mittelstandsfamilie erregte damit in der Nachbarschaft Aufsehen, konnte in den Ferien ausgedehnte Reisen bis hinauf zur Ostseeküste unternehmen und auf dem Rückweg ins Rheinland noch Verwandte besuchen.[33]

Auch Erich Ebermayer besaß ein Auto. Während der Reichspogromnacht war er im Zentrum Berlins gerade auf dem Weg zum Parkplatz gewesen und Zeuge geworden, wie die Synagoge in der Fasanenstraße niederbrannte. Das Auto machte ihn mobil, und diese Mobilität gestattete es ihm, ein baufälliges Schloss in der Nähe von Bayreuth zu kaufen und dort zu wohnen.

Victor Klemperer, Wissenschaftler und eifriger Tagebuchschreiber, hatte sich im März 1936 einen gebrauchten Opel gekauft, eine Anschaffung, die ihn begeisterte und zugleich bedrückte. Denn zunächst musste er eine Fahrprüfung ablegen, und dann baute er an die Frontseite seines Hauses in Dölzschen bei Dresden eine Garage. All das kostete ihn viel Geld und Nerven. Zudem stellte die neue Bewegungsfreiheit für einen Mann wie ihn, der gerade wegen seiner jüdischen Herkunft seinen Lehrauftrag an der Technischen Universität verloren hatte, ein erhebliches finanzielles Risiko dar. Damals schrieb er:

> Das Auto ist am 2. März gekauft worden. 850 M – aber monatlich 19 M Steuern darauf. Opel 32 PS, 6 Zylinder, 1932 gebaut, ganz offener Wagen … Fahren kann ich ihn erst, wenn seine Papiere aus dem Brandenburgischen beschafft sind. Werde ich fahren können? Wie wird es mit meinen Nerven, wie mit meinem Geld sein? 19 M Steuern, 33 M Versicherung monatlich! Das Ganze ein Desperado-Abenteuer.[34]

Hitler saß zwar nie selbst am Steuer, war aber als glühender Autoliebhaber bekannt und genoss es, in hoher Geschwindigkeiten chauffiert zu werden. Schon in den frühen 1920er Jahren hatte er darauf hingewiesen, welche Vorzüge ein »motorisiertes Deutschland« hatte. Nachdem er an die Macht gelangt war, hielt er insbesondere auf Automessen ungeduldige Reden und drängte die Hersteller, günstigere Autos zu produzieren, die auch den einfachen Mitgliedern der »Volksgemeinschaft« die Freiheit der Straße eröffneten.

Schließlich schaltete sich der Staat in die Produktion ein. Der brillante Automobildesigner Ferdinand Porsche wurde damit betraut, einen »Volkswagen« zu entwerfen. Der Begriff Volkswagen war nicht neu und fand schon seit mindestens einem Jahrzehnt in Werbebotschaften und Verkaufsaktionen von deutschen Autoherstellern zur Bezeichnung erschwinglicher Personenkraftwagen Verwendung, und zwar in einem solchen Ausmaß, dass der Begriff Mitte der 1930er Jahre geschützt werden musste.[35]

Hitler bestand darauf, dass der günstige und effiziente Flitzer weniger als 1000 Reichsmark kosten sollte. Deutschlands bis dahin günstigstes Auto, der Opel P4, ein Produkt der deutschen Tochtergesellschaft des amerikanischen Konzerns General Motors, wurde mit einem Verkaufspreis von 1450 Reichsmark bald zum Ladenhüter. Obwohl die aus Detroit importierte fortschrittliche Fließbandtechnik weitreichende Kosteneinsparungen ermöglichte, konnte man mit dem Volkswagen nicht konkurrieren, da dieser aus Propagandagründen unter dem marktbasiertem Preis verkauft wurde.

Die Subventionierung des Volkswagens stellte eine weitere staatlich durchgesetzte Verwerfung in der deutschen Wirtschaft dar. Diese wurde bereits in unverantwortlicher Weise durch die unerhörten Wiederbewaffnungsanstrengungen verzerrt, die sich vor dem Hintergrund der Autarkiebestrebungen, aberwitzigen Budgetüberschreitungen und einer massiven Devisenknappheit abspielten. Da der Volkswagen an einfache »Volksgenossen« verkauft werden sollte, wurde das Projekt der Deutschen Arbeitsfront übergeben, die es an den Käufer bringen sollte, und zwar nicht wie üblich über Autohäuser, die es zum

Verkauf anboten, sondern ausschließlich mittels eines von der Arbeitsfront über ihren Freizeit- und Reiseveranstalter »Kraft durch Freude« (KdF) organisierten Sparplans. Man zahlte wöchentlich mindestens fünf Reichsmark ein und würde, sobald sich 750 Reichsmark auf dem Konto angesammelt hatten, eine Bestellnummer und einen Liefertermin für das Auto erhalten. Bei Lieferung waren die Empfänger verpflichtet, eine Versicherung für zwei Jahre abzuschließen, die 200 Reichsmark kostete – eine durchaus beträchtliche Summe. Die Arbeitsfront sollte das Projekt durch die Liquidierung von Vermögen subventionieren, das sie von den Vorgängerorganisationen der NS-Gewerkschaften »geerbt« hatte, die 1933 enteignet worden waren.

Porsche entwickelte den für ihn typischen ehrgeizigen Plan, ein eigenes Motorenwerk zu errichten, das während der ersten Phase 450 000 Fahrzeuge im Jahr produzieren und in der Nähe von Fallersleben in Niedersachsen errichtet werden sollte. Letztlich wollte man jährlich 1,5 Millionen KdF-Wagen produzieren, womit die Produktion in Fallersleben die Henry Fords in dem riesigen Werk River Rouge von Dearborn, Michigan, übertroffen hätte, die damals die größte Autoproduktionsstätte der Welt war.

Den Deutschland-Berichten der Sopade zufolge löste schon die erste Ankündigung einen Sturm auf die KdF-Verkaufsbüros aus, deren Mitarbeiter noch gar nicht richtig geschult waren. Auch die auszufüllenden Formulare standen erst mit Verzögerung zur Verfügung, und als sie schließlich vorlagen, stellte sich heraus, dass die Autoren des Bewerbungsbogens in der Hektik die wichtigste Frage an den Käufer vergessen hatten: »Sind Sie Mitglied der Nationalsozialistischen Volkswohlfahrt?«[36]

In jedem Fall war das Fahrzeug vorzüglich konstruiert und gestaltet. Zwei Erwachsene konnten vorne sitzen, und auf den Rücksitz passten drei Kinder. Der 995-Kubik-Heckmotor hatte eine Leistung von 23 PS, so dass eine Geschwindigkeit von hundert Kilometern pro Stunde erreicht werden konnte. Die war erforderlich, um den Verkehr auf den neuen »Reichsautobahnen« in Fluss zu halten. Der Volkswagen verbrauchte sieben Liter Benzin auf hundert Kilometern – was sich in einem schmalen Portemonnaie durchaus bemerkbar machte, denn Benzin war teuer. Seine runde, schalenförmige Form brachte dem Automobil den Spitznamen »Käfer« ein. Das Design war ungewöhnlich, modern und zukunftsweisend. Selbst die Funktionäre der Sopade mussten zugeben, dass dem Regime mit dem KdF-Wagen ein Coup gelungen war:

Werbung für Hitlers Lieblingsprojekt, den Volkswagen. Für den einfachen Volkgenossen blieb er immer ein Traum. Keiner kam jemals in den Besitz eines solches Autos, stattdessen machte es als Kübelwagen Karriere an der Front. Hätte man stutzig werden sollen angesichts der Spielzeugkanone, die der kleine Junge hinter sich herzieht?

> Für eine große Zahl von Deutschen bedeutete die Ankündigung des Volksautos eine große freudige Überraschung. Es entstand eine wahre KdF-Wagen-Psychose. Lange Zeit war in Deutschland innerhalb aller Schichten der Bevölkerung der KdF-Wagen ein Hauptgesprächsthema: Alle anderen bedrückenden Probleme – die innen- und außenpolitischen – wurden eine Zeit lang in den Hintergrund gedrängt. Der graue deutsche Alltag versank unter dieser Zukunftsmusik. Wo in Deutschland auf ihren Fahrten die Probewagen der neuen KdF-Konstruktion auftauchten, wurden sie von der Menge umlagert. Der Politiker, der jedem Menschen sein Auto verspricht, ist, wenn die Masse seinen Versprechungen Glauben schenkt, der Mann der Masse. Was den KdF-Wagen betrifft, so glaubt das deutsche Volk die Ankündigungen Hitlers.[37]

Es war wohl kein Zufall, dass in der *Pommerschen Zeitung* vom 12. November 1938 ein prominent platzierter, auf einer Pressemitteilung der Arbeitsfront basierender Artikel mit der Überschrift »Wie kommt man schnell zum KdF-

Wagen?« erschien. Der Rest der Zeitung war dagegen voll mit den furchtbaren Nachwirkungen der »Kristallnacht«, mit Berichten über die »jüdische Verschwörung« hinter dem Mord an vom Rath in Paris, über die brutalen neuen Restriktionsmaßnahmen gegen Juden und über gewaltige antisemitische Hassdemonstrationen, vor denen der örtliche Stettiner Gauleiter gesprochen hatte.[38] Über den KdF-Wagen nachzudenken – der stets für eine freudige Nachricht gut war – mag den Lesern wenigstens kurz ein Gefühl der Erleichterung verschafft haben.

Ende 1939 hatten 270 000 Deutsche sich angemeldet und 170 Millionen Reichsmark auf ein Treuhandkonto der Arbeitsfront eingezahlt, ohne dass bis dahin auch nur eine einzige Privatperson in den Besitz eines Autos gelangt war. Witze kursierten über die Gerissenheit, mit der Hitler und seine Regierung Normalbürger dazu überredet hatten, im Voraus für ein Auto zu zahlen, das erst noch produziert werden musste. »Adolf hat Köpfchen«, zitierte die Sopade einen Interviewpartner, »baut die größte Fabrik der Welt, ohne einen Pfennig seines eigenen Geldes dafür auszugeben.« Ein anderer äußerte sich mit einer zur Zeit passenden Einschätzung:

> Hat es jemals eine derartige Pfiffigkeit auf der Welt schon gegeben? Sich eine Ware bezahlen lassen, für deren einstige Herstellung die Fabrik gerade in den Bauanfängen begriffen ist. Da kann der gerissenste Jude nicht mit.[39]

Bis Ende 1940 hatten insgesamt 370 000 Sparer auf KdF-Wagen-Kontos eingezahlt – gemessen an der anfänglichen Begeisterung und den Zahlen, die zwischen 1937 und 1938 verbreitet worden waren, ein enttäuschendes Ergebnis.

Der Sicherheitsdienst der SS war insgesamt weniger beeindruckt als die Sopade, vielleicht weil er Einblick in die nackten finanziellen Tatsachen der ganzen Aktion hatte. In seinem Bericht nimmt er kein Blatt vor den Mund. Trotz einer großangelegten Verkaufskampagne der KdF-Organisation schien »das Volk« nicht willens oder in der Lage zu sein, den »Wagen für das Volk« zu kaufen:

> Die Bestellungen für den KdF-Wagen haben bis jetzt nicht den Erwartungen entsprochen, so dass die erste Jahresproduktion noch nicht abgesetzt werden konnte. Die Beteiligung der Arbeiterschaft wird mit nur 3–4 Prozent angegeben.[40]

Hauptsächlich wurde das günstige Auto für die Massen also von denen gekauft, die sich auch eines der anderen Modelle auf dem Markt hätten leisten können. Eine weitere Regierungsumfrage offenbarte dann, dass der durchschnittliche KdF-Sparer über ein sehr üppiges Jahreseinkommen von 4000 Reichsmark verfügte, etwa das Doppelte von dem, was ein typischer Arbeiter verdiente.[41] Und ein Drittel der Bewerber um ein KdF-Auto waren bereits im Besitz eines Wagens.

Das am häufigsten von echten Arbeitern gekaufte benzinbetriebene Fahrzeug blieb das Motorrad, das nur 250 Reichsmark kostete, und das am weitesten verbreitete private Verkehrsmittel war noch immer das mit Muskelkraft betriebene Fahrrad. In Deutschland gab es zu jener Zeit etwa zwanzig Millionen Stück.

Vor dem Hintergrund exorbitanter Rüstungsausgaben war der durchschnittliche deutsche Konsument schlicht und ergreifend zu arm, um die allgemeine Autokultur zu fördern, und er würde es noch über weitere zwei Jahrzehnte bleiben. Dennoch wurde das KdF-Wagen-Projekt – bis der Krieg dazwischenkam – unbeirrt vorangetrieben, als könnten Hitler und seine Gefolgsleute erreichen, dass Deutschland in dieser Hinsicht zu Amerika aufschloss, nur weil sie das eben wollten. Die deutsche Post brachte sogar eine Briefmarke mit dem Auto in Umlauf und gab damit der vom Regime betriebenen »Mischung aus Propaganda und Wunschpolitik« Ausdruck.[42]

DER TRAUM DES FÜHRERS von einem Auto, das die deutsche Gesellschaft in einem Maße motorisieren würde wie die amerikanische, blieb ein Traum. Nicht zum ersten und auch nicht zum letzten Mal gingen die gigantischen Pläne des Regimes weit über die Kapazität hinaus, die das Land zu ihrer Umsetzung bereitstellen konnte. Das deutsche Wort für dieses Syndrom ist »Machbarkeitswahn« und bezeichnet die fieberhafte Wahnvorstellung, dass alles und jedes sich am Ende dem Willen beugt, wenn dieser Wille – und besonders der angeblich biologisch überlegene *deutsche* Wille – nur stark genug ist. Es sollte sich in den folgenden Jahren zeigen, dass dieser Wahn nicht nur im relativ harmlosen Bereich der Konsumgüter herrschte.

Das Wort »Volk« beinahe jeder einfachen Artikelbezeichnung voranzustellen, wurde in der NS-Zeit üblich. Signalisiert wurde damit Erschwinglichkeit infolge Standardisierung, Massenproduktion und staatlicher Förderung. Die unterschwellige Botschaft war – wie schemenhaft auch immer – das Versprechen, eine glitzernde Massenkonsumgesellschaft werde auf die Zeit der

Eine deutsche Familie versammelt sich um den »Volksempfänger«, ein preiswertes, vom Staat subventioniertes Radiomodell. Jedermann konnte sich nun unterhalten lassen oder die neuesten Nachrichten verfolgen. Andererseits war er nun auch leichter zu erreichen für die Propanda des Regimes.

Entbehrungen folgen, sobald Deutschlands Bedarf an Rohstoffen (für die Rüstung) und an Land (für »Lebensraum«) gedeckt ist.

Nach dem Volkswagen war das erfolgreichste dieser Produkte der »Volksempfänger«. Im Januar 1933 gab es in Deutschland bereits vier Millionen Radiogeräte, doch Goebbels, der sich der Propagandavorteile bewusst war, die ein von den Nazis kontrolliertes Gerät für das Regime bedeuten würde, hatte auf die Entwicklung eines günstigen und universellen Radiogeräts beinahe von dem Moment an gedrängt, als die Nationalsozialisten die Macht übernahmen.

Der Prototyp eines solchen einfachen und schmucklosen Radios wurde noch im Jahr 1933 auf der Berliner Funkausstellung vorgestellt. Mit 76 Reichsmark kostete es etwas weniger, als ein gewöhnlicher Arbeiter in zwei Wochen verdiente. Die Gebühren für eine offizielle Radiolizenz von zwei Reichsmark pro Monat kamen noch hinzu. Bis zum Jahr 1937 war der Preis für ein Radiogerät bereits auf 65 Reichsmark gesunken, und ein kleinerer, noch einfacherer Apparat kostete 35 Reichsmark. Von der größeren Version waren bis 1938 rund 2,8 Millionen Stück verkauft worden. Der kleinere Empfänger, dem die Leute den spöttisch-zärtlichen Spitznamen »Goebbels-Schnauze« gegeben hatten, verkaufte sich 2,5 Millionen Mal. Goebbels' Anteil an diesem Verkaufserfolg gehörte zu den Leistungen, auf die der Propagandaminister besonders stolz war und die er entsprechend oft erwähnte. In demselben eisigen Tagebucheintrag (10. November 1938), in dem er die »Kristallnacht« bejubelte, stellte er etwa erfreut fest, dass gerade das zehnmillionste deutsche Radiogerät lizensiert worden war.

Für Goebbels war das Radio sein vielleicht erfolgreichstes und wirkungsvollstes Propaganda-Instrument, und er war klug genug, das Radioprogramm nicht ausschließich mit langatmiger, ermüdender Agitation zu bestreiten. Günter Hätte, damals ein Teenager in Hamburg, erinnerte sich:

> Die sogenannten kleinen Leute konnten sich nun endlich ein Radio leisten, die »Goebbels-Schnauze« machte es möglich. So hieß im Volksmund der subventionierte preiswerte Volksempfänger. Natürlich hatte der Reichspropagandaminister Goebbels dabei einen Hintergedanken: Das nationalsozialistische Gedankengut konnte nun bis in jede Familie hinein verbreitet werden, geschickt verpackt zwischen unterhaltsamen Musiksendungen. Jedenfalls ertönten von nun an in fast jedem Haushalt fröhliche Weisen, Volkslieder und vor allem Marschmusik. Ich erinnere mich noch gut an die Sonnabendnachmittage, an denen die volkstümlichen Unterhaltungssendungen übertragen wurden … In jenen Zeiten versammelten sich die Menschen vor dem Radio, wie heute vor dem Fernseher.[43]

Ob die staatliche Förderung des »Volksradios« beim rasanten Anstieg der Hörerzahlen eine Rolle spielte, ist umstritten. In anderen Ländern, in denen es keine staatliche Unterstützung gab, entwickelte sich das Radio ebenso schnell. In Großbritannien hatten im Jahr 1939 schon 66 Prozent der Haushalte Zugang zu einem Radiogerät, im Vergleich zu 46 Prozent in Deutschland. In Amerika betrug der Anteil fast neunzig Prozent.[44]

Das Fernsehen war am 22. März 1935 eingeführt worden, übertragen wurde aus einem Studio in Berlin-Witzleben, einem Ortsteil von Charlottenburg. Angeblich war es die erste öffentliche Fernsehstation der Welt. Eugen Hadamovsky, der Chef des deutschen Rundfunks, erklärte damals: »In dieser Stunde wird der Rundfunk berufen, die größte und heiligste Mission zu erfüllen: nun das Bild des Führers unverlöschlich in alle deutschen Herzen zu pflanzen.«[45]

Eine öffentliche »Fernsehstube« in Berlin. Bis zum Kriegsausbruch war Fernsehen für die meisten Deutschen nur in solchen öffentlichen Räumen möglich. Goebbels hegte Vorbehalte gegen den privaten Gebrauch wegen der noch unberechenbaren Wirkung des neuen Mediums.

In Großbritannien sollte die BBC erst im darauffolgenden Jahr ein eigenes Fernsehprogramm ausstrahlen, aber als es so weit war, sendete sie ein hochauflösendes Bild mit 405 Zeilen und war bald in der Lage, Tausende von Haushalten zu erreichen. Das deutsche System war technisch unterlegen, weil es mit mechanischen Kameras arbeitete und ein Bild mit nur 180 Zeilen sendete. Tatsächlich schien es zunächst, als bestehe der ganze Sinn der Übung darin, »Erster« zu werden und den Briten um jeden Preis zuvorzukommen. Allerdings wurde im Jahr 1937 mit dem Einsatz von ersten elektronischen Kameras die Bildqualität mit 441 Zeilen tatsächlich etwas besser als die der BBC.

Der entscheidende Unterschied in der Fernsehnutzung der beiden Länder betraf bezeichnenderweise die Anzahl der privaten Fernsehgeräte. In Deutschland richtete man öffentliche »Fernsehstuben« ein, um Zuschauer anzulocken. Obwohl die dort aufgestellten Apparate recht kleine Bildschirme hatten, waren diese Vorführräume anfangs sehr gut besucht. Dass dort Bilder von Ereignissen gezeigt wurden, die »live« passierten, war eine faszinierende Vorstellung. Fernsehstuben gab es zunächst nur in Berlin, dann in Potsdam und Leipzig und später in Hamburg. Ein paar Hundert Geräte wurden an prominente Nazis verteilt, unter ihnen Goebbels und Göring, sowie an hochrangige Vertreter des Medien- und Kunstbetriebs.

Angeblich haben 160 000 begeisterte Zuschauer die Olympischen Spiele von 1936 im Fernsehen verfolgt, wo sie täglich acht Stunden übertragen wurden. Extra für Olympia wurden weitere Fernsehstuben eingerichtet, von denen einige bis zu 400 Zuschauern Platz boten. Das noch immer winzige Bild, das gerade einmal die Größe eines DIN-A4-Blattes hatte, wurde für größere Zuschauermengen auf eine Leinwand projiziert. Zu einer der Lieblingssendungen entwickelte sich – in einem Polizeistaat vielleicht nicht überraschend – *Die Kriminalpolizei warnt!*. Diese frühe Version des Formats »Zuschauer helfen bei der Aufklärung ungelöster Verbrechen« erfreut sich bis heute ungebrochener Beliebtheit.

Im Grunde war das Programm eher langweilig, und es gab viele Wiederholungen. Weil die Bildqualität eher mäßig blieb, nahmen nach den Olympischen Spielen die Zuschauerzahlen stetig ab, und es gab Hinweise, dass die Fernsehstuben von manchen Berlinern eher als »billige Wärmequelle« geschätzt wurden.[46] Solange die Bildqualität schlecht war und die Bildschirme klein blieben, galt das Fernsehen – verglichen mit dem Radio oder dem Kino – als unkomfortabel. Vier Jahre nach den ersten Übertragungen schrieb ein auf das Fernsehen spezialisierter deutscher Journalist enttäuscht:

> An einem schönen Sommernachmittag hört man sich zwar Rundfunkmusik auf dem Balkon gern an, aber man geht nur ungern aus der Wärme und dem Licht ins Zimmer, um sich in der bedrückenden Schwüle des geschlossenen Raumes Bilder anzusehen.[47]

Erst 1939 wurde auf Druck der Hersteller, die in die Entwicklung der Technologie so viel investiert hatten, ein speziell für ein großes Publikum entwickeltes Fernsehgerät auf den Markt gebracht. Es war eine Art Pendant zum Volksempfänger, sollte 650 Reichsmark kosten – mehr als vier durchschnittliche Monatslöhne und zwei Drittel eines KdF-Wagens – und war damit ein weiteres Wunder der Technik, das auf absehbare Zeit für die Mittel- und Oberklasse reserviert und für die Massen unerschwinglich blieb.

Offenbar empfand man es nicht als angemessen, einen so teuren Artikel mit einem »Volks« zu versehen. Als das Gerät am 28. Juli 1939 auf der Berliner Funkausstellung im Beisein von Minister Goebbels vorgestellt wurde, nannte man es daher Einheits-Fernseh-Empfänger E1. Die ganze Apparatur inklusive separaten Lautsprechern hatte eine Länge von 64,7 Zentimetern, eine Höhe von 36,8 und eine Tiefe von 38,1 Zentimetern. Der angestrebte Bereitstellungstermin war Weihnachten 1939. Produziert wurden lediglich 10 000 Geräte.

Das Fernsehen in Deutschland war ein gemeinsames Projekt der Reichspost, des Propagandaministeriums und des Luftfahrtministeriums von Hermann Göring. Der Nutzen der Technologie für die Flugabwehr lag auf der Hand, aber man hoffte auch, eines Tages über eine geheime Sendeanstalt Befehle an weit voneinander entfernte Truppenteile der Wehrmacht ohne Verzögerung weitergeben zu können. Die Zusammenarbeit der Behörden garantierte einerseits eine großzügige Finanzierung, andererseits heftige Konflikte. Der erhoffte militärische Nutzen sorgte allerdings dafür, dass die an der Entwicklung beteiligten Stellen dem Projekt stets hohe Priorität einräumten.[48]

Im Vergleich dazu war das Fernsehen der BBC mit einem jährlichen Budget von nur 400 000 Pfund nichts weiter als ein armer Verwandter des Radios, das jedes Jahr drei Millionen Pfund zur Verfügung hatte. Dennoch konnten 1939 etwa 20 000 britische Haushalte Fernsehsendungen empfangen, von denen die meisten in einem Umkreis von zwanzig Meilen um den BBC-Sender angesiedelt waren, also um Alexandra Palace im Norden von London. Die Schwierigkeiten, mit denen das Fernsehen im kollektivierten, hochgradig kontrollierten Deutschland zu kämpfen hatte, waren den Briten fremd. Die Anzahl der verkauften Geräte hatte sich allein im Jahr zuvor verdoppelt. Insgesamt wurde die Zahl der regelmäßigen Zuschauer auf 100 000 geschätzt.[49] Über regionale Sendestationen wollte man bald 25 Millionen Zuschauer erreichen. Birmingham, das mit London schon über ein Hochleistungskabel verbunden war, sollte im Jahr 1940 den Anfang machen.

Im November 1938 sendete die BBC ihre erste Direktübertragung eines Westend-Theaterstücks. Die Aufführung von J.B. Priestleys Komödie *When we are married* am St Martin's Theater wurde vom Sender in Alexandra Palace über ein zuvor in der Londoner Innenstadt verlegtes Koaxial-Postkabel übertragen. Nach Absprachen zwischen Kinoketten, Organisatoren von Sportveranstaltungen und der BBC konnten bald auch größere Sportereignisse im Fernsehen gezeigt werden. Im Februar 1939 gelang den Kooperationspartnern mit der Übertragung des britischen Titelkampfs im Leichtgewichtboxen aus der Harringay Arena eine Premiere. Es kämpften Eric »Boy« Boon von den Fens und Arthur Danahar aus Bethnal Green, London. Der Boxkampf ging über 14 strapaziöse Runden. Die Übertragung war ein voller Erfolg und löste

Von 1938 an wurden auf der fußballverrückten Insel Fußballspiele von der BBC live im Fernsehen übertragen. Das erste war das Freundschaftsspiel England gegen Schottland am 9. April 1938. Schottland gewann mit 0 : 1 gegen den Gastgeber.

eine regelrechte Nachfrageflut nach Fernsehgeräten aus. In einer Vereinbarung zwischen der klammen BBC, dem National Sporting Club und den Boxpromotern erhielten Letztere das Recht, in einigen ausgewählten Kinos eine Live-Übertragung der BBC-Sendung vorzuführen, so dass das – zahlende – Publikum im Kino den ausverkauften Kampf verfolgen konnte, während er zur selben Zeit an anderer Stelle ausgetragen wurde. Tatsächlich brachte der Boon-Danahar-Kampf »einen völlig neuen Wirtschaftszweig auf den Plan«, wie John Macadam vom *Daily Express* schrieb:

> Das Ganze ist voller Chancen. Da sind zum einen die Boxkämpfe – die neue Fernseh-Kooperation ist bereit, mit sämtlichen Boxpromotern ins Geschäft zu kommen, auch mit Wembley und Harringay, wo in Kürze der Harvey-Gains-Kampf stattfindet. – Dann gibt es noch Profitennis und die jährliche Ruderregatta auf der Themse und das Fußball-Pokalfinale. Und da sind die Spiele der Auswahlmannschaften im Cricket und Rugby. Leute, einfach alles, was die Welt des Sports zu bieten hat.[50]

Macadam, einer der besten Sportjournalisten in jenen Jahren, erkannte sofort, dass die Zeiten vorbei waren, in denen Boxer ihre Karrieren mühselig aufbauen mussten, indem sie durch die Turnhallen der Provinz tingelten, bis sie mit etwas Glück zu einem großen Kampf vor einem Publikum von halbwegs einträglicher Größe antreten durften. »Heute«, schrieb er, »wo Fernsehen und Kino ihn dem Publikum aufdrängen, kann er über Nacht zum Star werden. Und wenn er ein Star ist, dann kann er mit einem einzigen Kampf mehr Geld verdienen als vorher mit einem Dutzend.« Das sollte auch für andere Sportarten gelten, aber Boxen wurde der Prototyp für diese Art von Erfolg.

Im Monat nach dem Kampf und einen Tag, nachdem Hitler in die Tschechoslowakei einmarschiert war, trat der Schwergewichtler Len Harvey aus Cornwall gegen Larry Gains aus Kanada an und gewann den Titel des British Empire. James Agate, der legendäre Journalist und Kritiker, verfolgte den Kampf auf seinem heimischen Apparat (»Ich schaute über das Medium des Fernsehens zu«) und berichtete lakonisch, dass der Kampf endete, als Harvey »ein wüstes Land über Gains' linkem Auge schuf«.[51]

Zweifellos wurde das Fernsehen in Großbritannien von der großen Masse und der Elite gleichermaßen gut beurteilt. Der *Express* führte eine Kampagne an, die die Ausweitung einer Dienstleistung forderte, die anscheinend jeder haben wollte. »Man sollte mehr Geld ausgeben. Das ganze Land muss Fernsehen bekommen.«[52] Es war *das* Ding der Zukunft, und die Fantasien der *Express*-Leser waren manchmal geradezu prophetisch: »Doch wie schön wird es erst sein, wenn wir über das Fernsehen einkaufen können!«, schrieb einer.[53]

Die Fernsehtechnologie schritt im beeindruckenden Tempo voran. Obwohl sie, erinnerte der *Express* seine Leser, »heute erst so alt ist wie das Radio im Zeitalter des Detektorempfängers, ist sie technisch sehr viel weiter«. Das galt für Großbritannien wie für Deutschland.

Während in Großbritannien der Hauptgrund für die Verzögerungen bei der Verbreitung des Fernsehens in der übertriebenen Sparsamkeit der Behörden lag, mag sich in Deutschland hinter der langsamen Verbreitung eine versteckte, ziemlich unheilvolle Logik verborgen haben. Das Regime war von jeder Art Technologie fasziniert, das Fernsehen machte da keine Ausnahme, aber es wollte sich unbedingt eine möglichst umfassende Kontrolle über alle öffentlich verfügbaren Medien sichern. Das Fernsehen war ein Live-Medium, man konnte nicht vorhersagen, was geschehen würde, und man konnte die Wirkung der sehr nah und vertraut wirkenden Bilder nicht einschätzen. Menschen, die diese Bilder in der Privatheit ihrer vier Wände sahen, konnten

Zwei der ersten »Stars« des britischen Fernsehens, die Moderatorinnen Elizabeth Cowell und Jasmine Bligh, bei einem Fototermin vor den TV-Studios in London. In Großbritannien fand das Fernsehen in allen Schichten von Anfang an viel Zuspruch, und es gab mehr Vorschläge zu seiner zivilen als zu seiner militärischen Nutzung.

darauf reagieren, wie sie wollten. Die Entscheidungsträger des Regimes, allen voran die Propagandakünstler in Goebbels' Ministerium, waren nicht sicher, wie sie damit umgehen sollten. Gewiss war nur, dass das technologische Wunder Fernsehen bejubelt werden musste.

Ein nicht von der Hand zu weisendes Problem bestand zudem darin, dass Goebbels, Hitler und andere NSDAP-Größen im Fernsehen womöglich nicht perfekt aussahen oder über ihren Text stolperten. Und was, wenn Hitler über das Fernsehen persönlich in die Haushalte kam und *abgeschaltet* wurde?[54] Für einen NS-Propagandisten war das geradezu unvorstellbar. Ein deutsches Filmmagazin der Zeit wies auf die Unwägbarkeiten hin:

> Im Fernsehfunk kann man nicht hinterher etwas herausschneiden oder hineinkopieren, wenn mal wieder ein Bild nicht so ist, wie es der Vorstellung entspricht. Wenn es in das Ikonoskop hineingeschlüpft ist,

dann rast es gedankenschnell durch den Äther und in das Fernsehbild hinein; und dann kann niemand die weniger gelungenen Stellen mit Schere oder Retusche hinauskomplementieren.[55]

Tatsächlich wandte sich niemand aus der ersten Garde der Nationalsozialisten jemals direkt über das Fernsehen an das Publikum. Von den Reichsparteitagen in Nürnberg im September 1937 und 1938 wurden zwar einzelne Szenen gesendet, aber das meiste davon war aus der Totale aufgenommen.

So oder so ließ sich das Radio wesentlich leichter kontrollieren, und die Autoritäten wussten es besser zu nutzen. Dies war letztlich der Grund dafür, dass während der ersten vier Jahre der Fernsehübertragung in Deutschland nur zuverlässige Parteimitglieder und führende Medienleute Fernsehbilder im eigenen Wohnzimmer empfangen durften. Ein allgemeiner und uneingeschränkter Zugang war nur für die öffentlichen »Fernsehstuben« vorgesehen. Wie in den Kinos konnten hier die Umgebung des Publikums und die gesendeten Inhalte bewusst gestaltet und kontrolliert werden.

Nachdem das »Volks«-Fieber den Deutschen spektakuläre Produkte wie den Volkswagen und den Volksempfänger geschenkt hatte, griff es schließlich auf den Wohnungsmarkt über. Es wurden »Volkswohnungen« geplant (günstige, mit großzügiger staatlicher Unterstützung und massengefertigten Bauelementen erstellte Etagenwohnungen), die die gravierende Wohnungsnot beseitigen sollten. Weil man die Mieten niedrig halten wollte, wurde in den Entwürfen die Elektrizitätsversorgung auf die Beleuchtung begrenzt, es gab lediglich Gemeinschaftsbadezimmer, und der Wohnbereich war äußerst knapp bemessen.[56]

Ob die »Volkswohnungen« auf lange Sicht ein Erfolg geworden wären, ist schwer zu sagen. Das Regime mochte damit prahlen, dass es für den täglichen Bedarf seiner Bürger sorgte, doch der Krieg – oder dass es dazu kommen könnte – hatte oberste Priorität. Das Programm der Volkswohnungen und die anderen Lebensverbesserungsprogramme für den deutschen Durchschnittsbürger scheiterten am Ende daran, dass schon in der Vorkriegszeit die Rüstungsindustrie absoluten Vorrang hatte. Sie beanspruchte alle Materialien, Kapazitäten und finanziellen Fördermittel, die in einer zivilen – »normalen« – Gesellschaft in die Befriedigung der allgemeinen friedlichen menschlichen Bedürfnisse geflossen wären.

Das Dritte Reich war immer noch ein kapitalistischer Staat, doch insgesamt viel stärker von der Regierung reguliert und gesteuert als Großbritannien oder die USA (selbst wenn man die Flut von staatlichen Eingriffen berücksichtigt, die auf Roosevelts Wahl und den »New Deal« folgten). Die Wiederaufrüstung wurde über alle vernünftigen ökonomischen Kalkulationen gestellt.

Als »Konsumgesellschaft« ließ sich das Reich – anders als Großbritannien oder Amerika – schwerlich bezeichnen. Und das galt trotz Vollbeschäftigung, Sozialstaatselementen und dem oberflächlichen Anschein von Wohlstand – dem »schönen Schein des Dritten Reichs«, wie es der Historiker Peter Reichel genannt hat – sowie der Vortäuschung von Überfluss mittels verschiedener »Volks«-Produkte. Tatsächlich waren nur ganz wenige dieser Produkte erfolgreich (so kam beispielsweise der »Volkskühlschrank« nicht über die Entwurfsphase hinaus).

Im Grunde gab es kein wirkliches Angebot und keine echte Nachfrage. Letztlich war der Nationalsozialismus eine streng kollektivistische Ideologie. Man war zwar gewillt, kleine und große Wirtschaftsunternehmen für sich einzuspannen, aber die Entscheidungen der Führungskräfte waren – anders als bei Baldwin, Chamberlain und den meisten Ministern in Großbritannien – nicht die von Kaufleuten, sondern die von Kriegsherren. In einem Prospekt, der für das Sparen auf einen KdF-Wagen wirbt, ist ein Bild mit einem kleinen Jungen zu sehen, der das neue Familienauto bewundert und wohl nicht zufällig eine Spielzeugkanone hinter sich herzieht.

ENDE APRIL 1939 saß Johann Eichhorn schon drei Monate lang im Gefängnis München-Stadelheim ein. Von Anfang an hatte er aus strategischen Gründen alle Vorwürfe abgestritten und nur zwei sexuelle Übergriffe aus dem Jahr 1928 zugegeben. Tatsächlich hatte er aber Dutzende von Frauen vergewaltigt oder sexuell angegriffen. Er war schließlich gezwungen, weitere Taten zu gestehen, weil mehrere der Frauen, die überlebt hatten, ihn identifizieren konnten, und wurde am Ende für 34 Vergewaltigungen angeklagt, von denen er nach und nach einige zugab.

Die Münchner Kripo, die mittlerweile einiges über Eichhorns Vorgehensweise und Charakter wusste, hegte den Verdacht, dass er auch in den einen oder anderen unaufgeklärten Frauenmord in der Region München verwickelt gewesen sein könnte. Eichhorn stritt ab, jemanden umgebracht zu haben, gab aber schließlich die ihm zur Last gelegten nichttödlichen Sexualdelikte zu.

Dann wurde am 25. April 1939 durch Zufall die Leiche von Maria Jörg in ihrem flachen Grab im Forstenrieder Park gefunden. Die Schusswunde am Kopf und die furchtbaren Genitalverstümmelungen glichen den Wunden anderer Mordopfer. Gegenstände, die in Eichhorns Besitz gefunden worden waren, und die Tatsache, dass er früher einmal eine Waffe besessen hatte, verstärkten den Verdacht, dass er an dem Verbrechen beteiligt gewesen war.

Doch Johann Eichhorn leugnete weiterhin hartnäckig, Frauen getötet zu haben. Ohne ein Geständnis war es schwierig, eine Verurteilung zu erreichen. Schließlich verschob man den Vergewaltigungsprozess, um mögliche Anklagen in den Mordfällen nicht zu behindern.[57]

IN DER WELT DRAUSSEN wurde nach der letzten Annexionswelle und dem opulenten Aufmarsch zu Hitlers fünfzigsten Geburtstag Bilanz gezogen.

Was kam als Nächstes? Wohin ging die Reise? Bis zur Invasion der Tschechoslowakei schienen die Briten die deutsche Vorherrschaft in Mittel- und Südosteuropa als Preis dafür zu akzeptieren, dass ein Angriff der Achsenmächte auf ihr Empire unterblieb. Nachdem aber Hitlers Armee Prag besetzt hatte, war selbst den hartnäckigsten Appeasement-Befürwortern in der britischen Elite klar, dass der »Führer« die internationale Ordnung mit ihren Übereinkünften, ihren Verträgen und Abkommen längst hinter sich gelassen hatte.

Die britischen Zeitungen füllten sich mit Gerüchten über Garantien für Polen, das wahrscheinlich Hitlers nächstes Opfer werden würde – allerdings las man zunächst nichts über konkrete und verbindliche Vorschläge oder den Rahmen solcher Garantien. Doch die Stimmung innerhalb der politischen Welt begann sich zu verändern. Plötzlich ging es überall um Abschreckung. Vor allem der Gedanke, dass Großbritannien zum ersten Mal in seiner Geschichte in Friedenzeiten eine Wehrpflicht einführen könnte, fand immer breitere öffentliche Unterstützung.

Als einzige der europäischen Mächte verlangte Großbritannien keinen Militärdienst von seiner männlichen Bevölkerung. Mit einer Armee von nur 180 000 Soldaten (die größtenteils über das gesamte Empire verteilt waren) und einer Landwehr von 130 000 Mann hätte alle Aufrüstung der Welt das Land nicht in die Lage versetzt, den vereinten Kräften von Deutschland, Italien und den Satelliten der Achsenmächte etwas entgegenzusetzen – ganz abgesehen von der Bedrohung durch Japan im Fernen Osten. Am 27. April 1939 legte daher Kriegsminister Leslie Hore-Belisha (wegen seiner jüdischen Herkunft ein beliebtes Ziel der NS-Propaganda) einen Gesetzentwurf zur Einberufung vor.

Das Gesetz, bekannt als »Military Training Act«, wurde am 26. Mai vom Parlament verabschiedet. Es war im Grunde nicht vergleichbar mit den

Modellen auf dem Kontinent. Alle körperlich gesunden zwanzig- und 21-jährigen Männer – insgesamt etwa 200 000 – wurden einberufen, aber nicht zum offiziellen Dienst in den Streitkräften, sondern – wie der Name des Gesetzes schon sagte – zu einer sechsmonatigen Ausbildung.

Die Auszubildenden wurden »Militiamen« genannt, um sie klar von den Berufssoldaten zu unterscheiden. Jeder erhielt eine Uniform, eine Ausrüstung und in hübsch unmilitärischer, an den Humoristen Wodehouse erinnernder Manier einen zivilen »Ausgehanzug«. Die Registrierung begann am 3. Juni über die Arbeitsämter, was den zivilen Charakter der Aktion noch unterstrich.

Janet Flanner, Korrespondentin des *New Yorker* in Paris, bemerkte in einem Kommentar, dass »die Briten sich noch immer mit all ihrer althergebrachten Würde bewegen«, und äußerte die Hoffnung, dass »es Herrn Hitler nichts ausmacht, auf sie zu warten«.[58]

Die traditionell antimilitaristische Labour-Partei war anfangs gegen den Gesetzentwurf. Ihr Anführer, Clement Attlee, argumentierte, dass er »das Land spalten« und vor allem die Verbündeten der Partei, die Gewerkschaften, verärgern werde. Diese befürchteten, dass auf die Einberufung die Mobilmachung der Industrie folgen könnte und die Rechte sowie die Löhne der Arbeiter angetastet würden. Doch am Ende war Labour bereit, zumindest nicht gegen das Gesetz zu stimmen. Im Gegenzug sollte die Regierung einer Ergänzung zustimmen, in der den Männern garantiert wurde, dass sie nach der Ausbildungszeit an ihre Arbeitsplätze zurückkehren konnten und für ihre Angehörigen gesorgt sei. Kriegsdienstverweigerer sollten geschützt werden.[59]

Chamberlain entschuldigte sich beinahe für die bedauernswerte Unvermeidlichkeit, einen Wehrdienst in Friedenszeiten einführen zu müssen:

> Wir befinden uns nicht im Krieg, doch wenn alle Länder sämtliche Ressourcen mobilisieren, um für den Krieg gerüstet zu sein, wenn das Vertrauen in die Erhaltbarkeit des Friedens untergraben wird und wenn jeder weiß, dass wir im Fall eines Krieges womöglich nicht innerhalb von Wochen, sondern innerhalb von Stunden in diesen eintreten werden, kann niemand behaupten, dass wir im eigentlichen Sinne des Wortes in Friedenszeiten leben.[60]

Winston Churchill attackierte aus der Anti-Appeasement-Fraktion der Partei des Premierministers heraus die Pläne als nicht weitgehend genug. »Sich einzubilden«, donnerte er im Unterhaus, »dass unsere europäischen Probleme durch einen Aufruf an 200 000 Jugendliche gelöst werden können, ist Selbstbetrug.«[61]

Etwas veränderte sich, und Erich Ebermayer, der die Sache von Berlin aus beobachtete, bemerkte es. »Großes tut sich in Großbritannien!«, schrieb er in sein Tagebuch. »Das Opfer der allgemeinen Wehrpflicht auf der Insel ist ein echtes Opfer, denn dort wird man nicht gern und freiwillig Soldat wie bei uns. Dass die Engländer bereit sind, ihrer Freiheit und ihrem Individualkult dieses Opfer zu bringen, ist ein interessantes Symptom.«[62]

Die Reaktion der jungen Briten, die von dem Einberufungsgesetz betroffen waren, fiel ziemlich unterschiedlich aus. Der erste Trupp von Auszubildenden sollte sich am 15. Juli in den Kasernen melden. Ein junger Grubenarbeiter aus Northumberland, der weniger als den Durchschnittslohn bekam, seine Arbeit nicht mochte und sich in dem Dorf, in dem er aufgewachsen war, gefangen fühlte, betrachtete die sechs Monate Militärausbildung als Pause, ja sogar als Erleichterung. »Warum?« schrieb Tony Cameron, damals zwanzig Jahre alt, vor seine schon fast leidenschaftliche Antwort:

> Weil ich sechs Monate außerhalb der verfluchten Kohlegrube verbringen kann – eine Sklavenarbeit – und wegen des wenigen Geldes, das wir für die mühselige Hin- und Herfahrerei in den Wannen erhielten … es war Sklavenarbeit … und es war nun einmal die einzige Chance, die ich jemals bekommen würde, um einmal etwas weiter aus diesem Dorf herauszukommen und einen Blick auf den Rest der Welt zu werfen …[63]

Albert Davies aus Shropshire erhielt zwar einen guten Lohn in der Bauwirtschaft, fühlte sich aber von seinem Vater tyrannisiert, der ihm von der Frisur bis zum Beruf alles vorschrieb und ihm wöchentlich nur ein Sixpencestück als »Taschengeld« überließ. Davies war froh, wenigstens für sechs Monate fortzukommen, und noch glücklicher machte ihn, dass sein Vater nichts tun konnte, um ihn davon abzuhalten. Er mochte bei der Bürgerwehr nur einen Schilling am Tag bekommen, aber es war immer noch mehr, als ihm zu Hause zugestanden wurde. Als er in den Zug nach Shrewsbury stieg, um sich zum Dienst zu melden, fand er ihn voller junger Männer in seinem Alter und mit demselben Vorhaben, und auch das war für ihn eine Freude.[64]

Die, denen die ganze Sache eher nicht behagte, waren Büroangestellte aus der Mittelschicht. In der Tat hatte das neue Wehrdienstgesetz einen egalitären Zug. Weil ausnahmslos alle jungen Männer unabhängig von ihrem

Hintergrund die gleiche Grundausbildung absolvierten, war dies vielleicht das erste Mal in der britischen Geschichte, dass den privilegierteren nicht von vornherein angeboten wurde, sich um eine Leitungsfunktion, also in diesem Fall um eine Offiziersstelle, zu bewerben. Dafür hätten sie der regulären Armee oder der aktiven freiwilligen Reserve beitreten müssen, was allerdings eine echte Verpflichtung bedeutet hätte und nicht nur eine sechsmonatige Unterbrechung ihrer Berufslaufbahn.

James Plant, der im Alter von 16 Jahren von der Schule abgegangen war und bei einer Exportfirma im Büro arbeitete, ignorierte die erste Vorladung und registrierte sich erst vorschriftsgemäß beim örtlichen Arbeitsamt, als ihm mit rechtlichen Konsequenzen gedroht wurde. Erich Ebermayer hatte Recht. Großbritannien war noch immer eine zivile, individualistische Gesellschaft – vor allem im Vergleich zu Deutschland, wo das Verhalten des jungen Plant sehr viel schlimmere Folgen gehabt hätte als eine schriftliche Mahnung von der Behörde. »Nun, ich glaube, mir fehlte einfach eine gewisse Kooperationsbereitschaft«, gestand Plant viele Jahre später:

> Denn zu dieser Zeit konnten wir einfach nicht einsehen, warum sie dich plötzlich haben wollten, bloß weil du 21 Jahre alt warst, und warum du deine eigentliche Aufgabe, deine Arbeitsstelle verlassen solltest, um zur Armee zu gehen. Ich denke mal, ich war einfach ein bisschen aufmüpfig, keine Ahnung.[65]

Fast alle widerwilligen »Militia«-Rekruten trösteten sich damit, dass die Ausbildung ja nur sechs Monate dauerte. Die Einstellung war: »Bring es hinter dich, vielleicht wird es sogar eine interessante Erfahrung.« Aber danach wollten sie so schnell wie möglich an ihren Arbeitsplatz oder in ihre Ausbildungsstätte zurückkehren. Ivan Daunt aus Chatham verfolgte wie viele seiner Altersgenossen auch die internationalen Nachrichten, und sie alle verstanden sehr gut, was vor sich ging. Aber sie waren jung und wollten ihr Leben genießen. Dass es tatsächlich einen Krieg geben würde, konnten sie sich, wie Daunt bemerkte, »irgendwie einfach nicht vorstellen«.[66]

NACH DER BESETZUNG von Böhmen und Mähren und Großbritanniens Aufrüstungsbemühungen gingen die Nazis dazu über, die »Einkreisung« als neue Gefahr für das Reich darzustellen. Bei der Rede zum Stapellauf der *Tirpitz* in Wilhelmshaven, einem Schlachtschiff der *Bismarck*-Klasse, wetterte Hitler gegen die britische Einmischung in deutsche Angelegenheiten und wärmte die alte Lieblingsbehauptung Wilhelms II. aus der Zeit des Ersten Weltkriegs wieder auf, dass die gerissenen Briten von langer Hand planten, Deutschland von seinen Feinden einkreisen zu lassen, um es schwach zu halten:

> Trotzdem dieses Deutschland jahrzehntelang der sicherste Garant des Friedens war und sich selbst nur seiner friedlichen Beschäftigung hingab, hat es andere Völker und besonders deren Staatsmänner nicht davon abhalten können, diesen Emporstieg mit Neid und Hass zu verfolgen und ihn endlich mit einem Krieg zu beantworten.
>
> Wir wissen heute aus den Akten der Geschichte, wie damalige Einkreisungspolitik planmäßig von England aus betrieben worden war. Wir wissen aus zahlreichen Feststellungen und Publikationen, dass man in diesem Lande die Auffassung vertrat, es sei notwendig, Deutschland militärisch niederzuwerfen, weil seine Vernichtung jedem britischen Bürger ein höheres Ausmaß von Lebensgütern sichern würde.
>
> Gewiss, Deutschland hat damals Fehler begangen. Sein schwerster Fehler war, diese Einkreisung zu sehen und sich ihrer nicht beizeiten zu erwehren. Die einzige Schuld, die wir diesem damaligen Regime vorwerfen können, ist die, dass es von dem teuflischen Plan eines Überfalls auf das Reich voll Kenntnis hatte und doch nicht die Entschlusskraft aufbrachte, diesen Überfall beizeiten abzuwehren, sondern diese Einkreisung bis zum Anbruch der Katastrophe ausreifen ließ.
>
> Die Folge war der Weltkrieg![67]

Als der Führer seine Rede in Wilhelmshaven hielt, unternahm Goebbels mit Hitlers Billigung gerade eine Ferienreise und befand sich an diesem Tag in Athen. Die Reise hatte in Budapest begonnen und führte ihn mit kurzen Abstechern nach Belgrad und Athen für zwei Wochen auf die Insel Rhodos, die zu dieser Zeit unter italienischer Besatzung stand. Der Minister hatte sich seine Pause verdient. Seine Frau Magda reiste derweil für sechs Wochen durch Italien, wo sie mit zahlreichen prominenten nationalsozialistischen Kulturliebhabern griechische und römische Architekturdenkmäler besichtigte. Unter anderem waren die Speers dabei, Hitlers Privatarzt Dr. Karl Brandt mit seiner Frau und der Bildhauer Arno Breker mit Frau.

»Endlich wieder Frieden«, schrieb Goebbels in sein Tagebuch.[68]

Weder von Athen noch von Rhodos – das er während der zwei Wochen nur für einen kurzen touristischen Ausflug nach Ägypten verließ – war ein Kontakt zu Hitlers Büro möglich. Um sich ein Bild davon zu machen, was in der Welt vor sich ging, musste Goebbels sich auf die täglich eingeflogenen Zeitungen verlassen – eine ungewöhnliche Situation für den normalerweise bestens informierten Propagandaminister.

Oberst Beck, der polnische Außenminister, war am 2. April nach London gereist. Zwei Tage später kündigte Chamberlain an, dass England Polen gegen Angriffe von außen schützen werde. Normalerweise hätte nun Goebbels für die von Hitler für nötig befundenen Gegenmaßnahmen den Ton vorgegeben, doch er war nicht da. Er war auch nicht da, als Hitler, wohl am 1. April 1939, den Chef des Oberkommandos der Wehrmacht, Wilhelm Keitel, beauftragte, den Plan für einen Angriff auf Polen (mit dem Codenamen »Fall Weiß«) so zu bearbeiten, »dass die Durchführung ab 1.9.39 jederzeit möglich ist«.[69]

Seit Monaten hatten Hitler und Ribbentrop versucht, die Polen in der Danzig-Frage und bei dem misslichen Thema Polnischer Korridor zum Einlenken zu bewegen. Es war für die Zeitgenossen nicht leicht, hier zwischen Schwarz und Weiß zu entscheiden, denn Anfang des Jahres 1939 war Polens Haltung in Europa durchaus umstritten. Im Oktober 1938 war das Land ohne Skrupel bereit, sich einen Teil der schwer angeschlagenen Tschechoslowakei unter den Nagel zu reißen. Im Westen wurden die Polen daher zuweilen als Freunde, wenn nicht als Verbündete Deutschlands betrachtet. Die missliche Situation der polnischen Juden Anfang November an der Grenze hatte zwar zwischen Berlin und Warschau für böses Blut gesorgt und schließlich zum Schrecken der Pogromnacht geführt. Doch pragmatisch betrachtet waren dies eher Schachzüge zweier benachbarter Mächte, deren Politik gleichermaßen antisemitisch war und sich nur hinsichtlich Ausmaß und Skrupellosigkeit unterschied. Keiner von beiden wollte sich mit Tausenden von staatenlosen Juden belasten, und beide wollten die Partie unbedingt gewinnen. Hätte das Schicksal seiner Eltern Herschel Grynszpan nicht dazu gebracht, Ernst vom Rath zu erschießen, wäre die »Polenaktion« zunächst wohl nur als ein unangenehmer, letztlich bedeutungsloser Vorfall zwischen zwei wenig sympathischen Regimen wahrgenommen worden.

Im Januar hatte Beck Hitler in Berchtesgaden besucht. Das Treffen schien recht freundlich verlaufen zu sein. Nachdem er mit der Strategie gescheitert war, als Gegengewicht zu Deutschland auf der einen und der Sowjetunion auf der anderen Seite ein »Drittes Europa« aufzubauen, versuchte der polnische

Außenminister, die Unstimmigkeiten mit Deutschland beizulegen. 1934, noch zu Zeiten von Polens altgedientem Militärmachthaber Marschall Piłsudski, hatten die beiden Länder einen Nichtangriffspakt unterzeichnet. Es wurde Zeit, diesen Pakt neu zu beleben. Man hatte bereits mit Deutschland darüber diskutiert, ob Polen eine eindeutigere antirussische Haltung einnehmen und eventuell sogar dem sogenannten Antikominternpakt (zwischen Deutschland, Japan, Italien und dem spanischen Franco-Regime) beitreten könne, wofür Deutschland im Gegenzug die polnischen Grenzen garantieren wollte. Ein starkes Polen sei angesichts der unüberwindlichen Feindschaft zwischen dem NS-Regime und der Sowjetunion in deutschem Interesse, hieß es.[70]

Doch es gab ein Problem: Hitler wollte die Grenze nur garantieren, wenn Polen zustimmte, dass die Freie Stadt Danzig an Deutschland fiel und ein etwa hundert Kilometer langer exterritorialer Korridor das Reich mit Ostpreußen verband, über den eine Autobahn sowie eine unbeaufsichtigte Eisenbahnstrecke verlaufen sollten. Seit Ostpreußen 1918 vom restlichen Reich abgeschnitten worden war, hatte es wirtschaftlich betrachtet erheblichen Schaden genommen. Nun sollte die historische Provinz über den Landweg wieder mit dem Reich verbunden werden.

Hitler versicherte Beck, Deutschland werde die Rechte der Polen in Danzig garantieren, Polen könne den Hafen der Stadt an der Weichselmündung weiter nutzen und ebenso den polnischen Hafen Gdynia, der direkt nach dem Krieg gebaut worden war und über den insgesamt 77 Prozent des polnischen Exports abgewickelt wurden. Aus polnischer Perspektive war die geplante Autobahn über den Korridor jedoch nichts anderes als eine Aufmarschtrasse für die Wehrmacht, die direkt nach Polen führte. Der exterritoriale Korridor bot außerdem die Möglichkeit, Polen von seinem schmalen Zugang zum Meer abzuschneiden, wann immer es Deutschland beliebte. Für die meisten Polen und für ihre Regierung war das inakzeptabel, und so endete das Treffen auf dem Berghof ohne Abkommen.

Auch eine Reise Ribbentrops Ende Januar nach Warschau brachte keine Fortschritte. Dennoch widmete Hitler Polen in seiner Reichstagsrede vom 30. Januar ein paar freundliche Worte und bekräftigte, dass gute Beziehungen zu Warschau ein Eckpunkt seiner Politik seien. (»Auch in den unruhigen Monaten des vergangenen Jahres war die deutsch-polnische Freundschaft eine der beruhigenden Erscheinungen des europäischen politischen Lebens«).[71]

Die Besetzung von Böhmen und Mähren sechs Wochen später und die Gründung einer unabhängigen Slowakei – die sehr schnell ein offizielles

Bündnis mit Deutschland schloss, das daraufhin Soldaten auf slowakischem Territorium stationierte – markierten einen radikalen Wendepunkt in den Beziehungen zwischen Berlin und Warschau. Die Wehrmacht stand nun im Norden, Westen und Süden an der polnischen Grenze. Ribbentrop wiederholte das Angebot, das Polen im Januar gemacht worden war – nur diesmal mit drohendem Unterton. Polen habe während des Ersten Weltkriegs nur mit deutscher Hilfe gegründet werden können,[72] erklärte er Beck und seinen Beratern. Das Land sei existentiell von freundlichen Beziehungen zu Deutschland abhängig.[73]

Weder die Versprechungen vom Januar noch die Drohungen vom März konnten die Polen bewegen, in der Frage Danzigs oder des Korridors nachzugeben. Oberst Beck machte sich auf den Weg nach London, um dort sicherzustellen, dass die Briten auf der Seite Polens standen, wenn die deutschen Drohungen akut werden sollten. Als er in der Victoria Station in London eintraf, trug er zur Verwunderung der britischen Presse keine Militäruniform und nicht einmal – wie das Empfangskomitee – Zylinder und Frack, sondern einen Kamelhaarmantel, einen braungestreiften Anzug und einen Schlapphut: Er sah aus »wie ein Mann auf einer Autospritztour«.[74] Trotzdem war er eine imposante Erscheinung. Er war genauso groß wie der schlaksige, 1,95 Meter große Lord Halifax, der ihn am Bahnhof begrüßte, aber von kräftigerer Statur. Sein Auftreten wirkte entschlossen. Er blieb bis zum 8. April in London, und man fand schließlich zu einer Einigung.

Als der sonnengebräunte Goebbels Mitte April 1939, einige Tage vor den Feierlichkeiten zu Hitlers Geburtstag, vom Mittelmeer nach Berlin zurückkehrte, waren die Würfel so gut wie gefallen. Beck hatte für ein vorläufiges Abkommen mit den Briten gesorgt, und auch die Franzosen hatten für den Fall eines deutschen Angriffs ihre Unterstützung für Polen zum Ausdruck gebracht. Die Frage war, wie bindend diese Garantien sein würden. Man sprach davon, dass Großbritannien Polen zu Hilfe kommen werde, sobald sich Warschau in seiner Unabhängigkeit bedroht sah. Aber wer sollte entscheiden, wann das der Fall war? Und würde Großbritannien eine unbefristete Verpflichtung eingehen?

Der *Daily Express*, der zwar zugab, dass der Ton in der deutschen Politik immer schärfer wurde, war durchaus nicht damit einverstanden, dass Großbritannien eine Garantie abgab oder sich an einem kollektiven Sicherheitsabkommen beteiligte. Nach der offiziellen Regierungserklärung zu den Verhandlungen mit Polen sprach sich am 4. April der Journalist George Malcolm

Thomson – Sprachrohr des Verlegers Lord Beaverbrook – in einem etwas schwammigen Leitartikel (»Die Öffentlichkeit hat die Politik der Regierung verändert, aber die Öffentlichkeit hat nicht immer Recht«) gegen eine Garantieerklärung für Polen aus. Großbritannien solle sich nicht vertraglich zur Wahrung der Bedürfnisse eines anderen Landes verpflichten und sich dadurch binden, selbst wenn dieses Land bedroht werde. Wer dies tue, setze die nationale Eigenständigkeit und die Zukunft des Empire aufs Spiel.

In seinem Widerstand gegen den Wandel in der britischen Regierungspolitik stand der *Express* ziemlich allein. Die übrige britische Presse unterstützte die Garantie vorbehaltlos – einmal abgesehen von der weit links stehenden Zeitung *Daily Worker* (»Hinter der Verschwörung zur Isolierung der Sowjetunion steht Chamberlain. Die Chamberlain-Regierung hat Oberst Beck und andere Nazi-Unterstützer in Polen ermutigt, diese Verschwörung durchzuführen«) und von der rechts außen stehenden faschistischen Zeitung *Action*, die kurz und bündig feststellte: »Polen ans Judentum verpfändet«.

Auch im Unterhaus war die Unterstützung überwältigend. Der *Manchester Guardian* teilte seinen Lesern mit: »Seit dem Jahr 1914 war sich das Unterhaus in außenpolitischen Fragen nicht mehr so einig wie heute.« Das war ein etwas seltsamer Vergleich, wenn man bedenkt, welch ungeheures Gemetzel ein Vierteljahrhundert zuvor auf diese Einigkeit gefolgt war.[75]

Es stimmt, dass ohne die Probleme um Danzig und den Polnischen Korridor sowie die daraus resultierenden Spannungen mit Berlin das autoritäre Regime in Polen mit Deutschland und Italien wohl ebenso viel gemein gehabt hätte wie mit den westlichen Demokratien – wenn nicht mehr. Beck war nämlich nicht nur auf britische Kredite zur Unterstützung der polnischen Militärmacht aus, sondern auch auf die Unterstützung der britischen Regierung bei der Umsiedlung der »überschüssigen« Juden seines Landes in geeignete Regionen des Britischen Empire.[76] Das war eine merkwürdige, leicht verstörende Mischung von Erwartungen. Letztlich wurde für die »überschüssigen Juden« nichts erreicht, und auch die Kreditverhandlungen sollten sich für beide Seiten äußerst schwierig gestalten.[77]

Als Antwort auf eine Botschaft von Präsident Roosevelt, der von Deutschland Zusicherungen verlangt hatte, dass es in internationalen Angelegenheiten nicht zum Einsatz von Gewalt kommen werde, hielt Hitler am 28. April im Berliner Reichstag eine Rede, die in Deutschland übereinstimmend als äußerst gelungen beurteilt wurde, da sie in der Argumentation gerissen war und gespickt mit echtem Scharfsinn. Noch einmal rief er darin mit großem

Nachdruck die Leiden des deutschen Volkes nach 1918 in Erinnerung, die aber den Wunsch seines Landes – das sich gerade bis an die Zähne bewaffnete –, den Frieden zu wahren, nicht schmälerten. Er zählte die angeblich gerechtfertigten Forderungen Deutschlands auf, die er in dieser Rede zum ersten Mal umfassend der Öffentlichkeit präsentierte. Warschau müsse der Rückgabe von Danzig an Deutschland zustimmen und ebenso einem exterritorialen deutschen Zugang nach Ostpreußen über den sogenannten Korridor (wodurch aber eben der polnische Zugang zum Meer blockiert worden wäre). Die Rede enthielt überdies einen heftigen Angriff auf die britische »Einkreisungspolitik«, die Hitler als Vorwand diente zur Aufkündigung des britisch-deutschen Flottenabkommen von 1935 (das die Größe der deutschen Marine begrenzte). Noch bedrohlicher war, dass er auch den deutsch-polnischen Nichtangriffspakt von 1934 für beendet erklärte. Hitler behauptete, die Polen hätten den Vertrag selbst annulliert mit der britischen Garantieerklärung, die sie Anfang des Monats ausgehandelt hatten.

Anders als die Machtspiele mit der Tschechoslowakei, bei denen viele Deutsche gemischte Gefühle gehabt hatten, fanden Hitlers Forderungen in Bezug auf Danzig und einen extraterritorialen Zugang nach Ostpreußen fast durchgängig Zustimmung. Die Abtrennung der alten deutschen Handelsstadt Danzig und das Abschneiden der östlichen Provinz des Reiches durch einen polnischen Zugang zum Meer waren zentrale Bestimmungen des Friedensvertrags, die viele Deutsche nicht verwinden konnten und als »Schmach von Versailles« empfanden. Selbst Erich Ebermayer hatte sich Anfang des Jahres in einem für ihn untypischen Überschwang zu dem Eingeständnis hinreißen lassen, dass der Führer zumindest bei diesem Thema recht habe:

> Das Schwierige für uns Regimegegner ist, dass auch in dieser Frage, ähnlich wie bei Deutsch-Österreich, etwas weniger ähnlich wie bei den Sudeten, die Vernunft für Hitlers Forderungen spricht. Die Abtrennung Danzigs vom Reich, der mit dem Lineal gezogene »Korridor« ist und bleibt ein Unding. Wer einmal mit dem Wagen durch diesen Korridor gefahren ist, wer diesen Versailler Widersinn erlebt hat, kann verstehen, dass ein wiedererstarktes Deutschland da eine Bereinigung wünscht. Hitlers Forderung: Danzig deutsch, exterritoriale Verbindung – also ohne Visa und Zoll durch den »Korridor« – nach Ostpreußen erscheint nicht unberechtigt …[78]

Als Ebermayer diese Gedanken im Januar 1939 seinem Tagebuch anvertraute, war er soeben erst aus dem Winterurlaub in der demokratischen Schweiz zurückgekehrt. Er hoffe, schrieb er weiter, dass der »schlaue« Oberst Beck – der sich gerade zu einem »freundschaftlichen« Besuch in Berchtesgaden aufhielt – nicht in der Stimmung ist, in dieser Sache einen Konflikt mit Deutschland zu riskieren, sondern vielleicht sogar den Willen hat, echte Zugeständnisse zu machen. Ebermayers Hoffnungen auf Frieden zerschlugen sich schnell. Nach den Ereignissen vom April 1939 – und besonders nach Hitlers Rede vom 28. April – verhärteten sich die Positionen des polnischen Außenministers und der polnischen Öffentlichkeit. In seiner Rede am 5. Mai vor dem Sejm, dem polnischen Parlament, blieb Beck höflich, aber standhaft:

> Frieden ist ein kostbares und erstrebenswertes Gut. Unsere Generation, in Kriegen blutbefleckt, verdient den Frieden zweifellos. Doch Frieden, wie beinahe jedes Gut dieser Welt, hat seinen Preis, einen hohen, aber benennbaren Preis. Wir Polen kennen die Vorstellung von Frieden um jeden Preis nicht. Der Preis, den wir nicht zu zahlen bereit sind, heißt Ehre.[79]

Bis zum Abend dieses 5. Mai hatte das Deutsche Nachrichtenbüro die deutsche Presse wie schon während der Sudetenkrise im vergangenen Jahr emsig mit Berichten über Gräueltaten versorgt, nur dass diesmal die Polen und nicht die Tschechen beschuldigt wurden, die deutsche Minderheit in ihrem Land zu verfolgen. Die Rede war von einem »Strom deutscher Flüchtlinge als Folge des polnischen Terrors« in und um Thorn (polnisch Toruń), der größten Stadt innerhalb des »Korridors«.[80] Am nächsten Morgen titelte die *Ostdeutsche Morgenpost* in der oberschlesischen Grenzstadt Beuthen: »Was sagen Sie dazu, Herr Beck? Polen verlangen Breslau – Hitler an den Galgen«. In anderen Schlagzeilen hieß es: »Polen verlangen Marsch auf Berlin«.[81] Es folgten zahlreiche Artikel in ähnlichem Tonfall, gespeist aus Vorlagen des Propagandaministeriums. Hans Fritzsche, ein bekannter Radiokommentator und hochrangiger Beamter im Propagandaministerium, gab nach dem Krieg zu, dass in dieser Zeit bei den Besprechungen im Propagandaministerium die Möglichkeit eines deutschen Angriffs auf Polen ganz offen angesprochen wurde. Die daraus folgende Pressekampagne sei letztlich nur eine »Propagandawaffe« gewesen, die Begleitmusik der Panzer, Flugzeuge, Granaten und Kugeln, die den physischen Konflikt entscheiden würden.[82]

Für die Briten war trotz ihrer Hilfszusage an die Polen noch längst nicht abgemacht, dass die polnische Ehre ausreichte, um an Warschaus Seite in den Krieg zu ziehen. Unter vier Augen ermutigte Chamberlains Regierung die Polen weiterhin, mit Deutschland zu verhandeln. Nach Becks »Ehren«-Rede versuchte Cadogan mit erheblichen Aufwand, »Beck davon abzuhalten, gleich auf die Palme zu gehen, falls Danzig sich für das Reich entscheiden sollte, und empfahl ihm, in einem solchen Fall die Freie Stadt zunächst unter Quarantäne zu stellen«.[83]

Der britische Premierminister hatte das Versprechen an Polen abgelegt, um die öffentliche Meinung und seine eigenen Kritiker bei den Torys zu beruhigen. Nach der deutschen Besetzung von Prag hatte es Rufe nach einer Umstrukturierung der Regierung gegeben, möglicherweise mit einem neuen Oberhaupt. Chamberlain hoffte andererseits, dass sowohl Hitler als auch die Schwarzmaler im eigenen Land von seinem neuen Gesetz zum »verpflichtenden Militärtraining« und von der allgemeinen Verstärkung der britischen Streitkräfte abgeschreckt würden.

Hore-Belisha rechnete offenbar damit, dass Chamberlain sein Versprechen brechen würde, sobald es ging. Zu einem Bekannten meinte er, der Premierminister scheine zu glauben, dass »eine markige Rede hier und da völlig ausreichend« sei und dass er gar nicht vorhabe, »irgendetwas zu tun«, wenn Hitler auf seinem Standpunkt beharrte. Jedenfalls sei »Neville [Chamberlain] immer noch der Meinung ..., dass er Hitler und Mussolini kontrollieren kann und dass die beiden ihn brauchen«.[84]

Bei leichter Kritik an Deutschland verhielt sich die Regierung noch immer wie in der Hochphase der Appeasement-Ära. Einer der Mitarbeiter des Premierministers sagte der BBC, es sei »definitiv nicht wünschenswert, dass in Zeiten wie diesen außenpolitische Themen in einer kontroversen Atmosphäre diskutiert werden«. Im Gegensatz dazu warnte der gut vernetzte Anti-Appeasement-Parlamentarier, Autor und Diplomat Harold Nicolson im Mai im Magazin *The Spectator*: »Die Öffentlichkeit wird über das Ausmaß und die Bedrohlichkeit der uns unmittelbar bevorstehenden Gefahr nicht informiert. Ich glaube, dass unser Land in diesem Augenblick alarmiert sein *sollte* und beunruhigt sein *sollte*.«[85]

Pragmatisch gesehen war Danzig bis auf Kleinigkeiten wie ein polnisches Postamt, einige polnische Zollbeamte im Hafen (Danzig stand mit Polen in einer Zollunion) und einer theoretischen Unterordnung unter Polen in außenpolitischen Angelegenheiten durch und durch deutsch. Bis zum Jahr 1939 war es überdies gründlich nazifiziert worden – politische Unterdrückung, Einparteienstaat, Rassegesetze, Gestapo, alles das gab es dort. Einem Informanten der Sopade zufolge, der im April 1939 einen Bericht nach Paris übermittelte, bezweifelten in Danzig aber sogar einige Hitler-Unterstützer, dass es sich lohnte, für den Stadtstaat einen Krieg vom Zaun zu brechen. Für sie selbst würde das nur Nachteile bedeuten, denn die Bewohner der Freien Stadt Danzig waren von der Sparpolitik ausgenommen, die den Reichsdeutschen auferlegt war – ganz abgesehen davon, dass ihre Heimatstadt sich im Fall einer erzwungenen Einverleibung ins Reich in ein polnisch-deutsches Schlachtfeld verwandeln würde. Ein NS-Funktionär berichtete von einem Abend, an dem Überlegungen zum Schicksal von Danzig angestellt worden waren:

> Ich saß eines Abends mit einigen SA-Führern in einem Danziger Restaurant zusammen, und das Thema war natürlich den ganzen Abend über »der Krieg«. Ein Sturmführer, den ich gut als alten Nazi kenne, erklärte dabei unter anderem: »Ich begreife eigentlich den Führer nicht recht. Wieso will er Danzig haben? Er wird es natürlich sehr gut wissen, und darauf vertraue ich auch. Eigentlich ist doch Danzig aber so gut wie deutsch. Was unterscheidet uns noch vom Reich? Lebt die deutsche Bevölkerung hier nicht gut? Der Völkerbund hat schon lange nichts mehr in Danzig zu sagen, und Polen doch eigentlich auch nicht.« Das hörten sich die übrigen fünf an, ohne dass irgendeiner widersprach. Im Gegenteil, ein anderer Sturmführer sagte sogar später noch: »Wenn es hier losgeht, haben wir hier nichts zu lachen! Da hat man immer geglaubt, alles ist darauf eingerichtet, dass Polen mit uns geht, und jetzt fängt es hier an. Es ist doch viel besser, erst die anderen allein zu erledigen, und nachher kommt dann Polen dran.« Und ein dritter, der zwar nicht vom Krieg, aber vom »Anschluss« sprach, meinte: »Na, wenn wir zum Reich kommen, dann hat's aufgehört mit der Butter und dem Schweinefleisch, dann werden wir auch alle Zichorie trinken.«[86]

Dennoch stand außer Frage, dass Berlins Präsenz in Danzig stetig zunahm. Im Mai 1939 berichtete die Sopade:

> Die Danziger politische Polizei ist durch die reichsdeutsche Gestapo verstärkt worden. Im Hotel »Reichshof« sind etwa 350 Mann untergebracht worden, die größtenteils aus Memel hierhergekommen sind.

> Mitte Mai rückte in das Danziger Polizeipräsidium etwa eine Hundertschaft ostpreußischer SS in voller Kriegsausrüstung ein. Auch die Parteiformationen werden immer noch im Alarmzustand gehalten.[87]

Ein bewaffneter Naziputsch war während dieser Wochen eine reale Option. Sozialistischen Informanten zufolge hielt sich hartnäckig das Gerücht, dass ein solcher am 13. Mai 1939 stattfinden würde. Am Ende marschierten einige SS- und Partei-Einheiten durch die Innenstadt, und dabei blieb es, denn die Polen hatten wohl damit gedroht, im Fall eines Aufstands sofort loszuschlagen.[88]

Wie Hitlers Vertraute und hochrangige Militärstrategen wussten damals viele längst, dass im August über Danzigs und Europas Schicksal mit Gewalt entschieden werden würde. Bis auf ein paar kleine Änderungen, die man an diesem Plan noch vornahm, war aller Lärm nur dazu gedacht, die Deutschen auf den Krieg vorzubereiten.

7

Juni/Juli 1939

Schön, schön, schön ... Blau und Sonnenschein überall

REISEN MIT DER ORGANISATION »KRAFT DURCH FREUDE«, egal ob innerhalb Deutschlands oder ins Ausland, scheinen trotz der zaghaften, aber hartnäckigen Gerüchte, dass es um Danzig einen Krieg geben könnte, im ersten Halbjahr 1939 weiterhin sehr begehrt gewesen zu sein. Nach mehr als einem Jahr hysterischer Propaganda, Anspannung und Sorge hatte Hitler mit dem Münchner Abkommen wieder einmal ganz ohne Krieg einen Sieg errungen, und in gewisser Weise lebten die Deutschen inzwischen mit der Anspannung. Vielleicht vertrauten sie darauf, dass es dem Zauberer aus der Reichskanzlei auch in Zukunft gelingen würde, mit Kalkül und einer gewissen Unverfrorenheit weitere Territorien zu gewinnen, ohne dass es zum Krieg kam.

Im Lauf des Jahres 1939 kamen 140 000 »Volksgenossen« in den Genuss, an einer Seereise des KdF-Programms teilzunehmen. Millionen weitere traten subventionierte Inlandsreisen an – ans Meer, in die Wälder und Berge, in malerische Städte und idyllische Dörfer – die Liste der Reiseziele war lang. Wenige Jahre zuvor war das Reisen für die meisten Menschen noch ein unerfüllbarer Traum gewesen. Ein gesetzlich festgelegtes Minimum an bezahltem Jahresurlaub gab es in der Weimarer Republik nicht, und die Regelungen waren je nach Arbeitsplatz ganz unterschiedlich. Eine Umfrage aus dem Jahr 1933 unter den 42 000 Arbeitern der Siemenswerke in der Reichshauptstadt ergab, dass siebzig Prozent von ihnen ihre freien Tage noch niemals außerhalb Berlins verbracht hatten.[1] Im Zuge der Gründung der KdF als Unterabteilung der Deutschen Arbeitsfront im November 1933 erklärte das NS-Regime, dass der deutsche Arbeiter Anspruch auf zwei bis drei Wochen bezahlten »Erholungsurlaub« habe, so dass die neue Organisation nicht nur Sportvereine und kulturelle Feierabendangebote zu organisieren hatte, sondern auch – und vor allem – Urlaubsreisen.

Sowohl die neue Urlaubsregelung als auch die Subventionierung des Massentourismus durch das Regime waren raffinierte Propagandaschachzüge, die über die Gleichschaltung der Gewerkschaften und die Abschaffung der Betriebsdemokratie hinwegtäuschen sollten – Folgen der Anfang des Jahres 1934 eingeführten repressiven Arbeitsgesetze. Die Urlaubsangebote der KdF trugen nicht wenig dazu bei, dass Millionen von Arbeitern ihre anfänglich feindselige Haltung aufgaben und sich trotz allen Unmuts über niedrige Löhne und lange Arbeitszeiten schließlich mit dem Naziregime arrangierten.

Selbst die Sopade-Berichte spiegelten den Umschwung zugunsten des Regimes, sobald es um die KdF ging. »Ja, so etwas hat uns der Staat früher nicht geboten, da sind wir aus unserem Nest nicht herausgekommen«, sagte einer der Befragten. Und ein anderer: »Heute sieht man, wo die Gewerkschaftsbeiträge bleiben.« Besonders Frauen, beobachtete ein Interviewer, »erzählen monatelang von den schönen Reisen und begeistern damit auch ihre Umgebung«.[2]

Rudolf Urbahn, damals ein Teenager in Berlin, räumte später ein, dass die KdF auch auf ihn einen gewissen Zauber ausgeübt habe:

> Nach der Machtübernahme Hitlers kamen zunächst die für uns angenehmen Seiten. Nach drei Jahren gab es statt Massenarbeitslosigkeit fast Vollbeschäftigung, was wohl jeder von uns als das Wichtigste empfunden hat. Als besondere Errungenschaft haben viele die Organisation »Kraft durch Freude« ... angesehen ... Da konnte sich auch mal der kleine Mann eine Kreuzfahrt leisten. »Auf nach Madeira«, hieß es da, oder »Ab in die norwegischen Fjorde«.
>
> Mir persönlich bleibt die freudige Erinnerung, dass ich als 19-Jähriger das erste Mal richtig Urlaub machen konnte. Bis dahin stets von Berlin nach Leipzig zu den Großeltern, fuhren jetzt mein Freund und ich mit einem KdF-Sonderzug für zehn Tage nach Fischbach am Inn in Bayern. Das Ganze kostete mit Fahrtkosten, Vollpension und zwei Busausflügen 49,50 Reichsmark, und das war selbst für damalige Verhältnisse richtig geschenkt.[3]

Das Regime brachte die Urlauber bevorzugt in kleinen Pensionen, Gasthöfen, Ferienhäuschen oder Bauernhöfen auf dem Land unter. Das passte zum einen zu der ideologischen Abneigung der Nazis gegen große Unternehmen und bescherte den Bewohnern der wirtschaftsschwachen ländlichen Regionen, die Ferienzimmer anboten, ein verlässliches Zusatzeinkommen. Darüber hinaus hielt diese Art der Unterkunft die Kosten gering und trug nicht zuletzt dazu bei, die Deutschen zusammenzubringen.

Wenn die Teilnehmer von KdF-Reisen in größeren Gasthöfen und Hotels auf das normale, nicht subventionierte Publikum trafen, konnten die großen Unterschiede in der Behandlung der Gäste durchaus zu Reibereien führen. So bemerkte eine KdF-Gruppe im Harz, dass den privaten Gästen ein Abendessen mit mehreren Gängen serviert wurde, während sie sich mit einem Eintopf begnügen mussten. Unter anderem wurde der Vorwurf erhoben, eine derartige Diskriminierung verdienter »Volksgenossen« sei unpatriotisch. Da die Vollzahler nicht mit einer bescheideneren Verpflegung abgespeist werden konnten, sah der Hotelier sich in diesem Fall gezwungen, auch den KdF-Gästen ein üppigeres Abendessen zu servieren. Dass den KdF-Touristen weniger geboten wurde als anderen Feriengästen, war durchaus nicht ungewöhnlich. Sie wurden schlechter verpflegt, lebten in beengten Unterkünften oder primitiven Ferienanlagen und wurden vom Servicepersonal oft arrogant behandelt.[4]

Die KdF hatte eine große Palette von Ausflügen im Angebot. Besonders beliebt waren die Wochenendreisen zu Ausflugszielen in der Nähe, an denen 1937 rund 6,8 Millionen Deutsche teilnahmen, in den Jahren 1938/39 gingen die Zahlen dann leicht zurück. Ähnlich war die Entwicklung bei Wanderausflügen, die in eine eigene Abteilung gehörten, sowie bei längeren Reisen bis zu 15 Tagen, die bis zum Jahr 1937 auf 1,4 Millionen Teilnehmer jährlich anstiegen und 1939 dann auf etwa eine Million sanken. Letzteres war zu einem gewissen Teil darauf zurückzuführen, das sich das Militär immer öfter in Alarmbereitschaft befand und ein großes Kontingent an Eisenbahnplätzen für den Transport von Soldaten bereitgestellt wurde.[5]

Besonders luxuriös waren die Auslandsreisen auf Kreuzfahrtschiffen. Im Jahr 1939 hatte die KdF-Organisation eine Flotte von zwölf Schiffen, von denen sie acht erworben hatte, zwei – die *Monte Olivia* und die *Dresden* – charterte sie bei der HAPAG beziehungsweise dem Norddeutschen Lloyd in Bremen, zwei weitere waren eigens für die KdF gebaut worden: die *Wilhelm Gustloff*, benannt nach einem Schweizer Naziführer, der im Jahr 1936 von einem jüdischen Studenten ermordet worden war, und die *Robert Ley*, der 27 000 Bruttoregistertonnen schwere Tribut an den Chef der Deutschen Arbeitsfront, der dadurch nicht gerade in den Verdacht persönlicher Bescheidenheit geriet. In Hamburg gebaut und im März 1939 in Hitlers Anwesenheit vom Stapel gelassen, wurde die *Robert Ley* zum Flaggschiff der KdF-Flotte. Sie bot Platz für 1750 Passagiere zuzüglich Besatzung, verfügte über ein zweistöckiges Theater mit Kino, 5000 Quadratmeter Deckfläche, eine Sporthalle und ein Schwimmbad, auf dessen Wänden sich Meerjungfrauen zwischen Delphinen und Oktopussen vergnügten.[6]

Die Gesamtzahl der Teilnehmer an den KdF-Kreuzfahrten war relativ gering, aber ausreichend, um diese Reisen zum Symbol für die egalitäre »Volksgemeinschaft« zu machen, die die Nazis nach eigenem Bekunden errichtet hatten. Die Zeitungen waren voll mit Bildern von glücklichen Urlaubern einer auf den ersten Blick klassenlosen Gesellschaft, die sich auf den für die meisten Deutschen unvorstellbar luxuriösen Schiffen amüsierten. Angeblich wurden die Kabinenplätze verlost, doch in Wahrheit erfolgte die Unterbringung auf den gecharterten Schiffen nach äußerst diskriminierenden und überdies kommerziellen Kriterien, so dass die Kabinen der ersten und zweiten Klasse hauptsächlich an Beamte und Büroangestellte gingen. Auf den eigens für die Organisation gebauten Schiffen, wo die Kabinen alle die gleiche bescheidene, aber halbwegs komfortable Größe hatten, waren solche Bevorzugungen im Prinzip von vornherein ausgeschlossen.[7]

Und dennoch gab es sie, sobald echte Nazigrößen an Bord waren. Das zeigte sich etwa Ende des Jahres 1938, als Karl Brandt, Hitlers Leibarzt, mit seiner Frau und der Frau von Jakob Werlin eine Mittelmeer- und Adriakreuzfahrt unternahm. Werlin war der Autohändler, der Hitler den ersten Mercedes verkauft hatte und später einer seiner Vertrauten und Direktor bei Volkswagen wurde. Von Anfang an sonderte sich die Gruppe um Brandt von den anderen Passagieren ab, bestand bei den Mahlzeiten auf dem besten Tisch und beanspruchte die ungeteilte Aufmerksamkeit des Kapitäns und der Offiziere für sich. Bei Landausflügen stellte man den Herrschaften private Transportmittel zur Verfügung, während die große Masse der Teilnehmer entweder zu Fuß ging oder sich in Busse quetschen musste. »Dass diese Art von Vorzugsbehandlung auf einem KdF-Schiff nicht gerade dazu beitrug, die Stimmung der Urlauber zu heben, ist verständlich«, kommentierte ein SD-Agent, der über die Kreuzfahrt berichtete, und bestätigte damit, dass nicht nur missgünstige Exil-Sozialisten das ausgeprägte Anspruchsdenken der Nazi-Eliten verurteilten.[8]

Die Urlaubsziele, die im Angebot waren, reichten von den norwegischen Fjorden über Madeira, Italien, die Adriaküste und Istanbul bis zum Schwarzen Meer und Nordafrika, einschließlich der italienischen Kolonie Libyen, wo es Mussolinis faschistischen Kräften gelungen war, eine langjährige Rebellion der Einheimischen gegen die Fremdherrschaft niederzuschlagen. Abgesehen davon, dass diese Reisen mit exotischen und anregenden Erlebnissen verbunden

Die NS-Organisation »Kraft durch Freude« sollte die Deutschen für das NS-Regime einnehmen, und das dürfte auch vielfach gelungen sein. »Volksgenossen«, die ihren Heimatort oft noch nie zuvor verlassen hatten, konnten mit etwas Glück eine luxuriöse Seereise ins Mittelmeer oder in die Fjorde Norwegens unternehmen.

waren, hielten sie auch eine nützliche politische Lehre bereit: Angesichts der Armut der Durchschnittsbevölkerung in den bereisten Ländern konnte sich der KdF-Reisende, so bescheiden seine Lebensumstände auch sein mochten, glücklich schätzen, zur tüchtigen und fürsorglichen deutschen Volksgemeinschaft zu gehören.[9] In den faschistischen und sonstwie befreundeten Ländern (Italien, Portugal und sogar Griechenland unter dem Diktator Metaxas) wurden die Ausflugsgruppen an Land oft von örtlichen Politikern oder Gewerkschaftern empfangen und bei der Begrüßung patriotische Lieder angestimmt.

Trotz ihrer nichtmilitärischen Natur trugen die KdF-Kreuzfahrten einiges zu der wachsenden Präsenz der Deutschen auf den Meeren bei – ein Eindruck, der noch dadurch verstärkt wurde, dass deutsche Kriegsschiffe sich für Begegnungen mit KdF-Kreuzfahrtschiffen feierlich herausputzten.

Das Leben auf den Kreuzfahrtschiffen war entsprechend den Grundsätzen des gesamten KdF-Imperiums kommunitaristisch. Der Tag begann früh morgens um 6.30 oder sieben Uhr mit einem Trompetenstoß. Es folgten Freiübungen bis zum Frühstück, dann eine Flaggenparade zu vom Schiffsorchester dargebotener patriotischer Musik und das Absingen der KdF-Hymne »Freut euch des Lebens«. Erst dann konnten die Urlauber zwischen verschiedenen Aktivitäten an Bord oder an Land auswählen. Snobistisches Verhalten oder auffälliges Geldausgeben wurden nicht gern gesehen, genauso wenig Versuche, andere durch Schmuck oder teure Kleidung zu übertrumpfen.

Von den »Volksgenossen« wurde auf Reisen also Disziplin erwartet. Da an Bord Alkohol ausgeschenkt wurde und viele alleinreisende Männer – ob nun Ledige oder Ehemänner ohne ihre Frauen – unter den Teilnehmern waren, ließ die Disziplin aber hin und wieder zu wünschen übrig. Schlechtes Benehmen war durchaus keine Seltenheit. Nazifunktionäre »im Dienst« taten sich besonders dabei hervor, jede sich bietende Gelegenheit, über die Stränge zu schlagen, auch zu nutzen. Ein Sopade-Informant gab zu Protokoll, solche Männer

> haben hier die willkommene Gelegenheit, sich ausser Reichweite ihrer Ehefrauen von den Strapazen ihrer schweren Amtstätigkeit zu erholen. Jeder kann ein kleines intimes Erlebnis mit nach Hause bringen, und all dies verdankt er dem Führer, der auch die Sexualwünsche seiner Getreuen auf diese Art befriedigt.[10]

Von den Funktionären und Reiseleitern an Bord wurde erwartet, dass sie über jedes Problem, das während der Reise auftrat, einen Bericht anfertigten, und natürlich gab es überall Agenten des SD, die auf ungebührliches Verhalten achteten. Da recht große Gruppen überwiegend männlicher Passagiere aus unterschiedlichen Regionen des Reiches auf solchen Reisen aufeinandertrafen und sich die angeblich typische Solidarität unter den Deutschen aller Klassen und Regionen nicht immer so recht einstellen wollte, gab es zuweilen ernste Konflikte an Bord. Auf einer dieser Reisen eskalierten diese zwischen einer Gruppe aus Schlesien und einer aus dem Rheinland derart, dass man sich nicht mehr gemeinsam in einem Raum aufhalten wollte. Auf einer anderen Reise kam es zwischen Schlesiern und Westfalen unter dem Einfluss von Alkohol sogar zu Handgreiflichkeiten, als die Westfalen die Reisenden aus dem Osten als »Polacken« und »polnische Schweine« beschimpften. Die Mitglieder der Crew mussten dazwischengehen und die Streithähne mit Gewalt trennen.[11] Beide Vorfälle ereigneten sich auf der gecharterten *Dresden*, wo die Art der Unterbringung Neid und Missgunst beförderte und Klassen- und Herkunftsunterschiede betonte.

Der Gigantismus, von dem die KdF-Kreuzfahrten geprägt waren, beschränkte sich nicht auf die Schiffe. Auf der Insel Rügen im Ferienort Prora errichtete die Arbeitsfront die größte Ferienanlage, die die Welt je gesehen hatte, was in gewisser Weise eine Abkehr von der Politik der Förderung von kleinen oder privaten Bettenanbietern darstellte.

In acht riesigen Wohnblocks über eine Länge von fünf Kilometern am Ostseestrand sollten 10 000 kleine Appartements untergebracht werden, die nach modernen Standards recht dürftig ausgestattet waren (mit gemeinschaftlichen Duschen, Waschräumen und Toiletten). Auch das Essen und die Unterhaltung sollten dezidiert gemeinschaftlich sein. Der Entwurf erhielt auf der Pariser Weltausstellung im Jahr 1937 einen Grand Prix. Tausende von Arbeitern waren an dem gewaltigen Projekt beteiligt. Aber so wie niemals ein »Volksgenosse« einen KdF-Wagen in Empfang nahm, verbrachte auch keiner seine Ferien in der Anlage in Prora, denn die Ereignisse vom September 1939 führten dazu, dass sie nie vollendet wurde. Die schon fertiggestellten Gebäude wurden dem Kriegsgebrauch übergeben.[12]

In der Werbung und den Presseberichten zu den KdF-Strandurlauben wurden stets attraktive, gesunde und arisch aussehende Männer und Frauen – Letztere oft mit Zöpfen und ungeschminkt – in legerer Freizeitkleidung und zuweilen sogar im Badedress gezeigt. Die Frauen durften zwar attraktiv und sportlich wirken, aber keinesfalls sexy – ganz im Einklang mit der offiziellen Vorliebe des Naziregimes für häusliche Bescheidenheit und die eher subtilen Merkmale gesunder Weiblichkeit, was gleichbedeutend mit Fruchtbarkeit war. Wie Deutschland und die Deutschen sein sollten – voller »Freude«, aber nicht zügellos, voller »Kraft«, aber nicht hedonistisch –, wurde in den KdF-Bildern nahezu perfekt zum Ausdruck gebracht.

Gegen den Unmut der Deutschen über die immer wieder aufgeschobene Belohnung in allen Lebensbereichen wirkte das KdF-Programm ziemlich zuverlässig – ebenso als Methode zur Förderung von Gehorsam, Zustimmung und Genügsamkeit.

FÜR DIE ELITE DES REICHES GALT NICHT, was sich für den einfachen »Volksgenossen« ziemte, wie etwa das Verhalten Karl Brandts und seiner Begleiter gegenüber den übrigen Passagieren auf dem Kreuzfahrtschiff offenbarte. Die Abschaffung der Klassen war im Sinne dieser Herrschaften, solange für sie selbst eigene Gesetze galten. Gern ließen sie sich mit ihren Familien ablichten beim Löffeln des kargen Eintopfgerichts zugunsten der Winterhilfe (meist Erbsen- oder Linsensuppe mit Wurst oder Speck), doch in Wahrheit führten die meisten Parteiführer – wie die Mehrheit der Deutschen durchaus wusste – ein ausgesprochen luxuriöses Leben.

Erich Ebermayer, der während der Vorkriegsmonate einmal zu einem Ball im Wohnhaus des Ministers für Kirchenangelegenheiten geladen war, fand dort eine glamouröse, sehr gemischte Schar von Gästen vor, vor allem Theater- und Filmleute. Man tanzte, bediente sich am kalten Buffet und unterhielt sich mit Klatsch und Tratsch. Laut Ebermayer ging es an diesem Abend hauptsächlich darum, ob die Frau des SA-Stabschefs Viktor Lutze, die im schulterfreien Designer-Abendkleid erschienen war, beim Betreten des Raums tatsächlich den Hitler-Gruß gewagt hatte – was man nach allgemeiner Übereinkunft von Parteimitgliedern mit »goldenem Abzeichen« schon erwarten konnte, und Paula Lutze war, wie ihr Mann, NSDAP-Mitglied der ersten Stunde. Später drehte Ebermayer mit der Dame eine Runde auf der Tanzfläche. Dabei erzählte sie ihm munter, dass sie an diesem Tag mit dem Privatflugzeug des SA-Führers nach Hannover geflogen sei, wo ihr Mann einst Gauleiter gewesen war, um »Knickerbocker für ihren Sohn« zu besorgen. Am Flugfeld in Hannover habe bereits eine Limousine für den Einkaufsbummel bereitgestanden, die von ihrem Mann aus Berlin dorthin beordert worden war. Auf diese Weise war Frau Lutze so rechtzeitig nach Berlin zurückgekehrt, dass sie sich in ihr schulterfreies Kleid werfen und pünktlich auf dem Ball des Ministers erscheinen konnte. – Saus und Braus im Nazistil.

Was man den ersten Damen des Staates nachsah, wurde ansonsten von der Presse gerne gerügt. So veröffentlichte die *Freiburger Zeitung*, die für sich in Anspruch nahm, die Ansichten von echten deutschen (das heißt »Blut-und-Boden«-) Frauen zu Gehör zu bringen, unter der Rubrik »Stimmen aus dem Landvolk« regelmäßig Angriffe auf Frauen, die sich modisch kleideten:

> Jene Sorte von »modernen« Frauen, die oft nur aus Bequemlichkeit oder gar der »mädchenhaft schlanken« Linie wegen schon gar keine Kinder wollen, sollen sich ein Beispiel an unserer Altbäuerin aus dem Schwarzwald nehmen.
>
> Das Deutschland von heute braucht Mütter und Arbeitsmenschen und keine Modepuppen, die für den Mann nur Spielzeug und für das Gesamtvolk nur Blindgänger sind![13]

Ruth Andreas-Friedrich, geschieden und mit einer Tochter im Teenageralter, war ohne Zweifel schlank und elegant und mag zu jener Kategorie von »Modepuppen« gehört haben, die den Sittenwächtern des Regimes so verdächtig waren. Auch ihre Arbeit bei der Frauenzeitschrift *Die junge Dame*, in der es unter anderem um Gesundheit, Kosmetik und Beziehungsratschläge für jüngere Frauen ging, galt als potenziell überflüssig und möglicherweise schädlich. Dementsprechend sah man sich dort der Kritik durch die offizielle Presse ausgesetzt. Die SS-Zeitung *Das schwarze Korps* beschrieb *Die junge Dame* als »eine Frechheit«, weil das Magazin »Eleganz, lackierte Nägel und ein Filmstarlächeln« fördere. Man könnte meinen, dass es gerade Ruth Andreas-Friedrichs Beiträge in dem Magazin waren, die die Aufmerksamkeit der Kritiker auf sich zogen – und dass ihre Texte den Gegnern unterschwellig etwas von ihrer subversiven Tätigkeit verrieten, ohne dass sie genau wussten, worum es wirklich ging.[14] Glücklicherweise hatten die Wachhunde des Regimes aber keine Ahnung, dass Andreas-Friedrich und ihr Kreis keineswegs nur ein attraktives, mehr oder weniger unbedeutendes kulturelles Beiwerk waren.

Freilich trugen auch im Deutschland des Jahres 1939 nicht alle Frauen eine Zopffrisur und züchtige Kleidung. Freizügigkeiten gab es durchaus, aber der Umgang damit war auf eine schon absurde Weise widersprüchlich. Weibliche Film- und Bühnenstars wie Zarah Leander, Ilse Werner, Kristina Söderbaum und die unglückselige Lída Baarová traten stets sorgfältig geschminkt und in teuren Garderoben auf. In den Zeitungen warben die örtlichen Konfektionsgeschäfte für die aktuelle Sommerkollektion, posierten nymphenartige Damen in schicken Kleidern, Mänteln und Hüten, hier und da in Begleitung äußerst attraktiver und aus irgendeinem Grund fast immer schnurrbärtiger Herren. Die Mode unterschied sich nicht wesentlich von der, die in der englischen Presse einem zahlungskräftigen Publikum angeboten wurde. Aber gerade der widersprüchliche Umgang mit den Vorstellungen davon, wie die Frauen zu sein hätten, offenbarte, dass das Regime sich mit dem, was es schon erreicht hatte, nicht zufriedengeben würde. Die nationale Mission, die Besessenheit vom Krieg und die Überzeugung, dass er geführt werden würde, wenn es darauf ankam, ließ alles andere zurücktreten. Was Frauen wünschten, war da nicht weiter von Bedeutung.

Doch selbst in der Führungsriege der NSDAP gingen die Vorstellungen bezüglich der Frauen weit auseinander. Heinrich Himmler, der von Rasse und Reinheit besessene SS-Chef, scheint jedenfalls aufrichtig von seinem erdverbundenen Zopf- und Dirndl-Weiblichkeitsideal überzeugt gewesen zu sein, genau wie Walter Darré, der extreme »Blut-und-Boden«-Rassetheoretiker und Reichsbauernführer, der seit 1933 auch Reichsernährungminister war. Darré sprach sich sogar dafür aus, die weibliche Bevölkerung in »zuchtwert« (zur Fortpflanzung geeignet) und »zuchtunwert« (zur Fortpflanzung ungeeignet) zu unterteilen.

Hitler selbst bevorzugte dagegen glamouröse, gut angezogene Frauen. »In seiner Münchener Privatwohnung«, schrieb der Historiker des Dritten Reichs, Hans-Ulrich Thamer, »bewahrte Hitler in einer besonderen Urkundenmappe Fotos von Frauen auf, für die er schwärmte – meist Filmschauspielerinnen, Tänzerinnen oder Sportlerinnen. Es befindet sich nicht eines jener bezopften BDM-Mädchen darin, mit denen ihn die offizielle Propaganda abzubilden beliebte.«[15] Göring hatte nach dem Tod seiner ersten Frau Carin, einer Schwedin, die bekannte (und sehr elegante) Schauspielerin Emmy Sonnemann geheiratet. Die Frau des obersten SA-Führers Lutze war nach eigenen Angaben auch nicht gerade anspruchslos. Und Goebbels trennte sich zwar nicht von seiner Frau Magda, der Mutter seiner Kinder und dem Symbol mustergültiger deutscher Weiblichkeit, aber er leistete sich immer wieder Affären mit attraktiven Schauspielerinnen, darunter die schöne Tschechin Baarová, die so ganz und gar nicht dem arischen Ideal entsprach.

Die höchste deutsche Nazifunktionärin war die Reichsfrauenführerin Gertrud Scholtz-Klink, die dem Himmler/Darré-Bild von Weiblichkeit recht

Das süße Leben im Dritten Reich: Stars der Tobis-Film auf einer Münchner Silvesterfeier an der Jahreswende 1938/39. Die glitzernde, elegante Filmwelt hatte nur recht wenig mit dem zu tun, was das Regime predigte. So waren die Filmstudios in Babelsberg und in München-Geiselgasteig in mehrfacher Hinsicht Traumfabriken. Gerade unter den Künstlern gab es viele, die aus rassischen oder politischen Gründen ausgeschlossen wurden. Sie wurden Opfer der Verfolgung oder verließen das Land. Einige landeten in Hollywood, wo wenigen eine Karriere gelang, wie etwa Paul Henreid.

genau entsprach. Die dynamische und hochgradig ehrgeizige 36-jährige Mutter von vier Kindern propagierte den offiziellen Mutterkult und die Ideologie von der natürlichen Ungleichheit zwischen Mann und Frau. »Die deutsche Frau muss arbeiten und arbeiten«, betonte sie immer wieder, »körperlich und geistig muss sie dem Luxus und dem Vergnügen abschwören.«

Scholtz-Klink besuchte Großbritannien im März 1939 auf Einladung der Anglo-German-Fellowship und der Women's League of Health and Beauty, die von Lady Prunella Douglas-Hamilton, geborene Stack, geleitet wurde. Die Fellowship, eine auf den ersten Blick unpolitische Organisation, die das Verständnis zwischen den beiden Ländern fördern sollte, war in Wirklichkeit eine Hochburg hartnäckiger Appeasement-Befürworter, die zuweilen regelrecht profaschistisch agierten. Die 25-jährige Lady Douglas-Hamilton hatte erst kürzlich einen Sohn des Dukes of Hamilton geheiratet und damit den Adelstitel erworben. Die Women's League of Health and Beauty (eine Organisation, die von ihrer verstorbenen Mutter, Mrs Mary Bagot Stack, gegründet worden war) hatte auf ihrem Höhepunkt im Jahr 1936 mehr als 100 000 Mitglieder. Danach waren die Mitgliederzahlen stetig gesunken, unter anderem weil viele Frauen sich in ihrer Freizeit nun weniger ihrem Wohlbefinden widmeten, sondern an Erste-Hilfe-Lehrgängen oder Luftschutzübungen teilnahmen. Lady Douglas-Hamilton hatte im Sommer zuvor, als die Sudetenkrise noch schwelte, Deutschland besucht und bei Scholtz-Klink gewohnt. Die »Kraft durch Freude«-Gesinnung hatte sie gleichermaßen beeindruckt und verunsichert.[16]

Wie der *Daily Mirror* berichtete, wollte Gertrud Scholtz-Klink, die in der Zeitung als »Hitlers Perfect Nazi Woman« bezeichnet wurde, sich bei ihrem Besuch in Großbritannien ein Bild von »den sozialen Bedingungen machen«.[17] Es war so etwas wie ein letztes »Hurra« auf die Appeasement-Ära. Aber schon bei ihrer Ankunft am Croydon Airport am 7. März wurde wohl vorsätzlich ein Reifen ihres Wagens zerstochen, und ihre Auftritte waren vielfach begleitet von Protesten der Kommunisten und Antifaschisten. Im Londoner Claridge's gab man ein aufwändiges Dinner für sie, an dem neben Mitgliedern der Anglo-German-Fellowship auch viele prominente Londonerinnen teilnahmen, darunter Lady Halifax, die Frau des britischen Außenministers. Anwesend waren zudem Vertreter der deutschen Gemeinde in London, führende Mitglieder der britischen Frauenorganisationen und natürlich Angehörige der deutschen Botschaft, unter ihnen der omnipräsente Theo Kordt. Am nächsten Tag führten »Ladys« der Women's League in ärmellosen Blusen und blauen Satinhöschen Frau Scholtz-Klink vor, wie sie sich mit Dehnungs- und Gymnastikübungen fit hielten.

In der deutschen Presse fand der Besuch von Frau Scholtz-Klink keine besondere Beachtung. Es gab lediglich kurze, mehr oder weniger nichtssagende Berichte mit dem Tenor, ihr Besuch diene dazu, »Missverständnisse zwischen den beiden Nationen zu beseitigen«.[18] In Großbritannien war die Presse sehr viel bissiger und hackte ungeniert auf dem uneleganten und verdrießlich wirkenden Erscheinungsbild der Besucherin herum. Neben der jüngeren und für ihre Schönheit berühmten Lady Douglas-Hamilton wirkte die nur gut zehn Jahre ältere Leiterin des NSF in der Tat recht unvorteilhaft. Richard Baxter, ein britischer Journalist, der später in einem unglaublich frauenverachtenden Buch die staatsgefährdende Rolle attackierte, die britische Frauen in der Appeasement-Zeit angeblich gespielt hatten, beschrieb Scholtz-Klink als die »Frau mit den größten Füßen, die ich jemals gesehen habe«.[19] Der Londoner *Evening Standard* formulierte weniger grob, aber ebenso unverblümt:

> Deutschlands weiblicher Führer trägt kein Makeup. Aus dem Flugzeug, das sie aus Berlin hergebracht hatte, stieg sie in Kleidung, die Herr Hitler für Nazifrauen angemessen findet. Sie trug schlichte schwarze Schuhe, dunkle Strümpfe, einen schwarzen Umhang aus seidenartigem Material, ein schwarzes Schneiderkostüm mit weißer Bluse und einem Tuch im Schottenmuster. Auf dem Revers ihres Kostüms war ein Nazi-Abzeichen zu sehen. Sie trägt ihr blondes Haar in um den Kopf gewickelten Zöpfen. Ihr Gesicht ist sommersprossig, und ihre Augenbrauen sind ungezupft.[20]

Wie die Fotos zeigen, war Frau Scholtz-Klink im herkömmlichen Sinn nicht als hübsch zu bezeichnen, und vermutlich waren ihr schulterfreie Abendkleider fremd. Sie war ziemlich groß und schlank, mit »klassischen« deutschen Zügen, wie ein Kommentator es ausdrückte, aber offenbar fehlte ihr die Gabe, andere zu bezaubern. Dafür war sie tüchtig und eine begabte Rednerin. Wenn sie etwas guthieß, konnte sie sogar lächeln, wie ein Foto im *Daily Express* beweist, das sie zeigt, während sie Lady Douglas-Hamiltons Damen bei ihren Freiübungen zusieht. Auf einem Foto im *Manchester Guardian* strahlt sie sogar ein Baby an bei ihrem Besuch der »Mothercraft Training School« in Highgate im Norden Londons. Eine Reporterin, die sie 1937 für die *New York Times* interviewte, beschrieb sie als »eine freundliche Frau Mitte dreißig, blond, blauäugig, schlank, mit ebenmäßigen Gesichtszügen« und der Ausstrahlung »sanfter Weiblichkeit«.[21] Eine Historikerin, die nach dem Krieg ihre Bekanntschaft machte, erlebte sie keineswegs als fade und in ihren politischen Ansichten noch immer erschreckend fanatisch. Für ihr Auftreten fand sie die Worte »lächelnd ... stolz, sportlich und gepflegt«.[22]

Frau Scholtz-Klink traf in London wohl auf so manches Vorurteil. Der britischen Presse und einem Großteil des britischen Establishments konnte man – wie ihren deutschen Pendants – mit einigem Recht vorwerfen, dass sie Individuen, die sie nicht mochten (was in diesem Fall durchaus verständlich war), gnadenlos abstempelten und in Schubladen steckten. Aufrichtig und durchaus berechtigt waren dagegen die Proteste von hauptsächlich linken, antifaschistischen Britinnen. Sie griffen Scholtz-Klink als Repräsentantin und Mitglied eines brutalen Regimes an, das seine weibliche Bevölkerung unterdrückte. Am letzten Tag ihres Aufenthalts protestierten Frauen mit Slogans wie »Scholtz-Klink, hau ab!« und »Nazi-GeKLINKer lässt Britinnen kalt!« vor Scholtz-Klinks Unterkunft in der deutschen Botschaft. Diese Frauen hätten sicher auch demonstriert, wenn die Anführerin der Nazifrauen wie Zarah Leander dahergekommen wäre und nicht so sehr dem britischen Klischee einer prüden deutschen Hausfrau entsprochen hätte. Auch ein paar Vertreter des rechten Lagers blieben unbestechlich. Selbst die konservative Abgeordnete und überzeugte Appeasement-Anhängerin Lady Nancy Astor, die gerade erst ihre Unterstützung für Chamberlains Politik zu überdenken begann, sprach sich aus feministischen Gründen gegen Scholtz-Klink aus und weigerte sich, ihre Bekanntschaft zu machen.

In der Tat war der NS-Staat, dem die Frauenführerin so treu diente, offen sexistisch. Nach der nationalsozialistischen Weltanschauung waren Frauen biologisch dazu bestimmt, das Haus zu hüten und den Haushalt zu führen, sich um die Bedürfnisse des Mannes zu kümmern und eine Menge Kinder zu gebären, die dann den Lebensraum bevölkern würden, den die Deutschen sich erobern wollten. Die Idee von der Gleichheit der Geschlechter wurde als »jüdisch« sowie »dekadent« verworfen, und die Homosexualität galt als anormal und stand unter Strafe.

Nach 1933 schloss man Frauen von allen Regierungsämtern aus, bald durften sie auch nicht mehr als Richterinnen oder Staatsanwältinnen arbeiten und wurden von nahezu allen Universitätsposten entfernt. Weil Frauen nach Hitlers Worten »nicht logisch denken und nicht objektiv argumentieren« konnten, war es ihnen auch nicht mehr erlaubt, als Geschworene zu wirken.

Der Besuch der Reichsfrauenführerin Gertrud Scholtz-Klink in London im März 1939 erfolgte auf Einladung der Anglo-German-Fellowship, einer Organisation, der viele prominente britische Sympathisanten des Hitler-Regimes angehörten. In der Presse wie in der Öffentlichkeit konnte die Fellowship mit dem biederen, bezopften Gast keine Sympathien für ihr Anliegen gewinnen – im Gegenteil.

Die höhere Schulbildung für Mädchen war so angelegt, dass es für junge Frauen schwierig wurde, eine Universität zu besuchen. Männer durften sich vom 26. Lebensjahr an auf eine Festanstellung im Staatsdienst bewerben, während für Frauen das Mindestalter auf 35 Jahre angehoben und gleichzeitig klargestellt wurde, dass ihre Einstellung eher die Ausnahme bildete. Verheiratete Frauen durften nicht mehr als Ärztinnen praktizieren, und von 1935 an erhielten unverheiratete Medizinerinnen keine Zahlungen mehr aus dem staatlich geförderten Krankenversicherungssystem.[23] Um Eheschließungen und Familiengründungen zu fördern, wurde Paaren von 1933 an ein sehr großzügiges Ehestandsdarlehen angeboten – unter der Bedingung, dass die Frau nicht arbeiten ging.[24]

Am Ende wurde diese Weltanschauung, was im Grunde kaum zu vermeiden war, von wirtschaftlichen Notwendigkeiten unterhöhlt. Auch Frau Scholtz-Klink musste radikal umdenken. Weil die gigantische Wiederaufrüstung die gesamte männliche Arbeitskraft absorbierte, war der Arbeitskräftemangel schließlich so akut, dass die Naziführung sich gezwungen sah, ihre eigenen Regeln zu missachten und Frauenarbeit zu fördern. Frauen galten nun nicht mehr als Betrügerinnen an der Volksgemeinschaft, sondern wurden zu »Heldinnen des Alltags«, wenn sie neben der Hausarbeit und der Versorgung der sich ständig vergrößernden Kinderschar auch noch eine berufliche Tätigkeit übernahmen. Dass Ehestandsdarlehen nur bewilligt wurden, wenn die Frau sich verpflichtete, nicht berufstätig zu sein, wurde aufgehoben. Vom Beginn des Jahres 1938 an mussten dann Frauen unter 25 Jahren, die als Büroangestellte oder in Kleinbetrieben arbeiten wollten, nach dem sogenannten Dienstpflichtgesetz zunächst ein Jahr in der Landwirtschaft oder als Hausangestellte Dienst tun. Es handelte sich dabei um Branchen, in denen üblicherweise schlecht gezahlt wurde und man den Launen repressiver Arbeitgeber ausgesetzt war, weshalb dort der Arbeitskräftemangel besonders groß war.[25]

Dennoch gab es in Deutschland beinahe eine Million arbeitsfähige alleinstehende Frauen, die keiner Erwerbsarbeit nachgingen, und mehr als fünf Millionen verheiratete kinderlose Frauen, die nicht berufstätig waren. In Friedenszeiten konnte sich die diktatorische Macht über die weibliche Erwerbsbevölkerung demnach nur schlecht durchsetzen, wozu wohl nicht zuletzt gerade die sexistische Grundhaltung des Regimes beitrug, die es schwer machte, die Frauen zum Dienst zu zwingen. Jedenfalls waren bis zum Herbst 1939 nur etwa 50 000 junge Frauen tatsächlich von dem Gesetz betroffen.[26] Bis 1937 hatte sich der Anteil der Frauen am Arbeitsmarkt von 37 auf 31 Prozent verringert, aber im Jahr 1939 war er wieder auf 33 Prozent angestiegen. Darin enthalten waren auch Arbeitskräfte in der Landwirtschaft und im häuslichen Dienst, aber eben zunehmend auch Schreib- und Sekretariatskräfte sowohl im privaten wie im staatlichen Sektor.

So oder so passte die Nazipropaganda von der Frau, deren Bestimmung es war, Mutter und Hüterin des Hauses zu sein, nie wirklich zu den harten

Fakten, denn im Dritten Reich waren wesentlich mehr Frauen berufstätig als damals in Großbritannien oder Amerika, wo sie jeweils nur etwa ein Viertel der Arbeitnehmerschaft ausmachten.[27] Im Mai 1939, als die ersten »Mutterkreuze« verliehen wurden, waren nach den absoluten Zahlen in Nazideutschland sogar mehr Frauen berufstätig als jemals zuvor. Einige dürften dennoch ihre angebliche Pflicht erfüllt und drei, vier oder mehr Kinder zur Welt gebracht haben (wie Frau Scholtz-Klink). Empfängnisverhütung war zwar nicht verboten, wurde aber nicht gern gesehen und entsprechend schwer gemacht. Unter der unermüdlichen Propaganda des Regimes war die Geburtenrate in den frühen und mittleren 1930er Jahren angestiegen (was auch in anderen Industrieländern zu beobachten war, weil sich nach dem Ende der Wirtschaftskrise die finanzielle Lage junger Paare verbesserte, was diese ermunterte, wieder mehr Kinder zu bekommen) und pendelte sich am Ende des Jahrzehnts bei bescheidenen 1,8 Kindern pro Familie ein – das entsprach gerade eben der Reproduktionsrate.[28] Letztlich war dieser niedrige Durchschnittswert aber wohl auf die niedrigen Löhne der Männer und die hohen Preise zurückzuführen und nicht auf die Verfügbarkeit von Spiralen und Kondomen.

Insgesamt etwa vier Millionen Frauen zumeist aus der Mittel- und weniger aus der Arbeiterklasse waren in den beiden großen Frauenorganisationen – der NS-Frauenschaft (NSF) und dem Deutschen Frauenwerk (DFW) – im Dienst des Regimes organisiert, wobei nur etwa dreißig Prozent Parteimitglieder waren. Die NSF wurde, was Vollzeitbeschäftigte anging, nur von der Deutschen Arbeitsfront und von dem zur Partei gehörenden Reichsbund der Deutschen Beamten (RDB) übertroffen.[29]

»Auch wenn unsere einzige Waffe die Suppenkelle ist, bewirkt sie wohl so viel wie andere Waffen auch«, erklärte Frau Scholtz-Klink auf dem Nürnberger Reichsparteitag von 1937 in einer perfiden Mischung aus Banalität und Schwulst. Ihr extrem großes und umtriebiges Programm umfasste Haushalts- und Kochratschläge, Ernährungslehre (wo es vor allem darum ging, wie man trotz des dürftigen Angebots an Lebensmitteln infolge der Importbeschränkungen seine Familie vernünftig ernähren konnte), Kurse über Schwangerschaft, Geburt und Mutterschaft sowie Lehrgänge zur Ehevorbereitung.

Der politische Einfluss der Frauenorganisationen auf ihre Mitglieder war zumeist indirekt, aber dennoch wirkungsvoll und nachhaltig. Die Historikerin Claudia Koonz schrieb dazu: »Sie waren diejenigen, die den Nazismus nach und nach in den Familien etablierten. Sie indoktrinierten ihre Kinder antisemitisch. Sie waren diejenigen, die ihren Kindern sagten, dass sie nicht mehr mit den jüdischen Kindern in ihrer Straße spielen sollten.«[30] Die Millionen Frauen in der NSF und ihren Schwesterorganisationen, die kochten, nähten, ihre Männer umsorgten und liebevoll ihre Kinder aufzogen, waren oft die fleißigsten Informantinnen der Gestapo und begeisterte, ja fanatische Anhängerinnen des »Führers« und seiner Pläne für Deutschland und die Welt.

ALS GERTRUD SCHOLTZ-KLINK im März 1939 nach Großbritannien kam, hatten sich die Beziehungen zwischen den beiden Ländern schon erheblich verschlechtert, und diese Entwicklung setzte sich bis zum Juni weiter fort. Mr Chamberlain blieb dennoch überraschend optimistisch, was die Wahrung des Friedens anging. Sechs Wochen nach der Besetzung von Prag und Hitlers »Einkreisungs«-Rede Ende April schrieb der Premierminister: »Ich selbst blicke nicht … pessimistisch in die Zukunft. Ich glaube, dass jeder Monat ohne Krieg den Krieg unwahrscheinlicher macht, und obwohl ich mit angstvollen Phasen rechne, kann ich, wenn ich es nüchtern betrachte, nicht erkennen, warum Hitler wegen Danzig einen Krieg anzetteln sollte.«[31]

Einen Monat später – zufällig der zweite Jahrestag seines Amtsantritts als Premierminister – schrieb Chamberlain erneut an seine Schwester: »Alle unsere Informationen zeigen, dass wir im Augenblick nicht mit einem Schlag rechnen müssen, aber dass Vorbereitungen getroffen werden, (in Danzig) einen solchen durchzuführen, wenn die Gelegenheit günstig ist. Wir befinden uns also immer noch in der Gefahrenzone, aber ich selbst bin der Ansicht, dass Hitler im letzten September die Gelegenheit verpasst hat und dass ihn seine Generäle jetzt nicht das Risiko eines großen Krieges eingehen lassen.« Ziemlich geschmacklos fügte er hinzu: »Aber noch ist mir unklar, wie es zu einer Entspannung kommen kann, solange sich die Juden weiterhin stur weigern, Hitler zu erschießen!«[32]

Im Juni war der Premier schon um einiges nervöser; er machte sich Sorgen über die Auswirkungen der Garantien, die man Polen gegeben hatte. »Die Polen haben nichts getan, was sie nicht tun sollten, doch sie halten uns dennoch in einem Zustand der Angst«, räsonierte er und fügte beunruhigt hinzu: »Nur die Deutschen halten still, und das ist das Allerunheilvollste.«[33] Immerhin konnte er sich am 25. Juni zumindest damit trösten, dass die Leute bei seiner Reise durch das Labour nahestehende South Wales (»immer als … Hochburg des Feindes betrachtet«) »Guter alter Neville!« und »Gott segne Sie!« gerufen hatten. Nach Aussage des Premierministers hatte Sir Robert Webber, Eigentümer der regionalen Zeitung *Western Mail*, Mrs Chamberlain erzählt, dass »80 bis 90 Prozent der Leute fest hinter mir stehen, und es machte wirklich diesen Eindruck. Frauen, Kinder, Ladeninhaber, Lokführer, Träger, Fabrikarbeiter und Kanalarbeiter, alle grinsten und nahmen ihre Mützen ab & ich hörte nicht ein einziges Buh.«[34] Er selbst gönnte sich im August mehrere Wochen Urlaub und ging wieder einmal seiner liebsten Freizeitbeschäftigung nach: dem Fliegenfischen in den schottischen Highlands.

Wie üblich begann in Großbritannien im August die Ferienzeit. Der Kontrast zwischen den bis ins Letzte durchorganisierten Aktivitäten, die den Deutschen von der KdF angeboten wurden, und den eher individualistischen Urlaubsplänen, die man in Großbritannien schmiedete, hätte größer nicht sein können. Die Workers' Travel Association, die von den Gewerkschaften und der Genossenschaftsbewegung unterstützt wurde und der KdF noch am nächsten kam, organisierte im Jahr 1937 immerhin Ausflüge und Ferien für 61 000 Teilnehmer. Die Ziele waren höchst ehrenwert, denn man verfolgte einen echten Bildungsauftrag: Die Teilnehmer sollten Erfahrungen mit fremden Gesellschaften sammeln und fremde Sprachen erlernen. So wurde im Jahr 1924 beispielsweise zum ersten Mal nach der Revolution eine Touristengruppe nach Russland entsandt.[35]

Wie einige Gewerkschaften unterhielt auch die Genossenschaftsgesellschaft das eine oder andere Ferienlager für ihre Mitglieder. In weitaus größerer Zahl boten jedoch Privatunternehmen Erholungsmöglichkeiten für die Massen an – wenn auch lange nicht in so großem Umfang wie die KdF. Im Jahr 1936 hatte Billy Butlin, schon damals ein erfolgreicher Entertainer und Betreiber eines Vergnügungsparks, ein »Ferienlager« in Skegness, an der Küste von Lincolnshire im Zentrum von Nordostengland, eingerichtet. Von den Industriegebieten in Nottinghamshire, Derbyshire und Leicestershire und vielleicht sogar aus noch weiter entfernten Gegenden war es gut zu erreichen, und selbst im Sommer war es dort sehr »erfrischend«, wie in der Reklame für die Anlage leicht beschönigend versichert wurde. Zweifellos waren die Strände schön, die familienfreundlichen »Chalets« bequem, und den Urlaubsgästen wurden täglich drei Mahlzeiten serviert sowie ein kostenloses Unterhaltungsprogramm der schwungvollen »Redcoats« geboten, damit ihnen nicht langweilig wurde. In Butlins zweitem Lager in Dovercourt in Essex, in der Nähe des Fährhafens von Harwich, wurden dann die Flüchtlingskinder der Kindertransporte untergebracht, aber schon bald nach dieser Beschlagnahmung entstand ein drittes Lager in Clacton-on-Sea in Essex, einem traditionellen Ferienziel für Londoner.

Wandertouren und Landaufenthalte waren in Großbritannien durchaus beliebt, aber bei Weitem nicht so verbreitet wie in Deutschland. In den 1930er Jahren war die Sitte, ans Meer zu fahren, sobald ein paar Tage oder auch nur Stunden Freizeit das gestatteten, bereits tief in der britischen Arbeiterklasse verwurzelt. Die Fülle von Seebädern in Großbritannien ist leicht zu erklären mit der Insellage und der Tatsache, dass die Küsten von den meisten industriellen Ballungsgebieten Englands aus – sieht man von den landumschlossenen Midlands einmal ab – gut zu erreichen sind. Die Einwohner Manchesters und der nahegelegenen Industriestädte füllten die Seebäder von Lancashire, vor allem Blackpool; für Yorkshire und den industriellen Nordosten gab es Scarborough, Bridlington und Whitby; die Bäder von Essex und Kent erreichte man von London aus mit dem Zug in ein bis zwei Stunden, ebenso die Strände der Südküste, etwa Brighton, das Blackpool des Südens. Der Juni 1939 begann in Großbritannien ungewöhnlich heiß. Am 7. Juni zeigte das Thermometer in London 32 Grad Celsius, und sogar weit im Norden, in Glasgow, waren die Temperaturen ungewöhnlich hoch. In der zweiten Woche breitete sich jedoch ein Tiefdruckgebiet von Irland nach Osten aus, und das Wetter blieb für den Rest des Monats unbeständig mit sonnigen Abschnitten, aber insgesamt feuchter und kühler. Im Juli wurde es schlechter. Nach den Berichten des meteorologischen Dienstes war es durchgängig »trübe, kühl, übermäßig regnerisch, besonders in Schottland; mit häufigen und weit verbreiteten Gewittern«.[36]

Nichts – weder das Wetter noch die Sorgen um Danzig und den Korridor – konnte die Briten in ihrem Drang zum Meer aufhalten. Blackpool im Norden sah dem erfolgreichsten Sommer entgegen, den es jemals erlebt hatte (die Besucherzahlen sollten die des vorherigen Rekords um ein Fünftel übertreffen). Großbritanniens beliebtester Urlaubsort entwickelte sich rasend schnell. Das modernisierte Opernhaus mit fast 3000 Plätzen (»Europas modernstes und schönstes Theater«) war gerade wiedereröffnet worden. Die erste Produktion, die Revue *Turned Out Nice Again*, wartete mit den »teuersten Stars der Welt« auf: Das jährliche Einkommen des Sängers, Entertainers und Filmstars aus Lancashire George Formby wurde in diesen Jahren seines größten Erfolgs auf etwa 100 000 Pfund geschätzt (was achtzig Jahre später fünf bis sechs Millionen Pfund entspricht, wenn man eine gleichbleibende Inflationsrate voraussetzt; bei Berechnungsmethoden, die der Realität näher kommen, ist es noch wesentlich mehr).[37] In diesem Jahr wurden zudem das Odeon-Kino mit 1800 Sitzplätzen, das Kasino am Pleasure Beach sowie ein

Auf wundersame Weise wird das Seebad Blackpool auf diesem Foto einem luxuriösen südländischen Reiseziel sehr ähnlich. Wie jedes Jahr strömten im Sommer 1939 Scharen von Industriearbeitern aus dem Norden Englands dorthin. Hier wurde den Gästen neben der Sommerfrische auch einiges an Freizeitvergnügen geboten. Es sollte die erfolgreichste Saison werden, die das Bad je erlebt hatte.

schicker neuer Busbahnhof eröffnet. Mit den Vergnügungsparks, dem Landungssteg, dem 150 Meter hohen Blackpool Tower (erbaut im Jahr 1894 als Nachahmung des Eiffelturms in Paris) und natürlich dem Strand war die Stadt so etwas wie eine riesige Vergnügungsfabrik für jedes Wetter (angesichts des unbeständigen Klimas in einem britischen Urlaubsort von entscheidender Bedeutung) und für jeden Geldbeutel.

Die Ferien während der zwei Sommerwochen, in denen die Fabriken geschlossen waren, verbrachten die Briten typischerweise mit Vergnügungen, die eine Mischung aus Gemeinschaftsaktivitäten und individuellen Unternehmungen darstellten. Für britische Urlauber wären die riesigen Appartementkomplexe, die für deutschen Feriengäste von der KdF in Prora gebaut wurden, sicherlich nichts gewesen. Wie in den Städten, aus denen sie kamen, lebten die Briten auch während der Ferien lieber in Häusern als in Wohnblocks. Dies wurde schon vor dem Krieg deutlich, als die neuen »Ferienlager« zu boomen

Der aus Lancashire stammende Sänger und Komödiant George Formby (1904–1961) war Ende der 1930er Jahre wohl Großbritanniens erfolgreichster – und bestbezahlter – Performer. Sein Markenzeichen war eine Ukulele, auf der er sich beim Singen begleitete. Formby verbreitete auf nicht allzu anspruchsvolle Art, aber sehr gekonnt gute Laune, und von der ließen sich die Briten im Sommer 1939 nur allzugerne anstecken.

begannen und Butlins Erfolge sich bereits abzeichneten. Massenunterbringung und ein gewisses Maß an Reglementierung wurde akzeptiert, aber nur wenn Wahlfreiheit und ein Hauch von Privatsphäre garantiert waren. Und natürlich wurden keine patriotischen Lieder gesungen oder zum Fahnenappell gerufen. Eine junge Frau aus einer Industriestadt in Lancashire beschrieb, wie sie zusammen mit ihrem verwitweten Vater solche Ferien in Blackpools einfachem und sauberem Squire's Gate Holiday Camp verbrachte:

> Es gibt nur noch meinen Vater und mich, und wir möchten unsere Ferien zusammen verbringen, und deshalb glaube ich, dass wir es nicht besser treffen konnten als in den letzten zwei Jahren, nämlich mit einem Ferienlager. Hier können wir uns beide auf unsere Weise amüsieren und Freundschaften in unserem jeweiligen Alter schließen. Mir sagen Tennis, Golf und Tanzen zu (die in jedem gut organisierten Lager direkt vor Ort

> angeboten werden), während mein Vater die Kartenturniere, die Busfahrten und die allgemeine Geselligkeit schätzt. Wir mögen beide die Kameradschaftlichkeit und die völlige Abwesenheit von Snobismus in diesen Lagern. Die eigene Hütte sorgt für Privatsphäre und Komfort, ohne dass die Freiheit und die viele frische Luft eines normalen Campingurlaubs verloren gehen. Das Essen, gut zubereitet und freundlich serviert, ist zwar einfach, aber abwechslungsreich und gesund, und die Heimeligkeit des Speisesaals macht die Mahlzeiten zu einem wahren Genuss. Diese Art Urlaub ist außerdem ziemlich günstig (zwei Pfund) und damit für die meisten Leute aus der Arbeiterklasse erschwinglich.[38]

Als die Sommersaison in Großbritannien zu Beginn des Juni allmählich in Gang kam, musste man in diesem Jahr allerdings erleben, dass das Meer eine Quelle des Lebens und der Freude sein konnte – aber auch ein Totenbett.

AM 1. JUNI 1939 SANK IN DER BUCHT von Liverpool das gerade erst vom Stapel gelassene Marine-U-Boot *Thetis*, das nach der Mutter des griechischen Helden Achill benannt war. Das Unglück ereignete sich zwanzig Kilometer vom Strand des Badeorts Llandudno entfernt, während das Schiff eine letzte Testreihe von Tauchgängen durchlief, danach sollte es einsatzbereit sein.

Ein defektes Torpedorohr im Bug, das voll Wasser lief, als es bei einer Routineprüfung vor dem Tauchgang geöffnet wurde, schien den tragischen Unfall verursacht zu haben. Das Gewicht des Wassers, das in die daneben liegenden Kammern strömte, zog die *Thetis* nach unten und brachte das 84 Meter lange Schiff bugabwärts zum Sinken, so dass am Ende nur noch ein kleiner Teil des Hecks aus dem Wasser ragte.

Vier Männer schafften es, sich durch die Fluchtluke in Sicherheit zu bringen. Dann aber versagte der Mechanismus der Luke, und die übrigen waren eingeschlossen. Das Schiff war überfüllt, denn wegen der bevorstehenden Indienststellung fuhren doppelt so viele Besatzungsmitglieder mit wie gewöhnlich. Man versuchte, das Heck mit Hilfe einer Stahltrosse über Wasser zu halten, die mit einem Bergungsschiff verbundenen war, doch diese riss, und die *Thetis* sank auf den Grund des Meeres. Die Seeleute in den Rettungsbooten, die die *Thetis* hilflos umringten, konnten nicht verhindern, dass alle, die noch an Bord waren, umkamen, die meisten aufgrund von Sauerstoffmangel. Das Unglück kostete 99 Männer das Leben – 51 Mannschaftsmitglieder, 26 Angestellte der Firma Cammell Laird einschließlich einiger U-Boot-Entwickler, die das Schiff gebaut hatten, einen Hafenlotsen und einige Inspekteure sowie Beamte des Marineamtes. Zwei Angestellte eines Gastronomiebetriebs, die an Bord waren, um nach dem Tauchgang zur Feier des Tages Snacks und Getränke zu servieren, starben ebenfalls.[39] Ein Mannschaftsmitglied der *HMS Bedouin*, das die vier Überlebenden an der Prince's Wharf in Liverpool absetzte, erinnert sich, wie »herzzerreißend« es war, Freunde und Verwandte der Seeleute am Kai ausharren und auf Neuigkeiten warten zu sehen. »Wir konnten ihnen nichts sagen. Wir kehrten einfach um und fuhren zurück auf See.«[40]

Ein Nachwuchsoffizier eines anderen Schiffes, der miterlebte, wie die *Thetis* sank, meinte, das Unglück werfe »einen schrecklichen Schatten auf die gesamte Flotte«.[41] Ganz gewiss trug es nicht dazu bei, das Vertrauen der Öffentlichkeit in die Regierung zu stärken. Der *Daily Mirror* berichtete, dass der Premierminister »Tränen in den Augen« gehabt habe, als er vor dem Parlament über die Tragödie vom 1. Juni sprach. Aber schon am nächsten Tag brachte die Zeitung auf ihrer gnadenlosen »Live Letter Box«-Seite unter der Überschrift »Thetis! Weit verbreitete Kritik« eine Auswahl aus Hunderten von Leserbriefen. Kein einziger war für die Regierung besonders schmeichelhaft. »Das öffentliche Vertrauen wurde durch den Umgang mit dem Unglück stark erschüttert«, hieß es in einem Brief, in dem zuvor sämtliche Fehler aufgelistet worden waren, die der Marine mutmaßlich unterlaufen waren, als sie versuchte, das Schiff zu bergen.[42] Auch in den Ausgaben des *Express* konnte man verschiedene Artikel zu dem Desaster lesen, und alle interpretierten die öffentliche Stimmung ähnlich. Am 3. Juni fragte der *Daily Express* in einer Kolumne mit der Überschrift »Grauenvolles Drama«: »Ist das das Ende?« und fuhr dann fort:

> Dennoch ist kaum zu fassen, dass das Schiff mit Hilfe der geballten Technik, die die menschliche Erfindungsgabe hervorgebracht hat, gesichtet, lokalisiert und kontaktiert werden konnte und dennoch verlorengegeben werden musste. Es gab ganze Stunden, in denen wir sagten: »Gott sei Dank, jetzt, wo sie langsam nach oben kommen, kann es nicht mehr lange dauern!« Bestürzt und fassungslos müssen wir nun feststellen, dass diese Zuversicht falsch war. Was ist da schiefgelaufen?[43]

Bald wurde klar, dass die gescheiterte Rettungsaktion auf eine Reihe von Verzögerungen und Fehleinschätzungen zurückzuführen war. So unterließ man es, zur Befreiung der eingeschlossenen Männer das Heck aufzuschneiden, solange es sich noch über Wasser befand. Hinweise in Dokumenten, die erst weit nach dem Krieg zugänglich gemacht wurden, legen nahe, dass dies aus Kostengründen geschah, denn man befürchtete, dass der Schiffsrumpf stark beschädigt werden und das teure und technisch hoch entwickelte Schiff nach der Reparatur unter Kriegsbedingungen nicht mehr einsetzbar sein würde. Die Regierung schätzte die Situation falsch ein, denn sie glaubte, die Männer könnten auch ohne einen solch drastischen Eingriff befreit werden – bis es zu spät war.[44]

Zufällig war eine Woche zuvor, am 23. Mai 1939, ein U-Boot der US-amerikanischen Kriegsflotte, die *USS Squalus*, ebenfalls während eines Probetauchgangs mit Wasser vollgelaufen und gesunken. Anders als bei der *Thetis* war die Rettungsaktion jedoch erfolgreich verlaufen. Als das Wasser hereinströmte, waren 26 Mannschaftsmitglieder ums Leben gekommen, aber in einem anderen Bereich des Schiffes hatten sich 33 weitere Seeleute in Sicherheit gebracht und konnten – unter anderem mit Hilfe von Marinetauchern – in einer zügigen und effizienten Operation gerettet werden. Die amerikanischen Behörden hatten keine Kosten und Mühen gescheut, um die Überlebenden zu bergen. Der Kontrast zur Trägheit und Pfuscherei auf britischer Seite war offensichtlich – und bitter.

In jenen Tagen richtete sich die Aufmerksamkeit der nach guten Nachrichten hungernden britischen Öffentlichkeit auch aus anderen Gründen auf Amerika. Ganz Großbritannien verfolgte im Radio, in den Zeitungen und Wochenschauen den Besuch von König Georg VI. und seiner Gemahlin Elisabeth in Kanada. Auf persönliche Einladung von Präsident Franklin D. Roosevelt reisten sie anschließend vom 7. bis 12. Juni für fünf Tage durch die USA. Es war das erste Mal, dass ein regierender britischer Monarch einen Fuß auf amerikanischen Boden setzte.

Die transatlantischen Beziehungen waren in der letzten Zeit wegen der noch immer starken isolationistischen Haltung in Teilen der amerikanischen Bevölkerung und des amerikanischen Kongresses etwas abgekühlt. Nach München dominierte selbst im leidenschaftlich gegen Hitler eingestellten Weißen Haus die Wahrnehmung, dass sich die Regierung Chamberlain unaufrichtig und feige verhielt und jederzeit bereit war, ihren Kurs zu ändern, wenn es den Interessen der britischen Finanzelite diente. Im britischen Außenministerium befürchteten sogar einige, dass der königliche Abstecher in die USA die Lage nicht verbessern, sondern noch verschlechtern würde, wenn die Reise als Versuch der alten Kolonialmacht interpretiert wurde,

Amerika zur Unterstützung eines heraufziehenden europäischen Krieges zu überreden.

Glücklicherweise erwies sich der Amerikabesuch des königlichen Paares aber als großer Erfolg. Dass der König auf einer Grillparty in Hyde Park am Hudson-River in Begleitung des Präsidenten und seiner Frau Eleanor Roosevelt vor laufenden Kameras mit angemessener Würde und Kompetenz (also ohne Messer und Gabel) einen Hot Dog aß (»auf Coney Island so beliebt wie Strandschnecken in Southend«, wie der *Mirror* seinen britischen Lesern vorsorglich erklärte),[45] kam besonders gut an. Auf beiden Seiten des Atlantiks gab es wohlwollende Schlagzeilen. Besonders begeistert war der *Express* über den Kommentar des »berühmten Kolumnisten Walter Winchell«:

> Queen Elisabeth erinnert an eine Märchenkönigin – ja wirklich. Und Seine Majestät scheint anders zu sein als die Engländer, die man aus den Revuen von Noël Coward kennt. Er wirkt frisch und natürlich, frei von dieser »bei Gott, zum Kuckuck nochmal«-Attitüde.

WILLIAM STRANG, Leiter des Central Department im britischen Außenministerium, der Chamberlain im Jahr zuvor zu den Verhandlungen mit Hitler begleitet hatte, war am 14. Juni nach Moskau aufgebrochen. Strang war nach Aussage des *Daily Express* »ein Mann, den man ... für einen normalen Pendler aus der Vorstadt halten könnte«, was sein Haus »Treetops« in Northwood, Middlesex, unterstreiche und ebenso die große Menge an Rosenbüschen, die Mrs Strang in ihrem »kleinen« Garten hätschle.[46]

Strangs Aufgabe in Moskau bestand darin, die nur langsam vorankommenden britisch-französischen Bündnisgespräche mit der UdSSR zu beschleunigen. Diese Gespräche zielten auf die Vervollständigung der ziemlich überstürzten Garantien, die die demokratischen Staaten Polen gegeben hatten – also auf eine Art zusätzliches Abschreckungsmittel, falls die Deutschen tatsächlich in der Sache Danzigs und des Korridors Ernst machen sollten. In der deutschen Presse köchelte die antipolnische Propaganda in ähnlicher Weise vor sich hin wie die Kampagne gegen die Tschechoslowakei im Sommer 1938, und die Deutschen schienen bereit, das Fass zum Überlaufen zu bringen durch drastische politische und militärische Aktionen, falls das nötig sein sollte. An dem Tag, als in Großbritannien der *Mirror* und der *Express* über den Aufenthalt des Königspaars in Amerika berichteten, druckte die *Freiburger Zeitung* auf ihrer zweiten Seite zwei ausführliche antipolnische Artikel: »Freche polnische Drohung an Danzig« (über eine angeblich ungewöhnlich große Zahl von überheblichen Zollbeamten) und »Neuer Mord an Volksdeutschen. Polnische Verbrecher gehen straflos aus« (über einen arbeitslosen Angehörigen der deutschen Minderheit in Polen, der im Reich auf Arbeitssuche gehen wollte und beim Grenzübertritt erschossen wurde).[47]

Wie auch immer, Mr Strang und seine Kollegen stießen auf viel größere Schwierigkeiten, als sie erwartet hatten. Am 15. Juni war nämlich der diplomatische Geschäftsträger der Sowjetunion in Berlin mit dem bulgarischen Botschafter zusamengetroffen und hatte ganz beiläufig um die Einschätzung des Bulgaren zu einem möglichen deutsch-sowjetischen Nichtangriffspakt gebeten. Die Sowjets hofften, dass der Inhalt des Gesprächs an das deutsche Außenministerium weitergegeben würde, was auch umgehend geschah. Damit war der erste Schritt zu dem, was der Historiker A.J.P. Taylor »die größte Schlappe der britischen Diplomatie im 20. Jahrhundert« nannte, getan.

Am 16. Juni 1939 wurde einem neuen Bankengesetz gemäß die Deutsche Reichsbank der direkten Kontrolle des Führers und Reichskanzlers Adolf Hitler unterstellt – Hjalmar Schachts Nachfolger Wilhelm Frick blieb zwar Reichsbankpräsident, aber nun würde es keinen Streit mehr darüber geben, wo das ganze Geld für den Krieg herkommen sollte.

ANFANG JUNI HATTE der britische MGM-Film *Goodbye, Mr Chips* im Empire-Kino am Londoner Leicester Square Premiere. Die Protagonisten waren Robert Donat und die neu entdeckte Greer Garson (die ihre ersten Rollen im BBC-Fernsehen während seiner Versuchsphase hatte). Der Streifen wurde diesseits und jenseits des Atlantiks ein Erfolg, und Donat erhielt für seine Rolle einen Oscar.

Der Film, der das halbe Jahrhundert zwischen 1870 und 1920 abdeckt, erzählt die rührselige Geschichte von Charles Chipping, Lehrer an einer fiktiven staatlichen Schule in Großbritannien, von seinem langjährigen und treuen Dienst als Pädagoge und seiner späten (und tragisch endenden) Ehe. Ein besonderes Merkmale des Films war der Effekt, dass Donat, der im richtigen Leben erst Mitte dreißig war, in seiner Rolle als Mr Chips äußerst glaubwürdig »alterte«. Eine Nebenhandlung zeigte seine Vorkriegsfreundschaft mit Max Staefel, einem deutschen Lehrer an seiner Schule (Die Figur des Max Staefel wurde von dem im Exil lebenden österreichischen Schauspieler Paul Henreid gespielt, der bald darauf als Victor Laszlo, der heroische

Anführer des Widerstands gegen die Nazis in dem Film *Casablanca*, zu internationalem Ruhm kommen sollte). Im Film kehrt Staefel kurz vor Ausbruch des Weltkriegs nach Deutschland zurück und fällt im Kampf für sein Land, während Mr Chips während des Krieges aus dem Ruhestand an seine alte Schule zurückkehrt und dort den Posten des Direktors übernimmt. In einer bewegenden Szene am Ende des Films fügt Mr Chips den Namen Staefels der Liste der im Krieg gefallenen Kollegiumsmitglieder und Schüler hinzu, ohne zu erwähnen, dass er auf Seiten der Deutschen gekämpft hat. Mr Chips erwähnt lediglich, er sei »vor wenigen Wochen an der Westfront gefallen«.

Goodbye, Mr Chips wurde in England im Winter 1938/39 gedreht, aber der Stoff entstammt einem Roman von James Hilton, der schon Mitte der 1930er Jahre veröffentlich wurde, als die Stimmung noch versöhnlich war. Dass diese Szene in den Film integriert und weitergesponnen wurde, zeigt

Joachim Gottschalk, »der deutsche Clark Gable«, mit seiner Partnerin Brigitte Horney in dem Film *Aufruhr in Damaskus*, der im Winter 1938/39 in Libyen gedreht wurde. Gottschalk war mit der jüdischen Schauspielerin Meta Wolff verheiratet und ließ sich nach Erlass der Rassegesetze nicht von ihr scheiden. 1941 ging das Paar mit dem gemeinsamen Sohn Michael in den Tod.

Linke Seite
Der Oscar-prämierte Film *Goodbye, Mr Chips* war der große internationale Schlager des Frühsommers 1939. Eine der sympathischsten Hauptfiguren war ein deutscher Lehrer, gespielt von dem im Exil lebenden österreichischen Schauspieler Paul Henreid, der 1942 als Widerstandskämpfer Victor Laszlo in dem Film *Casablanca* weltberühmt werden sollte.

seine große Nähe zu der späten Hoffnung auf Frieden und Versöhnung, die dem Münchner Abkommen folgte.

Eines der erfolgreichsten Filmdramen in Deutschland zu dieser Zeit, *Aufruhr in Damaskus*, spielte hauptsächlich im Nahen Osten während des Ersten Weltkriegs, war ebenfalls im Winter gedreht und im Frühjahr 1939 veröffentlicht worden und enthielt eine ähnliche Botschaft der Aussöhnung zwischen Deutschland und Großbritannien. Der Film handelte von einer deutschen Armee-Einheit, die von Hauptmann Schultz (Hans Nielsen) angeführt wird, sowie von seinem Stellvertreter, dem eigentlichen Helden des Films, Leutnant Keller (gespielt von »Deutschlands Clark Gable«[48] Joachim Gottschalk). Die Truppe wird im Herbst 1918 losgeschickt, um die kurz vor der Kapitulation stehende türkische Armee in Syrien zu verstärken. Für die obligatorische Liebesgeschichte sorgte eine deutsche Krankenschwester, die von der wandlungsfähigen und beliebten Schauspielerin Brigitte Horney dargestellt wurde.

Der Hauptteil der Handlung sollte in der Festung der syrischen Stadt Dara'a, neunzig Kilometer südlich von Damaskus am Fuß der Golanhöhen, spielen, wo zu dieser Zeit tatsächlich eine deutsche Einheit stationiert gewesen war. Aber hier endete die realistische Darstellung. Im Film wird Dara'a als Wüstenstadt dargestellt, obwohl sie nicht in der Wüste liegt, sondern in einer grünen fruchtbaren, landwirtschaftlich geprägten Ebene ein Stück landeinwärts vom Mittelmeer. Tatsächlich gedreht wurde der Film in der italienischen Kolonie Libyen, in der Altstadt der Küstenstadt Tripolis am Rand der Sahara, die ungefähr so weit von Damaskus entfernt ist wie Damaskus von Berlin. Die Architektur ist nordafrikanisch, die ortsansässigen Figuren sind auf nordafrikanische Weise gekleidet und nicht wie Syrer, und wenn sie gelegentlich in ihrer eigenen Sprache sprechen, dann mit libyschem Dialekt.[49]

Der Film beginnt mit einem Zitat aus T.E. Lawrences Autobiographie *Die sieben Säulen der Weisheit*, in dem der Mut und die Widerstandskraft der deutschen Soldaten gerühmt wird. Die Handlung zeigt unter anderem, wie britische Soldaten verwundete Deutsche vor der Brutalität der arabischen Aufständischen schützen, nachdem diese Damaskus eingenommen haben.[50] Abgesehen von seinen probritischen Elementen ist der Film eine Verherrlichung deutscher Charakterstärke – und der Fähigkeit, »bis zum Ende zu kämpfen«. Vom Reichspropagandaministerium wurde das Werk als »politisch wertvoll« eingestuft.

Weder Robert Donat (der polnisch-deutscher Abstammung war) noch Greer Garson waren als politisch engagiert bekannt. Anders war das bei den deutschen Stars Gottschalk und Horney, denen das Engagement von den Umständen geradezu aufgezwungen wurde. Gottschalks Frau Meta Wolff war Jüdin und vor dem Auftrittsverbot durch die Nazis eine erfolgreiche Schauspielerin. Ihr gemeinsamer kleiner Sohn Michael galt als »Mischling ersten Grades«. Während der Pogromnacht befand sich Gottschalk auf der anderen Seite des Mittelmeers bei den Dreharbeiten zu *Tumult*. Er hatte seine verängstigte Frau in Berlin zurücklassen müssen, wo sie ihre Wohnung nicht verlassen konnte und auf die Hilfe von Freunden angewiesen war. Gottschalk, der von einflussreichen Leuten in der Theater- und Filmwelt – unter anderem von Brigitte Horney, die privat kein Hehl aus ihrer Abneigung gegen die Nazis machte – geschützt wurde und seine Frau weitgehend aus dem Blickfeld hielt, hatte es bis dahin geschafft, die übliche offizielle »Lösung« für ein solches Problem zu vermeiden – nämlich die erzwungene Scheidung von dem jüdischen Ehepartner. Es gelang ihm, weiterhin als Theater- und Filmschauspieler zu arbeiten. Nach Kriegsbeginn sollte er dafür die Quittung erhalten.

IM BRITISCHEN POLITIKBETRIEB hatten sich gerade die letzten Spuren der Appeasement-Politik verflüchtigt, da stand ein seltsames und unerfreuliches Phänomen der britischen Politik kurz vor einem letzten, spektakulären und brisanten Wiederauftritt: Gemeint sind Sir Oswald Mosley und seine Faschisten. Der beeindruckend gutaussehende 42-jährige Mosley war der reiche Erbe eines Baronet-Titels und während seiner frühen politischen Karriere ein guter Redner und kompetenter Minister. 1918 wurde er als Konservativer gewählt und lief dann von den Torys zu Labour über. Auf dem Höhepunkt der Wirtschaftskrise wurde er Mitglied der »New Party«, die er mitgegründet hatte. Um Großbritannien aus der Depression zu holen, schlug die Partei eine staatlich gelenkte, mit hohen Zollschranken kombinierte Keynesianische Expansionspolitik vor.

Die New Party rekrutierte ihre Mitglieder ursprünglich aus allen etablierten Parteien. Trotz einiger autoritärer Elemente (die als Schlüssel zum Sieg gegen die Arbeitslosigkeit und den industriellen Stillstand dienen sollten) war sie in ihren Zielen relativ gemäßigt. Doch sie konnte keine relevante Anzahl von Wählerstimmen erringen. Nach einer Tour durch Europa, bei der es auch zu einem Treffen mit Mussolini gekommen war, konvertierte Mosley dann Anfang 1932 zum Faschismus. Den Sommer 1932 verbrachte er mit der Niederschrift des Manifests »The Greater Britain«, im Herbst desselben Jahres gründete er die British Union of Fascists (BUF).

Die BUF veranstaltete Massenkundgebungen, provozierte auf offener Straße und bediente sich einer hetzerischen Rhetorik, genau wie es die Faschisten in Italien und die Nazis in Deutschland auf ihrem Weg zur Macht getan hatten. Das Symbol der Partei war ein zuckender Blitz in einem dunkelblauen Kreis vor rotem Hintergrund. Für die Unterhauswahlen im Jahr 1935 wurden noch keine faschistischen Kandidaten aufgestellt, aber Mosley versprach, dass das bei den darauffolgenden Wahlen geschehen werde. In den ersten zwei Jahren wurde die BUF von Viscount Rothermeres *Daily Mail* (mit ihrer berüchtigten Schlagzeile »Ein Hoch auf die Schwarzhemden!«) unterstützt. Die Mitgliederzahlen stiegen bis auf etwa 50 000, doch dann schreckten gewaltsame Zusammenstöße in den Straßen, brutale Einschüchterungsversuche von Gegnern bei Kundgebungen und zunehmend antisemitische

Tendenzen immer mehr anständige Unterstützer – vor allem aus der Mittelklasse – ab. Nach 1936, als die sogenannte Schlacht in der Cable Street im Londoner East End (einer Hochburg der BUF, aber auch ihrer Gegner) zu polizeilichen und juristischen Aktionen gegen die Partei führte, verlor Mosleys Bewegung fast die Hälfte ihrer Mitglieder.

Dennoch und obwohl sie bei den Zwischen- und Kommunalwahlen, bei denen sie antrat, kaum Spuren hinterließ, war die BUF auch weiterhin in der Lage, Massenkundgebungen auf die Beine zu stellen, wenn sie es für nötig hielt. Im Sommer 1939, als sich ein neuer Krieg am Horizont abzeichnete, als die Einwanderungsbeschränkungen für Flüchtlinge aus Deutschland gelockert wurden und in einigen Stadtteilen die Ausländerfeindlichkeit zunahm, tat sie genau das. Die Earls Court Arena im Südwesten Londons war schon einige Male Schauplatz riesiger Kundgebungen mit Mosley als Redner gewesen. Die für Sonntag, den 16. Juli 1939, geplante Veranstaltung sollte die größte und letzte dieser Art sein. Das Motto war »Britain First«, und es ging darum, gegen jegliche Beteiligung am Widerstand gegen die Nazis auf dem Kontinent mobilzumachen.

Seit Juli 1939 nannte sich Mosleys Organisation nur noch »British Union«, vielleicht weil man nicht mit dem zunehmend unbeliebten Hitler in Verbindung gebracht werden wollte. Dennoch sah man auf der Kundgebung Banner und Pseudo-Uniformen zuhauf. Mosley betrat die Bühne in ähnlicher Manier wie Hitler, umgeben von einer Leibgarde, und sprach im schwarzen Hemd von einem sechs Meter hohen Podest herab.

Im Sommer 1939 warb der britische Faschistenführer Oswald Mosley auf Massenveranstaltungen für seine antisemitische und pronazistische Haltung und suchte den Widerstandswillen von Regierung und Volk gegen das Naziregime zu schwächen.

Dem *Manchester Guardian* zufolge waren von den 30 000 Plätzen in der Arena mehr als 20 000 besetzt. Die meisten Berichte stimmten darin überein, dass nicht alle Zuschauer Eintrittskarten gekauft hatten, denn Mosleys Leute hatten, nachdem die zahlenden Gäste eingelassen worden waren, der Menge draußen Plätze gratis angeboten. Es wurde die größte politische Versammlung, die bis dahin in Großbritannien jemals in einer Halle stattgefunden hatte.[51] Mosley beteuerte zu jener Zeit immer wieder, dass die antisemitischen Inhalte des Parteiprogramms längst abgeschwächt worden seien, aber seine Rede ließ das kaum erkennen. »Es soll nicht eine Million Briten in einem Streit unter Juden sterben!«, brüllte er unter großem Applaus. Die Menge buhte und pfiff, als er Churchills Haltung gegenüber Deutschland attackierte. Mosley pochte darauf, dass Großbritannien in Ost- und Südosteuropa nichts zu suchen habe. Das könne man ruhig Hitler überlassen. Und im Westen solle man umfassend abrüsten, denn Hitler habe kein Interesse daran, nach Westen zu expandieren:

> In Berlin wollen sie Häuser bauen. Wir in Großbritannien wollen auch Häuser bauen. Was für ein Unsinn, die Ressourcen, die man nutzen könnte, um Häuser für Menschen zu bauen, dafür auszugeben, uns gegeneinander hochzurüsten, wenn es überhaupt nichts gibt, worüber wir streiten könnten. [Jubel] Und so sicher ich hier heute Abend stehe, so sicher weiß ich, dass ich, wenn wir zu Deutschland sagen würden: »Wir mischen uns an euren östlichen Grenzen nicht ein, und ihr lasst uns im British Empire und in Westeuropa in Ruhe«, auf einer Abrüstungskonferenz sofort erreichen könnte, dass die gebeutelten Menschen Europas nicht nur von der Bedrohung des Krieges befreit würden, sondern ich auch die erdrückende Angst und die Bürde der Kriegswaffen von ihren Schultern nehmen könnte – für unsere Zeit, und darüber hinaus. [Jubel]

Gegen Ende seiner eloquenten und zweifellos kraftvollen Zweistundenrede attackierte Mosley gehässig die »offene Tür«, die, wie er (fälschlicherweise) behauptete, die Einwanderungspolitik der Regierung charakterisiere. Ohne jüdische Flüchtlinge explizit zu erwähnen, beschrieb Mosley ihre Ankunft in Großbritannien mit apokalyptischen Worten:

> Es kommen nicht nur ihre Güter herein, sondern auch sie selbst, Tausende von ihnen. Tausende von ihnen kommen herein, und sie untergraben nicht nur unseren Lebensstandard, verderben nicht nur unsere Geschäftspraktiken, blähen nicht nur die Kanzleien der Strafverteidiger auf, verändern nicht nur die britischen Geschäftsaussichten und Moralvorstellungen zum Schaden der einfachen und ehrlichen Leute; nicht nur das, meine Freunde; diese Politik der offenen Tür, diese umfassende Einreise von fremden Normen und fremdem Leben wird, wenn man sie auch in Zukunft duldet, den gesamten Charakter des englischen Lebens und des englischen Volkes verändern, sie wird das Werk vollenden, das die kapitalistische Produktion vor Jahrhunderten begonnen hat – nämlich die Engländer vom Boden ihres eigenen Vaterlandes entwurzeln und das Leben unseres Volkes für immer verändern. [Jubel][52]

»Cassandra« (William Connor), der Starkolumnist des *Daily Mirror*, war merkwürdig beeindruckt, lobte Mosleys rhetorische Fähigkeiten und wies darauf hin, dass dessen Thesen über die Clique der Reichen, die die Welt kontrolliere, durchaus relevant seien, »wenn man bedenkt, dass neunzig

Prozent der Leute in diesem Land weniger als vier Pfund die Woche verdienen«. »Cäsar im Schwarzhemd!« lautete die Überschrift. »Kann Mosley sein Ziel erreichen? Ist der Faschismus im Kommen?« Im Juli 1939 meinte »Cassandra«, dies könne der Fall sein:

> Jede Kehrtwende der nationalen Regierung hilft dem Faschismus.
>
> Mr Chamberlains tragisches Zögern beschert Mosleys Glaubenslehre neue Anhänger.
>
> Dieser seltsame junge Mann mit seinen radikalen Heilmitteln und seinem kompromisslosen Mut kann aber vielleicht dazu beitragen, den arroganten Konservatismus zu erschüttern, der in unserem politischen Leben wie eine Droge wirkt. Wenn das so ist, gebührt ihm ein Platz in der Geschichte. *Aber seine aufgedonnerten Waren, die er mit dem theatralischen Gehabe eines Bühnen-Cäsars zur Schau stellt, werden sich erst dann besser verkaufen, wenn die Engländer der Verzweiflung näher und der geistigen Gesundheit ferner sind.*[53] [im Original fett gedruckt]

Wie nicht anders zu erwarten, fand die gewaltige Pro-Hitler-Versammlung in der deutschen Presse mehr Aufmerksamkeit als in der britischen. »Eine Londoner Sensation« lautete die größte Schlagzeile auf der ersten Seite der *Freiburger Zeitung*. »Riesige Massenkundgebung der Mosley-Partei – Eine Abrechnung mit den Einkreisern – ›Wir wollen keinen Krieg‹«.

AM 20. JULI 1939 SCHRIEB die 16-jährige Ruth Thieme in ihr Tagebuch, dass sie mit ihrem Vater aus dem vorstädtischen Grimma nach Leipzig gefahren sei. Sie berichtete beiläufig, dass sie bei »Juden« waren, um »uns einen Hund anzusehen, den wir bekommen sollen. Es ist ein süßer Spaniel namens Sonja.« Bei dem Ausflug kaufte ihr Vater ihr zudem einen Tennisschläger, was ihr ähnlich aufregend, wenn nicht aufregender erschien, und wovon sie ebenso erfreut berichtete. Man findet keinen Hinweis darauf, warum die jüdische Familie sich von ihrem Hund trennte. Noch war es ihnen nicht verboten, Haustiere zu halten, aber sie planten vielleicht, auszuwandern – gerade noch rechtzeitig.[54]

BIS ZUM SOMMER HATTEN ES etwa 70 000 jüdische Flüchtlinge aus Deutschland und Österreich geschafft, sich in Großbritannien in Sicherheit zu bringen. Für die meisten gaben Freunde oder Verwandte die von der

Londoner Regierung verlangte Bürgschaft ab, in einigen Fällen auch jüdische oder quäkerische Wohltätigkeitsorganisationen. Ein paar wenige verfügten über die Mittel, selbst für sich zu bürgen.

Die Neuankömmlinge waren nicht immer willkommen, ganz im Gegenteil: Trotz der furchtbaren Geschichten, die man aus Deutschland und Mitteleuropa hörte, wurde der Widerstand gegen die anhaltende Aufnahme von Ausländern und besonders von Juden stärker, was sich auch an der Teilnehmerzahl von Sir Oswald Mosleys angeblicher »Friedensdemonstration« ablesen ließ.

Der *Daily Express* behauptete hartnäckig, Großbritannien sei »voll«. Nun gebe es nur noch die Möglichkeit, Juden in unterentwickelten Gegenden des British Empire anzusiedeln. Nachdem Großbritannien zugestimmt hatte, mehr als 250 verzweifelte Flüchtlinge von dem Dampfschiff *St Louis* aufzunehmen, das 900 deutsche Juden an Bord hatte, denen die Einreise auf Kuba, in den Vereinigten Staaten und in Kanada verwehrt worden war und die gezwungen worden waren, nach Europa zurückzukehren, kommentierte die Zeitung:

> Dieses Beispiel darf kein Vorbild werden. Es gibt in unserem Land keinen Platz mehr für Flüchtlinge. Aber es gibt unterbevölkerte Gebiete des Empires, die Siedler gebrauchen könnten. Es gibt Landstriche, die von Pionieren kultiviert werden müssen, die ein neues Leben beginnen wollen.
>
> Wenn wir Flüchtlingen in diesem Land eine Heimat geben, werden sie zur Bürde und zum Ärgernis. Wir sollten ihnen die Chance geben, sich in Übersee selbst eine Heimat zu schaffen und sich an die ehrenwerte Arbeit zu machen, ein Empire aufzubauen.[55]

In diesem Monat hatte bereits ein gereizter Schlagabtausch auf der Leserbriefseite des *Mirror* stattgefunden. Das zeigte, dass selbst in einer linken Zeitung, die bis dahin die Politik der Aufnahme von politisch und rassistisch verfolgten Flüchtlingen unterstützt hatte, die Stimmung kippen konnte, wenn die Neuankömmlinge als undankbar empfunden wurden. In einem mit jüdischem Familiennamen unterschriebenen Brief wurde kritisiert, dass Großbritannien nicht so viele Flüchtlinge aufnahm wie Frankreich, worauf der *Mirror* antwortete:

Flüchtlinge profitieren von der Gastfreundschaft dieses Landes und sollten dafür dankbar sein.

Sie sollten außerdem dankbar sein für die vom britischen Steuerzahler bewaffneten und unterhaltenen Streitkräfte, mit denen die kontinentale Bedrohung in Schach gehalten wird.

Pro Jahr geben wir viele Millionen dafür aus, den Terror abzuwehren, dem diese Menschen soeben entkommen sind.

Zu diesem Ziel haben sie keinen Beitrag geleistet, und sie leisten auch weiterhin keinen Beitrag dazu. Sie sollten zusehen, dass sie höflich bleiben.[56]

Fritz Lustig, der im Frühsommer 1939 zwanzig Jahre alt wurde, war Mitte April auf einem amerikanischen Ozeandampfer, der *President Roosevelt*, von Hamburg über Le Havre nach Großbritannien gekommen. Die Überfahrt mit dem Schiff war offenbar ein Trick gewesen. Wenn Emigranten diesen Weg wählten, durften sie nämlich etwas mehr Bargeld mitnehmen, und wenn sie eine Kabine erster Klasse buchten, sogar noch mehr. Fritz, der Sohn einer Mittelstandsfamilie aus Berlin, die es zu bescheidenem Wohlstand gebracht hatte (sein Vater besaß eine Firma, die Fahrradteile an Großhändler verkaufte), hatte nach einigem Hin und Her über das Quaker Refugee Committee ein Visum erhalten. Das kostbare Dokument war jedoch nur zwölf Monate gültig, danach musste er sich erneut um die Aufnahme in einem anderen Land bewerben, sei es nun Australien, Neuseeland oder möglicherweise auch Kanada.

Fritz wollte Musik studieren – er war bereits ein versierter Cellist und hatte sein geliebtes Instrument nach Großbritannien mitgebracht –, konnte das aber wegen der Rassegesetze nicht in Deutschland tun. Seine Familie war liberal, sehr gebildet und jüdisch nur der Herkunft nach (Fritz wurde mit 14 Jahren konfirmiert, später wurde er Agnostiker). Aber Menschen wie er, das war ihm sehr bewusst, waren ebenso gefährdet wie jeder andere Jude, auch wenn sie weder in Kleidung noch Religion den orthodoxen Juden glichen.

Während er auf sein Visum wartete, hatte Fritz einen langweiligen Job als Angestellter in einer Firma für zahnmedizinische Ausrüstung in Berlin. Als er gegen Ende des Jahres 1938 im Zuge einer »Säuberungsaktion« als jüdischer Angestellter hinausgeworfen wurde, war er nicht traurig, auch wenn das den Verlust des Einkommens bedeutete. Fritz und seine Familie wussten, dass es in dem Deutschland, das die Nazis gerade aufbauten, für ihn keine Zukunft geben würde, und so konnte der junge Mann es kaum erwarten, an einem anderen Ort neu anzufangen, aber es fiel ihm sehr schwer, seinen Eltern in Hamburg am Kai Lebewohl zu sagen.

In Le Havre, wo die Passagiere fast einen ganzen Tag an Land verbrachten, bevor es weiter nach Southampton ging, spürte der junge Deutsche erstmals und vielleicht besonders eindringlich, was es bedeutete, ein unterdrückerisches Regime hinter sich zu lassen und in einem demokratischen Land ein neues Leben zu beginnen. Plötzlich war da keine Angst mehr, verfolgt zu werden oder etwas Falsches und Gefährliches zu sagen; keine bedrohlichen Uniformen mehr oder Schilder mit der Aufschrift »Juden unerwünscht«.

»Dieses Gefühl, dass eine beinahe untragbar schwere Last von deinem ganzen Leben genommen wurde, kann sich wahrscheinlich niemand vorstellen, der es nicht erlebt hat«, schrieb Fritz viele Jahre später.[57]

Er hatte schon einmal einen Sommer in Großbritannien verbracht. Im Jahr 1937 war er bei der englischen Familie Francis in Großbritanniens führender »Gartenstadt« Letchworth, Hertfordshire, untergekommen. Er hatte dort sein Englisch verbessert und dauerhafte Freundschaften geschlossen. Doch unmittelbare Hilfe erhielt er nun von einem alteingesessenen Emigrantenpaar, den Kuttners. Mrs Kuttner war eine alte Freundin von Fritz' sehr viel älterer Schwester. Richard Kuttner holte Fritz und sein Cello an der Londoner Waterloo Station ab, verstaute ihn und sein ziemlich großes Instrument in seinem kleinen Auto und nahm ihn mit zu sich nach Hause nach North London, wo der junge Berliner die kommenden Tage verbringen sollte. Fritz wollte anschließend nach Letchworth fahren und bei der Familie Francis auf eine Nachricht von der quäkerischen Wohltätigkeitsorganisation warten, die ihn unterstützte. Helfer versuchten, ihm eine Ausbildungsstelle im Bauwesen zu organisieren, damit er für sein neues Leben eine arbeitsmarkttaugliche Fähigkeit vorweisen konnte.

Fritz Lustig war der Erste, der zugab, dass seine Geschichte – trotz der Strapazen des unfreiwilligen Exils – eine ziemlich glückliche war (er sollte seine Memoiren *My Lucky Life* betiteln). Das Quäkergremium fand für ihn genau zur richtigen Zeit eine Ausbildungsstelle bei einem Bauunternehmer am Stadtrand von Cambridge und ermutigte ihn, sich für den Abendkurs Bauwesen an einer Berufsfachschule anzumelden. Fritz profitierte außerdem davon, dass er Teil eines großen, eng geknüpften Familiennetzwerks war.

Ein emigrierter Onkel arbeitete als Physiker in Cambridge. Er und seine Frau boten Fritz nun ein Zimmer in ihrem Haus an. Dass er schon recht gut

Englisch sprach, war ebenfalls von Vorteil. Der junge Lustig scheint sich nur ein einziges Mal fremd gefühlt zu haben, und zwar als der Bauunternehmer, für den er arbeitete, darauf bestand, ihn nicht mit Fritz anzureden, sondern mit dem englischen Fred.

Käthe Strenitz hatte es sehr viel schwerer, zumindest am Anfang. Sie war 16 Jahre alt, als sie im späten Frühjahr 1939 über die zionistische Jugendorganisation Aliyah einen Platz in einem Kindertransport nach England ergatterte. Die Atmosphäre in Prag wurde immer bedrückender. Sie war erleichtert, die Stadt verlassen zu können, aber sehr traurig, ihre Eltern und ihren kleinen Bruder zurücklassen zu müssen (die den Krieg alle nicht überleben sollten).

Bei ihrer Ankunft in London, wo sie ein paar Tage verbringen sollte, wurde Käthe von einem Freund aus Prager Künstlerkreisen abgeholt. Ihr Gastgeber war freundlich und tat sein Bestes, aber er hatte kein Geld, und sie selbst hatte bei ihrer Ausreise aus Prag nur ein Almosen mitnehmen dürfen. Käthes Lage verschlechterte sich noch, als der Freund sie in eine Blumengärtnerei nach Hampshire schickte, weil er glaubte, dass es für sie auf dem Land besser sein würde, wo es immerhin Arbeit und Essen gab. Wegen der unmittelbaren Kriegsgefahr wurde der Betrieb gerade in ein riesiges Anzuchtunternehmen für Tomaten umgewandelt.

Käthe war dort einer Situation ausgesetzt, die an Sklaverei grenzte. Sie schlief auf dem Treppenabsatz des Hauses, bekam nie ein eigenes Zimmer, arbeitete vom frühen Morgen bis spät in die Nacht in den Gewächshäusern, putzte das Haus oder schleppte riesige Wannen mit Wäsche zur Flussaue hinunter. Es gab nicht genug zu essen. Sie erinnert sich nicht, jemals bezahlt worden zu sein. Eines Tages wurde sie erwischt, wie sie einen Apfel aß, den sie vom Rasen neben dem Haus aufgelesen hatte. Man zwang sie daraufhin, sich vor die anderen Arbeiter zu stellen und zu gestehen, dass sie eine »Diebin« sei.[58]

Wer als Flüchtling im »toleranten« Großbritannien ankam, ohne – wie Fritz Lustig – den Schutz einer Familie zu genießen oder über einflussreiche Verbindungen zu verfügen, machte nicht selten sehr schmerzhafte Erfahrungen. Käthe war gerade nicht mehr jung genug für das britische Bildungssystem (vor allem Quäkerschulen haben tapfer jüdische Flüchtlingskinder aufgenommen, von denen später viele Bedeutendes zur britischen Kunst, Wissenschaft, Industrie und dem Erziehungswesen beigetragen haben).[59] Für ein Mädchen in Käthes Alter gab es nur wenig Schutz vor Ausbeutung und Missbrauch.

Im Sommer 1939 wurde in Großbritannien für die Jahrgänge 1918 und 1919 eine Wehrpflicht eingeführt. Die jungen Männer wurden »Militiamen« genannt, um jeden Anschein von totalitärem Militarismus zu vermeiden. In der Tat wirkten sie beim Besuch des Kriegsministers Hore-Belisha recht lässig.

AM SAMSTAG, DEM 15. JULI 1939, meldete sich der erste Schwung der fast 34 000 Männer von zwanzig beziehungsweise 21 Jahren zum Wehrdienst bei den neuen Militia-Einheiten und begann mit der sechsmonatigen Ausbildung. Die Camps wurden von der Boulevardpresse geradezu belagert. Weil der König und die Königin erst in der darauffolgenden Woche aus Übersee zurückerwartet wurden, erschien Queen Mary, die Witwe von Georg V., in einem Lager in Shorncliffe in der Nähe von Folkestone, um der Ankunft von mehreren Hundert jungen Männern, die nur zum Teil militärische Uniformen trugen, beizuwohnen. Kriegsminister Hore-Belisha besuchte die Kasernen bei Stoughton in Guildford. Der Stabsunteroffizier des Heeres, der die Begrüßungsfeier am Bahnhof leitete, sagte dem *Sunday Express* zufolge zu jedem Neuankömmling: »Sie werden eine wundervolle Zeit haben.« Der Außenminister persönlich begrüßte die Rekruten in der Kantine. Die Wehrpflichtigen seien, wie er sagte, »als Freunde willkommen«; nach kurzen Gesprächen mit einigen von ihnen sei er »überzeugt, dass nach der dreijährigen Testphase die nachfolgenden jungen Männer das Recht beanspruchen würden, ebenfalls eine solche Erfahrung machen zu dürfen«. Wie der *Express* berichtete, hatte jeder Rekrut eine Postkarte mit einem Foto der Kaserne bekommen. So konnten sie nach Hause schreiben, dass sie sicher angekommen waren.[60]

Es erschienen massenhaft »Geschichten aus dem wahren Leben« der Wehrpflichtigen. Da gab es den Rekruten, der nicht einmal anderthalb Meter maß, so dass ihm keine Uniform passte, und jenen, der über 130 Kilo wog und ähnliche Probleme hatte, es gab den frisch verheirateten Wehrpflichtigen, der seine Braut zum Dienst mitbrachte, und den jungen Mann aus reicher Familie, der vom Chauffeur zu einem Treffpunkt gefahren wurde, wo er zu den anderen »Jungs« in einen Lastwagen umstieg, und so weiter.

Der häufig vergnügte Ton der Berichte passte gut zu der Idee von der zeitgemäßen demokratischen Armee. Vor allem der *Express*, der die Einberufung im Jahr zuvor enthusiastisch befürwortet hatte, brachte dem ganzen Procedere viel Aufmerksamkeit entgegen. Im Juli forderte die Zeitung ihre Leser auf, Material einzusenden, das sich auf die Einberufung bezog. Besonders erwünscht waren »lustige Geschichten und Bilder … emotionale, spannende und romantische Geschichten sind ebenfalls willkommen«. Für jeden Beitrag, der abgedruckt wurde, sollte es zehn Schilling und einen Sixpence geben, und das war nicht zu verachten. Gleich am ersten Tag konnte der *Express* einen Mitwirkenden aus den Reihen der Wehrpflichtigen entlohnen, »Maschinengewehrschütze Ronald Savage«, 21 Jahre alt, ein Stadtangestellter aus London (»Ich freu mich drauf. Wenn man fünf Jahre bei der Stadt gearbeitet hat, braucht man mal etwas Aufregendes.«).[61] Eine Woche später war seine Stimmung noch immer gut, wenn er auch bestimmte Dinge vermisste (»Man hat mir erlaubt, mir von zu Hause meine Ukulele schicken zu lassen.«).[62]

Auch in der »Qualitäts«-Presse erschienen viele Berichte. Der *Manchester Guardian* begleitete den Vater eines Rekruten, der seinen Sohn zur Kaserne begleitete und von einem Offizier herumgeführt wurde. Er fand die Unterbringung »wundervoll«, und man zeigte ihm auch den Speiseplan für eine Abendmahlzeit:

> Vorspeisen, Tomatensuppe, gebratenes Filet oder Fisch, Rostbraten, neue Kartoffeln, Bratkartoffeln, grüne Bohnen, Götterspeise und Pudding, Tee oder Kaffee.

Der besorgte Vater bemerkte beruhigt: »Solange sie hier sind, bekommen sie besseres Essen als ich zu Hause.«[63] Es war offensichtlich, dass die Behörden zeigen wollten, dass roher Militarismus nicht vorgesehen war bei diesen jungen Rekruten, die quasi Zivilisten blieben.

Der *Observer* hatte von der Entschlossenheit der Armee berichtet, keine »Drangsalierungen« zuzulassen. »Die Jungs der neuen Brigade werden in eine neue Armee aufgenommen«, hieß es in der Zeitung. Man brachte Fotos von den Rekruten in Anzug und Schlips und mit den flotten dunkelblauen Baretts, die der Ausgehgarnitur in letzter Minute hinzugefügt worden waren.

> Sie werden auf Ausbilder treffen, die gelernt haben, jeglichen Anklang an den Kommisskopp aus dem Varieteetheater zu vermeiden. »Keine Grobheiten, Drangsalierungen und Beschimpfungen«, lautet die besondere Anweisung an die Ausbilder. Soweit es praktikabel ist, sollen die Militiamen nicht an Arbeitskommandos teilnehmen.[64]

Der *Daily Worker*, die Zeitung der Kommunistischen Partei Großbritanniens, brachte nichts dergleichen. Hore-Belishas Behauptung, das Ganze sei ein »wunderbares Exempel für unsere Demokratie«, die nahezu von der gesamten Presse eifrig wiederholt wurde, war nach der Überzeugung dieser Zeitung nichts als ein schlechtes Täuschungsmanöver:

> Einigen Gefühlsschreibern scheint die Idee, dass der Sohn eines Herzogs wirklich sechs Monate in der Armee dienen und lernen soll, wie er das Land verteidigt, in dem er lebt und von dem er lebt, derart demokratisch, dass sie dafür kaum Worte finden. Doch bevor auch wir in lyrische Ergüsse über den demokratischen Wert der Wehrpflicht ausbrechen, müssen wir fragen, wer das ganze Theater überhaupt inszeniert. Die Antwort ist recht einfach. Sie lautet, dass es die professionellen Militärs sind, die aus einer sehr schmalen, notorisch gegen Labour eingestellten, durch und durch antidemokratischen oberen Schicht des britischen Volkes stammen. Unter diesen Umständen ist Mr Hore-Belishas Behauptung, der Dienst in unserer aktuellen Klassenarmee sei ein »großartiges demokratische Experiment«, natürlich Humbug.[65]

Abgesehen von dieser erwartbaren Kritik konnte die Regierung die politisch heikle erste Rekrutierung von Wehrpflichtigen alles in allem als erfolgreiche Übung in Sachen Öffentlichkeitsarbeit verbuchen.

Ein Rekrut aus der Mittelklasse, der seinen Einberufungsbefehl unmittelbar im Anschluss an seine Prüfung für den Verwaltungsdienst erhalten hatte, erinnerte sich viele Jahre später: »Nun waren wir ja die ersten, die jemals zur Friedenszeit eingezogen wurden. Die Presse beobachtete alles, und an dem Tag im Jahr 1939, als ich eingezogen wurde, war sie da, um uns im Auge zu behalten und zu gucken, was mit uns passierte. Aber natürlich war das Ganze sehr gut organisiert, und ich denke mal, 99,5 Prozent von uns waren mit der Behandlung absolut zufrieden.«[66]

DIE GESAMTE – wie sich herausstellen sollte kurzlebige – Militiamen-Episode spielte sich in einer leicht lächerlichen und unwirklichen Atmosphäre ab. Zwar war der Frühsommer von Angst überschattet mit all dem Gegrummel in Osteuropa und den scheinbar endlosen Bündnisgesprächen mit Polen, Russland, Frankreich und so weiter mit dem Ziel, Deutschland im Zaum zu halten. Aber für viele Millionen Menschen ging das Leben weiter wie bisher, und die Aussicht auf Krieg blieb trotz der ständig neuen, bedrohlichen Schlagzeilen seltsam abstrakt.

In Patrick Hamiltons Roman *Hangover Square*, geschrieben im Jahr 1940, als diese Zeit im Gedächtnis des Autors noch frisch war, dient das gesamte verwirrende Jahr nach dem Münchner Abkommen als ironische Kontrastfolie für die belanglosen Tragödien, die die Charaktere im Privaten durchleben.

Der emotional bedürftige und heruntergekommene Antiheld des Romans, der aus der Mittelklasse stammende George Harvey Bone, lebt in einem schäbigen Teil des Londoner Vororts Earl's Court von einer bescheidenen Erbschaft. Der stets schlurfende, gutmütige Alkoholiker wird von seinen falschen Freunden immer wieder dazu gebracht, ihre Trinkgelage zu finanzieren, und leidet zunehmend unter schizophrenen Schüben, in denen er das Gefühl hat, einen Mord begehen zu müssen. Außerdem ist er einer schönen, treulosen (und untalentierten) Schauspielerin namens Netta Longdon sexuell verfallen. Netta nutzt seine Großzügigkeit aus und spielt mit seinen Gefühlen, da sie mehr oder weniger offen mit einem der anderen Trinker ins Bett geht, der mit den Faschisten sympathisiert. Außerdem versucht sie, Bones alten Schulfreund Johnnie, der bei einem mächtigen Theateragenten arbeitet, für ihre Karriere einzuspannen. Eines schönen Tages im Juli 1939 treffen sich

Johnnie und Bone im Londoner Westend zum Lunch. Johnnies Rückweg ins Büro nutzt der Autor, um einen Eindruck vom London der letzten Friedenstage zu vermitteln:

> Als sie auseinandergegangen waren, schlenderte Johnnie über den Leicester Square zurück ins Büro ...
>
> In der Mitte des Platzes starrte die Shakespeare-Statue grau in Richtung des *Empire Cinema* mit seiner grellen Ankündigung von *Auf Wiedersehen, Mr Chips* mit Robert Donat und Greer Garson. Eine Taube hatte sich auf dem Kopf des Dichters niedergelassen, der die rote Jacke (wie eine altmodische Golferjacke, die der gesamten Szenerie gleichwohl einen Tupfer heißer Exotik verlieh) jenes Mannes zu betrachten schien, der oben auf den Herrentoiletten Schuhe putzte. Schön, schön, schön ... Blau und Sonnenschein überall ...
>
> Schön für den König und die Königin in Kanada ...
>
> Schön für die Bergung der *Thetis* ...
>
> Schön für das westindische Team ...
>
> Schön für die I.R.A. und ihre Gepäckaufbewahrung ...
>
> Schön für Hitler in der Tschechoslowakei ...
>
> Schön für Mr Strang in Moskau ...
>
> Schön für Mr Chamberlain und seinen Frieden für unsere Zeit – sein Schirm ein Sonnenschirm! ...
>
> Man konnte nicht glauben, dass es je anders werden sollte, dass die Bomben fallen mussten.[67]

8

1. bis 22. August 1939

Für Danzig sterben?

AM 2. AUGUST 1939 UNTERZEICHNETE der im Exil lebende Physiker Albert Einstein einen Brief an Präsident Roosevelt, in dem er diesen darüber informierte, dass Deutschland möglicherweise eine Atombombe entwickelte. Nach dem entscheidenden Kernspaltungsexperiment mit Uran, das von Otto Hahn und Fritz Straßmann im Dezember 1938 am Kaiser-Wilhelm-Institut in Berlin durchgeführt worden war, hatten Physiker in Amerika, Großbritannien und in der ganzen Welt die Bedeutung des Experiments erkannt, es mit den aktuellen Forschungen über Kernreaktionen in Zusammenhang gebracht und daraus ihre Schlüsse gezogen.

Der in Ungarn geborene Physiker Léo Szilárd kannte Einstein aus Berlin, wo sie in den 1920er Jahren an verschiedenen Forschungsprojekten zusammengearbeitet hatten. Szilárd lebte inzwischen ebenfalls in den Vereinigten Staaten und war der Initiator des Briefes. Dass die Nationalsozialisten versuchen könnten, eine Atombombe zu entwickeln, hatte er unter anderem aus der Tatsache geschlossen, dass Deutschland nach der Besetzung des Sudetenlandes den Uranexport aus den dortigen Minen sofort einstellte. Im Frühsommer hatte er dann den Versuch unternommen, den berühmten Physiker um Hilfe zu bitten bei seinen Bemühungen, die US-Regierung auf diese Gefahr aufmerksam zu machen.

Schon beim ersten Besuch in Einsteins Sommerhaus auf Long Islands wenig angesagter Halbinsel North Fork hatte er den Nobelpreisträger für das Unternehmen gewonnen. Bei einem zweiten Treffen am 2. August formulierte Einstein dann auf der Grundlage von Szilárds Vorschlägen einen Text in deutscher Sprache. Der Ungar und sein Begleiter, Edward Teller, ebenfalls ein angesehener Physiker, übersetzten ihn ins Englische. Die Forscher rieten der US-Regierung dringend, sich um den Erwerb von Uranvorräten (aus Minen in Kanada und dem damaligen Belgisch-Kongo) zu kümmern und dafür zu sorgen, dass sich »die experimentelle Arbeit beschleunigt«. Die militärischen Konsequenzen wurden nicht ausdrücklich erwähnt, lagen aber auf der Hand, da im letzten Absatz betont wurde, wie groß das Interesse der deutschen

Regierung an den Forschungsarbeiten in Berlin sei. Es sei denkbar, dass die Deutschen eine Bombe entwickelten, die auf der Kernspaltung beruhte. Und es fehlte auch nicht der Hinweis, dass der Physiker Carl Friedrich von Weizsäcker,* ein Sohn des Staatssekretärs im Auswärtigen Amt, dem Forschungsteam angehörte.

Nach damaligen Berechnungen würden zur Herstellung einer solch zerstörerischen Waffe viele Hundert Kilogramm Uran gebraucht werden, weshalb in dem warnenden Brief von Szilárd und Einstein beschrieben wurde, welche Gefahr von einem Schiff ausgehen konnte, das diese enorme Sprengladung transportierte. Wenn es in einem Hafen detonierte, würde es die Stadt und deren Umgebung in einem weiten Radius zerstören.[1] Wenig später ergaben weitere Experimente, dass schon zehn Kilogramm ausreichten, diese verheerende Wirkung zu erzeugen. Bei dieser geringen Menge kam sogar ein Flugzeug für den Transport in Betracht.

Zwei Monate und eine wesentliche Veränderung der Weltpolitik später nahm Roosevelt den Brief der Physiker zur Kenntnis und reagierte umgehend. Inzwischen war in Deutschland die Uranforschung unter die Kontrolle des Heereswaffenamtes gestellt worden. Der geheime Wettlauf zur Atombombe hatte begonnen.

ÜBER 6000 KILOMETER ÖSTLICH von Long Island verschoben sich zu dieser Zeit die tektonischen Platten der europäischen Geopolitik. Deutschland umwarb die Russen.

Die Annäherung zwischen Nazideutschland und der Sowjetunion, politischen Gegensätzen und Erzfeinden, die kurz zuvor noch undenkbar schien, war in Wirklichkeit schon vor dem Sommer 1939 ernsthaft in Erwägung gezogen worden. Als die Bündnisverhandlungen zwischen den westlichen Demokratien und den Sowjets sich dahinschleppten, obwohl Mr Strang aus dem britischen Außenministerium bereit war, so lange wie nun einmal nötig seine Rosen und die ruhigen Straßen von Northwood zu entbehren, nahmen die diplomatischen Aktivitäten zwischen Hitlers und Stalins Regierungen an Fahrt auf.

* Carl Friedrich von Weizsäcker (1912–2007) war ein brillanter theoretischer Physiker. Eine Gruppe von deutschen Wissenschaftlern, die sich inoffiziell »Uranverein« nannte, hatte – aufbauend auf Hahns und Straßmanns Entdeckung – im Frühjahr 1939 angefangen, an einer möglichen militärischen Nutzung zu arbeiten.

Wenn sich jemand mit roher Machtausübung auskannte, dann war es Stalin. Er hatte mit angesehen, wie der Westen die Tschechoslowakei preisgab, an die er zusammen mit Frankreich durch ein Bündnis gebunden war. Die UdSSR war dadurch isoliert worden, und Stalin sah sich mit der Tatsache konfrontiert, dass die deutsche Einflusssphäre nun unmittelbar an sein eigenes Territorium grenzte. Eine direkte Invasion war möglich geworden. Zudem hatten Großbritannien und dann Frankreich nach dem Münchner Abkommen »Freundschaftsverträge« mit Hitler unterzeichnet, und das konnte bedeuten, dass sie sich mit Deutschland gegen die Sowjetunion verbündeten (vor allem Chamberlain war ein leidenschaftlicher Antikommunist).

Ein sowjetisches Abkommen mit Nazideutschland erschien Stalin zunehmend wünschenswert und vernünftig. Als die Ausgegrenzten Europas hatten Deutschland und die Sowjetunion nach dem Ersten Weltkrieg eifrig miteinander Handel getrieben und auch in politischen und militärischen Bereichen zusammengearbeitet. Die Verträge von Rapallo und Berlin, die in den Jahren 1922 und 1926 zwischen den beiden Ländern abgeschlossen worden waren, hatten Geheimklauseln enthalten. Diese ermöglichten es der Weimarer Republik, neue Militäreinheiten aufzustellen und damit die Reichswehr zu vergrößern, was nach dem Versailler Vertrag eigentlich untersagt war. Überdies bauten sie eine ebenfalls verbotene Luftstreitkraft auf und experimentierten vor 1933 auf sowjetischem Boden sogar mit chemischen Waffen.

Der Handel zwischen Russland und Deutschland war lebhaft, bis die aggressiv antikommunistischen Nazis an die Macht kamen. Während im Jahr 1932 fast die Hälfte, nämlich 46 Prozent der in die Sowjetunion importierten Industriemaschinen aus Deutschland stammte, waren es 1938 nur noch 4,7 Prozent, und ein Großteil der deutschen Güter war durch amerikanische und britische Produkte ersetzt worden.[2] Aber nun fand man zusammen, denn die Nazis brauchten Rohstoffe, von denen Russland mehr als genug hatte, die Sowjets wollten deutsche Technologie sowie deutsche Waffen, und beide hatten ein Interesse an Polen. Die zunächst auf niedriger Flamme köchelnde deutsche Pressekampagne gegen Polen loderte Anfang August 1939 plötzlich verdächtig hell auf.

Am 26. Juli 1939 hatte sich Karl Schnurre, ein für die deutsche Regierung arbeitender Russlandexperte, in Berlin mit dem hochrangigen Sowjetdiplomaten Georgi Astachow zum Abendessen im Weinhaus Ewest getroffen, einem exklusiven und alteingesessenen Restaurant in der Nähe der Friedrichstraße, das häufig von hohen deutschen Regierungsbeamten besucht wurde. Beide waren – zwecks Rückversicherung – in Begleitung eines jungen Kollegen. Die Sondierungsgespräche über eine Ausweitung der ökonomischen Zusammenarbeit (deutsche Industriegüter gegen russische Rohstoffe) waren schon recht weit gediehen, und so erhöhte Schnurre an diesem Abend den Einsatz. Er hatte einen dreistufigen Vertrag vorbereitet, den er nun den Russen unterbreitete. Der junge deutsche Kollege an seiner Seite, den er nicht eingeweiht hatte, soll entsetzt gewesen sein. Schnurre machte folgende Vorschläge:

> Stufe 1: Die Wiederaufnahme der Zusammenarbeit in ökonomischen Fragen über einen abzuschließenden Wirtschafts- und Kreditvertrag.
> Stufe 2: Die Normalisierung und Verbesserung der politischen Beziehungen.
> Stufe 3: Die Wiederaufnahme guter politischer Beziehungen entweder durch eine Rückkehr zum vorherigen Zustand (sprich dem Berliner Vertrag)* oder durch ein neues Abkommen, das den wichtigsten politischen Interessen beider Parteien Rechnung trägt.

»Stufe 3«, sagte Schnurre, »schien mir in Reichweite zu sein.«[3]

Am 1. August trafen sich die beiden Männer erneut. Astachow stellte für die Aufnahme politischer Gespräche zwei Bedingungen: Es sollten umgehend sämtliche antisowjetischen Berichte aus der deutschen Presse verschwinden, und man sollte sich auf einen Wirtschaftsvertrag einigen. Die Deutschen willigten ein. Am 4. August traf sich der deutsche Botschafter in Moskau, Friedrich-Werner Graf von der Schulenburg, mit Wjatscheslaw Molotow, Stalins neuem Volkskommissar für auswärtige Angelegenheiten, der im Mai den prowestlichen Litwinow abgelöst hatte. Dabei habe der sowjetische Vertreter, wie Schulenburg berichtete, »seine übliche Reserviertheit aufgegeben und sich auf ungewöhnliche Weise offen« gezeigt.[4]

HITLER HATTE LÄNGST den 26. August als Datum für seinen Angriff auf Polen festgelegt. Bei all dem Gerede von britischer Aggression und deutschem Friedenswillen handelte es sich also um Nebelkerzen. Auf Anweisung von

* Im Berliner Vertrag von 1926 wurde vereinbart, dass, wenn einer der beiden Vertragspartner von einer dritten Macht angegriffen wurde, der andere Neutralität wahren sollte. Als »dritte Macht« kam am ehesten Polen in Frage, weshalb der Berliner Vertrag als deutsch-sowjetische Drohung an Polen aufgefasst wurde.

Goebbels blieb die deutsche Presse aber in der ersten Augusthälfte konsequent bei der Linie, Hitler als Friedensfreund darzustellen.

Die »Einkreisungs«-These wurde der Öffentlichkeit wieder und wieder aufgetischt: Großbritannien, Frankreich, Polen und jene osteuropäischen Länder, die sie zum Mitmachen hätten überreden oder bestechen können, verfolgten den Plan, Deutschland einzuschüchtern, damit es seine berechtigten Ansprüche aufgab. Wenn Deutschland nicht nachgebe, solle es aus verschiedenen Richtungen gleichzeitig angegriffen werden. Den ganzen Sommer über war die deutsche Presse voll mit solch paranoider Rhetorik. Die Briten und Franzosen (vor allem aber die Briten) wurden immer wieder als scheinheilig dargestellt: Sie predigten Demokratie und Rechtsstaatlichkeit, herrschten aber über riesige Kolonialreiche, in denen die Einheimischen unterdrückt wurden und nicht in den Genuss solcher Errungenschaften kamen. Zumindest damit hatten die Deutschen nicht ganz Unrecht.

Im Juli 1939 analysierte der Romanautor und Essayist George Orwell dieses Problem in der Rezension zu einem Buch des amerikanischen Journalisten und Internationalisten Clarence K. Streit, eines wohlmeinenden und höchst vernünftigen Autors. Streit hoffte wie viele seiner Zeitgenossen, dass sich die demokratischen Länder – inklusive ihrer »Schutzgebiete«, sprich Kolonien – gegen den Faschismus zusammentun würden. Orwell, der als kolonialer Polizeibeamter im britisch beherrschten Burma gedient hatte, wies auf die Schwachstellen dieser Idee hin:

> Werfen wir noch einmal einen Blick auf seine Liste der Schafe und Ziegen. Bei den Ziegen (Deutschland, Italien und Japan): kein Grund zum Stutzen, denn sie sind in der Tat Ziegen, noch dazu Böcke. Aber die Schafe verdienen einen genaueren Blick! Die USA mögen noch davonkommen, wenn man nicht allzu genau hinsieht. Aber was ist mit Frankreich? Mit England? Ja, was ist mit Belgien und Holland? Wie alle aus seiner Theorieschule hat Mr Streit mal eben die riesigen britischen und französischen Reiche – im Kern nichts als Instrumente zur Ausbeutung billiger farbiger Arbeitskräfte – unter das Label der Demokratien summiert![5]

Für die meisten Autoren aus demokratischen Ländern waren Orwell zufolge schwarze und sonstwie farbige Menschen ein unerheblicher Sonderfall, der in ihrer moralischen Gleichung nicht mitgerechnet wurde.

»Wir vergessen immer wieder«, schrieb er, »dass die überwältigende Masse der britischen Proletarier nicht in Großbritannien lebt, sondern in Asien und Afrika«. Und weiter:

> Zum Beispiel steht es nicht in Hitlers Macht, einen Penny die Stunde zum normalen Industriearbeiterlohn zu erklären, der aber in Indien völlig üblich ist; und wir geben uns große Mühe, dafür zu sorgen, dass es so bleibt. Von den wahren Beziehungen zwischen England und Indien bekommt man einen Eindruck, wenn man sich klarmacht, dass das jährliche Pro-Kopf-Einkommen in England etwas über achtzig Pfund beträgt, in Indien aber sieben Pfund. Es ist nicht unüblich, dass die Beine eines indischen Tagelöhners dünner sind als die Arme eines durchschnittlichen Engländers. Das ist nicht rassistisch gemeint, denn gut ernährte Mitglieder dieser Bevölkerungsgruppe sind völlig normal gebaut; die Ursache ist schlichter Hunger. Das ist das System, von dem wir alle leben und das wir verurteilen, solange nicht die Gefahr besteht, dass es sich ändert. Neuerdings aber gehört es zur ersten Bürgerpflicht eines »guten Antifaschisten«, über dieses System Lügen zu erzählen und es am Leben zu erhalten.

Natürlich war nicht davon auszugehen, dass Nazideutschland sich in den Kolonien, die es nach dem Ersten Weltkrieg verloren hatte, irgendwie anders verhielt, falls es diese zurückbekam, oder auch in den europäischen Ländern, die es bereits annektiert hatte oder deren Eroberung es plante. Doch dass Chamberlain, Churchill, Halifax und andere, die die Arbeitsverhältnisse unter den Nazis kritisierten, während Millionen Menschen und ganze Nationen unter dem britischen Joch für einen Hungerlohn schufteten, als Heuchler dastanden, war für die deutsche Propaganda ein gefundenes Fressen. Besonders gut eignete sich für ihre Häme Palästina, denn mit den pathetischen Artikeln, in denen die Plackerei der dortigen Bevölkerung angeprangert wurde (im Großen und Ganzen natürlich völlig zu Recht), ließen sich die britischen Besatzer *und* die zionistischen Juden diskreditieren.

Die Übersichten, die das Deutsche Nachrichtenbüro Anfang August für die deutsche Presse herausgab, waren voll von »Einkreisungs«-Geschichten, Berichten über die Heimtücke und Ungerechtigkeit der herrschenden Klasse in Großbritannien und hier speziell über den ideologischen Kampf zwischen Goebbels und dem britischen Ex-Marineoffizier und Rundfunkkommentator

Fregattenkapitän Stephen King-Hall. King-Hall, zu dieser Zeit in Großbritannien eine bekannte öffentliche Figur, gab einen liberalen internationalistischen Rundbrief heraus, der Zehntausende von Abonnenten hatte.

Der Fregattenkapitän hatte in diesem Frühjahr Deutschland und das Sudetenland bereist und sich entsetzt gezeigt, wie leicht sich ganz gewöhnliche Deutsche von der antitschechischen und antipolnischen Propaganda ihrer Regierung hatten überzeugen lassen. Er finanzierte daraufhin mit einigen Gleichgesinnten ein Programm, das einflussreiche Deutsche mit Informationen versorgen und in die Lage versetzen sollte, den englischen Standpunkt besser zu verstehen. Die Umsetzung erwies sich allerdings als schwierig, denn Deutschland war im Gegensatz zu Großbritannien keine offene Gesellschaft. King-Hall verfasste daher zunächst einen Brief – in Wirklichkeit eher eine Broschüre –, in dem der deutschen Öffentlichkeit »Fakten« präsentiert und ihr die unlauteren Absichten der Naziregierung enthüllt werden sollten. »Ihre Anführer – zumindest Ribbentrop, Goebbels und Himmler – sind ziemlich unerträgliche Menschen«, hieß es dort. King-Hall betonte zudem die Entschlossenheit der britischen Regierung und Bevölkerung, der Aggression standzuhalten, und warnte vor den fatalen Folgen eines weiteren Krieges (gegen das, was einem besiegten Deutschland blühen würde, sei der Versailler Vertrag geradezu »ein Kinderspiel«).[6] Der Brief wurde per Post an rund 50 000 Deutsche im ganzen Reich versandt, hauptsächlich an Geschäftsleute.

King-Halls Initiative, der man eine gewisse kluge, ja brillante Einfachheit nicht absprechen konnte, rief bei der deutschen Regierung Empörung hervor und provozierte sogar eine Reaktion von Goebbels selbst – in Form eines sechsseitigen Artikels im *Völkischen Beobachter*. Der Beitrag war von Hitler persönlich abgesegnet worden und wurde am nächsten Tag in allen deutschen Zeitungen zitiert.

Zunächst erklären die Nazis, dass King-Hall entgegen seiner Behauptung nicht als Privatperson agiere, sondern im Auftrag des britischen Außenministeriums. In Wahrheit sei es seine Aufgabe, das deutsche Volk und seine Anführer zu entzweien. Dahinter standen wieder einmal die berüchtigten »Lords«, die alles taten, um ihr Empire, dessen Sünden mit den üblichen grausigen Details aufgezählt wurden, zu behalten. King-Hall wolle Deutschland hindern, seine ihm vom Schicksal bestimmte Stellung in der Welt einzunehmen. Der »Brief« des Ex-Marinemanns sei nichts als Bauernfängerei und die raubeinige, aufrichtig wirkende Art des »alten Seebären« nur Tarnung.[7]

Der »private Krieg« zwischen Goebbels und King-Hall zog sich bis in den August hin. Noch vier weitere Briefe wurden in hoher Auflage gedruckt und verschickt. »Ich werde auf jeden Fall fortfahren, die Briefe zu versenden«, sagte King-Hall vor der britischen Presse und fuhr ziemlich scheinheilig fort: »Ich weiß nicht, warum sich die deutsche Regierung über die rein privaten Briefe, die ein Engländer den Deutschen schickt, so aufregt. In seinen Veröffentlichungen verdreht Goebbels den Inhalt meiner Briefe. Er dichtet sogar Sätze hinzu, die ich nie geschrieben habe.«[8]

Auf die Beschwerden der deutschen Regierung, ihre Widerlegungen von King-Halls »Verleumdungen« würden in der britischen Presse nicht angemessen gewürdigt, reagierte der Fregattenkapitän, indem er auf eigene Kosten Auszüge aus Goebbels' Tiraden in britischen Tageszeitungen abdrucken ließ. Als Gegenleistung erbat er, dass die deutsche Regierung freundlicherweise einige seiner Artikel in ihren Presseorganen veröffentlichen möge. Dieser Bitte wurde selbstverständlich nicht entsprochen,[9] stattdessen ordnete Goebbels an, Auszüge aus seinen Angriffen auf King-Hall ins Englische zu übersetzen und im Vereinigten Königreich zu verschicken.[10]

Goebbels reagierte damit auf eine für ihn untypische Weise plump und unverhältnismäßig. Dass er sich so ausführlich mit King-Halls Briefen beschäftigte, mag einem gewissen Unbehagen der deutschen Regierung geschuldet gewesen sein.[11] Ungeschickt war es auf jeden Fall, denn in Schlesien erfuhr man den Deutschland-Berichten der Sopade zufolge erst durch Goebbels' donnernden Artikel von den King-Hall-Briefen. Bei den Kritikern des Regimes löste die geniale Idee des britischen Publizisten immerhin eine gewisse sarkastische Bewunderung aus, bei Hitlers eifrigen Anhängern dagegen einige Empörung.[12]

Goebbels' übertriebene Reaktion hatte für das Regime den Vorteil, dass die Wirkung, die King-Halls Briefe bei den Regimebefürwortern erzeugen sollten, verpuffte. Außerdem half die Auseinandersetzung, die antibritische Welle in Gang zu halten, ohne dass der Propagandaminister sich wiederholen musste. Noch Anfang Juli hatte Hitler Goebbels eingeschärft, wie wichtig es sei, »den Hass gegen England [zu] schüren. Das deutsche Volk muss in ihm die Seele des Widerstands gegen uns erkennen.« Und was den Feind im Osten anging, schärfte der Führer dem Propagandaminister ein: »Den Polen muss man durch weitere stillschweigende Vorbereitungen zusetzen. Die verlieren in der entscheidenden Stunde die Nerven. England wird durch unausgesetzte Propaganda mürbe geschlagen.«[13]

Die deutsche Presse war nach dem Münchner Abkommen verhältnismäßig nett mit Chamberlain umgegangen. Erst als sich nach der Besetzung Prags die Rhetorik des Premierministers verschärfte, wurde der Ton aggressiver. Dabei konzentrierte die Presse sich zunächst auf »Kriegshetzer« wie Churchill, Duff Cooper und Eden. Im Sommer musste man dann in Großbritannien zur Kenntnis nehmen, dass sich der britische Premierminister im *Der Angriff*, dem Presseorgan des Gauleiters von Berlin – also Goebbels' – vom gütigen und friedliebenden alten Gentleman, der nach Godesberg und München geflogen war, in Großbritanniens Chefheuchler verwandelt hatte:

> Dieser »gute alte Mann« flog zum ersten Mal Richtung Köln über den Kanal. Selbstverständlich unternahm er diese Reise »in der Sache des Friedens«. In der Folge wurde er in England und sogar in Deutschland gefeiert, denn einige Dummköpfe glaubten diesem Friedensapostel tatsächlich.[14]

Die britische Regierung reagierte auf die heftige Verunglimpfungskampagne nicht etwa, indem sie die Presse gegen Deutschland aufhetzte, vielmehr trat der britische Botschafter in Berlin, Sir Nevile Henderson, öffentlich dafür ein, dass King-Hall und seine Kollegen angesichts der heiklen Lage in Europa es in Zukunft unterließen, die Deutschen zu provozieren. »Es ist sehr bezeichnend«, schrieb der *Daily Mirror*, »dass Sir Nevile es einer gestrigen Aussage zufolge als gefährlich betrachtet, die Nazis zu ›erzürnen‹, und dass seiner Ansicht nach zur Verbesserung der englisch-deutschen Beziehungen das Zirkulieren der Briefe von Fregattenkapitän King-Hall in Deutschland gestoppt werden muss.«[15]

Tatsächlich rief Lord Beaverbrooks – Chamberlain freundlich gesinnter – *Express* den Fregattenkapitän schon eine Woche später auf, seine Kampagne zu beenden:

> Fregattenkapitän King-Hall sollte aufhören, Briefe nach Deutschland zu schicken. Das Einzige, was er damit erreicht hat, war, dass Goebbels angefangen hat, Briefe an uns zu schicken. Wir können davon ausgehen, dass King-Halls Propaganda auf die Deutschen genauso wenig Eindruck macht, wie Goebbels' Propaganda auf uns. Solche Briefe – falls sie überhaupt irgendeinem Zweck dienen – vergrößern nur die Spannungen zwischen unserem Land und Deutschland.[16]

Offenkundig hatten King-Halls Briefe das NS-Regime aber tief getroffen. Denn als Sir Nevile Henderson ein paar Wochen später eine letzte Mitteilung vom deutschen Außenminister erhielt, war King-Hall darin namentlich erwähnt – als offizieller Sprecher der britischen Regierung:

> Die im Auftrag der britischen Regierung von Herrn King Hall uns mitgeteilte Absicht, das deutsche Volk noch mehr zu vernichten als durch den Versailler Vertrag, nehmen wir zur Kenntnis und werden daher jede Angriffshandlung Englands mit den gleichen Waffen und in der gleichen Form beantworten.[17]

Hitler und seine Gefolgsleute vermuteten hinter der Aktion die Heimtücke einer ausländischen Macht und konnten einfach nicht glauben, dass ein unabhängiger, zweifellos etwas verschrobener Zeitgenosse ihnen eine solch üble Blamage zugefügt hatte. Dass jemand einfach seinen Instinkten folgte und schrieb, was er schreiben wollte, so etwas gab es in Deutschland seit 1933 nicht mehr.

DIE DEUTSCHE PRESSEKAMPAGNE gegen Polen im Frühsommer hatte sich nur indirekt gegen den Nachbarn im Osten gerichtet und vielmehr auf die angebliche britische »Einkreisung« gezielt, in die sich die Polen möglicherweise gegen ihren Willen hatten verwickeln lassen, weil sie eben anfällig waren für die Bestechungen und Manipulationen der durchtriebenen Londoner Strippenzieher und ihrer jüdischen Finanziers. Es hatte zwar einige provozierende Berichte über eine polnische Einmischung in Danzig gegeben, aber bis zu diesem Zeitpunkt keine regelrechte Terrorpropaganda.

Das deutsche Ressentiment in dieser Sache zunächst in gewissen Grenzen zu halten, war eine Art taktische Entscheidung gewesen. Hitler und der Gauleiter von Danzig, Albert Forster, hatten im Juli und Anfang August bei diesem Thema systematisch den Einsatz erhöht. Nun schien es das Ziel des »Führers« zu sein, eine Krise um die Freie Stadt Danzig zu entfachen, was ihn, den selbsternannten Beschützer der Stadt, zur Intervention zwingen würde – zunächst diplomatisch und dann militärisch. Bevor die westlichen Alliierten wussten, wie ihnen geschah, würden sich Deutschland und Polen im Krieg um den Status einer – bei Lichte betrachtet – relativ unbedeutenden Stadt befinden. Während die Welt noch das Für und Wider weiterer Schritte erwog, sollte Polen besiegt und Großbritannien vor »irreversible Tatsachen«

gestellt werden. Hitler glaubte im Grunde nicht, dass Großbritannien bereit war, den gesamten Kontinent für Danzig in einen Krieg zu stürzen.[18] In diesem Glauben bestärkte ihn die Tatsache, dass die Briten ihre Zusicherung an Polen nur gegeben hatten, um die »Unabhängigkeit« des Landes zu verteidigen, nicht um seine Grenzen zu garantieren. In den vorangegangenen Wochen hatte die Chamberlain-Regierung eine Doppelstrategie verfolgt, indem sie Aufrüstung und Einberufung vorantrieb und gleichzeitig versuchte, die Verhandlungen mit Deutschland wieder aufzunehmen, was heißen konnte, dass Polen einem territorialen Kompromiss in Bezug auf Danzig zustimmte. Das erklärte auch die Bitte der Regierung an Fregattenkapitän King-Hall, die Nazis nicht zu provozieren.

Anfang August ging es in der deutschen Presse nach wie vor um die Rolle der polnischen Zollbeamten in Danzig. In der ersten Augustwoche häuften sich die Berichte darüber, wie die deutsche Minderheit im Korridor von der polnischen Bürokratie angeblich schikaniert wurde: Von Deutschen betriebene Bäckereien und Molkereien wurden aus hygienischen Gründen geschlossen, es gab polnische Schlägertrupps, die Deutsche bei ihren Zusammenkünften und sogar in der Kirche drangsalierten.

In der zweiten Augustwoche brach der Damm dann vollends. Selbst in der *Freiburger Zeitung*, tief im Südwesten des Landes und Hunderte Kilometer von Polen entfernt, konnte man dramatische Schlagzeilen über die Bedrohung Danzigs und Berichte über zu erwartende Gewaltausbrüche gegen »Volksdeutsche« in Polen lesen.

Das war kein Zufall. Zwischen 7. und 9. August war Gauleiter Forster bei Hitler auf dem Obersalzberg in Berchtesgaden gewesen. Kaum zurück in Danzig, hielt er eine aufwiegelnde Rede, in der er forderte, dass die Stadt an Deutschland zurückgegeben werde. Von da an erhob er immer extremere Forderungen. Genau wie Henlein, der Anführer der Sudetendeutschen, Forderungen an die tschechische Regierung gestellt hatte, die diese unmöglich erfüllen konnte, reizte der Danziger Naziführer nun die Polen in der Absicht, einen Kriegsgrund zu provozieren, und der war gegeben, wenn die Polen sich zum Abbruch der Verhandlungen oder zur Verschärfung diverser Grenzbestimmungen hinreißen ließen.

Zwischen 10. und 13. August hielt sich der italienische Außenminister Graf Ciano in Deutschland auf, wo er mit seinem deutschen Amtskollegen Ribbentrop in Salzburg zusammentraf und später mit Hitler auf dem Obersalzberg. Ciano übermittelte Mussolinis Bedenken, um Danzig einen Krieg vom Zaun zu brechen, aber Ribbentrop und Hitler waren unerbittlich: Deutschland müsse Polen angreifen und besiegen. Die Briten und Franzosen würden nichts unternehmen und um des Friedens willen einen lokalen Krieg im Osten tolerieren.[19]

Nichts und niemand schien Hitler von seinem Vorhaben abbringen zu können. Am 11. August hatte dieser Goebbels zufolge angeordnet, dass die Lautstärke der Propagandakampagne gegen Polen um »80 Prozent aufgedreht« werde – vier Tage später solle dann »der Endspurt« erfolgen.[20] Auf der Titelseite der *Freiburger Zeitung* vom Samstag, dem 12. August, prangte den neuen Anweisungen entsprechend die Schlagzeile: »Krieg gegen das Deutschtum. 204 Überfälle klagen gegen Polen«. In den vergangenen fünf Wochen, so wurde behauptet, habe es dort mehr als 200 schwerwiegende Übergriffe auf »Volksdeutsche« gegeben mit insgesamt sechs Toten und 21 Schwerverletzten. Es handle sich um einen »zielbewussten Feldzug zur Ausrottung des Deutschtums in Polen«, und er erfolge mit Unterstützung der polnischen Führung:

> Die Geduld, mit der das Reich der unverschämten Hetze und den größenwahnsinnigen Drohungen und Machtansprüchen Polens zugesehen hat, hat ihre Grenzen … Anscheinend hat man in den polenfreundlichen Staaten noch immer nicht erkannt, dass der polnische Größenwahn den Krieg, vor dem die Demokratien zittern, bereits angefangen hat durch die entfesselte Deutschenverfolgung in Polen.[21]

Das britische Außenministerium ahnte, was Hitler vorhatte und wann er zuschlagen würde. Am 12. August schrieb Sir Alexander Cadogan in sein Tagebuch, dass Hitler für den 15. August »Spannungen« angeordnet habe, was bedeute, dass der »Nervenkrieg« beginnt.[22]

In der deutschen Presse bemühte man sich derweil zu betonen, dass Deutschland und Italien sich hinsichtlich ihrer Ziele einig seien. Über britische Berichte, dass es zwischen den Achsenmächten Unstimmigkeiten gebe, machte man sich lustig. Damit wollten die hinterhältigen Londoner »Lords« bloß weiter für Unruhe sorgen, da sie keine Ahnung hätten, worüber Ciano bei seinem Besuch in Deutschland gesprochen habe. Letzteres stimmte allerdings nicht. Erich Kordt, der Widerstandsmann in Ribbentrops Gefolge, hatte in Salzburg mit eigenen Ohren die Bedenken Cianos gehört und sich umgehend per Telefon bei seinem Bruder in der deutschen Botschaft in London gemeldet. In dem verschlüsselten Gespräch hatte er im Detail über Italiens explizite Ablehnung von Hitlers kriegerischen Absichten berichtet. Wenige Stunden später war Robert Vansittart, der langjährige außenpolitische Berater der britischen Regierung, bei einem Treffen in einer konspirativen Wohnung umfassend informiert worden, und zwar sowohl über die Unstimmigkeiten zwischen Italien und Deutschland als auch über den Zeitraum, in dem der Angriff auf Polen stattfinden sollte (zwischen 25. und 28. August). Die Information wurde an Lord Halifax weitergegeben, der seinerseits einen langen Brief an den Premierminister in den schottischen Highlands schrieb, der dort seine sommerlichen Angelferien verbrachte.[23]

Die Flut von Geschichten über den Irrwitz und das Chaos in Polen wurde nun in der deutschen Presse durch eine Reihe von Artikeln ergänzt, in denen die Stärke der deutschen Wehrmacht und die unerschütterliche Einigkeit des deutschen Volkes gepriesen wurde – den gewünschten Kontrast dazu bildeten Legenden über ein ängstliches Durcheinander in Großbritannien. Die *Freiburger Zeitung* vom 14. August berichtete von Befürchtungen in Londoner Regierungskreisen, dass im Fall eines Krieges eine Hungersnot ausbrechen könnte – was im Jahr 1917 beinahe geschehen wäre –, außerdem von Arbeiterstreiks in den Waffenfabriken der Salisbury Plain und von verheerenden Pannen während einer kürzlich durchgeführten britischen Flugabwehrübung.[24]

Die Einzelheiten der deutschen Propaganda-Offensive waren genauestens abgestimmt. Blutrünstige Artikel über polnische Gräueltaten und die Verfolgung von »Volksdeutschen«, Berichte über Danzigs Entschlossenheit, deutsch zu werden, und die ständige Versicherung, die achtzig Millionen Deutschen im Reich würden den deutschen Landsleuten im Angesicht der polnischen Bedrohung mit »der besten und modernsten Armee der Welt« beispringen, wechselten sich ab mit der permanenten Beteuerung, Deutschland hege friedliche Absichten.

Der Reichsparteitag, der vom 2. bis 11. September 1939 in Nürnberg veranstaltet werden sollte, hieß denn auch offiziell »Reichsparteitag des Friedens«. Im Jahr 1938 hatten am »Reichsparteitag Großdeutschland« 700 000 Parteimitglieder teilgenommen und den »Anschluss« Österreichs gefeiert. Das imposante Spektakel hatte selbst viele, die weiterhin Vorbehalte gegen das Regime hegten, beeindruckt. Und 1939 versprach noch bombastischer zu werden.

In der Presse wurde das Reichsparteitagsgelände, das sich am Nürnberger Stadtrand über eine Fläche von 16,5 Quadratkilometern erstreckte, als »die größte Baustelle der Welt« bezeichnet.[25] Die gigantische Kongresshalle, die 50 000 Parteimitgliedern Platz bieten sollte, war noch nicht fertiggestellt, genauso wenig das »Deutsche Stadion«, Speer zufolge das »größte Stadion der Welt«, in dem einst mehr als 400 000 Zuschauer die Sportwettkämpfe des Regimes sollten verfolgen können (wozu auch Fertigkeiten wie das Werfen von Handgranaten zählten). Der Bau des »Märzfeldes« hatte eben erst begonnen. Es war als gigantischer Paradeplatz geplant, auf dem sich bei künftigen Reichsparteitagen 250 000 Zuschauer versammeln und die beeindruckenden Manöver der Wehrmacht verfolgen konnten.

Ob nun geplant oder nicht: Die Nürnberger Veranstaltung unter dem verführerisch-beruhigenden Motto »Reichsparteitag des Friedens« wurde für viele Menschen in Deutschland und im Ausland zum Fetisch. Je unheilvoller sich die Dinge im Laufe des August entwickelten, desto mehr Geschichten über den anstehenden Parteitag erschienen in der Presse. Wenn wir es nur bis zum Reichsparteitag schaffen, gibt es Hoffnung, mögen sich die Optimisten gedacht haben. Der *Express*-Reporter in Berlin zitierte einen Satz, den er von den Deutschen immer wieder hörte: »Wissen Sie, es wird schon nichts passieren – jedenfalls nicht, bis der Parteitag vorbei ist.«[26]

Mitte des Monats stellte sich jedoch heraus, dass die schier endlosen Gespräche in Moskau zwischen Franzosen, Briten und Stalins Vertrauensmännern alles andere als erfolgreich verliefen und man begonnen hatte, konkret über eine mögliche militärische Zusammenarbeit zu diskutieren. In diesem Zusammenhang verlangten die Sowjets, dass Warschau der Roten Armee im Fall eines Krieges mit Deutschland den freien Durchmarsch durch Polen garantierte. Die misstrauischen Polen, die in den vergangenen Jahrhunderten mehr als einmal erlebt hatten, dass die Nachbarn in ihr Territorium eindrangen und sich weigerten, es wieder zu verlassen, wollten eine solche Zusicherung nicht geben.

Was die Gespräche zwischen Deutschland und der Sowjetunion anging, waren die Verhandlungen über das Wirtschaftsabkommen beinahe bis in die Einzelheiten abgeschlossen. Von sowjetischer Seite wurden Rohstoffe, Brennstoff und Getreide geliefert – Versorgungsgüter, die Deutschland helfen würden, einen großen Krieg durchzustehen. Eine britische Seeblockade stellte dann keine Bedrohung mehr dar, denn diese Güter würden zumeist auf dem Landweg aus dem Osten kommen. Wie besessen versuchte die Naziführung zu vermeiden, dass sich die leidvolle Situation wiederholte, die Deutschland während des Ersten Weltkriegs erlebt hatte. Damals hatten Blockaden zu Hunger und Elend geführt und wesentlich dazu beigetragen, die deutsche Führung inmitten von Aufruhr und Revolution in die Knie zu zwingen.

Als der Krieg im Spätsommer unausweichlich schien, versuchten britische Reiseunternehmen mit Appellen an die Friedenshoffnungen der Briten Reisen zu verkaufen.

»VERGESSEN SIE HITLER. Nehmen Sie Urlaub und buchen Sie hier«, hieß es auf einem Plakat vor einem Londoner Reisebüro im Sommer 1939.

Auch der *Daily Mirror* war eifrig bemüht, die Massen aufzuheitern. Es war mehr Geld im Umlauf als jemals zuvor, und es war nur etwa eine Million Menschen arbeitslos, so wenige wie seit Jahren nicht mehr. Die Inflation – denn darum handelte es sich letztlich – war zum Großteil auf die schnelle Aufrüstung zurückzuführen, und die war alles andere als erfreulich. Am Samstag, dem 5. August, einem freien Sommerwochenende, wurde das alles auf der Meinungsseite der Zeitung unter der Überschrift »Hin – und zurück« dennoch als Grund zur Freude ausgelegt:

> Ungeachtet dessen, dass Sie ein Jahr voll abscheulicher Sorgen hinter sich haben, lassen Sie sich in einer Zeit, in der immer noch Frieden herrscht, ins Glück evakuieren. Sie sind frohen Mutes durch den Nervenkrieg der Nazis gekommen, und John Bulls Rüstungsmuskulatur ist

stärker als im letzten Jahr um diese Zeit. Damit soll nicht gesagt werden, dass wir in irgendeiner Weise mit der Weltlage zufrieden sind, aber die Vernunft gebietet einfach, dass wir im Sinne unserer körperlichen und geistigen Spannkraft dann und wann Ferien machen.

Es war nicht nur Ferienzeit, es war auch Erntezeit. Wann immer ein Krieg droht, hat das Einbringen der Ernte höchste Priorität, und so wurde in diesem Sommer in Deutschland fieberhaft Korn eingefahren. Infolge der kontinuierlichen Abwanderung von Landarbeitern in die Städte musste man im großen Stil Saisonkräfte anwerben, um diese immens wichtige Aufgabe bewältigen zu können. Wie in den Jahren zuvor wurde zur Unterstützung der Reichsarbeitsdienst hinzugezogen, und diesmal halfen auch viele junge, kinderlose Frauen, die zu einem Jahr Landarbeit verpflichtet worden waren. Erst danach durften sie sich eine Arbeit suchen, die ihnen mehr zusagte. Mitglieder der NS-Frauenschaft halfen freiwillig, wenn auch nicht in dem Maß, wie es die deutsche Regierung wünschte. Obwohl Hitler den Stichtag für die Mobilmachung auf den 26. August festgelegt hatte, wurden in Ostpreußen, der »Kornkammer des Reiches«, sogar Wehrmachtssoldaten in die Getreidefelder geschickt. Da gerade Schulferien waren, strömte auch die Hitlerjugend in Scharen zur Ernte aufs Land, wo man provisorische Arbeitslager für die Helfer errichtet hatte.

Einer der Hitlerjungen war Kurt Elfering. Er kam aus Schwerte, einer mittelgroßen Industriestadt in der Nähe von Dortmund, und hatte sich, wie er glaubte, für einen zweiwöchigen Zelturlaub mit der örtlichen Hitlerjugend angemeldet. Zunächst waren die Jungen mit der Bahn 800 Kilometer gen Osten in die Nähe der polnischen Grenze gefahren. Als sie früh am Morgen in Breslau (polnisch Wrocław), Schlesiens größter Stadt, ankamen, dämmerte ihnen allmählich, worauf sie sich eingelassen hatten, denn sie wurden dort auf Ackerwagen verfrachtet und auf eine 25 Kilometer südöstlich der Stadt gelegene Domäne außerhalb von Ohlau (polnisch Oława) gebracht. Unterwegs teilte man ihnen mit, dass sie zunächst eine Woche bei der Ernte helfen müssten, bevor sie Urlaub machen konnten.

Der erste Eindruck, den die Jungen vom Landleben erhielten, war nicht gerade ermutigend, ja sie waren zutiefst entsetzt, welch primitive Verhältnisse im Osten auf dem Land immer noch herrschten. Der Hof machte einen trostlosen Eindruck, die Stimmung war repressiv und feudalistisch.

> Die Instgebäude standen an einer Seite des Platzes. Im ersten Gebäude sollten wir untergebracht werden. Diese Häuser waren eingeschossig, darüber war nur noch der Dachboden. Unten wohnten die Instleute (für uns waren diese Leute fast Leibeigene des Gutes). Der Fußboden der Wohnungen war gestampfter Lehmboden. Es gab nur eine Haustür. Die inneren »Türen« waren mit Vorhängen – Sackleinen – verhangen. Die Betten primitiv aus Brettern zusammengenagelt mit Strohsäcken darin. Die Bergarbeitersiedlungen im Ruhrgebiet waren dagegen Luxuswohnungen.[27]

Die Hitlerjungen wurden auf dem Dachboden untergebracht. Es wurde Stroh ausgebreitet und dabei in der Mitte ein Gang freigelassen. Die Jugendlichen legten ihre Zeltplanen über das Stroh und ihre Wolldecken darauf, das waren ihre provisorischen Betten. Später lernten sie die Instleute kennen, die als Tagelöhner auf dem Gut arbeiteten. Mittags wurde an einem langen Holztisch im Hof ein kräftiger Eintopf serviert, der sie ein bisschen mit dem bedrückenden Landleben versöhnte.

Die Jungen sollten erst am folgenden Tag mit der Arbeit beginnen, so dass sie Zeit hatten, sich umzusehen. Der Landbesitzer, der wie ein Feudalherr auftrat, lebte ganz in der Nähe in einem prächtigen Gutshaus. Er war ein hohes Tier bei der Regierung. Seine Kinder spielten abgeschirmt von einer hohen Hecke im Garten des Anwesens und wurden von einem Kindermädchen betreut. Die Jungen aus Westfalen konnten sie nur sehen, wenn sie beim Schaukeln kurz über der Hecke auftauchten. Kurt hatte Verwandte auf einem Bauernhof in der Nähe von Schwerte, aber das waren wohlhabende Leute, denen das Land gehörte, das sie bewirtschafteten, und ebenso das Haus, in dem sie wohnten. Die mittelalterlich anmutenden Verhältnisse im Osten waren für ihn vollkommen neu.

Am nächsten Morgen wurden die Jungen um sechs Uhr geweckt, damit sie mit den »Leibeigenen« auf die Felder gehen konnten. Sie folgten einer von Pferden gezogenen Mähmaschine und wurden dabei von einem berittenen Inspektor mit einer Reitgerte überwacht. Eine Glocke gab vor, wann sie mit der Arbeit beginnen mussten und wann sie eine Pause machen durften. Man brachte den Jungen bei, wie man Garben bindet. In den folgenden Tagen wurden sie außerdem bei der Rüben- und Kartoffelernte eingespannt – in sengender Hitze. Die Woche auf dem Bauernhof in Schlesien hat dem Jungen aus Schwerte die Sehnsucht nach der »guten alten Zeit« gründlich ausgetrieben.

Der August 1939 hatte feucht angefangen, weshalb die Sorge um das reife Getreide zunächst groß war. Aber Mitte des Monats änderte sich das Wetter und blieb bis Ende August gut. Letztlich wurde das Erntejahr 1939 neben dem Jahr 1938 in Deutschland das beste während der 1930er Jahre. In Übereinstimmung mit der vom Regime erzwungenen Autarkie gelang es im letzten Friedensjahr, trotz der relativen Rückständigkeit der Landwirtschaft einen ungewöhnlich hohen Anteil des Nahrungsmittelbedarfs selbst zu produzieren, nämlich 83 Prozent. Im Jahr 1928 waren es nur 68 Prozent gewesen. Im Herbst 1939 lagerten im Reich 8,8 Millionen Tonnen Getreide, viermal so viel wie im Jahr 1937 und genug, um die Bevölkerung selbst dann mit Brot versorgen zu können, wenn im Folgejahr die gesamte Ernte ausfiel.[28]

Auf Autarkie zu setzen, das hatten die Briten nicht nötig. Großbritannien hatte massenhaft Devisenreserven, dazu weltweite Handelsverbindungen und das Empire, auf das es zurückgreifen konnte. Obwohl der August ähnlich nass gewesen war wie auf dem Kontinent – »es regnet und regnet und regnet«, stellte der *Daily Express* mürrisch fest –, gab es keine Zwangseinberufungen zur Erntearbeit.[29] Ganz anders als das Deutsche Reich und trotz der kürzlich eingeführten Agrarsubventionen zur Förderung der wirtschaftlichen Unabhängigkeit importierte das Vereinigte Königreich im Jahr 1939 noch siebzig Prozent seines Grundnahrungsmittelbedarfs.[30] Allerdings hatte man ebenfalls eine Jahresreserve an Getreide angelegt – hauptsächlich durch den diskreten Einkauf von riesigen Mengen ausländischen Weizens. Aus Australasien und dem amerikanischen Doppelkontinent waren ferner große Mengen an gefrorenem Fleisch geliefert worden. Als sich die internationale Krise verschärfte, wurden die Importe publik gemacht, möglicherweise um die britischen Bürger zu beruhigen, dass sie im Fall eines Krieges nicht würden hungern müssen.[31] Anders als die Deutschen waren die Briten an einen sehr vielfältigen, durch diverse Importe bereicherten Speiseplan gewöhnt – etwa an tropische Früchte, Kaffee, Schokolade und andere für den durchschnittlichen deutschen Konsumenten damals rare Kolonialwaren.

Wenig mehr als zwanzig Jahre nach dem Ende des Ersten Weltkriegs, der Krankheit, Hunger, Massensterben und Zerstörung über Europa gebracht hatte, sahen sich die Völker Europas erneut mit einem gefährlichen Konflikt konfrontiert. Sie erinnerten sich genau an die Leiden, die der letzte Krieg verursacht hatte, und versuchten grimmig abzuschätzen, was ihnen drohte und wie sie es überstehen würden. Selbst in den abgelegenen Gegenden Deutschlands, wo man mit der Ernte beschäftigt war, dämmerte den

Menschen die Gefahr allmählich. Kurt Elfering, der mit den anderen Jungen aus Schwerte zwölf Stunden am Tag Roggen schnitt und Kartoffeln ausgrub, erinnerte sich:

> Nicht weit von der Domäne verlief die Autobahn nach Oberschlesien. Von einer Landstraßenbrücke konnten wir das Geschehen auf der Autobahn verfolgen. Da es ja im August 1939 war und sich in Europa schon der bevorstehende Krieg abzeichnete, war es auch kein Wunder, dass sich auf der Autobahn mächtige Militärtransporte in Richtung Oberschlesien bewegten. Nur, wir hatten die Sachlage damals noch nicht richtig begriffen.[32]

Nach einer Woche brachen die Jungen zum Zelten in die Berge auf. Als ihr Sonderzug schließlich wieder in Dortmund eintraf, hatte sich die Welt für immer verändert.

IN DER ZWEITEN AUGUSTWOCHE verließ der Schriftsteller Erich Ebermayer das Örtchen Kaibitz in der Nähe von Bayreuth und kehrte aus seinem frisch erworbenen Refugium auf dem Land nach Berlin zurück. Dort traf er sich mit Hans Schweikart, dem Regisseur seines neuesten Films *Befreite Hände* in der Bar des Hotels Eden in der Budapester Straße, einem beliebten Treffpunkt der kulturellen Elite Berlins. Jeder sei begeistert von seinem Drehbuch, versicherte Schweikart Ebermayer, es werde »toi-toi-toi ein großes Ding«. Brigitte Horney, die die Hauptrolle in *Aufruhr in Damaskus* gespielt hatte, war auch diesmal für die Hauptrolle verpflichtet worden. Sie sollte eine Frau darstellen, die ihr bildhauerisches Talent entdeckt und einen Weg sucht, dem grauen Alltag zu entfliehen und sich der Kunst zu widmen. Ebermayer schildert die selbstbezogenen Berliner Filmkreise ziemlich zynisch:

> Wen man in Berlin auch spricht – niemand glaubt an eine ernste Krise in diesem Herbst oder gar an die Möglichkeit eines Krieges. Ich halte, so gut ich kann, den Mund. Aber es ist seltsam, wie sehr selbst kluge Leute mit Blindheit geschlagen sind. Man *will* keine Krise – also kommt auch keine. Man *will* keinen Krieg – also kommt auch keiner. Warum auch? Es ist doch alles so schön! Überall geht's aufwärts. Alle verdienen bestens. Das Wetter ist gut. Warum sich also Sorgen machen?[33]

Im Verlauf des August schlich sich dennoch langsam Angst ein, selbst bei den Privilegierten. Das Reisen wurde eingeschränkt. Auch in Großbritannien kehrten die Menschen von Auslandsreisen früher zurück als geplant – vorsichtshalber.

Die Toleranz gegenüber den britischen Freunden Hitler-Deutschlands hatte inzwischen rapide abgenommen. Das traf unter anderen den sechzigjährigen Admiral Sir Barry Domvile, Träger mehrerer ziviler und militärischer Orden, ehemaliger Chef der Marine-Nachrichtendienst und Vorsitzender von »The Link«, einer mit den Nazis sympathisierenden antisemitischen Organisation, die einen Krieg gegen Hitler grundsätzlich ablehnte. Domvile wurde von Innenminister Sir Samuel Hoare beschuldigt, sich als Propaganda-Instrument Deutschlands zu betätigen und Geld aus Berlin anzunehmen. Der Admiral reiste regelmäßig nach Deutschland und hatte bei den Reichsparteitagen von 1936 und 1937 den Status eines offiziellen Gastes genossen. Als ein Reporter ihn im August in seinem Wohnhaus mit den unechten Tudorbögen besuchte, entdeckte er eine signierte Fotografie des »Führers« und Schnappschüsse von Himmler und Hess an der Wohnzimmerwand sowie eine Medaille, die an die Teilnahme an den Nürnberger Veranstaltungen erinnerte. Der Admiral, ein englischer Exzentriker der weniger angenehmen Sorte, stritt rundweg ab, sich unpatriotisch zu verhalten, und sagte bezüglich seiner Sympathien für die Nazis schamlos die Unwahrheit:

> »Ich gehöre zu keiner Partei. Ich habe keine politischen Ansichten«, sagte Sir Barry. »Ich war ein Gast der Nazi-Autoritäten bei den Nürnberger Konferenzen von 1936 und 1937. Letztes Jahr konnte ich nicht hinfahren, weil meine Frau krank war. Dieses Jahr fahre ich hoffentlich wieder hin, denn es ist zwar sehr anstrengend, aber auch ein prachtvolles Schauspiel ...«[34]

Wie die Teilnehmerzahlen von Mosleys Kundgebung am Earls Court im Juli gezeigt hatten, gab es in Großbritannien eine ziemlich große und lautstarke Minderheit, die jede militärische Reaktion auf Hitlers expansionistische Pläne ablehnte. Die Mehrheit der Briten scheint sich aber instinktiv hinter Chamberlains neue Aufrüstungspolitik und seine Unterstützung für bedrohte kleine Länder, allen voran Polen, gestellt zu haben. Doch mit einer klaren Einschätzung dessen, was in Europa vor sich ging, taten sich viele schwer. Im späten Frühjahr 1939, als nach der Besetzung Prags durch die Nazis die öffentliche Unterstützung für die Appeasement-Politik fast vollständig geschwunden war, stellte Mass-Observation fest, dass der Prozentsatz der Bevölkerung (28 Prozent), der mit der aktuellen Außenpolitik des Premierministers zufrieden war, genau so hoch war wie der Anteil derjenigen, die sich mit seiner (ziemlich entgegengesetzten) Außenpolitik im Vorjahr einverstanden gezeigt hatten. Beträchtlich gestiegen war jedoch die Zahl derer, die sich selbst als »verunsichert, skeptisch und pessimistisch« bezeichneten und sich schwertaten mit der Entscheidung, welche Politik sie unterstützen sollten. Der Prozentsatz jener, die zu dieser letzten Antwortmöglichkeit Zuflucht genommen hatten, war von vierzig auf 55 Prozent der Gesamtteilnehmerzahl gestiegen. Wie in dem Bericht festgestellt wurde, »kommt den Millionen von Menschen, die keine Karten lesen können und keinen Reisepass besitzen, die ganze Sache einfach nur verrückt vor«.[35]

Immerhin konnte man in Großbritannien seine Meinung frei äußern, selbst wenn sie nicht mit dem Kurs übereinstimmte, den die Regierung befürwortete. Mutmaßungen (ob nun gut oder weniger gut informiert) darüber, was in der Welt vor sich ging und was man dagegen tun könne, waren nicht verboten.

Auch die etwa drei Dutzend Zwischenwahlen in den Monaten zwischen München und der finalen Krise in Polen konnten keinen klaren Aufschluss darüber geben, wohin die Bevölkerung außenpolitisch tendierte. Es gab eine Bewegung hin zu Labour, die nicht eindeutig war, aber immerhin so stark, dass die Strategen der konservativen Partei Chamberlain davon abbrachten, vorgezogene Parlamentswahl auszurufen in der Hoffnung, aus seiner angenommenen Beliebtheit nach München Profit zu schlagen.[36]

Während die vorgezogenen Meinungstests per Wahlurne im Jahr 1939 weitergingen, sank die Wahlbeteiligung stetig, und der Umschwung zu Labour und gegen die Chamberlain-Kandidaten stabilisierte und verlangsamte sich. So gleichgültig oder gar verunsichert die Briten auch sein mochten: Die öffentliche Debatte wurde anhaltend und lebhaft geführt und hatte durchaus Einfluss auf die Regierungsstrategie. Nach Prag hatte Chamberlain versprochen, eine härtere Linie zu vertreten, und wann immer er versucht war, dieses Versprechen zu brechen, hielt ihn die öffentliche Meinung in gewissem Maß auf Linie.

In Deutschland war das ganz anders. Der Staat war allgegenwärtig, und Hitler hatte uneingeschränkte Macht. Anfang des Jahres war Hjalmar Schacht aus der Reichsbank gedrängt worden, wodurch Hitler die umfassende Kontrolle über die Staatsfinanzen erhielt, und nach dem erzwungenen Rücktritt von Blomberg im Januar 1938 übernahm er auch das Oberkommando der Wehrmacht.

Vor diesem Hintergrund erscheint die vorsätzliche Weigerung von Ebermayers Künstlerfreunden, unabhängig von ihren individuellen Überzeugungen den Ernst der internationalen Lage anzuerkennen, beinahe wie eine vernünftige Entscheidung. Wer nicht in den Untergrund gehen wollte, konnte Kritik an Hitlers Entscheidungen nicht öffentlich kundtun, und wenn man sich der Diskretion seiner Gesprächspartner nicht hundertprozentig sicher war, unterließ man das besser auch im Privaten. Selbst unter denen, die nicht schätzten, was die Nazis taten, gab es im Großen und Ganzen kein Bekenntnis zu internationalen Übereinkünften und Regeln oder zu Institutionen wie dem Völkerbund, der diese internationalen Regeln verkörperte und auf das Verhalten der westlichen Demokratien Einfluss nahm.

Nach Ansicht der meisten Deutschen war das jämmerliche Los ihres Heimatlandes gerade darauf zurückzuführen, dass es in den 1920er und frühen 1930er Jahren zugestimmt hatte, »sich an die Regeln zu halten«. Genau dafür hatte es dann büßen müssen. Den Glauben an irgendetwas anderes als an die Verfolgung der unmittelbaren nationalen Interessen hatte das kaum stärken können. Aus dieser Perspektive bestand Deutschlands Interesse nicht etwa darin, die internationale Ordnung zu stützen, sondern sie auszuhebeln. Der Ideologie des Nationalsozialismus zufolge gab es überhaupt nur solche engen nationalen Interessen. Gerade mit der rücksichtslosen und zerstörerischen Verfolgung dieser Interessen war Hitler ungeschoren davongekommen – angefangen von der Remilitarisierung des Rheinlandes über den »Anschluss« Österreichs bis hin zur Einverleibung des Sudetenlandes und der Besetzung des tschechischen Rumpfstaates.

Konnte er nicht auch diesmal davonkommen, wenn er Danzig und den Korridor nach Deutschland zurückholte? Und wenn es ihm nicht gelang: Ein »kleiner Krieg« gegen Polen mit dem Ziel, zu guter Letzt die ungerechte Grenzziehung durch den Versailler Vertrag zu revidieren, war doch zu verkraften. Jedenfalls sollte man sich deshalb nicht den Sommer verderben lassen.

Längst waren Hitlers permanente Beteuerungen, ein Mann des Friedens zu sein, tief ins nationale Bewusstsein der Deutschen eingesickert. Im Jahr 1939 schenkten ihm die meisten Deutschen Glauben. Sie wussten nicht, dass Hitler privat und gegenüber seinen Vertrauten und hohen Offizieren in den letzten Monaten und Jahren kein Geheimnis daraus gemacht hatte, dass er fest entschlossen war, Deutschland vor allem im Osten mit Gewalt zu vergrößern. Wie er am Abend nach der Reichspogromnacht in München vor loyalen Journalisten längst eingestanden hatte, war »die Friedensliebe des Führers« eine Täuschung der Öffentlichkeit, eine Heuchelei, die er beenden konnte, sobald er genug Vertrauen in Deutschlands militärische Stärke hatte – um dann endlich so vorzugehen, wie er es wollte.[37]

9

23. bis 31. August 1939

Großmutter gestorben

AM ENDE DER DRITTEN AUGUSTWOCHE 1939 vollendete Hitler sein bis dahin brillantestes und überraschendstes Störmanöver. In der Abendausgabe der *Freiburger Zeitung* vom 22. August verkündete eine Balkenüberschrift: »Großdeutschlands Diplomatie bereitete dem Ausland eine Sensation. Ereignis von weltpolitischer Bedeutung«.[1]

Die Bekanntgabe eines Nichtangriffspakts zwischen Deutschland und der Sowjetunion war in der Tat eine ungeheuerliche Sensation, aber für die meisten Deutschen war sie mehr als das. Sechseinhalb Jahre lang hatte man ihnen erzählt, dass Moskau der Hort alles Bösen sei, eine rückständige, asiatische, jüdisch dominierte Gefahr für die Welt – und nun das. Unbehagen machte sich breit. Wie ein Bericht an die Parteiführung in Westfalen es ausdrückte, leuchtete den meisten zwar die militärische Logik der neuen Beziehung zu Russland ein, aber »politisch oder weltanschaulich begegnet man häufig einer erheblichen Unsicherheit, auch in den Reihen der Parteigenossen«.[2]

Als Ribbentrop sein Flugzeug bestieg, um zur Unterzeichnungszeremonie nach Moskau zu fliegen, harrten dort immer noch britische, französische und polnische Repräsentanten aus in der Hoffnung, dass die Gespräche mit der Sowjetregierung über ein Bündnis zur Verteidigung Polens noch erfolgreich abgeschlossen werden könnten. Die Nachricht über den deutsch-sowjetischen Pakt wurde von der Regierung, der Presse und der Öffentlichkeit in Großbritannien mit fassungslosem Erstaunen aufgenommen. Noch am Vortag hatte der *Express* seinen Lesern in einem Bericht über den Wirtschaftsvertrag zwischen der Sowjetunion und Deutschland versichert, dass »der Abschluss des Pakts keine politische Bedeutung hat. Die Russen stehen auf dem Standpunkt, dass Handelsbeziehungen von politischen Beziehungen komplett getrennt zu behandeln sind.«[3]

Obwohl die Möglichkeit eines russisch-deutschen Abkommens in den Wochen zuvor beiläufig diskutiert worden war[4] – wobei man aber im Großen und Ganzen dachte, dass sie relativ gering sei –, wird im Tagebuch von Sir Alexander Cadogan, dem Ständigen Unterstaatssekretär für auswärtige Angelegenheiten, der Eindruck vermittelt, als habe die britische Regierung erst früh an diesem Morgen erfahren, dass der Abschluss des Pakts unmittelbar bevorstand. Die amerikanische Regierung, die über die deutsch-sowjetischen Beziehungen offenbar gut informiert war, hatte jedoch schon am 17. August ein Telegramm mit Informationen zu den neuesten Entwicklungen nach London geschickt, aber das trug keinen Dringlichkeitsvermerk und ging erst am 22. August in der Zentralstelle des Außenministeriums ein.[5] R. A. Butler, Unterstaatssekretär im Außenministerium, wurde im Unterhaus scharf dafür angegriffen, dass er auf die Moskauer Überraschung nicht im Geringsten vorbereitet gewesen sei, und klagte Cadogan: »Gestern Abend haben mich alle gefragt, was ›unser Geheimdienst‹ jetzt vorhat.«[6]

Vorerst entschied die Regierung, dass sie nicht nachgeben dürfe. Am 23. August lautete die Balkenüberschrift des *Express*, dass Großbritannien hinter Polen stehe und noch im Lauf der Woche ein neuer Defence of the Realm Act (DORA) ins Parlament eingebracht werde, ähnlich dem, der 1914 verabschiedet worden war und der Regierung Befugnisse für den Kriegsnotstand erteilt hatte.[7] In einer Mitteilung, die der britische Botschafter Hitler in Berchtesgaden überreichte, wurde klargestellt, dass eine neue Vereinbarung mit Russland an den britischen Verpflichtungen gegenüber Polen nichts ändern werde (es könne »kein größerer Fehler sein«, als dies zu denken). Die Drohung Chamberlains wurde jedoch durch Anmerkungen am Ende der Mitteilung erheblich abgeschwächt. Dort appellierte der Premier an den Diktator, die Meinungsverschiedenheiten mit Polen friedlich beizulegen, und versprach, dass Großbritannien solche Anstrengungen in jedem Fall unterstützen werde.[8] An diesem Abend schrieb Cadogan erschöpft in sein Tagebuch: »Die Krisen sind wirklich ermüdend. Wir können so in Europa nicht weitermachen.«[9]

Das britische Außenministerium nutzte jedes ihm zur Verfügung stehende Mittel, um die dröhnenden Aktivitäten der Deutschen richtig zu deuten. Es gab Gerüchte über Unstimmigkeiten zwischen der Deutschen Reichsbahn und der Reichsführung. Die Beamten, die dafür zuständig waren, die Züge in diesen unberechenbaren Augusttagen zum Rollen zu bringen, hatten deutlich gemacht, dass sie entweder die Mobilisierung der Wehrmacht bewältigen könnten oder die Organisation der Anreise zum Reichsparteitag, der für die erste Septemberwoche geplant war und der für sich genommen schon die größte Herausforderung in Sachen Transport war, der die Reichsbahn jemals entgegengesehen hatte. Für welche der beiden Möglichkeiten würden sich die Machthaber entscheiden? Am 20. August schrieb Cadogan:

> Die erste Information deutet darauf hin, dass er sich für die Kundgebung von Nürnberg entschieden hat, aber ich habe es so verstanden, dass sowohl die Quellen des Admirals* als auch die von Van** sich darin einig sind, dass Nürnberg im Vergleich zu den vorherigen Veranstaltungen einen eher symbolischen Charakter haben wird – denn die Schienen sind durch Truppentransporte beansprucht, und der Parteitag ist wohl nur für diejenigen, die dort zu Fuß oder mit dem Auto hinkommen können.

Am 23. August berichtete Cadogan, dass »sämtliche deutschen Militärvorbereitungen weitergehen«, war aber trotz der zusätzlichen Informationen aus dem deutschen Widerstand, dass der Überfall auf Polen für das Ende ebendieser Woche geplant sei, noch immer nicht bereit, von seiner Ansicht abzurücken, das alles sei eben Teil des »Nervenkriegs«.

Am folgenden Tag, dem 24. August, wurde im Außenministerium der Plan entwickelt, Hitler mit Hilfe Mussolinis zu bremsen. Cadogan sagte zu Außenminister Halifax, dass »man nur eins tun muss, nämlich Musso sagen: ›Wir können die Polen nicht drängen, zuzustimmen, dass Danzig ins Reich eingegliedert wird. *Falls* Hitler zustimmt, dass a) polnische Rechte gewährleistet werden und b) eine entsprechende Vereinbarung international garantiert wird, hätten wir unter Umständen eine Basis, auf der wir mit den Polen sprechen könnten.‹« Chamberlain war einverstanden, und man schickte ein Telegramm nach Rom.[10]

Doch am frühen Nachmittag des 25. August gab Hitler tatsächlich die Anordnung für den »Fall Weiß« (den Plan für den Überfall auf Polen). An der Grenze zu Polen sammelten sich deutsche Truppen. Der Angriff sollte am 26. August vor Sonnenaufgang erfolgen.

Etwa zur selben Zeit stimmte Großbritannien, das nun mit ungewohnter Schnelligkeit auf den Hitler-Stalin-Pakt reagierte, einem offiziellen Beistandsabkommen mit Polen zu, und die Italiener teilten Hitler mit, dass sie nicht mobilmachen würden: Mussolini sei noch nicht bereit. Hitler zögerte ein letztes Mal. Er stoppte den Vormarsch der Wehrmacht in Richtung polnische Grenze, obwohl die Truppen in Pommern und Ostpreußen schon recht weit vorgerückt waren.

* Admiral Sir Hugh Sinclair, der Chef des britischen Auslandsgeheimdienstes MI6

** Sir Robert Vansittart

Am Samstag, dem 26. August, wurde der Nürnberger »Reichsparteitag des Friedens« offiziell abgesagt. Einige Stunden später erneuerte Hitler, der offenbar seine Fassung wiedererlangt hatte, den Befehl zum »Fall Weiß«. Für den Überfall auf Polen wurde nun Freitag, der 1. September, festgesetzt.

Am Sonntag, dem 27. August, kündigte man in Berlin an, dass für zahlreiche Waren des täglichen Bedarfs Lebensmittelmarken eingeführt werden würden. Falls dies tatsächlich eine Art Kriegsimitation war, wie Cadogan vermutete, und zu dem gerissenen Täuschungsmanöver gehörte, das die Deutschen zur Verunsicherung des Feindes inszenierten, so kam es der Realität erschreckend nahe.

DIE HEFTIGKEIT DER PROPAGANDAKAMPAGNE gegen Polen in der zweiten Augusthälfte war kaum noch zu überbieten. Die Artikel, die Tag für Tag auf der Grundlage der Handreichungen des Deutschen Nachrichtenbüros entstanden und von den Redaktionen deutscher Zeitungen zu beachten waren, hatten etwas von dem Grauen quälender, blutrünstiger und gespenstischer Märchen. Die Art der Berichterstattung spottete jeder Beschreibung. Jede Maßnahme, die die polnische Regierung in diesen Krisentagen unternahm, wurde aufgegriffen, auseinandergenommen und in bösartiger Absicht umgedeutet. Jeder Akt der polnischen Autoritäten gegenüber der deutschen Minderheit, jeder Zusammenstoß zwischen polnisch- und deutschsprachigen Bürgern (vor allem, wenn er in Danzig oder dem Korridor stattgefunden hatte) wurde als antideutsche Gräueltat oder zumindest als Provokation interpretiert. Die hintersten Winkel von Polens ultranationalistischen Randgebieten wurden nach krassen antideutschen und kriegsbefürwortenden Äußerungen durchkämmt und als offizielle polnische Politik ausgegeben.

In den Jahrzehnten vor dem Ersten Weltkrieg hatten die Berliner Regierungen die deutsche Besiedlung der im 18. Jahrhundert von Preußen annektierten ehemals polnischen Gebiete vehement vorangetrieben. Nach 1918, als Polen seine Unabhängigkeit wiedererlangte und diese Gebiete an den neuen Staat zurückgegeben wurden, verkehrte sich dieser Prozess ins Gegenteil. Die zuvor beträchtliche deutsche Bevölkerung im »Korridor«, im ehemaligen »Westpreußen« (in der Gegend von Poznań) und im polnischen Oberschlesien nahm stark ab, und zwar durch erzwungene Ausreisen wie durch freiwillige Emigration. Dass es Diskriminierungen der verbleibenden deutschen Minderheit in Polen gab – insgesamt etwa eine Dreiviertelmillion Menschen und damit der Volkszählung von 1931 zufolge 2,3 Prozent der Bevölkerung –, kann nicht bezweifelt werden. Die Warschauer Regierung übte in der Zwischenkriegszeit starken Druck auf die deutsche Minderheit in Polen aus, sich entweder zu assimilieren oder das Land zu verlassen, wobei sie sich in diesen Fragen deutlich intoleranter zeigte als der tschechoslowakische Staat. Dennoch: Völkermord beging sie nicht.

Bis Anfang 1939 hatte das Hitler-Regime die Drangsalierungen der Deutschen in Polen eher heruntergespielt. Hitler, der auf Stabilität aus war, solange es ihm noch an militärischer Stärke fehlte, hatte im Jahr 1934 immerhin einen Nichtangriffspakt mit Polen geschlossen. Erst als das Regime sich das Sudetenland einverleibt und Prag geschluckt hatte und nach neuen Annexionsmöglichkeiten im Osten Ausschau hielt, entdeckte der Propagandaminister Goebbels, wie besonders garstig die Polen zu »ihren« Deutschen waren. Dagegen hatte Hitler in seiner Reichstagsrede vom 30. Januar 1939 noch auf die Freundschaft zwischen Polen und Deutschland hingewiesen und sie als eine der »beruhigenden Erscheinungen des europäischen politischen Lebens« bezeichnet.

In seiner Rede vom 1. April in Wilhelmshaven, mit der die Kampagne gegen Großbritanniens angeblich heimtückische »Einkreisungs«-Strategie begann, hatte Hitler Polen dann nicht einmal erwähnt – obwohl er am selben Tag der Wehrmacht den Befehl gegeben hatte, nach dem 1. September 1939 jederzeit auf eine Invasion vorbereitet zu sein. Dieses Datum rückte nun sehr schnell näher, daher die Flut von Geschichten über antideutsche Gräueltaten. Es war die erprobte und bewährte Technik, mit der man bei ausländischen Medien und Regierungen um Sympathie warb und zugleich die Deutschen von der dringenden Notwendigkeit einer Militärintervention zu überzeugen versuchte. Auf nur einer einzigen Seite der Zusammenstellung des Deutschen Nachrichtenbüros für die deutsche Presse am 18. August 1939 fanden sich unter anderem folgende Schlagzeilen:

– Misshandlung politischer Leiter der AO* in Polen (Die Übergriffe der polnischen Behörden auf Volksdeutsche haben in den letzten 24 Stunden Formen angenommen, die an Chauvinismus nicht zu überbieten sind. Die Bestialität, mit der deutsche Frauen und Mädchen misshandelt wurden, zeigt die ganze moralische Minderwertigkeit der Polen.)

* Auslandsorganisation (AO) der NSDAP, offen für alle »Reichsdeutschen«, die außerhalb der Grenzen des Deutschen Reiches lebten.

- Panikstimmung in Ostoberschlesien
- Polnische Truppen misshandeln die Deutschen Pommerellens
- Wieder 100 Deutsche verhaftet
- Deutscher im polnischen Gefängnis zu Tode geprügelt
- Danziger Eisenbahner in Polen festgehalten
- Polen Englands Kolonie an der Weichsel[11]

Eine Woche später machten die Berichte über Gräueltaten Kriegshetzevorwürfen gegen Polen Platz:

- Polen plant Handstreich auf deutsches Gebiet
- Ungeheuerlicher polnischer Massenmord bei Lodz
- Kopfprämien für Deutsche!
- Polen schmuggelten Sprengstoff nach Danzig
- Staatssekretär Stuckart* von den Polen beschossen[12]

Auf der Titelseite der *Freiburger Zeitung* vom 25. August las man nun die Schlagzeile »Polen trifft offensive militärische Vorbereitungen«, und unter der Überschrift »Drohender polnischer Angriff. Gdingen und Ostoberschlesien ein Heerlager – Stärkste Bedrohung deutschen Landes«[13] eine Version des »Überraschungsangriff«-Artikels vom Deutschen Nachrichtenbüro.

Diverse andere Geschichten aus derselben Ausgabe des Deutschen Nachrichtenbüros wurden am folgenden Tag in der Zeitung verwertet, wobei die beiden ersten Seiten fast vollständig von Artikeln eingenommen waren, die die Einzelheiten von polnischen Angriffen, Drohungen und Gräueltaten beschrieben, unter anderem die Stuckart-Geschichte, die Geschichte über den »Massenmord von Lodz« und Gerüchte über polnische Vorbereitungen zum Einmarsch in das deutsche Schlesien, inklusive der Herstellung von Straßen- und Bahnhofsschildern auf Polnisch, die die deutschen ersetzen sollten.

Zwei Artikel beschäftigten sich nicht mit den angeblichen Gräueln der Polen, sondern galten der psychologischen Vorbereitung der Bevölkerung auf den bevorstehenden Konflikt. So wurde auf der Titelseite unter der Schlag-

* Wilhelm Stuckart war ein NS-Anwalt und Staatssekretär im Innenministerium, unter anderem zuständig für die Formulierung der antisemitischen Gesetze. Als er von einer Konferenz aus Danzig nach Berlin zurückflog, wurde sein Flugzeug von der polnischen Flakartillerie beschossen.

zeile »Die Stunde der Befreiung kommt. Deutschland lässt sich nicht wieder durch Phrasen betrügen« Präsident Roosevelts Appell an Deutsche und Polen kritisiert, in der Danzig-Frage nach einer friedlichen Lösung zu suchen. Die deutschen Leser sollten sich daran erinnern, dass Präsident Wilson in seinen »Vierzehn Punkten« Frieden und Demokratie versprochen hatte, der Versailler Vertrag aber nur Schmerz über das besiegte Reich gebracht hatte. Auch dieser Artikel basierte auf der Vorlage des Deutschen Nachrichtenbüros vom Vortag und war eine leicht veränderte Version des aus Textbausteinen zusammengesetzten Artikels »Scheinheilige Phrasen wie 1918«.[14] Auf Seite 4 wurde dann im Anschluss an eine Zusammenfassung der lokalen Nachrichten unter der Überschrift »Verwahrloste polnische Jugend« davon berichtet, dass die jungen Polen faul, alkoholsüchtig, kriminell, schmutzig und ungebildet seien. Siebzig Prozent der Polen, so wurde behauptet, litten an Tuberkulose oder der ägyptischen Augenkrankheit, und einer von fünf Polen habe Syphilis – und so weiter und so weiter. Die Botschaft der Regierung war, Deutschlands Nachbarn sind dreckig, »entartet«, kriminell und bei genauer Betrachtung kaum besser als Ungeziefer.[15]

Das war eine Propaganda, die auf die systematische Entmenschlichung der Nachbarn im Osten zielte. Die Deutschen wurden nicht, wie Hitler im internationalen Rahmen immer wieder behauptete, darauf vorbereitet, in einen gerechten Krieg zu ziehen und ungerechte Grenzen zu korrigieren, sondern um ein Land und seine Bevölkerung »auszuradieren«, nämlich Polen, das in seinen Augen weder moralisch noch biologisch ein Existenzrecht besaß. Dies hatte Hitler schon am 22. August in einer mehr als zweistündigen Rede bei einem Geheimtreffen mit seinen höchsten Offizieren in der Versammlungshalle auf dem Obersalzberg verfügt. Die Gäste waren in Zivil zu der Konferenz gefahren worden, damit kein Verdacht aufkam, und Göring war in abgetragener Jagdkleidung erschienen.

Hitler enthüllte der Versammlung seine Pläne, Polen als unabhängige politische Einheit zu zerstören. Zwar existiert keine autorisierte Mitschrift, aber mehreren Teilnehmern erschienen seine Ausführungen so wichtig – und vielleicht auch so abschreckend –, dass sie einen Bericht darüber anfertigten:

> 2. *Ziel: Vernichtung Polens* = Beseitigung seiner lebendigen Kraft.
> Es handelt sich nicht um Erreichen einer bestimmten Linie oder einer neuen Grenze, sondern um Vernichtung des Feindes, die auf immer neuen Wegen angestrebt werden muss.

3. *Auslösung:* Mittel gleichgültig. Der Sieger wird nie interpelliert, ob seine Gründe berechtigt waren. Es handelt sich nicht darum, das Recht auf unserer Seite zu haben, sondern ausschließlich um den Sieg.
4. *Durchführung:* Hart und rücksichtslos! Gegen alle Erwägungen des Mitleids hart machen![16]

Hitlers Zusammenkunft mit den Militärs war den Anwesenden zufolge recht zwanglos. Nach mindestens zwei Berichten, die unabhängig voneinander verfasst worden waren, beschrieb er die demokratischen Politiker, mit denen er in München zusammengekommen war, als »Würmchen« und betonte seine Entschlossenheit, diesmal in den Krieg zu ziehen. Seine einzige Sorge war, dass (wie im September 1938) »noch im letzten Moment irgendein Schweinehund einen Vermittlungsplan vorlegt«.[17]

Tatsächlich gab es einige potenzielle Vermittler, allen voran Mussolini. Aber es bot sich auch ein schwedischer Geschäftspartner von Göring an, Birger Dahlerus, der sehr gut Englisch sprach und weitreichende Geschäftskontakte nach England hatte. Auf Geheiß des Reichsmarschalls unternahm Dahlerus – dessen eigentliche Sympathien nicht wirklich klar waren – im Verlauf der nächsten Tage einige amateurhafte Versuche in Sachen Pendeldiplomatie. Die Briten waren bereit, Warschau zu einem Kompromiss über Danzig zu ermutigen, schätzten aber (völlig zu Recht), dass die deutsche Forderung nach dem Korridor – selbst wenn damit eine Volksbefragung verbunden war – für die stolzen und unnachgiebigen Polen unannehmbar blieb.[18]

In den folgenden Tagen gab es hektische Aktivitäten, aber einer Einigung kam man nicht näher. Den ganz normalen Leuten blieb nichts anderes übrig, als über das Radio und die Zeitungen die neuesten Nachrichten zu verfolgen. Besonders in Deutschland konnte man nun die massive Mobilmachung der Streitkräfte aus der Nähe beobachten – der Krieg schien kaum noch vermeidbar.

RUTH ANDREAS-FRIEDRICH und der russisch-deutsche Dirigent Leo Borchard waren gerade in Stockholm, als am 22. August die Nachricht vom Hitler-Stalin-Pakt »wie eine Bombe« einschlug. Borchard kam mit einem Stapel Zeitungen aus der Innenstadt zurück und sagte ernst: »Es ist wohl so weit. Ich fürchte, wir müssen abreisen.«

Andreas-Friedrich und ihr Kreis ahnten seit 1933, dass Hitlers Politik früher oder später auf einen Krieg hinauslaufen und Deutschland ihn verlieren würde. Die Tatsache, dass eine Niederlage für ihr Land die einzige Möglichkeit schien, den totalitären Staat loszuwerden, bereitete ihnen Schuldgefühle, aber: »uns [dünkt] … das Ende mit Schrecken fast schon erträglicher als der Schrecken ohne Ende«.[19]

Am Samstag, dem 26. August, trafen die beiden spät am Abend wieder in Berlin ein. Auf der Rückreise waren die Straßen, Züge und Wartesäle voller Reservisten gewesen, die in Rucksäcken und Pappkartons ihre Habseligkeiten mit sich führten und auf dem Weg zu ihren Einheiten waren. »›Wir wollen keinen Krieg!‹, sagen ihre erschrockenen Gesichter«, schrieb Andreas-Friedrich. Im Stettiner Bahnhof herrschte ein unvorstellbares Durcheinander. Sie sicherten sich einen Träger für ihr Gepäck und wunderten sich, dass er ganz ungeniert über die Krise sprach, offenbar ohne Angst vor der Gestapo: »Erster Mobilmachungstag … Man hat die Kinder aus den Schulen geschickt und den Reichstag einberufen. Morgen soll der Wahnsinn losgehen.«

In ihrer Wohnung fand Ruth Andreas-Friedrich eine Nachricht ihrer Freundin Susy Simonis vor, die um sofortigen Rückruf bat. Obwohl sie völlig erschöpft war von der Reise, griff Andreas-Friedrich zum Telefonhörer. Susy hatte sie warnen wollen, dass die Einführung von Lebensmittelmarken unmittelbar bevorstand, doch nun war es zu spät, etwas zu unternehmen, denn die Geschäfte waren längst geschlossen. Wenn sie am Montag wieder öffneten, waren die Rationierungen schon in Kraft.

In der Welt draußen, wo die Leute keine Regierungskontakte hatten, wurden die Vorboten des Krieges – Mobilmachung und Einführung von Lebensmittelmarken – mit Unbehagen aufgenommen. Noch immer gab es einen allgemeinen Widerwillen gegen den Krieg, aber das Gefühl, dass die Regierung die Dinge im Griff hatte, wurde als tröstlich empfunden. Die deutschen Frauen machten sich allerdings Sorgen, dass ihre Männer eingezogen werden könnten, wie ein Parteispitzel in Bielefeld berichtete:

> Bei der weiblichen Bevölkerung, die die Dinge mehr nach der Seite des Gemütes beurteilt, kann man eine gewisse Nervosität feststellen, insbesondere macht sich der Gedanke breit, dass ein Krieg wegen DANZIG ein Wahnsinn sei, es wäre unverantwortlich, wegen einer Stadt unter Umständen Millionen Menschen zu opfern. Es dürfte vielleicht angebracht sein, das Volk darüber aufzuklären, dass ganz andere Dinge auf dem Spiele stehen, dass es eben um Sein oder Nichtsein des deutschen Volkes geht.[20]

Und dann:

> Das hervorstechendste Merkmal der allgemeinen Volksstimmung scheint die Furcht vor einem Krieg zu sein, die sich häufig hinter der Beteuerung verbirgt, man glaube nicht, dass es zum Krieg kommen werde. Aber man redet sich das nur vor, weil man es hofft. In Wirklichkeit rechnen alle mit dem Krieg, dem man – abgesehen von jüngeren Leuten – keinerlei Sympathie entgegenbringt. Man hat nicht etwa Angst vor der Überlegenheit der anderen, man steht wohl nur noch zu sehr unter dem Eindruck des Weltkriegs.

Und am Ende hieß es: »Das Vertrauen zum Führer ist nach wie vor unerschütterlich, und das Volk folgt ihm, was auch kommen mag.«

Der letzte Punkt war im Großen und Ganzen richtig. Schließlich ermöglichte genau dieser hartnäckige Glaube an Hitler das Überleben der Diktatur, da das Volk seinem »Führer« in den Krieg folgte – trotz aller Ängste und ohne rechten Enthusiasmus. Auch die Einstellung der jüngeren Generation scheint der Bericht korrekt eingeschätzt zu haben. Beinahe sieben Jahre hartnäckiger Propaganda zeigten ihre Wirkung – zumindest bei den Jahrgängen, die in den frühen und mittleren 1920er Jahren geboren worden waren und nicht die geringste Erinnerung an den vorangegangenen Krieg hatten: »O ja«, erinnerte sich eine Frau, die damals im Teenageralter und begeistertes BDM-Mitglied war, »man spürte eine gewisse Euphorie … unsere Zukunft liegt im Osten, da waren wir felsenfest überzeugt.«[21] In Bielefeld mussten sich die Behörden mit Beschwerden von jungen Männern befassen, die noch nicht zum Militär gehen durften:

> Von jüngeren Leuten wird vielfach sehr darüber geklagt, dass keine Möglichkeit bestehe, sich freiwillig zu melden, was sehr viele vorgehabt hätten. Mir ist bekannt, dass die Werb.Kdo. [für die Anwerbung zuständigen Kommandeure der Ordnungspolizei] erst nach einer Mobilmachung Freiwillige einstellen.[22]

Tatsächlich machten sich nicht nur diejenigen, die gegen das Regime waren, schreckliche Sorgen, die sich vielleicht nicht allzu sehr von der britischen »Bestürzung« unterschieden. Wie Erich Ebermayer beobachtete, waren die Bewohner der Gegend, in der sein Schloss lag, zwar überaus begeisterte

Die deutsche Jugend, die der systematischen Propaganda des Regimes von Kindesbeinen an ausgesetzt war, zeigte sich deutlich mehr als die Erwachsenen geneigt, einen Eroberungskrieg zu unterstützen. Die Hitlerjugend absolvierte schon in Friedenszeiten »realistische Luftschutzübungen«. Der grausame Schrecken des Bombenkrieges sollte nun Wirklichkeit werden – bereits am ersten Tag in der polnischen Stadt Wieluń.

Hitler-Anhänger, aber in den Tagen der Mobilmachung und der allgemeinen Anspannung nicht weniger niedergeschlagen. »Die Stimmung in der Kreisstadt Kemnath war plötzlich sehr gedrückt«, schrieb er am 28. August:

> Alle diese Pg's – ich glaube, andere gibt es außer dem Pfarrer hier gar nicht! – lassen die Ohren geradezu sichtlich hängen. Der Fahrradhändler und seine Frau sind restlos deprimiert. Es ist, als ob diese einfachen Menschen, die sich nie um Politik gekümmert haben – unser Führer macht das schon alles richtig! –, plötzlich aus einem Taumel der großen Schlagworte erwachten und die Wirklichkeit vor Augen sähen. Armes Volk![23]

Ruth Andreas-Friedrich schrieb über das Durcheinander auf den Straßen und Bahnhöfen der Reichshauptstadt. In abgelegenen Gegenden war die Stimmung etwas anders – nachdenklich, sogar elegisch. Ein 19 Jahre alter Tagebuchschreiber, Bauernsohn aus der Nähe von Lindau am Bodensee, erzählte, wie er am 28. August um zwei Uhr morgens aufwachte. Ein Mobilmachungsbeauftragter war mit dem Auto in sein Dorf gekommen und hatte die einheimischen Reservisten – ältere Männer, die der junge Mann seit seiner Kindheit kannte – aus den Betten geholt:

> Nachbarn sind fast alle verheiratet, und eine drückende Abschiedsstimmung liegt über dem ganzen Dorf.
>
> Fröstelnd sitze ich vor dem Fenster, ein kühler Nachtwind weht bereits, und höre den Tapaten [Debatten?] zu, die diese Männer in dieser Nachtstunde austragen. Der Schlusssatz aller dieser Gespräche ist es: »Es kommt ein Krieg.« Am Ausdruck ihres Redens glaube ich es vernehmen zu können, was die Weltkriegskämpfer nicht in Worte kleiden wollen: »Soll denn das Morden wieder Pflicht werden? Werden sich nun die blutigen Jahre von 1914–18 wieder wiederholen?«[24]

Deutschland wartete, der Friede hing am seidenen Faden, es bedurfte nur noch des Befehls aus Berlin. Ob er erteilt werden würde oder nicht, das hing nach beinahe sieben Jahren Diktatur von einem beinahe allmächtigen Mann ab, und dieser Mann war – wovon sein Volk nichts wusste – längst zum Angriff entschlossen.

IN GROSSBRITANNIEN WURDEN die seit sechs Wochen in der Ausbildung befindlichen Militiamen in der letzten Augustwoche des Jahres 1939 zur Bewachung von Brücken und Tunneln eingesetzt – nicht etwa gegen eventuelle deutsche Fallschirmspringer, sondern gegen die IRA, deren Kampf sich seit den ersten Bombenattentaten in Manchester und London intensiviert hatte und für kurze Zeit sogar noch blutiger werden sollte.

Am Freitag, dem 25. August 1939, explodierte eine 2,5-Kilogramm-Bombe auf dem Gepäckträger eines Lieferfahrrads, das an der Bordsteinkante vor einer Eisenwarenhandlung in Coventrys Haupteinkaufsstraße abgestellt worden war. Freitag war Markttag, und die Straßen im Zentrum der Industriestadt in den Midlands waren belebt. Fünf Passanten wurden getötet, zwölf schwer verletzt und mehr als vierzig mussten ärztlich behandelt werden.[25] Zwei der Opfer waren Ladengehilfen, die gerade Mittagspause machten. Eine der anderen Toten, die 21 Jahre alte Elsie Ansell, war so furchtbar verstümmelt, dass sie nur noch an ihrem Verlobungsring identifiziert werden konnte. Sie hatte im September heiraten wollen. John Arnott, mit 16 Jahren der Jüngste der Getöteten, hatte als Verkaufsgehilfe in einer nahegelegenen Filiale des Zeitschriftenhandels W.H. Smith gearbeitet. Dem Vernehmen nach war er ein fröhlicher junger Mann gewesen. Zeitungsberichte beschrieben ihn »als lockigen Jüngling mit Brille, der wohl Tausenden Einwohnern von Coventry ihre Zeitungen und Zeitschriften ausgehändigt hat«. Der 33-jährige Rex Gentle aus Mid Wales war erst zwei Wochen zuvor nach Coventry gekommen und hatte ebenfalls bei W.H. Smith gearbeitet, und zwar als Aushilfe während der Sommerferien. Auch er war verlobt und wollte bald heiraten. Der fünfzigjährige Gwilym Rowland, der als Straßenkehrer bei der Stadt angestellt war, hielt sich zufällig in der Broadgate auf, als die Bombe explodierte. Das älteste Opfer, James Clay, war ein rüstiger 81-Jähriger, der hin und wieder noch als Buchhalter arbeitete. Er hatte sich mit einem alten Geschäftsfreund zum Lunch in einem Café getroffen, war aber früher gegangen, weil er sich unwohl fühlte. Nach der Detonation erzählte sein alter Freund den Reportern, dass es in sechs Jahren das erste Mal gewesen sei, dass Mr Clay und er das Café nach dem Essen nicht gemeinsam verlassen hatten.[26]

Sofort und zu Recht wurde vermutet, dass das Attentat von der IRA verübt worden sei. In den ersten acht Monaten des Jahres waren überall in Großbritannien Dutzende IRA-»Aktionen« durchgeführt worden, meist ohne größere Wirkung.[27] Zählte man Sabotageakte wie durchtrennte Kabel und kleine Brandanschläge dazu, hatte Coventry schon ein paar Dutzend Vorfälle erlebt, die vermutlich alle Teil der größeren Kampagne waren. Im Juni 1939 wurde in der Nähe eines Treibstofflagers in der Innenstadt eine Bombe gefunden, die zum Glück nicht hochgegangen war. Anfang Juli 1939 ereignete sich in der Toilette des Bahnhofs Coventry eine Explosion. Ende des Monats wurde dann ein Mensch von einer ähnlichen Bombe in der King's Cross Station in London getötet. Am 13. August zerstörte eine Explosion einen Schrebergartenschuppen auf einer Brache hinter einigen Vorstadthäusern von Coventry. Die Polizei ging von einem Unfall in einem IRA-Waffenlager aus.

Für die Behörden kann es also keine besondere Überraschung gewesen sein, dass weniger als zwei Wochen nach dem letzten Vorfall am 25. August in Coventry eine Bombe hochging. Dass sie an einem belebten öffentlichen Platz deponiert worden war, wo sie unweigerlich Menschenleben fordern würde, war allerdings ungewöhnlich und nicht zu erwarten gewesen. Bis zu diesem Tag waren niemals Bomben mit einer solchen Zerstörungskraft gelegt worden, und die IRA hatte noch Anfang des Jahres öffentlich erklärt, dass man Zivilisten nicht vorsätzlich verletzen wolle.

Obwohl die Bombe die vordere Hälfte des Fahrrads komplett zerstört hatte und die Teile nach allen Seiten hoch in die Luft geschleudert worden waren, machten sich die Kriminaltechniker schnell einen Reim auf das Chaos. Das Fahrrad war wohl schon maximal eine Stunde vor der Detonation direkt hinter einem Auto abgestellt und zurückgelassen worden.

Die Suche nach weiteren Beweisen brachte nicht nur Spuren des Zeitzünders ans Licht, sondern auch die Nummer des Rahmens, so dass man beweisen konnte, dass das Fahrrad drei Tage zuvor in einem Laden in Coventry gekauft worden war. Der Käufer, ein Ire mit Namen Norman, hatte fünf Pfund angezahlt, um das Rad zu reservieren, und wollte den Rest beim Abholen begleichen. Aber es war ein anderer Ire, der drei Tage später, am 25. August, gegen Mittag im Laden erschien, das restliche Geld zahlte und mit dem Fahrrad verschwand. Knapp zwei Stunden später, nachdem der Gepäckträger mit einem selbstgebastelten Sprengsatz aus Kaliumchlorat beladen worden war, explodierte das Fahrrad. Die Adresse, die der ursprüngliche Käufer angegeben hatte, war falsch, ebenso der Name.

Ein zeitgleich ablaufendes Ereignis in London trug schließlich zur Aufklärung des Falls bei. Am 25. August führte nämlich die Special Branch Police, eine Art Antiterrorpolizei, in einer Wohnung in Leinster Gardens in Paddington eine Razzia durch. Die irischen Mieter waren im East End dabei beobachtet worden, wie sie das Lastendreirad eines Handwerkers entwendet hatten. Bei der Adresse waren noch weitere Lieferfahrräder gesichtet worden. Nach einer wilden Jagd über die Dächer wurden vier der Bewohner verhaftet. Bei der anschließenden Wohnungsdurchsuchung fand man Sprengstoff. Ein Wecker war auf 14.31 Uhr an diesem Tag gestellt worden (eine Minute vor der Zeit, auf die die Bombe von Coventry eingestellt worden war). Die Befragungen ergaben, dass Scotland Yard, Westminster Abbey und die Bank von England als Anschlagsziele ausgewählt worden waren und dass man die vor dem Haus stehenden Fahrräder dabei hatte einsetzen wollen.

Am selben Abend wurde ein Ire namens Peter Barnes in einer nahegelegenen Unterkunft verhaftet. Barnes war ein für Transporte zuständiger IRA-Offizier und wurde verdächtigt, die Sprengsätze als Kurier von Liverpool nach London gebracht zu haben und – wie Beweisstücke in seinem Zimmer vermuten ließen – auch nach Coventry. Außerdem fand die Polizei einen nicht abgeschickten, belastenden Brief, der an einen gewissen »Jim Kelly« in Irland adressiert war und in dem angedeutet wurde, dass man einen unmittelbar bevorstehenden »spektakulären« Bombenanschlag der IRA erwartete, bei dem Barnes eine Rolle spielte. Als er von einem Beamten gefragt wurde, ob er kürzlich in Coventry gewesen sei, antwortete Barnes: »Ich bin in Coventry gewesen, aber Zufälle passieren, nicht wahr?«[28]

Der Anschlag löste eine Welle von antiirischen Gefühlen in Coventry aus, wo es eine große irische Gemeinde gab, darunter viele Neuankömmlinge, die durch die Jobs in den boomenden Flugzeug- und Rüstungsfabriken angelockt worden waren. Der *Daily Mirror* beschrieb die aufgeheizten Szenen, die sich nach der Explosion abgespielt hatten:

> Fünf Menschen – drei Männer, die aus einer Kneipe geflohen und gerade in ein Auto gestiegen waren, sowie eine Frau und ein Jugendlicher – wurden zu ihrem Schutz in Polizeigewahrsam genommen. Der etwa 14-jährige Jugendliche weinte, als man ihn in den Polizeibus setzte. Als die Polizei sich mit den Männern den Weg durch die Menge gebahnt hatte, konnte man hören, wie die Leute »Lyncht sie!« riefen. Die Polizei hatte Schwierigkeiten, die Männer zu schützen. Einer von ihnen wurde durch einen Hammerhieb gegen den Kopf bewusstlos geschlagen.
>
> Später wurden alle fünf entlassen. Sie hatten nach Ansicht der Polizei nichts mit den Ausschreitungen zu tun. In der Zwischenzeit drehte die Menge fast durch und begann die anwesenden Iren herumzuschubsen. Die Polizei stellte die Ordnung wieder her.[29]

Der Anschlag hätte vielleicht mehr Aufmerksamkeit erregt, wenn nicht die Krise zwischen Deutschland und Polen die Schlagzeilen beherrscht hätte. In den folgenden Tagen gab es in Coventry dann noch weitere antiirische Vorfälle, und so legten am Montag nach den Ausschreitungen etwa 2000 Arbeiter der Armstrong-Whitworth-Flugzeugwerke am Stadtrand von Baginton die Arbeit nieder und marschierten aus Protest, dass sie »mit irischen Kräften zusammenarbeiten« mussten, ins Stadtzentrum. Vor dem Council House in Coventry sprachen der Gewerkschaftsvertreter und der Bürgermeister, Sidney Stringer, zu ihnen. Stringer, ein unbeugsamer Labour-Mann, erinnerte die Demonstranten daran, dass die allermeisten ihrer irischen Mitbürger ebenso empört über das Attentat seien wie sie.

Nach und nach zerstreute sich die Menge, aber es dauerte, bis sich die Gemüter beruhigt hatten. Iren, die in Coventry untergekommen waren, wurden immer wieder bedroht, daher verließen viele zumindest zeitweise die Stadt.[30] Der Polizeipräsident von Coventry, Captain S. A. Hector, fühlte sich bemüßigt, eine seltsame Stellungnahme zu veröffentlichen, in der er Spekulationen über seine eigene Herkunft dementierte:

> Mir sind dumme Gerüchte zu Ohren gekommen, dass ich irischer Abstammung sei. Ich bin kein Ire, habe keinerlei irische Verbindungen und bin nie in Irland gewesen.[31]

DER BOMBENANSCHLAG VON COVENTRY war, wie sich zeigen sollte, der letzte große »Einsatz«, den die IRA während ihres Feldzugs von 1939 auf der britischen Hauptinsel unternahm.

Das alles beschäftigte die frisch eingezogenen Militiamen sehr, die noch immer mit sanftem Spott bedacht wurden. Anfang August hatte das Gerücht die Runde gemacht, Rekruten hätten sich geweigert, Dosenlachs zu essen, weil er aus Japan sei. Das habe sich gegen die japanische Blockade der britischen Konzession im chinesischen Hafen von Tianjin gerichtet, die im Juni begonnen hatte und Mitte August noch immer aufrechterhalten wurde. Der *Sunday Express* neigte eher zu der Annahme, dass die Wehrpflichtigen schlicht und einfach keinen Dosenlachs mochten:

> Natürlich sind die meisten unserer Militiamen fantastische Kerle. Es sind nur wenige, die mit ihrem Gequake und Gejammer Tag für Tag die Zeitungen füllen.

> Nun ist es wirklich Zeit, hart gegen die lästige Bande durchzugreifen. Männer, die vor 21 Jahren in den Schützengräben dienten, lachen über die Befindlichkeiten, die heutzutage vorgebracht werden. Diese Männer wissen, dass ein alter Soldat niemals stirbt, jedenfalls bestimmt nicht von Dosenlachs, egal, aus welchem Land er importiert wurde.
>
> Tatsache ist, dass die Militiamen von Anfang an zu sehr im Licht der Öffentlichkeit standen. Man hat ihren Beschwerden insgesamt viel zu viel Aufmerksamkeit geschenkt. Eine Armee aus Kaviar- und Champagnersoldaten ist sicher nicht das, was wir wollen.[32]

Der *Mirror* malte das Bild einer Armee von verhätschelten »Muttersöhnchen« weiter aus und machte sich einen Spaß daraus, aus einer Kaserne mit 1200 Rekruten in der Nähe von Taunton in Somerset zu berichten. Dem Artikel zufolge sollten die Familien der jungen Männer demnächst zu einem Kasernenbesuch eingeladen werden, ein Ereignis, das die Zeitung unter der Schlagzeile »Elternabend bei der Miliz« ankündigte. Der Kommandeur der Kaserne war anscheinend eifrig darum bemüht, zu demonstrieren, dass ihm »das Wohlergehen der Militiamen wirklich am Herzen« lag. Die fröhliche Zusammenkunft sollte am 2. September stattfinden.[33]

Mittlerweile beschäftigten sich die britischen Zeitungsleser mit einem Problem, das den Deutschen anscheinend gar nicht in den Sinn kam: Was machen wir mit den Haustieren, wenn es Krieg gibt? In einem Artikel mit der Überschrift »Haben Sie ein Tier im Haus?« nahm die *Mirror*-Reporterin Susan Day die Probleme ins Visier, die sich Halter von für Haustieren bei Bombardierungen, Gasangriffen und Evakuierungen stellen konnten:

> Sie müssen sich fragen, ob es Ihnen möglich ist, sie ebenfalls evakuieren zu lassen, wenn Sie fortgehen.
>
> Sie müssen sich fragen, ob Sie in der Lage sein werden, genug Futter für sie aufzutreiben.
>
> Sie müssen sich fragen: »Wie werde ich sie bei einem Luftangriff beruhigen, wie kann ich sie vor Gas schützen?«
>
> Natürlich wollen Sie ihnen so weit wie möglich Schmerz und Angst ersparen, aber einschläfern lassen wollen Sie sie nur, wenn es sich absolut nicht vermeiden lässt.[34]

Die letzte Möglichkeit – das Tier einzuschläfern – war nicht theoretisch gemeint. Weiter unten in dem Artikel wurde dies als unvermeidliche Entscheidung in Extremsituationen aufgeführt. In höchster Not konnte das National ARP Animals Committee Hilfe leisten, etwa wenn man auf dem Land niemanden fand, der bereit war, die Katze oder den Hund aufzunehmen, oder man sich keine Tierpension leisten konnte. Natürlich war das nur der allerletzte Ausweg. Schließlich wäre man, »falls es gar keinen Krieg gibt, untröstlich, sich ohne Grund von seinem kleinen Freund getrennt zu haben«.

Tatsächlich hatten während der Münchner Krise mehrere Tausend Tierfreunde ihr geliebtes Haustier zum Tierarzt gebracht, um es einschläfern zu lassen. Die nationale Hundeschutzliga NCDL sah sich einer Flut von Anfragen ausgesetzt, in denen um Hilfe beim Einschläfern von Hunden gebeten wurde. Den Haltern riet man pauschal, das Ergebnis der Gespräche zwischen Hitler und Chamberlain abzuwarten, bevor sie eine solch drastische Entscheidung trafen. Aufgrund dieser Erfahrungen hatte die NCDL (ebenso die entsprechende Organisation für Katzen, CPL) ein Jahr später Listen erarbeitet, in denen mögliche Unterkünfte für von Feindangriffen bedrohte städtische Haustiere aufgeführt waren.[35] Vielleicht wurden dadurch einige gerettet.

Die wachsende Panik in einer Nation von vermeintlichen »Tierliebhabern« wurde Ende August 1939 deutlich, als die Krise ihren Höhepunkt erreichte. Am 30. August unterrichtete ein weiterer Artikel die Leser, dass das National ARP Animals Committee dringend riet, die » Haustiere zu schützen« und sie keinesfalls »unbefugten Personen zur Evakuierung oder Einschläferung« zu übergeben.[36] Einen Tag später teilte ein Vertreter der NCDL auf der »Live Letter Box«-Seite des *Mirror* mit, dass im Fall eines Krieges und der Evakuierung die Tierkliniken »Tag und Nacht« geöffnet seien für diejenigen, die das Bedürfnis haben, ihre Tiere »loszuwerden«.[37]

Als der August sich dem Ende zuneigte und es keine Anzeichen für eine Lösung der Krise gab, wuchs die Zahl der britischen Touristen, die vom Kontinent zurückkehrten. Zuerst waren es nur wenige, aber es wurden ständig mehr, und bald gab es eine wahre Flut von Rückkehrern. In der letzten Woche dieses Monats berichtete Ivor Lambe, der Klatschreporter des *Daily Mirror*, auf der Londoner Park Lane viel mehr Leute aus der High Society gesichtet zu haben als sonst – normalerweise waren zu dieser Jahreszeit alle in Le Touquet oder Juan-les-Pins. Er lief sogar Lord und Lady de Broke über den Weg, die gerade aus dem Dorchester-Hotel kamen, und brachte in Erfahrung, dass auch ihre Sommerferienpläne von der internationalen Situation durchkreuzt worden waren. Das adlige Paar – beide waren ausgebildete Piloten – war von dem Privatflugplatz seines vornehmen Anwesens aus in Richtung Kanal aufgebrochen und hatte dann feststellen müssen, dass für den Fall deutscher Luftangriffe über ganz Frankreich ein Flugverbot verhängt worden war.[38]

Am 26. August 1939 erlebte der Flughafen Croydon südlich von London das bis dahin stärkste Flugaufkommen seiner Geschichte, denn an diesem Tag landeten hier 1500 Passagiere vom Kontinent. Die Maschinen mit 22 beziehungsweise 27 Plätzen flogen leer nach Paris und kamen voll zurück. Und auch die deutschen Flugzeuge, die aus Großbritannien fortflogen, waren brechend voll.[39] Täglich trafen Tausende Rückkehrer vom Kontinent auf überfüllten Dampfschiffen in Harwich und Folkestone ein, darunter die Familien des britischen Botschaftspersonals in Berlin. Sämtliche Züge und Flugzeuge aus Südfrankreich waren ausgebucht, und vielen Touristen gelang es nicht, die Region zu verlassen. Die Ozeandampfer Richtung Amerika waren ebenfalls überfüllt. Der Filmstar Douglas Fairbanks junior und seine Frau Edna Best schliefen mit anderen Honoratioren auf Matratzen in einem Kinderspielzimmer des niederländischen Transatlantikdampfers *Nieuw Amsterdam*, so eilig hatten sie es, die Sicherheit New Yorks zu erreichen.[40]

Die Zeitungen füllten sich mit Artikeln darüber, wie man seine Autoscheinwerfer verdunkelte, wie man sich bei einem Stromausfall verhielt und was man kaufen sollte, um mit seiner Familie vorübergehende Lebensmittelknappheiten zu überstehen – Corned Beef war besonders beliebt. Doch noch immer hielt der *Express*-Kolumnist »William Hickey« an der traditionellen Linie der Zeitung fest: »Mein Tipp: Diese Krise wird kein Krieg.«[41]

Die Anordnung der Regierung, mit der Evakuierung der Kinder aus den Städten zu beginnen, las sich da schon ernster. Die 41-jährige Irene Naylor war schon seit einigen Tagen auf diese Nachricht gefasst. Am Donnerstag, dem 24. August, nahm die Sozialarbeiterin, die normalerweise im Londoner Vorort Chiswick lebte, gerade an einem Volkstanzkurs in Stratford-upon-Avon, etwa 150 Kilometer nördlich der Hauptstadt, teil. »Anders als viele andere Schüler«, gab sie in ihrem Bericht für Mass-Observation zu Protokoll, »lese ich jeden Tag die Zeitung und bin von der Entwicklung der Krise nicht überrascht worden.«[42] Tatsächlich erhielt Miss Naylor an diesem Abend ein Telegramm von ihrer Dienststelle, in dem sie aufgefordert wurde, »sich zum Dienst einzufinden«. Sie entschied sich, zur abendlichen Tanzstunde zu bleiben und am nächsten Morgen mit dem Frühzug abzureisen. Zurück in

London gab sie ihren Koffer (»nachdem er auf mögliche Bomben untersucht worden war«) in der Gepäckaufbewahrung von Paddington Station ab und erreichte ihre Dienststelle kurz nach zehn Uhr. Dort fand sie einige Kollegen plaudernd bei einer Tasse Tee vor, andere waren noch nicht aus dem Urlaub zurück, und auch ihr Chef traf erst gegen Mittag aus Wales ein.

Miss Naylors erste Aufgabe bestand darin, zum County Hall, dem Hauptsitz der Londoner Kreisverwaltung am Südufer, zu gehen, um Gespräche mit den freiwilligen Evakuierungshelfern zu führen und sie zu registrieren. Um acht Uhr abends wurden sie und ihre Kollegen nach Hause geschickt. Am nächsten Tag, einem Samstag (im Jahr 1939 noch ein Arbeitstag), ging sie in ihre normale Dienststelle, wo es »sehr wenig zu tun« gab und einige Kollegen sich gerade erst aus Frankreich zurückmeldeten. Nach Feierabend um 16.30 Uhr ließ sie sich die Haare waschen und legen: »Wer weiß, wann es wieder eine Gelegenheit dazu gibt.« Am Sonntag, dem 27. August, blieb sie zu Hause in ihrem möblierten Zimmer, schrieb Briefe und »erledigte kleinere Arbeiten wie Waschen, Flicken usw., solange dafür noch Zeit« war.

Am Montag, dem 28. August, wurde Miss Naylor mit sechs ihrer Sozialarbeiterkollegen zum Büro des Divisional Dispersal Officer in Kensington geschickt. Dort erledigten sie die Büroarbeit und führten Gespräche mit Freiwilligen, die sich darum bewarben, Mütter und ihre Babys aufs Land zu begleiten. Der Dienstag verlief ähnlich. Sie und eine Freundin von der Arbeit trafen sich zum Lunch in einem Restaurant auf der Kensington High Street, und es fiel ihnen auf, wie normal alles wirkte. Die Frauen trugen noch immer ihre Sommerkleider und wirkten ruhig. »Irgendwie«, bemerkte sie, »scheint der Krieg immer noch weit weg zu sein, wir scherzen über die Evakuierung und malen uns aus, was es für eine Arbeitsverschwendung wäre, wenn sie niemals stattfinden würde.« Gerüchteweise hörte man, dass die Anweisung zur Massenevakuierung bald erfolgen würde.

Mitten in all der Sorge dieser Tage gab es noch immer Platz für die schönen Nebensächlichkeiten des Alltags. In der konservativen Domstadt Armagh in Nordirland war am 29. August der 19-jährige Student S.J.C. Harrison »nach zwei chaotischen und hektischen Reisetagen« von einem Frankreichurlaub zurückgekehrt. Seiner großen Mittelschichtsfamilie von seinen »Erfahrungen als ›Flüchtling‹« zu berichten, war für ihn, wie er sich ausdrückte, »ein kolossales Vergnügen«, aber die Attraktivität seiner Ausführungen schien begrenzt zu sein:

> Das Hauptgesprächsthema war bei uns zu Hause heute nicht die Krise, sondern die Hose, die sich meine Schwester Helen (13) von meiner Schwester Gladys (14) geliehen – oder besser gesagt für 6 d die Woche gemietet hat.
>
> Sie (Helen) löste eine ziemliche Sensation aus, als sie damit durch die Stadt spazierte – man glaubt kaum, wie sehr dieser Ort im Jahr 1923 [sic] hängen geblieben ist –, vor allem unter den Leuten vom Land, die zum Markt gekommen waren.
>
> Der Rektor lachte sie unverschämt aus und zeigte mit dem Stock auf sie. Die Hose steht ihr sehr gut – Gladys ist zu dick dafür –, und man braucht starke Nerven, um sie hier zu tragen.[43]

Doch schon am nächsten Tag drehten sich die Gespräche fast nur noch um den Krieg, selbst in dem italienischen Café, in das er und seine Freunde gingen, um ihre »Sorgen in Eiscreme zu ertränken«. Alle waren sie in einem Alter, in dem der Militärdienst mehr oder weniger unumgänglich war, falls es zum Krieg kam. »Ich fing an, mich sehr düster zu fühlen«, schrieb der junge Mr Harrison, »und flehte die anderen an, nicht mehr über den Krieg zu reden. Sie hörten auf mich, aber bald kam das Gespräch wieder darauf. Sammy und ich beschlossen, dass wir nicht eher gehen würden, bis ›sie‹ uns holten, aber Harry sagte, er würde sofort gehen. Zwei Schulmädchen, die einen Tisch weiter ›South of the Border‹ summten, fingen wirklich an, mir auf die Nerven zu fallen. Fast hätte ich ihnen Eiscreme in den Kragen gekippt, damit sie aufhörten ...«

Als er am Abend nach Hause kam, waren der Freund seiner älteren Schwester und ein ehemaliger Schulfreund zu Besuch. »Ich hörte fröhliches Gelächter«, schrieb er, »als würden sie etwas spielen und dabei viel Spaß haben ... und als ich hineinging, fand ich die ganze Familie (bis auf Gladys, die ins Bett gegangen war) und die Gäste in ausgelassener Stimmung – alle nippten aus kleinen Gläsern an Sherry. Das war ein ungewöhnlicher Anblick, weil bei uns nie Alkohol getrunken wurde und ich noch nicht einmal wusste, dass wir Sherry im Haus hatten. Der Krieg wurde ein- oder zweimal auf die folgende Weise erwähnt: ›Ich mache das und das – falls wir nicht Krieg bekommen ...‹«

AM MONTAG, DEM 28. AUGUST, normalerweise der Beginn der letzten Sommerferienwoche,* wurden die Schulen kurzzeitig geöffnet, damit die etwa zwei Millionen Eltern und ihre Kinder in den im Kriegsfall gefährdeten Städten das Procedere der (freiwilligen) Massenevakuierung üben konnten. Die Aktion stellte eine massive logistische Herausforderung dar, und die Regierung gab ihr ganz unbefangen den Codenamen »Operation Pied Piper« (das Märchen – »Der Rattenfänger von Hameln« – stammt aus Deutschland und geht für die darin vorkommenden Kinder nicht gut aus). Bis zu 900 Londoner Schulen waren beteiligt, allein in Manchester nahmen 80 000 Kinder teil. Ausgewählt waren neben Manchester große Städte wie Leeds, Sheffield, Gateshead, Newcastle, Portsmouth, Southampton, Birmingham, Edinburgh und Glasgow. Die Kinder sollten in Pflegeheimen in ländlichen Gebieten oder in Kleinstädten untergebracht werden, weil man annahm, dass sie dort vor Bombardierungen sicher sein würden.

Wenn man dem *Daily Mirror* Glauben schenken möchte, war trotz aller Ängste die Stimmung bei der »großen Generalprobe«, wie die Zeitung die Übung nannte, überraschend gut. Man sah Fotos von Kindern, die fröhlich zusammen spielten, einander eifrig ihre Gasmasken vorführten und die Schokoladen-»Rationen« mampften, die von ihren Eltern bereitgestellt worden waren. »GUTE MIENE DER MÜTTER HILFREICH«, hieß es in einer Schlagzeile und darunter: »ALLE HATTEN VIEL SPASS«. Über allem prangte die tröstlich wirkende Feststellung: »ES WAR EIN GUTER TAG FÜR DIE KINDER«.[44] Der *Express* schlug in einem Artikel seiner Starreporterin Hilde Marchant einen weniger fröhlichen Ton an. Weinende Mütter mussten von ihren Ehemännern, Polizisten oder anderen männlichen Autoritätspersonen getröstet werden. In solchen Fällen wurden die Frauen nicht ermutigt, ihre Kinder in die Klassenräume für die eigentliche Übung zu begleiten (»Es würde die Kinder nur noch mehr verunsichern.«).[45]

Was die Kinder für die Reise benötigten, mussten sie selbst in einer Tasche, einem Rucksack oder in einigen Fällen einfach in einem Pappkarton, der mit einer Schnur zugebunden war, tragen. Ein Merkzettel des Gesundheitsministeriums listete auf, was das im Einzelnen war: »Eine kleine Tasche oder

* Erst im Jahr 1971 wurde der gesetzliche Feiertag im August vom ersten Montag des Monats (auf dem er in den letzten hundert Jahren gelegen hatte) auf den letzten verschoben. Folglich hatten am 28. August 1939 die meisten Schulen noch eine Woche Ferien, während dieser Tag für die arbeitende Bevölkerung nicht frei war.

Schachtel mit der Gasmaske des Kindes, einmal Unterwäsche zum Wechseln, Schlafsachen, Hausschuhe oder Gymnastikschuhe, Strümpfe oder Socken zum Wechseln, eine Zahnbürste, ein Kamm, Handtuch, Seife und Waschlappen, Taschentücher und, wenn vorhanden, warme Jacke oder Regenmantel. Jedes Kind sollte ein Essenspaket für den Tag dabeihaben«. In den sozial benachteiligten Gegenden hatte jedoch nicht jedes Kind all diese Dinge. Hilde Marchant beschrieb eine aufgelöste Londoner Mutter, die einer Lehrerin gestand, dass ihre drei Kinder noch nie eine Zahnbürste benutzt oder besessen hatten und sie unmöglich für jedes eine kaufen könne. Glücklicherweise war die Schule in solchen Fällen in der Lage, diese und andere Hygieneartikel zur Verfügung zu stellen. Jedem Kind wurde ein Gepäckanhänger an die Jacke geheftet, auf dem sein Name, die Schule und die Evakuierungsbehörde vermerkt waren.

Für ein Land, das weit weniger gründlich militarisiert war als sein zukünftiger Gegner Deutschland, war Großbritanniens relativ überstürzte Gründung der Luftschutzorganisation ARP in einer Zeitspanne von weniger als einem Jahr – zwischen dem Münchner Abkommen und der Krise um Danzig – eine beachtliche Leistung. Das deutsche Äquivalent zur englischen ARP, der Reichsluftschutzbund (RLB), hatte inzwischen 15 Millionen »Volksgenossen« eingespannt sowie Hunderttausende Funktionäre. Die im Großen und Ganzen improvisierten Aktivitäten, zu denen angestellte Sozialarbeiterinnen wie Irene Naylor kurzfristig einberufen wurden, als der Krieg näher rückte, waren in Deutschland nicht nötig. Im Jahr 1939 existierte dort längst eine Art »Schattenstaat« der NSDAP, die mit ihren Wohltätigkeits-, Frauen- und Jugendorganisationen alles und jeden erreichte.

SELTSAMERWEISE WAR in Deutschland in diesen letzten Augusttagen des Jahres 1939 trotz des Übermaßes an organisatorischer Kapazität, das zur Verfügung stand, nichts auf die Beine gestellt worden, das der »Operation Pied Piper« ähnelte. Für Flüchtlinge, die angaben, in Polen verfolgt zu werden, waren Lager eingerichtet worden, und im Innern des Reiches standen sichere Unterkünfte für mehrere Hunderttausend Zivilisten aus den Grenzgebieten zu Frankreich zur Verfügung. Anders als in Großbritannien gab es aber keine Pläne, die die systematische Evakuierung von Kindern und anderen gefährdeten Gruppen wie Schwangeren oder Gebrechlichen aus den Städten vorsahen.

Im Ersten Weltkrieg waren die meisten Opfer alliierter Luftangriffe in Grenzstädten wie Karlsruhe, Mainz und vor allem Freiburg zu beklagen gewesen, das ganz in der Nähe der Westfront lag – die Kämpfe in den Vogesen waren in der Stadt zu hören. Zwischen Dezember 1914 und Oktober 1918 war die Stadt 25-mal von der französischen und der britischen Luftwaffe bombardiert worden. Die Angriffe hatten mehr als hundert Opfer gefordert, darunter 31 Tote, und viel Panik und Zerstörung verursacht.[46]

Im Vergleich zu Großbritannien wurde in Deutschland um den Schutz der Bevölkerung vor Luftangriffen nicht viel Aufhebens gemacht, selbst in Freiburg nicht, wo viele die Bombardierungen des Ersten Weltkriegs noch lebhaft in Erinnerung hatten. Vielmehr wurde im August 1939 in ziemlich schwülstigen Artikeln in der *Freiburger Zeitung* mit der Überlegenheit der deutschen Luftabwehr geprahlt und auf das grausame Schicksal hingewiesen, das jeden feindlichen Bomber erwartete, der es wagen würde, den Rhein zu überqueren.

> Deutscher Geist, zäher Wille und Mut, artilleristisches und fliegerisches Können, gestützt auf deutsche Technik, werden jeden Angriff kläglich zugrunde richten, bis zur restlosen Vernichtung.[47]

In der Nacht zum 30. August 1939 wurde in der Stadt eine umfassende Verdunkelungsübung durchgeführt. »Die Verdunkelung hatte jedenfalls nichts Bedrückendes, gar die Laune Verfinsterndes an sich«, schrieb ein Lokalreporter über den folgenden Morgen in einem Artikel mit der geradezu romantischen Überschrift »Freiburg – nur im Mondschein«. Die Stadt im völligen Dunkel »gab im Gegenteil das Gefühl eines Geborgenseins, wie wir es sonst nur im Kämmerlein zu empfinden gewöhnt sind, wenn wir die Lampe löschen«.[48]

Kurze Zeit später meldete sich Reichsmarschall Göring, Kommandeur der Luftwaffe, zu Wort und verkündete mit der für ihn typischen Überheblichkeit: Wenn auch nur »ein einziges englisches Flugzeug« die deutsche Luftabwehr überwinde, »dann will ich Meier heißen«.

Während die Nachrichten zwischen den Protagonisten in Berlin, Paris, London und (als angeblichem Friedensvermittler) Rom in immer größerer Hektik hin- und hergingen, wurde in der deutschen Presse sorgfältig jede Meldung und jedes Wort kontrolliert. Das Dritte Reich, so lasen die Deutschen in ihren Zeitungen, sei vernünftig, friedliebend, ruhig und zuversichtlich und wolle lediglich die Danzig-Frage und die des Korridors lösen. Die Franzosen und Briten ermutigten die wild gewordenen Polen aber in ihrem dummen Streben, indem sie die größenwahnsinnigen Ambitionen dieses emporgekommenen Landes unterstützten.

Ohne Unterlass produzierte Goebbels' Propagandamaschine Geschichten über angebliche polnische Gräuel. Es gebe nicht nur immer wieder Provokationen aus Warschau, sondern auch eine einseitige, bedrohliche Mobilisierung der polnischen Armee. Selbstverständlich verlor die deutsche Presse kein Wort über Deutschlands militärische Vorbereitungen und sein aggressives Vorgehen in Danzig, wo die dem Reich freundlich gesinnten Kräfte schwer bewaffnet und durch reguläre Einheiten verstärkt worden waren. Am 23. August hatte der von den Nazis kontrollierte Danziger Volkstag beantragt, Teil Deutschlands werden zu wollen. Gauleiter Forster wurde zum »Staatsführer« gewählt, wodurch de facto der vom Völkerbund eingesetzte Hochkommissar seines Amtes enthoben war, der der Stadtregierung seit 1920 vorgestanden hatte.

Von solchen Fakten erfuhr der Leser eher beiläufig. Im Mittelpunkt der Berichterstattung stand weiterhin die Horrorpropaganda. Die Gewaltbereitschaft und Irrationalität des polnischen Staates könne man ja ertragen, aber … die Leiden der »volksdeutschen« Minderheit in Polen und die unaufhörlichen Provokationen an der Grenze würden die Geduld der Deutschen allmählich überstrapazieren. Den Lesern der *Freiburger Zeitung* wurde dies am 30. August folgendermaßen vermittelt:

> Was sich die Polen an Intransigenz, an Brutalität und machtpolitischen Wahnvorstellungen leisten, könnte uns an sich kaltlassen, wenn nicht deutsche Menschen zu Tausenden diesem Blutterror zum Opfer fielen. Diese Opfer bestimmen das Tempo der Entscheidung und verbieten, noch lange darauf zu warten, dass die leichtfertigen Garanten des polnischen Machtdünkels vielleicht doch einmal einsehen könnten, in welch eine katastrophale Lage sie sich selbst und ganz Europa mit ihrer unglückseligen Einkreisungspolitik gesteuert haben.[49]

Alle Seiten waren sich bewusst, dass es nun nur noch darum ging, die Schuld für den kaum noch abzuwendenden Kriegsausbruch dem Gegner zuzuschieben. Hitler hatte seinen Kommandeuren auf dem Obersalzberg gesagt, dass es »egal war«, mit welchen Mitteln man für einen Kriegsgrund sorgte, denn der Sieger müsse sich nicht rechtfertigen. Aber es bedurfte eines plausiblen Anlasses zum Losschlagen, und zwar vor der internationalen Öffentlichkeit wie vor der eigenen Bevölkerung – hier vielleicht sogar erst recht, wenn man bedenkt, wie stark in Deutschland im September 1938 die Abneigung gewesen war, wegen des Sudetenlands in den Krieg zu ziehen. Daher wartete die Propaganda mit immer neuen schockierenden Geschichten über angebliche Gewalttaten gegen deutsche Muttersprachler in Polen auf, und daher gab es am Monatsende plötzlich und unerwartet Initiativen von deutscher Seite, die – oberflächlich betrachtet – überraschend versöhnlich klangen.

Hitler hatte seinen Angriff auf Polen, der ursprünglich für den 26. August geplant war, verschoben, aber die Mobilisierung und die massiven Truppenbewegungen Richtung polnische Grenze hatte er nicht gestoppt. Daher gaben die Briten am 28. August deutlich zu verstehen, dass sie sich durch deutsche Versprechungen nicht dazu bringen lassen würden, ihre polnischen Verbündeten im Stich zu lassen. Ein neues München würde es nicht geben:

> Sie [die Vertreter Großbritanniens] konnten, welche Vorteile Großbritannien auch immer angeboten wurden, in kein Abkommen einwilligen, das die Unabhängigkeit eines Staates gefährdete, dem sie eine Garantie gegeben hatten ... der nächste Schritt sollte darin bestehen, direkte Gespräche zwischen der deutschen und der polnischen Regierung zu etablieren, und zwar auf einer Basis, die die oben genannten Prinzipien einschloss, vor allem den Schutz der grundlegenden Interessen Polens und eine internationale Absicherung des Abkommens.[50]

Als Sir Nevile Henderson Hitler diese Nachricht überbrachte, beharrte dieser darauf, dass Deutschland Danzig auf jeden Fall bekommen müsse und dazu den gesamten Korridor. Darüber hinaus bestand er auf Grenzkorrekturen in Schlesien. Es wurde ein angespanntes Treffen. Henderson erklärte, dass Hitler wählen müsse zwischen Mäßigung, also einer Verständigung mit Großbritannien, oder Krieg. Hitler erwiderte, dass er nicht bluffe; Henderson entgegnete, dass auch die Briten nicht blufften.

Am 29. August gab Hitler eine formelle Antwort, die auch Vorschläge enthielt, die die Briten an die Polen weiterleiten sollten. Er sei bereit, um des Friedens willen – so jedenfalls legte er es nahe – mit den Polen direkte Gespräche über das Schicksal Danzigs und des Korridors aufzunehmen, die auch die Möglichkeit einer Volksabstimmung in diesen Gebieten einschlossen. Diese Gespräche sollten jedoch nicht auf neutralem Boden stattfinden oder in einem größeren Rahmen wie in München. Hitler verlangte vielmehr, dass die Polen innerhalb von 24 Stunden einen Generalbevollmächtigten nach Berlin schickten, der berechtigt war, dort ein bindendes Abkommen zu unterzeichnen.

Im Kern bestand Hitlers Plan darin, den Briten, Polen und der Welt Vorschläge zu präsentieren, die auf den ersten Blick moderat und vernünftig erschienen – so moderat und vernünftig, dass sich mit ihnen sozusagen noch in letzter Minute die britische Entschlossenheit aufweichen ließ und Großbritannien von dem Versprechen Abstand nahm, den »unvernünftigen« Polen im Falle eines Krieges beizustehen. Das Angebot hatte jedoch einige »Haken«. Danzig sollte definitiv wieder an Deutschland fallen. Die Volksabstimmung über den Korridor sollte innerhalb von zwölf Monaten unter internationaler Beobachtung stattfinden. Zur Wahl zugelassen werden sollten deutschsprachige Einwohner, die nach 1918 dort geblieben waren, ferner Deutsche, die dort geboren worden waren oder dort gelebt hatten oder nach 1918 aus dem Korridor ausgewiesen worden waren (möglicherweise einige Hunderttausend Menschen), ganz gleichgültig, wo sie inzwischen lebten. Polnisch sprechende Einwohner des Korridors und ihre Nachkommen, die vor Januar 1918 geboren worden waren, durften ebenfalls wählen, »Kongresspolen«,* also diejenigen, die nach 1918 im Korridor geboren worden waren oder dorthingezogen waren – dagegen nicht.

Wie entgegenkommend die deutschen Vorschläge auch immer erscheinen mochten, der Zeitplan war so rigide, dass jede vernünftige Verhandlung darüber ausgeschlossen war. Und dass ein polnischer Generalbevollmächtigter innerhalb von 24 Stunden in Berlin erscheinen sollte, war im Grunde eine unannehmbare Bedingung. In Warschau wusste man ja durchaus, dass der tschechoslowakische Präsident Hácha Mitte März unter ganz ähnlichen Umständen die Höhle des Löwen in Berlin betreten hatte und dort so lange in Geiselhaft genommen und drangsaliert worden war, bis er mit seiner Unterschrift die Freiheit seines Landes preisgegeben hatte. Oberst Beck erklärte daher umgehend, dass er nicht vorhabe, unter diesen Bedingungen nach Berlin zu fahren und sich »wie Präsident Hácha behandeln zu lassen«. Und Lord Halifax eröffnete den Deutschen über Görings schwedischen Mittelsmann

* »Kongresspolen« war die inoffizielle Bezeichnung für Polen aus dem als Kernland der polnischen Nation betrachteten Großherzogtum, das nach 1815 mit Warschau als Hauptstadt gegründet worden war. Es schloss weder den Korridor ein noch etwa Westpreußen, das damals zu Preußen gehörte.

Dahlerus, dass Großbritannien sich nur einschalten werde, wenn es »wirklich um Verhandlungen ging und nicht um ein Diktat nach tschechoslowakischem Modell«.[51]

Dass Hitler tatsächlich geglaubt hat, er könne Danzig und den Korridor bekommen, ohne gegen Briten und Franzosen in den Krieg ziehen zu müssen, lässt sich nicht ganz von der Hand weisen. Berichten zufolge soll er noch am 29. August zu seinem Adjutanten, Major Engel, gesagt haben, dass er sich seinen eigenen »Ersten Schlesischen Krieg« wünsche – eine Anspielung auf Friedrich den Großen, der im Jahr 1740 unter fadenscheinigen Begründungen in das habsburgische Schlesien einfiel und mit der Eroberung der Provinz Preußens Macht und Einfluss erheblich vergrößerte. Hitler schwebte ein Krieg ausschließlich gegen Polen vor. Andererseits war er durchaus bereit, gegen Polens Verbündete, Großbritannien und Frankreich, in den Krieg zu ziehen. Diesen Krieg hatten dann aber sie zu verantworten.[52]

Ein anderer zeitgenössischer Bericht, ebenfalls vom 29. August, offenbart dagegen schonungslos, was Hitler plante. In seinem Tagebuch (in der Form eher kursorische Notizen) beschrieb General Halder, der anwesend war, als die verschiedenen Entscheidungsmöglichkeiten diskutiert wurden, den nackten Zynismus von Hitlers »Angebot«:

> *Heute:* Polen von Engländern angewiesen, auf deutsche Forderung nach Berlin zu kommen.
> Führer will sie morgen kommen lassen.
> Grundgedanken: Mit demografischen und demokratischen Forderungen nur so um sich werfen. Abstimmung innerhalb 6 Monaten unter internationalem Schutz. Was sich zu Deutschland bekennt, muss deutscher Bürger bleiben; umgekehrt ebenso Polen. Polen werden Deutsche nicht annehmen.
> 30.8. Polen in Berlin.
> 31.8. Zerplatzen.
> 1.9. Gewaltanwendung.[53]

Tatsächlich erschien am 30. August kein polnischer Generalbevollmächtigter in Berlin. Spät am Abend traf sich aber Sir Nevile Henderson mit Ribbentrop. Wie Cadogan berichtete, verlas Hitlers Außenminister »in rasender Geschwindigkeit« die gesamte Forderungsliste, die dem polnischen Generalbevollmächtigten präsentiert worden wäre, und erklärte dann, dass es ohnehin zu spät sei, da aus Warschau keine Antwort gekommen sei. Er verweigerte dem britischen Botschafter sogar eine Kopie des Angebots. Da bereits deutsche und polnische Truppen an der deutsch-polnischen Grenze aufmarschiert waren und sich dort kampfbereit gegenüberstanden, befand man sich in einer verzweifelten Lage. Henderson schrieb niedergeschlagen an Cadogan:

> Die Polen müssen sich selbst durch irgendeine Geste ins Recht setzen, sonst müssen wir alle kämpfen. Vielleicht wäre Letzteres das Beste, aber die Verantwortung, diese Idee zu propagieren, ist mir zu groß.[54]

Das als »16-Punkte-Plan« bekannt gewordene Angebot, das Ribbentrop Henderson nicht in Kopie aushändigen wollte, war in Wahrheit lediglich für die deutsche Öffentlichkeit bestimmt. »Ich brauchte ein Alibi, vor allem dem deutschen Volk gegenüber«, gestand Hitler wenig später seinem offiziellen Dolmetscher Paul Schmidt.[55]

Erich Ebermayer schrieb in der Nacht vom 29. auf den 30. August in sein Tagebuch, dass er Hitlers Angebot »erstaunlich entgegenkommend« finde, und er war ehrlich enttäuscht über die Antwort der britischen Regierung am nächsten Morgen, die ihm »kühl« erschien, während der Führer eine »befriedigende« Antwort gegeben habe. Beim näheren Nachdenken kam er dann jedoch zu einem ganz anderen Schluss: »Man hat leider das Gefühl, dass die beiden Kontrahenten, sowohl England wie Deutschland, bestrebt sind, für den Fall des Kriegsausbruchs die historische Schuld daran dem anderen zuzuschieben.«[56]

AM 26. AUGUST 1939, dem Tag, an dem Hitler ursprünglich seinen Krieg um Danzig und den Korridor hatte beginnen wollen, gab die Münchner Kriminalpolizei eine Pressekonferenz. Einen Tag später wurde auf der letzten Seite der Sonntagsausgabe der *Freiburger Zeitung*, die für Artikel über Verbrechen reserviert war, unter der reißerischen Überschrift »Ein Schwerverbrecher gefasst. Einer der größten Sittlichkeitsverbrecher aller Zeiten« recht ausführlich über die Taten des Johann Eichhorn berichtet.[57]

Eichhorn hatte sich überreden lassen, nicht nur insgesamt 37 Vergewaltigungen in Münchner Vororten zu gestehen, die er in einem Zeitraum von etwa zehn Jahren begangen hatte, sondern endlich auch den Mord an zwei jungen Frauen. Eine Schneiderin namens Rosa Eigelein hatte Eichhorn am 31. August 1937 umgebracht, am 29. August 1938 dann das Hausmädchen Maria Jörg. Er hatte seine Opfer in einsamen Gegenden von ihren Fahrrädern gerissen, hatte auf sie geschossen und sie dann vergewaltigt und verstümmelt.

Zu Beginn des Sommers war die »Bestie von Aubing« mit einem Betrüger namens Schneider in einer Zelle gelandet. Gegenüber Schneider, einem Polizeispitzel, hatte Eichhorn die Vergewaltigungen und Morde offenbar schon zugegeben. In seiner Beichte führte er die grausamen Verbrechen auf seine unbeherrschbaren Gelüste zurück. In einem verquasten, handgeschriebenen Lebenslauf behauptete Eichhorn, der ganz offensichtlich nur über rudimentäre Schreib- und Lesekenntnisse verfügte, an die eigentlichen Taten keine Erinnerungen zu haben:

> Ich kann doch mit meinem Geschlechtstrieb unmöglich normal sein oder sonst ganz normal sonst könnte ich doch so furchtbare Sachen nicht gemacht haben, denn ich bin doch ein Mensch und würde meine letzte Hose geben oder ich kann nicht mal ein Tier oder gar einen Menschen was tun ich kenne mich oft selbst nicht mehr ...[58]

Es spricht einiges für die Annahme, dass Schneider seinem Zellengenossen eingeredet hat, dass er auf verminderte Schuldfähigkeit plädieren könne – was die Todesstrafe verhindert hätte –, und Eichhorn so zu einem Geständnis bewegte.[59]

Der Zeitpunkt des dramatischen Artikels war seltsam. Eichhorn war kein Jude, kein Ausländer und politisch unverdächtig. Einige Jahre zuvor hatte er versucht, in der Nazibewegung Fuß zu fassen, war aber bald wegen »Dienstvernachlässigung« ausgeschlossen worden.[60] Noch seltsamer war, dass der Polizeisprecher, der in der *Freiburger Zeitung* am 27. August zitiert wurde, die Ermittler in den höchsten Tönen lobte (»unermüdliche Arbeit« für einen Ermittlungserfolg, der »die höchste Anerkennung der Öffentlichkeit verdient und im höchsten Maß geeignet ist, das Vertrauen in die Kriminalpolizei zu stärken«), dabei mussten schon die bloßen Fakten, die in dem Artikel genannt wurden, den Leser zu der Frage veranlassen, warum man ganze zehn Jahre gebraucht hatte, um den Mörder zu fassen. Alle Verbrechen hatten sich doch förmlich in einem kleinen Vorortgebiet von München vor den Augen der Polizei zugetragen. Aber der Gewaltverbrecher war, was die Polizei selbst zugab, gar nicht aufgrund polizeilicher Ermittlungen gefasst worden, sondern »dank der Geistesgegenwart eines kleinen Mädchens«. Da die Verbrechen »in der Abenddämmerung oder Dunkelheit« begangen wurden und die betroffenen

Frauen verängstigt waren, habe »das Bild, das sie von dem Angreifer hatten«, nicht mit der Realität übereingestimmt, so dass man den Täter nicht habe ausfindig machen können. Alles in allem verströmten die Ausführungen der Polizei mehr als nur einen Hauch von Selbstrechtfertigung.

Dann verschwand die Geschichte wieder in der Versenkung. Vielleicht passte eine Existenz wie Johann Eichhorn, der zweifellos ein »arischer« Typ war, jetzt, da der Krieg vor der Tür stand, nicht in das Bild von der reinen, treuen Volksgemeinschaft, die sich gegen ihren brutalen äußeren Feind zu einer Einheit zusammenschloss. Möglicherweise wurde es auch als unpassend empfunden, in Zeiten der Verdunkelungsübungen die Geschichte eines Mörders und massenhaften Frauenschänders, der jahrelang straflos im Schutz der Dunkelheit seine Gräueltaten verüben konnte, einem größeren Publikum zu präsentieren. Es sollte drei Monate dauern, bis man wieder von Eichhorn hörte.

DER POLNISCHE BOTSCHAFTER IN BERLIN, Józef Lipski, überbrachte der deutschen Regierung schließlich doch eine Antwort. Am Abend des 31. August, nachdem er Weisungen aus Warschau erhalten hatte, rief er Ribbentrop an und fragte, ob sie über Grundlagen einer Verhandlung über Danzig und den Korridor sprechen könnten. Auf die Frage, ob er eine umfassende Verhandlungsvollmacht habe, antwortete der Botschafter mit nein. Daraufhin beendete Ribbentrop das Gespräch.

Inzwischen waren die »16 Punkte« im Rundfunk verlesen worden mit der Botschaft, dass der Führer den Polen ein großzügiges Angebot unterbreitet habe, diese sich aber weigerten, darauf einzugehen. »Hörte … die Deutschen ließen ihr Angebot an Polen übers Radio verbreiten, was nach viel aussieht«, schrieb Cadogan an diesem Abend in sein Tagebuch. »Dem fügen sie die Lüge hinzu, die Polen hätten schon seit zwei Tagen davon gewusst und nicht geantwortet, was als Zurückweisung betrachtet werden könne! Bat Peake,* mit dieser Lüge aufzuräumen (11:30) …«

IM HINTERGRUND WAREN die Bemühungen des Naziregimes, einen plausiblen und konkreten Kriegsgrund zu konstruieren, schon sehr weit fortgeschritten. Die rivalisierenden Geheimdienste, der SD (unter Heydrich) und

* Charles – später Sir Charles – Peake, Direktor der Öffentlichkeitsabteilung des Außenministeriums

die Abwehr (der militärische Nachrichtendienst) unter Canaris, die sich spinnefeind waren, kümmerten sich inzwischen um die konkrete Umsetzung.

Pläne, bei denen irreguläre Kräfte in Zivil oder in feindlichen Uniformen zum Einsatz kamen, waren schon zur Zeit der Sudetenkrise entwickelt worden. Der Chef der Abwehr, Admiral Canaris, damals Chef der Abteilung II (Sabotage und Zersetzung), und seine Untergebenen, zu denen auch Major Groscurth gehörte, hatten bei der Kontaktaufnahme zu sudetendeutschen Aktivisten eine Schlüsselrolle gespielt. Während des Sommers 1938 hatten die Abwehr und ihre Helfer jene chaotischen Zustände im Sudetenland herbeigeführt, die Hitlers Annexionspläne zu rechtfertigen schienen. Außerdem waren irreguläre Kommandogruppen zusammengestellt worden, die im Kriegsfall hinter den tschechischen Linien operieren sollten.[61] Im August 1939 wurden ähnliche Einsätze für den »Fall Weiß« vorbereitet, den Überfall auf Polen.

DIE INVASION, die Hitlers ursprünglichem Befehl zufolge vor der Morgendämmerung des 26. August, einem Samstag, beginnen sollte, wurde in beinahe letzter Minute abgesagt (eine gute Viertelstunde vor zwanzig Uhr, also weniger als neun Stunden vor dem geplanten Überfall). Doch es erwies sich als unmöglich, per Funk ein Kommando zurückzurufen, das den Befehl hatte, noch vor Beginn der Invasion anzugreifen. Die etwa dreißig irregulären deutschen Kämpfer waren unter dem Kommando des Abwehroffiziers Leutnant Herzner in einer abgelegenen waldigen Gegend an der Grenze zwischen der Slowakei (nun ein verlässlicher Satellitenstaat Deutschlands) und Polen unterwegs. Ihr Ziel war der Jablunkapass (tschechisch Jablunkovský průsmyk), wo ein Eisenbahntunnel die Verbindung Richtung Norden durch die Karpaten und ins südliche Polen herstellte. Aus der Slowakei sollten deutsche Truppen über diesen Weg in Polen einfallen. Das Kommando hatte den Befehl, den Tunnel und die nahegelegene Eisenbahnstation Mosty zu erobern und die Polen – die den Tunnel bereits im Frühsommer für eine Zerstörung verdrahtet hatten – daran zu hindern, ihn im Kriegsfall in die Luft zu sprengen.

Die Männer überquerten irgendwann nach drei Uhr morgens in der Dunkelheit die dichtbewaldete Grenze zu Polen. Bald war aus der Gegend um den Jablunkatunnel Maschinengewehrfeuer zu hören. Die Deutschen eroberten wie geplant die Bahnstation und nahmen sogar ein paar Gefangene – ein verschlafenes Trüppchen polnischer Arbeiter, die auf den Frühzug zur Arbeit warteten. Sie waren dann in den Tunnel eingedrungen und es gelang ihnen möglicherweise sogar – hier gehen die Berichte auseinander – die

Sprengladungen zu entschärfen. Um 8.30 Uhr war der Funkkontakt jedenfalls wieder hergestellt, denn Herzner meldete seinem Vorgesetzten den erfolgreichen Abschluss der Aktion, bei der zwei Männer verwundet worden waren. Der Trupp zog sich nun wie verabredet zurück und konnte gegen Mittag unter polnischem Feuer in die sichere Slowakei entkommen.[62] Der Kommandeur der deutschen 14. Armee soll wenig später eine Abordnung deutscher Offiziere über die Grenze geschickt haben, die sich bei den Polen für den »von einem Unzurechnungsfähigen verursachten Zwischenfall« entschuldigten.[63]

Am darauffolgenden Montag brachte das Deutsche Nachrichtenbüro dazu eine gerissene kleine Anmerkung, die in der deutschen Presse weithin nachgedruckt wurde:

> Bei Reichwaldau [tschechisch Rychvald] konnte man betrunkene Horden dieser neuen polnischen »Polizei«, die nicht uniformiert ist, feststellen, die blindwütig in die Menge hineinschoss.
>
> Nach übereinstimmenden Beobachtungen ereignete sich in der Nacht zum Sonnabend eine außerordentlich starke Detonation im Jablunkauer Gebiet, so dass die Sprengung des Jablunkaupass-Tunnels vermutet wird. In Folge der völligen Grenzsperre konnte man jedoch eine Bestätigung dieser Nachricht nicht erhalten.[64]

Hier offenbart sich, wie infam irreführende Nachrichten für Propagandazwecke eingesetzt wurden. Für den Fall, dass Informationen über den tatsächlichen Hergang nach draußen dringen sollten, lieferte der Bericht eine Art improvisiertes Alibi für das Herzner-Kommando, indem man polnische Beamte verleumdete und nahelegte (ohne es tatsächlich zu bestätigen), dass betrunkene polnische Hilfspolizisten (von denen wohlweislich gesagt wurde, dass sie keine Uniform trugen) verantwortlich sein könnten. Jablunka gehörte zu dem Gebiet des tschechischen Schlesien, das Polen im Oktober 1938 besetzt hatte, weshalb dort tatsächlich polnische Hilfstruppen unterwegs gewesen sein könnten.

Während diese Berichte in der Presse erschienen, wurden hinter den Kulissen geradzu himmelschreiende Täuschungsmanöver vorbereitet. Als neuer Termin für den deutschen Angriff auf Polen wurde der Morgen des 1. September, 4.45 Uhr, festgesetzt. Dieses Mal durfte es keine Pannen geben. Wiederum war die Abwehr in das Manöver involviert, doch die zentrale Aufgabe übernahm nun der SD, denn Heydrichs Truppe kannte keine moralischen Skrupel. Mit der Unbarmherzigkeit und Cleverness dieser Männer konnten Canaris' Soldaten nicht annähernd mithalten. Die Abwehr war eine Geheimdienstorganisation und ihr Metier damit Betrug und Sabotage, aber kaltblütiger Mord eher nicht.

Die oberschlesische Grenzstadt Gleiwitz (polnisch Gliwice) war eines der Ziele für die Täuschungsoperationen des SD. Sturmbannführer Alfred Naujocks, mit 27 Jahren schon ein erfahrener SD-Agent, war Mitte August von Heydrich persönlich in die Stadt an der polnischen Grenze beordert worden. Dort war er im Hotel Haus Oberschlesien untergebracht, wo er auf seinen Einsatz wartete, der mit dem Code »Großmutter gestorben« ausgelöst werden sollte. Naujocks und weitere SD-Männer hatten den Aufrag, als polnische Widerstandskämpfer verkleidet einen fingierten Angriff auf den deutschen Radiosender Gleiwitz zu verüben. Einer der Männer, der aus der Gegend stammte, deutscher Herkunft war und Polnisch sprach, sollte im Sender eine Erklärung auf Polnisch verlesen, in der die Polen dazu aufgerufen wurden, sich gegen die deutsche Herrschaft zu erheben. »Ein tatsächlicher Beweis für polnische Übergriffe ist für die Auslandspresse und für die deutsche Propaganda nötig«, hatte Heydrich erklärt.[65] Heinrich Müller, der Chef der Gestapo (bekannt als »Gestapo-Müller«) steuerte zu der Operation Konzentrationslagerinsassen bei, die man »unter falscher Flagge« einsetzen könne.

Am 31. August wurde Naujocks' Gruppe ein Kaufmann für Landwirtschaftsmaschinen namens Franz Honiok überstellt, den man wegen propolnischer Aktivitäten verhaftet hatte. Noch am selben Tag um 16 Uhr meldete sich Heydrich mit dem Code »Großmutter gestorben« bei Naujocks und löste damit die Aktion aus.

Kurz nach acht Uhr abends näherte sich der Sturmbannführer mit seiner schwer bewaffneten Truppe der Radiostation, einem imposanten Baukomplex mit hohem Sendemast. Die Männer stürmten das Gebäude, schossen einige Male in die Decke und trieben die entsetzten Techniker und Angestellten im Keller zusammen. Doch dann mussten sie feststellen, dass in dem Sender gar kein Programm produziert wurde und es sich lediglich um eine Übertragungsstation handelte. Aber sie fanden schließlich ein Mikrophon, das für dringende Notfalldurchsagen reserviert war (das sogenannte Gewittermikrophon). Das wurde nun angeschlossen, wodurch das laufende Programm unterbrochen wurde und der SD-Mann den vorbereiteten Aufruf auf Polnisch verlesen konnte. Er begann: »Achtung! Achtung! Hier ist Gleiwitz. Der Sender befindet sich in polnischer Hand … die Stunde der Freiheit ist gekommen!«

Die Übertragung dauerte etwa drei bis vier Minuten und endete mit dem Ausruf: »Hoch lebe Polen!« Nachdem das vollbracht war, machten die Angreifer sich aus dem Staub. Ein Leichnam, den man seiner Kleidung nach für einen polnischen Widerstandskämpfer halten konnte, wurde vor dem Sender mit einer Schusswunde im Kopf gefunden. Es war Franz Honiok. Wahrscheinlich hatte man ihn mit einer Spritze betäubt, vor das Gebäude geschleppt und dann getötet. Es sollte so aussehen, als sei er Opfer einer Schießerei mit der deutschen Polizei geworden. Honiok war ausgewählt worden, weil er im Jahr 1921 während der Auseinandersetzungen um die Region auf polnischer Seite einmal zu einer Waffe gegriffen hatte. Als sein Leichnam gefunden wurde, konnte man also einen plausibel erscheinenden Bericht zusammenlügen.

Im deutschen Schlesien gab es in jener Nacht noch weitere Operationen unter falscher Flagge, alle auf ähnliche Weise auf Heydrichs Geheiß und unter seiner persönlichen Aufsicht ausgeführt. Kurz nach dem Angriff auf den Sender in Gleiwitz wurde in Pitschen (polnisch Byczyna) eine Försterei überfallen und von SD-Agenten beschossen, die ebenfalls polnische Uniformen trugen oder wie polnische Widerstandskämpfer gekleidet waren. In Hochlinden (polnisch Stodoły) wurde in den frühen Morgenstunden von einer anderen Gruppe ein Zollposten angegriffen. Es gab eine inszenierte Schießerei (die anwesenden »Zollbeamten« waren ebenfalls SD-Agenten), das Gebäude und seine Einrichtung wurden erheblich beschädigt, und dann verschwanden die Eindringlinge wieder, angeblich über die Grenze nach Polen. Zurück blieben sechs Leichname in polnischen Uniformen, alle, wie es schien, umgekommen in dem Feuergefecht mit den furchtlosen deutschen Verteidigern des Zollhäuschens. In Wahrheit waren die Opfer jene berüchtigten »Konserven«, ein Code, den Heydrich, »Gestapo-Müller« und andere Regisseure der Verschwörung für die politischen Gefangenen aus dem Konzentrationslager Sachsenhausen benutzten, die sie für ihre schmutzige Aktion ausgewählt und nach Schlesien transportiert hatten. Schon der mitleidlose Humor des Codes lässt tief blicken. Wie der beklagenswerte Honiok wurden die Gefangenen mit einer Spritze bewusstlos gemacht, zum Angriffsort gebracht und an Ort und Stelle ermordet.[66] Damit das Ganze echt wirkte, hatte man polnische Soldbücher, Straßenbahntickets, Kinokarten und anderes mehr in die Taschen ihrer Uniformen gesteckt.

Die Abwehr hatte von Heydrichs Absicht erfahren, Häftlinge aus Konzentrationslagern zu ermorden und als Leichen in polnischen Uniformen als

»Beweise« zu präsentieren. Canaris war damit ganz und gar nicht einverstanden. Major Groscurth schrieb am 24. August in sein Tagebuch, dass der Abwehrchef sich gegen das Vorhaben gewehrt und sich geweigert habe, polnische Uniformen bereitzustellen, solange nicht Hitler persönlich ihm das befahl. Auch andere führende NS-Funktionäre waren intensiv in die Aktion eingeweiht, allen voran Goebbels, denn das Sperrfeuer der Propaganda, das auf diese »Übergriffe« folgen und die Deutschen zur Befürwortung des Krieges ermuntern sollte, wollte sorgfältig inszeniert sein. Goebbels notierte am 31. August geheimnistuerisch in sein Tagebuch: »Die SS erhält für die Nacht Spezialbefehle.«

ÜBER DIE INSZENIERTE ATTACKE auf den Gleiwitzer Radiosender wurde um 22.30 Uhr in den Spätnachrichten des deutschen Rundfunks berichtet. Sechs Stunden später, als die letzte von Heydrichs verdeckten Operationen beendet war, richtete die *SMS Schleswig-Holstein*, die in der Danziger Bucht zu einem »Freundschaftsbesuch« vor Anker lag, ihre Geschütze in Richtung Ufer und zielte auf das Munitionslager auf der Westerplatte, einer zu Danzig gehörigen Halbinsel. Seit den frühen 1920er Jahren hatte der Völkerbund dort eine kleine polnische Garnison unterhalten. Die Danziger Deutschen hatten sie immer als Mahnung an ihren abhängigen Status empfunden. Seit die Deutschen die Herrschaft in der Stadt übernommen hatten, war die Garnison mehrmals Anlass für Spannungen gewesen.

Am 1. September 1939 um 4.38 Uhr, kurz vor Sonnenaufgang, eröffnete die *Schleswig-Holstein* das Feuer auf die Westerplatte. Wenige Minuten später überschritten deutsche Truppen die Landesgrenze Richtung Danzig. Am Himmel tauchten deutsche Flugzeuge auf. Über Hunderte von Kilometern von der Ostsee im Norden bis zur Tatra im Süden drangen etwa zwei Millionen Wehrmachtssoldaten nach Polen ein.

Es sollte nie eine Kriegserklärung geben. Nach der monatelangen Propaganda gegen Polen, den unablässigen Berichten über angebliche polnische Aggressionen und den inszenierten Übergriffen der vergangenen Nacht setzte Hitler allem die Krone auf, indem er vor der Welt behauptete, der Einmarsch sei ein Akt der Verteidigung, ihm und den Deutschen aufgezwungen von seinem geistesgestörten östlichen Nachbarn. Von deutscher Seite werde, wie er behauptete, »seit 5.45 Uhr« lediglich »zurückgeschossen«.

Diese Lüge mochte die widerstrebenden Deutschen davon überzeugen, dass unter diesen Umständen Krieg ihre einzige Option blieb. Doch entscheidend war, ob das deutsche Regime Polens Verbündete davon überzeugen konnte, dass ihr Schützling die Schuld an dieser Entwicklung trug. Würde das deutsche Vorgehen noch als bloße »Polizeiaktion« gegen Polen akzeptiert werden, oder lief es auf einen Weltkrieg hinaus? Die Deutschen hofften inständig auf Ersteres und irgendwie wohl auch ihr »Führer«.

Ob diese Hoffnung sich erfüllte, würde sich in den nächsten Stunden und Tagen entscheiden.

10

1. bis 3. September 1939

So rollt der Wahnsinn ab

Auf dem Kontinent und in Großbritannien herrschte in den ersten Kriegstagen fast überall schönes und ruhiges Wetter.

Sybil Falkenberg, geborene Bannister, eine dreißigjährige Engländerin, die einen deutschen Arzt geheiratet hatte und zu ihm nach Danzig gezogen war, verbrachte seit Tagen ihre Zeit am Radio. Ständig wechselte sie zwischen deutschen und englischen Nachrichtensendungen hin und her. Ihr Mann war sicher, dass sich alles zum Guten wenden würde, aber sie war davon weniger überzeugt. »Leute, Leute«, meinte sie am 28. August 1939 in einem Brief an ihre Familie in Uckfield, Sussex, »das ist eine Situation, in der man einfach nur die Ohren steifhalten muss.«[1] Das sollte für die nächsten sechs Jahre der letzte direkte Kontakt sein. In ihr Tagebuch, das sie während dieser Jahre führte, schrieb sie:

> Gegen fünf Uhr morgens am 1. September 1939 wurde ich plötzlich vom Donnern der Geschütze geweckt, die direkt über uns zu sein schienen. »Das ist das Ende«, dachte ich. Ich sprang aus dem Bett und zog mich an, so schnell ich konnte, aber ich zitterte so sehr, dass ich kaum die Kleidung festhalten oder auf meinen schlotternden Beinen stehen konnte.

Das Eindringen des Krieges in ihr friedliches Leben war besonders erschreckend, weil Sybil Falkenberg hochschwanger und ganz auf sich allein gestellt war (nur eine Woche später wurde ihr Sohn geboren). Ihr Mann Kurt war als Sanitätsoffizier zur Luftwaffe einberufen worden und befand sich schon bei der Truppe, als der Krieg ausbrach.

Am 1. September um fünf Uhr morgens, fünf Minuten, nachdem die ersten Geschosse die Westerplatte getroffen hatten, erklärte Gauleiter Forster die Wiedervereinigung von Danzig mit dem Deutschen Reich. Mrs Falkenbergs Dienstmädchen erschien an diesem Tag nicht zur Arbeit – später rief sie an, um sich zu entschuldigen: Die Straßen seien voller Soldaten und Militärfahrzeuge. Sybil blieb trotz des schönen Wetters im Haus, wo ihre Siamkatze ihr Gesellschaft leistete. Sie fürchtete, dass sie in Tränen ausbrechen könnte, wenn sie auf die Straße ging: Dass ihr Geburtsland und das Land, in dem sie nun lebte, womöglich zum zweiten Mal in diesem Jahrhundert gegeneinander Krieg führen könnten, machte sie fassungslos.

Die deutschen Truppen, die von der SS-Heimwehr »Danzig« unterstützt wurden, übernahmen innerhalb weniger Stunden das Kommando in der Stadt – aber nicht in der Garnison auf der Westerplatte, die von den Polen fast sieben Tage lang mit bewundernswerter Tapferkeit gehalten wurde, und dem polnischen Postamt, das nach dem Vertrag von 1920 einen extraterritorialen Status genoss.

In dem Postamt hatten die polnischen Angestellten, die fast alle Reservisten der Armee waren, Waffen gelagert. Sie leisteten dem heftigen Ansturm der paramilitärischen Danziger Polizei, die von SA- und SS-Kräften unterstützt wurde, 15 Stunden lang Widerstand, bis sie schließlich, wie Sybil Falkenberg es formulierte, »ausgeräuchert wurden wie Ungeziefer«. Einige der Verteidiger fanden während der Belagerung den Tod, andere wurden erschossen, als sie kapitulieren wollten, und die meisten Überlebenden wurden einige Wochen später als »illegale Kämpfer« exekutiert. Eine Hand voll konnte fliehen.

Noch bevor die Kanonen der *Schleswig-Holstein* das Feuer auf die Westerplatte eröffnet hatten, setzten Tieffliegerangriffe sowie die Bombardierung polnischer Truppenansammlungen und Städte durch die deutsche Luftwaffe ein. Gegen 4.35 Uhr, zehn Minuten vor dem offiziellen Kriegsbeginn, tauchten 29 Sturzkampfflugzeuge des von Hauptmann Walter Sigel kommandierten Stuka-Geschwaders 76 unter Sirenengeheul über der kleinen und strategisch völlig unwichtigen polnischen Stadt Wieluń auf. Tatsächlich mussten sie ihren Stützpunkt in Nieder-Ellguth (heute Ligota Dolna) in Schlesien schon kurz nach vier Uhr morgens verlassen haben. In einer ersten Angriffswelle auf den westlichen Teil der Stadt wurden 29 hochexplosive 500-Kilo-Bomben und 112 kleinere 50-Kilo-Bomben abgeworfen. Unter den schwer beschädigten oder zerstörten Gebäuden Wieluńs befand sich auch der Hauptkomplex des Allerheiligen-Krankenhauses, obwohl man ein großes rotes Kreuz auf das Dach gemalt hatte. Der Arzt Sygmunt Patryn, der in dieser Nacht Dienst tat, schlief noch, als der Angriff der Stukas begann. Wie die meisten anderen Bewohner der Stadt wurde er vom Lärm der Kampfflugzeuge (die auch »Jerichotrompeten« genannt wurden) aus dem Schlaf gerissen:

> Plötzlich gab es eine Explosion auf dem Krankenhausgelände. Fensterscheiben klirrten und fielen auf mein Bett. Ich sprang auf, ergriff meine Kleidung und rannte ins Freie. In diesem Moment stürzte das Haus hinter mir zusammen. Überall lagen Trümmer, und unter den Trümmern hörten wir Stöhnen. Dreimal bombardierten die Flugzeuge das Krankenhaus. Eine Bombe riss im Garten einen so gewaltigen Krater, dass ein halbes Haus hineingepasst hätte. Zwei Ordensschwestern, vier Krankenschwestern und 26 Patienten sind bei dem Angriff getötet worden.[2]

Gegen fünf Uhr kehrten die ersten von Sigels Flugzeugen auf ihren Stützpunkt zurück. »Ziel vernichtet, Brände beobachtet«, vermerkte der Hauptmann in seinem Einsatzbericht. Es gab an diesem Morgen noch zwei weitere Bombardierungswellen von ähnlichem Ausmaß, eine unmittelbar nach dieser ersten, die andere gegen neun Uhr. Sie stand unter der Leitung von Major Oskar Dinort, der sich in einer NS-Propagandapublikation mit dem Titel *Die Höllenvögel* später höchst zufrieden dazu äußerte. Er selbst habe die schwerste Bombe des ganzen Angriffs abgeworfen, »direkt auf den Marktplatz!«

Der achtjährige Józef Musta beobachtete mit seiner Schwester das Chaos vom Stadtrand aus. Er erinnerte sich:

> Es waren große graue Flugzeuge mit schwarzen Kreuzen … Viele Menschen rannten aus der Stadt. Nach dem Angriff sind wir ins Zentrum gegangen, um zu sehen, was dort passiert ist. Es war sehr zerstört … Überall lagen Leichen und abgerissene Körperteile: Arme, Beine. Ein Kopf.

Über die Opferzahlen der Bombardierung von Wieluń gehen die Angaben der Experten weit auseinander. Die konservativste Schätzung beläuft sich auf 127, basierend auf den mageren offiziellen Statistiken. (Die deutschen Truppen, die die Stadt besetzten, hatten wenig Interesse an solchen Bestandsaufnahmen.) Andere Autoritäten auf diesem Gebiet, unter ihnen der renommierte polnische Historiker Norman Davies und der Osteuropa-Experte Timothy Snyder, gehen davon aus, dass über 1200 Zivilisten – beinahe zehn Prozent der Bevölkerung – getötet wurden.[3] Man ist sich einig, dass die dicht besiedelte Stadt zu etwa siebzig Prozent zerstört wurde, einschließlich des Krankenhauses, der Synagoge und der katholischen Kirche – die eng bebauten Straßen des Stadtkerns sogar zu neunzig Prozent. Wieluń war kein wichtiger Verkehrsknotenpunkt, und an nennenswerten Industriebetrieben gab es dort nur eine Zuckerfabrik. Zwar war einige Jahre zuvor eine Kavallerieeinheit in der Stadt stationiert gewesen, aber 1939 gab es dort keinerlei Militärpräsenz. In seinem Einsatzbericht vermerkte Sigel: »Keine besondere Feindbeobachtung.«

Davies und Snyder sind der Ansicht, dass Wieluń ausgewählt wurde, gerade weil es so unbedeutend war. Man wollte erproben, wie die Bombardierung einer kleinen Stadt und ihrer Bevölkerung sich auswirken würde. »Die Deutschen hatten einen Ort ohne militärische Bedeutung als Schauplatz eines tödlichen Experiments ausgewählt«, schrieb Snyder. »Konnte eine moderne Luftwaffe die Zivilbevölkerung durch gezielte Bombardierungen terrorisieren?«[4]

Der Angriff auf Wieluń wurde von Generalmajor Wolfram von Richthofen angeordnet, der als »Fliegerführer für besondere Aufgaben« zur Zehnten Deutschen Armee gehörte. Als Kommandeur der »freiwilligen« Legion Condor, die auf Seiten des Franco-Regimes im Spanischen Bürgerkrieg gekämpft hatte, war von Richthofen auch für den berüchtigten Angriff auf die baskische Stadt Guernica im April 1937 verantwortlich gewesen. In sein Kriegstagebuch hatte er damals geschrieben:

> Stadt von 5000 Einwohnern, buchstäblich dem Erdboden gleichgemacht, Bombenlöcher auf Straßen noch zu sehen, einfach toll.[5]

IN DER ERSTEN PRESSEMELDUNG des Deutschen Nachrichtenbüros vom 1. September 1939 standen noch immer Ribbentrops »16 Punkte« im Mittelpunkt, und man prahlte mit dem »großzügigen Vorschlag an Polen«, auf den angeblich keine Antwort erfolgt war. Die zweite Schlagzeile betraf den fingierten Anschlag auf den Gleiwitzer Radiosender. Ein oder zwei Stunden später herrschte Krieg. Hitlers weit im Voraus vorbereitete Erklärung an die Wehrmacht war dann der Aufmacher der Vormittagsausgabe des Pressebüros:

> Der polnische Staat hat die von mir erstrebte friedliche Regelung nachbarlicher Beziehungen verweigert; er hat stattdessen an die Waffen appelliert.
>
> Die Deutschen in Polen werden mit blutigem Terror verfolgt, von Haus und Hof vertrieben. Eine Reihe von für eine Großmacht unerträg-

lichen Grenzverletzungen beweist, daß die Polen nicht mehr gewillt sind, die deutsche Reichsgrenze zu achten. Um diesem wahnwitzigen Treiben ein Ende zu bereiten, bleibt mir kein anderes Mittel, als von jetzt ab Gewalt gegen Gewalt zu setzen.

Die deutsche Wehrmacht wird den Kampf um die Ehre und die Lebensrechte des wiederauferstandenen deutschen Volkes mit harter Entschlossenheit führen.

Ich erwarte, daß jeder Soldat eingedenk der großen Tradition des ewigen deutschen Soldatentums seine Pflicht bis zum Letzten erfüllen wird.

Bleibt euch stets und in allen Lagen bewußt, daß ihr die Repräsentanten des nationalsozialistischen Großdeutschlands seid!

Es lebe unser Volk und unser Reich![6]

Nach der offiziellen Pressemitteilung traf Hitler am Vormittag um 10.07 Uhr im Reichstag ein. Dort erwartete ihn schon die NS-Funktionärsriege, zumeist in Uniform, und die komplette Riege der Minister und hohen Militärs, darunter Goebbels, Ribbentrop, Admiral Raeder, Frick und Hitlers Stellvertreter Rudolf Hess. Hitler wurde mit »einem Orkan von Heil-Rufen und Händeklatschen« empfangen, einem »Begeisterungssturm, der in solcher Stärke noch niemals erlebt wurde … ein neuer Beweis des tiefen Vertrauens des deutschen Volkes in die Entscheidung seines Führers, insbesondere in dieser ernsten und stolzen Stunde«.

Nach einer kurzen Eröffnungsansprache von Reichstagspräsident Göring setzte Hitler zu seiner großen Rede an. Sie enthielt wie gewöhnlich die Beteuerung seiner friedlichen Absichten, die am Felsen der polnischen Aggression und Arroganz zerschmettert seien, ferner die üblichen Anschuldigungen gegen Polen, die sich Gräueltaten, Ungerechtigkeiten und den Diebstahl deutschen Bodens hätten zuschulden kommen lassen. Dann kam Hitler auf den Versailler Vertrag und wiederholte das Märchen von der polnischen Zurückweisung des »großzügigen Vorschlags« der Deutschen in letzter Minute.[7]

Es war die zu erwartende publikumswirksame Selbstrechtfertigung – wie stets gekonnt vorgetragen. Doch einige von Hitlers Bemerkungen zielten nicht in erster Linie auf die öffentliche Meinung im Reich ab, sondern auf die in Großbritannien und Frankreich, wo die Regierungen noch unschlüssig schienen, ob sie tatsächlich zugunsten von Polen in den Konflikt eingreifen sollten.

Frauen und Kinder würden geschützt werden, sagte Hitler, man werde nur militärische Ziele bombardieren. Er sei gewillt, die Frage Danzigs wie des Korridors zu lösen und »drittens dafür zu sorgen, dass im Verhältnis Deutschlands zu Polen eine Wendung eintritt, die ein friedliches Zusammenleben sicherstellt!« Er sei entschlossen, »so lange zu kämpfen, bis entweder die derzeitige polnische Regierung dazu geneigt ist, diese Änderungen herzustellen, oder bis eine andere polnische Regierung dazu bereit ist«. Er gab keine förmliche Kriegserklärung ab, sondern sagte nach dem offiziellen Reichstagsprotokoll nur: »Polen hat nun heute Nacht zum ersten Mal auf unserem eigenen Territorium auch durch reguläre Soldaten geschossen. [Stürmische Buhrufe.] Seit 5.45 Uhr* wird jetzt zurückgeschossen! [Tosender Beifall.] Und von jetzt ab wird Bombe mit Bombe vergolten! [Erneuter brausender Beifall.]«

Hitlers öffentliche Äußerungen während dieses entscheidenden Wochenendes ließen einen begrenzten Krieg mit begrenzten Zielen noch immer möglich erscheinen, ebenso ein »gentlemanhaftes Verhalten« (obwohl wenige Stunden zuvor die polnische Stadt Wieluń von der deutschen Luftwaffe zerstört worden war). Sie ließen sogar die Möglichkeit offen, dass Polen, selbst wenn es Danzig und den Korridor verlor, in seinem Fortbestand nicht gefährdet würde (schließlich hatten die Briten nicht Polens Grenzen garantiert, sondern seine Unabhängigkeit). Und vielleicht könnte Polen infolge einer wundersamen Fügung sogar in Freundschaft und Frieden mit seinem Nachbarn Deutschland leben, der es gerade angegriffen hatte. Es war der kühne – und schamlose – Versuch Hitlers, die eigene wie die ausländische Opposition auszuschalten.

Major Groscurth, der sich zu diesem Zeitpunkt in Berlin aufhielt, verfolgte die Kommandooperationen, die der Wehrmacht einen Vorsprung sichern sollten, sehr genau und ebenso Hitlers Rede im Radio (»furchtbarer Eindruck überall«). Im Lauf des Vormittags erhielt er dann die enttäuschende Nachricht, dass die Einnahme der Straße und der Eisenbahnbrücke über die Weichsel bei Dirschau (polnisch Tczew), etwa dreißig Kilometer südlich von Danzig – neben der Sicherung des Jablunkatunnels die entscheidende Kommandooperation des ersten Tags – gescheitert war. Den Polen war es gelungen, die Brücke zu sprengen und die Straße zu blockieren, über die das Oberkommando der Wehrmacht eigentlich die Waffen für den Angriff auf das Innere Polens heranschaffen wollte. Groscurth richtete zwar aufmunternde

* eigentlich seit 4.45 Uhr

Worte an seine Soldaten (»sorge für gute Stimmung und einwandfreies Verhalten der Offiziere«), doch seine wahren Gefühle in Bezug auf den Krieg hatte er am Abend zuvor seinem Tagebuch anvertraut. Nachdem der Einmarschbefehl gegeben worden war, hatte er geschrieben: »So rollt der Wahnsinn ab.«[8]

NOCH BEVOR HITLER SEINE TRUPPEN in Bewegung setzte, begann in Großbritannien die Evakuierung der Stadtkinder. Die Zeitungen hatten am Morgen des 1. September als Aufmacher das Evakuierungsthema gewählt, manche auch die »16 Punkte«, die einige scheinbar bis zum letzten Augenblick ernst nahmen. Der tatsächliche Ausbruch des Krieges kam für die Morgenausgaben aus der Fleet Street zu spät, obwohl der »Vorfall« von Gleiwitz und ähnliche Verschwörungen noch ihren Platz in den Zeitungen gefunden hatten (»Polen wird Überfall auf Radiostation in Deutschland vorgeworfen«). In diesen wenigen verbleibenden Stunden gab es noch immer die verzweifelte Hoffnung, dass der Frieden gewahrt werden könnte.

Am 31. August fand Irene Naylor, jene Sozialarbeiterin, die angewiesen worden war, in ihrer Dienstzeit an der Ausarbeitung von Evakuierungsplänen mitzuwirken, nach dem Mittagessen auf ihrem Schreibtisch die Nachricht vor, dass die Evakuierung am folgenden Tag beginnen solle. Sie werde als Ordnerin an der Station East Acton eingesetzt und habe sich dort am nächsten Morgen um 7.15 Uhr einzufinden. Und als sie abends nach Hause kam, erfuhr sie von ihrer Vermieterin, mit der sie ein freundschaftliches Verhältnis pflegte, dass diese mit ihrem erwachsenen Sohn zu Freunden nach Somerset fahren würde, um einer eventuellen Bombardierung zu entkommen. Da Miss Naylor keinerlei Neigung verspürte, in einer solchen Situation allein zu bleiben, kümmerten die beiden sich um eine Unterkunft für sie und fanden auch bald eine bei Bekannten aus der Straße, zu denen Miss Naylor ein gutes Verhältnis hatte. Den Rest des Abend verbrachte sie damit, den zukünftigen Evakuierten beim Packen zu helfen. Gegen 23 Uhr brach sie dann mit ihren Sachen in ihr neues »Quartier« auf. Gegen Mitternacht hörte sie Stimmen, die unter ihrem Fenster nach ihr riefen. Es waren die Vermieterin und ihr Sohn, die zu der langen Fahrt nach Somerset aufbrechen und ihr auf Wiedersehen sagen wollten. Auch die Katze in ihrem Korb hielten sie hoch, damit sie sich von ihr verabschieden konnte.

Früh am nächsten Morgen stieß Miss Naylor an der Station East Acton zu ihrem Team aus drei weiteren Ordnern. Der reguläre Pendlerverkehr sollte um acht Uhr eingestellt werden, danach würde es nur noch Evakuierungstransporte geben. Nach und nach trafen die Kinder in Begleitung ihrer Lehrerinnen und Lehrer ein. Miss Naylor, die normalerweise in einer nahegelegenen Gesundheitsklinik arbeitete, sah an diesem Morgen den einen oder anderen ihrer ehemaligen Patienten wieder.

> Sie marschieren in sauberer Ordnung an, begleitet von Lehrerinnen und Helfern. Einige Mütter und Väter sind zum Winken gekommen, aber sie müssen sich am Eingang der Station verabschieden, weil auf dem Gleis selbst nicht genug Platz ist. Alle wirken fröhlich – man sieht fast keine Tränen –, aber ich habe einen Kloß im Hals, als ich sie alle so fröhlich fortfahren sehe. Der Fahrkartenkontrolleur macht eine Bemerkung über »die tolle Einstellung der Londoner Kinder«, und ich stimme ihm zu … Das allgemeine Gefühl ist, dass sie nächste Woche alle wieder zu Hause sind, und alle strahlen und sind gut gelaunt.[9]

In Armagh in Nordirland hört der junge Mr Harrison von einer seiner Schwestern die Neuigkeit, dass es Krieg gebe:

> Um 10.35 Uhr saß ich gerade hier in meinem Zimmer, als Peg mit der Nachricht hereinkam, dass Danzig eingenommen sei und Deutschland und Polen kämpften. Peggy war melodramatisch wie immer, und Gladys machte sich über sie lustig, so dass ich lachen musste. Flo und Helen waren empört, weil doch alle gesagt haben, dass es keinen Krieg geben würde. Draußen hielt Dad mit den drei Büroangestellten eine Besprechung ab. Sie alle machten lange Gesichter. Peggy ging nach unten, um sich das anzuhören – so ist sie. Ich bin noch immer kein bisschen nervös oder in Alarmstimmung. Das Ganze ist viel schlimmer als letzten September, aber ich habe noch immer nicht das entsetzlich taube Gefühl, das ich damals hatte. Ich gehe jetzt runter und lasse mir die Haare schneiden.[10]

Was die Nachricht, es gebe Krieg, tatsächlich bedeutete, drang erst in sein Bewusstsein ein, als er beim Frisör saß, wo sonst reichlich geschwatzt wurde und man jetzt »abgesehen von *Danke* kaum ein Wort« hörte.

Douglas Mannion, ein Medizinstudent aus London, schrieb in sein Tagebuch: »Wachte um 9.30 Uhr auf, zog mich in Ruhe an, aß einen Happen zum Frühstück und ging nach unten, um die Zeitungen zu kaufen (den *Telegraph* und den *Evening Standard*). Las vom Einmarsch in Polen, Deutschland wirft Bomben etc. Hörte die 11-Uhr-Nachrichten im Radio. Begriff, dass nun schließlich doch Krieg war.«

Im Guy's, dem Krankenhaus, an dem Mannion ausgebildet wurde, riet man den Studenten, London zu verlassen und auf weitere Anweisungen zu warten. Der junge Mann entschloss sich daraufhin, nach Surrey zu fahren, wo seine wohlhabende Familie lebte. Sein Vater war auf einer Geschäftsreise in Amerika, und da er zur Zeit der einzige erwachsene Mann in der Familie war, fühlte er sich verpflichtet, als »Familienoberhaupt« einzuspringen.

Mannion holte seine Sachen, wobei er unterwegs bemerkte, dass der Sperrballon in der Nähe des Lambeth Palace aufgeblasen war, und verabschiedete sich dann von seinen Kommilitonen: »Das lässige *Mach's gut und viel Glück*, mit dem wir uns immer verabschiedeten – Floskeln, die wir bei unzähligen, meist unwichtigen Gelegenheiten benutzt hatten – bekam nun eine völlig neue Bedeutung.«[11]

Elizabeth Crowfoot, die junge Schauspielerin, die ein knappes Jahr zuvor während der Münchner Krise die Gespräche mit ihren Theaterkollegen protokolliert hatte, befand sich inzwischen ebenfalls im Haus ihrer Familie in der Nähe von Beccles in Suffolk. Dort war sie intensiv in Luftschutzmaßnahmen eingebunden und an Vorbereitungen zum Empfang einer Gruppe von evakuierten Kindern und ihrer Lehrer. Der ganze Ort war »in Aufruhr«, wie sie es formulierte. Mrs D., die Ehefrau einer Mannes, der zu den Lokalgrößen gehörte, schien das Kommando zu haben. Miss Crowfoot, die nach dem Frühstück im Haus dieser Dame ein paar Vorhänge abholte, die so umgearbeitet werden sollten, dass sie für die Fenster des Gemeindesaals passten, beschrieb, wie es dort zuging:

> Mrs D. am Telefon, abwechselnd mit London (Chef der Evakuierungsstelle des Landkreises) und allen anderen in der näheren Umgebung, Mr D. mit Brettern unter dem Arm für Kinderkojen in einem der Zimmer, B. (Tochter, 24, Hotelbeauftragte) rief zum Frühstück, und R. (Tochter, 23) fuhr nach Beccles, um für einen Tanzabend, den sie gegeben hatten, die Rechnungen zu begleichen. Mrs D. gab mir die Vorhänge ... nach ständigen Unterbrechungen lief ich mit den Vorhängen und P. (Sohn, ca. 16) zum Gemeindesaal, weil Mrs D. die Maße für die Fenster verlegt hatte und B. (Schreiner) darum gebeten hatte, die Stangen anzufertigen.[12]

Zurück im Haus ihrer eigenen Familie, legte Miss Crowfoot Decken für die Evakuierten bereit und half, einige Dinge in die Dachbodenzimmer zu schleppen, in denen die Lehrkräfte der Kinder untergebracht werden sollten.

> H.L. (Gärtner, verheiratet, ca. 57) kam, nachdem Daddy mit dem Auto nach Beccles aufgebrochen war, um die Eimer und andere Dinge zu holen, und sagte, dass der Baumeister im Ort sei und ob ich wolle, dass er sich den Putz in der Außentoilette ansieht. Ich sagte ihm, er solle ihn schnell holen, und als er zurückkam, sagte H.L. zu mir: »Mr H. sagt, dass es heißt, sie hätten den Krieg angefangen.« Ich sagte: »Blödsinn« und fragte ihn dann, wer den Krieg denn angefangen habe. H.L. sagte, die Armee, und ich fragte, was er nun damit meine? Er sagte: »Sie kämpfen mit den Polen.« Daddy kam gerade von seiner Autofahrt zurück, und ich antwortete: »Dann sollten wir lieber schnell die Vorhänge anbringen.«

GEGEN 12.15 UHR – SELBST DIE BBC kann es nicht exakter sagen – wurden die britischen Fernsehschirme schwarz. Das letzte übertragene Programm war ein Micky-Maus-Zeichentrickfilm, *Mickey's Gala Premiere*, der – anders als gemeinhin behauptet wird* – vollständig gezeigt wurde, bevor für kurze Zeit ein »Testbild« erschien und der Dienst schließlich eingestellt wurde.

Im Fernsehprogramm dieses Tages war unter anderem schon eine Außenübertragung von der jährlichen Funkausstellung in Earls Court gelaufen, die unter dem Namen »Radiolympia« bekannt war. Durch die Schließung des Senders entgingen dem Publikum der Auftritt von Mantovani und seinem Orchester, dann das »Cabaret Interlude«, zwei Nachrichtensendungen (um 15.20 Uhr und um 22 Uhr), eine Zoosendung, am Abend eine Varieteeshow, eine weitere Übertragung von der Radiolympia (mit den »Gordon Radiolympia Girls«), eine Sendung mit leichter klassischer Musik und dem BBC-Fernsehorchester und, zum Abschluss, ein kurzer Dokumentarfilm über die schottischen Highlands.

* Dem populären Mythos zufolge war die Zeichentricksendung abrupt unterbrochen worden. Nach dem Krieg (1946), als das Fernsehen wieder aufgenommen wurde, habe man sie an genau der Stelle weitergeführt, an der sie damals aufgehört hatte. Das ist nicht richtig. Tatsächlich war es so, dass bei der Wiederaufnahme des Fernsehens die bekannte Vorkriegsmoderatorin Jasmine Bligh auftrat und die Worte »Erinnern Sie sich an mich?« in die Kamera sprach. Danach wurde der Zeichentrickfilm noch einmal von Anfang bis Ende abgespielt.

Dass die BBC abrupt abgeschaltet wurde, hatte viele überrascht, obwohl das für den Kriegsfall schon einige Zeit zuvor beschlossen worden war. Ein Unterhaltungsprogramm für etwa 20 000 wohlhabende Leute in London und den an die Hauptstadt angrenzenden Grafschaften konnte unter Kriegsbedingungen kaum gerechtfertigt werden – eines der Empfangsgeräte, die nach der Radiolympia 1938 zur Verfügung standen, war im obersten Preissegment zum Beispiel das »Ekco-Scophony ES 104 Projection« mit einem Bild der Größe 61 mal 51 Zentimeter, das durch einen mechanischen Scanprozess erzeugt wurde. Es kostete 220 Guineen, was in etwa dem Jahresgehalt eines durchschnittlichen britischen Arbeiters entsprach.[13] So oder so befürchtete man, dass der Sendemast am Alexandra Palace dazu missbraucht werden könnte, deutschen Kampffliegern den Weg nach London zu weisen. Viele der Fernsehtechniker wurden umgehend für die Luftraumüberwachung eingesetzt. Später wurde aus Regierungskreisen bekannt, dass man das öffentliche Fernsehen unter anderem nur deshalb finanziert hatte, um die Röhrenbildschirmtechnik voranzutreiben, die im Krieg für die Ortungsinstrumente der Flugabwehr von entscheidender Bedeutung war.[14]

Das deutsche Fernsehen war auf Befehl des Oberkommandos der Wehrmacht schon am 24. August vom Netz gegangen, und die öffentlichen »Fernsehstuben« waren geschlossen worden. Die entsprechende Frequenz überließ man dem Militär zur Nutzung. Das Regime hatte das Fernsehen nicht zuletzt deshalb finanziert, weil sich mit ihm die Überlegenheit deutschen Know-hows demonstrieren ließ, und weniger, weil es ein zuverlässiges Massenkommunikationsmittel war. Letztlich hatte in der militarisierten deutschen Gesellschaft die Flugabwehr und die militärische Kommunikation bei der Förderung der Fernsehtechnologie durch die Regierung stets eine größere Rolle gespielt als in Großbritannien.[15]

Am 1. September gab die BBC bekannt, dass sie die Zahl der Frequenzen für öffentliche Radioübertragungen einschränken werde, so dass dem Militär mehr Frequenzen zur Verfügung standen. Die reduzierte Rundfunkgesellschaft nannte man »Home Service«.

In Deutschland war zum 1. September die »Verordnung über außerordentliche Rundfunkmaßnahmen« erlassen und damit das Hören ausländischer Sender verboten worden. Wenn die Regierung es für angebracht hielt, konnte sie Verstöße dagegen mit hohen Gefängnisstrafen ahnden.

Selbst die eifrigsten Unterstützer des Regimes wussten, dass ausländische Radiosender (wie Radio Beromünster aus der deutschsprachigen Schweiz –

Erich Ebermayers bevorzugte Nachrichtenquelle – oder die BBC in London, die ebenfalls in Deutschland empfangen werden konnte) vor allem deshalb so beliebt waren, weil die heimischen Medien so gut wie keine detaillierten Informationen verbreiteten. Die von der Regierung kontrollierten Sender brachten lediglich offizielle Verlautbarungen über Verhandlungen und berichteten nur sehr allgemein über die deutschen Kriegsvorbereitungen. Wer sich mit unterschiedlichen Meinungen und Erwartungen auseinandersetzen und ein realistisches Bild gewinnen wollte, was in der Welt tatsächlich vor sich ging, musste »aufs Ausland umschalten«. So war in einem Polizeibericht aus dem ländlichen Bayern kurz vor Ausbruch des Krieges zu lesen:

> Es zeigte sich übrigens in den letzten Tagen, dass die propagandistischen Bemühungen des Reiches und der Partei bisher zur gründlichen Aufklärung des Bauerntums nicht ausreichen bzw. nicht immer als populär empfunden wurden. Die Landbevölkerung hört vielfach lieber Auslandssender als die Nachrichten vom Drahtlosen Dienst. Dies geschieht aber durchaus nicht aus staatsfeindlicher Gesinnung, sondern meist in dem Bestreben, mehr zu erfahren, als die amtlichen Quellen verlauten lassen.[16]

Nachdem das neue Gesetz in Kraft getreten war, konnte man dem Bericht der Gauleitung in Bielefeld eine große Erleichterung entnehmen, was offenbart, wie groß die Sorge offizieller Stellen war, dass die Öffentlichkeit zu viele Informationen aus verbotenen Quellen empfing:

> Die gestrige Anordnung gegen das Abhören ausländischer Sendungen muss als sehr wichtig bezeichnet werden, denn deutlich wirkte bereits die feindliche Propaganda zersetzend auf kritiklose Gemüter. Insbesondere arbeitete London in deutscher Sprache sehr geschickt.[17]

IN LONDON WURDEN die beiden Parlamentskammern am 1. September für 18 Uhr zu einer außerordentlichen Sitzung einberufen. Da es ein Freitag war, hatten viele Parlamentarier die Hauptstadt für das Wochenende aber bereits verlassen. Das Wetter blieb gut, obwohl es eigentlich etwas unbeständiger werden sollte. Um sich etwas von den Sorgen über die internationale Lage abzulenken, spielte Duff Cooper, der während der Münchner Verhandlungen im Jahr zuvor aus der Regierung ausgetreten war, in der Nähe seines

Hauses in Bognor in Sussex am Morgen eine Runde Golf – sehr schlecht, wie er selbst zugab. Beim anschließenden Drink im Clubhaus plauderte man über Pferderennen. Plötzlich sagte einer der Männer zu Cooper: »Hitler hat heute Morgen in Polen angefangen«, und wandte sich dann wieder dem Gespräch über Pferderennen zu. »Auf diese Weise«, sagte Cooper später, »erfuhr ich vom Beginn des Zweiten Weltkriegs.«[18]

Noch immer war nicht jeder damit einverstanden, dass Großbritannien auf Polens Seite in den Krieg eintrat. A. F. Coles, ein junger Londoner, berichtete:

> Bis heute lautete die allgemeine Überzeugung, dass man einen Ausweg finden werde. Nur sehr wenige glaubten, dass Hitler einen Krieg anfangen würde, eher würde er im letzten Moment einlenken. Als die Nachricht durchsickerte, dass Warschau bombardiert worden war (erst als Gerücht und dann bestätigt), betrachteten es die Leute, mit denen ich in Kontakt stand ... als aufgebauschtes Gerücht und konnten »einfach nicht glauben, dass es Krieg geben wird«.

Und tatsächlich: Als das Parlament zusammentrat, attackierte Chamberlain Deutschland zwar hart und erinnerte Hitler an die unabwendbaren Konsequenzen, erklärte ihm aber nicht wie erwartet den Krieg. Die Reaktionen auf die kühn klingenden, doch letztlich nicht eindeutigen Worte des Premierministers waren gemischt. Es wurde deutlich, dass viele Parlamentarier alles andere als glücklich waren. Viele dürften den mit Polen geschlossenen Vertrag zur gegenseitigen Unterstützung gründlich gelesen haben, in dem in Artikel 1 Großbritanniens neuem Verbündeten zugesichert wurde:

> Sollte einer der Vertragspartner in Folge von Aggressionen einer europäischen Macht gegen einen der Vertragspartner in Feindseligkeiten mit Letzterer verwickelt werden, wird der andere Vertragspartner dem Vertragspartner, der in die Feindseligkeiten verwickelt wurde, *sofort* [Hervorhebung des Verf., F. T.] alle in seiner Macht stehende Unterstützung und Hilfe gewähren.

Selbst Churchill, der Erzfeind der Appeasement-Politik, äußerte kein Wort der Kritik und verharrte in ungewohnter Schweigsamkeit düster auf seinem Platz. Am Nachmittag nahm er Chamberlains Einladung, dem Kabinett

In Brighton an der englischen Südküste herrschte auch im August 1939 Hochbetrieb. Das Wetter war angenehm, doch die Nachrichten waren schlecht. Gegen Ende des Monats schwirrten zwischen Berlin und London, zwischen Paris und Rom die Noten hin und her, und mit jeder Note wurde deutlicher, dass erneut ein Krieg bevorstand.

beizutreten, an. Als Minister war es ihm nicht mehr gestattet, die Regierung in der Öffentlichkeit zu kritisieren.[19]

Als Sir Alexander Cadogan zufolge Berlin eine offizielle Reaktion auf die Invasion übermittelt wurde, war es, wie das Außenministerium geraten hatte, »eine Warnung (kein Ultimatum) an die deutsche Regierung, in der sie dazu aufgerufen wurde, ihre Truppen zurückzuziehen (ohne Zeitangabe)«. Die inoffizielle Reaktion war etwas harscher. Görings Hintertürbote, Dahlerus, hatte angeboten, noch einmal nach London zu kommen, und angedeutet, dass Hitler die neue Situation gern mit den Briten diskutieren würde. Nach Beratungen mit dem Premierminister antwortete Cadogan:

> Jegliches Szenario von einer [britischen] Vermittlerrolle zu einem Zeitpunkt, in dem deutsche Truppen in Polen einmarschieren, steht außer Frage. Der einzige Weg, auf dem ein Weltkrieg gestoppt werden kann, ist (1) dass die Feindseligkeiten beendet werden und (2) dass deutsche Truppen umgehend vom polnischen Territorium zurückgezogen werden.[20]

Am Berliner Wannsee herrschte das schönste Badewetter, doch die Zeitungslektüre verhieß nichts Gutes. Hitler arbeitet mit Unterstützung seines eifrigen Propagandaministers noch immer an seinem Alibi, dabei stand der Termin für den Angriff auf Polen längst fest. Und diesmal sollten die Deutschen ihm in den Krieg folgen.

Der Chronist von Mass-Observation, A.F. Coles, machte seinen Gefühlen über den Beginn dieses Tages in unglücklichen Sätzen Luft: »Krieg sehr nah, aber viel Hoffnung auf Frieden. Entschlossen, Hitler standzuhalten.«

Bei Elizabeth Crowfoots Familie im ländlichen Suffolk erschien »Miss S.«, eine Freundin der Familie, zu einem Wochenendbesuch, der schon vor der Krise verabredet worden war. Der Gast der Familie hatte noch »nie Radio gehört« und bestand darauf, dass es keinen Krieg geben würde:

> Mummy … kam mit Miss S., die immer noch sagte, dass alles in Ordnung sei und es keinen Krieg geben werde. Sie war ziemlich erstaunt zu hören, dass Deutschland und Polen kämpften …[21]

Selbst zu diesem Zeitpunkt konnte man vor allem in den Kreisen der britischen Elite noch auf Leute treffen, die nicht glaubten, dass es Krieg geben würde. Duff Cooper und seine Frau, Lady Diana, hatten mit Winston Churchill und einer kleinen Gruppe von Freunden ihr Dinner im Savoy Grill in

London eingenommen. Als sie aufbrachen, trafen sie den Duke of Westminster, den reichsten Grundeigentümer Englands, der ein unbeugsamer Konservativer und Antisemit war und ebenfalls im Savoy Grill diniert hatte. Er bot ihnen an, sie in seinem Rolls-Royce mitzunehmen. Kaum waren sie eingestiegen, brach der Duke in eine aggressive Schimpftirade gegen die Juden aus – von denen, wie er sagte, das Savoy verseucht sei. Cooper gelang es, seine Zunge zu zügeln, bis der Duke seine Befriedigung darüber ausdrückte, dass Großbritannien bisher nicht in einen Krieg mit Deutschland eingetreten sei. Schließlich müsse Hitler wissen, so sagte er, dass »wir seine besten Freunde sind«. »Ich hoffe doch«, erwiderte Cooper, der nicht länger an sich halten konnte, »dass er schon morgen weiß, dass wir seine unversöhnlichsten und erbarmungslosesten Feinde sind.« Das letzte Stück bis zum Haus der Coopers in der Gower Street in Bloomsbury legte man in eisigem Schweigen zurück.

Für den Mann auf der Straße wie für den Mann im Rolls-Royce sollte dieses Wochenende noch viele Auseinandersetzungen und widersprüchliche Gefühle bereithalten.

»NUN SIND DIE WÜRFEL GEFALLEN«, schrieb Wilm Hosenfeld am 1. September 1939 an seinen 18-jährigen Sohn Helmut, der sich mit dem Reichsarbeitsdienst bei einem Ernteeinsatz auf dem Land befand. Der Lehrer in mittleren Jahren, SA-Mann und Reserveoffizier, hielt sich gerade in der Kaserne seiner Einheit im hessischen Fulda auf.

Hosenfeld, der während der Sudetenkrise im Jahr zuvor quälende Zweifel an den Aktionen seines Führers gehabt hatte, betrachtete den Konflikt mit Polen als gerechten Krieg. Tatsächlich hatte er noch zwei Tage zuvor Hoffnungen auf den Frieden erkennen lassen und über sich und seine Kameraden geschrieben: »Wir sind der Auffassung, dass es nicht zum Krieg kommt.« Doch die beharrliche Propaganda von der »Einkreisung« hatte schließlich Wirkung gezeigt, ebenso die Behauptung, dass die Deutschen in Danzig in Bedrängnis seien, die das Regime in der letzten Phase der Krise immer wieder vorgebracht hatte und die schließlich das Alibi für den Angriff auf Polen lieferte.

> Im Osten beginnt der Sturm. Die Forderungen des Führers waren annehmbar, bescheiden und hätten dazu gedient, den Frieden zu erhalten. Es ist mir ganz klar, dass England den Krieg nicht verhindern will, genau wie 1914, als der d[eutsche] Kaiser in letzter Stunde sich um den Frieden

> bemühte. D[eutschland] ist zu rasch stark geworden, es hat seine Fesseln zu rasch abgeschüttelt und beginnt, eine entscheidende Weltmacht zu werden, das kann E[ngland] nicht zulassen. Seit 1902 geht es den rücksichtslosen Weg der Einkreisung. Ob eine andere Regierung als die nationalsozialistische in Deutschland wäre, sie wäre genauso wie Hitler, wenn sie seine Ziele im Auge gehabt hätte, mit E[ngland] zusammengestoßen. – Es ist seither viel geredet und gejammert worden, viel geschimpft und kritisiert – damit muss jetzt Schluss sein. Alle weltanschaulichen innenpolitischen Gegensätze haben zurückzutreten, jeder hat ein Deutscher zu sein, der für sein Volk zu stehen hat.[22]

Einem Krieg um Danzig und den Korridor wurde zwar keine Begeisterung entgegengebracht, aber er war auch nicht unpopulär. Viele Deutsche mochten und respektierten die Polen nicht, und darüber hinaus nahmen sie ihnen ihr Verhalten seit der Wiedergewinnung der Unabhängigkeit übel. Der kleine Krieg, der gerade begonnen hatte, war, wie Hosenfeld und viele andere bereitwillig glaubten, gerechtfertigt. In den Deutschland-Berichten der Sopade im Pariser Exil wurde diese Tatsache immer wieder voller Beklemmung hervorgehoben – schon bevor der Krieg tatsächlich begann. Bereits im Juli hatte ein Beobachter, der über die Stimmung der normalen Deutschen in Schlesien berichtete, eingestanden:

> Noch bis vor wenigen Wochen war in breiten Massen von einer Polenfeindschaft nicht die Rede. Heute muss leider festgestellt werden, dass die Propaganda gegen Polen doch zu wirken begonnen hat, so dass selbst unter der Arbeiterschaft die Meinung auftaucht, wenn Hitler gegen die Polen losschlägt, werde er eine Mehrheit der Bevölkerung hinter sich haben.[23]

Das Trommelfeuer der Propaganda mit der unaufhörlichen Aufzählung polnischer »Gräueltaten« tat offenbar die gewünschte Wirkung. Nachdem die Kampfhandlungen begonnen hatten, klangen die Deutschland-Berichte der Sopade eindeutig und noch düsterer: »Das Vorgehen gegen Polen – im Gegensatz zu einem Kriege gegen England und Frankreich – [ist] in weiten Kreisen des deutschen Volkes gutgeheißen worden.«[24]

Zustimmung kam auch von Seiten, von denen man es nicht erwartet hätte, zum Beispiel von Willy Cohn, einem fünfzigjährigen jüdischen Historiker,

Lehrer und Schriftsteller, der in seinen Tagebüchern das Leiden der Breslauer jüdischen Gemeinschaft unter den Nazis dokumentierte. Dr. Cohn schrieb nicht lange nach Kriegsbeginn und bezeichnenderweise nachdem die deutschen Juden als mögliche Saboteure mit einer Ausgangssperre belegt worden waren: »... und doch würde ich mich zur Verfügung stellen, wenn Deutschland mich brauchte. Ich halte seine Sache trotz allem für gerecht.«[25]

Der Dresdener Linguist Victor Klemperer registriert ähnliche Gefühle:

> Ein alter Herr, sehr freundlich, bringt den Verdunkelungsbefehl:
> »Schrecklich, dass nun wieder Krieg ist – aber man ist doch so patriotisch, als ich gestern eine Batterie herausgehen sah, ich wäre am liebsten mit!«[26]

Dennoch war, wie auch die Deutschland-Berichte bemerkten, »keinerlei Begeisterung für den Krieg« zu verspüren. »Die Stimmung der Bevölkerung ist überhaupt wenig gut; niemand will den Krieg«, bestätigte Willy Cohn nach einem Gang durch seine Heimatstadt Breslau am Vorabend des Konflikts.[27]

Vertrauliche Berichte der NSDAP waren im Ton zuweilen sogar noch nüchterner. Im Bericht eines bayerischen Gendarmerie-Kreisführers wurde eingeräumt:

> Obwohl Anzeichen einer Kriegsfurcht nirgends festzustellen sind, im Gegenteil, der Glaube an die starke Wehrmacht unbegrenzt ist, kann doch auch von einer Kriegsbegeisterung keine Rede sein. Die Erinnerung an den Weltkrieg und seine Folgen ist noch viel zu frisch, um einer Hurrastimmung Raum zu gewähren. Gerade die bäuerliche Bevölkerung empfindet den Leute- und Pferdemangel, den Entzug der Treibstoffe besonders einschneidend und klagt lebhaft über diese Maßnahmen.[28]

»Schwere Sorgen der meisten Familienmitglieder vor neuen Blutopfern«, schrieb ein Gaubeauftragter aus Bielefeld und fuhr dann ähnlich wie sein bayerischer Kollege fort:

> Der Weltkrieg kommt wieder ganz frisch in Erinnerung, sein Elend, seine vierjährige Dauer, seine zwei Millionen deutscher Gefallener.
> Keinerlei Kriegsbegeisterung.
> Angst vor Fliegerangriffen.

In Funktionärskreisen wuchs außerdem die Angst, dass die Privilegien von Parteimitgliedern Ressentiments schüren könnten, besonders nun, da die Söhne, Brüder und Väter aus ganz gewöhnlichen Familien den Gefahren der Front ausgesetzt wurden. Man riet den örtlichen Parteigrößen daher, sich vorerst möglichst nicht als Mitglieder der Parteielite zu erkennen zu geben:

> Die Gauleitung habe mündlich gewünscht, die nichteingezogenen Parteigenossen sollten in der Öffentlichkeit ohne Parteiabzeichen gehen, damit nicht der Eindruck erweckt würde, Parteigenossen würden geschont …[29]

Als es Abend wurde am ersten Tag des Krieges, schlugen die deutschen Soldaten in Polen ihre Zelte für die Nacht auf. »Der Himmel ist von roten Lichtbahnen erleuchtet«, notierte ein Fernmeldeoffizier, dessen Einheit sich bei Einbruch der Nacht einer Stadt unweit der Grenze näherte. »Schwarzer Rauch steigt auf. An einigen Schauplätzen wütete verheerendes Kriegsfeuer, das wir später noch sehr viel häufiger sehen werden.«[30] Die Stadt hieß Wieluń, und sie brannte schon seit dem Morgengrauen.

DIE BRITISCHEN ZIVILISTEN verbrachten erstmals eine Nacht bei vollständiger Verdunkelung. Für einige, die an diesem Samstagmorgen, dem 2. September, in ängstlicher Erwartung erwachten, bedeutete der drohende Krieg viel mehr als nur die Sorge um das eigene Wohlbefinden und das ihrer unmittelbaren Umgebung. Tausende von deutschen Flüchtlingen, auch viele Kinder, waren im Laufe der letzten Monate und Jahre nach Großbritannien gekommen. Falls der Krieg in Polen dazu führen sollte, dass Großbritannien und Frankreich Deutschland den Krieg erklärten, so konnte das Hitlers Ende bedeuten, doch es mussten auch viele Hoffnungen und Träume für immer begraben werden.

Fritz Lustigs Tante Ada aus Berlin war Anfang August sicher in London eingetroffen, doch seine Eltern hatten Deutschland noch immer nicht verlassen können. Und die Situation in Danzig und dem Korridor verschlimmerte sich von Tag zu Tag. Sie warteten dringend auf ihre Visa, um zu Fritz' älterer Schwester und ihrem portugiesischen Ehemann nach Lissabon ausreisen zu können. Die letzte Postkarte, die Fritz ihnen geschrieben hatte, kam zu seinem Kummer ein paar Tage später zurück.

An diesem Samstag sah er auf der Straße nach Cambridge eine schier endlose Schlange von Londoner Bussen, und man sagte ihm, dass sie voller evakuierter Menschen seien. Er half bei der Anfertigung von Verdunkelungsvorhängen, und man riet ihm nun dringend, aus dem Haus der deutschen Flüchtlinge, bei denen er lebte, zu dem tüchtigen Englischprofessor Sutton umzuziehen, der auch bei seiner Visumsbeschaffung eine Rolle gespielt hatte, weil man annahm, dass Fritz, der offiziell noch immer deutscher Staatsbürger war, in einer britischen Familie besser vor einer Internierung geschützt war.[31]

Fritz' Eltern fanden schließlich doch noch Zuflucht im neutralen Portugal. Viele, viele andere hatten nicht so viel Glück. Käthe Strenitz' Eltern und ihr kleiner Bruder schafften es nicht, Prag rechtzeitig zu verlassen. Sie kamen im Holocaust um. Peter Jordan, der Anfang des Jahres 1939 als Zwölfjähriger mit einem Kindertransport aus München gekommen war, hatte fest damit gerechnet, dass sein Vater, ein Kunsthändler, und seine Mutter, beide durch und durch säkulare Juden und leidenschaftliche Skiläufer, die jedes Wochenende mit ihm hinauf in die Berge gefahren waren, im Sommer ebenfalls nach England kommen würden. Aber irgendwie mussten, wie er sich erinnerte, anscheinend immer neue Absprachen getroffen, immer noch mehr Dinge geregelt werden – und dann war es plötzlich zu spät. Er sah seine Eltern nie wieder.[32]

In Berlin waren Ruth Andreas-Friedrich und ihr Kreis auch diesmal über ihre Kontakte zur NS-Elite vor der aufziehenden Katastrophe gewarnt worden. Am Abend vor dem Überfall auf Polen hatte sich Susy Simonis' gut vernetzter Cousin Erich Kordt telefonisch bei ihnen gemeldet. Doch alle nur denkbaren Warnungen nutzten Ruths und Leos jüdischen Freunden letztlich wenig. Frau Rosenthal etwa hatte gerade die Nachricht erhalten, dass ihr Visum für Großbritannien auf dem Weg sei. Sie hoffte auf ihre Ausreise in den nächsten Tagen. Diese Hoffnung war nun gestorben. Die Falle war zugeschnappt.

Auch Heinrich Mühsam, Andreas-Friedrichs verschrobener jüdischer Schriftstellerfreund und Beinaheliebhaber, saß in der Falle. »Mitgefangen – mitgehangen«, bemerkte er nur mit dem für ihn typischen makabren Humor.[33]

Wegen der Verdunkelung konnte Ruth Andreas-Friedrich zum ersten Mal in ihrem Leben am Himmel über Berlin die Sterne sehen. »Die Großstadt kehrt zur Natur zurück«, bemerkte Leo, als sie in der ersten Kriegsnacht durch die mondhellen Straßen nach Hause gingen. »Fast könnte man zum Romantiker werden.«[34] Tatsächlich wurden sie und ihre Freunde aber zur Widerstandsgruppe »Onkel Emil«, die unter anderem jüdische Mitbürger beschützte und versteckte und vielen half, den Holocaust zu überleben.

HOWARD COWAN, EIN RECHNUNGSPRÜFER aus Ilford, einem Vorort östlich von London, war ein Junggeselle von Ende dreißig und – zumindest seiner eigenen Einschätzung nach – eine Art Lebemann. An diesem Samstagmorgen erwachte er nach einer »sorgenschweren Nacht«. Bedrückt schrieb er in seinen Bericht für Mass-Observation, »der Konflikt scheint unabwendbar zu sein«. Er sei sowohl schlecht fürs Geschäft als auch für seine Hoffnung auf einen erfolgreichen Tag auf dem Golfplatz:

> In meiner Unbekümmertheit habe ich keinerlei finanzielle Vorsorge getroffen. Von den Hunderten, die man mir schuldet, werde ich wahrscheinlich keinen Penny wiedersehen, und ich bin total pleite. Ich habe den ganzen prachtvollen Nachmittag damit verbracht, Schirme zur Verdunkelung der Fenster zu basteln, obwohl ich eigentlich vorhatte, heute die Monatsmedaille zu gewinnen und mit meinem Handicap in den einstelligen Bereich zu kommen. Verfluchter Hitler![35]

Anders als Mr Cowan, der es augenscheinlich gewohnt war, sich Zeit zu lassen, kam J. Austin, ein bei der Gemeinde angestellter Anwalt in Ealing, einem Vorort westlich von London, an diesem Morgen pünktlich zur Arbeit im Gemeindeamt, denn dort erwartete ihn an diesem Tag eine neue Aufgabe.

> Weil ich es satthatte, nichts zu tun zu haben, überredete ich meinen Chef, mir einen Job zu geben, nämlich den des Türhüters. Am Abend zuvor war ich entsetzt gewesen, weil massenhaft unangemeldete Leute im Gemeindeamt ein und aus gingen, wie es ihnen passte. Jeder übelgesinnte IRA-Mann hätte das ganze Gebäude ungestraft in die Luft bomben können.[36]

Der pflichtbewusste Mr Austin verbrachte den Tag also damit, sich im Eingangsbereich des Gebäudes mit den unterschiedlichsten Anliegen zu befassen. Es kamen Leute, die Gasmasken brauchten (»ein großer Prozentsatz bestand aus ausländischen Flüchtlingen«), aber auch ein achtzigjähriger Gentleman, der »hereingewackelt kam, um zu sehen, ob er gebraucht würde«, und eine ebenso alte Dame »mit dem bezauberndsten Gesicht und den charmantesten Manieren, die man sich vorstellen kann«, die schon in ihrer Krankenschwesterntracht erschien und sagte, dass sie es durch den letzten Krieg geschafft habe und bereit sei, dem nächsten ins Auge zu sehen: »Ich mag nicht mehr jung sein, aber ich bin noch sehr rüstig.« Eine andere, sehr viel jüngere Frau wollte wissen, ob es irgendwelche Evakuierungspläne für Leute wie ihre gebrechlichen Eltern gebe. Auf Mr Austins Auskunft, »bis jetzt nicht«, erwiderte sie: »Egal, es wird schon keinen Krieg geben.«

»Schön für sie«, schrieb Mr Austin sarkastisch in seinen Bericht. »Übrigens: Eine überraschend große Anzahl von Leuten sagte das Gleiche.«

In Cardiff stellte Mr C. W. Moir, ebenfalls ein Angestellter im öffentlichen Dienst, wie Mr Austin und viele andere Zeitgenossen fest, dass alle nur über die Krise sprachen, anstatt zu arbeiten. Nachdem er am Nachmittag nach Hause gekommen war, widmete er sich den Verdunkelungsmaßnahmen.

> Nachbarin von nebenan sah mich bei der Arbeit und sagte, dass sie noch nichts in der Richtung unternommen habe, da sie zuversichtlich sei, dass es keinen Krieg geben werde. Verbrachte den Abend mit Radiohören – wieder und wieder die gleichen Durchsagen, trotzdem Angst, etwas zu verpassen. Fühlte mich abends ausgesprochen niedergeschlagen, denke, wir sind auf dem Weg zu einem neuen München, und Frankreich wird uns im Stich lassen ...[37]

OBERFLÄCHLICH BETRACHTET ging es in Danzig, als der zweite Tag des Krieges anbrach, sehr viel ruhiger zu. Die polnische Garnison auf der Westerplatte wurde noch immer gehalten, was den ortsansässigen Deutschen – auch wenn ihnen das widerstrebte – Bewunderung abnötigte, Sybil Falkenberg, geborene Bannister, hatte ihr Gleichgewicht halbwegs wiedergefunden, nachdem sie in der Nacht gut geschlafen hatte. Es war nur wenig Essbares im Haus, und so machte sie sich auf den Weg zum Kaufmann in der übernächsten Straße, um ihren Vorrat an Grundnahrungsmitteln wie Butter, Fett und Kaffee aufzustocken. Ihre Nachbarn waren zuversichtlich, dass es nicht zu einem größeren Krieg kommen würde:

> Alle rechneten damit, dass die Polen bis zum letzten Mann kämpfen, aber die Deutschen kurzen Prozess mit ihnen machen würden. Der Krieg werde bald vorbei sein. *Niemand* glaubte, dass die Engländer auch nur einen Finger krumm machen würden, und alle verspotteten mich, als ich sagte, dass wir zu einem langen und erbitterten Krieg bereit seien. Ich habe niemals irgendwo etwas über die französische Haltung gehört. Immer hieß es »die Engländer«.[38]

Als sie von ihrer Einkaufstour zurückkehrte, traf gerade ihr Mann Kurt ein, der aus dringenden familiären Gründen für diesen Tag beurlaubt worden war. Auch er glaubte nicht, dass England Deutschland den Krieg erklären würde, sondern ging »sogar davon aus, dass es bald eine Einigung gibt«. Obwohl sie ihrem Mann gern geglaubt hätte, blieb Mrs Falkenberg skeptisch und, was ihre Loyalitäten anging, gespalten. »Einerseits wollte ich nicht, dass England Polen im Regen stehen ließ, aber ich sehnte mich gleichzeitig so sehr nach einem Wunder in letzter Minute, damit dieser scheußliche Krieg … zwischen unseren beiden Ländern gestoppt würde.«

Die Gefühle einer besorgten Engländerin in Danzig spiegeln viel von der allgemeinen Stimmung in Großbritannien am Anfang dieses Wochenendes. Chamberlains Ultimatum, das bis dahin noch keines war, blieb unbeantwortet. Wie immer die öffentliche Meinung auch war, Cardogans Bericht von diesem Tag zeigt, dass die Reaktionen der Regierung nicht entschlossener, sondern eher konfuser wurden:

> Keine Antwort von den Deutschen. Wir warten einfach … Ich fand eine Nachricht, die mich nach Nr. 10 (3.15) beorderte. Ging rüber … Das Ärgerliche sind die Franzosen. Wir können nicht einfach immer weiter auf eine deutsche Antwort warten. Aber Franzosen wollen Ultimatum erst morgen Mittag stellen, Ankündigung 48 Stunden vorher. Erfuhr, dass Ciano telefonisch eine Fünf-Mächte-Konferenz vorgeschlagen hat. Und ich vermute, dass Bonnet [der französische Außenminister] sich darauf zu weitgehend eingelassen hat und nun versucht, sich aus der Sache herauszuwinden. Der Premierminister ist entschlossen, heute Abend im Parlament eine Stellungnahme abzugeben. Nachmittags Kabinett, das verlangte, dass das Ultimatum heute um Mitternacht abläuft. Doch wir konnten die Franzosen nicht umstimmen. Schlimmer Abend, Bonnet und Daladier angerufen. Sagte Ciano, dass wir keine Konferenz ins Auge fassen können, solange sich die deutschen Truppen nicht zurückziehen. Er meinte, es sei nutzlos, den Deutschen das aufzuzwingen. Schließlich stimmte Daladier zu, dass der Premierminister um 19.30 Uhr eine Stellungnahme abgibt – ohne zeitliche Vorgaben –, in der nur gesagt wird, dass wir uns mit den Franzosen über das weitere Vorgehen beraten. Dies brachte das Unterhaus zur Weißglut …[39]

Verständlicherweise wünschten sich die Polen dringend eine Intervention der Briten und Franzosen. Bombenangriffe im Westen würden die Deutschen zwingen, ihre Luftwaffe aufzuteilen, was Druck von der Ostfront nehmen würde. Ein Vorstoß der französischen Armee über die Grenze könne ebenfalls dazu beitragen, die Deutschen im Osten aufzuhalten. Doch noch immer gab es keine klare Stellungnahme aus London oder Paris.

Schon am Morgen des ersten Kriegstages waren deutsche Truppen in Wieluń eingerückt. Als die Infanterie-Einheiten in das, was von der Stadt übrig geblieben war, einmarschierten, fanden sie sie beinahe menschenleer vor. Ein Großteil der Bevölkerung war in die Wälder geflohen. Niemand hatte die Leichen fortgebracht. Die Brutalität, die für den Vormarsch der Wehrmacht in diesen Septembertagen kennzeichnend war, wurde bereits hier sichtbar. Etliche Überlebende, besonders die, die man als Juden identifizierte, wurden erschossen. Zwei geistig behinderte Frauen wurden hingerichtet, weil sie dem Feind angeblich nachts mit Taschenlampen Signale gegeben hatten. Oberst Claus von Stauffenberg, der am 20. Juli 1944 das Attentat auf Hitler verüben sollte, war schockiert von dem Vorfall und beschuldigte den Verantwortlichen beim Divisionskommandeur. Der wurde daraufhin vor ein Kriegsgericht gestellt und degradiert, doch später begnadigt, weil er angab, dass die Männer, die die beiden Frauen erschossen hatten, seine Anweisung, die Verdächtigen »loszuwerden«, missverstanden hätten.[40]

STUTTHOF (SZTUTOWO) WAR ein Fischerdorf 35 Kilometer östlich von Danzig, das gerade noch zum Territorium der Freien Stadt gehörte. Im August 1939, kurz vor dem Überfall auf Polen, entschieden die von der NSDAP dominierten Behörden der Stadt Danzig, dort ein Gefangenenlager zu errichten – kein offizielles »Konzentrationslager«, sondern ein Internierungslager, wobei der Unterschied eher akademischer Natur ist. Das abgeschiedene Gelände war nicht besonders weit entfernt von der Küstenstraße zum Ostseeferienort Kahlberg (Krynica Morska) und weitgehend von Wasser umgeben: Im Norden befand sich die Danziger Bucht, im Osten das Mündungsgebiet der Weichsel und im Westen die Weichsel selbst, wodurch eine Flucht beinahe unmöglich wurde. Die Umgebung war sumpfig, feucht und ungesund.

Seit die Nazis die Kontrolle in Danzig ausübten, hatten sie eine Liste von »unerwünschten Personen« der Stadt angelegt, hauptsächlich Polen. Für den Tag, an dem alles anders werden sollte – und der nun nicht mehr lange auf sich warten lassen würde –, wollten sie gerüstet sein und über eine Einrichtung verfügen, in der diese Unerwünschten untergebracht werden konnten. Es wurde zunächst eine neue SS-Einheit gebildet und nach ihrem Kommandeur Kurt Eimann, einem bekannten Danziger SS-Offizier, »Wachsturmbann Eimann« benannt. Sie bekam den Status einer Polizeireserveeinheit (die später zu den berüchtigten Totenkopfverbänden werden sollten) und begann im Juli mit der Standortsuche für das geplante Internierungslager. Mitte August entschied man sich für Stutthof. Dann wurden Gefangene aus Danzig dorthingeschafft und gezwungen, einen Zaun und ein paar Holzbaracken zu errichten.

In der Nacht vom 31. August auf den 1. September 1939 wurden erstmals Hunderte Polen und andere vermeintliche Verdächtige in einer gut vorbereiteten Aktion von der örtlichen Polizei und der SS zusammengetrieben. Am 2. September, dem Tag nach dem Anschluss Danzigs an das Deutsche Reich, als die Einwohner noch über die Vorstellung spotteten, dass »England« wegen ihrer Stadt in den Krieg ziehen würde, wurden die ersten 150 Häftlinge aus improvisierten Haftanstalten in Danzig nach Stutthof verlegt. Damit wurde Stutthof zum ersten funktionsfähigen Konzentrationslager außerhalb der offiziellen Grenzen des Deutschen Reiches.[41]

Im September brachte man bereits Hunderte von Juden nach Stutthof, von denen die meisten schon wenig später ums Leben kamen. Das Lager wuchs und sollte bald Platz für mehr als 50 000 Gefangene bieten, von denen viele unter furchtbarsten Bedingungen als Arbeitssklaven eingesetzt wurden. Stutthof war zwar kein Vernichtungslager, aber die Behandlung der Gefangenen äußerst brutal. Viele Tausende starben an den Folgen von Krankheiten, andere wurden Opfer von systematischer Gewalt und Misshandlungen oder einfach exekutiert. Nachdem Stutthof zum Auffanglager für Auschwitz geworden war, nahmen die Unmenschlichkeit und die Grausamkeiten noch zu.

IRENE NAYLOR IN LONDON war an diesem Abend früh zu Bett gegangen. Sie hatte den ganzen Tag mit der Organisation der Evakuierung verbracht und dabei »gehofft, dass Chamberlain zu seinem Versprechen steht und nicht im letzten Moment einen Rückzieher macht«:

> Man hört Donner in der Ferne, und es blitzt beinahe ständig. Im Moment stürmt es heftig direkt über unseren Köpfen mit sintflutartigen Regengüssen. Ich liege regungslos im Bett, tue so, als wäre es ein Luftangriff, und übe, tapfer zu sein – aber nicht sehr erfolgreich. Schließlich klingt der Sturm ab, und ich schlafe ein.[42]

Drüben in Westminster passte die Stimmung zum Wetter. Das Unterhaus tagte seit 15 Uhr, aber der Premierminister erschien erst um 19.45 Uhr. Ihm wurde laut zugejubelt, und er bekräftigte, dass die Regierung zu ihrer Garantieerklärung für Polen stehe und dass die deutsche Einverleibung Danzigs über Nacht illegal sei. Als er jedoch erklärte, dass noch immer keine direkten militärischen Maßnahmen geplant seien, machte sich Cadogans Bericht zufolge Enttäuschung breit. Chamberlain erläuterte, wie schwierig es sei, mit Frankreich ein gemeinsames Vorgehen abzustimmen. Frankreich mache viel Aufhebens um die italienischen Vermittlungsbemühungen und um die Möglichkeiten, die sich auftäten, sobald die Deutschen ihren Vormarsch stoppten und sich zurückzogen – in der Tat bekam die offizielle protokollarische Aufzeichnung der Rede dann auch die Überschrift »Deutschland und Polen. Italienische Vorschläge«. Es war einer von Chamberlains schwächeren Auftritten. Eingangs mit tosendem Applaus empfangen, nahm er am Ende in beinahe vollständiger Stille seinen Platz ein.

Weil der Labour-Chef Clement Attlee sich wegen einer Prostataoperation im Krankenhaus befand, erhob sich sein Stellvertreter Arthur Greenwood, um dem Premierminister zu antworten. Greenwood, ein großer, ziemlich steifer Mann von Ende fünfzig aus Yorkshire, der nicht gerade für seine Eloquenz bekannt war, entschuldigte sich zunächst, dass er aus dem Stegreif für die Labour-Partei sprechen müsse. Es gab Zwischenrufe: »Was ist mit England!« und: »Sprechen Sie für die Arbeiterklasse!«, und dann rief Leo Amery, ein führender Konservativer: »Sprich für England, Arthur!« Amerys wütende Bemerkung war laut und deutlich zu hören, und es gab von allen Seiten laute Beifallsrufe. Chamberlain, der vorn auf der Regierungsbank saß, drehte sich abrupt um und fixierte Amery, seinen ehemaligen Freund und Kabinettskollegen und Mitglied des Kronrats, mit einem harten Adlerblick. Greenwood, der sich angeblich zuvor an der Bar mit ein oder zwei Gläsern Whiskey Mut angetrunken hatte, fuhr derweil einfach fort in seiner kurzen Rede, für die er berühmt werden sollte, insbesondere für die folgenden Worte:

> Ich bin zutiefst verstört. Vor 38 Stunden hat es einen Akt der Aggression gegeben. In dem Moment, in dem dieser Akt stattgefunden hat, wurde einer der wichtigsten Verträge unserer Zeit automatisch in Kraft gesetzt … Ich frage mich, wie lange wir noch zögern wollen, in einem Augenblick, in dem Großbritannien und alles, wofür es steht – und auch die

> menschliche Zivilisation insgesamt – in Gefahr ist. Jede Minute des Aufschubs bedeutet nun den Verlust von Menschenleben und gefährdet unsere nationalen Interessen …

Robert Boothby, einer von Churchills jüngeren Unterstützern, ergänzte: »Und unsere Ehre.«

Der Labour-Mann starrte ihn wütend an und blaffte: »Lassen Sie mich meinen Satz vollenden. Was ich sagen wollte, war: gefährdet die Grundlagen unserer nationalen Ehre.«

Gegen 20.10 Uhr endete die kurze Sitzung. Der Chef der Regierungsfraktion Margesson, der bekanntermaßen sehr einschüchternd sein konnte, taxierte die Stimmung unter den konservativen Parlamentariern und teilte dem Premierminister unter vier Augen mit, dass es zu einer Meuterei kommen werde, wenn nicht am folgenden Tag der Krieg erklärt würde. Als die Abgeordneten das Unterhaus verließen, wurden sie von Donner und Gewitterregen empfangen.

NICHT JEDER IN GROSSBRITANNIEN war wie die Politiker den ganzen Abend beschäftigt oder ging nach dem anstrengenden Tag früh zu Bett wie Irene Naylor. Immerhin war es ein Samstagabend, und der 25-jährige Cecil Moxon war entschlossen, sich am voraussichtlich letzten Abend des Friedens zu amüsieren. Er war Berichterstatter für Mass-Observation und verdiente seinen Lebensunterhalt damit, dass er in Pontypool in South Wales an die Lokalzeitung *Free Press* Anzeigen verkaufte. Er und ein junger Arbeitskollege, der nur Horace genannt wird, entschieden sich gegen eine Fahrt nach Newport, die größte Stadt der Umgebung, wo es Berichten zufolge wegen der Verdunkelung recht traurig zuging, und nahmen stattdessen den Bus in die kleinere Gemeinde Crumlin.

Das Pub in Crumlin, das (nach der gewaltigen Eisenbahnbrücke, für die die Stadt einst berühmt war) »Das Viadukt« hieß, war sehr viel voller als normalerweise. Nach den Berichten von Mass-Oberservation traf das wohl auf das gesamte Land zu. Es schien, als würde ganz Großbritannien schon einmal die Sorgen ertränken wollen, die erst noch kommen würden. Moxon und sein Freund bestellten etwas an der Bar und plauderten mit ein paar Minenarbeitern, die »alles ziemlich sattzuhaben schienen, aber nach und nach wurden sie etwas fröhlicher«. Dann gingen die beiden in einen Nebenraum, wo eine Zwei-Mann-Combo Tanzmusik spielte. »Dort hatte sich ein ziemlich grob aussehendes Völkchen versammelt«, schrieb Moxon, »drei oder vier Soldaten und einige verhärmt aussehende Frauen.« Trotzdem tanzten die beiden jungen Männer ein Weilchen mit.

Als sie an die Bar zurückkehrten, waren die Gäste am Tresen bereits ziemlich abgefüllt. Einer der junger Grubenarbeiter, mit denen sie zuvor ins Gespräch gekommen waren, »kriegte einen Moralischen, so betrunken war er inzwischen«, und gestand Moxon, dass er »ein Schisshase, ein echter Schisshase« sei:

> Ich stieß ihm in die Rippen. »Die britische Armee ist doch voll mit Schisshasen«, sagte ich.
>
> »Aber sie geben es nicht zu«, sagte er. »Ich bin nicht wie die anderen. Ich gebe zu, dass ich Schiss habe.«
>
> »Das ist es ja gerade«, sagte ich. »Gib es einfach nicht zu, und alles geht klar. Ich habe auch Schiss, aber ich erzähle es niemanden.« Wir gingen zusammen zurück, um zu tanzen. »Du wirst schon klarkommen«, sagte ich zu ihm.
>
> Ein anderer Typ hatte sich übergeben und sagte gar nichts mehr, er war einfach nur bleich im Gesicht. Er war bei den »Terries«* und musste am nächsten Morgen einrücken.
>
> Ich ging zurück zu Horace. Gerade sang ein schlechter Bariton, und wir hatten langsam beide ein bisschen die Nase voll. Wir standen auf, nahmen unsere Regenmäntel, gingen rüber zu den Jungs, die wir kennengelernt hatten, schüttelten ihnen die Hände, wünschten ihnen viel Glück und verließen das Pub …[43]

Sie erwischten einen späten Bus nach Pontypool. Alles war verdunkelt. Der Fahrer konnte die Haltestellen kaum erkennen, geschweige denn die Fahrkarten, die man ihm zum Kontrollieren hinhielt. Eine Freundin von Horace stieg ein, und sie setzten sich zu ihr.

> Sie erzählte unbekümmert von ihren Plänen, sie wolle die Soldaten unterhalten – »mit meiner Stimme natürlich«, schob sie augenzwinkernd hinterher. Die anderen Leute sahen uns böse an, es war nicht richtig, in so sorgenvollen Zeiten fröhlich zu sein. Mir tat der Busfahrer leid, er konnte

* der Territorialarmee

so gut wie gar nichts sehen, und durch den Regen wurde es nicht besser. Irgendwann waren wir endlich aus der engen Schlucht raus, die die westlichen und östlichen Täler verbindet. Es wurde ein bisschen heller.

Nach diesem wenig amüsanten Tanzabend traf der junge Mr Moxon um 23.15 Uhr in seiner Unterkunft ein.

Das Kabinett in London trat um Mitternacht erneut zusammen. Wie der Abgeordnete Margesson geraten hatte, verlangte es sofortige Maßnahmen in Form eines zeitlich begrenzten Ultimatums an Berlin.[44] Kurz darauf formulierte Cadogan ein ziemlich kurzes und scharfes Telegramm, das im Namen von Lord Halifax verschickt werden sollte. Dann verließ der Staatssekretär das Außenministerium und kam »todmüde« um 1.30 Uhr morgens zu Hause an. Das Telegramm instruierte den britischen Botschafter in Deutschland, Henderson, dem deutschen Außenminister um Punkt neun Uhr am nächsten Morgen, Sonntag, dem 3. September, das folgende Ultimatum zu überbringen:

> Eure Exzellenz;
> In der Mitteilung, welche ich die Ehre hatte, Ihnen am 1. September zu machen, unterrichtete ich Sie auf Weisung des Staatssekretärs für Auswärtige Angelegenheiten Seiner Majestät, daß die Regierung Seiner Majestät im Vereinigten Königreich ohne Zögern ihre Verpflichtungen gegenüber Polen erfüllen werde, wenn nicht die Deutsche Regierung bereit sei, der Regierung Seiner Majestät im Vereinigten Königreich befriedigende Zusicherungen dahingehend abzugeben, daß die Deutsche Regierung jegliche Angriffshandlung gegen Polen eingestellt habe und bereit sei, ihre Truppen unverzüglich aus polnischem Gebiete zurückzuziehen. Obwohl diese Mitteilung vor mehr als 24 Stunden erfolgte, ist keine Antwort eingegangen, hingegen wurden die deutschen Angriffe auf Polen fortgesetzt und verstärkt. Ich habe demgemäß die Ehre, Sie davon zu unterrichten, daß, falls nicht bis 11.00 Uhr vormittags britischer Sommerzeit am heutigen Tage, dem 3. September, eine befriedigende Zusicherung im obenerwähnten Sinne von der Deutschen Regierung erteilt wird und bei Seiner Majestät Regierung in London eintrifft, ein Kriegszustand zwischen den beiden Ländern von dieser Stunde an bestehen wird.[45]

Irene Naylor wachte am nächsten Morgen früh auf und war schon bald zurück auf ihrem Posten an der Station East Acton.

> Die Männer der A.F.S. [freiwilligen Feuerwehr] haben nun vollständig das Kommando übernommen und sorgen für die notwendige Ordnung. Heute werden Mütter mit Babys evakuiert. Es sind noch immer weniger als erwartet, aber weil wir das Programm von zwei Tagen in einen gepresst haben, sind wir vollauf beschäftigt. Die heutigen Teilnehmer sind nicht so gut organisiert und so gefügig wie die Schulkinder. Ich gebe den Telefondienst auf und gehe stattdessen auf den Bahnsteig, trage Kinder und Gepäck usw. und sehe zu, dass wir alle in den Zug bekommen. Endlich fahren alle sicher von dannen, es gab keine Verletzten.[46]

Die Gewitter waren weitergezogen, und das Wetter zeigte sich wieder von seiner freundlichen Seite. E. Webb, ein 26-Jähriger, der in einer Druckerei in Bristol die Druckmaschinen wartete und mit anderen jungen Arbeitern in einer Unterkunft in dem beschaulichen Vorort Bishopston lebte, beschloss mit ein paar Freunden, das gute Wetter zu genießen.

> Ging mit Bob und Alan ins Schwimmbad. Es war ziemlich voll – gemischter Badetag. Fast nur junge Leute.
>
> Während des Frühstücks – gegen 9.35 Uhr – wurde für 11.15 Uhr eine wichtige Durchsage angekündigt.[47]

AM SONNTAG, DEM 3. SEPTEMBER, traf Sir Nevile Henderson pünktlich um neun Uhr morgens im Außenministerium in der Wilhelmstraße ein. Dort überbrachte er das Ultimatum, das ihm in den frühen Morgenstunden aus London übermittelt worden war. Das Schreiben gab der Reichsregierung zwei Stunden Zeit, den Angriff auf Polen zu beenden und ein Rückzugsversprechen abzugeben.

Die Etikette verlangte, dass das Ultimatum an Außenminister Ribbentrop adressiert war, doch es ergab sich, dass der eigentliche Empfänger Paul Schmidt war, der Büroleiter des Ministers und Chefdolmetscher im Auswärtigen Amt. Schmidt nahm das Schreiben in höflichem Englisch in Empfang und trug es den kurzen Weg hinüber in die Reichskanzlei, wo Hitler und Außenminister Ribbentrop warteten. Andere Nazigrößen hatten sich in einem Vorraum versammelt. Viele Jahre später schilderte Schmidt die Szene so:

Wie versteinert saß Hitler da und blickte vor sich hin. Er war nicht fassungslos, wie es später behauptet wurde, er tobte auch nicht, wie es wieder andere wissen wollten. Er saß völlig still und regungslos an seinem Platz. Nach einer Weile, die mir wie eine Ewigkeit vorkam, wandte er sich Ribbentrop zu, der wie erstarrt am Fenster stehen geblieben war. »Was nun?«, fragte Hitler seinen Außenminister mit einem wütenden Blick in den Augen, als wolle er zum Ausdruck bringen, dass Ribbentrop ihn über die Reaktion der Engländer falsch informiert habe. Ribbentrop erwiderte mit leiser Stimme: »Ich nehme an, daß die Franzosen uns in der nächsten Stunde ein gleichlautendes Ultimatum überreichen werden.«

Da meine Aufgabe nun erledigt war, zog ich mich zurück und sagte den draußen im Vorzimmer Wartenden, die mich umdrängten: »Die Engländer haben uns soeben ein Ultimatum überreicht. In zwei Stunden besteht zwischen England und Deutschland Kriegszustand.« Auch hier im Vorraum herrschte bei dieser Ankündigung Totenstille. Göring drehte sich zu mir um und sagte: »Wenn wir diesen Krieg verlieren, dann möge uns der Himmel gnädig sein!« Goebbels stand in einer Ecke, niedergeschlagen und in sich gekehrt, und sah buchstäblich aus wie der bewußte begossene Pudel. Überall sah ich betretene Gesichter, auch bei den kleineren Parteileuten, die sich im Raum befanden.[48]

Das französische Ultimatum wurde schließlich um 12.30 Uhr überbracht und sollte um 17 Uhr am selben Nachmittag ablaufen, doch schon zu diesem frühen Zeitpunkt war die Situation eindeutig: Niemand konnte – aus welchen Gründen auch immer – weiterhin so tun, als handle es sich bei dem Konflikt um eine Polizeiaktion zur Korrektur der Grenze zwischen Deutschland und Polen. Deutschland war nun mit einem europaweiten Krieg konfrontiert, möglicherweise sogar mit einem, der die ganze Welt betraf.

ZWEI STUNDEN LANG TICKTE DIE UHR. In Großbritannien führten die meisten Menschen ihr sonntägliches Leben wie gewohnt fort. Mr Cowan saß über dem *Observer* und löste das Kreuzworträtsel in der Sonntagszeitung.

Mr Moxon in Pontypool beschloss, sich »die Zeit mit kleinen Erledigungen zu vertreiben. Vielleicht ist das ein bisschen eskapistisch, aber wen kümmert das? So verbrachte ich den Vormittag damit, das Fahrrad von Mrs Long [der Zimmerwirtin] zu reparieren.«

Douglas Mannion in Surrey stand auf, frühstückte, las ein bisschen und entschloss sich dann, zu einem Freund hinüberzufahren. In Armagh machten sich der junge Mr Harrison und seine stramm protestantische Sippe auf den Weg in die Kirche, was ein absolutes Muss war:

> Dad bringt uns jeden Sonntag vorbei, und wir quetschen uns zirka eine Minute vor 11, wenn der Gottesdienst beginnt, ins Auto. Wie immer war Dad sehr ungeduldig, und ich zog mich in null Komma nichts an. Vor dem Gottesdienst hatte niemand von uns irgendwelche Nachrichten gehört.[49]

Die meisten Briten scheinen sich Zeit für die Verlautbarung des Premierministers genommen zu haben, die am früheren Morgen mehrmals angekündigt worden war. Kenneth Gee, ein junger Verlagslektor und Rezensent, der bei seinen Eltern in Hampshire lebte, sich in dieser Woche aber in London aufhielt, beschrieb den Vormittag so:

> Als ich zum Frühstück hinunterkam, gab es keine aktuellen Nachrichten. Es war ein schöner, sonniger Morgen. Wir hatten es geschafft, einen Mann mit einem Auto anzuheuern, der uns runter nach Milton [dem Haus der Familie in Hampshire] fahren wollte. Wir hatten damit gerechnet, dass das schwierig werden könnte, aber vermutlich waren die meisten Menschen, die wegfuhren – evakuiert wurden – längst fort. Das Auto sollte um 11 Uhr kommen. Um 10.30 Uhr machten wir das Radio an. Der Sprecher sagte: »Um 11.15 Uhr wird der Premierminister eine Erklärung an die Nation abgeben« (Klang nach Hibberd*). Nun, wir wussten natürlich, was das bedeutete. Mir wurde plötzlich flau im Magen, genau wie vor ein paar Tagen bei der Nachricht von der Bombardierung Polens.[50]

Nachdem sie die Evakuierten sicher in die Züge gesetzt hatte, ging Irene Naylor nach oben in das provisorische Büro an der Station East Acton. Jemand hatte ein tragbares Radio dabei, und die Ehrenamtlichen setzten sich auf die Treppe zum Büro, um die Rede des Premierministers zu hören.

* Stuart Hibberd (1893–1983) war ein damals bekannter Sprecher und Radiomoderator, der im Januar 1936 die Nachricht vom nahen Tod König Georgs V. verlesen hatte (»Das Leben des Königs neigt sich friedlich dem Ende zu.«).

E. Webb und seine Mitbewohner in Bristol – darunter ein junger Mann, der gerade erst eingetroffen war und nur »der Neue« genannt wurde – verbrachten wie viele andere die Zeit nach dem Frühstück mit dem Warten auf die Ansprache des Premiers:

> Wir warten – Bob liest – unten klappern Tassen – im Garten nebenan hört man Hämmern. Es muss jetzt 11.05 Uhr sein. Ich glaube, ich mache ein Foto. Ich renne nach oben, um meine Kamera zu holen … Als ich wieder im Aufenthaltsraum bin, mache ich eine Bemerkung über die Geräusche in der Nachbarschaft, und wir stehen alle auf und sehen aus dem Fenster. Sie verstärken ihren Luftschutzraum und treiben hölzerne Pfosten ein. Ich zähle drei, die arbeiten, und drei, die zusehen, alles Nachbarn. Die Sonne ist wieder herausgekommen – im Norden ist der Himmel bedeckt. Unten plärrt wieder das Radio …[51]

Die BBC hatte in der Downing Street Nummer 10 bereits alles für die Erklärung des Premiers vorbereitet. Chamberlain sprach knapp fünfeinhalb Minuten. Seine Stimme war fest, aber unverkennbar voller Sorge und Bedauern:

> Heute Morgen hat der britische Botschafter in Berlin der deutschen Regierung eine letzte Mitteilung übergeben, die besagte, dass unsere Länder sich im Krieg befänden, wenn wir nicht bis 11 Uhr von ihnen hörten, dass sie bereit seien, ihre Truppen aus Polen zurückzuziehen.
>
> Ich muss Ihnen heute mitteilen, dass keine solche Zusage bei uns eingegangen ist und wir uns also nun mit Deutschland im Krieg befinden. Sie können sich vorstellen, was für ein herber Schlag es für mich ist, dass mein langer Kampf um Frieden gescheitert ist. Dennoch weiß ich nicht, was ich hätte sagen oder tun können, um mehr zu erreichen.
>
> Bis ganz zum Schluss wäre es durchaus möglich gewesen, eine friedliche und ehrenhafte Vereinbarung zwischen Deutschland und Polen zu erreichen, aber Hitler hat es nicht so gewollt. Er war ganz offensichtlich entschlossen, Polen unter allen Umständen anzugreifen. Zwar behauptet er jetzt, dass er vernünftige Vorschläge gemacht habe, die von den Polen zurückgewiesen worden seien, aber das entspricht nicht der Wahrheit. Vorschläge wurden weder den Polen noch uns unterbreitet. Zwar veröffentlichte man sie am Donnerstagabend im deutschen Rundfunk, aber Hitler wartete die Reaktionen nicht ab, sondern befahl seinen

> Truppen, am nächsten Morgen die polnische Grenze zu überqueren. Dieses Vorgehen zeigt eindeutig, wie sinnlos es ist, zu erwarten, dass dieser Mann es jemals aufgeben wird, seinen Willen mit Gewalt durchzusetzen. Er kann nur mit Gewalt gestoppt werden. Frankreich und wir kommen heute unserer Pflicht nach, indem wir Polen zu Hilfe eilen, das diesem bösartigen und grundlosen Angriff auf sein Volk so tapferen Widerstand entgegensetzt. Wir haben ein reines Gewissen. Wir haben alles getan, was ein Land tun kann, um den Frieden zu erhalten. Die Situation, in der man keinem der Worte von Deutschlands Führung trauen kann und kein Volk und kein Land sich sicher fühlen kann, ist untragbar geworden. Und nun, da wir beschlossen haben, diese Situation zu beenden, weiß ich, dass Sie alle mit Ruhe und Tapferkeit ihren Teil dazu beitragen werden.[52]

Die Herren Moxon, Cowan und Co. waren nicht die Einzigen, die anderes zu tun hatten, als die Rede des Premiers zu verfolgen, oder die einfach nicht mitbekamen, was vor sich ging. Eine Frau berichtete aus London:

> Während wir die Rede hörten, blickte ich aus dem Fenster und sah ziemlich viele Leute, die sich ganz normal verhielten, ich sagte: »Ziemlich viele Leute hören gar nicht zu.« Ich schob es darauf, dass die Leute am Sonntag spät aufgestanden waren und die Ankündigung der Rede verpasst hatten. Es gab überhaupt keine Aufregung, nur ein paar Grüppchen, die zusammenstanden und redeten.[53]

Doch Millionen Briten verfolgten aufmerksam, was der Premier zu sagen hatte. Shirley Catlin, Tochter der Pazifistin und Schriftstellerin Vera Brittain (berühmt für ihre Autobiographie *Vermächtnis einer Jugend*) und später selbst Labour-Abgeordnete und Kabinettsmitglied, war damals neun Jahre alt. Ihre Mutter hatte im Weltkrieg einen Bruder, ihren Verlobten und zwei sehr enge Freunde verloren, weshalb es nicht verwunderlich war, dass sich in ihrer Familie an diesem Sonntagmorgen eine äußerst aufgewühlte Stimmung breitmachte. Shirley Catlin schrieb in ihren Memoiren:

> Ich spürte, dass meine Eltern, besonders meine Mutter, verstört waren. Wir saßen im Garten unseres Cottages im New Forest, und es war ein wunderschöner Sommertag, ich erinnere mich, dass Rote Admirale über

> den Blumen tanzten, wir hatten ein altes Radio mit gewölbter Vorderseite, das ein bisschen knisterte, die Altmännerstimme von Neville Chamberlain und die Worte »wir uns also nun mit Deutschland im Krieg befinden« unterstrichen das ganze Erlebnis noch, denn meine Mutter brach sofort in Tränen aus. Es war wie das Erscheinen Satans im Garten Eden, so tief hat es sich in mein Bewusstsein eingegraben. Ich spürte eine umfassende Untergangsstimmung.[54]

E. Webb hat die Szene, die sich in der Herberge in Bristol unmittelbar im Anschluss an die Rede abspielte, sehr lebhaft wiedergegeben:

> 11.15 Uhr. Großbritannien im Krieg!
> Chamberlain –
> ----- » – ein herber Schlag – nicht zu glauben« – usw., usw.
>
> Wir hören die ganze Rede still an. Bob steht bei den Fenstern. Der Neue sitzt und raucht. Ein Auto fährt vorbei – im Garten wird immer noch gehämmert. Ich schreibe.
>
> Der Sprecher fährt fort – – Ich renne nach draußen, um den Leuten im Garten zu sagen, dass Krieg ist. Dann wieder rein, um weiterzuhören. Noch mehr Anweisungen.
>
> Alles ist still.
>
> Ah! Das Telefon klingelt. Miss F. als Luftschutzhelferin rast nach oben in den Flur, aber es ist für den Neuen, der einen Anruf erwartet hat. Er geht hinauf. Der Sprecher ist fertig, und man spielt »God save the King«. Niemand erhebt sich. Stille.
>
> Dann die Bow-Bells – – – – wir reden – – –
>
> Miss F. kommt herein und fragt mich nach meinem »Standpunkt«. Ich erkläre mich zum möglichen Verweigerer.
>
> Bob hat einen kriegswichtigen Job, ebenso »Mac«.
>
> Der Neue hängt nun in der Luft, sein Job als »Verkaufsförderer« wurde gestrichen, und er ist arbeitslos. Er fragt nach Arbeitsmöglichkeiten in der Nähe. Miss F. schlägt die Filton Aeroworks* vor. Er ent-

* Die Flugzeugfirma in Bristol (gegründet im Jahr 1910 als British and Colonial Aeroplane Company) war bei Kriegsausbruch ein führender Hersteller, der viele Tausend Arbeiter beschäftigte und auf seinem 25 Hektar großen Gelände am Stadtrand so berühmte Bombertypen wie den »Bristol Beaufighter« und den »Bristol Blenheim« herstellte. Zu dieser Zeit war das Filton-Werk die größte Flugzeugproduktionsstätte der Welt.

schließt sich, hinzugehen. Wir witzeln herum, und Miss F. will uns eine warme Mahlzeit zubereiten. Sie weist darauf hin, dass es unsere letzte sein könnte![55]

Auf die Radioansprache des Premierministers folgten »Anweisungen«. So wurde bis auf Weiteres die Schließung von Vergnügungseinrichtungen wie Kinos, Theatern, Sportstätten und Fußballplätzen verfügt, weil »viele Menschen getötet oder verletzt werden könnten, wenn eine Bombe niederging«. Überdies riet man den Menschen, sich »ohne Grund unter keinen Umständen zu versammeln«. Hupen und Sirenen durften in Zukunft von Privatpersonen »nur auf Anweisung der Polizei« benutzt werden.

Der junge Douglas Mannion, der im Auto unterwegs war, wusste noch nichts davon, dass man den Deutschen den Krieg erklärt hatte. »Als ich ruhig vor mich hinfuhr, glaubte ich plötzlich, eine Sirene zu hören«:

Ich war nicht sicher, also hielt ich an. Kein Zweifel, das war ein Fliegeralarm. Ich fragte mich, wie es meiner Familie zu Hause gerade ging, vor allem den Hausmädchen, die alle eher ängstlich waren und eines von ihnen sogar ziemlich hysterisch. Ich entschloss mich also, so schnell wie möglich nach Hause zu fahren. Ich schaffte die zweieinhalb Kilometer in unter drei Minuten einschließlich einer Strecke durch die Stadt und einem ziemlich steilen und windigen Hügel.[56]

Nun war also doch Krieg. Zu Hause angekommen, ging Mr Mannion schnurstracks zu dem Luftschutzraum, der auf dem Grundstück errichtet worden war, und übernahm dort umgehend das Kommando.

Sie hatten sich gerade alle draußen vor dem Schutzraum versammelt. Die Hausmädchen waren schreckensstarr, aber Mutter und Phil [eine Cousine, die am 1. September zu Besuch gekommen war] ging es gut. Einige Minuten später hörte man das »Luft ist rein«-Signal, und wir widmeten uns wieder unseren verschiedenen Aufgaben.

Nachmittags ordnete der pflichtbewusste »junge Herr« seine Sachen und machte sich darauf gefasst, dass »mir meine Aufgabe zugewiesen wird«.

Ein Jahr später stellte ein amerikanischer Journalist fest, dass »die Demokratisierung Großbritanniens rasch vorangeht … Hitler setzt ins Werk, was

Jahrhunderte englischer Geschichte nicht zuwege gebracht haben – er löst die englische Klassengesellschaft auf«.[57]

Mr Mannions Schilderung der Szene mit den verängstigten Hausmädchen und den anderen Frauen vor dem Schutzraum lässt noch die tief verankerten Hierarchien und Abhängigkeiten der alten Welt erkennen, die nun verschwinden würden. Die Hausangestellten, die Mannions Klasse immer für selbstverständlich gehalten hatte, sollten bald zum Kriegsdienst einberufen werden, auch die weiblichen Bediensteten, die für die weiblichen Reserve-Organisationen rekrutiert wurden oder vergleichsweise gut bezahlte Arbeit in Munitionsfabriken oder anderen kriegswichtigen Industriezweigen fanden. Und es würde Rationierungen und Beschlagnahmungen geben, ein ganzes System von Regierungseingriffen in das tägliche Leben sowie erhebliche Steuererhöhungen, die die Mittelklasse und die obere Mittelklasse Großbritanniens mehr betrafen als alle anderen Teile der britischen Gesellschaft.

DIE ZWÖLFJÄHRIGE INGE LUEG, ihre Schwester und ihre Eltern hatten im August 1939 Ferien an der Ostsee verbracht. Sie waren im eigenen Auto aus Leverkusen dorthin gefahren und machten auf dem Rückweg einen Abstecher nach Rathenow in Brandenburg, wo sie ihren Onkel und ihre Tante besuchten. Während sie dort waren, brach der europäische Krieg aus. Alles, woran sich Inge erinnern konnte, war der Ausdruck von Überraschung und Schrecken auf den Gesichtern der Erwachsenen. Natürlich gehörten sie in Hitler-Deutschland zu den Privilegierten und waren dem Führer für vieles dankbar, aber was sollte nun werden, besonders aus Leverkusen, das ein lohnenswertes Ziel für die Royal Air Force darstellte?[58]

Erich Ebermayer hielt sich bei Kriegsbeginn mit einem Gast in seinem ländlichen Unterschlupf bei Bayreuth auf. An diesem schönen Sonntagmorgen waren sie früh aufgestanden und hatten eine Radtour zum Kloster Speinshart unternommen, das im 12. Jahrhundert auf einem Hügel in der Nähe erbaut worden war. Ebermayer wollte, wie er sagte, an diesem möglicherweise schicksalsschweren Tag unter anderen Menschen sein. Die Kirche war voll. Ebermayer stand hinten unter der Orgelempore. Die Predigt war »überraschend gut ... fast ergreifend in ihrer Schlichtheit und Würde. Kein Wort von Kriegsbegeisterung, freilich auch keine klare Aussage gegen den Krieg«.[59]

Als die beiden nach Hause kamen, stellten sie das Radio an und erfuhren, dass Deutschland und Großbritannien sich im Krieg befanden:

> Seit 70 Minuten ist also unwiderruflich Krieg. Krieg zwischen England und Deutschland. Nun also ist es wohl auch Hitler und Ribbentrop klar, dass England diesmal *nicht* geblufft hat. Und nun ist es auch klar: Es wird kein kurzer, siegreicher Feldzug gegen Polen, keine Strafaktion gegen einen ungebärdigen Nachbarn werden – es wird ein langer, ein großer Krieg werden.[60]

In Danzig war Sybil Falkenberg gezwungen, der Situation ins Gesicht zu blicken, die sie so gefürchtet hatte und von der sie bis zum Schluss gehofft hatte, dass sie sich vermieden ließe: Krieg zwischen ihrem Geburtsland und dem Land ihres Ehemanns.

> Die Nachricht, dass England am 3. September Deutschland den Krieg erklärt hat, schlug bei den meisten Leuten in Deutschland und in Danzig ein wie eine Bombe. Überall unglückliche Gesichter und bedrückte Stimmung, als wäre der Tod gekommen. Sie begriffen langsam, dass weder sein Verlauf noch sein Ende vorhersehbar waren.[61]

Die Danziger befürchteten, dass Großbritannien umgehend von Westen her in Deutschland einmarschieren, zugleich deutsche Städte bombardieren und auf diese Weise den deutschen Vormarsch in Polen stoppen würde. »Würde Danzig von Deutschland abgeschnitten und ausgehungert werden, oder würden die Polen die Stadt besetzen, bevor deutsche Truppen den Korridor durchqueren konnten?« Als sie sich später am Tag auf der Suche nach Lebensmitteln weiter als normalerweise von zu Hause entfernte, entdeckte Sybil voller Entsetzen einige unbekannte Tiefflieger am Himmel. Der Unterschlupf, in den sie sich flüchtete, wurde weder von Bomben noch von Gewehrkugeln getroffen, aber es hatte eindeutig so ausgesehen, als wollten die Flieger Danzig angreifen. Später erfuhr sie, dass es sich um deutsche Flugzeuge gehandelt hatte, die die polnische Garnison auf der Westerplatte angriffen. Danzig hatte vorerst nichts zu befürchten. Im Korridor waren die Polen schon vielerorts zum Rückzug gezwungen worden. Sybils Baby, ein Junge, kam mit der Unterstützung von Kurt am 6. September gesund zur Welt.

Einer der bedeutenden Orte innerhalb des Korridors, an dem die Polen bereits einen strategischen Rückzug vorbereiteten, war die Stadt Bydgoszcz (deutsch Bromberg), die etwa 150 Kilometer südlich von Danzig an dem großen Kanal lag, der die Neiße und die Weichsel miteinander verband. Vor dem

Ersten Weltkrieg war Bromberg als Teil der deutschen Provinz Posen (Poznań) überwiegend deutsch gewesen, doch nach dem Krieg hatte sich dort – wie im Korridor überhaupt – die Zahl der Deutschen drastisch reduziert, was größtenteils auf die aggressive Volkszugehörigkeitspolitik der polnischen Regierung zurückzuführen war.

Im September 1939 waren nur noch etwa 11 000 der 140 000 Einwohner in der wachsenden Stadt Deutsche. Die Beziehungen zwischen den beiden Bevölkerungsgruppen hatten sich in den vergangenen Wochen erheblich verschlechtert. Am 3. September, als der Krieg zwei Tage alt war, erwartete man stündlich den Vormarsch der Wehrmacht auf die Stadt. Bromberg war bereits von der Luftwaffe bombardiert worden, bei einem Angriff auf den Hauptbahnhof am 2. September waren 25 Menschen ums Leben gekommen. Die deutschen wie die polnischen Einwohner der Stadt waren extrem nervös.

Der Schrecken begann wohl, als die hauptsächlich katholische polnische Bevölkerung an diesem Sonntagmorgen die Kirchen verließ und sich das Gerücht verbreitete, Heckenschützen hätten polnische Soldaten unter Beschuss genommen. Die Schüsse seien, so hieß es, vom Turm der evangelischen (deutschen) Pauluskirche abgefeuert worden. Augenblicklich verdächtigte man auf polnischer Seite örtliche Sympathisanten der NSDAP und eingeschleuste deutsche Agenten – die tatsächlich in einigen Teilen des Korridors hinter den feindlichen Linien operierten. Vielleicht war der Angriff Teil des Versuchs, schon während des Rückzugs der Polen Stützpunkte in der Stadt einzunehmen? Der Bürgermeister hatte bereits eine Bürgerwehr zusammengestellt. Deren Mitglieder starteten nun eine Aktion gegen die deutsche Bevölkerung.

Die Schätzungen darüber, wie viele zumeist deutsche Bromberger in den folgenden Stunden und am nächsten Tag von irregulären polnischen Kämpfern verprügelt, gefoltert und erschossen wurden, gehen auseinander. In deutschen Quellen aus der frühen Nachkriegszeit wurde behauptet, dass allein in Bromberg etwa tausend Deutsche ermordet worden seien,[62] heute geht man indes allgemein von 300 bis 400 Toten innerhalb der Stadtgrenzen aus und einer vielleicht ebenso großen Zahl in den umliegenden Dörfern und ländlichen Distrikten, also insgesamt etwa 700 Toten.[63]

Es gibt jüngere polnische Veröffentlichungen, in denen immer noch behauptet wird, die meisten Opfer seien deutsche Agenten gewesen und der Gewalteinsatz habe nur der Verteidigung gedient, sei also gerechtfertigt gewesen. Zur komplizierten Sachlage trägt bei, dass ein kürzlich gefundenes

Dokument eines der Opfer als deutschen Geheimdienstagenten ausweist, der beim Kommando der Abwehr in Stettin stationiert war.[64] Dennoch gibt es inzwischen wenig Zweifel, dass die Bromberger Gräueltaten – und ähnliche Taten wie Verschleppungen, Gewaltmärsche, Morde und anderes mehr – in den Tagen und Wochen, die der Invasion folgten, tatsächlich zumeist von irregulären polnischen Kämpfern an der deutschstämmigen Bevölkerung verübt worden sind, vor allem nachdem die öffentliche Ordnung zusammengebrochen war.[65]

Was auch immer die Wahrheit ist – nachdem die Stadt an die Wehrmacht gefallen war, stürzte sich die deutsche Propaganda gierig auf die Gewalttaten von Bromberg. Die Ereignisse des 3. September wurden auf Anweisung des Propagandaministeriums in der deutschen Presse als »Blutsonntag« bekannt gemacht. Die ausländische Presse durfte sich am darauffolgenden Wochenende ein Bild von der Lage vor Ort machen. Entsetzliche Fotos von deutschen Soldaten und internationalen Journalisten vor den Leichen getöteter Zivilisten (»volksdeutscher Opfer des Bromberger Blutsonntags«) wurden daraufhin veröffentlicht. Im Laufe der folgenden Wochen fanden in Polen von den etwa 700 000 Mitgliedern der deutschen Minderheit 2000 bis 5000 den Tod. Diese Zahlen sind verstörend genug, doch in einem Bericht Anfang 1940 wurde die höhere Zahl einfach mit zehn multipliziert – wahrscheinlich auf Hitlers persönlichen Befehl.[66]

Anfang Dezember war die deutsche Presse voller bizarrer Anschuldigungen, unter anderem sollten britische Agenten die polnischen Mörder ausgebildet und befehligt haben. »Secret Service als Mordstifter«, lautete eine der Schlagzeilen.

> In Polen hat kein britischer Soldat gekämpft. Im Orient geschulte Aufwieglungsfachleute aber haben der polnischen Bevölkerung Instruktionen erteilt, wie sie als Hecken- und Dachschützen organisiert werden und den vorgehenden deutschen Truppen in den Rücken fallen können. London hat den Aufruf des polnischen Senders, der die Zivilbevölkerung Warschaus zum hinterhältigen Kampf gegen die reguläre deutsche Armee aufrief, nicht ohne Vorbedacht verbreitet ... Hierdurch hat London der Arbeit seiner Agenten in Polen eine Unterstützung zuteilwerden lassen, die ein Beweis mehr dafür ist, mit welcher Skrupellosigkeit Großbritannien fremde Völker für nackte Interessen der britischen Politik opfert.[67]

Die Ereignisse in Bromberg und all den anderen Orten, in denen Menschen deutscher Herkunft nach der Invasion getötet wurden, mussten nun als Bestätigung dessen herhalten, was die deutsche Presse während der Spannungen im Sommer über die heimtückische, barbarische und grausame Natur der polnischen Nation behauptet hatte. Dabei erwiesen sich Berichte von vorrückenden deutschen Truppen in den Briefen der Wehrmachtssoldaten als die beste Propaganda überhaupt. Aus Polen berichtete etwa Eberhard Gebensleben in der folgenden Woche seiner Großmutter von »dem furchtbaren Mord an unzähligen Tausend deutschen *Zivilisten* [Hervorhebung im Original] hier«:

> In jedem einzelnen Dorf, durch das wir marschierten, waren 30–40 Deutsche massakriert worden. Einige wurden exhumiert, andere lagen noch immer auf den Feldern neben der Landstraße. Männer, Frauen und Kinder. Es ist unbegreiflich, wie Menschen so etwas tun können. Sie sind keine Menschen und müssen entsprechend behandelt werden. Der Schmerz der Überlebenden! Wieder und wieder hören wir: »Wärt ihr doch bloß zwei Tage früher hier gewesen.« Jetzt, nach der militärischen Besetzung, ist natürlich alles ruhig. Aber es war schrecklich, Zeuge solcher Szenen zu werden, und sie rechtfertigen *sämtliche* Maßnahmen von unserer Seite.[68]

Die Geschichten über polnische Gräueltaten an den sogenannten Volksdeutschen in Bromberg und anderswo erwiesen sich für die Rechtfertigung des Krieges gegenüber den Deutschen im Reich als äußerst nützlich, und zwar so sehr, dass die von Goebbels inspirierte Presse Berichte über angebliche polnische Grenzverletzungen wie den Gleiwitz-Angriff still und heimlich begrub. Jedenfalls kam die deutsche Regierung nie mit den »polnischen Gefangenen« heraus, die angeblich in der Nacht vom 31. August auf den 1. September gemacht worden waren. Eine Kampagne im Februar 1940, in deren Mittelpunkt wiederum die Ausschreitungen von Bromberg standen, diente dazu, die systematischen Morde der Besatzer an Slawen und Juden in Polen (Tausende wurden allein in der unmittelbaren Umgebung von Bromberg als Rache für den »Blutsonntag« getötet) mit dem Spruch »Wie du mir, so ich dir« zu rechtfertigen. Ein von Goebbels beauftragtes Buch über die Morde von Bromberg von dem prominenten NS-Journalisten und Schriftsteller Edwin Erich Dwinger mit dem Titel *Der Tod in Polen. Die volksdeutsche Passion* wurde in einer Auflage von 150 000 Stück gedruckt. Dwinger führte darin die Gräueltaten als Beweis für die natürliche Minderwertigkeit der Polen an.

Der »Blutsonntag« von Bromberg sollte einerseits der internationalen Öffentlichkeit eine nachträgliche Rechtfertigung für den Krieg liefern, andererseits war er ein wichtiges Element in der letztlich erfolgreichen Kampagne des Regimes, die darauf abzielte, die Deutschen für einen Konflikt zu gewinnen, den sie ein Jahr zuvor ganz offensichtlich nicht gewollt hatten.

FAST JEDER, DER AM 3. SEPTEMBER 1939 in London war, erinnerte sich für den Rest seines Lebens daran, dass unmittelbar auf die Kriegserklärung des Premierministers ein Fliegeralarm folgte. Um 11.30 Uhr, kurz nachdem der Rundfunksprecher die Zuhörer darüber informiert hatte, wie sich der Alarm und die Entwarnung (und die Gaswarnung und so weiter) anhören würden, heulten die Sirenen auf. Viele dachten, dass die Deutschen nun mit ihrer viel gepriesenen Luftwaffe angreifen würden, schließlich hatten alle von den bombardierten polnischen Städten gehört. Es herrschte tiefes Entsetzen. Viele verbargen ihre Angst hinter ruhigem Gleichmut.

Howard Cowan hatte das Radio erst kurz nach der Rede des Premierministers eingeschaltet und wusste nichts von der aktuellen Entwicklung, bis in seiner Straße die Alarmsirenen aufheulten. Sein Bruder, mit dem er im selben Haus lebte, war gerade im Bad und

> kam schneller herausgestürzt, als er sich je in seinem Leben bewegt hat. Luftschutzhelfer rasen die Straßen rauf und runter – panisch, wie mir scheint –, und ich habe ein mulmiges Gefühl im Bauch. Das »Angriff vorüber«-Zeichen erklingt etwa dreißig Minuten später, und ich ahne, dass das Ganze nur eine Übung gewesen ist ... Später kommen meine Schwester und mein Schwager vorbei und beschließen, bei uns zu schlafen ...[69]

Irene Naylor, die an diesem Morgen ihre Evakuierten »sicher auf den Weg geschickt« hatte, befand sich noch in der Station East Acton, als die Sirenen losheulten. Sie und ihre Kollegen hatten gerade Chamberlains Rede (»Zum ersten Mal bin ich weitgehend einverstanden mit dem, was Chamberlain sagt.«) und die darauffolgenden Anweisungen für die öffentliche Sicherheit bis zum Ende gehört:

> Wir fragen uns, ob es sich wohl um eine Übung handelt, und beschließen dann, dass es ein echter Alarm sein muss. Wir verteilen uns in kleinen Gruppen im ganzen Gebäude. Ich gehe mit vier anderen hinunter in den Keller, wo ich zuvor gearbeitet habe. Einige von uns probieren ihre Gasmasken an und stellen die Riemen ein usw. Jemand zieht die Rollläden hoch. Wir sitzen dort und bleiben ruhig und fröhlich – mit einem leichten Anflug von Beklommenheit. Mein vorherrschendes Gefühl ist das der Bewunderung für die Gründlichkeit, mit der Hitler diesen passgenauen Angriff geplant haben muss. Als ich hinterher höre, dass das Ganze ein »Schmu« gewesen ist, bin ich richtig enttäuscht von ihm.[70]

Tatsächlich war es ein falscher Alarm, wie den Berichten der Royal Air Force zu entnehmen ist, und keine »Übung«, wie viele zunächst dachten. Der Alarm sei durch ein französisches Flugzeug ausgelöst worden, das auf dem Weg ins Vereinigte Königreich war, aber keinen Kampfplan eingereicht hatte.[71]

Falls es tatsächlich so gewesen sein sollte, ging der Alarm ungewöhnlich weit über London hinaus. Selbst in Gateshead, beinahe 480 Kilometer nördlich der Hauptstadt, berichtete eine 51-jährige Frau von einem Fliegeralarm direkt nach der Rede des Premierministers.

> Fliegeralarm. Wir sind erstaunt und blicken Richtung Meer nach draußen. Luftschutzhelfer kommt nach unten, um den Leuten zu sagen, sie sollen drinbleiben. Hubby wegen »Arbeitsmehrbelastung« [also Überstunden] im Büro in Birley. Fragt als Erstes, ob er mit dem Auto kommen und uns rausholen soll. Ich sage: »Ja, verdammt, lass uns zusehen, dass wir hier wegkommen!«[72]

Der Fliegeralarm konfrontierte die Briten vielleicht noch direkter als die Erklärung des Premierministers mit der Realität des Krieges. Für die behüteten Militiamen, die im Juli zu einer relativ harmlosen sechsmonatigen Ausbildung einberufen worden waren, sollte das Erwachen noch viel grausamer werden.

Die offizielle Kriegserklärung hatte zwei Effekte: Sie füllte die Kasernen mit Reservisten und Angehörigen der Territorialarmee, und sie beendete den bis dahin höchst privilegierten Status der Militiamen. Wie ihre Väter im letzten Krieg waren sie nun ganz normale Wehrpflichtige. Ivan Daunt erinnerte sich, dass er sich an diesem Morgen in der Maidstone-Kaserne in Kent zu seinem letzten Kirchgang als Militiaman fertig machte:

> Das wurde dann alles abgeblasen. Ich glaube, gegen 11 Uhr kam raus, dass man Deutschland den Krieg erklärt hatte. Etwa ein halbe Stunde später gingen, soweit ich mich erinnere, die Sirenen in Maidstone los. Wir tauchten in die Felder hinter den Baracken ab, nahmen unsere Positionen in den Gräben ein und hockten einfach da, bis die Sirenen ungefähr eine halbe Stunde später wieder losgingen und wir zurück auf unsere Stuben konnten.[73]

Es sollte schlimmer kommen. Später, zur Lunchzeit, »gingen wir zu unserem normalen Essensraum, aber wir wurden sofort rausgeschmissen und zu den Schuppen geschickt, wo wir anderes Essen bekamen. Die Reservisten trudelten ein und bekamen unsere Stuben.« Was die Feldwebel und Ausbilder anging, »fingen sie nun wirklich an, uns ranzunehmen«. In dieser Nacht kampierten die Wehrpflichtigen unter freiem Himmel im Hof. Später, als sich die Baracken unablässig mit neuen Reservisten und regulären Soldaten auf der Durchreise füllten, wurde Daunt nach Devon in ein reguläres Armee-Regiment verlegt. Er war nun »ein richtiger Soldat« und würde die Uniform nicht nur sechs Monate, sondern sechs Jahre tragen.

IN GROSSBRITANNIEN WIE IN DEUTSCHLAND wurde nach all dem Hin und Her des vergangenen Jahres die neue Lage im Allgemeinen akzeptiert. Enthusiasmus und dergleichen war jetzt unwichtig. Der Krieg war gekommen und musste gekämpft werden. Der stetige Fortschritt der Technik, der das Leben von Millionen Menschen so viel bequemer und aufregender gemacht hatte und den Frieden erstrebenswerter als je zuvor, sollte nun für tödliche Zwecke eingesetzt werden. Der Wettstreit zwischen Chaos und Kooperation auf internationaler Bühne war beendet; das Chaos hatte gesiegt. Mehr als fünfzig Millionen Europäer würden diesen Sieg mit dem Leben bezahlen.

Schon vor längerer Zeit war Erich Ebermayer für den Nachmittag des 3. September von einer adligen Familie, die in der Nähe wohnte, zum Kaffee eingeladen worden. Die Familie hatte ihn freundlich in seiner neuen Umgebung empfangen, es schienen angenehme Leute zu sein, weshalb Ebermayer sich trotz der Weltlage außerstande sah, die Einladung abzusagen. Der Besuch wirkte auf den kosmopolitischen und liberalen Intellektuellen dann aber äußerst ernüchternd, denn er sah sich mit grenzenloser, unkritischer Loyalität konfrontiert:

> Das Ergebnis ist erschütternd. Wie viel Dummheit! Welche Verblendung bei so kultivierten und eigentlich klugen Menschen! Nur bedingungsloser Glaube an den Führer, Beglückung, dass »endlich die Waffen sprechen«. Die Rede des Führers im Reichstag war die schönste seines Lebens. Der freche Überfall Polens auf unsere Grenze musste gebührend zurückgewiesen werden …
>
> Noch aufreizender als dieser politische Unsinn ist die persönliche Seite, und die ist sicher typisch für Millionen Gespräche in guten deutschen Familien an diesem Nachmittag: Der junge Baron wird sich schon in den nächsten Tagen freiwillig melden, seine Mutter, die Gräfin, ist stolz und glücklich, sein Freund ist ja bereits bei den Fallschirmjägern. Auch der Schwiegersohn der Gräfin, der Mann ihrer einzigen Tochter, ist schon zu den Waffen geeilt. Beinahe grotesk – aber auch der alte Graf, der sich den 80 nähert und als Gesprächspartner wegen fortgeschrittener Verkalkung kaum mehr in Frage kommt, lallt, er hoffe als Reserveoffizier bald an die Front hinaus zu kommen.[74]

Ebermayer hielt in seinem Tagebuch fest, dass er bei diesem Besuch sehr wenig sagte und aufbrach, sobald es die Höflichkeit erlaubte. Er hatte nicht vor, noch einmal Zeit mit diesen Leuten zu verbringen. »Es werden einsame Zeiten kommen«, schrieb er, »zumindest hier auf dem Land. In Berlin wird es anders sein. Da gibt es wohl doch noch Gleichgesinnte, mit denen man offen und vernünftig reden kann.«

Weit weg im fernen London fertigte der Schriftsteller George Orwell am Tag, als der Krieg erklärt wurde, einige trockene Notizen über die Stimmung in der britischen Hauptstadt an:

> Keine Panik, aber auch keine Begeisterung & in der Tat wenig Interesse. Der Sperrballon bedeckt ganz London & macht das Tieffliegen wohl ziemlich unmöglich. Beinahe vollständige Verdunkelung bei Nacht, aber Zuwiderhandlungen werden auch strikt bestraft. Die Evakuierung von 3 m. [Millionen] Menschen (allein 1 m. aus London) geht schnell voran. Deshalb Bahnverkehr etwas chaotisch.[75]

Zwei Tage später war Orwell wieder auf seinem kleinen Bauernhof in Wallington, Hertfordshire, mitsamt seinen Tagebuchaufzeichnungen über den Zustand und die Fortschritte seiner Blumen, Kräuter und Gemüse (»Frühkartoffeln ziemlich kümmerlich, nur 5 bis 6 Kartoffeln an jeder Pflanze, aber die späteren scheinen gut zu werden. Zwiebeln schön. Salatpflanzen alle vergammelt.«). Als leidenschaftlicher Antifaschist wollte der Schriftsteller eigentlich unbedingt zu den Kriegsanstrengungen beitragen, doch noch hatte er kein Angebot von der Regierung erhalten. Er war bei schlechter Gesundheit und sollte es für den Rest seines recht kurzen Lebens bleiben. Einem Freund sagte er: »Wegen meiner Lunge wollen sie mich in der Armee im Moment auf keinen Fall haben.«[76]

Weiter unten auf der sozialen Stufenleiter war die Frage der Verwendung im Kriegseinsatz von größerer Dringlichkeit. Wie der »Neue« in E. Webbs Bericht aus Bristol erfahren musste, konnte ein Krieg das eigene Schicksal rasch wenden. Nach dem Telefonat, das nur wenige Minuten nach Chamberlains Rede erfolgt war, saß er nun ohne Job in Bristol fest. Jemand aus seiner Unterkunft hatte ihm empfohlen, sich bei den »Aeroworks« im fünf Kilometer entfernten Filton zu bewerben, und der junge Mann war begeistert darauf eingegangen. Die militärische Luftfahrt musste ja ein wachsender Industriezweig sein.

Die »Aeroworks« im ganzen Land sollten bei den britischen Kriegsanstrengungen eine bedeutende Rolle spielen. Sie bauten eine enorme Luftstreitkraft auf, die viel aus den Angriffen der Luftwaffe auf Polen und später auf Städte in Holland und Großbritannien wie Rotterdam, London und Coventry lernen sollte. Am 1. September hatte Präsident Roosevelt an die europäischen Mächte appelliert, sich mit Luftschlägen zurückzuhalten. Alle hatten (unter den üblichen Vorbehalten) zugestimmt, was sie aber schon bald vergessen zu haben schienen, allen voran Deutschland, aber später auch Großbritannien.

Die »Aeroworks« in Großbritannien, Kanada und den USA sollten unglaubliche Mengen an Spreng- und Brandbomben bereitstellen, die es den Alliierten erlaubten, den Luftkrieg über Hamburg, Kassel, dem Ruhrgebiet, Berlin und schließlich Dresden mit einer bis dahin nicht gekannten Zerstörungskraft zu führen. Während die Brutalität der Nationalsozialisten und ihre moralische Rücksichtslosigkeit von Anfang an nicht zu übersehen waren, dauerte es auf Seiten der Alliierten einige Zeit, bis auch sie Grenzen überschritten, von denen die unschuldigen Zivilisten des Jahres 1939 geglaubt hatten, dass sie sie niemals überschreiten würden.

Am Ende folgten die Deutschen dem von Hitler vorbestimmten Weg mit großer Ausdauer und so weit, wie niemand es im Herbst 1938 für möglich gehalten hätte, als sie die Kriegspläne ihres »Führers« noch mit mürrischer

Abneigung durchkreuzt hatten. Doch dann prasselte eine geballte, skrupellose und verlogene Propagada ohne Unterlass Tag für Tag mit Macht auf sie ein, eine Kampagne, wie man zuvor noch keine erlebt hatte – und viele, wenn nicht die meisten, knickten ein.

TROTZ – ODER IN GEWISSER WEISE GERADE WEGEN – der oberflächlichen Ruhe, die die britische Öffentlichkeit in den Tagen um den Kriegsausbruch zu bewahren vermochte, erlebte die Nation ihr »großes Hunde- und Katzen-Massaker«. Die Tierärzte wurden mit Bitten um Einschläferungen geradezu überrannt:

> Am ersten Kriegswochenende taten die Leute so »dies und das«. Unter anderem schickten sie ihre Kinder in die scheinbare Sicherheit ländlicher Gegenden, schneiderten Verdunkelungsvorhänge, gruben Blumenbeete um, um daraus Gemüsebeete zu machen – und ermordeten ihre Haustiere.[77]

In den ersten vier Septembertagen des Jahres 1939 wurden allein in London 400 000 Haustiere – Katzen und Hunde – auf Anweisung oder eigenhändig von ihren menschlichen Freunden getötet. Das entsprach etwa einem Viertel aller Haustiere in der Hauptstadt des Vereinigten Königreichs.

Es gibt keine Berichte von einem ähnlichen Phänomen in Deutschland, wo man angeblich nicht so »vernarrt in Tiere« war wie in Großbritannien.

IN DEM ROMAN *Hangover Square* des britischen Autors Patrick Hamilton wird das Motiv des Mordes eingesetzt, um den finalen Todeskampf eines Jahrzehnts zu charakterisieren, das der Dichter Auden einmal als »niedrig und unehrlich« bezeichnet hat. Auf den letzten Seiten fallen die letzten 72 Stunden des Friedens mit der letzten Reise des Antihelden George Harvey Bone zusammen. Dieser schlurfende, gutmütige Alkoholiker, der immer öfter schizophrene Phasen durchlebt, in denen er sich zum Morden aufgelegt fühlt, dreht nämlich schließlich durch und tötet in einem Zustand der Dissoziation das Objekt seiner sexuellen Obsession, Netta Longdon, und ihren schmierigen, faschistischen Freund. Zu Fuß flieht er aus London in das knapp fünfzig Kilometer entfernte ruhige Maidenhead an der Themse. Hier, so glaubt er in seinem wirren Kopf, wird er die Seelenruhe finden, die ihm in London nicht vergönnt war.

Während seiner Wanderung nimmt er noch bruchstückhaft die Endphase der Krise auf und hört in einer schäbigen Gaststätte in der Nähe seines Ziels Chamberlains Kriegserklärung im Radio. 24 Stunden später ist auch sein persönliches Ultimatum abgelaufen. Völlig pleite und ohne den Trost, den er sich von seinem neuen »Paradies« an der Themse erhofft hatte, wo die Leute sich als genauso unfreundlich erweisen wie überall sonst, sucht Bone den Tod und dreht in seiner billigen Absteige den Gashahn auf. Trotz des schrecklichen Endes erfährt Bones Schicksal in der Presse wenig Aufmerksamkeit. Der Schrecken des Krieges übertrumpft alles.

Die schrecklichen Morde in Deutschland waren keine Fiktion. Johann Eichhorn, »die Bestie von Aubing«, hatte im Spätsommer die brutalen Verbrechen gestanden, die er über viele Jahre hinweg begangen hatte, und hoffte seither, als »vermindert schuldfähig« eingestuft zu werden. Ende November 1939 wurde er vor einem »Sondergericht« als »Volksschädling« angeklagt. Der Prozess fand unter Ausschluss der Öffentlichkeit statt, doch in der Münchner Lokalpresse wurde ausführlich darüber berichtet. Diesen Berichten zufolge zog Eichhorn sein Geständnis zurück, als er erfuhr, dass seinem Gesuch um Strafmilderung nicht stattgegeben werden würde. Nun gestand er wohl in einer letzten, verzweifelten Hoffnung auf Milde alle Morde und Vergewaltigungen. Am 30. November wurde er zum Tode verurteilt und schon am folgenden Tag im Gefängnis Stadelheim enthauptet. Seine Frau Josefa hatte sich längst von ihm scheiden lassen und mit ihren Kindern unter einem anderen Namen ein neues Leben begonnen.[78]

Ein Mann wie Johann Eichhorn, bei dem es sich um einen der brutalsten und im hohen Maße geistesgestörten Serienmörder des Jahrhunderts handelte, kam dem Regime, unter dem er gelebt und sich entwickelt hatte, äußert ungelegen. So umfassend vertuscht, wie oft behauptet wurde, hat man den Fall jedoch nicht, denn in der Lokalpresse wurde über den Prozess durchaus berichtet, und die Hinrichtung wurde landesweit unter der regelmäßig erscheinenden Rubrik »Vollstreckte Todesurteile« in den Zeitungen publik gemacht. Diese kurzen Beiträge, die den Pressemitteilungen des Deutschen Nachrichtenbüros entnommen waren, bestanden in der Regel nur aus einem einzigen Satz.

Die *Freiburger Zeitung* meldete Eichhorns Hinrichtung am 2. Dezember 1939 in einer Randspalte (nur der Satz »In vier Fällen hat er dabei seine Opfer in bestialischer Weise ermordet« enthielt einen Hinweis darauf, dass es sich hierbei um einen außergewöhnlichen Fall handelte).[79]

In der *Rheinsberger Zeitung* aus Brandenburg war die am selben Tag erscheinende Notiz über die Hinrichtung des Mörders mit der in der *Freiburger Zeitung* identisch, aber die Stelle, an der sie zu finden war, war höchst interessant. Direkt darüber konnte man nämlich einen längeren und sehr anschaulichen Artikel unter der Schlagzeile »Zweimal zum Tode verurteilt. Wieder eine polnische Mordbestie vor Gericht« lesen.[80] Ein polnischer Feldwebel war schuldig gesprochen worden, während der hastigen Evakuierung der Stadt Grodzisk Mazowiecki, westlich von Warschau, einen polnischen Deserteur und einen deutschen Kriegsgefangenen (einen abgeschossenen Luftwaffenpiloten) in ihrer gemeinsamen Zelle im Gefängnis erschossen zu haben. Das Regime hatte nun neue »Monster«, die es diffamieren konnte, und sie waren keine Deutschen.

AM 2. SEPTEMBER BRACH ANN MAGNUS im ländlichen Essex zu einem Übernachtungsbesuch bei ihrer Schulfreundin auf. Ann war das englische Mädchen, das im Jahr zuvor während der Sudetenkrise mit seinem Vater im Garten gestanden und die weit entfernten Suchscheinwerfer beobachtet hatte, die über dem nächtlichen London getestet wurden. Das Haus ihrer Freundin war ein paar Kilometer entfernt, die das pferdenärrische Mädchen auf seinem Pony zurücklegen wollte.

Ann und ihr friedliches Tier trotteten über die ruhigen, sonnenbeschienenen Straßen, auf denen in diesen Tagen kaum Verkehr herrschte, so dass ihre Eltern ganz beruhigt sein konnten. Das Pony kannte den Weg, weil die beiden ihn schon oft zurückgelegt hatten. Und so holte Ann, als sie am Vorabend des größten Krieges, den die Welt je gesehen hat, unterwegs zu ihrer Freundin war, ein Buch aus der Tasche, das sie seit Tagen atemlos verschlang, legte es auf die Mähne des Ponys und las darin. Bei dem Roman, der gerade verfilmt worden war, handelte es sich um den spektakulärsten Bestseller der Zeit. Es war Margaret Mitchells *Vom Winde verweht*.[81]

ANHANG

Dank

Mein herzlicher Dank gilt wie immer meiner Agentin Jane Turnbull und meiner Verlegerin Georgina Morley bei Picador für ihr unermüdliches Engagement. Claus Christian Malzahn teilte mit mir seine journalistischen Erfahrungen und lenkte meine Aufmerksamkeit auf das Otto-Dibelius-Stift in Berlin, wo ich die Ehre hatte, so manches faszinierende und oft bewegende Gespräch mit einer Gruppe lebhafter Zeitzeugen zu führen. Mein großzügiger Freund Richard Thomas stellte mir für die Dauer meines Berliner Aufenthalts seine schöne Wohnung zur Verfügung. In München war Roswitha Arenz mir eine freundliche Ratgeberin. In Koblenz waren meine Gastgeber Dr. Helmut Schnatz und Frau Ursula Schnatz mir jederzeit behilflich.

Allen, die bereit waren, sich für dieses Buch befragen zu lassen, und den freundlichen Mitarbeitern der von mir besuchten Archive in Deutschland wie in Großbritannien – vor allem den Mitarbeitern des Deutschen Tagebucharchivs in Emmendingen – danke ich von Herzen. Last, but not least möchte ich Ditta Ahmadi vom Siedler Verlag danken, die mit freundlicher Entschlossenheit, Stilsicherheit und editorischem Können dafür gesorgt hat, dass die deutsche Ausgabe meines Buches rechtzeitig fertig wurde.

Anmerkungen

September 1938

1 Interview des Autors mit Ann Forman, geborene Magnus, Hayle, Cornwall, 3. Februar 2017.

2 Diese Äußerungen und der folgende Bericht über die Vorgänge auf dem Wilhelmplatz stammen aus Ruth Andreas-Friedrichs Tagebuchaufzeichnungen, die kurz nach dem Krieg publiziert wurden. Siehe Ruth Andreas-Friedrich, *Der Schattenmann, Tagebuchaufzeichnungen 1938–1945*, Neudruck Berlin 1983, S. 10ff. Eine Aufschlüsselung der realen Identitäten der Personen in Andreas-Friedrichs Freundeskreis findet sich in: Lillian Leigh Westerfield, *»This Anguish, Like a Kind of Intimate Song«: Resistance in Women's Literature of World War II*, Amsterdam/New York 2004, S. 81f.

3 Heinrich August Winkler, *Der lange Weg nach Westen: Deutsche Geschichte vom ›Dritten Reich‹ bis zur Wiedervereinigung*, München 2010, S. 61.

4 David Dilks (Hg.), *Diaries of Sir Alexander Cadogan, 1938–1945*, London 1971, S. 109, Eintrag vom 27. September 1938. Cadogan war Ständiger Unterstaatssekretär für auswärtige Angelegenheiten, der ranghöchste Beamte im Foreign Office.

5 Ebenda, S. 107, Eintrag vom 27. September.

6 Siehe Lynne Olson, *Troublesome Young Men: The Rebels who Brought Churchill to Power in 1940 and Helped Save Britain*, London 2007, S. 25f.

7 Ebenda, S. 170f.

8 Dilks (Hg.), *Diaries of Sir Alexander Cadogan*, S. 109, Eintrag für den 28. September 1938.

9 Andreas-Friedrich, *Der Schattenmann*, S. 15f. Dort auch die Gedanken der Autorin nach Simonis' Enthüllungen.

10 Siehe Patricia Meehan, *The Unnecessary War: Whitehall and the German Resistance to Hitler*, London 1992, S. 162.

11 Interview mit Professor Eckart Conze, der das deutsche Auswärtige Amt während des Zweiten Weltkriegs als eine »verbrecherische Organisation« bezeichnet hat. »Spiegel-Gespräch: ›Verbrecherische Organisation‹«, in: *Der Spiegel*, 25. Oktober 2010, http://www.spiegel.de/spiegel/print/d-74735290.html – zuletzt aufgerufen am 28. Mai 2019.

12 Einträge für den 6. und 7. September in: Dilks (Hg.), *Diaries of Sir Alexander Cadogan*, S. 94f. »Ich werde wahrscheinlich nie in der Lage sein, seinen Namen einzufügen«, schrieb Cadogan. »Das Leben des Mannes steht auf dem Spiel, und ich kann es nicht gefährden, indem ich seinen Namen zu Papier bringe. Ich habe den Namen *niemandem* verraten und werde es auch in Zukunft nicht tun.«

13 Laut seiner eigenen Aussage beim Nürnberger Prozess gegen Mitglieder des Auswärtigen Amts einschließlich seines Chefs Ernst von Weizsäcker sagte Kordt ferner zu Halifax: »Ich bin in der Lage, Ihnen zu versichern, dass die politischen und militärischen Kreise,

für die ich spreche, ›sich waffnend gegen eine See von Plagen, durch Widerstand sie enden‹ werden ... die Führer des Heeres sind bereit, gegen die Politik Hitlers Widerstand zu leisten. Eine diplomatische Niederlage würde für Deutschland einen ernsten politischen Rückschlag und praktisch den Sturz des Regimes bedeuten.«. Zitiert in: Meehan, *The Unnecessary War*, S. 153. Nach Conze sind einige dieser Nachkriegsaussagen nicht verlässlich, weil sie im Rahmen eines organisierten Versuchs gemacht wurden, Weizsäcker vor einer Gefängnisstrafe zu bewahren und den Ruf des Auswärtigen Amts der Hitler-Ära zu retten. Viele Beamte erhofften sich davon, ihre Laufbahn im Nachkriegsdeutschland fortsetzen zu können (Eckart Conze in: »Spiegel-Gespräch: ›Verbrecherische Organisation‹«). Weizsäcker wurde zu sieben Jahren Haft verurteilt, aber bereits nach Verbüßung eines geringen Teils dieser Strafe aus der Haft entlassen.

14 Mass Observation Archive (Online) 5090 (L. Grugeon), Bericht für den 28. September 1938, eingereicht am 4. Oktober 1938.

15 Mass Observation Archive (Online) 5292 (E. Crowfoot), Bericht für den 20. September 1938.

16 Mass Observation Archive (Online) 1557 (G. Hickling), Berichte für 26. bis 29. September 1938.

17 Mass Observation Archive (Online) 1078 (C. Miller), Bericht für den 20. September 1938. Dort auch die Bemerkung über den Bau eines Grabens.

18 Mass Observation Archive (Online) 1557 (G. Hickling).

19 Wilm Hosenfeld, *»Ich versuche jeden zu retten.« Das Leben eines deutschen Offiziers in Briefen und Tagebüchern*, hg. von Thomas Vogel, München 2004, S. 236, Tagebucheintrag für den 26. September 1938.

20 Ebenda, Tagebucheintrag für den 27. September 1938.

21 Ebenda, Tagebucheintrag für den 28. September 1938.

22 Deutsches Tagebucharchiv, Emmendingen, Katalogsignatur 1512, 4, O.T. (anonymisiert), Tagebuch 1938–1945, Eintrag für den 29. September 1938. Am Anfang des Monats hatte das faschistische Regime in Rom als Zeichen seiner wachsenden Übereinstimmung mit den Nazis verkündet, dass keine jüdischen Einwanderer mehr aufgenommen würden und alle Juden, die sich seit 1919 in Italien angesiedelt hatten, das Land verlassen müssten.

23 Erich Ebermayer, *»... und morgen die ganze Welt«. Erinnerungen an Deutschlands dunkle Zeit*, Bayreuth 1966, S. 298, Tagebucheintrag für den 26. September 1938 (abends), und S. 299f., Tagebucheinträge für den 28. September (mittags). Ebermayer redigierte und schliff sein Tagebuch nach dem Krieg, als er wegen seiner Aktivitäten unter dem Naziregime viel zu erklären hatte. Deshalb sind die Aufzeichnungen mit einer gewissen Vorsicht zu genießen. Sie bieten jedoch fantastische Einsichten in die Überlebenstechniken eines politisch »halb-distanzierten« Mitglieds der kulturellen Elite jener Zeit. Bouhler war als »Euthanasie-Beauftragter« Hitlers u. a. für die »Aktion T4« verantwortlich, bei der gegen Behinderte erstmals Giftgas als Instrument des Massenmords zum Einsatz kam. Später wurden bekanntermaßen auch Juden und »Zigeuner« und andere »rassisch Unerwünschte« mit dem Gift ermordet. Bouhler beging im Mai 1945 in amerikanischer Haft Selbstmord.

24 Dilks (Hg.), *Diaries of Sir Alexander Cadogan*, S. 110.

25 Giles MacDonogh, *1938: Hitler's Gamble*, London 2010, S. 238.

26 Richard J. Evans, *Das Dritte Reich*, Bd. 2: *Diktatur*, München 2006.
27 MacDonogh, *1938: Hitler's Gamble*, S. 238.
28 Siehe David Faber, *Munich: The 1938 Appeasement Crisis*, London 2009, S. 409.
29 Ebenda, S. 413.
30 Eine Diskussion dieses diplomatischen Zugzwangs findet sich in: Wilhelm Deist, Manfred Messerschmidt, Hans-Erich Volkmann und Wolfram Wette, *Das Deutsche Reich und der Zweite Weltkrieg*, Band I: *Ursachen und Voraussetzungen der deutschen Kriegspolitik*, Stuttgart 1979, S. 656.
31 Zitiert in: Faber, *Munich*, S. 416.
32 Siehe »An Anglo-German Pledge«, in: *Manchester Guardian*, 1. Oktober 1938. Sechzig Jahre zuvor, im Jahr 1878, war der britische Premierminister Benjamin Disraeli nach der Unterzeichnung eines Vertrags aus Berlin zurückgekehrt, der den langwierigen russisch-türkischen Konflikt auf dem Balkan (vorübergehend) entschärfte (und nebenbei Großbritannien die Insel Zypern als Kolonie und Militärbasis im östlichen Mittelmeer verschaffte).
33 Dilks (Hg.), *Diaries of Sir Alexander Cadogan*, S. 110f. Dort auch sein Kommentar zu Chamberlains Äußerungen auf dem Flugplatz.
34 Ralf Georg Reuth (Hg.), *Joseph Goebbels, Tagebücher*, Bd. 3: *1935–1939*, München 2000, S. 1278, Eintrag für den 2. Oktober 1938. Goebbels' Einträge sind immer einen Tag nach den beschriebenen Ereignissen datiert.
35 Andreas-Friedrich, *Der Schattenmann*, S. 15f., Eintrag zum 29. September 1938.
36 Siehe Berichte von 1938 für die sozialdemokratische Partei im Exil, nachgedruckt in: *Deutschland-Berichte der Sozialdemokratischen Partei Deutschlands (Sopade) 1934–1940*, Fünfter Jahrgang 1938, Salzhausen/Frankfurt am Main 1980, S. 953 (mit fotografischen Illustrationen zu den betroffenen Zeitungen, S. 954–957).
37 Heinz Boberach (Hg.), *Meldungen aus dem Reich. Die geheimen Lageberichte des Sicherheitsdienstes der SS, 1938–1945*, Bd. 2, Herrsching 1984, S. 72 (Jahreslagebericht 1938).
38 Bericht des Parteimitglieds Mauersberger an Untersturmführer Dr. Martin Seyfert, Leiter der SD-Außenstelle Grimmau, 22. September 1938, in StA Leipzig, Bestand 21117 Sicherheitsdienst des Reichsführers SS, SD-Abschnitt Leipzig Nr. 6.

Oktober 1938

1 Deutsches Tagebucharchiv, Emmendingen, Katalogsignatur 975,2, Hilde, Maud H., geb. 1922, »My last Christmas in pre-war London in 1938« (geschrieben im Januar 1997).
2 Dee Moss, Oral History recording 1999 des Imperial War Museum – IWM (Catalogue 19862 Reel 1).
3 Vera Ines Morley Elkan, Oral History recording 1996 des IWM (Catalogue 16900 Reel 5).
4 George Patrick John Rushworth Jellicoe, Oral History recording 1993 des IWM (Catalogue 13039 Reel 1).
5 Siehe Olson, *Troublesome Young Men*, S. 140ff.
6 Sir Alexander Cadogan, offensichtlich kein Fan von Cooper, kommentierte seinen Rücktritt knapp in seinem Tagebuch: »Gut, dass wir den schlimmen Taugenichts los sind«, Dilks (Hg.), *Diaries of Alexander Cadogan*, S. 111.
7 Geoffrey Cox, *Countdown to War: A Personal Memoir of Europe, 1938–1940*, London 1988, S. 41.

8 Siehe Rüdiger Suchsland, »Disney in Naziland«, in: *Jüdische Allgemeine Zeitung*, 20. August 2015, http://www.juedische-allgemeine.de/article/view/id/23112 – zuletzt aufgerufen am 28. Mai 2019.

9 *Daily Express*, 30. September 1938, S. 1.

10 »A New Dawn«, in: *The Times*, 1. Oktober 1938, S. 13.

11 John Masefield, »Neville Chamberlain«, in: *The Times*, 16. September 1938, S. 13.

12 Brief von Neville an Hilda Chamberlain, 15. Oktober 1938, in: Robert Self (Hg.), *The Neville Chamberlain Diary Letters*, Bd. 4: *The Downing Street Years, 1934–1940*, Aldershot 2005, S. 362. Dort auch die Bemerkung über seine Popularität in Deutschland.

13 Brief von Minna von Alten an ihre Enkelin Irmgard Brester, Braunschweig, 4. Oktober 1938, in: Hedda Kalshoven (Hg.), *Ich denk so viel an Euch. Ein deutsch-holländischer Briefwechsel 1920–1949*, München 1995, S. 289.

14 Deutsches Tagebucharchiv, Emmendingen, Katalogsignatur 1512, 4, O.T. (anonymisiert) (1914–1997), Tagebuch 1938–1945, Eintrag für den 2. Oktober 1938.

15 Count Galeazzo Ciano, *Tagebücher 1937/1938*, Hamburg 1949, S. 240.

16 Siehe Rudolf Jaworski, »Die Sudetendeutschen als Minderheit in der Tschechoslowakei 1918–1938«, in: Wolfgang Benz (Hg.), *Die Vertreibung der Deutschen aus dem Osten. Ursachen, Ereignisse, Folgen*, Frankfurt am Main 1985, S. 43.

17 Helmuth Groscurth, *Tagebücher eines Abwehroffiziers 1938–1940. Mit weiteren Dokumenten zur Militäropposition gegen Hitler*, hg. v. Helmut Krausnick und Harold C. Deutsch unter Mitarbeit von Hildegard von Kotze, Stuttgart 1970, S. 104, Eintrag für den 27. August 1938.

18 Siehe ebenda, Einträge für den 2. September 1938 (»Der Führer hat angeordnet, dass am Sonntag die von der SdP beabsichtigten Zwischenfälle in der CSR durchgeführt werden sollen.«); 11. September 1938 (»Neue Zwischenfälle in der CSR. Die Tschechen bewahren fast völlige Ruhe – auf die Provokationen wird nicht angebissen.«); 23. September 1938 (»Freikorps hat kein Geld. Fordert 100 000 RM täglich. Admiral [Groscurths Vorgesetzter Canaris] erreicht Bereitstellung des Geldes.«).

19 Ebenda, S. 124, Eintrag für den 24. September 1938.

20 Rudolf Jaworski, »Die Sudetendeutschen als Minderheit in der Tschechoslowakei 1918–1938«, in: Benz (Hg.), *Die Vertreibung der Deutschen aus dem Osten*, S. 35.

21 Katerina (Käthe) Fischel (geb. Strenitz), Oral History recording 2000 des IWM (Catalogue 20128 Reel 1).

22 Siehe Angela Hermann, *Der Weg in den Krieg 1938/39: Quellenkritische Studien zu den Tagebüchern von Joseph Goebbels*, München 2011, S. 222f. und Anmerkungen.

23 Siehe Berichte für Oktober 1938, »Die allgemeine Situation in Deutschland«, in: *Deutschland-Berichte der Sozialdemokratischen Partei Deutschlands (Sopade) 1934–1940*, Fünfter Jahrgang 1938, S. 1040f.

24 Franz Fühmann, *Das Judenauto*, Berlin(Ost)/Weimar 1969, S. 31 und 38ff.; auch die folgenden Zitate. Fühmann (1922–1984) wechselte nach dem Krieg vom Nationalsozialismus zum Kommunismus. Er wurde wie die meisten Sudetendeutschen vertrieben und in der DDR ein prominenter Schriftsteller. In seinen letzten Lebensjahren brachte er in Bezug auf das kommunistische Regime eine wachsende Desillusionierung zum Ausdruck.

25 Geoffrey Cox, damals Korrespondent des *Daily Express* in Prag, berichtete, dass der SdP-Führer Henlein am 12. September Gespräche mit Lord Runciman, dem von der britischen

Regierung nach Prag entsandten Vermittler, mit der Begründung abgesagt habe, in Eger habe ein schreckliches Massaker »mit Hunderten Toten, größtenteils Kindern« stattgefunden. Siehe Cox, *Countdown to War*, S. 67. Cox (1910–2008) diente seiner Heimat Neuseeland während des Krieges als Soldat und Diplomat, machte später Karriere bei den britischen Fernsehnachrichten und wurde für seine außerordentlichen Leistungen in diesem Bereich zum Ritter geschlagen.

26 »›Herr Hitler at Eger‹«, von unserem Sonderkorrespondenten, in: *The Times*, 4. Oktober 1938, S. 14.

27 Katerina (Käthe) Fischel (geb. Strenitz), Oral History recording 2000 des IWM (Catalogue 20128 Reel 1).

28 Anton Weleminsky, Oral History recording 1996 des IWM (Catalogue 16580 Reel 1).

29 Bericht für Oktober 1938, »Die allgemeine Situation in Deutschland«, in: *Deutschland-Berichte der Sozialdemokratischen Partei Deutschlands (Sopade) 1934–1940*, Fünfter Jahrgang 1938, S. 1041. Die große Stadt Reichenberg im böhmischen Norden in der Nähe der schlesischen Grenze war der Geburtsort des SdP-Führers Henlein. Neuern was eine kompakte Industriestadt im böhmischen Südwesten mit einer blühenden Optikindustrie.

30 Siehe Groscurth, *Tagebücher eines Abwehroffiziers*, S. 132f., Eintrag für den 3. Oktober 1938. In seinem Gespräch mit Senator Frank, dem relativ gemäßigten Kreisleiter der SdP, musste Groscurth sich bittere Klagen anhören, dass seit dem Einmarsch 200 Mitglieder des von ihm persönlich aufgestellten Freikorps »von den Lausbuben der Gestapa« festgenommen worden seien, weil Zweifel an ihrer absoluten Loyalität zum Großdeutschen Reich bestanden. Im sächsischen Dresden, jenseits der Grenze, fanden Prozesse statt, in denen den betroffenen SdP-Mitgliedern auch homosexuelle Aktivitäten vorgeworfen wurden. Zwar wurden die meisten der schließlich 300 Angeklagten am Ende lediglich degradiert oder aus der Partei ausgeschlossen, einige jedoch, darunter Walter Brand, Führer der Fraktion der SdP, die den Anschluss des Sudetenlands an das Reich abgelehnt hatte, kamen bis zum Kriegsende in verschiedene Konzentrationslager.

31 »For the Women of England Eileen Ascroft Writes this Letter«, in: *Daily Mirror*, 1. Oktober 1938, S. 9. Eileen Ascroft (1914–1962) war mit dem Filmregisseur Alexander Mackendrick verheiratet und sollte später den Pressemagnaten Hugh Cudlipp heiraten, der damals gerade Chefredakteur des *Sunday Pictorial* geworden war, einen sehr mächtigen Mann im Frauen- und Modejournalismus.

32 Zitiert in: Robert Beaken, *Cosmo Lang: Archbishop in War and Crisis*, London 1988, S. 184.

33 »19 Jews Die in Arab Raid«, in: *Daily Mirror*, 4. Oktober 1938, S. 5.

34 Winston Churchills Rede ist verfügbar bei Hansard Online, HC Deb 05 Oct. 1938, vol. 339, S. 360.

35 Siehe Olsen, *Troublesome Young Men*, S. 151f.

36 »November General Election is Likely«, in: *Daily Express*, 4. Oktober 1938, S. 1.

37 Cox, *Countdown to War*, S. 80.

38 Berichte von Mass-Observation, zitiert in: Russell Wallis, *Britain, Germany and the Road to the Holocaust*, London 2014, S. 183ff.

39 Zitiert in: Juliet Gardiner, *The Thirties: An Intimate History*, London 2011, S. 727.

40 Siehe Richard M. Watt, *Bitter Glory. Poland and its Fate 1918–1939*, New York 1988, S. 386.

41 Dilks (Hg.), *Diaries of Sir Alexander Cadogan*, S. 111, Eintrag für den 1. Oktober 1938. Oberst

Józef Beck war von 1932 bis 1939 polnischer Außenminister und hielt sich streng an den Wahlspruch »Polen zuerst«, eine Politik, mit der er sich und seinem Land wenig Freunde machte.

42 Der Ladenbesitzer »Hennes« in: Christel Pütz, »Tante-Emma-Laden – einst und heute«, in: *Gester an Hätt, Heimatkundliche Zeitschrift*, Jahrgang 11 (1988), Heft Nr. 22.

43 Fühmann, *Das Judenauto*, S. 52.

44 Ebermayer, »*... und morgen die ganze Welt*«, S. 305f.

45 Andreas-Friedrich, *Der Schattenmann*, S. 18.

November 1938

1 »David Walker's Talking Shop«, in: *Daily Mirror*, 8. Juli 1938.

2 Für eine ähnlich klare Analyse siehe: David B. Green, »This Day in Jewish History/1938: ›Nations Discuss Jewish Refugees, Get Nowhere, But Then They Hadn't Planned To‹«, in: *Haaretz*, 6. Juli 2015.

3 Als Golda Meir wurde sie später israelische Ministerpräsidentin. Golda Meir, *Mein Leben*, Hamburg 1975, S. 158.

4 Siehe http://fortune.com/2015/11/18/fortune-survey-jewish-refugees – zuletzt abgerufen am 29. Mai 2019. Artikel über eine Umfrage der Zeitschrift zur Politik der Regierung Roosevelt im Juli 1939, einschließlich der Frage nach den Flüchtlingen (am Ende der Seite).

5 Siehe »A Jewish Refugee on Caribbean Shores«, in: *Haaretz*, 22. Juli 2013.

6 »After Evian«, in: *Manchester Guardian*, 16. Juli 1938; »Finding Homes for Refugees: Committee's Task«, in: *Manchester Guardian*, 17. Juli 1938.

7 Zitiert in: Hermann, *Der Weg in den Krieg 1938/39*, S. 328. Dort auch die Zahlen zu den bei der Operation deportierten Juden.

8 Siehe »Nazi Guns Forced Jews into Poland«, in: *New York Times*, 1. November 1938.

9 Einige der Juden durften vorübergehend zurück nach Deutschland, um ihre Angelegenheiten zu ordnen, und die Polen erlaubten den Deportierten, sich etwas bessere Unterkünfte zu suchen, auch wenn sie das eigentliche polnische Territorium weiterhin nicht betreten durften. Tausende saßen immer noch im Niemandsland fest, als die Deutschen gut zehn Monate später in Polen einmarschierten. Die meisten wurden schließlich in Konzentrationslager gebracht und ermordet.

10 SD-Hauptamt II 112, Bericht für Oktober 1938, in: Otto Dov Kulka und Eberhard Jäckel (Hg.), *Die Juden in den geheimen NS-Stimmungsberichten 1933–1945*, Düsseldorf 2004, S. 297.

11 SD-Berichte (Außenstelle Hanau) Nr. 325, 326, 327 (15., 23. und 27. Mai 1938), in: ebenda, S. 275f.

12 Siehe Peter Longerich, *Joseph Goebbels: Biographie*, München 2010, S. 379f. Siehe auch Reuth (Hg.), *Joseph Goebbels, Tagebücher*, Bd. 3, S. 1228, Eintrag für den 22. Juni 1938. Goebbels gab für die stümperhafte Aktion dem Berliner Polizeipräsidenten Wolf-Heinrich von Helldorff die Schuld, der 1944 für seine Beteiligung an der Verschwörung des 20. Juli hingerichtet werden sollte.

13 Regierungspräsident Pfalz, Bericht für Oktober 1938, »Innenpolitische Lage und öffentliche Sicherheit: Juden«, Speyer, 9.11.1938, in: Kulka/Jäckel (Hg.), *Die Juden in den geheimen NS-Stimmungsberichten 1933–1945*, S. 301ff.

14 SD Hauptamt II 1, Jahresbericht der Zentralabteilung II 1, in: ebenda, S. 300.

15 Zitiert in: Alan E. Steinweis, »The Trials of Herschel Grynszpan: Anti-Jewish Policy and German Propaganda, 1938–1942«, in: *German Studies Review*, Bd. 31, Nr. 3 (Oktober 2008), S. 472.

16 Andreas-Friedrich, *Der Schattenmann*, S. 25ff., Tagebucheinträge für den 8. und 9. November 1938.

17 Ebenda, S. 27ff., Tagebucheintrag für den 10. November 1938. Dort auch der folgende Abschnitt.

18 Longerich, *Goebbels*, S. 395.

19 Reuth (Hg.), *Joseph Goebbels, Tagebücher*, Bd. 3, S. 1281, Eintrag für den 10. November 1938. Siehe auch Longerich, *Goebbels*, S. 395.

20 Siehe Reuth (Hg.), *Joseph Goebbels, Tagebücher*, Bd. 3, S. 1282, Fußnote 131.

21 Zur Wichtigkeit von Lutze siehe Alexander Korb, *Reaktionen der deutschen Bevölkerung auf die Novemberpogrome im Spiegel amtlicher Berichte*, Saarbrücken 2007, S. 1f.

22 *Pommersche Zeitung*, 11. November 1938, S. 11, unter der Rubrik »Stettin und Vororte«.

23 Zitiert in: Longerich, *Goebbels*, S. 395.

24 »Antijüdische Demonstrationen auch in der Kurmark«, in: *Teltower Kreisblatt*, 11. November 1938, S. 3, http://zefys.staatsbibliothek-berlin.de/index.php?id=dfg-viewer&set%5Bimage%5D=3&set%5Bzoom%5D=default&set%5Bdebug%5D=0&set%5Bdouble%5D=0&set%5Bmets%5D=http%3A%2F%2Fcontent.staatsbibliothek-berlin.de%2Fzefys%2FSNP25128437-19381111-0-0-0-0.xml – zuletzt aufgerufen am 29. Mai 2019.

25 Evans, *Das Dritte Reich*, Bd. 2: *Diktatur*, S. 714.

26 Ebermayer, *»... und morgen die ganze Welt«*, S. 320f., Eintrag für den 10. November.

27 Ebenda, S. 321, Eintrag für den 11. November (morgens). Dieser Bericht und die allgemeine Plünderung wird durch einen Bericht Heydrichs bestätigt, den dieser am 12. November auf einer Sitzung im Luftfahrtministerium abgab (siehe Hermann, *Der Weg in den Krieg 1938/39*, S. 339).

28 Smithsonian Institute, Oral History Interview mit Ruth Adler Schnee (*1923), 24. bis 30. November 2002. Online unter: https://www.aaa.si.edu/collections/interviews/oral-history-interview-ruth-adler-schnee-12111 – zuletzt aufgerufen am 29. Mai 2019. Dort auch die Einzelheiten über die Aufräumarbeiten, die hilfsbereiten Nachbarn und die Verhaftung des Vaters. Ruth Adler Schnee emigrierte mit ihrer Familie nach Amerika, wo sie eine bekannte Innenarchitektin und Textildesignerin wurde.

29 Interview des Autors mit Frau Frau Inge Heyl (geb. Lueg) (*1927), Otto-Dibelius-Stift, Berlin, 15. September 2017.

30 Bericht der Stapostelle Bielefeld II B2, »Protestaktion gegen die Juden am 10.11.38«, in: Kulka/Jäckel (Hg.), *Die Juden in den geheimen NS-Stimmungsberichten 1933–1945*, S. 324.

31 »Ich weise Wächter in Berlin an, die Synagoge in der Fasanenstraße zerschlagen zu lassen. Er sagt nur dauernd: ›Ehrenvoller Auftrag‹.« Nicht in den von Reuth herausgegebenen Tagebüchern, aber erwähnt in Longerich, *Goebbels*, S. 395, und der Eintrag vom 10. November 1938 vollständig abgedruckt und kommentiert von Angela Hermann auf der Webseite *100(0)) Schlüsseldokumente zur deutschen Geschichte im 20. Jahrhundert*, http://www.1000dokumente.de/index.html?c=dokument_de&dokument=0118_gob&object=translation&l=de – zuletzt aufgerufen am 29. Mai 2019.

32 Landrat Paderborn, »Aktion gegen die Juden am 10.11.1938«, 23. November 1938, in: Kulka /Jäckel (Hg.), *Die Juden in den geheimen NS-Stimmungsberichten 1933–1945*, S. 320.

33 Landrat Bielefeld, »Aktion gegen die Juden am 10. November 1938«, 18.11.1938, in: ebenda, S. 321.

34 SD-Außenstelle Cochem, »Bericht für November 1938«, 25.11.1938, in: ebenda, S. 326.

35 Bürgermeister Amt Borgentreich, »Aktion gegen die Juden am 10.11.1983«, 17.11.1938, in: ebenda, S. 322.

36 Deutsches Tagebucharchiv, Emmendingen, O.T. (anonymisiert), »Tagebuch 1938–1945«, Eintrag für den 10. November 1938.

37 Siehe Korb, *Reaktionen der deutschen Bevölkerung auf die Novemberpogrome*, S. 92.

38 Auf der Konferenz, die am 12. November 1938 in Görings Luftfahrtministerium in Berlin stattfand und auf der über weitere Maßnahmen gegen die Juden entschieden werden sollte, brachte der Marschall mit der üblichen Brutalität seine Meinung zum Ausdruck. Siehe »Stenographische Niederschrift von einem Teil der Besprechung über die Judenfrage unter Vorsitz von Feldmarschall Göring im RLM am 12. November 1938«, online unter: http://germanhistorydocs.ghi-dc.org/pdf/deu/German34.pdf – zuletzt aufgerufen am 29. Mai 2019, Zitat S. 14.

39 »Reichsminister Dr. Goebbels an die Bevölkerung«, in: *Deutsches Nachrichtenbüro*, Abendausgabe, 10. November 1938, Nr. 1838, online auf der Webseite der Staatsbibliothek Berlin unter: http://zefys.staatsbibliothek-berlin.de/index.php?id=dfg-viewer&set%5Bimage%5D=2&set%5Bzoom%5D=default&set%5Bdebug%5D=0&set%5Bdouble%5D=0&set%5Bmets%5D=http%3A%2F%2Fcontent.staatsbibliothek-berlin.de%2Fzefys%2FSNP27058621-19381110-7-0-0-0.xml – zuletzt aufgerufen am 29. Mai 2019.

40 Ebermayer, »... *und morgen die ganze Welt*«, S. 321f., Eintrag für den 11. November (mittags).

41 Der Bericht und die Anzahl der verhafteten jüdischen Männer in: Hermann, *Der Weg in den Krieg 1938/39*, S. 339.

42 Evans, *Das Dritte Reich*, Bd. 2: *Diktatur*, S. 707.

43 Ebenda.

44 Andreas-Friedrich, *Der Schattenmann*, S. 35.

45 »Gefahr an der Synagoge beseitigt«, in: *Pommersche Zeitung* (Sonntagsausgabe), 13. November 1938, S. 10.

46 »Looting Mobs Defy Goebbels«, in: *Daily Express*, 11. November 1938, S. 1.

47 Siehe Wallis, *Britain, Germany and the Road to the Holocaust*, S. 185.

48 Cox, *Countdown to War*, S. 85.

49 »Opinion«, in: *Daily Express*, 21. November 1938, S. 12.

50 »A Strange Conversion. Lord Londonderry Former Friend of Germany Becomes Protector of the Jews«, in: *Action*, 31. Dezember 1938, S. 4.

51 »Commons Denounce Hitler's Anti-Jew Pogrom«, in: *Daily Mirror*, 22. November 1938, S. 2.

52 »Our Live Letter Box«, in: *Daily Mirror*, 23. November 1938, S. 12.

53 »Jews Hide in Berlin Woods«, in: *Daily Express*, 14. November, S. 2.

54 »Our Live Letter Box«, in: *Daily Mirror*, 16. November 1938, S. 12.

55 Zitiert in: Wallis, *Britain, Germany and the Road to the Holocaust*, S. 186.

56 Letter to Hilda, 30. Juli 1939, in: Self (Hg.), *The Chamberlain Diary Letters*, Bd. 4: *The Downing Street Years, 1934–1940*, S. 433f.

57 Eine kurze Analyse des katastrophalen Zustands der deutschen Staatsfinanzen Ende 1938 und wie dieser mit den massiven neuen Abgaben zusammenhing, die den Juden nach der Reichspogromnacht auferlegt wurden, findet sich in Götz Aly, *Hitlers Volksstaat*, Frankfurt am Main 2005, S. 62f.

58 »Rede Hitlers vor der deutschen Presse« unter: http://www.ifz-muenchen.de/heftarchiv/1958_2_6_treue.pdf – zuletzt aufgerufen am 29. Mai 2019.

59 Hosenfeld, *»Ich versuche jeden zu retten«*, S. 237, Eintrag für den 12. November 1938.

Winter 1938/39

1 Oliver Hilmes, *Berlin 1936: Sechzehn Tage im August*, Berlin 2016, S. 102.

2 Ebenda, S. 106.

3 Zu Brandts heimlicher Reise siehe Peter Merseburger, *Willy Brandt, 1913–1992*, München 2004, S. 119ff.

4 Siehe Deist u. a., *Das Deutsche Reich und der Zweite Weltkrieg*, Band I, S. 661ff.

5 Siehe auch Richard Overy, *Der Bombenkrieg. Europa 1939–1945*, Berlin 2014, S. 208.

6 Dee Moss, Oral History, IWM (Catalogue 19862 Reel 1).

7 Marion Bryan geb. Perkins, Oral History recording 1982 des IWM (Catalogue 6237 Reel 1).

8 Reuben Hyams, Oral History recording 2005 des IWM (Catalogue 27791 Reel 1).

9 Walter Togwell, Oral History recording 1996 des IWM (Catalogue 17494 Reel 1).

10 Mass Observation Archive (Online), Report Crisis (2) (1040), Miss Dorothy Hughes (23), Sekretärin Liverpool, 5.2.1939 (Datum nicht ganz klar).

11 »Wait and See«, in: *Daily Mirror*, 21. Dezember 1938, S. 11.

12 »207 Boys and Girls are Happy: Julius is Sad«, in: *Daily Express*, 3. Dezember 1938, S. 5.

13 »Our Live Letter Box«, in: *Daily Mirror*, 16. Dezember 1938, S. 12.

14 Wallis, *Britain, Germany and the Road to the Holocaust*, S. 189

15 »Refugees Fund. The Entertainment World. Help of Audiences and Proprietors«, in: *The Times*, 16. Januar 1939, S. 9.

16 The Lord Baldwin Fund for Refugees, 1938–39: A Case Study of Third Sector Marketing in Pre-World War II Britain, Richard A. Hawkins Department of History, University of Wolverhampton, vorgelegt auf der CHARM (Conference on Historical Analysis & Research in Marketing) Copenhagen 2013. Text verfügbar unter: http://charmassociation.org/CHARM%20proceedings/CHARM%20article%20archive%20pdf%20format/Volume%2016%202013/Hawkins%20CHARM%202013%20Proceedings.pdf – zuletzt aufgerufen am 29. Mai 2019.

17 Umfrageergebnisse in: Olsen, *Troublesome Young Men*, S. 179.

18 »Those Who Know«, in: *Daily Mirror*, 20. Dezember 1938, S. 11.

19 Deutsches Tagebucharchiv, Emmendingen, Katalogsignatur 975,2, Hilde, Maud H., geb. 1922, »My last Christmas in pre-war London in 1938« (geschrieben im Januar 1997).

20 Siehe Jeff Schutts, »Die erfrischende Pause: Selling Coca-Cola in Hitler's Germany«, in: Pamela E. Swett, S. Jonathan Wiesen und Jonathan R. Zatlin (Hg.), *Selling Modernity: Advertising in Twentieth-Century Germany*, Durham, N.C./London 2007, S. 151f.

21 Interview des Autors mit Dr. Maria Müller-Sommer, Berlin, 14. September 2017. Maria Sommer studierte Theaterwissenschaften und machte ihren Doktor 1945 in Berlin, nur wenige Tage bevor die Stadt von den Sowjets eingenommen wurde. Nach dem Krieg wurde sie eine bekannte Verlegerin dramatischer Werke. Sie stand dem Schriftsteller und Dramatiker Günter Grass (1927–2015) nahe, dessen Stück *Die Plebejer proben den Aufstand* sie international publizierte und bekannt machte. Außerdem knüpfte sie die notwendigen Verbindungen für die Verfilmung seines bekanntesten Romans *Die Blechtrommel*.

22 Siehe »Women in Germany, 1925–1940. Family, Welfare, and Work«, in: Jane Caplan (Hg.), *Nazism, Fascism and the Working Class. Essays by Tim Mason*, Cambridge 1995, S. 166 (Kinderbeihilfe) und S. 171 (Mutterkreuzsystem).

23 Interview des Autors mit Elly Feliksiak, geb. Luckow, Derby, 18. November 2017.

24 Ebermayer, »... *und morgen die ganze Welt*«, S. 332, Eintrag für den 12. Dezember 1938.

25 Siehe Horst Daniel, »In der Pogromnacht zerbrach mehr als Mauern und Glas«, in: *Nord-West-Zeitung*, 5. November 1988.

26 Deutsches Tagebucharchiv, Emmendingen, Tagebuch von Ruth Thieme, Katalogsignatur 1295/I, 2.

27 Siehe Michael Burleigh, *The Third Reich, A New History* (deutsch: *Die Zeit des Nationalsozialismus: eine Gesamtdarstellung*), New York 2000, S. 223.

28 Deutsches Tagebucharchiv, Emmendingen, Tagebuch von Dorothea B., Tagebuch 1938/39, Katalogsignatur 1783, 1.

29 Siehe insbesondere »Nazi Attacks on British Army. Denials from War Office. ›Slanderous‹« und »German Lack of Goodwill«, in: *Manchester Guardian*, 24. Dezember 1938, S. 9. Die Zeitung erwähnte noch einen weiteren DNB-gestützten Artikel über die Versuche arbeitsloser Demonstranten im Londoner Hotel Ritz Tee zu trinken – Versuche die, wie vorauszusehen war, zu einem höflichen, aber sehr bestimmten Rauswurf der Demonstranten führten. »Es gibt in der Tat nur ganz wenige Lichtblicke in dem finsteren Panorama Großbritanniens, das die deutschen Zeitungen vor ihren Lesern ausbreiten«.

30 »Sonnwendfeier der Freiburger SA«,in: *Freiburger Zeitung*, Morgenausgabe, 23. Dezember 1938, S. 7. »Ein junges Volk steht auf« ist bis heute ein beliebtes Lied unter modernen Neonazis.

31 Deutsches Tagebucharchiv, Emmendingen, Katalogsignatur 975,2, Hilde, Maud H., geb. 1922, »My last Christmas in pre-war London in 1938« (geschrieben im Januar 1997).

32 »London, Monday night«, in: *Manchester Guardian*, 27. Dezember 1938, S. 8.

33 »Bronchial Empire«, in: *Daily Mirror*, 30. Dezember 1938, S. 9.

34 Artikel von David Walker, *Daily Mirror*, 30. Dezember 1938, 31. Dezember 1938 und 3. Januar 1939.

35 »›No War in 1939‹ Say French Fortune Tellers«, in: *Daily Express*, 27. Dezember 1938, S. 2.

36 George Malcolm Thomson, »This is why you can sleep soundly in 1939«, in: *Daily Express*, 2. Januar 1939, S. 10.

37 »Sir John Anderson ends his holiday as boats sail in A.R.P. trenches«, in: *Daily Express*, 9. Januar 1939. S. 7.

38 Dilks (Hg.), *Diaries of Sir Alexander Cadogan*, S. 133f., Eintrag für den 4. Januar 1939.

39 »News from Germany. Giant Loan to Ransom Jews«, in: *Daily Express*, 27. Dezember 1938, S. 2.

40 Bericht über Daltons Rede in »Parliament. Peace Policy After Munich«, in: *The Times*, 20. Dezember 1938, S. 7.

41 Leitartikel »Germany and the Refugees«, in: *The Times*, 22. Dezember 1938, S. 13.

42 »Nazi Finance«, in: *Daily Mirror*, 21. Januar 1939, S. 11.

43 Dilks (Hg.), *Diaries of Sir Alexander Cadogan*, S. 141ff., beigefügt dem Eintrag für den 24. Januar 1939.

44 Siehe »Mr Chamberlain's Speech. Preparedness of the Nation«, in: *The Times*, 30. Januar 1939, S. 8.

45 Brief von Neville an Ida Chamberlain, 28. Januar 1939, in: Self (Hg.), *The Neville Chamberlain Diary Letters*, Bd. 4: *The Downing Street Years, 1934–1940*, S. 375.

46 Reuth (Hg.), *Joseph Goebbels, Tagebücher*, Bd. 3, S. 1303, Eintrag für den 31. Januar 1939. Dort auch Goebbels' Vergleich seiner persönlichen Lage mit der von 1933.

47 Text von Hitlers Rede: World Future Fund, Ausgewählte Reden Adolf Hitlers, Rede zum jährlichen Jubiläum der Machtergreifung, 30. Januar 1939, http://www.worldfuturefund.org/wffmaster/Reading/Hitler%20Speeches/Hitler%20rede%201939.01.30.htm – zuletzt aufgerufen am 29. Mai 2019. Dort auch das folgende Zitat.

48 Brief von Neville an Hilda Chamberlain, 5. Februar 1939, in: Self (Hg.), *The Neville Chamberlain Diary Letters*, Bd. 4: *The Downing Street Years, 1934–1940*, S. 377.

49 NSDAP, Gauleitung Westfalen-Nord, Hauptleitung, Januar 1939, 1) »Stimmungsmäßiger Überblick über die gesamtpolitische Lage«, Landesarchiv Nordrhein-Westfalen (Münster), S 001.

50 Reuth (Hg.), *Joseph Goebbels, Tagebücher*, Bd. 3, S. 1304, Eintrag für den 1. Februar 1939. Tatsächlich hatte Hitler schon im Jahr zuvor am 21. Oktober dem Militär befohlen, einen Plan auszuarbeiten, um den Rest der Tschechoslowakei »zu erledigen«.

Frühjahr 1939

1 Siehe »London Bomb Outrages«, in: *The Times*, 4. Februar 1939, S. 12; »The London Tube Station Explosions. Time Bombs secreted in Cloakrooms« und »Drastic Measures Follow New Bomb Outrages. Luggage Inspection at Stations«, in: *Manchester Guardian*, 4. Februar 1939, S. 11.

2 Siehe Tim Pat Coogan, *The IRA*, London 1996, S. 212ff.

3 Mark M. Hull, *Irish Secrets: German Espionage in Ireland, 1939–1945*, Dublin 2003, S. 51.

4 Siehe die Artikel: »Nationalsozialismus ist die Antwort des Deutschen Volkes an das Schicksal«, »Eröffnung der Palästina-Konferenz« (S. 1) und »Kein künstlicher Judenstaat, sondern Errichtung eines jüdischen Reservates unter Polizeikontrolle« (S. 2), in: *Freiburger Zeitung* (Morgenausgabe), 8. Februar 1939, S. 1f.

5 »Sir John Anderson (mit einem Bild von seiner Ansprache) Wants 12 A.R.P. Dictators«, in: *Daily Express*, 3. Februar 1939, S. 1, und »Twelve A.R.P. Dictators to Run Britain in War«, ebenda, S. 2, auch für das Folgende.

6 *Daily Express*, 2. Februar 1939, S. 6.

7 Die »Katakombe« und der Gestapo-Bericht: Rudolph Herzog, *Heil Hitler, das Schwein ist tot! Lachen unter Hitler – Komik und Humor im Dritten Reich*, Berlin 2007, S. 78f. Der Witz mit den Waffen in: ebenda, S. 79.

8 Peter Jelavich, *Berlin Cabaret*, Cambridge, Mass./London 1993, S. 248ff.

9 Reuth (Hg.), *Joseph Goebbels, Tagebücher,* Bd. 3, S. 1305.

10 Dieses und das folgende Goebbels-Zitat: »Goebbels gegen die politische Witzemacherei«, in: *Neues Wiener Tagblatt,* 4. Februar 1939.

11 Theodor Wolff, »The ›Berliner Tageblatt‹. An Epitaph. Liberalism in Germany«, in: *Manchester Guardian,* 1. Februar 1939, S. 11 und 12. Wolff wurde der Gestapo übergeben, als die Italiener 1943 Nizza annektierten. Er wurde in das KZ Sachsenhausen deportiert. Dort wurde er misshandelt und erkrankte. Im September 1943 wurde der 75-Jährige in das Jüdische Krankenhaus in seiner Geburtsstadt Berlin verlegt, wo er drei Tage später starb.

12 Siehe »Bemühungen zur Umstrukturierung der Presse«, in: Longerich, *Goebbels,* S. 340f. Die *Frankfurter Zeitung* wurde schließlich im Jahr 1943 geschlossen, als Hitler ein Artikel über seinen alten Kampfgenossen, den Schriftsteller Dietrich Eckhart, missfiel.

13 Andreas-Friedrich, *Der Schattenmann,* S. 47f., Tagebucheinträge für den 16. Januar und 24. Februar 1939.

14 Smithsonian Institute, Oral History Interview mit Ruth Adler Schnee, online unter: https://www.aaa.si.edu/collections/interviews/oral-history-interview-ruth-adler-schnee-12111 – zuletzt aufgerufen am 29. Mai 2019.

15 Andreas-Friedrich, *Der Schattenmann,* S. 49, Tagebucheintrag für den 6. März 1939.

16 Siehe Heinrich Bodensieck, »Das Dritte Reich und die Lage der Juden in der Tschecho-Slowakei nach München«, in: *Vierteljahrshefte für Zeitgeschichte,* Jahrgang 9 (1961), Heft 3, S. 249ff. Auch für das Folgende, wenn nicht anders angegeben.

17 Siehe Hermann, *Der Weg in den Krieg 1938/39,* S. 414f.

18 Hubert Ripka, *Munich, Before and After: A Fully Documented Account of the Crises of September 1938 and March 1939,* London 1939, S. 251. Dr. Ripka (1895–1958) war diplomatischer Korrespondent der einflussreichen tschechischen Zeitung *Lidové novini* und in den 1930er Jahren ein Berater von Edvard Beneš. Er folgte ihm ins Exil.

19 Siehe Nina Lohmann, *Das ›deutsche Prag‹ 1939–1945. Ein Beitrag zur Erforschung der besetzten Hauptstädte Europas,* Karlsuniversität Prag, Dissertation 2014, S. 61, online verfügbar unter: https://is.cuni.cz/webapps/zzp/download/140035716 – zuletzt abgerufen am 29. Mai 2019.

20 Anton Weleminsky, Oral History recording 1996 des IWM (Catalogue 16580 Reel 1)

21 »Erbitterte Slowakische Proteste gegen Prag«, Preßburg, 10. März 1939, in: *Deutsches Nachrichtenbüro* (Vormittagsausgabe), 11. März 1939.

22 Zitiert in: »Slovakia Breaks With Prague«, in: *Daily Express,* 11. März 1939, S. 2.

23 »Five I.R.A. men get 20 Years Each«, in: *Daily Express,* 11. März. 1939, S. 1.

24 »Hoare Suggests 5-Year Peace«, in: *Daily Express,* 11. März. 1939, S. 1, mit einem ausführlichen Bericht über die Rede auf S. 13.

25 »A Golden Age?«, in: *Manchester Guardian,* 13. März 1939, S. 8.

26 Alle Überschriften von der Titelseite der *Freiburger Zeitung* (Abendausgabe), 13. März 1939.

27 »Will They Call It Bohemia?«, in: *Daily Express,* 14. März 1939, S. 10, und auf derselben Seite unter der Überschrift »Opinion« der Leitartikel.

28 Siehe Hermann, *Der Weg in den Krieg 1938/39,* S. 443.

29 Ebermayer, *»… und morgen die ganze Welt«,* S. 363, Eintrag für den 23. März 1939.

30 Siehe Evans, *Das Dritte Reich,* Bd. 2: *Diktatur,* S. 827.

31 »Proklamation des Führers«, nachgedruckt in: *Freiburger Zeitung* (Abendausgabe), 15. März 1939, S. 1.
32 Lohmann, »Das ›deutsche Prag‹«, S. 79.
33 Katerina (Käthe) Fischel (geb. Strenitz), Oral History recording 2000 des IWM (Catalogue 20128 Reel 2).
34 Groscurth, *Tagebücher eines Abwehroffiziers,* S. 170f. Dort auch der Bericht über die Reise mit Hauptmann Dingler.
35 Ebenda, S. 171.
36 Deutsches Tagebucharchiv, Emmendingen, Katalogsignatur 1708,10, Wilhelm Sölter, »Der Weg«, Eintrag für den 16. März 1939.
37 »Mr Chamberlain's Plain Words to Hitler«, Bericht und Text der Rede, in: *Manchester Guardian,* 18. März 1939, S. 18f.
38 Reuth (Hg.), *Joseph Goebbels, Tagebücher,* Bd. 3, S. 1308, Eintrag für den 19. März 1939.
39 Siehe Berichte für März 1939, »Die Allgemeine Situation in Deutschland«, in: *Deutschland-Berichte der Sozialdemokratischen Partei Deutschlands (Sopade) 1934–1940,* Sechster Jahrgang 1939, Salzhausen/Frankfurt am Main 1980, S. 280.
40 Ebermayer, »*... und morgen die ganze Welt*«, S. 359f., Eintrag für den 18. März 1939.
41 Siehe Bericht für März 1939, »Die Allgemeine Situation in Deutschland«, in: *Deutschland-Berichte der Sozialdemokratischen Partei Deutschlands (Sopade) 1934–1940,* Sechster Jahrgang 1939, S. 278.
42 Ebenda, S. 283f.
43 Ebenda. S. 284.
44 Minna von Alten an ihre Enkelin Irmgard Brester, Braunschweig, 22. März 1939, in: Kalshoven (Hg.), *Ich denk so viel an Euch,* S. 294.
45 Ebermayer, »*... und morgen die ganze Welt*«, S. 363, Eintrag für den 24. März 1939.
46 Berichte März 1939, »Die Allgemeine Situation in Deutschland«, in: *Deutschland-Berichte der Sozialdemokratischen Partei Deutschlands (Sopade) 1934–1940,* Sechster Jahrgang 1939, S. 268.
47 Mass Observation Archive (Online), MJ Hill, Huddersfield (2478), 20. März 1939.
48 »The Way the Wind Blows«, in: *Daily Mirror,* 18. März 1939, S. 2. Die Ansichten des Blattes zur Wehrpflicht und zur Verstärkung des Kabinetts siehe die folgende Montagsausgabe, S. 15.
49 »Miss Mitford Attacked – by 1,093 of our readers«, in: *Daily Mirror,* 22. März 1939, S. 14.
50 Mass Observation Archive (Online), Miss D. Hughes (1040), »Crisis«, 21. März 1939.
51 Mass Observation Archive (Online), ohne Namensangabe (4153), »Crisis«, März/April 1939.
52 Mass Observation Archive (Online), A. Elliott (1032), »Crisis«, 20. März 1939.
53 Mass Observation Archive (Online), G. Bowles (1041), »Crisis Directive«, 20. März 1939.
54 Veröffentlicht in: *The Left Forum,* September 1939, aber geschrieben, als die ersten Militiamen zur Ausbildung eingezogen wurden. Online verfügbar unter: https://www.marxists.org/archive/orwell/1939/democracy-army.htm – zuletzt abgerufen am 29. Mai 2019.
55 »Opinion«, in: *Daily Express,* 17. März 1939, S. 10.
56 »Opinion«, in: *Daily Express,* 18. März 1939, S. 12.
57 Mass Observation Archive (Online), D.M. Hill (1407), »March Crisis«, 18. März 1939.

April/Mai 1939

1 *Neue Züricher Zeitung*, 20. April 1939 – https://static.nzz.ch/files/3/4/6/Hitler-Geburtstag+NZZ+20_1.18286346.4_1.18286346.1939+Feierlichkeiten+reduziert_1.18286346.pdf – zuletzt abgerufen am 29. Mai 2019.

2 Andreas-Friedrich, *Der Schattenmann*, S. 55, Tagebucheintrag für den 20. April 1939.

3 Michael Phayer, *The Catholic Church and the Holocaust*, Bloomington 2001, S. 45.

4 Fritz Terveen, »Der Filmbericht über Hitlers 50. Geburtstag«, in: *Vierteljahrshefte für Zeitgeschichte*, Jahrgang 7 (1959) Heft 1, S. 82 – https://www.ifz-muenchen.de/heftarchiv/1959_1.pdf – zuletzt abgerufen am 29. Mai 2019.

5 Reuth (Hg.), *Joseph Goebbels, Tagebücher*, Bd. 3: *1935–1939*, S. 1319f., Eintrag vom 21. April 1939, zitiert nach: https://archive.org/details/JosephGoebbelsTagebucher/page/n1329 – zuletzt abgerufen am 29. Mai 2019. Dort auch Hitlers Anweisungen an Ribbentrop zur Auswahl der Gäste.

6 Siehe Reuth (Hg.), *Joseph Goebbels, Tagebücher*, Bd. 3, S. 1319, Fußnote 40; und Terveen, »Der Filmbericht über Hitlers 50. Geburtstag«, a.a.O., S. 75–84. Die insgesamt 19 Minuten lange *Wochenschau* der Feierlichkeiten ist online einsehbar unter www.youtube.com.

7 *Neue Zürcher Zeitung*, 20. April 1939 – https://static.nzz.ch/files/3/4/6/Hitler-Geburtstag+NZZ+20_1.18286346.4_1.18286346.1939+Feierlichkeiten+reduziert_1.18286346.pdf – zuletzt abgerufen am 29. Mai 2019.

8 Siehe die Zusammenfassung der NS-Presse in dem Bericht für April 1939, »Die Allgemeine Situation in Deutschland«, in: *Deutschland-Berichte der Sozialdemokratischen Partei Deutschlands (Sopade) 1934–1940*, Sechster Jahrgang 1939, S. 438.

9 Mit anderen Gedichten und Essays in dem Bericht für April 1939, ebenda, S. 445.

10 Otto Dietrich zitiert in: *Neue Zürcher Zeitung*, 20. April 1939 – https://static.nzz.ch/files/3/4/6/Hitler-Geburtstag+NZZ+20_1.18286346.4_1.18286346.1939+Feierlichkeiten+reduziert_1.18286346.pdf – zuletzt abgerufen am 29. Mai 2019.

11 Ebermayer, »*... und morgen die ganze Welt*«, S. 372.

12 »Birthday March in Berlin. New A.A. Guns. Führer Takes Salute«, in: *The Times*, 21. April 1939, S. 16.

13 »Crowd Keep Hitler from *Merry Widow*« by Selkirk Panton, und »London Nazis Toast Hitler«, in: *Daily Express*, 21. April 1939, S. 15.

14 Siehe Berichte April 1939, »Die Allgemeine Situation in Deutschland«, in: *Deutschland-Berichte der Sozialdemokratischen Partei Deutschlands (Sopade) 1934–1940*, Sechster Jahrgang 1939, S. 442.

15 Ebenda, S. 452.

16 Ebenda, S. 453.

17 »Truth Prevails. Czechs' Protest in Prague«, in: *The Times*, 21. April 1939, S. 16.

18 Boberach (Hg.), *Meldungen aus dem Reich: Die geheimen Lageberichte des Sicherheitsdienstes der SS*, Bd. 2, S. 316.

19 NSDAP, Gauleitung Westfalen-Nord, Hauptleitung, Februar–März 1939, 1) »Stimmungsmäßiger Überblick über die gesamtpolitische Lage«, Landesarchiv Nordrhein-Westfalen (Münster), S. 001.

20 NSDAP, Gauleitung Westfalen-Nord, Hauptleitung, April–Mai 1939, 23/23a) »Schwierigkeiten in der Versorgung«, Landesarchiv Nordrhein-Westfalen (Münster), S. 001.

21 NSDAP, Gauleitung Westfalen-Nord, Hauptleitung, Februar–März 1939, 23) »Schwierigkeiten in der Versorgung«, Landesarchiv Nordrhein-Westfalen (Münster), S. 001.

22 NSDAP, Gauleitung Westfalen-Nord, Hauptleitung, Januar 1939, 1) »Stimmungsmäßiger Überblick über die gesamtpolitische Lage«, Landesarchiv Nordrhein-Westfalen (Münster), S. 001.

23 Reuth (Hg.), *Joseph Goebbels, Tagebücher*, Bd. 3, S. 1306.

24 Adam Tooze, *Ökonomie der Zerstörung. Die Geschichte der Wirtschaft im Nationalsozialismus*, München 2007, S. 170.

25 Aufzeichnungen aus der Autobiographie von Josepha von Koskull (1898–1996) aus Berlin (DHM-Bestand; Inv.-Nr.: Do2 98/501), online unter: https://www.dhm.de/lemo/zeitzeugen/josepha-von-koskull-kriegsbeginn-1939.html – zuletzt abgerufen am 29. Mai 2019.

26 NSDAP, Gauleitung Westfalen-Nord, Hauptleitung, August–September 1938, 6) »Stimmungs- und Lagebericht für August und September 1938«, Landesarchiv Nordrhein-Westfalen (Münster), S. 001.

27 »Der Arbeitseinsatz«, in: *Deutschland-Berichte der Sozialdemokratischen Partei Deutschlands (Sopade) 1934–1940*, Sechster Jahrgang 1939, S. 725.

28 Ebenda, S. 735.

29 Siehe Richard J. Overy, »Blitzkriegswirtschaft? Finanzpolitik, Lebensstandard und Arbeitseinsatz in Deutschland 1939–1942«, in: *Vierteljahrshefte für Zeitgeschichte*, Jahrgang 36 (1988), Heft 3, S. 383f.

30 Siehe »Ungewöhnliche Gäste im ›Ritz‹«, in: DNB, Vormittagsausgabe Nr. 2094, 23. Dezember 1938. Zum Vergleich siehe »Scene in West End Restaurant. Workless Demonstrate. Asked for Tea at the Ritz«, in: *Manchester Guardian*, 23. Dezember 1938, S. 10.

31 Siehe http://www.allcountries.org/uscensus/1027_motor_vehicle_registrations.html – zuletzt abgerufen am 29. Mai 2019.

32 Für Zahlen zu britischen Autofahrern siehe die Webseite des Coventry Transport Museums: http://www.transport-museum.com/visiting/the_growth_of_the_motor_industry_1918_to_1939.aspx – zuletzt abgerufen am 29. Mai 2019. Deutsche Statistiken und Einzelheiten über relative Kosten und Sparpläne bei Tooze, *Ökonomie der Zerstörung*, S. 184–191.

33 Interview des Autors mit Frau Inge Heyl (geb. Lueg), Otto-Dibelius-Stift, Berlin, 15. September 2017.

34 Victor Klemperer, *Ich will Zeugnis ablegen bis zum letzten, Tagebücher 1933–1945*, 2 Bde., Berlin 1995, Bd. 1, S. 148, Eintrag für den 6. März 1936.

35 Siehe Wolfgang König, »Adolf Hitler vs Henry Ford: The ›Volkswagen‹, the Role of America as a Model, and the Failure of a Nazi Consumer Society«, in: *German Studies Review* Jahrgang 27 (2004), Heft 2, S. 252.

36 Teil eines ausführlichen Berichts über den KdF-Wagen in: *Deutschland-Berichte der Sozialdemokratischen Partei Deutschlands (Sopade) 1934–1940*, Sechster Jahrgang 1939, S. 489.

37 Ebenda, S. 488.

38 »Wie kommt man schnell zum KdF-Wagen?«, in: *Pommersche Zeitung*, 12. November 1938, S. 6.

39 Ebenda, S. 489f.

40 Boberach (Hg.), *Meldungen aus dem Reich: Die geheimen Lageberichte des Sicherheitsdienstes der SS*, Bd. 2, S. 177 (Jahreslagebericht 1938).

41 Tooze, *Ökonomie der Zerstörung*, S. 156.

42 Siehe König, »Adolf Hitler vs Henry Ford«, a.a.O., S. 260.

43 Günter Hätte unter: http://www.dhm.de/lemo/zeitzeugen/guenter-haette-kindheit-im-1000-jaehrigen-reich.html.

44 Tim Schanetzky, *Kanonen statt Butter. Wirtschaft und Konsum im Dritten Reich*, München 2015, S. 108.

45 Siehe den Bericht über die erste Fernsehausstrahlung des deutschen öffentlichen Fernsehsenders WDR unter: https://www1.wdr.de/archiv/rundfunkgeschichte/rundfunkgeschichte130.html – zuletzt abgerufen am 29. Mai 2019.

46 Siehe Peter Hoff, »Das Bild des Führers in alle deutsche Herzen!«, in: William Uricchio (Hg.), *Die Anfänge des Deutschen Fernsehens: Kritische Annäherungen an die Entwicklung bis 1945*, Tübingen 1991, S. 223f.

47 Aufsatz von Kurt Wagenführ, zitiert in: Monika Eisner, Thomas Müller, Peter M. Spangenberg, »Der lange Weg eines schnellen Mediums: Zur Frühgeschichte des deutschen Fernsehens«, in: Uricchio (Hg.), *Die Anfänge des Deutschen Fernsehens*, S. 196.

48 Siehe Hoff, »Das Bild des Führers in alle deutsche Herzen!«, a.a.O., S. 210f.

49 Siehe Tony Currie, *A Concise History of British Television, 1930–2000*, Bridgewater 2003, S. 17.

50 John Macadam, »Boon Fight Put a New Industry on the Map«, in: *Daily Express*, 26. Februar 1939, S. 17.

51 James Agate, »Agate Takes Notes«, in: *Daily Express*, 18. März 1939, S. 12.

52 »Opinion«, in: *Daily Express*, 13. Februar 1939, S. 10.

53 Brief von S. Johnson, zitiert in »Letters«, in: *Daily Express*, 4. Januar 1939, S. 8.

54 Hierzu und zu anderen problematischen Überlegungen siehe Hoff, »Das Bild des Führers in alle deutsche Herzen!«, a.a.O., vor allem S. 233.

55 Eisner/Müller/Spangenberg, »Der lange Weg eines schnellen Mediums: Zur Frühgeschichte des deutschen Fernsehens«, a.a.O., S. 199.

56 Siehe Tooze, *Ökonomie der Zerstörung*, S. 157ff.

57 Kathrin Kompisch und Frank Otto, *Bestien des Boulevards. Die Deutschen und ihre Serienmörder*, Leipzig 2005, S. 159; siehe auch Martin Arz, *Todsicheres München. Die spektakulärsten Kriminalfälle*, München 2009, S. 97–103.

58 Flanner zitiert in Olson, *Troublesome Young Men*, S. 190.

59 Siehe »Military Training Bill. Labour's Opposition Not to be Taken to Point of Obstruction«, in: *Manchester Guardian*, 8. Mai 1939, S. 11.

60 Zitiert in: »Conscription Plan the Way to Peace«, in: *Daily Mirror*, 27. April 1939, S. 8.

61 »More Men for Our Army«, in: *Daily Mirror*, 28. April 1939, S. 32.

62 Ebermayer, »*… und morgen die ganze Welt*«, S. 373.

63 Albert »Tony« Cameron, Oral History recording 1992 des IWM (Catalogue 12918 Reel 2).

64 Albert Davies, Oral History recording 1990 des IWM (Catalogue 12709 Reel 1).

65 James Edward Plant, Oral History recording 1997 des IWM (Catalogue 17616 Reel 1).

66 Ivan Daunt, Oral History recording 2000 des IWM (Catalogue 20461 Reel 2).

67 Text der Rede unter dem Titel »Der Führer warnt«, in: DNB, Erste Nachtausgabe Nr. 506, 1. April 1939.

68 Longerich, *Goebbels*, S. 411.

69 Siehe Hermann, *Der Weg in den Krieg 1938/39*, S. 477.

70 Siehe Deist u.a., *Das Deutsche Reich und der Zweite Weltkrieg*, Band I, S. 671.

71 »Großdeutschlands Führer an die Welt«, in: DNB, Neunte Nachtausgabe Nr. 170, 30. Januar 1939.

72 Tatsächlich hatten die Deutschen im Herbst 1917 im ehemals russischen Kongresspolen ein stark geschrumpftes Marionettenkönigreich ausgerufen. Es erfuhr kaum öffentliche Zustimmung, und sogar der von den Deutschen eingesetzte provisorische Staatsrat beeilte sich, eine vollständig unabhängige Polnische Republik auszurufen, sobald sich abzeichnete, dass das Reich den Krieg verlieren würde.

73 Hermann, *Der Weg in den Krieg 1938/39*, S. 473.

74 Für Beschreibungen des Begrüßungsempfangs siehe »Our London Correspondence«, in: *Manchester Guardian*, 4. April 1939, S. 10, und »All Wore Top Hats to Meet Col. Beck but – Col. Beck Was Top-Hatless«, in: *Daily Express*, 4. April 1939, S. 3.

75 »The Daily Worker Says ...«, in: *Daily Worker*, 4. April 1939 (First Edition), S. 1; »Poland Mortgaged to Jewry«, in: *Action*, 8. April 1939, S. 3; »Our London Correspondence«, in: *Manchester Guardian*, 4. April 1939, S. 10.

76 Siehe »Loan to Arm the Poles«, in: *Daily Mirror*, 3. April 1939, S. 1.

77 Die britische Presse hatte einen 25-Millionen-Pfund-Kredit vorausgesagt, aber Polen hatte um sechzig Millionen Pfund gebeten. Die Verhandlungen schleppten sich durch den Sommer und versandeten bei etwa fünf Millionen, die Warschau als lächerlich zurückwies. Nach Polen floss vor Kriegsbeginn tatsächlich überhaupt kein Geld.

78 Ebermayer, *»... und morgen die ganze Welt«*, S. 341, Eintrag für den 11. Januar 1939.

79 Siehe Richard Hargreaves, *Blitzkrieg Unleashed: The German Invasion of Poland 1939*, Barnsley 2008, S. 55.

80 »Deutscher Flüchtlingsstrom infolge polnischen Terrors«, in: DNB, Zweite Nachtausgabe Nr. 715, 5 Mai 1939.

81 Siehe Fotos in: *Deutschland-Berichte der Sozialdemokratischen Partei Deutschlands (Sopade) 1934–1940*, Sechster Jahrgang 1939, S. 547–50.

82 Siehe Max Bonacker, *Goebbels' Mann beim Radio. Der NS-Propagandist Hans Fritzsche (1900–1953)*, München 2007, S. 56.

83 Dilks (Hg.), *Diaries of Sir Alexander Cadogan*, S. 179, Eintrag für den 9. Mai 1939.

84 Zitiert nach Olson, *Troublesome Young Men*, S. 192.

85 Zitiert nach ebenda, S. 193.

86 *Deutschland-Berichte der Sozialdemokratischen Partei Deutschlands (Sopade) 1934–1940*, Sechster Jahrgang 1939, S. 408.

87 Ebenda, S. 545.

88 Ebenda, S. 554.

Juni/Juli 1939

1 Schanetzky, *Kanonen statt Butter*, S. 101.

2 Zitiert nach ebenda, S. 104.

3 Rudolf Urbahn online unter https://www.dhm.de/lemo/zeitzeugen/rudolf-urbahn-das-ns-regime.html – zuletzt abgerufen am 29. Mai 2019.

4 Shelley Baranowski, *Strength through Joy. Consumerism and Mass Tourism in the Third Reich*, Cambridge 2004, S. 166.

5 Ebenda, S. 122.

6 Ebenda, S. 153.

7 Ebenda, S. 137.

8 Ebenda, S. 171.

9 Siehe Shelly Baranowski, »Selling the ›Racial Community‹: Kraft durch Freude and Consumption in the Third Reich«, in: Swett/Wiesen/Zatlin (Hg.), *Selling Modernity*, S. 144f.

10 Baranowski, *Strength through Joy. Consumerism and Mass Tourism in the Third Reich*, S. 170. Original in: *Deutschland-Berichte der Sozialdemokratischen Partei Deutschlands (Sopade) 1934–1940*, Dritter Jahrgang 1936, Salzhausen/Frankfurt am Main 1980, S. 882.

11 Ebenda, S. 168.

12 Siehe ebenda, S. 155–161.

13 »Stimmen aus dem Landvolk«, in: *Freiburger Zeitung*, 4./5. März 1939, S. 16. Online unter: https://fz.ub.uni-freiburg.de/show/fz.cgi?cmd=showpic&ausgabe=16&day=05r&year=1939&month=03&project=3&anzahl=30 – zuletzt abgerufen am 29. Mai 2019.

14 Karl Christian Führer, »Pleasure Practicality and Propaganda«, in: Pamela E. Swett, Corey Ross und Fabrice d'Almeida (Hg.), *Pleasure and Power in Nazi Germany*, Durham/London 2007, S. 145.

15 Hans-Ulrich Thamer, *Verführung und Gewalt. Deutschland 1933–1945*, Berlin 1986, S. 516.

16 Für Berichte über den Besuch und den politischen, sozialen und ideologischen Hintergrund siehe »When Hitler's Perfect Woman Came to Call«, in: *BBC History Magazine*, März 2014, und Julie V. Gottlieb und Matthew Stibbe, »Peace at Any Price: The Visit of Nazi Women's Leader Gertrud Scholtz-Klink to London in March 1939 and the Response of British Women Activists«, online im Sheffield Hallam University Research Archive (SHURA) unter http://shura.schu.ac.uk/12142/ – zuletzt abgerufen am 29. Mai 2019.

17 Siehe *Daily Mirror*, 8. März 1939, S. 21.

18 Siehe »Frau Scholtz-Klink bei der Anglo-German-Fellowship«, in: *Freiburger Zeitung*, 9. März 1939 (Morgenausgabe), S. 2. Online unter: https://fz.ub.uni-freiburg.de/show/fz.cgi?cmd=showpic&ausgabe=02&day=09a&year=1939&month=03&project=3&anzahl=6 – zuletzt abgerufen am 29. Mai 2019.

19 »When Hitler's Perfect Woman Came to Call«, a.a.O.

20 Zitiert in Gottlieb/Stibbe, »Peace at Any Price«, S. 17.

21 Doris Kirkpatrick, »Role of Women in Germany: She Works Because She Must and She Fears That Another War Will Take Her Sons«, in: *New York Times*, 26. September 1937, S. 89.

22 Claudia Koonz beschreibt eine Begegnung mit Scholtz-Klink im Jahr 1981 in: *Mothers in the Fatherland: Women, the Family and Nazi Politics*, London 1988, S. xxi. Die ehemalige *Frauenführerin* starb 1999 mit 97 Jahren.

23 Ebenda, S. 145.

24 Richard Grunberger, *A Social History of the Third Reich*, London 2005, S. 324. Dort auch Informationen zum weiblichen Anteil der arbeitenden Bevölkerung.

25 Ebenda, S. 325.

26 Thamer, *Verführung und Gewalt*, S. 516.

27 Zahlen zur Frauenarbeit in den USA und Großbritannien in: Schanetzky, *Kanonen statt Butter*, S. 118.

28 Siehe Jill Stephenson, *Women in Nazi Germany*, Abingdon/New York 2013, S. 32.

29 Grunberger, *A Social History of the Third Reich*, S. 329, auch für das Folgende und die Zitate von Scholtz-Klink.

30 Glenn Collins, »Women in Nazi Germany: Paradoxes« (Interview mit Dr. Claudia Koonz), in: *New York Times*, 2. März 1987.

31 Brief von Neville an Hilda Chamberlain, 29. April 1939, in: Self (Hg.), *The Neville Chamberlain Diary Letters*, Band 4: *The Downing Street Years, 1934–1940*, Aldershot 2005, S. 412.

32 Ebenda, Brief an Hilda von Chamberlain, 28. Mai 1939.

33 Ebenda, Brief an Hilda von Chamberlain, 17. Juni 1939.

34 Ebenda, Brief an Ida von Chamberlain, 25. Juni 1939.

35 Siehe Stephen White, *Britain and the Bolshevik Revolution*, Basingstoke 1980, Anmerkung S. 296.

36 Monatliche Wetterberichte für 1939 online unter https://www.metoffice.gov.uk/learning/library/archive-hidden-treasures/monthly-weather-report-1930s – zuletzt abgerufen am 29. Mai 2019.

37 Siehe die Webseite der George Formby Society http://www.georgeformby.co.uk/gf_story/report.html – zuletzt abgerufen am 29. Mai 2019.

38 Ferienbericht aus Blackpool, zitiert nach Gary Cross, *Worktowners at Blackpool. Mass Observation and Popular Leisure in the 1930s*, Cirencester 1990, S. 136. »Worktown« war das Zentrum für die Herstellung von Baumwolltextilien in Bolton, nördlich von Manchester.

39 Für einen verspäteten Bericht über den Unfall siehe A.S. Evans, *Beneath the Waves: A History of HM Submarine Losses 1904–1971*, London 1986, S. 184f., sowie Tony Booth und Len Deighton, *Thetis Down: The Slow Death of a Submarine*, Barnsley 2008, Letzteres eine nüchterne Untersuchung, die die schlimmsten Verschwörungstheorien widerlegt.

40 Jesse Lionel Shepherd, Oral History recording 1990 des IWM (Catalogue 11626 Reel 1).

41 Edward Findley Gueritz, Oral History recording 1997 des IWM (Catalogue 17394 Reel 1).

42 »Our Live Letter Box – Thetis! Widespread Criticism«, in: *Daily Mirror*, 7. Juni 1939, S. 10.

43 »Opinion. Grim Drama«, in: *Daily Express*, 3. Juni 1939, S. 10.

44 Siehe Booth/Deighton, *Thetis Down*, S. 201.

45 »King, Queen at Hot Dog Picnic«, in: *Daily Mirror*, 12. Juni 1939, S. 3.

46 William Hickey, »These Names Make News. Envoy Suburban«, in: *Daily Express*, 9. Juni 1939, S. 6.

47 »Freche polnische Drohung an Danzig« und »Neuer Mord an Volksdeutschen. Polnische Verbrecher gehen straflos aus«, in: *Freiburger Zeitung*, 12. Juni 1939 (Morgenausgabe), S. 2.

48 Dazu siehe eine Würdigung Gottschalks zu dem Tag, an dem er hundert Jahre alt geworden wäre, von Klaus J. Hennig, »... oder geht man zugrunde«, in: *Die Zeit*, 1. April 2004.

49 Siehe Irit Neidhardt, »Einführung zum Film *Aufruhr in Damaskus*«, auf der Webseite des

Deutschen Historischen Museums Berlin, https://www.dhm.de/fileadmin/medien/relaunch/zeughauskino/Neidhardt_Aufruhr_in_Damaskus.pdf – zuletzt abgerufen am 29. Mai 2019.

50 *Aufruhr in Damaskus* kann im Internet heruntergeladen und umsonst auf Youtube angeschaut werden.

51 »Sir O. Mosley Restates His Policy. Free Hand in East for Germany«, in: *Manchester Guardian*, 17. Juli 1939, S. 12, auch für die Einzelheiten der folgenden Rede.

52 Der vollständige Text der Rede ist überraschenderweise kürzlich als Taschenbuch erschienen: https://www.oswaldmosley.com/britain-first-rally-1939/ – zuletzt abgerufen am 29. Mai 2019.

53 »Blackshirt Caesar! Cassandra reports on last night's great rally in London«, in: *Daily Mirror*, 17. Juli 1939, S. 12.

54 Deutsches Tagebucharchiv, Emmendingen, Tagebuch von Ruth Thieme, Sig 1295/I, 2.

55 »Opinion«, in: *Daily Express*, 19. Juni 1939, S. 12.

56 »La politesse« in: »Our Live Letter Box«, in: *Daily Mirror*, 7. Juni 1939, S. 10.

57 Teile aus einem Interview, das der Autor am 24. Juni 2017 mit Fritz Lustig geführt hat, und aus dessen Biographie *My Lucky Life. The Memoirs of Fritz Lustig*, London 2017, Zitate S. 106. Einzelheiten über seinen Umzug nach Cambridge, S. 107f. Fritz Lustig, der im Dezember 2017 starb, war der Vater des bekannten britischen Journalisten und Radiomoderators Robin Lustig.

58 Katerina (Käthe) Fischel (geb. Strenitz), Oral History recording 2000 des IWM (Catalogue 20128 Reel 2).

59 Siehe besonders Michael Finch, *A View From the Hill: A History of Sibford School 1842–2010*, York 2010. Diese Internatsschule der Quäker in Oxfordshire bot Dutzenden von jüdischen Flüchtlingskindern einen sicheren Hafen. Mit Dank an den verstorbenen David Laity.

60 »New Army – All Present and Correct – By 3 pm«, in: *Sunday Express*, 16. Juli 1939, S. 13.

61 »I Join the Army With a £10 Bonus from the Firm«, in: *Daily Express*, 15. Juli 1939, S. 5.

62 »Please Send Me My Ukelele – Says Militiaman«, in: *Daily Express*, 20. Juli 1939, S. 3.

63 »Militiamen Granted Leave on Their First Day«, in: *Manchester Guardian*, 17. Juli 1939, S. 5.

64 »The Rally of Youth. 34,000 Militiamen Report for Training«, in: *Observer*, 16. Juli 1939, S. 15.

65 »Democracy and the Militia«, in: *Daily Worker*, 18. Juli 1939, S. 3.

66 Andrew Gwynn Curry Jones, Oral History recording 1995 des IWM (Catalogue 14925 Reel 1.)

67 Patrick Hamilton, *Hangover Square. Eine Geschichte aus dem finstersten Earl's Court*, Zürich 2005, S. 110.

1. bis 22. August 1939

1 Siehe »Einstein Letter«, online auf der Webseite der Roosevelt Library http://www.fdrlibrary.marist.edu/archives/pdfs/docsworldwar.pdf – zuletzt abgerufen am 29. Mai 2019.

2 Siehe Lev Besymenski, »Die sowjetisch-deutschen Verträge von 1939«, veröffentlicht auf der Webseite der Katholischen Universität Eichstätt-Ingolstadt http://www.ku.de/for-

schungseinr/zimos/publikationen/forum/zeitgeschichte/besymenski-sowjetisch-deutsche-vertraege/ – zuletzt abgerufen am 29. Mai 2019.

3 Edward E. Ericson, *Feeding the German Eagle: Soviet Economic Aid to Nazi Germany, 1933–1941*, Westport 1999, S. 54.

4 Ebenda, S. 55.

5 »Not Counting Niggers«, in: George Orwell, *Collected Essays, Journalism and Letters*, Bd. 1, London 1968, S. 397f.

6 Details in »Nazis Howl at Paper ›War‹«, in: *Daily Mirror*, 7. Juli 1939, S. 4.

7 »Plumpe englische Bauernfängerbriefe«, in: *Völkischer Beobachter*, 14. Juli 1939, und DNB, 14. Juli 1939, verteilt auf drei Ausgaben – die Erste Morgenausgabe (1042), die Zweite Morgenausgabe (1043) und die Vormittagsausgabe (1044), mit Zusatzmaterial in den folgenden Ausgaben.

8 Zitiert in »Latest Nazi Howler«, in: *Daily Mirror*, 18. Juli 1939, S. 28.

9 Siehe »Privater Krieg mit Goebbels«, in: *Der Freitag. Das Meinungsmedium*, https://www.freitag.de/autoren/friedhelm-greis/privater-krieg-mit-goebbels – zuletzt abgerufen am 29. Mai 2019.

10 Siehe »Propaganda by Post«, in: *Daily Express*, 28. Juli 1939, S. 8.

11 Sir Stephen King-Hall, *Total Victory*, London 1941, S. 285. Siehe die Webseite, die dem Leben und der Laufbahn King-Halls gewidmet ist, wo sich genaue Informationen über den Ursprung der nach Deutschland verschickten Briefe sowie über ihre Wirkung finden – https://sites.google.com/site/kinghallconnections/7900-the-next-ten-years-1929-1939 – zuletzt abgerufen am 29. Mai 2019.

12 Bericht über die Auswirkungen von King-Halls Flugblättern als Teil der Ausgabe »Die Allgemeine Situation in Deutschland«, Juli 1939, in: *Deutschland-Berichte der Sozialdemokratischen Partei Deutschlands (Sopade) 1934–1940*, Sechster Jahrgang 1939, S. 830.

13 Longerich, *Hitler*, S. 659.

14 Siehe Dennis Clark, »Boomerang! … or … It hurts them more than it hurts us«, in: *Daily Express*, 28. Juli 1939, S. 8.

15 »Hitler: New Bid for Gag«, in: *Daily Mirror*, 21. Juli 1939, S. 2.

16 »Propaganda by Post«, in: *Daily Express*, 28. Juli 1939, S. 8.

17 »Mitteilung der deutschen Regierung an die britische Regierung, übergeben von Joachim von Ribbentrop, Außenminister, an den britischen Botschafter (Sir Nevile Henderson) um 11:30 am 3. September 1939«, in: *100 Dokumente zur Vorgeschichte des Krieges, Auswahl aus dem amtlichen deutschen Weissbuch*, Berlin 1939, S. 245–249, Dokumente Nr. 97 (479), online einzusehen unter https://digi.landesbibliothek.at/viewer/image/AC02600671/251/ – zuletzt aufgerufen am 29. Mai 2019.

18 Siehe Longerich, *Hitler*, S. 660.

19 Galeazzo Ciano, *Ciano's Diary 1937–1943*, London 2002, S. 118f., Einträge für den 11. und 12. August 1939.

20 Longerich, *Hitler*, S. 663.

21 »Krieg gegen das Deutschtum. 204 Überfälle klagen gegen Polen«, in: *Freiburger Zeitung*, 12. August 1939 (Morgenausgabe), S. 2.

22 Dilks (Hg.), *Diaries of Sir Alexander Cadogan*, S. 195, Eintrag für den 12. August 1939.

23 Meehan, *The Unnecessary War: Whitehall and the German Resistance to Hitler*, S. 230f.

24 »Englands Kochtopf«, »Englands Armee in Streik getreten«, »Schlappen in Londons Nervenkrieg«, in: *Freiburger Zeitung*, 14. August 1939 (Abendausgabe), S. 1 und 2.

25 »Die größte Baustelle der Welt«, in: *Freiburger Zeitung*, 15. August 1939 (Abendausgabe), S. 2.

26 Selkirk Panton, »Nazis Talk of Five-Day Victory Over Poles – Without General War«, in: *Daily Express*, 22. August 1939, S. 2.

27 Kurt Elfering, *Die Schlesienfahrt 1939*, unter https://www.dhm.de/lemo/zeitzeugen/kurt-elfering-die-schlesienfahrt-1939.html – uletzt abgerufen am 29. Mai 2019, auch für das Folgende.

28 Siehe Wehler, *Deutsche Gesellschaftsgeschichte*, S. 705; siehe auch https://www.dhm.de/lemo/kapitel/ns-regime/alltagsleben.html – zuletzt abgerufen am 29. Mai 2019.

29 »Opinion. Harvest Time«, in: *Daily Express*, 8. August 1939, S. 8.

30 Siehe https://warwick.ac.uk/fac/soc/economics/staff/sbroadberry/wp/totwar3.pdf – zuletzt abgerufen am 29. Mai 2019.

31 Siehe Daily Express Agricultural Reporter, »If No Food Ship Reached Us for Year – Britain Could Not Starve«, in: *Daily Express*, 25. August 1939, S. 9.

32 Elfering, *Die Schlesienfahrt 1939*, a.a.O.

33 Ebermayer, »*… und morgen die ganze Welt*«, S. 405, Eintrag für den 9 August 1939.

34 »Sir Barry Domvile, the Link chief, says he was told in Germany: ›Hitler Offered to Defend the British Empire. But Plan Was Turned Down‹«, in: *Daily Express*, 9. August 1939, S. 9. Domvile wurde im Sommer 1940 unter der Defence Regulation 18B verhaftet und ins Gefängnis geworfen, ebenso Sir Oswald Mosley und bis zu tausend andere Mitglieder der »Fünften Kolonne«.

35 »Home or Foreign«, Bericht für Mass-Observation, April 1939, SxMOA1/1/4/3/1 (A16), S. 8 für die Zahlen zu den Unterstützern der Auslandspolitik und S. 6 für Meinungen über die relative Wichtigkeit von Innenpolitik und Außenpolitik.

36 Siehe Daniel Todman, *Britain's War. Into Battle 1937–1941*, London 2017 , S. 149–151, für die Analyse der Zwischenwahlen und die Kalkulationen der konservativen Parteistrategen.

37 Für eine jährliche Zusammenfassung der konsequenten Haltung Hitlers in dieser Frage seit der ersten Woche der Machtübernahme siehe Werner Maser, *Das Regime. Alltag in Deutschland 1933–1945*, München 1983, S. 204ff.

23. bis 31. August 1939

1 »Das hatte die Welt keineswegs erwartet. Großdeutschlands Diplomatie bereitete dem Ausland eine Sensation. Ereignis von weltpolitischer Bedeutung«, in: *Freiburger Zeitung* (Abendausgabe), 22. August 1939, S. 1.

2 NSDAP, Gauleitung Westfalen-Nord, Hauptleitung, 31. August 1939, »Berichterstattung über die Stimmung in der Bevölkerung«, Landesarchiv Nordrhein-Westfalen (Münster), S. 001.

3 »Russia Signs Trade Pact with Nazis«, in: *Daily Express*, 21. August 1939, S. 1.

4 Dilks (Hg.), *Diaries of Sir Alexander Cadogan*, S. 201.

5 Anmerkung von David Dilks zum Eintrag für den 22. August 1939, in: Dilks (Hg.), *Diaries of Sir Alexander Cadogan*, S. 199.

6 Meehan, *The Unnecessary War*, S. 233.

7 Siehe *Daily Express*, 23. August 1939, Titelseite und S. 2.

8 Meehan, *The Unnecessary War*, S. 235.

9 Dilks (Hg.), *Diaries of Sir Alexander Cadogan*, S. 200.

10 Ebenda, S. 201, Einträge für den 23. und 24. August.

11 DNB, 18. August 1939, Nachmittags- und Abendausgabe Nr. 1174. Online unter: http://zefys.staatsbibliothek-berlin.de/list/title/zdb/27058621/-/1939 – zuletzt abgerufen am 29. Mai 2019.

12 Aus DNB, 25. August 1939, Abendausgabe Nr. 1212. Online unter: http://zefys.staatsbibliothek-berlin.de/list/title/zdb/27058621/-/1939 – zuletzt abgerufen am 29. Mai 2019.

13 *Freiburger Zeitung* (Morgenausgabe), 25. August 1939, S. 1, für beide Artikel.

14 »Scheinheilige Phrasen wie 1918«, in: DNB, 25. August 1939 (Nachtausgabe), Nr. 1213. Online unter: http://zefys.staatsbibliothek-berlin.de/list/title/zdb/27058621/-/1939 – zuletzt abgerufen am 29. Mai 2019.

15 Siehe »Die Stunde der Befreiung kommt«, in: *Freiburger Zeitung* (Morgenausgabe), 26. August 1939, S. 1, und »Verwahrloste polnische Jugend«, in: ebenda, S. 4.

16 *Kriegstagebuch. Tägliche Aufzeichnungen des Chefs des Generalstabes des Heeres 1939–1942*, hg. vom Arbeitskreis für Wehrforschung, 3 Bde., Stuttgart 1962–1964, hier Bd. 1, S. 25f., Eintrag für den 22. August 1939. Für eine Analyse der unterschiedlichen Berichte von dem Treffen und ihrer Plausibilität sowie ausführliche Zitate aus diesen Dokumenten siehe Winfried Baumgart, »Zur Ansprache Hitlers vor den Führern der Wehrmacht am 22. August 1939. Eine quellenkritische Untersuchung«, in: *Vierteljahrshefte für Zeitgeschichte*, Jahrgang 16 (1968), Heft 2, S. 120–149.

17 Baumgart, »Zur Ansprache Hitlers«, a.a.O., S. 133f.

18 Siehe Anmerkung des Herausgebers zum Eintrag für den 27. August 1939, in: Dilks (Hg.), *Diaries of Sir Alexander Cadogan*, S. 202.

19 Andreas-Friedrich, *Der Schattenmann*, S. 61 und 62f., Eintrag für den 22. August 1939, da auch ihr Erlebnis in Berlin.

20 NSDAP, Gauleitung Westfalen-Nord, Hauptleitung, 31. August 1939, »Berichterstattung über die Stimmung in der Bevölkerung«, Landesarchiv Nordrhein-Westfalen (Münster). Und für die anschließenden Schlussfolgerungen.

21 Interview des Autors mit Frau Anna Marie Gramling, Stuttgart, 22. September 2017.

22 NSDAP, Gauleitung Westfalen-Nord, Hauptleitung, 31. August 1939, »Berichterstattung über die Stimmung in der Bevölkerung«, Landesarchiv Nordrhein-Westfalen (Münster), S. 001.

23 Ebermayer, »*... und morgen die ganze Welt*«, S. 419, Eintrag für den 28. August 1939.

24 Deutsches Tagebucharchiv, Emmendingen, Katalogsignatur 146,1 (Albert Joos, *1919), Kriegstagebuch, 28. August 1939.

25 Siehe Letitia Fairfield, C.B.E., M.D. (Hg.), *The Trial of Peter Barnes and Others (The I.R.A. Coventry Explosion of 1939)*, London/Edinburgh 1953, S. 21f. Außerdem aufschlussreich: T. Ian Adams, *The Sabotage Plan*, Raleigh, N.C., 2011, S. 63ff. Internet-Quellen: »Coventry IRA bombing: The ›forgotten‹ attack on a British city« unter http://www.bbc.co.uk/news/uk-england-coventry-warwickshire-28191501; und http://www.historiccoventry.co.uk/articles/s-shaw.php – zuletzt abgerufen am 29. Mai 2019; siehe außerdem

Frederick Taylor, *Coventry. Der Luftangriff vom 14. November 1940: Wendepunkt im Zweiten Weltkrieg*, München 2015, S. 31ff.

26 Für Einzelheiten siehe Fairfield, *The Trial of Peter Barnes and Others.*

27 Siehe die zusammenfassende Liste der IRA-Aktionen, in denen auch die Vorfälle in Coventry erwähnt werde, Anhang zu: Fairfield, *The Trial of Peter Barnes and Others*, S. 260ff.

28 »Bomb Found At A Flat: Charges Against Five Men«, in: *The Times*, 9. September 1939, S. 3.

29 »5 Killed By I.R.A. Bicycle Bomb«, in: *Daily Mirror*, 26. August 1939, S. 3.

30 Siehe auch http://www.historiccoventry.co.uk/articles/s-shaw.php – zuletzt abgerufen am 29. Mai 2019.

31 »Anti-Irish Demonstration in Coventry«, in: *Manchester Guardian*, 29. August 1939, S. 10.

32 »Into the Sun«, in: *Sunday Express*, 13. August 1939, S. 10.

33 »Parents Day for Militia«, in: *Daily Mirror*, 21. August 1939, S. 19.

34 »Is There a Pet in Your House?«, in: *Daily Mirror*, 28. August 1939, S. 12.

35 Siehe Hilda Kean, *The Great Cat and Dog Massacre. The Real Story of World War II's Unknown Tragedy*, Chicago/London 2017, S. 53f.

36 »Guard Your Pets«, in: *Daily Mirror*, 30. August 1939, S. 4.

37 »Dogs and the Crisis«, in: *Daily Mirror*, 31. August 1939, S. 10.

38 »Ivor Lambe's Tales«, in: *Daily Mirror*, 29. August 1939, S. 11. Der zwanzigste Baron Willoughby de Broke diente dann während des Krieges bei der Royal Air Force, während der Luftschlacht um England in einem Kontrollzentrum für Luftverteidigung. Er erreichte den Rang eines Generalmajors der Luftwaffe.

39 »Record Crowd Fly Back to Croydon«, in: *Daily Express*, 26. August 1939, S. 6.

40 »Americans, Britons Rush Home«, in: ebenda.

41 William Hickey, »8 Lives Left?«, in: ebenda.

42 Mass Observation Archive (Online), 5382 (Naylor I.M.A.), »War Diary, 1939«.

43 Mass Observation Archive (Online), 5102 (Harrison, S.J.C.), »Mass Observation Diary«.

44 »IT WAS A GRAND DAY OUT FOR THE CHILDREN«, in: *Daily Mirror*, 29. August 1939, S. 14f.

45 Hilde Marchant, »MOTHERS WEEP AS CHILDREN MOBILISE IN SCHOOLROOMS«, in: *Daily Express*, 29. August 1939, S. 4 (»Home Crisis News«).

46 Siehe Dargleff Jahnke, »Erster Weltkrieg: Bomben trafen Freiburg«, in: *Badische Zeitung*, 26. Juli 2014, online unter: http://www.badische-zeitung.de/freiburg/erster-weltkrieg-luftangriffe-trafen-freiburg–87935635.html#kommentare – zuletzt abgerufen am 29. Mai 2019.

47 Major Mohneck, »Das Luftverteidigungsgebiet«, in: *Freiburger Zeitung*, 22. August 1939 (Morgenausgabe), S. 4.

48 »Freiburg – nur im Mondschein«, in: *Freiburger Zeitung*, 31. August 1939 (Morgenausgabe), S. 5.

49 Armin Peez, »Bessere Atmosphäre?«, in: *Freiburger Zeitung*, 30. August 1939 (Abendausgabe), S. 1.

50 Siehe Anmerkung des Herausgebers zu dem Eintrag für den 28. August 1939 und für einen Bericht von Hendersons nachfolgendem Treffen mit Hitler in: Dilks (Hg.), *The Diaries of Sir Alexander Cadogan*, S. 203.

51 Siehe Anmerkung des Herausgebers zu dem Eintrag für den 30. August 1939 in: ebenda, S. 205.

52 Hildegard von Kotze (Hg.), *Heeresadjutant bei Hitler 1938–1943. Aufzeichnungen des Majors Engel*, Stuttgart 1982, S. 60f.

53 *Kriegstagebuch. Tägliche Aufzeichnungen des Chefs des Generalstabes des Heeres 1939–1942*, Bd. 1, S. 42, Eintrag für den 29. August 1939.

54 Siehe Anmerkung des Herausgebers zu dem Eintrag für den 30. August 1939 in: Dilks (Hg.), *Diaries of Sir Alexander Cadogan*, S. 205.

55 Zitiert in: Deist u. a., *Das Deutsche Reich und der Zweite Weltkrieg*, Band I, S. 698.

56 Ebermayer, »*... und morgen die ganze Welt*«, S. 421f., Einträge für den 29. und 30. August 1939.

57 Siehe »Ein Schwerverbrecher gefasst. Einer der größten Sittlichkeitsverbrecher aller Zeiten«, in: *Freiburger Zeitung*, 27. August 1939, S. 18.

58 Zitiert nach Arz, *Todsicheres München*, S. 113.

59 Kompisch/Otto, *Bestien des Boulevards*, S. 159.

60 Ebenda, S. 158.

61 Michael Müller, *Canaris. Hitlers Abwehrchef*, Berlin 2006, S. 129.

62 Ebenda, S. 155.

63 Siehe »Jablunka-Pass. Vorhut im Wartesaal«, in: *Der Spiegel*, 14. März 1966, S. 78f. Online unter: http://www.spiegel.de/spiegel/print/d-46266061.html – zuletzt abgerufen am 29. Mai 2019. Der Tunnel wurde innerhalb weniger Minuten in die Luft gesprengt, als der Krieg dann tatsächlich begonnen hatte.

64 »Unvorstellbare Leiden der Bevölkerung in Ostoberschlesien«, in: DNB, 28. August 1939 (Morgenausgabe), Nr. 1219. Online unter: http://zefys.staatsbibliothek-berlin.de/index.php?id=dfg-viewer&set%5Bmets%5D=http%3A%2F%2Fcontent.staatsbibliothek-berlin.de%2Fzefys%2FSNP27058621-19390828-0-0-0-0.xml – zuletzt abgerufen am 29. Mai 2019. Für einen Abdruck auf der ersten Seite einer deutschen Provinzzeitung siehe z. B. »Jablunka-Tunnel gesprengt«, in: *Rheinsberger Zeitung*, 28. August 1939, S. 1.

65 Hierfür und für das Folgende, soweit nicht anders vermerkt, siehe den Text von Naujocks' Stellungnahme nach dem Krieg gegenüber der amerikanischen Armee, online unter: https://www.ns-archiv.de/krieg/1939/sender-gleiwitz/naujocks.php – zuletzt abgerufen am 29. Mai 2019.

66 Siehe Alfred Spieß und Heiner Lichtenstein, *Das Unternehmen Tannenberg*, Berlin 1979. In kürzerer Form auch als Artikelserie verfügbar: »Unternehmen Tannenberg. August 1939: Wie die SD den Überfall auf Polen vorbereitete«, in: *Der Spiegel*, 6. August 1979, S. 62–74 (Teil I), 13. August 1979, S. 67–74 (Teil II), 20. August 1979, S. 68–78 (Teil III).

1. bis 3. September 1939

1 Sybil Bannister, *I Lived Under Hitler*, London 1995, S. 66 und S. 67, auch für das folgende Zitat.

2 Zitiert in Joachim Trenkner, »Ziel vernichtet«, in: *Die Zeit*, 6. Februar 2003, online unter https://www.zeit.de/2003/07/A-Wielun – zuletzt abgerufen am 3. Juni 2019, auch für weitere Zitate, wenn nicht anders angemerkt.

3 Siehe den Artikel von Norman Davies »We must not forget the real causes of the war«, in: *The Independent*, 29. August 2009, online unter https://www.independent.co.uk/voices/commentators/we-must-not-forget-the-real-causes-of-the-war-1778973.html – zuletzt abgerufen am 3. Juni 2019.

4 Timothy Snyder, *Bloodlands. Europa zwischen Hitler und Stalin*, München 2013, S. 135.

5 Zitiert in Trenkner, »Ziel vernichtet«, a.a.O.

6 »Der Führer an die Wehrmacht«, Presseerklärung des DNB, 1. September 1939, Nr. 1241 (Vormittagsausgabe).

7 Hitlers Auftritt vor dem Reichstag und seine vollständige Rede in: »Historische Reichstagssitzung«, in: DNB, Presseerklärung Nr. 1245, 1. September 1939 (Erste Nachmittagsausgabe) und Fortsetzung ebenda, Nr. 1246 (Zweite Nachmittagsausgabe).

8 Groscurth, *Tagebücher eines Abwehroffiziers 1938–1940*, S. 195f., Einträge vom 31. August und vom 1. September 1939.

9 Mass Observation Archive (Online), 5382 (I.M.A. Naylor), »War Diary, 1939«.

10 Mass Observation Archive (Online), 5102 (S.J.C. Harrison), »Mass Observation Diary«, Eintrag für den 1. September 1939.

11 Mass Observation Archive (Online), 5142 (D.E. Mannion), »Crisis Diary«.

12 Mass Observation Archive (Online), 5292 (E. Crowfoot), Eintrag für den 1. September 1939 und für das Folgende, falls nicht anders erwähnt.

13 Siehe http://www.thevalvepage.com/tvyears/1938/rlympreS. htm – zuletzt abgerufen am 3. Juni 2019.

14 Siehe die offizielle Webseite der BBC: https://www.bbc.co.uk/historyofthebbc/research/general/tvstory9 – zuletzt abgerufen am 3. Juni 2019.

15 Anders als in Großbritannien hatte das Fernsehen in Deutschland im Oktober 1939 ein Comeback unter militärischer Kontrolle. Es diente nun der Unterhaltung der Truppen, vor allem der verwundeten Soldaten in den Lazaretten. Das deutsche Fernsehen unterhielt sogar ein Studio im besetzten Paris und sendete über den Sendemast des französischen Fernsehens im Eiffelturm. Siehe http://www.fernsehmuseum.info/1939-der-2-weltkrieg-naht.html – zuletzt abgerufen am 3. Juni 2019. Im engeren Sinne militärisch wurde das Fernsehen zum Beispiel für die Übertragung der V1- und V2-Raketentests in Peenemünde genutzt: Die Techniker konnten mit der Technik des Fernsehens den Start aus sicherer Entfernung beobachten.

16 Monatsbericht des Gendarmerie-Kreisführers des Bezirks Ebermannstadt (nahe Bamberg) vom 29. August 1939, zitiert in: Maser, *Das Regime. Alltag in Deutschland 1933–1945* S. 210.

17 NSDAP, Gauleitung Westfalen-Nord, Hauptleitung, 2. September 1939, Bericht Nr. 29, Landesarchiv Nordrhein-Westfalen (Münster), S 001.

18 Olson, *Troublesome Young Men*, S. 202f., und für die Erlebnisse von Ronald Cartland.

19 Ebenda, S. 204.

20 Eintrag für den 1. September 1939 (geschrieben am 3. September) in Dilks (Hg.), *Diaries of Sir Alexander Cadogan*, S. 211.

21 Mass Observation Archive (Online) 5292 (E. Crowfoot), Eintrag für den 1. September 1939.

22 Hosenfeld, *»Ich versuche, jeden zu retten«*, S. 243, 245, Brief an seinen Sohn Helmut, 1. September 1939.

23 Bericht für Juli 1939, »Die Allgemeine Situation in Deutschland: b) Oberschlesien«, in: *Deutschland-Berichte der Sozialdemokratischen Partei Deutschlands (Sopade) 1934–1940*, Sechster Jahrgang 1939, S. 818.

24 Bericht für August–Oktober 1939, »Der Krieg. 1. Zum Überfall auf Polen«, in: *Deutschland-Berichte der Sozialdemokratischen Partei Deutschlands (Sopade) 1934–1940*, Sechster Jahrgang 1939, S. 965.

25 Willy Cohn, *Kein Recht, nirgends. Tagebuch vom Untergang des Breslauer Judentums 1933–1941*, Band 2, Köln/Weimar/Wien 2007, S. 690, Eintrag für den 11. September 1939. Cohn, seine Frau und zwei seiner Kinder wurden im November 1941 nach Litauen »verbracht«, wo man sie ermordete.

26 Victor Klemperer, *Ich will Zeugnis ablegen bis zum letzten, Tagebücher 1933–1941*, Berlin 1995, S. 295, Eintrag für den 3. September 1939.

27 Cohn, *Kein Recht, nirgends*, S. 681, Eintrag für den 31. August 1939.

28 Monatsbericht des Gendarmerie-Kreisführers des Bezirks Ebermannstadt, zitiert in Maser, *Das Regime*, S. 210.

29 NSDAP, Gauleitung Westfalen-Nord, Hauptleitung, 2. September 1939, Bericht Nr. 29, Landesarchiv Nordrhein-Westfalen (Münster), S. 001.

30 Zitiert in: Hargreaves, *Blitzkrieg Unleashed*, S. 122.

31 Siehe Lustig, *My Lucky Life*, S. 10ff. Lustig wurde im Sommer 1940 für kurze Zeit interniert, dann aber in die British Army eingegliedert, wo er für den Rest des Krieges diente, zum Schluss in einer Spionage-Einheit.

32 Interview des Autors mit Peter Jordan, Didsbury, Manchester, 16. November 2017. Seine Eltern wurden verhaftet und nach Litauen gebracht, wo sie bei einer der vielen Massenerschießungen von Juden im November 1941 umkamen. In W.G. Sebalds Roman *Die Ausgewanderten* sind Familienfotos von Peter Jordan und seinen Eltern aus den 1920er und 1930er Jahren abgebildet. Sebald war ein Freund der Familie Jordan, seit er in den 1970er Jahren als Student ein Zimmer bei ihnen gemietet hatte.

33 Andreas-Friedrich, *Der Schattenmann*, S. 66. Mühsam wurde 1941 verhaftet und ermordet.

34 Ebenda, S. 34.

35 Mass Observation Archive (Online), 128 (H.D. Cowan), Eintrag vom 2. September 1939.

36 Mass Observation Archive (Online), 5014 (J. Austin), »Crisis Diary« vom 2. September 1939.

37 Mass Observation Archive (Online), 5156 (C.W. Moir), Eintrag vom 2. September 1939.

38 Bannister, *I Lived Under Hitler*, S. 69, siehe auch S. 70 für die Einschätzung ihres Mannes und ihre Reaktion darauf.

39 Dilks (Hg.), *Diaries of Sir Alexander Cadogan*, S. 212, Eintrag für den 2. September 1939.

40 Siehe Trenkner, »Ziel vernichtet«, sowie Jens Mattern und Hans-Michael Kloth, »Stukas über Wielun«, in: *Der Spiegel*, 26. August 2009, online unter: http://www.spiegel.de/einestages/kriegsbeginn-1939-a-948468.html – zuletzt abgerufen am 3. Juni 2019.

41 Siehe die Webseite des Museums Stutthof: http://stutthof.org/english/node/8 sowie https://www.jewishvirtuallibrary.org/stutthof-sztutowo-poland – beide zuletzt abgerufen am 3. Juni 2019.

42 Mass Observation Archive (Online), 5382 (I.M.A. Naylor), »War Diary, 1939«, Eintrag für den 2. September 1939.

43 Mass Observation Archive (Online), 5161 (L. Moxon), Tagebuch, 2. September 1939.

44 Für die Szene im Haus und danach siehe Olson, *Troublesome Young Men*, S. 208–211. Für den vollständigen Text von Chamberlains und Greenwoods Redebeiträgen siehe die Mitschrift der Debatte unter https://hansard.parliament.uk/commons/1939-09-02/debates/621e8d90-8e86-4856-b0b8-a2b5bd2ea776/GermanyAndPolandItalianProposals – zuletzt abgerufen am 3. Juni 2019.

45 100 Dokumente zur Vorgeschichte des Krieges, S. 244, Dokument Nr. 96 (477), einzusehen unter http://digi.landesbibliothek.at/viewer/image/AC02600671/250/LOG_0115/ – zuletzt abgerufen am 3. Juni 2019.

46 Mass Observation Archive (Online), 5382 (I.M.A. Naylor), »War Diary, 1939«, Eintrag für den 3. September 1939.

47 Mass Observation Archive (Online), 5224 (E. Webb), »Crisis Directive. Personal Diary«, Eintrag für den 3. September 1939.

48 Paul Schmidt, *Statist auf diplomatischer Bühne 1923–1945. Erlebnisse des Chefdolmetschers im Auswärtigen Amt mit den Staatsmännern Europas*, Bonn 1949, S. 464.

49 Mass Observation Archive (Online), 5102 (S.J.C. Harrison), »Mass Observation Diary«, Eintrag für den 3. September 1939.

50 Mass Observation Archive (Online), 5080 (K. Gee), Tagebucheintrag für den 3. September 1939.

51 Mass Observation Archive (Online) 5224 (E. Webb), »Crisis Directive. Personal Diary«, Eintrag für den 3. September 1939.

52 Mitschrift von Chamberlains Rede am 3. September 1939 verfügbar auf der Webseite der BBC unter: http://www.bbc.co.uk/archive/ww2outbreak/7957.shtml?page=txt – zuletzt abgerufen am 3. Juni 2019. In voller Länge angehört werden kann die Rede einschließlich der darauffolgenden Anweisungen unter: https://www.youtube.com/watch?v=xcSnKArKz8E – zuletzt abgerufen am 3. Juni 2019.

53 Zitiert in Jessica Mann, *Out of Harm's Way. The Wartime Evacuation of Children from Britain*, London 2005, S. 8.

54 Ebenfalls nach ebenda, S. 8.

55 Mass Observation Archive (Online), 5224 (E. Webb), »Crisis Directive. Personal Diary«, Eintrag für den 3. September 1939.

56 Mass Observation Archive (Online), 5142 (D.E. Mannion), »Crisis Diary«, Eintrag für den 3. September 1939 und für das Folgende.

57 Telegramm eines Korrespondenten für die *New York Herald Tribune*, zitiert nach »London Carries On. ›Business at the Old Stand‹. An American Witness«, in: *Observer*, 22. September 1940, S. 9.

58 Interview des Autors mit Frau Inge Heyl (geb. Lueg), Otto-Dibelius-Stift, Berlin, 15. September 2017.

59 Ebermayer, *»… und morgen die ganze Welt«*, S. 432, Eintrag für den 3. September 1939, auch für das unmittelbar folgende Zitat.

60 Ebenda, S. 432.

61 Bannister, *I Lived Under Hitler*, S. 70f., auch für das Folgende.

62 Siehe Horst Rohdes Beschreibung in: Klaus A. Maier, Horst Rohde, Bernd Stegemann und Hans Umbreit, *Das Deutsche Reich und der Zweite Weltkrieg*, Bd. 2, Stuttgart 1979, S. 144.

63 Für eine ausgewogene Darstellung der Kontroverse über Zahlen und unterschiedliche Auffassungen von deutschen und polnischen Historikern zum Massaker von Bromberg siehe Markus Krzoska, »Der ›Bromberger Blutsonntag‹ 1939. Kontroversen und Forschungsergebnisse«, in: *Vierteljahrshefte für Zeitgeschichte*, Jahrgang 60 (2012), Heft 2, S. 237–248. Wenn nicht anders vermerkt, basieren die Kommentare im Text auf Krzoskas Zusammenfassungen.

64 Siehe Jochen Böhler, *Auftakt zum Vernichtungskrieg: Die Wehrmacht in Polen 1939*, Frankfurt am Main, S. 136.

65 Seltsamerweise ist eine der wichtigsten »Zeuginnen«, die von rechtsradikalen deutschen Webseiten zitiert werden (und die Zahl der Toten meist sehr übertreiben), Sybil Bannister/Falkenhagen, die im November in das von den Deutschen besetzte Bromberg zog, weil ihr Ehemann an ein dortiges Krankenhaus versetzt worden war. In ihren Memoiren zitierte Mrs Bannister Berichte von deutschen Überlebenden, die eine furchtbare Lektüre sind. In ihrem Gespräch mit dem British Imperial War Museum im Jahr 1993 nahm sie einen ausgewogenen Standpunkt ein und beschrieb die Unruhen im Kontext der vorangegangenen deutsch-polnischen Beziehungen in der Stadt. Sie empfand diese Beziehungen als »ein bisschen wie die Situation in Bosnien … obwohl sie früher freundschaftlich gewesen waren«. Siehe Sybil Bannister, Oral History recording 1993 des IWM (Catalogue 13648 Reel 5).

66 Siehe Richard J. Evans, *Das Dritte Reich*, Bd. 3: *Krieg*, München 2009, S. 24f.

67 »Secret Service als Mordstifter. Bromberger Bluttat vorbereitet – Polenbanditen bewaffnet«, in: *Freiburger Zeitung*, 12. September 1939, S. 1.

68 Brief von Eberhard Gebensleben an seine Großmutter Minna von Alten, Polen, 13. September 1939, in: Hedda Kalshoven (Hg.), *Ich denk so viel an Euch. Ein deutsch-holländischer Briefwechsel 1920–1949*, München 1995.

69 Mass Observation Archive (Online) 128 (H. D. Cowan), Bericht vom 3. September 1939.

70 Mass Observation Archive (Online) 5382 (I. M. A. Naylor), »War Diary, 1939«, Eintrag für den 3. September 1939.

71 Siehe die Erklärung der Royal Air Force unter: https://www.rafmuseum.org.uk/research/history-of-aviation-timeline/interactive-aviation-timeline/british-military-aviation/1939.aspx – zuletzt abgerufen am 3. Juni 2019.

72 Mass Observation Archive (Online) 1016 (Mrs Mason), Crisis Directive Diary, Eintrag für den 3. September 1939.

73 Ivan Daunt, Oral History recording 2000 des IWM (Catalogue 20461 reel 4), auch für das Folgende.

74 Ebermayer, *»… und morgen die ganze Welt«*, S. 434f., auch für das folgende Zitat.

75 George Orwell, »Diary of Events Leading up to War«, in: Ed. Davison, *The Orwell Diaries*, London 2010, S. 208, Eintrag für den 3. September (Greenwich).

76 Peter Davison (Hg.), *George Orwell. A Life in Letters*, London 2011, S. 174, Brief an Geoffrey Gorer, 10. Januar 1940.

77 Siehe Kean, *The Great Cat and Dog Massacre. The Real Story of World War II's Unknown Tragedy*, S. 46ff.

78 Kompisch/Otto, *Bestien des Boulevards*, S. 160–162.

79 »Todesurteil vollstreckt«, in: *Freiburger Zeitung*, 2. Dezember 1939, S. 3.

80 »Zweimal zum Tode verurteilt. Wieder eine polnische Mordbestie vor gericht«, in: *Rheinsberger Zeitung*, 2. Dezember 1939, S. 3.

81 Interview des Autors mit Ann Forman (geb. Magnus), Hayle, Cornwall, 3. Februar 2017.

Bibliographie

Archive

Landesarchiv Nordrhein-Westfalen Detmold

- M1 I P
- Nr 637
- Regierung in Minden
- Aus der Tätigkeit der Staatspolizei
- SD Bielefeld

Landesarchiv Nordrhein-Westfalen Duisburg

- RW134
- Nr 32
- Chef des Hauptamtes, Versorgungs- und Fürsorgeamt-SS

Landesarchiv Nordrhein-Westfalen Münster

- NSDAP, Gauleitung Westfalen-Nord/Hauptleitung Nr. 14
- »Stimmungs- und Lagebericht für den Monat Juli 1938«
- NSDAP, Gauleitung Westfalen-Nord/Hauptleitung Nr. 6
- »Stimmungs- und Lagebericht für August und September 1938«
- NSDAP, Gauleitung Westfalen-Nord/Hauptleitung Nr. 26
- »Januar 1939 Stimmungsmäßiger Überblick über die gesamtpolitische Lage«
- NSDAP, Gauleitung Westfalen-Nord/Hauptleitung Nr. 27
- »Februar/März 1939 Stimmungsmäßiger Überblick über die gesamtpolitische Lage«
- NSDAP, Gauleitung Westfalen-Nord/Hauptleitung Nr. 21
- »April/Mai 1939 Stimmungsmäßiger Überblick über die gesamtpolitische Lage«
- NSDAP, Gauleitung Westfalen-Nord/Hauptleitung Nr. 29
- »Berichterstattung über die Stimmung in der Bevölkerung 31.08.1939«
- »02.09.1939 (Rundfunk/Allgemeine Stimmung)«

Sächsische Archivverwaltung/Staatsarchiv Leipzig

- StA Leipzig SD-Abschnitt Leipzig Nr. 6 (Korrespondenz zwischen Pg Mauersberger und SD-Untersturmführer Dr. Martin Seyfert 1938–1939)

Deutsches Tagebucharchiv Emmendingen

- Katalog-Sig. 975, 2, Hilde Maud H., geb. 1922 »My last Christmas in pre-war London in 1938«
- Katalog-Sig. 1512, 4, O.T. (anonymisiert, 1914–1997), Tagebuch 1938–1945
- Katalog-Sig. 1295/I, 2, Tagebuch Ruth Thieme
- Katalog-Sig. 1783, 1, Dorothea B., Tagebuch 1938/39
- Katalog-Sig. 1708, 10, Wilhelm Sölter, »Der Weg«
- Katalog-Sig. 146, 1, Albert Joos, geb. 1919, Kriegstagebuch

Mass Observation Archive (Online), British Library (Referenzen wie jeweils angemerkt)
Imperial War Museum, London
(Online-Interviews, auf die im Text verwiesen wird)
Bryan, Marion (geb. Perkins)
Cameron, Albert »Tony«
Curry Jones, Andrew Gwynn
Daunt, Ivan
Davies, Albert
Elkan, Vera Ines Morley
Fischel, Katerina (Käthe) (geb. Strenitz)
Gueritz, Edward Findley
Hyams, Reuben
Jellicoe, George Patrick John Rushworth
Moss, Dee
Plant, James Edward
Read, James Joseph
Shepherd, Jesse Lionel
Togwell, Walter
Weleminsky, Anton
Vom Autor geführte Interviews
(mit einem * bezeichnete Interviewpartner werden im Text zitiert)
Großbritannien
Ken Brockley, Derby, 3. Juli 2017
Elly Feliksiak, geb. Luckow, Derby 18. November 2017*
Ann Forman, geb. Magnus, Hayle, Cornwall, 3. Februar 2017*
Peter Jordan, Didsbury, Manchester, 16. November 2017*
David Laity, St Austell, Cornwall, 4. Mai 2017*
Marjorie-Ann Lowenstein, London, 25. Januar 2017
Fritz Lustig, London, 24. Juni 2017*
Anne Queensberry, London, 23. Juni 2017
Allsop Smith und Ken Brindley, Derby, 3. Juli 2017
Enid Watson, Derby, 23. Januar 2017
Mary Wilson, Derby, 3. Juli 2017
Deutschland
Anna Marie Gramling, Stuttgart, 22. September 2017*
Luisa Haar, Stuttgart, 22. September 2017*
Inge Heyl, geb. Lueg, Berlin, 15. September 2017*
Irmgard Klingst, Berlin, 16. September 2017
Dr. Maria Müller-Sommer, Berlin, 14. September 2017*
Heinz Oldenburg, Berlin, 15. September 2017
Hannelore Pfeffer, Berlin, 15. September 2017
Renate Rehor, Berlin, 16. September 2017
Dr. Johanna Schmid, München, 18. September 2017
Helmut Schnatz, Koblenz, 23. September 2017

Dr. Günter Schulz, Berlin, 15. September 2017

Joan Shuttle, Staines bei London, 29. November 2017 (brieflich).

Joachim Trenkner, Berlin, 15. September 2017

Helmut Wald, Berlin, 16. September 2017

Publikationen

Adams, T. Ian, *The Sabotage Plan*, Raleigh, N.C., 2011.

Aly, Götz, *Hitlers Volksstaat*, Frankfurt am Main 2005.

Andreas-Friedrich, Ruth, *Der Schattenmann*, Berlin 1947.

Arz, Martin, *Todsicheres München. Die spektakulärsten Kriminalfälle*, München 2009.

Ball, Stuart (Hg.), *Parliament and Politics in the Age of Churchill and Attlee: The Headlam Diaries 1935–1951*, Cambridge 1999.

Bannister, Sybil, *I Lived Under Hitler*, London 1995.

Baranowski, Shelley, *Strength through Joy. Consumerism and Mass Tourism in the Third Reich*, Cambridge 2004.

Baumgart, Winfried, »Zur Ansprache Hitlers vor den Führern der Wehrmacht am 22. August 1939. Eine quellenkritische Untersuchung«, in: *Vierteljahrshefte für Zeitgeschichte*, Jahrgang 16 (1968), Heft 2, S. 120–149.

Beaken, Robert, *Cosmo Lang: Archbishop in War and Crisis*, London 1988.

Benz, Wolfgang (Hg.), *Die Vertreibung der Deutschen aus dem Osten. Ursachen. Ereignisse, Folgen*, Frankfurt am Main 1985.

Boberach, Heinz (Hg.), *Meldungen aus dem Reich: Die geheimen Lageberichte des Sicherheitsdienstes der SS, 1938–1945*, Band 2, Herrsching 1984.

Bodensieck, Heinrich, »Das Dritte Reich und die Lage der Juden in der Tschecho-Slowakei nach München«, in *Vierteljahrshefte für Zeitgeschichte*, Jahrgang 9 (1961), Heft 3, S. 249–261.

Böhler, Jochen, *Auftakt zum Vernichtungskrieg: Die Wehrmacht in Polen 1939*, Frankfurt am Main 2006.

Bonacker, Max, *Goebbels' Mann beim Radio. Der NS-Propagandist Hans Fritzsche (1900–1953)*, München 2007.

Booth, Tony, und Len Deighton, *Thetis Down: The Slow Death of a Submarine*, Barnsley 2008.

Burdick, Charles, und Hans-Adolf Jacobsen (Hgg.) *The Halder War Diary 1939–1942*, Novato, CA, 1988.

Burleigh, Michael, *Die Zeit des Nationalsozialismus: Eine Gesamtdarstellung*, Frankfurt am Main 2003.

Caplan, Jane (Hg.), *Nazism, Fascism and the Working Class. Essays by Tim Mason*, Cambridge 1995.

Ciano, Count Galeazzo, *Tagebücher. 1937/1938*, Hamburg 1949.

Ciano, Galeazzo, *Ciano's Diary 1937–1943*, London 2002.

Cohn, Willy, *Kein Recht, nirgends. Tagebuch vom Untergang des Breslauer Judentums 1933–1941*, Band 2, hg. von Norbert Conrads, Köln/Weimar/Wien 2007.

Coogan, Tim Pat., *The IRA*, London 1996.

Cox, Geoffrey, *Countdown to War: A Personal Memoir of Europe, 1938–1940*, London 1988.

Cross, Gary, *Worktowners at Blackpool. Mass Observation and Popular Leisure in the 1930s*, Cirencester 1990.

Currie, Tony, *A Concise History of British Television, 1930–2000*, Bridgewater 2003.
Davison, Peter (Hg.), *George Orwell. A Life in Letters*, London 2011.
Deist, Wilhelm, Manfred Messerschmidt, Hans-Erich Volkmann und Wolfram Wette, *Das Deutsche Reich und der Zweite Weltkrieg*, Band 1: *Ursachen und Voraussetzungen der deutschen Kriegspolitik*, Stuttgart 1979.
Deutschland-Berichte der Sozialdemokratischen Partei Deutschlands (Sopade) 1934–1940, Fünfter Jahrgang 1938, Salzhausen/Frankfurt am Main 1980.
Deutschland-Berichte der Sozialdemokratischen Partei Deutschlands (Sopade) 1934–1940, Sechster Jahrgang 1939, Salzhausen/Frankfurt am Main 1980.
Dilks, David (Hg.), *The Diaries of Sir Alexander Cadogan, 1938–1945*, London 1971.
Ebermayer, Erich, *»… und morgen die ganze Welt«. Erinnerungen an Deutschlands dunkle Zeit*, Bayreuth 1966.
Ericson, Edward E., *Feeding the German Eagle: Soviet Economic Aid to Nazi Germany, 1933–1941*, Westport 1999.
Evans, A. S., *Beneath the Waves: A History of HM Submarine Losses 1904–1971*, London 1986.
Evans, Richard J., *Das Dritte Reich*, Band 1: *Aufstieg*, München 2004, Band 2: *Diktatur*, München 2006, Band 3: *Krieg*, München 2009.
Faber, David, *Munich: The 1938 Appeasement Crisis*, London 2009.
Fairfield, Letitia C.B.E., M.D. (Hg.), *The Trial of Peter Barnes and Others (The I.R.A. Coventry Explosion of 1939)*, London/Edinburgh 1953.
Finch, Michael, *A View From the Hill: A History of Sibford School 1842–2001*, York 2010.
Fühmann, Franz, *Das Judenauto. Vierzehn Tage aus zwei Jahrzehnten*, Neuausgabe Rostock 2019.
Gardiner, Juliet, *The Thirties: An Intimate History*, London 2011.
Groscurth, Helmut, *Tagebücher eines Abwehroffiziers 1938–1940, mit weiteren Dokumenten zur Militäropposition gegen Hitler*, hg. von Helmut Krausnick und Harold C. Deutsch unter Mitarbeit von Hildegard von Kotze, Stuttgart 1970.
Grunberger, Richard, *A Social History of the Third Reich*, London 2005.
Hamilton, Patrick, *Hangover Square. Eine Geschichte aus dem finstersten Earl's Court*, Zürich 2005.
Hargreaves, Richard, *Blitzkrieg Unleashed: The German Invasion of Poland, 1939*, Barnsley 2008.
Hermann, Angela, *Der Weg in den Krieg 1938/39: Quellenkritische Studien zu den Tagebüchern von Joseph Goebbels*, München 2011.
Herzog, Rudolph, *Heil Hitler, das Schwein ist tot! Lachen unter Hitler – Komik und Humor im Dritten Reich*, Frankfurt am Main 2006.
Hilmes, Oliver, *Berlin 1936: Sechzehn Tage im August*, Berlin 2016.
Hosenfeld, Wilm, *»Ich versuche jeden zu retten«. Das Leben eines deutschen Offiziers in Briefen und Tagebüchern*, im Auftrag des Militärgeschichtlichen Forschungsamtes hg. von Thomas Vogel, München 2004.
Hull, Mark M., *Irish Secrets: German Espionage in Ireland, 1939–1945*, Dublin 2003.
Jelavich, Peter, *Berlin Cabaret*, Cambridge, Mass./London 1993.
Kalshoven, Hedda (Hg.), *Ich denk so viel an Euch. Ein deutsch-holländischer Briefwechsel 1920–1949*, München 1995.
Kean, Hilda, *The Great Cat and Dog Massacre. The Real Story of World War II's Unknown Tragedy*, Chicago/London 2017.
King-Hall, Sir Stephen, *Total Victory*, London 1941.

Klemperer, Victor, *Die Tagebücher 1933–1945*, kritische Gesamtausgabe, Berlin 2007.

Kompisch, Kathrin, und Frank Otto, *Bestien des Boulevards. Die Deutschen und ihre Serienmörder*, Leipzig 2005.

König, Wolfgang, »Adolf Hitler vs Henry Ford: The ›Volkswagen‹, the Role of America as a Model, and the Failure of a Nazi Consumer Society«, in: *German Studies Review*, Jahrgang 27 (2004), Heft 2, S. 249–268.

Kotze, Hildegard von, *Heeresadjutant bei Hitler. Aufzeichnungen des Majors Engel*, Stuttgart 1974.

Kriegstagebuch. Tägliche Aufzeichnungen des Chefs des Generalstabes des Heeres 1939–1942, hg. vom Arbeitskreis für Wehrforschung in Stuttgart, bearbeitet von Hans-Adolf Jacobsen. Band 1: *Vom Polenfeldzug bis zum Ende der Westoffensive (14.8.1939–30.6.1940)*, Stuttgart 1962.

Krzoska, Markus, »Der ›Bromberger Blutsonntag‹ 1939. Kontroversen und Forschungsergebnisse«, in. *Vierteljahrshefte für Zeitgeschichte*, Jahrgang 60 (2012), Heft 2, S. 237–248.

Kulka, Otto Dov, und Eberhard Jäckel (Hg.), *Die Juden in den geheimen NS-Stimmungsberichten 1933–1945*, Düsseldorf 2004.

Lohmann, Nina, *»Das ›deutsche Prag‹ 1939–1945. Ein Beitrag zur Erforschung der besetzten Hauptstädte Europas«*, Dissertation Karlsuniversität Prag 2014, online unter www.https://is.cuni.cz/webapps/zzp/download/140035716 – zuletzt abgerufen am 4. Juni 2019.

London, Louise, *Whitehall and the Jews, 1933–1948. British Immigration Policy, Jewish Refugees and the Holocaust*, Cambridge 2000.

Longerich, Peter, *Joseph Goebbels: Biographie*, München 2010.

Lustig, Fritz, *My Lucky Life. The Memoirs of Fritz Lustig*, London 2017.

MacDonogh, Giles, *1938: Hitler's Gamble*, London 2010.

Mann, Jessica, *Out of Harm's Way. The Wartime Evacuation of Children from Britain*, London 2005.

Maser, Werner, *Das Regime. Alltag in Deutschland 1933–1945*, München 1983.

Mattern, Jens, und Hans-Michael Kloth, »Stukas über Wielun«, in: *Der Spiegel*, 26. August 2009.

Meehan, Patricia, *The Unnecessary War: Whitehall and the German Resistance to Hitler*, London 1992.

Meir, Golda, *Mein Leben*, Hamburg 1975.

Merseburger, Peter, *Willy Brandt, 1913–1992*, München 2002.

Müller, Michael, *Canaris. Hitlers Abwehrchef*, Berlin 2006.

Olson, Lynne, *Troublesome Young Men: The Rebels who Brought Churchill to Power in 1940 and Helped Save Britain*, London 2007.

Orwell, George, *»An Age Like This«. Collected Essays, Journalism and Letters*, Bd. 1, London 1968.

Overy, Richard J., *Der Bombenkrieg. Europa 1939–1945*, Berlin 2014.

Overy, Richard J. »Blitzkriegswirtschaft? Finanzpolitik, Lebensstandard und Arbeitseinsatz in Deutschland 1939–1942«, in: *Vierteljahrshefte für Zeitgeschichte*, Jahrgang 36 (1988), Heft 3, S. 379–435.

Phayer, Michael, *The Catholic Church and the Holocaust*, Bloomington 2001.

Reuth, Ralf Georg (Hg.), *Josef Goebbels, Tagebücher*, Bd. 3: *1935–1939*, München 2000.

Rieger, Bernhard, *The People's Car: A Global History of the Volkswagen Beetle*, Cambridge, Mass./London 2013.

Ripka, Hubert, *Munich, Before and After: A Fully Documented Account of the Crises of September 1938 and March 1939*, London 1939.

Schanetzky, Tim, »*Kanonen statt Butter*«. *Wirtschaft und Konsum im Dritten Reich*, München 2015.

Schmidt, Paul, *Statist auf diplomatischer Bühne 1923–1945. Erlebnisse des Chefdolmetschers im Auswärtigen Amt mit den Staatsmännern Europas. Von Stresemann und Briand bis Hitler, Chamberlain und Molotow*, Bonn 1949.

Self, Robert (Hg.), *The Neville Chamberlain Diary Letters*, Band 4: *The Downing Street Years, 1934–1940* , Aldershot 2005.

Snyder, Timothy, *Bloodlands. Europa zwischen Hitler and Stalin*, München 2013.

Spieß, Alfred, und Heiner Lichtenstein, *Das Unternehmen Tannenberg*, Wiesbaden/München 1979.

Steinweis, Alan E., »The Trials of Herschel Grynszpan: Anti-Jewish Policy and German Propaganda, 1938–1942«, in: *German Studies Review*, Jahrgang 31 (2008), Heft 3, S. 471–488.

Stephenson, Jill, *Women in Nazi Germany*, Abingdon/New York 2013.

Swett, E., S. Jonathan Wiesen und Jonathan R. Zatlin (Hg.), *Selling Modernity: Advertising in Twentieth-Century Germany*, Durham/London 2007.

Swett, Pamela E., Cory Ross und Fabrice d'Almeida (Hg.), *Pleasure and Power in Nazi Germany*, Basingstoke/New York 2011.

Taylor, Frederick, *Coventry. Der Luftangriff vom 14. November 1940: Wendepunkt im Zweiten Weltkrieg*, München 2015.

Terveen, Fritz, »Der Filmbericht über Hitlers 50. Geburtstag«, in: *Vierteljahrshefte für Zeitgeschichte*, Jahrgang 7 (1959), Heft 1, S. 75–84.

Thamer, Hans-Ulrich, *Verführung und Gewalt. Deutschland 1933–1945*, Berlin 1986.

Todman, Daniel, *Britain's War. Into Battle 1937–1941*, London 2017.

Tooze, Adam, *Ökonomie der Zerstörung. Die Geschichte der Wirtschaft im Nationalsozialismus*, München 2007.

Trenkner, Joachim, »Ziel vernichtet«, in: *Die Zeit*, 6. Februar 2003.

Uricchio, William (Hg.), *Die Anfänge des Deutschen Fernsehens: Kritische Annäherungen an die Entwicklung bis 1945*, Tübingen 1991.

Wallis, Russell, *Britain, Germany and the Road to the Holocaust*, London 2014.

Watt, Richard M., *Bitter Glory. Poland and its Fate 1918–1939*, New York 1998.

White, Stephen, *Britain and the Bolshevik Revolution*, Basingstoke 1980.

Winkler, Heinrich August, *Der lange Weg nach Westen: Deutsche Geschichte vom ›Dritten Reich‹ bis zur Wiedervereinigung*, München 2010.

Zeitungen von 1938/1939 (im Online-Archiv)

englische Presse

The Daily Mirror
The Daily Express und *Sunday Express*
The Yorkshire Post
Action (British Union of Fascists Newspaper)
The Manchester Guardian
The Times

deutsche Presse

Freiburger Zeitung
Pommersche Zeitung (Stettin)
Teltower Kreisblatt
Rheinsberger Zeitung
Deutsches Nachrichtenbüro (Presseveröffentlichungen)

amerikanische Presse

The New York Times

Personenregister

Bildnachweis

23 Bundesarchiv, Bild 183-H03417, o.Ang.
37 Bettmann/Getty Images
47 Keystone/Hulton Archive/Getty Images
53 Mémorial de la Shoah
61 Bundesarchiv, Bild 146-1976-033-20
79 FPG/Archive Photos/Getty Images
91 Bundesarchiv, Bild 146-1970-083-42, o.Ang.
113 Keystone/Getty Images
131 Daily Herald Archive/Getty Images
139 Staatsarchiv München, Pol. Dir. 8009
149 Daily Express, 09.02.1939, Seite 6, British Library, London © British Library Board. All Rights Reserved/Bridgeman Images
185 ullstein bild
194 Keystone-France/Getty Images
199 Volkswagen Aktiengesellschaft
202 Bundesarchiv, Bild 146-1977-008-07A, o.Ang.
204 ullstein bild
207 Central Press/Getty Images
209 akg-images/Imagno
231 Bundesarchiv, Plak 003-018-025
237 Knorr + Hirth/Sueddeutsche Zeitung Photo/Bridgeman Images
241 ullstein bild
247 Fox Photos/Getty Images
248 Pictorial Press Ltd/Alamy Stock Photo
254 Everett Collection Inc / Picture Alliance
255 ullstein bild
258 Daily Mirror/Mirrorpix
259 Bellamy/Getty Images
266 Topical Press Agency/Hulton Archive/Getty Images
285 Haynes Archive/Popperfoto/Getty Images
305 bpk/Arthur Grimm
346 Felix Man/Picture Post/Getty Images
347 ullstein bild

Europa nach den Pariser Friedensverträgen
IRLAND
Belfast
Dublin
Liverpool
NORDSEE
GROSSBRITANNIEN UND NORDIRLAND
London
NIEDERLANDE
Amsterdam
Rhein
Der Kanal
Brüssel
BELGIEN
Köln
Spa
Eupen
(1920 belg.)
Malmedy
LUX.
Trier
Luxemburg
Verdun
(1919/20 franz.)
ATLANTISCHER OZEAN
Brest
Le Havre
Rouen
Compiègne
Neuilly
Paris
Nantes
Tours
Orléans
Loire
Dijon
La Rochelle
Poitiers
FRANKREICH
Limoges
Vichy
Bern
Bordeaux
Périgueux
Clermont-Ferrand
Lyon
Garonne
Rhône
Guernica
Pau
Toulouse
Nîmes
Montpellier
Arles
Marseille
Perpignan
Genua
San Remo
Po
PORTUGAL
Ebro
Madrid
Tajo
Barcelona
LIGURISCHES MEER
Korsika
SPANIEN
Valencia
Córdoba
Balearen
Sardinien
Gibraltar (brit.)
Tanger (1924 internat. Zone)
MITTELMEER
Er-Rif (span. Prot.)
N
S
W
O
Grenze Österreich-Ungarns, des Osmanischen Reiches bis 1918 und des Russischen Reiches bis 1917
Curzon-Linie 8. Dezember 1919
Die Türkei nach dem Frieden von Sèvres 1920
Die Türkei nach dem Frieden von Lausanne 1923
Republikanische Gebiete